Joachim Dyck

Der Zeitzeuge

Gottfried Benn 1929 – 1949

Das Buch widme ich meinem Sohn Moritz:
Er hat den Namen Gottfried Benn öfter hören müssen,
als ihm in seinen jungen Jahren lieb war.

Inhalt

Eintritt in die Reichswehr

Kriegsjahre

Nachkrieg

Der Weg zum Ruhm

Anhang

Vorwort

Benn ist der einzige Deutsche gewesen und geblieben, in dem das Bewußtsein der Zeit sichtbar wurde«, schreibt der Emigrant Leo L. Matthias in seinen Erinnerungen nach dem Zweiten Weltkrieg. Man könne Stefan George lesen, Thomas Mann, Rilke oder Brecht, sie waren »groß als Dichter, aber nicht als Zeitgenossen«. Benns Zeitgenossenschaft ist die Leitlinie dieses Buches. 1929 hatte der Dichter den Zenit seines ersten Ruhms erreicht. Die »Gesammelten Gedichte« und die »Gesammelte Prosa« waren im Berliner Verlag Kiepenheuer erschienen, die »Literarische Welt« druckte seine Lyrik, die Mitarbeit an der angesehendsten Literaturzeitschrift der Weimarer Republik, der »Neuen Rundschau«, bedeutete den endgültigen Durchbruch in der literarischen Öffentlichkeit.

Erst zwanzig Jahre später konnte Benn an diesen Ruhm anknüpfen. Der Verleger Max Niedermayer brachte im Limes-Verlag 1949 vier Bände Gedichte und Prosa auf den Markt und sprach von einem »Benn-Jahr«. Die Literaturkritik der jungen Bundesrepublik äußerte sich begeistert und läutete Benns zweiten Ruhm ein: Zwischen den Erfolgsgipfeln der Jahre 1929 und 1949 liegen die gewaltigen politischen und wirtschaftlichen Umbrüche, die in den Zweiten Weltkrieg einmündeten und die Nachkriegszeit bestimmten. Diese Krisen und Umbrüche waren Benns alltägliche Lebenserfahrungen.

1929 verwickelte die kommunistische Linke Benn in eine Kontroverse, die sich um die »Rolle des Schriftstellers in dieser Zeit« drehte. Mit dieser Auseinandersetzung begann Benns journalistische Tätigkeit. Er fing an, tagespolitische Ereignisse in der Presse zu kommentieren und für das neue Medium Rundfunk zu arbeiten, das außerdem zu einer wichtigen finanziellen Einnahmequelle neben der ärztlichen Tätigkeit wurde.

Im Januar 1932 wurde Benn in die Preußische Akademie der Künste in Berlin gewählt. Ein Jahr später erklärte er in verschiedenen Essays seine Zustimmung zum »Neuen Staat« und sah den Nationalsozialismus »als eine feststehende geschichtliche Erscheinung« an, von dem er ein Ende der bürgerkriegsähnlichen Zustände und der wirtschaftlichen Misere zu erwarteten schien. Vor allem rechnete er mit einem entschiedenen Einsatz der Obrigkeit bei der Förderung der Kunst. Die Diskussion über das Existenzrecht des Expressionismus belehrte ihn jedoch wenig später eines Besseren. Das klügste Urteil über den Dichter Benn in dieser Zeit sprach Theodor Heuss aus, als er 1934 in seiner Rezension von »Kunst und Macht« schrieb, Benn baue sich »seinen privaten Nationalsozialismus«, wenn er die politischen Erscheinungen der Zeit mit dem

Sinn und dem Auftrag der Kunst zusammendenke: »Aber dies Bemühen zerbricht«.

Die ambivalente Haltung gegenüber dem totalitären Staat und vor allem die Existenzsorgen wegen der schlechtgehenden Praxis brachten ihn dazu, sich als Militärarzt reaktivieren zu lassen, zuerst in Hannover, wo er seine Tage mit der Organisation von Lazaretten zubrachte, dann im Oberkommando der Wehrmacht in Berlin. Hier bekam er die Informationen aus erster Hand und konnte die Kriegsmaschine aus nächster Nähe beobachten. Seine literarische Produktion konzentrierte sich auf Fragen, die die Zeitlage und den Krieg unmittelbar betrafen. Diese Texte konnten jedoch zunächst nicht publiziert werden, denn 1938 wurde Benn unter merkwürdigen Umständen aus der Reichsschrifttumskammer ausgeschlossen. In einer Kaserne in Landsberg (Warthe), wohin er gegen Kriegsende versetzt wurde, schrieb er für die Schublade weiter und beschäftigte sich in verschiedenen Essays mit der Frage, »wieso seit nunmehr zehn Jahren Deutschland dieser sogenannten Regierung, dieser mystischen Totalität von Narren, unentwegt folgte«.

In den Prosaarbeiten nach 1945 drückte er seine Verachtung für die geistige »Biedermannsjovialität und Christentumsrenaissance« aus und verfolgte interessiert die Fähigkeit ehemaliger Politiker und Parteigrößen, sich wieder in Amt und Würgen zu bringen. Er selbst lehnte ein »pater peccavi« kategorisch ab. Den Kulturverwaltungen der Besatzungsmächte, die oft in den Händen von Emigranten lag, galt er als unerwünschter Autor, bis Max Niedermayer 1949 entschlossen seine Rückkehr auf den literarischen Markt betrieb. Zwanzig Jahre lang hat sich Benn in seinen Prosaschriften über die herrschenden politischen, wirtschaftlichen und künstlerischen Verhältnisse ungeschminkt geäußert und in ungezählten Briefen ein Panorama radikaler Urteile über die Zeitumstände hinterlassen. In seinen Gedichten faßte er das Zeitbewußtsein in neuen poetischen Formen und begründete den Anschluß der deutschen Lyrik an die Moderne.

Indem Benns Leben von 1929 bis 1949 vor dem Hintergrund der Geschichte der Weimarer Republik, des Dritten Reiches und der Besatzungszeit dargestellt wird, soll der Autor jenseits der gängigen Klischees gezeigt und ein Bild ergänzt oder vervollständigt werden, das auch die Ambivalenzen und inneren Widersprüche seines Lebens nicht verschweigt. Die Gemeinplätze, die von der literaturwissenschaftlich-germanistischen Forschung der letzten Jahrzehnte vorgetragen worden sind, wurden kritisch hinterfragt. Statt dessen wurde versucht, Benns intellektuelle Arbeit als einen produktiven Reflex auf seine alltäglichen Lebenserfahrungen zu verstehen. Freilich kann dieses Verfahren seinem eigenen Vorwurf nicht entgehen: »Der Dichter und seine Zeit, die beliebte Formulierung – welche Harmlosigkeit, welche glatte Sicherheit in Bereichen, in denen alles fragwürdig ist!«

Die methodische Begrenztheit dieses Unternehmens bringt es mit sich, daß manche Ungereimtheit im Denken und Verhalten des Dichters ungeklärt bleibt. »Der Gehalt dieses Dichters kann nicht durch ein paar verbrauchte Kategorien erfaßt werden«, mahnte Leo L. Matthias bereits 1962. An dieser Maxime, die auch nach mehr als vierzig Jahren noch gültig ist, orientiert sich dieses Buch. Der Blick in Archive und Akten, in Zeitungsnachrichten, Gesetzestexte, Verordnungen, Bestimmungen und Protokolle, in die dichterische und journalistische Produktion der Schriftstellerkollegen bereicherte das Verständnis für Benns Ansichten ebenso wie die alles überragende Arbeit von Jan-Pieter Barbian über die Literaturpolitik im Dritten Reich oder die Werke von Hans-Albert Walter, Joachim Fest, Sebastian Haffner und Ian Kershaw.

Das Ende der Republik

Benns Aufstieg

Das Jahr 1929 begann für Benn mit einer Katastrophe. Seine Freundin Lili Breda stürzte sich am 1. Februar aus einer im 5. Stock gelegenen Wohnung in der Pariser Straße 20, nachdem sie unmittelbar vor ihrem verzweifelten Entschluß telefonisch von Benn Abschied genommen hatte. Benn raste mit einem Taxi von Kreuzberg, wo sich seine Praxis befand, nach Wilmersdorf, sah aber nur noch, wie Feuerwehrleute den zerschmetterten Körper aufhoben.

Die Beziehung zu der Schauspielerin, die Benn 1926 kennengelernt hatte, stand von Anfang an unter keinem guten Stern.[1] Im März 1928 schenkte Benn ihr den schmalen Band »Gesammelte Prosa«, der gerade bei Kiepenheuer erschienen war, mit der Widmung: »Der Frau, die meine Launen trägt, Lili in Liebe. Gottfried Be.«. Der so Verehrten reichte diese Liebesbeteuerung jedoch nicht. Sie drängte auf eine Bekräftigung, Benn fügte daher mit dunklerer Tinte nachträglich das Wörtchen »Dein« hinzu. An Dr. Gertrud Zenzes, eine frühere Freundin, die in die USA ausgewandert war und verheiratet in Berkeley, Kalifornien, lebte, schrieb er wenige Wochen nach dem Selbstmord: »Natürlich starb sie an und durch mich, wie man sagt. Sie war mir nicht gewachsen als Ganzes oder vielmehr: sie wollte mir in Dingen u. an Stellen gewachsen oder über sein, wo sie es nicht konnte u. als Frau nicht zu sein brauchte. Aber das verstand sie nicht. Sie hing an mir wie ein Kind, ich war eben alles für sie, u. das ist so unüberwindlich schmerzlich für mich, daß sie so an mir hing u. garnichts außer mir mehr hatte u ich sie doch nicht retten u. ihr ihre Verzweiflung lindern konnte.«[2]

Lili Breda war einundvierzig Jahre alt, als sie starb. Benn verschwieg die wirtschaftlichen Gründe, die einen erheblichen Teil zu ihrem gewaltsamen Tod beitrugen. Denn die geschiedene Schauspielerin war finanziell am Ende. Nachdem sie zwanzig Jahre lang an Theatern in Deutschland, Österreich und der Tschechoslowakei verpflichtet gewesen war, fehlte ihr seit drei Jahren jedes Engagement. Benn verwendete sich für sie bei seinem guten Bekannten Carl Werckshagen, der als Dramaturg am Landestheater Oldenburg wirkte. Dort war das für Lili Breda geeignete Rollenfach jedoch schon ganzjährig besetzt. Im Herbst 1928 zerschlug sich die Hoffnung auf eine Beschäftigung in Wien, und seit ihrer Rückkehr nach Berlin hatte sie keine ständige Bleibe mehr. Ihre Wohnung am Kurfürstendamm war gekündigt worden, weil sie monatelang die Miete nicht zahlen konnte. Schließlich nahm eine Bekannte sie vorübergehend auf. Lili Breda sah keinen Ausweg mehr und setzte ihrem Leben ein Ende.

Die Beerdigung fand am 7. Februar auf dem Wilmersdorfer Waldfriedhof statt, Benn hatte die »Beisetzung meiner lieben Freundin Lili Breda« in der »B.Z. am Mittag« angezeigt. Eine Trauerfeier unterblieb, die Zeremonie vollzog sich still und leise. »Als sie beendet war, setzte Benn seinen Hut auf und ging langsam in Richtung des Bahnhofs zurück. Es fiel ihm offenbar schwer, zu gehen. Aber er wünschte keine Begleitung; einen älteren Herrn, der ihm die Hand reichte, ließ er stehen.«[3]

Wie sehr dieser Tod Benn innerlich beschäftigte, zeigt das Gedicht »Du mußt dir alles geben«, das im August in der »Literarischen Welt« erschien. Die vierte Strophe spricht von den Vorwürfen, die er sich machte:

Warst du der große Verlasser,
Tränen hingen dir an,
und Tränen sind hartes Wasser,
das über Steine rann,
[…]

Zwar bezieht sich Benn nirgends in seinen Schriften auf dieses Ereignis. Wenn er jedoch die politische und wirtschaftliche Entwicklung der Weimarer Republik geißelte und mit der Korruption der Politiker und der Verlogenheit der Parteien abrechnete, dann schwang die Erinnerung an den Unglücksfall mit.

Die finanziellen Probleme, die zum Tod von Lili Breda beigetragen hatten, waren Gegenstand eines Briefwechsels vom Anfang Mai mit Sophia Wasmuth, der Frau des Berliner Privatgelehrten Ewald Wasmuth. Benn hatte zu diesem Zeitpunkt bereits eine neue Geliebte, von der Frau Wasmuth annahm, daß sie in guten Verhältnissen lebte: Er solle sie deswegen doch heiraten, riet sie ihm.

Benn lehnte den Vorschlag entsetzt ab, denn seine jetzige Freundin habe zwei wundervolle Eigenschaften, sie sei »ritterlich und treu«, mehr sei nicht nötig, um ihm im Leben zu helfen. Nie könnten ihn Geldinteressen zu einer Heirat bewegen.[4]

In diesem Brief drückt sich die stoische Haltung Benns so deutlich wie selten aus. Das Leben muß, und das hat er oft ausgesprochen, akzeptiert werden, wie es ist. Benn hatte sich bereits in der ersten Märzhälfte mit Elinor Büller zusammengetan. Sie begegneten einander zum ersten Mal bei dem Begräbnis Lili Bredas, an dem die Schauspielerin als Kollegin teilgenommen hatte. Elinor Büller hatte bereits drei Ehen hinter sich und wohnte mit ihrer Tochter Helga in der Klingsorstraße 66 in Berlin-Steglitz. Sie stammte aus einer Schauspielerfamilie und trat ab 1928 unter der Regie von Heinz Hilpert am Deutschen Theater in Berlin auf. Ihr Geburtstag fiel auf den 7. Mai 1886, sie war also bis auf wenige Tage genauso alt wie Benn. Im Laufe der kommenden Jahre sollte sich eine tiefe menschliche Bindung zwischen beiden entwickeln, die auch das Erlöschen der erotischen Anziehungskraft überdauerte.

Allerdings: Elinor Büller blieb nicht die einzige Geliebte in den dreißiger Jahren. Anlaß zu einer zweiten Beziehung boten Telefonate mit einer anderen Schauspielerin. Tilly Wedekind, die Witwe Frank Wedekinds, der bereits 1918 gestorben war, gab damals im Theater am Zoo die Fürstin in dem Stück »Bismarck« von Wedekind. Tillys älteste Tochter Pamela lebte seit 1927 mit dem dreißig Jahre älteren Dramatiker Carl Sternheim (1878-1942) zusammen. Sternheim machte im Herbst 1928 eine, durch Syphilis bedingte, schwere psychotische Krise durch und mußte Monate in Sanatorien zubringen, zunächst in der Schweiz, dann in Berlin. Nach seiner Entlassung beschlossen beide zu heiraten, doch auf den dringenden Rat der Mutter begleitete Pamela ihren zukünftigen Ehemann zunächst auf eine Reise an die Riviera.

Aus Nizza kamen jedoch bald beunruhigende Nachrichten. Der zukünftige Schwiegersohn machte auf Tilly einen äußerst labilen Eindruck. Sie griff zum Telefon und suchte den Rat desjenigen Arztes, der Sternheim nach der Entlassung aus der Klinik in Berlin behandelt hatte, Gottfried Benn: »Benn meinte«, erinnert sich Tilly, »Sternheims Zustand werde sich mit der Zeit bessern, man müsse Geduld haben. Von da an rief er mich jeden Morgen an. Wir erzählten uns am Telefon unsere ganze Lebensgeschichte. Seine Stimme – ein Tenor – hatte es mir gleich angetan.« »Das gegenseitige Interesse war geweckt, die persönliche Begegnung die zwangsläufige Folge.«[5] Tilly kannte Lili Breda und wußte von der Freundschaft mit Benn. Daß Benn mit ihr über seine frühere Freundin sprach, wertete sie als ein Zeichen des Vertrauens. Man ging gemeinsam ins Theater, anschließend zu Benn in die bescheidene Junggesellenwohnung von vier kleinen Zimmern, Belle-Alliance-Str. 12. »Der größte [Raum] war sein Ordinationszimmer mit lauter weißen Möbeln«, erinnert sich Tilly, »dem bekannten Untersuchungsstuhl und vielen Instrumenten im Glasschrank. Es war seltsam, im Abendkleid in den sachlich medizinischen Raum zu kommen, und ich dachte: Jetzt wird er dich schlachten.«[6]

Leidenschaft bestimmte die Verbindung, und obwohl sich beide häufig sahen, behielten sie die Gewohnheit bei, täglich miteinander zu telefonieren. Trotz der gegenseitigen Zuneigung war das Verhältnis jedoch von Anfang an schwierig, und beide wußten es. Tilly Wedekind litt ihr Leben lang unter Depressionen, und zu dieser Zeit drückten sie erste Geldsorgen, denn die Tantiemen aus den Aufführungen Wedekindscher Stücke flossen nicht mehr so reichlich. Nach der Ankündigung von Pamelas Verlobung mit Sternheim mußte sie ein Sanatorium aufsuchen. Vor allem aber störte sie Benns Zurückhaltung, denn sie war bis über beide Ohren verliebt. Zwar sprach Benn, nachdem er sie kennengelernt hatte, von einem einschneidenden Ereignis in seinem Leben, aber bereits in seinem ersten Brief drückte er Vorbehalte gegen eine zu enge Verbindung aus, er sei im Augenblick darauf eingestellt, allein zu sein. Und sein nächstes Schreiben steckte die Grenzen ab, die natürlich auch durch die Beziehung zu Elinor Büller gesetzt wurden: »Aber, so unendlich ich es bedauere, ich kann mein Leben nicht plötzlich u. so grundlegend ändern, wie es Ihnen vielleicht vorschwebt u. wie ich vielleicht selber es im Augenblick sehr wünschte, ich bin mit zuviel schweren Dingen behangen, um sie mit einem Ruck abzutun. Leben Sie darum bitte Ihr Leben so weiter wie vorher (vielleicht mit einer bestimmten Einschränkung!) u. lösen Sie nichts brüsk, was Ihnen bis dahin angenehm oder lieb war, ich erwarte das nicht.«[7]

Aber Tilly ließ sich nicht abschrecken. Um in Benns Nähe zu sein, kündigte sie ihre Steglitzer Wohnung und zog in ein vornehmes Haus mit Portier im Hansaviertel, Altonaerstraße 1, in Sichtweite der Siegessäule. Auch kaufte sie einen kleinen schwarzen Opel mit aufklappbarem Verdeck, um beweglicher zu sein und Spazierfahrten in die Umgebung unternehmen zu können. Die Depressionen nahmen jedoch im Sommer so sehr zu, daß sie in das Sanatorium Eichwald bei Teplitz flüchtete. Ihre jüngste Tochter Kadidja besuchte Benn inzwischen in seiner Praxis und notierte über den Freund ihrer Mutter ins Tagebuch: »Besuch bei Benn. Er ist ekelhaft, aber interessant.«[8]

Durch Tilly Wedekind und ihre beiden Töchter ergab sich für Benn ein indirekter Kontakt zur Familie Mann und besonders zu Klaus Mann, der mit Pamela Wedekind, Erika Mann und Gustaf Gründgens auf namhaften Bühnen in ganz Deutschland aufgetreten und mit Pamela verlobt gewesen war. Klaus Mann wurde jedoch von Sternheim »im Namen unserer geschändeten Literatur« wüst beschimpft. Gegen seine Bücher »Kind dieser Zeit« und »Treffpunkt im Unendlichen« schrieb Sternheim hinter dem Rücken Pamelas einen »offenen Brief« an den S. Fischer Verlag und bezeichnete diese beiden Werke als »teuflische Schweinereien«. Der Brief ging durch alle Berliner Zeitungen.[9]

Auch wenn der Tod von Lili Breda für Benn ein schwerer Schlag und ein schmerzlicher Verlust war, so muß man dennoch festhalten, daß

Selbstmorde aus purer wirtschaftlicher Not im Berlin der späten zwanziger Jahre an der Tagesordnung waren und nach dem »Schwarzen Freitag« an der New Yorker Börse im Oktober 1929 noch erheblich zunahmen. Die Abhängigkeit der deutschen Wirtschaft von kurzfristigen amerikanischen Krediten sorgte dafür, daß der Kurssturz der Aktien besonders schwerwiegende Folgen hatte. Schon seit Herbst 1928 machte sich in Deutschland eine Konjunkturdämpfung bemerkbar, die allmählich die Form einer Krise annahm. Für die Regierung äußerte sich der Rückgang der Wirtschaftstätigkeit unmittelbar in der Abnahme von Steuereinkünften. Zudem stieg im Winter 1928/29 die Zahl der Arbeitslosen auf fast zwei Millionen und erreichte im Februar 1929 den Höchststand mit 3.339.871 Arbeitslose, eine Million mehr als im Jahr zuvor. Die Reichsanstalt für Arbeitslosenversicherung sah sich mit einem Defizit von fast einer halben Milliarde Reichsmark konfrontiert.[10]

Zudem machte sich eine enorme Verbitterung unter der damals noch zahlenmäßig bedeutenden ländlichen Bevölkerung bemerkbar, denn die Agrarkrise führte zu Verschuldung, Konkursen und Zwangsverkäufen von Land. Der Protest der Menschen am linken und rechten Rand des politischen Spektrums, die die Demokratie für gescheitert hielten und eine Beseitigung »des Systems« forderten, nahm schärfere Formen an. Die Erfolge der Nationalsozialisten bei Landtags- und Kommunalwahlen verdeutlichten die Radikalisierung der Wählerschaft, und die NSDAP schuf sich ein Image, »das an Vitalität, Schwung und jugendlicher Kraft seinesgleichen suchte«[11]: Ende 1928 hatte die Partei bereits 1.087.717 Mitglieder. Auch traten immer mehr Studenten in den Nationalsozialistischen Deutschen Studentenbund ein, der von dem einundzwanzigjährigen Baldur von Schirach geführt wurde.

Benn dachte über die politische Entwicklung Deutschlands, ja der gesamten Menschheit, tief pessimistisch. Die menschliche Masse habe nichts weiter im Sinn als ihre Vermehrung und wachse um jährlich zwölf Millionen. Ihr sei nicht zu helfen: »Also Riesenzentren, Überbevölkerung. Brot teurer als Kinderfleisch.«[12] Dieser Schreckensvorstellung von einem globalen Kapitalismus stellte Benn die aus seiner Sicht unrealistischen Ansprüche sozialistischer Parteien gegenüber: »*Sozialismus*: geregelte Nahrungszufuhr, körperliche Unsterblichkeit, gesundheitliches Überdauern – : Hesperidentraum der Innungskrankenkasse«.[13] Es bliebe daher immer eine politische Sünde, den arbeitenden Massen die Realität zu vernebeln und ihnen Hoffnungen auf Besserung der Verhältnisse vorzuspiegeln, wie es die linken Parteien täten. Die Geschichte der menschlichen Gesellschaften spräche dagegen, eine Auffassung, die in Benns Auseinandersetzungen mit dem kommunistischen Lager Ende des Jahres eine große Rolle spielen wird.

Benn stützte seine Ansichten über den »Hochkapitalismus« auf die Lektüre von Büchern über die USA, mit Spannung las er den Roman »Manhattan Transfer« von John Dos Passos.[14] Amerika wurde ihm allerdings durch die eingehende Beschäftigung nicht besonders sympathisch: »Einheitsidole, Schemen im Drilltanz, Stapelware«.[15] Im übrigen bedeutete diese Entwicklung nichts Neues. Der erste Einbaum sei folgenreicher als das U-Boot gewesen, schon die Antike habe Flaschenzüge, Uhren und Flugmaschinen gekannt.

Hinter einer solchen Montage aus historischen Versatzstücken stand die generelle Ablehnung der Idee des Fortschritts in der Geschichte: Benn konnte ihn nicht erkennen, wenn er die Realität des Jahres 1929 in Berlin erlebte. In Ninive oder Rom sei es nicht anders gewesen. Die interessanteste Bemerkung im Essay »Urgesicht«, der im März 1929 in der »Neuen Rundschau« erschien und noch im selben Jahr ins Französische und Englische übersetzt wurde, bezog sich auf den Kapitalisten als »neuen Typ«, der mit »Flug und Feuer« Raum und Zeit überwand. Er veränderte die Welt und trieb sie weiter, bis ein neuer Typ die Geschäfte übernahm.[16]

Die Vorstellung von der Sinnlosigkeit und Zufallsbedingtheit des historischen Prozesses beherrschte auch einen Gedenkartikel zum Tod Hugo von Hofmannsthals und zum Todestag Klabunds am 13. August 1929 für die »Wiener Allgemeine Zeitung«. Die Dichter standen dem weltgeschichtlichen Verlauf immer ohnmächtig gegenüber: Auf der einen Seite Alexander und Dschingis-Khan, die Kriege und die Konzerne, und auf der anderen Seite »die Gestalt [des Dichters], dürftig und im Schatten, die aus der anderen Schale trinkt«.[17]

Das Jahr der Weltwirtschaftskrise sah auch den Arzt in finanzieller Bedrängnis, wie überhaupt die Weimarer Republik keine besonders glückliche Zeit für Ärzte war. Zu Beginn des Ersten Weltkriegs konnten sie noch ein auskömmliches Leben bestreiten, weil ausgebildete und in der Praxis erfahrene Mediziner fehlten. Jetzt allerdings reihte sich eine Praxis an die andere, und die jüngeren Kollegen drängten die älteren in den Ruhestand, um selbst als Kassenärzte eingetragen werden zu können. 1929 warteten immer noch viertausend Anwärter auf die Zulassung bei den Kassen.[18] Die Lage verschärfte sich 1931 dadurch, daß der junge Arzt vor seiner Zulassung bei einer Krankenkasse drei Jahre als Assistent an einem Krankenhaus gearbeitet haben mußte. Um 1929 lag das jährliche Durchschnittseinkommen eines Arztes zwischen 7000 und 9000 Mark, wobei rund vierzig Prozent für die Praxis, für Instrumente, Spezialliteratur, Versicherungen und Altersversorgung ausgegeben werden mußten. Trotz des Protestes der Ärztevereinigungen bestimmte ab 1930 eine Notverordnung im ganzen Reich für jede Praxis die Abgabe von Gewerbesteuern. Ab Juli 1930 mußte der Arzt zudem jedem Patienten fünfzig Pfennig in bar abnehmen, was einen Rückgang der Patientenzahlen zur Folge hatte. Es ist keine Frage, daß die Ärzte »below or near the existential minimum« lebten[19] und das politische und wirtschaftliche Klima der Weimarer Republik als feindlich empfanden. Die Zeitungen berichteten von Medizinern, die sich mit Nebenjobs als Barmusiker oder Wachmänner über Wasser zu halten versuchten. Ärzte standen als Würstchenverkäufer am Berliner Hauptbahnhof. Auch der Ärztestand war von einer hohen Selbstmordrate betroffen. »Doppelselbstmord aus Wirtschaftsnot« betitelte die »Vossische Zeitung« am 12. Oktober 1932 ihren Bericht über eine Selbsttötung mit Gift: »Die Praxis ging so zurück, daß sich die Hausbewohner wunderten, wovon der Arzt überhaupt lebte. Ein prominentes Opfer war Dr. Heinrich Dehmel, der Sohn Richard Dehmels, der sich mit Veronal vergiftete.«[20] Der »Hartmannbund« beschloß im Juni 1930, wegen der Misere zur Unterstützung der bedürftigen Kollegen von jedem seiner Mitglieder eine Einmalspende von einhundert Mark einzuziehen.

»Am schlimmsten traf es die Dermatologen«.[21] Denn nach dem Kriege, als die Geschlechtskrankheiten grassierten, spezialisierte sich mancher Medizinalassistent auf diese Fachrichtung. Aber die epidemische Verbreitung der Geschlechtskrankheiten ließ bald nach, und schon in der Mitte der zwanziger Jahre gab es zu viele Fachärzte für Venerologie. Gerade diese Spezialisierung kam nicht auf ihre Kosten. Denn zum einen dauerten die Behandlungen lange. Sie zwangen zwar die Patienten zu häufigen Besuchen in den Praxen zur Überprüfung der Heilerfolge. Wegen der Pauschalhonorierung durch die Kassen wurde jedoch nicht jeder einzelne Besuch bezahlt.

Im Jahr der Weltwirtschaftskrise war auch Benns wirtschaftliche Situation extrem beengt. Seine Praxis blieb, wie er sagte, »mikroskopisch klein, nahezu unsichtbar, uneinträglich, degoutant«.[22] Die elegante, weiträumige Wohnung in der Passauer Straße, in der er mit seiner Frau bis zu deren Tod 1922 lebte, konnte er nicht halten und zog deswegen 1926 in die Praxis Belle-Alliance-Straße, »in sein Altersheim, Siechenhaus, Greisenasyl, vorbei der Prunk der wohlhabenden Jahre«.[23] Seine Patienten gehörten nicht gerade zur gesellschaftlichen Hautevolée. In den Belle-Alliance-Platz mündete die Friedrichstraße, das Zentrum der Demimonde, Benns Hauptarbeit bestand darin, die Prostituierten in seiner Gegend medizinisch zu versorgen, ein wenig einträgliches Geschäft. An Einnahmen aus Autorenhonoraren war in dieser Zeit gar nicht zu denken. Von 1927 bis 1929 wurden überhaupt nur zehn seiner Gedichte gedruckt.

Auseinandersetzungen mit der Linken

Noch während Benn unter dem Druck der materiellen Verhältnisse einen an der Realität orientierten Kulturpessimismus vertrat, kündigte sich in der Literaturkritik sein endgültiger Durchbruch an. Im Juli 1929 druckte die »Neue Bücherschau« ein hymnisches Lob der »Gesammelten Prosa«, die ein Jahr zuvor im Verlag Gustav Kiepenheuer in Potsdam erschienen war. Rezensent war der Dichter und Literaturkritiker Max Herrmann-Neisse, der sich schon früher in der Zeitschrift »Der Kritiker« (1925) und in der »Frankfurter Zeitung« (1926) über Benn geäußert hatte. In den wichtigen Blättern erschienen zustimmende Besprechungen der Rezensenten von Rang wie Franz Blei, Arno Schirokauer oder Peter Hamecher: »Unter den nicht zahlreichen Erscheinungen seit 1900 steht dieser Band in vorderster Reihe«, schrieb Hermann Kasack in der linksliberalen, von Willy Haas geleiteten »Literarischen Welt«.[1] »Benns Werk ist das einzige, das den privaten Weltschmerz der expressionistischen Eskapade überwunden hat und zur Realität der mythischen Antithese vorgedrungen ist«, hieß es in der Morgenausgabe des »Berliner Börsen-Courier«.[2]

Wie viele andere Kollegen war Max-Hermann-Neisse ein Bewunderer Benns. Jedoch nutzte er seine lobende Rezension der »Gesammelten Prosa« zu einem extrem kritischen Seitenhieb auf Johannes R. Becher und Egon Erwin Kisch: »Es gibt auch in dieser Zeit des vielseitigen, wandlungsfähigen Machers, des literarischen Lieferanten politischer Propagandamaterialien, des schnellfertigen Gebrauchspoeten, in ein paar seltenen Exemplaren das Beispiel des unabhängigen und überlegenen Welt-Dichters [...]. Es gibt Gottfried Benn.«[3] Mit den »literarischen Lieferanten politischer Propagandamaterialien« oder den »Salontirolern des Propagandabuntdrucks« zielte Herrmann-Neisse auf die bekannten und erfolgreichen kommunistischen Autoren. Benn war an dieser Funktionalisierung seines Werks unbeteiligt, doch wurde er unversehens zum Katalysator von Richtungskämpfen innerhalb des sozialistischen und kommunistischen Lagers, ja mehr noch: Er war ohne sein Zutun zu einem »repräsentativen Antagonisten der marxistisch orientierten Schriftsteller, des Streites um die Position der Intellektuellen in der Weimarer Republik« geworden.[4]

Der Herausgeber der »Neuen Bücherschau«, Gerhart Pohl, arbeitete mit einem fünfköpfigen Gremium zusammen, dem außer Herrmann-Neisse auch Egon Erwin Kisch und Johannes R. Becher, den Döblin einen »Kommunistenhäuptling« nannte, angehörten.[5] Sie fühlten sich durch die abschätzigen Anspielungen natürlich provoziert und reagierten wie vermutlich gewünscht und voraussehbar mit Austritt aus der Redaktion.[6] Ihre Entscheidung wurde sicher durch die Tatsache beeinflußt, daß die KPD gerade ihre »ultralinke Wendung« vollzogen hatte. Sie griff in der »Linkskurve«, ihrem neuen Publikationsorgan, die bürgerlichen Schriftsteller der Linken, also etwa Döblin, Tucholsky und Toller, verstärkt an. Solche bürgerlichen Intellektuellen könnten lediglich die »Geburtshelfer« einer neuen proletarischen Literatur und Kultur sein.[7] Dabei neigte Max Herrmann-Neisse selbst zu einem intellektuellen Linksradikalismus wie etwa George Grosz, John Heartfield oder Franz Jung. Sie zielten auf eine revolutionäre Kollektivkunst des Klassenkampfes.[8] In der »Roten Fahne«, dem Organ der KPD, wurden die Positionen dieser Autoren jedoch kurzerhand als anarchistisch abgetan. Die kunstkritischen Auffassungen des Spätexpressionismus, des sowjetischen Proletkults und des Dada galten als »Kunstanarchismus«.

Pohl erläuterte die Vorgänge um den Rücktritt in der nächsten Nummer der »Neuen Bücherschau« in einem grundsätzlichen Artikel »Über die Rolle des Schriftstellers in dieser Zeit«, verteidigte die Stellungnahme Herrmann-Neisses und wendete sich gegen jede Zensur in seinem Blatt. Kisch antwortete in einem offenen Brief auf die Anwürfe. Als KPD-Mitglied habe er einen lebendigen Zusammenhalt mit der aufstrebenden Klasse des Proletariats, der ihm dazu verhelfe, die kapitalistische Scheinwelt von der wirklichen Welt zu unterscheiden. Und so, wie Pohl und Herrmann-Neisse Benn benutzten, um den KPD-Einfluß in ihrer Redaktion zurückzudrängen, nutzte nun wiederum Egon Erwin Kisch die Gelegenheit, um den Angriff auszuweiten und Benn als Person zu diffamieren. Er bezog sich auf einen Bericht, den Benn vor mehr als einem Jahr über die Erschießung Edith Cavells im »8-Uhr-Abendblatt der Nationalzeitung« veröffentlicht hatte.

Die achtundvierzigjährige englische Krankenschwester war während des Ersten Weltkriegs im besetzten Brüssel geheime Leiterin einer Fluchthilfeorganisation gewesen, die versprengte britische und französische Soldaten sammelte, pflegte und über Holland zu ihren Einheiten zurückführte. Mehr als dreihundert Männer konnten so den Krieg auf der gegnerischen Seite weiterführen und »in unsere Linien hineinmähen«, wie Benn schrieb.[9] Ein deutsches Kriegsgericht verurteilte Edith Cavell und ihre Helfer zum Tode. Die Zurückweisung von Gnadengesuchen und die Hinrichtung am 12. Oktober 1915 wurden von der Weltöffentlichkeit wahrgenommen und beherrschten bald die Kriegspropaganda der Alliierten. Die Entrüstung schlug hohe Wogen, weil es sich um eine Frau handelte, die erschossen wurde. Benn beobachtete den Prozeß und wohnte der Exekution als diensthabender Arzt bei. Sein Bericht erschien anläßlich der umstrittenen Aufführung eines amerikanischen Spielfilms über Edith Cavell, und er läßt keinen Zweifel daran, daß die Erschießung nach seiner Einschätzung zu Recht erfolgte: »Sie hatte als Mann gehandelt und wurde von uns als Mann bestraft. Sie war aktiv gegen die deutschen Heere vorgegangen und sie wurde von diesen Heeren zermalmt«.[10]

Kisch bezeichnete Benns Essay als »Bericht über den Mord an der Krankenschwester«, an dem der Arzt Benn beteiligt war und den er gutgeheißen hatte. Sein abschließendes Urteil lautete: »Gottfried Benn ist ein in seine krankhaften (schizophrenen) Hemmungen eingesponnener Snob, der keine Ahnung von der Welt hat, aber sie behandelt.«[11] Das war ein besonders gehässiger Schlag gegen Benns Berufsehre als Arzt. Mit der persönlichen Beleidigung schlug Kisch einen Ton an, den Benn für ein typisches Zeichen »linker« Argumentation hielt: Unbeherrscht denunziatorisch, bar jeder Logik und allein einer Parteilinie verpflichtet.[12]

Benn wandte sich im übrigen gegen einen Mythos, dem er durch seine exakte Beschreibung der Hinrichtung den Boden entziehen wollte. Nach dem 12. Oktober war nämlich eine mit »moritatenhaften Spezialeffekten verbrämte Schauergeschichte«[13] in die Welt gesetzt worden. Der Aufmacher der »New York Times« vom 18. Oktober 1915 wußte zu berichten, daß Miss Cavell auf ihrem Wege zum Richtpfahl in Ohnmacht gefallen und am Boden liegend von dem für die Exekution verantwortlichen Offizier durch Kopfschuß getötet worden sei.[14] Vor allem die »monströse Version vom ›Fangschuß‹ auf eine liegende Frau«, die auch schon Thomas Mann in seinen »Betrachtungen eines Unpolitischen« von 1918 kolportiert hatte, rief Benns Kritik und Wunsch zur Richtigstellung auf den Plan.

Kischs ehrabschneidender Angriff zwang Benn zu einem klärenden Kommentar, der zwar ästhetische Auffassungen betraf, gleichzeitig jedoch eine politische Stellungnahme gegen die stalinistische Linke implizierte. Denn kunsttheoretische Positionen wurden immer auch als Ausdruck politischer Überzeugungen gewertet.[15]

Man darf bei dieser Debatte nicht übersehen, daß der Schlag von Kisch und Becher nicht gegen eine einzelne Veröffentlichung oder eine gelegentliche Äußerung geführt wurde, sondern gegen Benns grundsätzliche Haltung, so wie sie in der »Gesammelten Prosa« vorlag. Benn betonte in seiner Verteidigung, die als offener Brief in der Oktober-Nummer der »Neuen Bücherschau« zusammen mit einer Stellungnahme Kischs erschien, daß er sich keineswegs auf die Seite der Herrschenden stelle. Er sei im Gegenteil von »der Widersinnigkeit, der Monstrosität, des Kaos unserer Zeit« überzeugt[16] und seine Kritik an den gesellschaftlichen Verhältnissen sei »antizivilisatorisch, antikapitalistisch«. Und wenn Becher ihn mit dem Begriff »schöne Seele« herabsetzen wolle, dann sage er dazu: Schönheit sei ohne jeden Zweifel ein menschliches Faktum, genau wie Stundenlohnerhöhung oder Klassenkampf ein Teil der Realität.

Benn fand für seine Distanz zur kommunistischen Position klare Worte. Warum sollte jeder, der dachte und schrieb, das im Sinne der Arbeiterbewegung tun? Soziale Bewegungen hätte es immer gegeben, »die Armen wollten immer hoch und die Reichen nicht herunter. Schaurige Welt, kapitalistische Welt, seit Ägypten den Weihrauchhandel monopolisierte und babylonische Bankiers die Geldgeschäfte begannen, sie nahmen 20 % Debetzinsen. Hochkapitalismus der alten Völker, der in Asien, der am Mittelmeer«.[17] Dagegen hätte es aber immer auch die Gegenbewegungen gegeben, und man dürfe sich nach dreitausend Jahren dem Gedanken nähern, das Ganze sei weder gut noch böse, sondern rein phänomenal. Heute lebten die Arbeiter so wie die Reichen vor dreihundert Jahren. Und in dreihundert Jahren wäre das Verhältnis wieder das gleiche, das sei ein funktioneller Prozeß der menschlichen Gesellschaft. Es sei deswegen richtiger und radikaler, die Menschheit zu lehren: »Wer Geld hat, wird gesund, wer Macht hat, schwört richtig, wer Gewalt hat, schafft das Recht.« Man brauche übrigens nur nach Rußland zu schauen: Dort handele es sich um einen »reinen Umschichtungscharakter der neuen Machtlage bei gleichgebliebener imperialistischer und kapitalistischer Tendenz«.[18]

Diese Überzeugung erklärt, warum Benn die Krise und Auflösung der Weimarer Republik und die Folgen in den Jahren 1933 und 1934 nicht mit moralischen Maßstäben maß, sondern diesen Übergang als einen notwendigen Schritt der Geschichte begriff, über dessen Bedeutung kein Nachdenken lohnte. Zwei Motive bestimmten das Denken Benns mehr und mehr und wurden von ihm immer wieder formuliert, nämlich die Gewalt und Sinnlosigkeit der Geschichte sowie die irrationale Dynamik historischer Prozesse.

Zu diesem Zeitpunkt standen der wachsenden Anerkennung als Dichter Benns extrem beengte Lebensverhältnisse gegenüber: Er mußte auf den Pfennig achten. Der wirtschaftlichen Misere konnte er jedoch für kurze Zeit dadurch entfliehen, daß er seine Praxis schloß und das großzügige Angebot eines Patienten, des Kunsthändlers Zatzenstein, annahm, ihn im Auto nach Frankreich zu begleiten.

Franz Zatzenstein (1897-1963) stammte aus Hannover.[19] Sein Vater war Arzt und Mäzen des dortigen Kunstmuseums. Seine Mutter kam aus einer jüdischen Bankiersfamilie. Zatzenstein heiratete 1920 Mara Matthiesen, änderte seinen Namen in Zatzenstein-Matthiesen und begann eine Karriere als Kunsthändler in Berlin durch den Ankauf von Kunstsammlungen des hannoverschen Welfenhauses. Das Startkapital von »mehreren hunderttausend Mark« lieh der Zwanzigjährige von einem Onkel. Für die Jahre 1924 bis 1929 sind Verkaufsausstellungen von Toulouse-Lautrec, Daumier, Manet und Leibl der Galerie Matthiessen in der Fasanenstraße bezeugt. Internationale Reputation erreichte Zatzenstein als Berater der Sowjets in Kunstfragen. Er vermittelte den Verkauf der Schätze der Hermitage durch Stalin an die National Gallery in Washington, wo sie den Grundstock der Mellon Collection bildeten. Zatzenstein war für seine Großzügigkeit bekannt, als Millionär führte er ein »profligate life«, wie sein Sohn sagt, er besaß einen großen Wagen der Marke »Hispano-Suiza« und beschäftigte einen Chauffeur. Im Jahre 1932 verließ er Deutschland und eröffnete in London eine Gemäldegalerie. 1929 lud der junge Mann seinen Arzt auf eine dreiwöchige Autoreise ein. Die beiden bereisten vor allem den französischen Südwesten. 1950 erinnerte sich Benn: »Wir fuhren in seinem großen Horch von Berlin über Paris, Biarritz nach Spanien, aber vor allem in Südfrankreich herum und in den Pyrenäen. Es waren Geschäftsreisen. [...] Reisen, die ich mir nie selber hätte leisten können – unvergeßliche Tage am Atlantik, in den Monts Maudits und an der Méditerranée.«[20]

Man hielt sich in Paris auf, in der Redaktion am Boulevard St. Germain besuchte Benn Nino Frank, den Herausgeber von »Bifur«, einer avantgardistischen, international ausgerichteten literarischen Zeitschrift, zu deren Mitarbeitern James Joyce und William Carlos Williams zählten. Benn beriet den Herausgeber vom Frühjahr 1929 bis etwa Ende 1930 und empfahl als deutsche Mitarbeiter Rudolf Kayser, den Redakteur der »Neuen Rundschau«, dazu Loerke, Heinrich Mann, Döblin, Brecht und Kafka. Besonders setzte er sich für den »Heeresbericht« von Edlef Köppen ein. Über Karl Kraus, »le pauvre monomane«,[21] oder Siegfried Kracauer war er sich mit der Redaktion nicht einig – und stellte seine Mitarbeit ein, als die Zeitschrift wegen finanzieller Schwierigkeiten in die Hände der Kommunistischen Partei Frankreichs überging.

Die dürftige Existenz in der Belle-Alliance-Straße geriet mehr und mehr in Gegensatz zu Benns Integration in den Berliner Literaturbetrieb. Ein Beleg dafür sind die zahlreichen Rundfragen, zu deren Beantwortung er wie andere renommierte Autoren eingeladen wurde. Rundfragen erfreuten sich großer Beliebtheit, und Willy Haas ließ diese erfolgreiche journalistische Praxis etwa für die »Literarische Welt« nicht abreißen. Ihn interessierte, ob »Dichter produktive Eindrücke von ihren Reisen empfingen«, das »Berliner Tageblatt« erkundigte sich nach der Bedeutung von Aufträgen für Schriftsteller, die »Vossische Zeitung« fragte nach dem Echo aus der Leserschaft. Die »Berliner Börsenzeitung« sammelte im August die Antworten auf einen Aufsatz des Literaturkritikers Peter Hamecher, der auf Benns Essay »Kunst und Staat« Bezug genommen und zitiert hatte: »Kunst aber ist ein isoliertes Phänomen, individuell unfruchtbar und monoman. Das bestimmt seinen Rang.«[22] An dieser Umfrage beteiligten sich Walter von Molo als Präsident der Sektion für Dichtkunst der Preußischen Akademie der Künste, Heinrich Lilienfein als Vorsitzender der Deutschen Schillerstiftung, Alfred Richard Meyer, der Verleger von Benns ersten Büchern, als Geschäftsführer der Notgemeinschaft des Deutschen Schrifttums, außerdem Heinrich Mann, Else Lasker-Schüler, Alfred Mombert und Wilhelm von Scholz. Die Frage nach der wirtschaftlichen Situation der Schriftsteller bestimmte auch Hamechers Erörterungen: »Wer unter die Schreibenden geht, muß wissen, daß er schweres Los auf sich nimmt. Nur das Nützliche hat Kurswert, zumal in einer Zeit des absoluten Nützlichkeitsdenkens, und nur das Sensationelle wird bezahlt, [...] besonders in den Tagen herrschender Massenverflachung.« Der Lyriker, der ja »ohne Zusage an die Masseninstinkte« arbeite, habe natürlich keinen Erfolg. Ohne Erfolg sei jedoch die wirtschaftliche Lage des Schreibenden »grauenvoll«.[23]

Benns Stellungnahme war kurz und sarkastisch. Es sei unklar, wer überhaupt Unterstützung verdiene, wer sie verteile und woher sie genommen werden sollte. Unterstützten nicht eigentlich die Künstler mit ihren Steuern den Staat? »Der Staat mit seinen drei Millionen Arbeitslosen, ewigen Parlamentsauflösungen, Krisen, Parteipalaver, Zollzänkereien, zwei Fahnen, drei Religionen, mit seiner obligaten Fortschrittsideologie, seiner notorischen Traditionsfeindschaft – wir müssen ihn unterstützen! Mäcene? Für etwas so Kursloses wie Dichtung? [...] Lassen Sie alles beim Alten! Lassen Sie die Dichter hungern, mögen sie ihre Armut kostbar machen!«[24]

Benn charakterisiert die wirtschaftliche und politische Situation zum Ende der Weimarer Republik. Woher sollte die Besserung der Situation kommen? Männern, die sich ein Schild um den Hals gehängt hatten: »Nehme jede Arbeit an«, begegnete man auf Schritt und Tritt. Die Frage, ob den Arbeitslosen in der Form einer Fürsorge oder durch eine Versicherung geholfen werden sollte, wurde mit dem Gesetz vom 7. Juli 1927 durch das Versicherungsprinzip entschieden. Die umstrittene Bedürftigkeitsprüfung entfiel, jeder unfreiwillig Arbeitslose besaß von nun an ein gesetzliches Anrecht auf Hilfeleistung. Rund 16,5 Millionen Deutsche konnten von dieser Regelung profitieren.[25] Auch eine Reform der Beamtenbesoldung wurde durchgesetzt: 18-25 Prozent betrug die Gehaltserhöhung.[26] Diese Großzügigkeit konnte nicht gutgehen. Am 14. November 1928 warnte Stresemann vor der sich ankündigenden Gefahr: »Wenn einmal eine Krise bei uns kommt und die Amerikaner ihre kurzfristigen Kredite abrufen, dann ist der Bankrott da. Was wir an Steuern erheben, geht bis an die Grenze dessen, was ein Staat überhaupt tun kann. Wir sind nicht nur militärisch entwaffnet, wir sind auch finanziell entwaffnet. Wir haben keinerlei Mittel mehr.«[27]

Weniger als ein Jahr dauerte es, bis der Sturm begann. Am 24. Oktober 1929 löste der Börsenkrach in New York die Wirtschaftskrise aus. Im Haushaltsjahr 1928/29 verzeichnete die Reichsanstalt für Arbeitslosenversicherung bereits ein Defizit von fast einer halben Milliarde Mark. Die Parlamentsauflösungen, von denen Benn spricht, folgten einander in kurzen Abständen: Innerhalb von fünf Jahren, vom Januar 1925 bis zum März 1930, gaben die Kabinette Luther, Marx, Müller und Brüning einander die Klinke in die Hand.

Neues Medium Rundfunk

Trotz dieser hoffnungslosen Situation kämpften jedoch auch die Künstler entschieden um Anteile an gesellschaftlicher Macht. Die Literatur war ein Teil der politischen Lager und ihrer antagonistischen Positionierung. Der Lyriker konnte mit seiner Produktion nichts mehr verdienen, der Romancier beherrschte den Markt, weil er sich auf zeitaktuelle Themen einlassen konnte. »Wo gibt es heute Literatur? Nur dort, wo sie sich mit der Industrie verbinden läßt. Wenn sich Dichter zusammenfinden, spottet man. Ihre Abgesondertheit scheint hochmütig und hinterweltlich.«[1] Oskar Loerke faßt mit dieser Tagebucheintragung vom 31. Dezember 1929 die gesellschaftliche Randexistenz des Gedichts in der literarischen Öffentlichkeit Ende der zwanziger Jahre zusammen und nimmt damit auch Bezug auf die Kontroverse innerhalb der Akademie der Künste, deren Sekretär er seit dem Erlaß des Ministeriums vom 31. Januar 1928 war. Die dort geführte Diskussion, ob die Sektion Dichtkunst eine Vereinigung von »Schriftstellern« oder von »Dichtern« sein sollte, war im Grunde kein ästhetisches, sondern ein politisches Problem. Denn an der Antwort auf diese Frage schieden sich die völkischen Dichter von den Anhängern der Republik.

Ähnlich wie Benn führte Loerke eine gespaltene Existenz: Als Lektor des S. Fischer Verlages bestritt er seinen Lebensunterhalt mit einer Tätigkeit, die ihm zuwenig Raum für die eigene literarische Produktion ließ. Loerke war mit Benns Werk gut vertraut und schätzte es sehr: »Ganz hingerissen Benns Gedichte am Abend gelesen.«[2] Mitte 1930 lernten sich beide persönlich kennen. Benn stand dem kranken Loerke als Arzt bei, man traf sich bei Benn in der Wohnung, der Aufsatz »Der Aufbau der Persönlichkeit« wurde gemeinsam für das Erscheinen in der »Neuen Rundschau« im Oktober 1930 redigiert.

Bereits im März des Vorjahres war Benns lyrische Prosa »Urgesicht« in der »Neuen Rundschau« erschienen, und im April 1930 konnte er in derselben Zeitschrift den Essay »Zur Problematik des Dichterischen« unterbringen, den er nach der Lektüre von Thomas Manns Vortrag »Reaktion und Fortschritt« begonnen hatte. Benn wollte sich auf die ideologische Unterscheidung von Dichter und Schriftsteller gar nicht einlassen, sondern »das Dichterische [...] als Phänomen von primärem Charakter innerhalb des biologischen Prozesses« bestimmen.[3] Er wiederholte seine Abneigung gegen die »technisch-melioristische Weltanschauung« der politischen Linken, die eine Kunst verlangte, die ihr »die Zeit vor der Erfüllung ihrer wirtschaftlichen Hoffnungen vertreibt«.[4] Dagegen setzte er seine These von der künstlerischen Größe, die in den historischen Prozeß sowieso nicht eingreife, da der Dichter »a priori geschichtlich unwirksam, rein seelisch phänomenal« sei.[5] Die Größe des Künstlers bestünde gerade darin, keine sozialen Voraussetzungen zu finden und die archaischen, vorbewußten Mysterien des menschlichen Ursprungs zu verkörpern.

Und ein halbes Jahr später, in der Novembernummer der »Neuen Rundschau« 1930, schloß er an seine These, daß »das Gehirn nicht das kleine Praktikum der Aufklärung« sei, an und faßte in einem großangelegten Überblick den Stand der Überlegungen zum »Aufbau der Persönlichkeit« zusammen.[6] Er wandte sich gegen die Anschauung des 19. Jahrhunderts, daß die biologische Fundierung der Persönlichkeit ein zerebrales, hirnphysiologisches Problem sei. Die Medizin habe die moderne Konstitutionslehre entwickelt, die das körperliche Gepräge der Gesamtpersönlichkeit ins Spiel der Forschungen brachte. Das vegetative Nervensystem trüge die Persönlichkeit ebenso wie das Blutdrüsensystem mit seinem Hormonkreislauf, zudem sei die Persönlichkeit erbbiologisch festgelegt. Und mit der Freudschen Auffassung, daß wir die Reste und Spuren früherer Entwicklungsstufen in unserem Organismus trügen, sei der Schichtungscharakter der Seele, ihr geologisches Prinzip, benannt.

Man darf das Gewicht dieser Veröffentlichungen in einem so namhaften Organ wie der »Neuen Rundschau« nicht unterschätzen: Schon der Publikationsort gab den Aufsätzen eine größere Geltung, obwohl ihre Inhalte nur den wenigsten verständlich gewesen sein dürften. Es handelte sich um geschichtliche Rundumschläge, angereichert mit den Zitaten wissenschaftlicher Koryphäen, wobei Benn auf einen argumentativ lückenlosen Zusammenhang wenig Wert legte. Die »Neue Rundschau« ist immer noch die »bedeutendste und anerkannteste deutsche Monatsschrift«, schrieb er im Juli 1927, »in der jeder Schriftsteller von uns den größten Ehrgeiz hat, gedruckt zu werden«.[7]

Edlef Köppen, dessen »Heeresbericht« Benn empfohlen hatte, arbeitete als Lektor im Gustav Kiepenheuer Verlag, der Benns Werk herausbrachte. 1925 wurde er Mitarbeiter der literarischen Abteilung der »Funkstunde« am Berliner Rundfunk. Deren Leitung übernahm er 1932, wurde jedoch 1933 fristlos entlassen. Köppen forderte Benn zur Mitarbeit beim Rundfunk auf und gab ihm so die Möglichkeit zu Honorareinnahmen mit Vorträgen, deren Gedankengänge ihn ohnehin beschäftigten. Selbstverständlich trug das neue Medium Radio auch dazu bei, den Namen Benns bekannter zu machen, und der Verleger Gustav Kiepenheuer sah es nicht ungern, wenn sein Autor, dessen »Fazit der Perspektiven« im Dezember 1930 auf den Markt kam, durch den Rundfunk mehr öffentliche Resonanz gewann.

Von seinen organisatorischen und sendetechnischen Anfängen 1923 bis zum ersten Krisenhöhepunkt der Weimarer Republik 1929 hatte das neue Massenmedium im Verbund mit der nationalen Rundfunkgeräteindustrie eine millionenfache Öffentlichkeit vor die knisternden Lautsprecher gezogen. Die »Berliner Funkstunde AG« strahlte 1925 eine literarische Rezitationssendung aus, die zum ersten Mal auch Lyrik von Gottfried Benn radiophon »zu Gehör brachte«.[8] Zwei Jahre später durfte sich Benn für eine Dichterlesung selbst hinter das Mikrophon setzen. Eine kontinuierliche, zeitweilig regelmäßige Rundfunkarbeit ergab sich dann durch ein Ereignis, das den neuesten technischen Stand des Mediums vorführte: Die »Berliner Funkstunde AG« beteiligte sich 1929 an Fernsehversuchssendungen. Dabei erschien auf handflächengroßen Bildschirmen eigens dafür ausgerüsteter Radioapparate das zumeist unbewegte Bild derjenigen Persönlichkeit, die im Mittelpunkt des Programms stand. Eine solche Bildfunkübertragung kündigte am Abend des 16. August 1929 eine Sendung mit Gottfried Benn an, die dem Gedenken an den verstorbenen Jugendfreund und Dichter Klabund gewidmet war. Diese »Totenrede für Klabund« fand soviel Beachtung, daß sie wenige Wochen nach der Rundfunkausstrahlung auch als Schallplatte erschien. Sie sollte neben einer Rede Thomas Manns den Grundstock zu einer »Lautbibliothek berühmter Persönlichkeiten« bilden.[9] Ein Rezensent spricht von den anerkennenden Urteilen der Hörer und schließt: »Unheimlich nahe ist uns auch Gottfried Benn, wenn er seine erschütternde ›Totenrede für Klabund‹ spricht. Diese herrliche Prosa füllt plastisch den Raum. Was uns das Ohr in diesem Falle übermittelt, kann man nicht einmal lesen. Die Schallplatte wird zum Kulturdokument.«[10] Derselben Meinung ist auch die »Literarische Welt«, wenn der Rezensent schreibt: »Die Trauerrede Benns ist in jeder Hinsicht, sprachlich und stimmlich, wie inhaltlich, von einer großartigen Reinheit und Trauer. Diese preußische Stimme zittert nicht – sie bleibt immer gleichmäßig in der Stimmlage der schmerzlichen Resignation über das Unwiederbringliche. Das ist wohl die ergreifendste Sprechplatte, die es überhaupt gibt.«[11]

Benns Rundfunkarbeiten von 1929 bis 1932 entstanden alle unter der Ägide des Intendanten Dr. Hans Flesch (1896-1945). Er stammte aus Frankfurt am Main und hatte dort das Goethe-Gymnasium, zu dessen Schülern auch Theodor W. Adorno gehörte, besucht. Im Sommer 1919 zog er mit dem »Freikorps Eulenburg« für einige Monate nach Oberschlesien und schloß 1924 sein Studium als Arzt mit einer Doktorarbeit ab, die an der Universitäts-Frauenklinik in Frankfurt am Main entstand. Allerdings hatte er nicht die Absicht, eine Praxis zu eröffnen. Im selben Jahr wurde er der erste künstlerische Leiter des Frankfurter Rundfunks und erwarb sich in kürzester Zeit den Ruf eines einfallsreichen und experimentierfreudigen Programmgestalters, der zeitgenössische Musiker wie Paul Hindemith oder Kurt Weill durch spezielle Auftragskompositionen für das neue Medium interessierte: »Flesch war von hoher Intelligenz. Die Gedanken schienen ihm geradezu zuzufliegen. Sein Wesen durchdrang eine köstliche Vitalität. Zudem war er ein Lebenskünstler von hohen Graden, dessen Charme die Menschen gefangen nahm und dahin brachte, wohin er sie haben wollte.«[12]

Flesch war ein Pionier in allen Rundfunkformen. Im April 1929 wurde er als jüngster Intendant des Deutschen Reiches nach Berlin an die Spitze der größten Sendegesellschaft mit den meisten Hörern und dem meisten Geld berufen. Das bürgerliche und linksliberale Lager begrüßte ihn mit Zustimmung, in der rechten Szene überwog die Ablehnung, denn er habe in Frankfurt »eine üble bolschewistische Diktatur« entfaltet.[13] Flesch wollte den erst fünf Jahre alten Rundfunk systematisch professionalisieren. Über funkgerechte Gattungen war man sich noch nicht einig. Drama und Roman schienen weniger gut geeignet, Lyrik konnte jedoch vom Dichter selbst gesprochen werden. Döblin trat dafür ein, daß der Verfasser lyrischer Dichtung »möglichst selbst spricht, weil er die genaue rhythmische Vorstellung seines Gedichts hat, die kaum ein Sprecher haben kann, und weil er dem Gedicht etwas Persönliches, gleichsam etwas Mutterwärme mitgeben kann«.[14] Für Lyriker bestanden also Aussichten, sowohl als Autoren wie als Sprecher zum Zuge zu kommen. Wenn in den ersten Jahren eine Stimme im Lautsprecher ertönte, dann war sie pathetisch oder dozierend; es wurde vorgetragen und belehrt, rezitiert und deklamiert: Daran muß man sich erinnern, um das Pathos von Benns Sprechweise zu verstehen.

Bei seinen Anstrengungen, ein lebendiges Programm zu gestalten und dazu einen natürlichen Redestil zu fördern, suchte Flesch nach Verbündeten. Zum 1. Oktober 1929 teilte er der Öffentlichkeit eine wichtige Personalentscheidung mit: Edlef Köppen wurde Leiter der Literarischen Abteilung. Der Rundfunk war in Deutschland aus privatwirtschaftlicher Initiative, aber mit staatlicher Konzession, gegründet worden. Das Innenministerium, die Länderministerien und die Reichspost waren beteiligt und konnten Einfluß nehmen. Hingegen unterlagen die Literaturredaktionen nur eingeschränkt der Kontrolle durch die Überwachungsausschüsse und konnten sich freier äußern. 1926, als Hans Bredow Rundfunkkommissar des Reichspostministeriums wurde, stand das Medium Rundfunk praktisch unter staatlicher Verwaltung und wurde von politischer Zensur durch Ausschüsse und Kulturbeiräte bestimmt. Ab 1929 deutete sich eine demokratische Reform unter Zurücksetzung der Zensur an, aber dieser Versuch war schon im Sommer 1932 gescheitert: Eine staatsautoritative Neuordnung führte zu einem nationalkonservativen Programmzuschnitt.

Im August 1932 forderte ein anonym bleibender »Leiter einer großen Bibliothek in Mitteldeutschland« im »Berliner Tageblatt« den Zusammenschluß aller republikanischen Kräfte. Die nationalsozialistische Bewegung habe sich auf die Übernahme der Macht planmäßig vorbereitet. »Alle Ministerien sind fix und fertig ausgearbeitet, jeder erprobte Anhänger hat sozusagen seinen Mobilmachungsbefehl zu Hause liegen und weiß genau, was er im Falle der Übernahme der Macht, legal oder illegal, zu tun hat. Von jedem höheren Beamten in den Ämtern und in den Ministerien steht fest, ob er gefährlich ist oder nicht, und wer zu verschwinden hat.«[15]

Diese richtige Einschätzung der Situation galt auch für den Rundfunk. Am 31. Mai 1932 öffnete die Regierung Papen die Programme für Werbesendungen zur Reichstagswahl auch für die NSDAP, nicht aber für die KPD, und richtete sich eine »Stunde der Reichsregierung« ein. Die völkisch-nationale »Berliner Tageszeitung« forderte die neue Regierung auf, ihre staatspolitische Hoheit über den Rundfunk zu nutzen, um die Intendanzen umzubesetzen, damit sich in allen Abteilungen der Geist der nationalen Front bekennen könnte. Im Sommer 1932 eilt der Rundfunk der großen Politik ein halbes Jahr voraus: Er erhält eine neue Ordnung und wird auf Volk, Familie und Deutschtum verpflichtet. Dem neuen Rundfunkkommissar Erich Scholz, der noch im Juli 1932 von der DNVP in die NSDAP wechselte, schienen in den Programmen zu viele Juden und Sozialdemokraten beschäftigt: Am 12. August wurde Hans Flesch, nachdem er vorzeitig aus dem Urlaub zurückkommen mußte, entlassen. Gleichzeitig kündigte die »Funkstunde« auch den Vertrag des Leiters ihrer »Aktuellen Abteilung«: Diese Stellung übernahm nun Arnolt Bronnen.

Benn trat 1929 nur einmal in den Studios in der Masurenallee vor das Mikrophon. 1930 aber wurde sein Radio-Jahr. Im März, Mai und September, im Oktober, November und Dezember war seine Stimme zu hören.[16] Endlich verdiente er ein regelmäßiges Zubrot und blieb in der literarischen Szene präsent. Die »Berliner Funkstunde« vereinbarte Mitte 1930 seine beständige Mitarbeit. Er werde »für geeignet gehalten«, schreibt Benn in einem Brief an Gertrud Hindemith, »monatlich ohne Beanstandung einmal im Radio sprechen zu dürfen«.[17] Und dem Redaktionssekretär einer französischen Zeitung teilte er die Vorzüge der neuen publizistischen Wirkungsstätte mit. Der Rundfunk in Deutschland sei »sehr literarisch und absolut der letzte Schrei«, und das bei einer Bezahlung von 150 bis 200 Reichsmark pro halbstündigem Vortrag.[18]

Zweifellos waren die Aussichten auf solche Honorare ein entscheidender Antrieb für Benns Radioarbeit, denn die »Berliner Funkstunde« stellte mit ihrer überdurchschnittlich guten Bezahlung eine geradezu mäzenatische Nebenerwerbsquelle dar. Die Zeitschrift des »Schutzverbandes Deutscher Schriftsteller« sprach davon, daß »inmitten des allgemeinen Niedergangs, eines Einnahmeausfalls ohne gleichen und einer rückläufigen Konjunktur von nie dagewesenem Ausmaß« der Rundfunk eine »geradezu fantastische Sonderstellung« einnähme. Es sei kein Wunder, daß alle Schriftsteller von ihm »wirtschaftliche Hilfe, Honorare und Stützung der gefährdeten Existenz« erwarteten.[19] Im übrigen sei der Rundfunk wohlhabend, 3.980.000 Teilnehmer zahlten ihre Gebühr von zwei Reichsmark und nur 280.000 Hörer seien »infolge höchster Notlage« von der Zahlung einer Gebühr befreit. Wie groß die Notlage war, läßt sich daraus ersehen, daß der Schutzverband in seiner Zeitschrift auf die »Gratis-Mittagstische im Westen Berlins für bedürftige Mitglieder« aufmerksam machte.[20]

Für Benn hatte die Rundfunkarbeit zudem den Vorteil, seine Essays, die er für den Rundfunk als Originalbeiträge verfaßte, zusätzlich an Zeitungen und Zeitschriften verkaufen zu können. Die Radio-Vorträge »Genie und Gesundheit«, »Der Aufbau der Persönlichkeit« und »Heinrich Mann zum 60. Geburtstag« erschienen im »Querschnitt«, in der »Neuen Rundschau« und in der »Literarischen Welt«.

Dabei nahm Benn für sich in Anspruch, auch im Radio nicht gegen seine geistige Existenz zu handeln. Schriebe er angepaßt, käme er »zu dem Mischmasch des gewöhnlichen Feuilletonisten oder gar des Ministerialrats im Kultusministerium«.[21] Benn begriff den Rundfunkessay als dichterische Ausdrucksform, als suggestive Evokation des »seherischen Moments«. Dieses Bewußtsein, auch vor dem Mikrophon als Dichter zu sprechen, erklärt das oft angespannte Pathos seines Radiosprechstils dieser Jahre. Denn die Redakteure glaubten, durch eine übertriebene Rhetorik die Aufmerksamkeit der Hörer besser fesseln zu können: »Man hört im allgemeinen lieber den Autor selber, weil die besondere Klangfarbe seiner Stimme immer noch etwas Persönliches hinzufügt und eine eigene Verbindung zum Hörer schafft.«[22]

Im Mai 1930 hörte Paul Hindemith[23] im Radio den Vortrag »Können Dichter die Welt ändern?« und setzte sich unmittelbar danach mit Benn in Verbindung.[24] Hindemith war von Benns Haltung fasziniert, wenn er von der Ablehnung eines Dichtertyps hörte, »der beim Bankett neben dem Minister sitzt, die Nelke im Frack und fünf Weingläser am Gedeck«. Benn entwarf als Selbstbeschreibung ein Gegenbild desjenigen, »der weiß, daß der schuldlose Jammer der Welt niemals durch Fürsorgemaßnahmen behoben, niemals durch materielle Verbesserungen überwunden werden kann. Hygienische Wunschräusche kurzbeiniger Rationalisten: hab' Rente im Herzen und Höhensonne im Haus.«[25]

Zusammen mit Bertolt Brecht hatte Hindemith eine neue, politische Form des Musiktheaters ausprobiert: Das »Lehrstück« wurde beim Baden-Badener »Fest der Neuen Musik« im Juli 1929 uraufgeführt. Während Hindemith didaktische Konzepte verfolgte und neue Hörgewohnheiten zu etablieren suchte, wollte Brecht eine gesellschaftliche Haltung propagieren, die zur politischen Aktion führen sollte. Hindemith sah seine pädagogischen Absichten in klassenkämpferische Posen entgleiten.[26] Es kam unter anderem zum Zerwürfnis wegen der Rigidität, mit der Brecht aus politischen Gründen auf bestimmten Textstellen bestand. Die Auseinandersetzung nahm schärfere Formen an, so daß der Verlag Schott das Werk 1930 aus dem Handel zog.[27] Anfang Juli desselben Jahres sandte Hindemith ein Exemplar seiner Oper »Cardillac« als Aufmerksamkeit an Benn mit der Bitte um einen längeren Text, den er vertonen könnte. Diese Aufforderung beflügelte Benn, und zu Ende des Monats brachte er den ersten Entwurf von »Das Unaufhörliche« auf den Weg: »Der Name soll das unaufhörlich Sinnlose, das Auf und Ab der Geschichte, die Vergänglichkeit der Größe und des Ruhms, das unaufhörlich Zufällige und Wechselvolle der Existenz schildern, vielmehr lyrisch auferstehn lassen.«[28]

Hindemith war angetan, schlug Veränderungen vor, und während des Winters 1930/31 ging die gemeinsame Arbeit zügig voran. Benn hatte klargemacht, daß das Werk »kein Lehrstück«[29] werden würde, Hindemith sprach von einem »Oratorium« und komponierte die mehr oder minder fertigen Textteile, sobald er sie erhielt: Die fünf Sätze des ersten Teils, die »Das Unaufhörliche und seine Macht« darstellten, lagen bereits Mitte Februar 1931 fertig vor. Benn schrieb eine Einleitung für die Textausgabe, in der er darlegte, daß wir von der Schöpfung nichts weiter wüßten, als daß sie sich verwandele. Das Unaufhörliche sei ein tragisches, schmerzliches Gesetz, »es will nicht im Wohlstand leben, wo es angenehm ist«: Ein Hieb gegen Brechts Maxime »Nur wer im Wohlstand lebt, lebt angenehm« aus der »Dreigroschenoper«. Benn war sicher, daß dieses Zitat verstanden wurde, denn Brechts Oper war am 31. August 1928 in Berlin uraufgeführt worden, und die Chansons verbreiteten sich in Windeseile. Und Benn legte nach, wenn er »Das Unaufhörliche« als Gegenlehrstück auffaßte, das die Brechtsche Behauptung, erst käme das Fressen und dann die Moral, widerlegte: Nicht »Fraß und Paarung [ist] für den Menschen der Triumph des Lebens, sondern daß trotz alles Geweses unserer Tage um das Materielle, um Komfort, Hygiene, Tempo, Rekord, Überwindung von Raum und Zeit, es innere Leistungen sind, für die wir das Bewußtsein eingeprägt erhielten, für Kräfte der Ordnung und des individuellen Verzichts.«[30]

Hindemith hielt die Einleitung für geglückt, sie mache vieles deutlich, was nicht so ohne weiteres in die Augen springe. Damit meinte er die Abgrenzung gegenüber der marxistischen Linken.[31] Die Konkurrenz zu Brecht ist unübersehbar, Benn hatte sich bei Hindemith an dessen Stelle gesetzt. Am 21. November 1931 fand die Uraufführung des Oratoriums »Das Unaufhörliche« in Berlin durch den Philharmonischen Chor und das Philharmonische Orchester statt: Otto Klemperer dirigierte. Zwei Tage später erlebte das Werk seine südwestdeutsche Premiere in Mainz, kurz danach folgte die dritte Aufführung in Dortmund. Die Vorstellungen stießen beim Publikum auf großes Wohlwollen, vor allem in Berlin, wo Hindemith, Klemperer und Benn Ovationen bekamen.

Benn hatte jedoch eine größere Wirkung erwartet, an Brechts Massenerfolge reichten die Aufführungen bei weitem nicht heran. Die Kritik äußerte sich gedämpft, die »Frankfurter Zeitung« nannte den Text »ein klagendes Lied vom Katzenjammer der vom Daseinsapparat eingestampften Menschen«, er sei streckenweise von kabarettistischer »Schnoddrigkeit.«[32] Anfang 1932 beklagte sich Benn bei dem Indologen Heinrich Zimmer, dem Schwiegersohn Hugo von Hofmannsthals, mit dem er bereits seit 1929 anläßlich seines Hofmannsthal-Nachrufs in Verbindung stand: »Das Oratorium hat mir damals nur Ärger eingebracht, schlechte Kritiken (Musikkritiker!) (›Dichtung ist dies Geseire auf keinen Fall‹) – ›halb dumme, halb freche Poeterei‹ ›misstönende Laute‹ – ›Asphaltstrassennatur‹.«[33] Und Ewald Wasmuth mußte sich anhören: »Die Sache hat mich sehr beschäftigt, die Sinnlosigkeit nämlich, gute Texte für Musik zu versuchen, das geringe Verständnis für Wortkunst, die direkten injurialen Anwürfe der Provinzpresse, der Fehlgriff im Grunde, mich der Musikwelt u Kritik zu stellen, die für mich nicht, für die ich nicht zuständig bin. Hi.[ndemith] will nun dringend mit mir weitermachen, eine Oper, aber ich kann mich nicht entschließen. Die Musik würde doch wieder die Situation äußerlich u. innerlich beherrschen, u. schließlich kann ich ja meine Verse oder Gedanken allein an den Mann bringen ohne Musik.«[34]

Die Zusammenarbeit mit Hindemith hatte Benn in Maßen künstlerische Anerkennung gebracht und auch Einkünfte ermöglicht. Eine richtige Oper, die Hindemith mit ihm schon während der Proben plante, würde vielleicht mehr Erfolg versprechen als ein Oratorium. Im August erwähnte Benn ein neues Thema, das er »W.R.« abkürzte. Damit meinte er den Niedergang der weißen Rasse und das durch die Weltwirtschaftskrise beschleunigte Endstadium der hochindustrialisierten europäischen Zivilisation. Aber Benn kam mit dem Plan nicht voran. Einerseits war Hindemith oft von Berlin abwesend und die alte Zug-um-Zug-Produktion ließ sich nicht wiederholen. Andererseits stellte er an sich selbst sehr hohe Ansprüche, da ihm der Konkurrent Brecht immer im Bewußtsein blieb. Als Hindemith eine »cynische Figur« vorschlug, entwarf Benn sie als den »flachen Intellektualisten, den *Relativisten*, den Nebbich-Typ, der um uns ist«[35]:

> Gesetze! Werte!
> Edel sei der Mensch,
> hilfreich und gut,
> solange es die Verhältnisse gestatten,
> aber wenn ein Umschwung eintritt,
> dann vor allem selber gut essen und trinken
> und abends ein gesunder Schlaf!
> [...]
> Mit einem Wort:
> Die Völker wechseln,
> doch
>
> unaufhörlich
> bleiben die Geschäfte!
> Alles andere ist Tiefsinn,
> ich bin Relativist.[36]

Benn illustriert die historische Entwicklung des Kapitalismus im Übergang von der Land- zur Stadtbevölkerung, »den wir alle empfinden und der uns veranlaßt, sonntags in den Spreewald, in den Ferien nach Thüringen zu fahren, um an den abhandengekommenen Brüsten der Natur zu spielen. 1879: 65% der deutschen Bevölkerung Landbewohner, heute 30%. (Lyrik mit Statistik)«.[37] Die Frage, wie es überhaupt zu den bedrückenden Verhältnissen kommen konnte, unter denen man ab 1929 in Berlin leben mußte, beantwortete Benn durch Schuldzuschreibung an Technik, Rationalismus und einen rücksichtslosen Kapitalismus.

Man brauchte nur die Zeitungen aufzuschlagen, um diese Haltung zu begreifen,[38] unter der auch der Arzt Gottfried Benn litt. Er berichtete in einem Brief an Thea Sternheim vom August 1931: »Bin heute wieder von der Steuer mit Pfändung bedroht, wenn ich nicht sofort 500 M. zahle. Die Leute sind irre, der Staat muss zertrümmert werden. Die *freien* Berufe, die kein festes Einkommen, keine Pension, keine Ferien und keine Bürostunden nach der Uhr kennen, die müssen wieder ran, den verkrachten u. verlumpten Staat zu finanzieren. Nein, da bleibt einem die Spucke weg u. da vergeht einem die Laune.«[39]

Benn drückte damit eine Feindseligkeit gegen die Republik aus, die von vielen geteilt wurde. »Alles versagt«, notierte der Philosoph Karl Jaspers, »es gibt nichts, das nicht fragwürdig wäre; nichts Eigentliches bewährt sich.«[40] Und der Publizist Leopold Schwarzschild spürte allerorten eine »Stimmung, die dir wie ein Pesthauch entgegenschlägt, sechzigmillionenfache Mischung aus Besorgtheit, Unruhe, Müdigkeit, Ratlosigkeit, Widerwillen, Erbitterung und Hysterie«.[41]

Nun hätte die Wut auf die Verhältnisse durch die Einsicht gezügelt werden können, daß es ja nicht nur den freien Berufen schlechtging, sondern allen. Aber etliche Schriftstellerkollegen hatten mit ihren Büchern, Theaterstücken oder Texten für Filme durchaus großen Erfolg, so daß ihnen die allgemeine wirtschaftliche Misere nichts oder weniger anhaben konnte. Am 12. November 1929 erkannte die Schwedische Akademie Thomas Mann den Nobelpreis zu, der mit damals schon bemerkenswerten zweihunderttausend Reichsmark dotiert war. Loerke notierte über den Berliner Literaturrummel: »Alles steht Kopf wegen Thomas Manns Nobelpreis und Erfolg der Buddenbrooks. Das alles hat mit Wirkungen der Kunst nichts mehr zu tun«[42] – eine billige Ausgabe wurde 1929 mehr als 800.000 mal verkauft. Auch Erich Maria Remarques Roman »Im Westen nichts Neues« entwickelte sich zum Verkaufsschlager: Ungefähr eine Million Exemplare konnten abgesetzt werden.

Und es war Wasser auf Benns Mühle, wenn er im »Berliner Tageblatt« die Ankündigung las, daß die Norddeutsche Baugesellschaft eine soeben fertiggestellte Villa im Komponistenviertel Grunewald für 108.000 Reichsmark an den Schriftsteller Lion Feuchtwanger verkauft hatte. Benn schickte die Annonce mit der ironischen Notiz an Hindemith: »Zu einer Zeit, in der man nur immer hören muß, daß es den Künstlern schlechtgeht, ist das doch eine hocherfreuliche Notiz. Die wahre Kunst braucht eben doch nicht zu verzagen. In diesem Sinne immer vorwärts! Ihr Benn.«[43]

Der Neid auf Feuchtwanger ist unüberhörbar, und wenn Benn diesen materiellen Erfolg auch nicht annähernd erreichen konnte, so wollte er doch versuchen, die Chance, die Hindemith ihm bot, zu nutzen. Er stellte sich eine Oper vor, in der eine männliche Hauptfigur die Macht des Staates und der Wirtschaftsordnung zu spüren bekommt. Die tragende Idee bestand in der Erfahrung, »dass alles, was schwach, ohne Kenntnisse, kapitalschwach ist, dem Untergang geweiht ist, in einer Welt, in der *nur* die Macht herrscht, alle Gesetze nur für die Macht gelten u aus ihr bestimmt sind«.[44] Die Eröffnungsszene zeigt einen Gerichtsvollzieher, der Pfändungsmarken klebt, einen Arzt, der das Geld für seine Rechnungen einstreichen will, einen Notar, der sein Resthonorar beansprucht, und die Möbelpacker, die die Wohnung ausräumen. Die Oper sollte mit dem »Lied des Gerichtsvollziehers« beginnen, auf das der »Song der Möbelpacker« antwortet, und im ersten Teil mit der Arie der Hauptfigur schließen:

> Ich habe alles verloren.
> Ich lasse alles hinter mir, nur *die*
> Frage nehme ich mit, nur *die* Frage lege ich
> Jetzt der Welt vor:
>
> »dürfen Sie einen Menschen so zermalmen« –
>
> wozu die ganzen Werte,
> wozu die ganzen Worte,
> wenn der Einzelne weggehauen werden darf
> aus Armut, weil er schwach ist,
> und keine Hand erhebt sich,
> kein Erbarmen,
> was ist das für eine Welt, die sich da errichtet hat
> um uns alle ?[45]

Ein Entwurf spielte in den USA und bestand aus einem Gespräch zwischen einem Kapitalisten, der halbe Erdteile abholzen läßt, um Gummibaumwälder anzubauen, und einem jungen Mann. Der Kapitalist lehnt eine Verpflichtung der Reichen ab, die Armen zu ernähren, und rechnet sein jugendliches Gegenüber zu den »neuen Massen«, die bisher nichts anderes bewiesen hätten, als daß sie fressen wollten: Ausbeutung als Naturgesetz.

Der Jugendliche als Vertreter der »Wohlfahrtswanzen und des Lohntütengebibbers aus dem stinkenden Schrumpfhirn Europas« wird unvermittelt, da er kein Geld will, gefragt: »Also wenn Sie kein Geld wollen, wollen Sie nicht führen?« Und auf die erstaunte Gegenfrage: »Wen führen«, kommt die Antwort: »Die neuen Sklavenstaaten«. Alles, was Europa groß gemacht habe, entstamme den antiken Sklavenstaaten, sie seien das Muster für die neue Welt und ihren Kapitalismus: Neue

Sklavenstaaten würden aufsteigen und Ordnung bringen. »Barbarenkonzerne« würden die Welt beherrschen, und deren Demokratie würde heißen: »Ohne Religions- und Rassenunterschiede die Nilpferdpeitsche über weiße und schwarze Mamelucken.«[46]

In diesen Szenen denkt Benn die Entwicklung des Kapitalismus zur totalitären Weltherrschaft zu Ende. Der Sinn dieses Totalitarismus bestand in nichts als wirtschaftlicher und politischer Macht. Eine Lösung, die diese Entwicklung aufhalten konnte, war nicht in Sicht. Das, was sich an menschlicher Geschichte, an Sozialismus, an Philosophie herausgebildet hatte, war hoffnungslos und tragisch. So blieb nur die heroische Geduld, die alles hinnahm.

Aber Hindemith gefiel der Entwurf nicht, das Thema schien ihm bereits in Brechts »Mahagonny« vorweggenommen. Benn machte einen weiteren Vorschlag und belebte eine Idee, die er in seinem Aufsatz über »Irrationalismus und moderne Medizin« im September 1931 bereits dargelegt hatte. War es bei der herrschenden Wirtschaftslage überhaupt sinnvoll, die Säuglingssterblichkeit zu senken? Sollte man das Leben des Menschen durch Zivilisation, Sozialismus und Technik überhaupt verlängern, wenn die herrschende Auffassung doch darin bestand, daß der Mensch nichts weiter als »ein mit Nasenduschen und Nährklistieren hochgepäppelter Fortschrittsfavorit« war?[47] Benn wollte als Hauptfigur einen idealistischen Arzt einführen, der seinen weltanschaulichen Gegner, einen reinen Materialisten, heilen soll und dadurch in Konflikte gerät.

Hindemith hatte jedoch zu große Vorbehalte. Er schlug seinerseits die Klosterschule St. Gallen zur Zeit Karls des Großen als historisches Thema vor. Benn studierte die Forschungsliteratur und sah Parallelen zu der Unterweisung der Germanen in der römischen Zucht: »Wie aktuell, wie raffiniert, jeder bekommt etwas: Brüning u. Hitler, Mussolini u Göring, welche großartige Combination: die Römlinge u. die Barbaren!«[48] Am 15. September 1932 teilte er Hindemith jedoch mit, daß ihm weder St. Gallen noch Karl der Große nahegekommen seien: »Was Modernes wäre doch besser. In einer Zeit, wo so neue interessante Dinge sich prägen, – historisch sein, ist das gut?«[49]

In dieser Zeit ökonomischer Krisen und gesellschaftlicher Radikalisierung schien Benn ein historisches Thema für eine moderne Oper wenig geeignet, und sein Interesse schlief ein. Hindemith beklagte sich bei dem Verlag darüber, daß Benn einen Vorschuß von tausend Mark einfach behalten habe, ohne etwas zu liefern. Dieser Vorwurf bestand jedoch zu Unrecht, hatte doch Benn dezidierte Vorschläge geliefert, die bei Hindemith keine Gegenliebe fanden. Die Einschätzung des Verlages, der keinen weiteren Text mehr erwartete, stellte sich als zutreffend heraus: »Dieser Mann liebt weder die Menschen noch die Bühne. Solange man mit sich selbst und mit Weltanschauungen ringt und Philosophie treiben will, fehlt einem jene Leichtigkeit und Überzeugungskraft, mit der man vom Theater herunter wirken kann.«[50] Benn konnte nicht über seinen Schatten springen. Ihm fehlte eine gewisse Unverbindlichkeit, um einen populären Operntext mit Couplets und Chansons zu verfassen: Sein innerer Widerstand gegen diese Art der Unterhaltungsdichtung hatte sich durchgesetzt.

Die Regierung Müller stürzte am 27. März 1930 über der Frage, ob man die Beiträge der Arbeitgeber zur Erwerbslosenversicherung von 3,5 auf 4% des Bruttolohns anheben solle. Unter dem neuen Reichskanzler Brüning wurden Neuwahlen für den 14. September ausgeschrieben. Ihr Ergebnis bedeutete eine Katastrophe für die Zukunftsaussichten der Demokratie in Deutschland, denn die Hitlerbewegung erreichte den langersehnten »Durchbruch« bei den Wählern. Die bisherige Splitterpartei NSDAP wurde mit 107 statt bisher 12 Abgeordneten hinter der SPD zur zweitstärksten Partei. Allerdings schien die Plötzlichkeit des Erfolgs auch auf etwas Unseriöses hinzuweisen. »Die ganze historische Erfahrung der Sozialdemokratie sprach gegen Hitler: er erschien als Harlekin, der eben so schnell wieder verschwinden würde, wie er gekommen war.«[51] Und Rudolf Breitscheid beruhigte die Parteitagsdelegierten auf dem elften Parteitag der SPD im Juni 1931: »Ob die Hitlerianer und ihre Führer, zur Macht gekommen, die praktischen Konsequenzen aus ihren so laut vertretenen Ideen ziehen würden, ist zumindest zweifelhaft.«[52] Er unterschätzte den Gegner und seine unverhüllten Vernichtungsdrohungen und begriff nicht, daß Hitler sich des Messianismus bemächtigt hatte, der früher auch die sozialdemokratische Utopie getragen hatte.

Mit energischem Schwung hatte die NSDAP in den letzten vier Wochen vor der Wahl agitiert, es fanden nicht weniger als 34.000 Versammlungen statt. Hitler hielt zwanzig große Reden, und 16.000 Menschen hörten ihn am 10. September 1930 im Berliner Sportpalast. Die NSDAP fungierte zunehmend als interessenübergreifende Partei, und ihre Rhetorik der »Volksgemeinschaft« stand für ein Vaterland, in dem für jeden Deutschen ein Neuanfang durch die Überwindung der Klassenschranken kurz bevorstehe. Die Begriffe »Volk und Gemeinschaft« waren auf der Gefühlsebene hochgradig positiv besetzt.[53]

Benn kritisierte noch im Februar 1933 eine Haltung, die sich mit dem Gedanken beruhigte, die Hitler-Regierung würde nicht lange dauern: »Was für Kinder! Was für Taube! Die Revolution ist da und *die Geschichte spricht*.«[54] Sebastian Haffner weist darauf hin, daß die Frage Ende 1932 nicht mehr hieß: Wird Brüning bleiben, sondern: Wird Hitler kommen? »Und in den Vorstädten, wo das Schießen wieder anging, schossen sich nicht etwa die Brüninganhänger und Brüninggegner, sondern die Hitleranhänger und Hitlergegner tot.«[55] Mit der Wahl vom 14. September 1930 war der antiparlamentarische, autoritäre Staat Verfassungswirklichkeit geworden, mag man auch die Brüningsche Regierungstechnik als »Parlamentarismus mit Artikel 48« euphemistisch umschreiben.[56]

Die Kontroverse mit Werner Hegemann

Am 27. März 1931 feierte Heinrich Mann seinen sechzigsten Geburtstag. Bereits seit Mitte des Monats beschäftigte Benn sich mit einer Würdigung, um die ihn die »Literarische Welt« gebeten hatte. Für ihn war es kein leichtes Unterfangen, denn der zu lobende Autor, der sich für die Novemberrevolution engagiert, nach 1919 die junge Republik verteidigt und 1923 in einem offenen Brief an Reichskanzler Stresemann die Diktatur gefordert hatte, interessierte ihn nicht mehr.[1] Benns Würdigung berief sich auf das literarische Frühwerk um 1900, stellte »Die Göttinnen«, »Die Jagd nach Liebe« und »Die kleine Stadt« auf eine Stufe mit Kleist und Hebbel und begriff Heinrich Mann als einen Nachfahren Nietzsches, von dem er das Artistenevangelium geerbt hatte: »Die Kunst als die eigentliche Aufgabe des Lebens, die Kunst als dessen metaphysische Tätigkeit«.[2]

Wie sollte Benn jedoch mit dem Problem umgehen, daß er die politische Position des Jubilars nur schlecht ausklammern konnte? Die Entwicklung Heinrich Manns zum politischen Erzieher der Nation empfand er als einen Abfall vom Artistenevangelium. Er leugnete daher »die Wendung zu den forensischen, den sozialen, den publizistischen Themen« nicht,[3] strich jedoch heraus, daß die revolutionierende literarische Bedeutung des Frühwerks von politisch interessierten Kreisen zu sehr verschwiegen worden sei. Auch stellte er die provozierende Frage, ob Heinrich Manns »weltanschauliche Neigungen« überhaupt politisch oder nicht vielmehr episch seien? Denn selbst da, wo Mann sich mit Zeitproblemen beschäftigte, entsprängen seine Darstellungsmittel der Spannung eines artistischen Könnens, das es verbiete, die Kunst unter Kollektivbegriffe wie Fortschritt, Pädagogik oder Partei zu stellen.[4]

Die Würdigung erschien am Morgen des Geburtstages. Zwei Tage später druckte die »Vossische Zeitung« diejenige Rede ab, die Benn am Abend des 28. März auf dem Festbankett des »Schutzverbandes Deutscher Schriftsteller« zu Ehren Heinrich Manns gehalten hatte. Drei

Tage in Folge sah Benn sich also im Lichte der literarischen Öffentlichkeit Berlins an der Seite des gefeierten Schriftstellers, und diese Aufmerksamkeit blieb nicht ohne Folgen.

Daß es zu der ehrenvollen Einladung des Schutzverbandes kam, hatte Benn dem Präsidenten Arthur Eloesser zu verdanken. Die Wahl erfolgte natürlich nicht zufällig. Sie fiel auf einen Dichter, der seine Bewunderung für die Kunst Heinrich Manns immer betont hatte und der in den letzten beiden Jahren als Apologet der Kunst gegen ihre Vereinnahmung durch Sozialdemokraten und Kommunisten bekannt geworden war. Neben Kultusminister Adolf Grimme, dem Akademiepräsidenten Max Liebermann und Thomas Mann sprach auch Lion Feuchtwanger, dessen zeitkritischer Roman »Erfolg« von 1930 den Aufstieg der Hitler-Bewegung 1920-1923 in Bayern schildert. Der Roman wurde zum Bestseller, und der »Völkische Beobachter« bescheinigte dem Verfasser, er habe sich einen zukünftigen Emigrantenpaß reichlich verdient.

Benn war also durchaus klar, daß er als Gegengewicht zu Feuchtwanger und zum Ausgleich der politischen Interessen eingeladen worden war. Seine Rede behandelte daher die revolutionäre Rolle, die die Brüder Mann für die deutsche Literatur um 1900 verkörperten. Sie hatten das Rauschnahe und den Verfall gelehrt, der notorisch zur Kunst gehörte.[5] Könnte das deutsche Volk sich nicht vielleicht an ihnen zur Klarheit erziehen? Konnten die Deutschen nicht beginnen, sich an der gemeißelten, alles Maßlose und Unbegrenzte ablehnenden Prosa ein Beispiel zu nehmen? Und Benn steigerte die Bedeutung der Manns für die Deutschen ins Grandiose – konnte dann nicht »ein artistisch so verwandeltes Land« auch die Kunst als die eigentliche Aufgabe des Lebens begreifen?

Benn wußte, daß er mit seinen Ausführungen die Linke brüskierte, indem er Heinrich Manns frühe Dichtungen von seiner gegenwärtigen politischen Rolle und Position trennte. »Ich bin mir natürlich völlig klar darüber«, so pointierte er seine Würdigung, »daß man eine so große Erscheinung wie Heinrich Mann noch nach vielen anderen Seiten auslegen kann, jeder nach seiner Neigung: als Fortschritt, als Bildung, als Pädagogik, als Partei, aber ich sehe ihn am tiefsten beleuchtet, für Jahrhunderte beleuchtet, in diesem Flaubert-Nietzscheschen Licht. Ich feiere also in ihm die Kunst, das Ja über diesen Abgründen, seine strömende, ordnende, schöpferische Lust.«[6]

Wie deutlich ihm die Widersprüchlichkeit seiner Aufgabe vor Augen stand, geht aus einer Bemerkung an Hindemith hervor, dem er am 14. März das Redemanuskript schickte: »Außer Salben und Myrrhentinktur einmal H. *Mann*, gesehen durch Bennschen Lyrismus – ah, wie viel von ihm müßte man vergessen, um ihn *so* zu sehen.«[7]

Am 30. April verlängerte das Kampfblatt der Berliner Nationalsozialisten, »Der Angriff«, die öffentliche Aufmerksamkeit für Benn unter der Überschrift »... wie nicht mehr seit Homer! Bombastisches für einen Bombastischen« mit einer kurzen Kolumne: »Für Heinrich Mann zum 60. Geburtstag sprach Gottfried Benn am 27. März eine Apotheose auf den ›großen Sohn Deutschlands‹ im Rundfunk. Mit unglaublichem Bombast, dem Stil Heinrich Manns angepaßt, verherrlichte Herr Benn diesen ›Großen‹ Neudeutschlands. Was man da zu hören bekam, ist mit nüchternen Worten nicht wiederzugeben. Für die ›gemischte Gesellschaft Berlins‹ mag allein schon der Hinweis des Redners auf die gemischte Rasse dieses Dichterfürsten – deutsch-südamerikanisch-portugiesisch – genügt haben, um die schwülstigen Lobeserhebungen kritiklos hinzunehmen. Wie glücklich müssen wir Deutsche doch sein, daß endlich, endlich nach Jahrhunderten Einer erschienen ist, der unserer Literatur einen Ruck nach oben gegeben hat! Denn darauf ging es doch heraus, was Herr Gottfried Benn sagte: ›Die deutsche Dichtung sah im letzten Jahrhundert nichts gleiches ... Kleist, Hebbel, Nietzsche, nichts gegen Ihn ... wie nicht mehr seit Homer ... die entfaltetste deutsche Sprachschöpfung seit Anfang des Jahrhunderts! ...‹. Wie aussichtslos so ein Wirken ist, haben wir seit Versailles über Locarno und Young erfahren! Daß der Träger dieses ›Wirkens‹ mit seinen schwülstigen und bombastischen ›Werken‹ der Abgott des intellektuellen Berlin, seiner Journaille und seines Funks ist, darf uns fürwahr nicht wundern!« Und auch »Der Vorstoß« machte Benn zum Vorwurf, »sich im peinlich abstoßenden Festesglückwunsch- und Schmeichelrummel um den 60jährigen mit überschwenglichsten Superlativen an die Spitze der diesen umschwärmenden Festredner gestellt zu haben«.[8]

Der Text dieser Rundfunkrede, die Benn am 27. März von 18.30 bis 19.00 Uhr in der »Berliner Funkstunde« hielt, ist nicht erhalten. Deswegen lassen sich auch die Zitate des Artikels nicht nachprüfen, obwohl Benn wahrscheinlich Teile seiner Würdigung aus der »Literarischen Welt« verwendete, wo es heißt: »Die deutsche Dichtung sah in ihrem letzten Jahrhundert seinesgleichen nicht. Vielleicht Ähnliches an Eruptivität großen Stoffs in Kleist, Penthesilea; an dunklen, tragischen Träumen bei Hebbel.« Hier findet sich auch das Bild, daß die Brüder Mann »aus ihrem gemischten Blut« die Kunst »als die hohe geistige Korruption, zu fühlen, was keiner fühlte«[9], formulierten. Der Artikel im »Angriff« packte die Gelegenheit beim Schopf, um mit Heinrich Mann als »Mischling« die politischen Bemühungen um eine deutsch-französische Annäherung zu denunzieren und gleichzeitig ein Argument für die Säuberung des Rundfunks zu liefern, die auch nicht lange auf sich warten ließ.

Was den Nationalsozialisten recht war, war den Kommunisten billig. Sie wollten Benns Ausführungen als einen bewußten Versuch verstehen, den Künstler gegen den Politiker auszuspielen. Am 11. April folgte die entsprechende Replik. Im »Tagebuch« erschien ein Artikel von Werner Hegemann, der nach eigenem Bekunden nie ein Buch Heinrich Manns gelesen hatte.[10]

Hegemann war ein bekannter Architekt und Schriftsteller, der sowohl in Paris an der Ecole des Beaux Arts als auch an der University of Pennsylvania studiert hatte und in München 1908 zum Dr. rer. pol. promoviert worden war. Er fand seine Aufgabe im sozialen Wohnungs- und Städtebau. Während des 1. Weltkriegs lebte er in den USA. In Deutschland zeichnete er von 1924 bis 1933 als Mitherausgeber und Schriftleiter der Zeitschriften »Wasmuths Monatshefte für Baukunst« und »Der Städtebau«. An seinem Anti-Fridericus-Werk, mit dem er sich 1924 als historischer Belletrist einführte, entzündeten sich heftige Debatten wegen des Zerrbildes, als das er angeblich den Preußenkönig präsentiert hatte. Sein wichtigstes Werk aber ist »Das steinerne Berlin« (1930), eine kritische Baugeschichte der Stadt, in der er die soziale Verantwortung des Architekten betonte. Benn wurde also von einer bekannten und respektierten Persönlichkeit angegriffen.

Die Bösartigkeit des Angriffs lag in einer gelungenen Mischung von falschen Behauptungen, verqueren Zitatzusammenstellungen und ironischen Bemerkungen. Die fehlende Argumentation versteckte Hegemann hinter den Namen Döblin, Zweig und Brecht: Diese Autoren meinten, so behauptete er, daß Gottfried Benn mit seinen »Geburtstagsaufsätzen, im Stile vergangener herrlicher Zeiten, die Bedeutung des [...] aktivistischen Politikers sehr herabgemindert, ja gefälscht« habe. Angeblich entdeckte »Döblin in dieser Herabminderung sogar Methode. Gottfried Benn sei seit seiner Auseinandersetzung mit Becher immer weiter ins faschistische Lager gerutscht, und deshalb sei ihm die liberale Politik Heinrich Manns ein Dorn im Auge«.[11]

Nachdem Hegemann das vermeintliche Urteil seiner Autoritäten vorgeschickt hatte, um Benn anzugreifen, wurde dessen Überzeugung von der Wirkungslosigkeit großer Literatur mit einem Zitat verbunden, das das Verhältnis des Menschen zur Natur formulierte: »Der Mensch hat die Natur noch in keiner Sache überwunden, sondern höchstens das eine oder andere Zipfelchen ihres ungeheuren, riesenhaften Schleiers von ewigen Rätseln und Geheimnissen erwischt und emporzuheben versucht.«

Nun wäre eine solche Auffassung vom Verhältnis Mensch und Natur eine Platitude. Der Satz stammte jedoch aus »Mein Kampf«.[12] Hegemann behauptete, daß dieser lyrisch mystifizierende Ton von Benns

»Geistesgenossen« Hitler dem Ton gleiche, in dem Benn die praktische Folgenlosigkeit der Kunstwerke und die geschichtliche Unwirksamkeit des Künstlers postuliere. Die Parallelführung Benn – Hitler wurde so lange durch Zitate weitergeführt, bis Hegemann beim Leser den Eindruck erweckt hatte, Benn und Hitler sprächen über dieselbe Sache, obwohl Hitler in diesem Zusammenhang Dichtung oder Kunst gar nicht thematisiert.

Der Artikel spiegelt die starke Aversion, die Hegemann zu seiner mißgünstigen und bewußt verletzenden Stellungnahme veranlaßte. Rudolf Kayser, der Herausgeber der »Neuen Rundschau«, ein Schwiegersohn Albert Einsteins, hatte Benn als »den größten Lyriker dieses Zeitalters« gerühmt, ein Urteil, das Hegemann anführte und dem er seine eigene Einschätzung entgegenstellte: »Vieles bei Benn – verzeihe mir, lieber Bruder – wirkt auf mich fast wie expressionistisches Rülpsen der Verzweiflung.«[13]

Hegemann wandte sich auch gegen die »psychologische Morbidität«, die Benn als Voraussetzung des Künstlers ansähe. Das hätte allenfalls Sinn für Thomas Mann, dessen »Tod in Venedig« eine »entlarvende Krankheitsanalyse« darstelle. Heinrich Mann jedenfalls sei gesund, davon künde schon »seine vollendete körperliche Erscheinung«.

Zum Schluß des Artikels ließ Hegemann seiner Vernichtungsphantasie freien Lauf, indem er Benn im wahrsten Sinne des Wortes zum Abschuß freigab. Denn wer eine »ungesunde und widerrechtliche Ästhetik« predige, habe »jederzeit Anspruch darauf, mit seiner Ästhetik von einem hungrigen Kriegsopfer oder Arbeitslosen niedergeschlagen, oder von einem vollgefressenen Kriegsgewinnler ausgebeutet zu werden«. Er stelle sich damit außerhalb der deutschen Schriftsteller, ja der Menschheit, er mache sich »vogelfrei«.[14]

Selbst wenn man in Betracht zieht, daß der Ton solcher Debatten in diesen Jahren immer ziemlich drastisch gewesen ist, ist es verständlich, daß Benn sich durch diesen Angriff extrem verletzt und herausgefordert fühlte. Im übrigen hatte er ja nicht als einziger Redner auf diesem Bankett gesprochen. Auch Lion Feuchtwanger als politischer Freund Brechts, Döblins und Hegemanns war zu Wort gekommen, auch seine Rede wurde gedruckt.

Selbstverständlich ließ Benn die Beleidigung nicht auf sich sitzen. Fünf Tage später druckte die »Vossische Zeitung« seine Entgegnung. Er betonte noch einmal, daß er »die Kunst für viel radikaler halte als die Politik«.[15] Außerdem strich er die politische Dimension des Angriffs heraus: Hegemann habe den Schutzverband und Heinrich Mann veranlassen wollen, sich von ihm, Benn, und seiner Rede zu distanzieren. Weit schlimmer aber sei es, ihn dadurch politisch denunzieren zu wollen, daß man seine »Gedankengänge als faschistisch« bezeichne und »Redensarten von Hitler [...] als von gleichem Geist neben die meinen stellt.«[16]

Benn hatte in diesem Falle recht. War der Begriff »Faschist« erst einmal mit seiner Person verknüpft und durch die Autorität der Namen von Brecht, Döblin und Zweig gedeckt, konnte die Zuordnung zu einem politischen Lager trotz aller Richtigstellungen kaum wieder rückgängig gemacht werden. Als schlagendstes Argument warf Benn seinem Widersacher jedoch mangelnde Logik vor. Wie konnte er ein Faschist sein, wenn ihn gleichzeitig »Der Angriff«, die Zeitung der Berliner NSDAP, wegen seines Lobes für Heinrich Mann beschimpfte?

Hegemann nahm Benns Entgegnung zum Anlaß eines weiteren Artikels im »Tagebuch« vom 25. April, und er spielte mit Benn, indem er seinen Aufsatz als Ehrenrettung gegen die »von Bert Brecht und Alfred Döblin ausgesprochene Vermutung, er sei Faschist«, hinstellte. Und wieder brachte er einen angeblichen Zeugen ins Spiel, diesmal Heinrich Mann selbst, der sich »in einem Kreise seiner Verehrer sehr freundlich über meine ›kavalierartige Art zu schreiben‹«[17] geäußert habe.

Mit dieser Behauptung fuhr Hegemann abermals schwerstes denunziatorisches Geschütz auf. Denn wenn sie zutraf, dann konnte sich Benn selbst Heinrich Manns Wohlwollen nicht mehr sicher sein. Die Forschungsliteratur hat sich bis heute gefragt, warum Benn bei aller Verehrung 1933 so leicht Abschied von Heinrich Mann hat nehmen können: Vielleicht spielt die Verunsicherung, die Hegemann durch seine Behauptung bei Benn hervorgerufen haben mag, eine Rolle.

Am Tage der Hegemannschen Attacke griff auch Heinrich Mann zur Feder und versuchte, die Wogen zu glätten. Er sei, so schrieb er Benn, seit der Rede im Schutzverband mit nachhaltigen Dankgefühlen ihm gegenüber erfüllt und empfände die Gesinnung des »Tagebuchs« schmerzlich. Bei dem Bankett des PEN-Club hätte er Hegemann beiseitegenommen: »Er wußte, dass er Sie gekränkt hatte, und schien nicht ohne Reue. Ich halte nicht nur diese, sondern auch andere seiner Hervorbringungen für innerlich verschlagen; ich weiss nie wie viel er will, dass man ernst nimmt. Jedenfalls sagte ich ihm, dass ich nicht zustimmen kann und Sie auf keinen Fall für einen Faschisten halte. Ich glaube nicht, dass ein Faschist große Kunstwerke schaffen könnte. Wenn er es übrigens könnte, hätte ich auch gegen seinen Faschismus nichts.« Der Brief schließt mit einem vagen Angebot einer politischen Verbrüderung gegen den herrschenden Kulturkampf. »Von Ihnen, lieber Herr Doctor Benn, weiss ich, dass sowohl Gefühl als geistige Einsicht Ihnen die Achtung für mich eingeben. Seien Sie überzeugt, daß ich sie herzlich erwidere.«[18]

Benn hat diesen Brief vermutlich mit gemischten Gefühlen gelesen. Denn Hegemanns zweifacher Angriff gegen ihn wurde von Heinrich

Mann durch die Beschwörung einer allgemeinen Gefahr für die Literatur der Weimarer Republik bagatellisiert und der politische Gegensatz, den Benn durch die Einseitigkeit seiner Rede durchaus zum Ausdruck gebracht hatte, in der Aufforderung zum kameradschaftlichen Schulterschluß wieder applaniert. Was sollte Benn also von diesem Schreiben halten? Er war durch Hegemann unter Berufung auf die Urteile von Döblin, Brecht, Zweig und Heinrich Mann in der literarischen Öffentlichkeit gedemütigt worden. Keiner der zitierten Autoren fühlte sich bemüßigt, zu der Instrumentalisierung ihrer Namen öffentlich Stellung zu nehmen. Man mußte also annehmen, daß die Berufung auf diese bekannten »Wappentiere« der Republik mit deren Einverständnis erfolgt war. Diese Situation hätte Heinrich Mann durch ein klärendes Wort in aller Öffentlichkeit beenden können, hatte er sich doch über Benn gefreut, und war er doch mit der Hegemannschen Denunziation nicht einverstanden. Diese Haltung brachte er in seinem Brief schließlich auch zum Ausdruck.

Zu einer öffentlichen Erklärung hätte es zudem bereits im Mai eine gute Gelegenheit gegeben. Denn bei Kiepenheuer erschien die Broschüre: »Heinrich Mann. Fünf Reden und eine Entgegnung zum 60. Geburtstage. Gesprochen von Prof. Dr. Max Liebermann, Kultusminister Adolf Grimme, Prof. Dr. Thomas Mann, Heinrich Mann, Dr. Gottfried Benn, Dr. Lion Feuchtwanger«. Aber Heinrich Mann rückte die Hegemannsche Verschlagenheit nicht zurecht. Er bedankte sich zwar nochmals in einem Brief vom 15. Juni aus Bad Gastein mit weiteren Komplimenten, bei Benn aber konnten private Bekundungen die Kränkung nicht aufheben. Denn schließlich war der ehrabschneidende Angriff öffentlich erfolgt, und dieser hätte angemessen und befriedigend für Benn nur durch eine öffentliche Stellungnahme des Jubilars zurückgewiesen werden können. So aber mußte er den Eindruck gewinnen, Heinrich Mann sei privat eventuell bereit, sich auf seine Seite zu schlagen, sähe dazu aber in der Öffentlichkeit keinen Anlaß. Insofern hatte Hegemann gesiegt.

Benn sah sich im Stich gelassen und mußte zu der Meinung kommen, daß das linke Lager gegen ihn zusammenhielt. Er selbst konnte auf keine Verbündeten setzen. Dieses Bewußtsein, sich als Einzelkämpfer behaupten zu müssen, ist bei Benns Entscheidung für den »Neuen Staat« nicht zu unterschätzen. Die Angriffe von 1929 und die Denunziation von 1930 waren insofern wichtige Ereignisse für ihn, als er sich in diesen Jahren auch zum politischen Essayisten wandelte. Von jetzt an überwog die Prosa seine lyrische Produktion. Die Angriffe von links veranlaßten ihn zur Stellungnahme in angesehenen Zeitschriften oder in der Tagespresse. Das junge Medium Rundfunk ermöglichte ihm Auftragsarbeiten,

Rundfragen verlangten grundsätzliche Einschätzungen der Lage. Benn wuchs in die Rolle des kulturkritischen und politischen Schriftstellers hinein, der die Ansichten des kommunistischen Lagers über Kunst und Literatur bekämpfte.

Die Gelegenheit zur deutlichen Positionsbestimmung ergab sich an Goethes Geburtstag, am 28. August, im Rundfunk. Sein Beitrag in der »Berliner Funkstunde« wurde als »Die neue literarische Saison« angekündigt. Benn fand den Titel unglücklich, er könne sich zur Literatur im Grunde nicht äußern, er sei kein Kritiker. Im übrigen unterschieden sich die neuen Romane kaum von den alten, in den Gedichtbüchern lieferten die Sonnenuntergänge die Themen, und im Drama äußerten sich die neuen Nuancen ausschließlich im Lokalkolorit: »Steht gar in einem Blockhaus auf einem Holztisch eine Whiskyflasche und der rauhen Goldsucherkehle entsteigt der Wollustsong, steht die neue Synthese aus Büchner und Kleist vor uns da.«[19] Gemeint war Brecht, Benn konnte sich einen Seitenhieb nicht verkneifen. Es sei die »Internationale des literarischen Tinnefs«, die in Deutschland in hoher Blüte stünde. Mit dieser Anspielung auf »Mahagonny« leitete Benn zu Sergej Tretjakow über, der im Januar 1931 in der »Gesellschaft der Freunde des neuen Rußland« über »Der Schriftsteller und das sozialistische Dorf« gesprochen und von seinen Erlebnissen auf einem Kolchos im nördlichen Kaukasus erzählt hatte. Tretjakow wollte zeigen, daß die Methoden des bürgerlichen realistischen Romans untauglich geworden seien: »Unser Epos ist die Zeitung.«[20]

Benn referierte die vorgetragenen Thesen von der Mitarbeit des Schriftstellers am sozialen Aufbau und charakterisierte Tretjakow als den »literarischen Tscheka-Typ, der alle Andersgläubigen in Rußland verhört, vernimmt, verurteilt und bestraft«. Gegen die Propaganda für den »neuen russischen Imperialismus«, der im abendländischen Menschen nur die kapitalistische Verfallserscheinung sieht, verteidigte Benn den »tiefen Schriftsteller«, der den Menschen in allen Wirtschaftssystemen als tragisches Wesen begreift. In diesem Essay brach der hochpathetische Ton durch, der sich aus dem Gefühl des Untergangs speiste, das durch die Wirtschaftslage des Jahres 1931 diktiert wurde und gleichzeitig das Dritte Reich mitdachte: »Wenn die weisse Rasse in Europa in der bisher bestehenden wirtschaftlichen und sozialen Form untergeht, dann muss man die Perspektive ändern und die Vorgänge, die auch die jetzige Wirtschaftslage einschließen, in Zusammenhängen denken, die Tausende von Jahren umfassen: Von diesem Blick aus, glaube ich, wird sich das neue Menschheitsgefühl entwickeln, von diesem Blick aus wird der Individualismus ausgebaut, der psychologische und der intellektualistische unsrer Tage, nicht durch das Gekräusel von Literaten und nicht durch soziale Theorien.«[21]

Das Ende der Republik

Wir wissen heute, daß nicht der Untergang der weißen Rasse zu befürchten stand, sondern der der Weimarer Republik. Keine Partei wußte einen überzeugenden Ausweg aus der Krise anzubieten. Gegensätzliche Interessen und einander widerstreitende wirtschaftspolitische Ordnungsvorstellungen standen sich feindlich gegenüber. Zur Jahresmitte 1931 veröffentlichte der renommierte Leipziger Verlag Breitkopf & Härtel ein »Bilderwerk zur Geschichte der deutschen Nachkriegszeit« unter dem Titel »Das Gesicht der Demokratie«. Die Einleitung stammte von Friedrich Georg Jünger, einem Autor der ›konservativen Revolution‹. In seiner Darstellung erschien das Gesicht der Weimarer Republik als eine Fratze und die Demokratie als ein System der Lüge, Schwachheit, Machtlosigkeit, der Korruption und Verelendung. Diese Auffassung war weit verbreitet. Der Parlamentarismus wurde mit beißender Polemik als »Herrschaft der Minderwertigen« bekämpft und als Biertisch höherer Ordnung betrachtet.[1] Carl Schmitt kritisierte in seiner einflußreichen Schrift »Die geistesgeschichtliche Lage des heutigen Parlamentarismus« das parlamentarische System als überholtes ordnungspolitisches Modell des 19. Jahrhunderts: Es könne der modernen Massendemokratie nicht mehr gerecht werden.[2]

Ihren Ursprung hatte diese Kritik in einer eigenen Idee vom Staat. Staat und Volk sollten zu einer Einheit verschmelzen, damit staatliche und gesellschaftliche Interessen keinen Gegensatz mehr bilden konnten. Franz Jung faßte diese Auffassung in die Maxime: »Der korrupte Staat, der Parteienstaat, das ist das System, welches gebrochen werden muß. Darum rufen wir nach dem neuen Staat, der ein starker Staat sein muß, frei von Interessen, gerecht in sich, unabhängig von den Parteien.«[3] Und Arthur Moeller van den Bruck schrieb schon 1923 in seinem berühmten Buch »Das Dritte Reich«: »Hat die deutschen Demokraten noch niemals der Schrecken bei dem Gedanken erfaßt, daß eine liberale Demokratie vielleicht diejenige schicksalbestimmte Form ist, in der das deutsche Volk zugrundegehen wird?«[4] Um die Einheit von Staat und Volk zu erreichen, wurden unterschiedliche antiliberale Staatskonstruktionen propagiert, etwa der Ständestaat (Othmar Spann), der autoritäre Staat (Jung und die konservativen Revolutionäre) oder der totale Führerstaat, den der Nationalsozialismus anstrebte.[5]

Dem stand die Hoffnung der sozialistischen Linken auf eine pazifistische und antikapitalistische Ordnung entgegen. Auch in der Linken hatten sich nach dem Vertrag von Versailles Gefühle der nationalen Empörung durchgesetzt. Die Enttäuschung über das Ausbleiben der sozialistischen Revolution führte dazu, daß etwa Kurt Hiller aus Ressentiment gegen die parlamentarische Demokratie deren erbittertste Gegner, die italienischen Faschisten, positiv bewertete. Der Faschismus sei so ehrlich wie brutal und habe Schwung, Eleganz, Vitalität.[6] Benito Mussolini galt den verzweifelten Demokraten als ein Mann, von dem die Weimarer Republik viel lernen könne. Intellektuelle wie Emil Ludwig und Theodor Wolff pilgerten nach Rom, um dort zu studieren, wie der »Duce« sein Land »führerhaft« regierte.[7]

Benn faßte die Situation in einer Rundfunkrede vom 28. August 1931 so zusammen: »Auch wer nicht weniger radikal als die patentierten Sozialliteraten das nahezu Unfaßbare, fast Vernichtende unsrer jetzigen Wirtschaftslage, vielleicht unsres Wirtschaftssystems empfindet, muß sich meiner Meinung nach doch zu der Erkenntnis halten, daß der Mensch in allen Wirtschaftssystemen das tragische Wesen bleibt, das gespaltene Ich, dessen Abgründe sich nicht durch Streußelkuchen und Wollwesten auffüllen lassen, dessen Dissonanzen nicht sich auflösen im Rhythmus einer Internationale, der das Wesen bleibt, das leidet.«[8]

Deutschland hielt, was die Schreckensnachrichten in Europa anging, im Jahre 1931 einen Spitzenplatz. Es wies die meisten Arbeitslosen, die meisten Freitode, die höchsten Steuern auf. Seine wirtschaftlichen Verluste kannten keinen Vergleich: Die Industrieproduktion war auf 61 % ihres Höchststandes von 1929 gefallen, die Landwirtschaft kämpfte mit Existenznöten, Länder und Kommunen litten unter Finanzkrisen und dem Verlust parlamentarischer Mehrheiten. Die finanziell ausgeblutete Sozialversicherung stand vor dem Zusammenbruch. Ein Klima von Hoffnungslosigkeit und ohnmächtiger Wut über die Misere hatte die Nation erfaßt. Längst befand sich die Mehrheit der Wählerschaft im antidemokratischen Lager. Während Brünings Kanzlerschaft wurden die Beamtengehälter um 25 % gekürzt.[9] Das »Heruntersinken der Menschen in dunkle Not«, wie Käthe Kollwitz es nannte, löste eine Panikstimmung aus, wie sie Deutschland zuvor nicht gekannt hatte.[10]

Mitte des Jahres 1931 brachen die Dresdner Bank und die Darmstädter und Nationalbank zusammen. Um den totalen Kollaps der deutschen Geldinstitute zu verhindern, schloß die Reichsregierung Brüning per Notverordnung alle Banken und Börsen. Benn hatte dafür nur noch den blanken Sarkasmus übrig. Auf einem Scheckvordruck der »Berliner Filiale der Darmstädter und Nationalbank Kommanditgesellschaft auf Aktien. Berlin SW 61« unterstrich er den Namen der Bank mit Rotstift, fügte am Rande der vorgedruckten Formel »Zahlen Sie gegen diesen Scheck aus meinem/unserem Guthaben Reichsmark« ein großes Ausrufezeichen ein und ergänzte den vorgedruckten Satz durch die Wörter: »keine, aber tausend Küsse an Morchen!« Er füllte das Datum 13. VII. 31 an der vorgesehenen Stelle aus und unterschrieb: »Ein treuer Staatsbürger«.[11] Zwei Tage später berichtet er Elinor Büller von der »dicken Luft in der Stadt«, vom Schließen der Theater. Auch bezweifelte er, daß er für den aktuellen Rundfunkvortrag »Die neue literarische Saison« Honorar bekomme.

Zu diesem Zeitpunkt war noch unklar, welche autoritäre Staatsform auf die Liquidierung der Weimarer Republik folgen würde. Die deutschen Machteliten zeigten sich in dieser Frage ebenso uneins wie die Masse der Bevölkerung. Bei dem Ausmaß an Unterstützung für die Nationalsozialisten konnte eine Regierungskrise nur mit ihnen gelöst werden.[12] Zwar brauchte Benn nicht um den Verlust eines Vermögens durch Aktienkursstürze zu fürchten, er lebte von der Hand in den Mund: »Kinder, Kinder, sind das Perspektiven! Mit dem Geld, was man in der Tasche trägt, wird man leben (und sterben) müssen.«[13] Unter diesen Umständen mußte er sich jedoch finanziell noch stärker einschränken. Er leistete sich aber den Besuch der Neger-Revue-Operette »Louisiana« im Deutschen Künstlertheater und bewunderte den Tänzer Louis Douglas, der früher zusammen mit Josephine Baker auftrat. Benn hatte die »Schwarze Venus« bei seinem Parisbesuch im November 1927 in den Folies-Bergère erlebt und eine ihrer Fotopostkarten an den mit ihm befreundeten Maler Emil Stumpp geschickt.[14]

Benn fühlte sich körperlich und seelisch so schlecht, daß er verschiedene Ärzte aufsuchte. Das war allerdings finanziell nur möglich, weil Ärzte einander nach hippokratischem Eid oft kostenlos behandelten. Er wollte zu einer eindeutigen Diagnose seines Zustands kommen, obwohl ihm nicht verborgen blieb, daß es sich um eine Depression handeln mußte: »Wenn es auch nur eine sogenannte ›Neurose‹ ist, ist auch Neurose etwas Tatsächliches und Wirksames und kann einen maltraitieren.«[15] Er verspürte keine Lust auf gesellschaftlichen Umgang und lehnte deswegen eine Einladung von Thea Sternheim mit dem Bemerken ab, »Veranstaltungen, gemeinsamer Meinungsaustausch, Geben und Nehmen« seien ihm fremd.[16]

Sein Arzt Paul S. Fleischmann schlug ihm einen Sanatoriumsaufenthalt vor. Aber woher das Geld nehmen? Aus dieser schwierigen Situation erlöste ihn sein Berliner Freund und Verleger Erich Reiss, »ein Herkules an Freundschaft«.[17] Er nahm Benn im Auto mit und trug den größten Teil der Kosten. Die Freunde verbrachten zehn Tage im vornehmen Hotel »Weißer Hirsch« in Schwarzburg in Thüringen, wo Reiss für sich ein Zimmer mit Bad mietete, das Benn mitbenutzen durfte. Man wanderte, fuhr nach Ilmenau und besuchte die Saalfelder Grotten. Die malerische Landschaft mit ihren Wäldern und jähen Talblicken hatte Goethe zu Gedichten wie »Wanderers Nachtlied« und »Ilmenau« inspiriert, und hier schrieb er 1779 den 4. Akt der »Iphigenie«. Benn nutzte die Zeit, um einen Goethe-Aufsatz für die »Neue Rundschau« fertigzustellen.

Der kurze Erholungsaufenthalt verschaffte ihm jedoch nur wenig Erleichterung, und die Wut über die herrschsüchtige, gottlose »weiße Rasse«[18] und über seine Zeit, in der sich politische Gruppen »mit der ganzen Grausamkeit ihrer Gehirne bekämpfen«, dehnte er auf die Medizin aus. In seinem Artikel »Irrationalismus und moderne Medizin«, der im Dezember 1931 in der »Neuen Rundschau« erschien, prangerte er die Reduktion des Arztberufs auf das Geschäft an. Er verurteilt Begrifflichkeiten wie »Gesundheit als Wirtschaftsgut« und bricht den Stab über die »kapitalistischen Konglomerate«. Sie erwirtschafteten mit Krankheiten ihre Profite nach dem Motto: »Wo du hingehst, da will auch ich hingehn, und wo du verdienst, da will auch ich verdienen.«[19] Mit dieser Parodie auf den Liebessong der Jenny aus Brechts »Dreigroschenoper« drückte Benn seine Verachtung für die Linke mit ihrer »verrotteten Ideologie des Nützlichkeitspositivismus« aus: »Wenn die Produktionskraft einer Rasse offensichtlich nur noch darin bestand, immer periodisch eine neue Zeit mit einem neuen Pathos zu begrüßen, in einer Art Drehkrankheit von Weltwundern, einer Art Bandwurm von frohen Botschaften, wenn sie jetzt dazu überging, das Irrationale, das Vage, den schöpferischen Grund auch nur als neues Geschäft einzustellen in ihre sinn- und ziellose Aufbautherapie – dann fort aus diesem Milieu, dann weg aus dieser Methode des Denkens, die ja eine reine Rentenneurose, in jahrhundertelanger degenerativer Latenz entwickelt, war. Dann über sie das Chaos, der Sturz, das tiefe Verhängnis und alle Panik der Agonie.«[20]

Von der Niederschrift dieser Zerstörungsphantasie Ende 1931 dauerte es nur noch wenig mehr als ein Jahr, bis Reichspräsident Hindenburg am 30. Januar 1933 die neue Reichsregierung ernannte. Benns Bilder von der Notwendigkeit der Zerschlagung einer Demokratie, die ihre Bürger in den Ruin treibt und deren Intellektuelle mit Hilfe einer marxistischen Ideologie den Menschen auf den reinen Lohn- und Rentenempfänger reduzierten, drückten die Hoffnungslosigkeit als Aggressivität gegen den herrschenden Zustand aus, für den keine Änderung zu erwarten war.

In einem Sammelband, in dem neunzig Autoren sich im November 1931 über ihr religiöses Erleben äußerten, spricht Benn über seine Herkunft aus dem Pfarrhaus und seine Abwendung vom christlichen Glauben und dessen Dogmatik. Allerdings lebe er auch heute noch in der Atmosphäre seines Vaterhauses, in dem »Fanatismus zur Transcendenz«, der jeden »Materialismus historischer oder psychologischer Art« als unzulänglich für die Erfassung und Darstellung des Lebens unbeirrbar ablehne. Er sähe diese Transzendenz bei sich ins Artistische gewendet, als Philosophie, als Metaphysik der Kunst.[21]

Die Ablehnung jedes Materialismus historischer und psychologischer Art scheint Benn in der nationalsozialistischen Bewegung gesehen zu haben. Denn sie bezog ihre Argumentation einerseits aus dem Kampf gegen die materialistische Theorie des Marxismus, andererseits aus einem Antikapitalismus, in den sich leicht die Idee eines neuen Menschen hineinlegen ließ, wie überhaupt die nationalsozialistische Ideologie bis auf den krassen Antisemitismus verschwommen und vieldeutig blieb. Alfred Rosenberg formulierte in einer Rede in Danzig am 22. August 1933 vor 100.000 Zuhörern: »Ein neuer Mensch wurde geboren, der heute seine staatenbildende Wirksamkeit entfaltet, ein neuer Menschentyp entsteht, der wahrhaft deutsche Mensch.«[22] Das Schlagwort von der Bekämpfung der »mechanistisch-materiellen Denkungsart«, des »homo oeconomicus als Geld verdienende Maschine« beherrschte die Reden der NS-Parteiführer, und der »Völkische Beobachter« faßte die Problematik in die Maxime: »Die soziale Frage kann durch Tarifverträge und Lohntüten nicht gelöst werden.«[23] Benn hätte diesen Satz unterschrieben. Seine Aussicht für die Zukunft blieb düster, wie er auch am Jahresende 1932 an Gertrud Zenzes schrieb: »Sie wissen u. hören, daß es hier mit uns allen weiter bergab geht, das neue Jahr bringt sicher das Ende in irgendeiner Form.«[24]

Der Erfolg

Die Preußische Akademie 1932

Zunächst bedeutete das neue Jahr für Benn jedoch die nächste bedeutende Stufe auf dem Weg zum Ruhm. Im Januar beantwortete er den Brief eines Verehrers, der ihn nach der weiteren Entwicklung der deutschen Verhältnisse und einer möglichen Wende gefragt hatte. Benn hielt an seiner Auffassung von der Aussichtslosigkeit fest, die das Verhältnis des Individuums zur Geschichte bestimmte: »Dinge und Situationen, aus denen es keinen ›Ausweg‹ gibt, machen uns groß oder sie lassen uns erlahmen. Und aus Dingen ohne Ausweg, ohne anderen Ausweg entsteht beispielsweise Kunst oder auch Religion oder Philosophie.«[1] Er verwies auf seinen Aufsatz »Fazit der Perspektiven« von 1930, in dem er den Aufstieg des Kapitalismus der weißen Völker durch Kolonialismus und technische Entwicklung skizziert hatte. Zwar herrschte die weiße Rasse noch, aber sie hätte die gelbe Rasse an ihren technischen Entwicklungen teilnehmen lassen und damit ihr eigenes Grab gegraben. Auch bestünde für sie das höchste Ziel im genormten Betrieb, an Idealen bliebe nur der Opportunismus von der Börse bis zur Psychiatrie.[2] In diesen Tönen ließ sich auch der Chefideologe der Nationalsozialisten, Alfred Rosenberg, vernehmen: »So werden wir hart, um unsere Sendung zu erfüllen, Pionier zu sein im Kampf des weißen Menschen gegen das vordringende Afrika und das angreifende Asien. Andere Völker werden unseren Spuren folgen, ohne daß wir unser Wesen ihnen aufdrängen werden.«[3]

Dieses Endzeitgefühl, das keinen anderen Spielraum als den des »Entweder-Oder« ließ, trug dazu bei, daß Benn ein Jahr später alles auf die Karte des »Neuen Staates« setzte und alle Hoffnungen an die Änderung der politischen Verhältnisse knüpfte. Denn wenn eine politische Wende die Chance für etwas Neues bot, dann mußte man diesem Ausweg folgen.

Am Abend des 29. Januar 1932 nahm Benn einen Telefonanruf entgegen, der sein Leben veränderte. »Aber machen Sie doch keine Witze mit mir altem Mann«, antwortete er Oskar Loerke, der ihm die Zuwahl in die Preußische Akademie der Künste in Berlin mitteilte: Benn habe sich »ungeheuer« gefreut, notierte Loerke in seinem Tagebuch.[4] Benn hat diese Ehrung offensichtlich tief befriedigt, denn nach den Kontroversen um die Aufgabe und Bedeutung der Kunst, in die er verwickelt worden war, bekam er nun öffentliche Anerkennung im höchsten Gremium, das die Kunst im preußischen Staat vertrat. Heinrich Mann hatte sich zwar nicht entschließen können, mit einer öffentlichen Erklärung für ihn einzutreten, aber als Präsident der Sektion Dichtkunst gab er Benn seine Stimme bei der Zuwahl.

Die Akademie bestand seit 1696, wenn auch die bildenden Künstler lange Zeit unter sich blieben. Zwar waren einige Dichter zu Ehrenmitgliedern ernannt worden – etwa Wieland, Herder und Goethe –, doch erst 1830 kam es zur Angliederung einer Sektion für Musik, und fast ein Jahrhundert verging, bis sich 1926 nach langen Debatten die Sektion für Dichtkunst konstituierte.

Die jüngste Sektion wurde am heftigsten in die ideologischen und kulturpolitischen Kämpfe der Weimarer Republik hineingezogen. Das lag zum Teil an den Statuten, denen die Akademie folgte. Schon vor der Gründung der Sektion kritisierte Arno Holz die Satzung, denn »die so benannte Preußische Akademie der Künste ist nicht eine Preußische, sondern nur eine Berliner Akademie der Künste«.[5] Holz hatte insofern recht, als nur die Berliner Mitglieder Stimmrecht hatten. Für die Sektion Dichtkunst gab es ein zusätzliches Dilemma. Sie war als preußische Staatsinstitution ins Leben gerufen worden, konnte ihrem Wesen nach aber nur bestehen, wenn sie als unabhängiges Gremium die gesamte deutsche Literatur repräsentierte.

Wilhelm Schäfer gehörte mit Erwin Guido Kolbenheyer und Emil Strauß zu den auswärtigen Mitgliedern. Zusammen mit Josef Ponten standen diese Autoren Ende der zwanziger Jahre auf der Höhe ihres literarischen Erfolgs und bildeten den konservativen Flügel. Sie versuchten, die »Preußische« in eine »Deutsche Akademie« umzuwandeln, und forderten, als auswärtige Mitglieder, ein Stimmrecht bei den Zuwahlen. Im Herbst 1927 unternahm Kolbenheyer einen Vorstoß, der die direkten Richtungskämpfe in der Sektion Dichtkunst eröffnete: Er plädierte bei den Zuwahlen für Repräsentanten einer »spezifisch deutsch« empfindenden Kunst und schlug Hans Friedrich Blunck, Paul Ernst, Hans Grimm, Börries Freiherr von Münchhausen und Jakob Schaffner vor. Damit benannte er eine geschlossene Gruppe, die sich gegen eine europäisch orientierte Literatur stemmte. Die Kandidatenliste wurde abgelehnt, und Kolbenheyer soufflierte der Presse, die Akademie sei »linkslastig«, obwohl es in der Akademie keine »linken« politischen Positionen gab.[6] Erst 1928 wurde Döblin gewählt und mit ihm ein Dichter, der die Akademie als eine Institution der Weimarer Republik zu verteidigen suchte. Die Diskussionen über die Frage »deutsche oder europäische«, »nationale oder übernationale« Literatur liefen stets auf einen Dualismus hinaus, der keine Vermittlung zuließ.

Die Kontroversen blieben allerdings auch nicht auf den Kreis der Sektionsmitglieder beschränkt. Ausschußprotokolle, Kommissionsberichte und Korrespondenzen erreichten immer auch die Presse, und die Anteilnahme der Öffentlichkeit wurde durchaus gezielt für die jeweils eigenen Standpunkte eingesetzt. So mußte Walter von Molo als Vorsitzender der Sektion zurücktreten, weil die Zeitungen eine private Äußerung zu einer offiziellen Erklärung der »Deutschen Dichterakademie« aufbauschten.[7]

Auch ließen sich schon antisemitische Töne hören. Auf einer gemeinsamen Tagung der Akademie mit der Reichsrundfunkgesellschaft am 30. September 1929 in Kassel zum Thema »Dichtung und Rundfunk« kam es zu einem Vorfall, der die bisherigen Auseinandersetzungen auf die Spitze trieb. Arnolt Bronnen, der nur als Gast eingeladen war, beschimpfte seine Kollegen. Er warf ihnen vor, sie verwechselten den Rundfunk mit einer Versorgungsanstalt für ausgediente Literaten, und steigerte sich in die Anklage: »In einem Land, in dem sich eine schamlose Zunft verantwortungsloser, dem eigenen Volke entfremdeter, keiner Rasse, keiner Landschaft verhafteter Literaten breit macht (Zwischenruf: Hört! Hört!), mögen Männer aufstehen, die diese Macht lebendig machen von innen heraus: im Dienste der Nation. (Widerspruch).«[8] Börries Freiherr von Münchhausen notierte in sein Tagebuch: »Nein, daß es so viele Juden gibt! Ich schlenderte in der Allee vorm Hotel mit dem greisen Georg Engel, dazu kam bald Ludwig Fulda. Im Foyer begrüßte mich der fette kleine Ernst Lissauer, beim Essen Arnold Zweig, Arnolt Bronnen, Alfred Döblin.«[9]

Am Rande der Tagung ging es auch um Benn. Münchhausen diskutierte mit Ina Seidel die Frage, wer von all diesen Dichterheroen in zwanzig Jahren noch bekannt sein würde. Man stimmte im wesentlichen überein. Ina Seidel bestritt jedoch Bluncks Rang, und Münchhausen lehnte Benn ab: Der erste Hinweis, vier Jahre bevor er Benn in der Öffentlichkeit als Jude denunzieren wird.

Am 13. Oktober 1930 kam es dann zu einem Versuch der nationalkonservativen Gruppe, die Statuten zu ändern und organisatorisch mehr Einfluß auf die Sektion zu nehmen. Und während Oskar Loerke, Walter von Molo und Alfred Döblin noch mit Kolbenheyer, Schäfer, Stehr und Ponten diskutierten, zogen nur einen Steinwurf vom Pariser Platz 4 statt der früheren 12 nun 107 Abgeordnete der NSDAP in braunen Uniformen in den Reichstag ein: Die Septemberwahl hatte deutlich gemacht, wie sehr die Deutschen einen Wechsel der politischen Kräfteverhältnisse wünschten und bereit waren, sich dafür zu engagieren.

Der Machtkampf in der Sektion endete zugunsten der Berliner Mitglieder. Kolbenheyer erklärte seinen Austritt, Wilhelm Schäfer und

Emil Strauß schlossen sich an. Vorher hatte schon Hermann Hesse seinen Verzicht auf die Mitgliedschaft mit seinem Mißtrauen gegenüber der Republik begründet: »Dieser haltlose und geistlose Staat ist entstanden aus dem Vakuum, aus der Erschöpfung nach dem Kriege. Deutschland hat es versäumt, seine eigene Revolution zu machen und seine eigene Form zu finden.«[10]

Heinrich Manns politische Position ließ sich für diese Jahre nur ungenau bestimmen. Sein Bruder Thomas schien einem demokratischen Sozialismus zugeneigt, konnte innerhalb der bestehenden Parteienlandschaft jedoch nicht so ohne weiteres der Sozialdemokratischen Partei zugeschrieben werden. Heinrich verhielt sich in seinen politischen Äußerungen radikaler, jedoch auch abstrakter. Insofern empfahl er sich nicht als jemand, der bestehende Konfrontationen in einen Kompromiß überführen konnte. Dessenungeachtet wurde er nach dem Rücktritt Walter von Molos zum neuen Präsidenten der Sektion Dichtkunst gewählt. Unter seiner Präsidentschaft trat mit Wirkung vom 11. August 1931 die neue Satzung der Akademie in Kraft, und die Sektion erhielt einen anderen Status. Was die Presse nach wie vor »Dichterakademie« nannte, hieß jetzt »Abteilung für Dichtung«. So konnte im Herbst 1931 die Erneuerung doch noch als gelungen angesehen werden oder, wie Oskar Loerke bescheidener formulierte: »Es scheint Frieden zu bleiben in der Sektion.«[11]

Die Zuwahl Benns fiel also in eine zumindest vordergründig beruhigte Situation. Heinrich Mann kannte Benn persönlich durch Vermittlung des Verlegers Heinz Ullstein, man traf sich in dessen Haus.[12] Zum Zeitpunkt der Sitzung am 29. Januar 1932 hielt sich Heinrich Mann in Nizza auf und gab daher seine Stimme schriftlich bei Oskar Loerke ab. Er entschied sich für Meyrinck, Benn, Zuckmayer, Binding und Annette Kolb. Auch Thomas Mann sprach sich für Benn aus. Er begründete seinen Vorschlag, Benn nach Carossa und vor Musil zu nennen: »Die Wahl Gottfried Benns würde ich insofern für glücklich halten, als sich in diesem Fall ein bedeutendes lyrisches Künstlertum mit ebenso starker Fähigkeit zur Kritik und geistigen Zeitdeutung verbindet, so daß er ganz der Typ ist, den wir brauchen.«[13]

Kritik an Benns Zuwahl meldete die Vizepräsidentin der Abteilung, Ricarda Huch, an: »Den Gottfr. Benn finde ich unmöglich. Es giebt viel Ekelhaftes im Leben; aber man ist nicht deshalb ein Dichter, weil viele Ekelhaftigkeiten aneinanderreiht; es ist auch wahr, dass unsere Sprache abgegriffen ist, aber man wird dieser Hemmung nicht dadurch Herr, dass man lauter ungewöhnliche, abseitige u. auffallende Wörter gebraucht. Ich würde es sehr beklagenswert finden, wenn dieser Schriftsteller Mitglied einer Akademie würde.«[14] Loerke faßte die Sitzung in einem Tagebucheintrag zusammen: »Anwesend die auswärtigen Herren: Thomas Mann, Schickele, Mombert, Halbe, Däubler. Herzliche Stimmung, sachliches Verfahren. Drollig Ricarda Huchs Widerstand gehen die Wahl Benns. Schließlich aber wurde er doch gewählt, außer ihm Mell, Pannwitz, Paquet, Ina Seidel, Binding.«[15] Die »Vossische Zeitung« vom 31. Januar 1932 kommentierte die Wahl: »Ganz besonders zu begrüßen ist die Wahl Gottfried Benns. Der Ruhm dieses grausamsten aller Lyriker ist so groß wie schmal. Benn – Arzt wie Döblin – hat bewiesen, daß man ein zum Zerreißen gespannter Intellekt und doch ein Dichter sein kann. Dieser ›Gehirnlyriker‹ macht keine Konzession, er ist ein Einzelgänger ohne Parteisicherung.«[16]

Man kann die Bedeutung der Aufnahme in die Akademie für Benns weitere Lebensentscheidungen gar nicht überschätzen. Zwar war er seit drei Jahren in den repräsentativen Literaturzeitschriften vertreten, sprach im Rundfunk, die Uraufführung des Oratoriums »Das Unaufhörliche« hatten die Berliner Philharmoniker übernommen. Aber von nun an saß er am Pariser Platz in der Akademie als Gleicher unter Gleichen neben international berühmten Kollegen und einem Nobelpreisträger. Er stand auf der Höhe seines Ruhms und fühlte zum ersten Mal seine künstlerische Leistung angemessen gewürdigt. Gegen abschätzige Urteile war die Berufung, die Präsident Max Liebermann am 29. Januar unterschrieben hatte, von nun an der wichtigste Schutz.

Der Dichter Gottfried Benn sprach nun zum ersten Mal in seinem Leben ex officio, wenn er sich über die Kunst äußerte. Er trug Beschlüsse mit, wog Urteile ab, entschied über Geldvergabe und Druckkostenzuschüsse. Früher blieben seine kulturkritischen Überlegungen reine Theorie, ohne jede Möglichkeit praktischen Engagements, denn dafür fehlte ihm die institutionelle Basis. Jetzt hatte ihm der Staat, vertreten durch den Präsidenten der Akademie, ein Amt übertragen, dessen Aufgaben in der Satzung festgelegt waren. Benn war bereit, praktische Verantwortung zu übernehmen und sich mit seiner neuen Rolle als Handelnder zu identifizieren. Im übrigen war es die erste Ehrung, die Benn widerfuhr. Kollegen wie Döblin, Paquet oder Schickele saßen in den Vorschlagsgremien für den Goethe-Preis der Stadt Frankfurt und wurden für die Auszeichnung vorgeschlagen wie Rudolf Binding, Ricarda Huch oder Gerhart Hauptmann. Der Lyriker Oskar Loerke war durch den Kleist-Preis geehrt worden. Walter von Molo eröffnete die Lessing-Ausstellung in der Preußischen Staatsbibliothek, Döblin hielt, umrahmt von Rezitationen und Gesangsdarbietungen, die Totenrede auf Arno Holz. Zu der Berliner Lessing-Feier im Januar 1929 und den Gedenktagen zu Goethes 100. Todestag im März 1932 sprach Thomas Mann.[17]

Auch wurde Benn nicht vorgeschlagen, als die Sektion am 30. Januar 1930 beschloß, RM 5000 einem Dichter zu verleihen, der selbst nicht Mitglied der Akademie war. Allerdings bekamen auch Bert Brecht, Ernst Jünger, Stefan George und Max Herrmann-Neisse nur jeweils eine Stimme, so daß nach einer Stichwahl mit Else Lasker-Schüler schließlich Friedrich Schnack mit 14 : 6 Stimmen siegte.[18]

Am 5. April 1932 mußte Benn seine satzungsgemäß vorgeschriebene Antrittsrede halten, in der die neuen Mitglieder über das Entstehen ihrer Arbeiten zu berichten hatten. So feierlich der Rahmen für diesen Festakt auch war, Benn hatte keineswegs vor, auf Samtpfoten daherzukommen. Im Gegenteil. Seine Rede sollte schmissig werden: »Ich mache zehn Minuten Schrapnell Modell Bellealliancestraße, den Zuhörern bleibt die Spucke weg. Ich lege meiner Selbstdarstellung meinen Lieblingsspruch unter: ›das Leben währet 24 Stunden und wenn es hochkommt, war es eine Kongestion‹ und rede wie ein Pfarrer darüber«,[19] schrieb er an Gertrud Hindemith.

Der von ihm durchaus ambivalent verstandenen Aufgabe (»elende Akademiesache«[20]) entzog er sich jedoch dadurch, daß er das Thema verallgemeinerte. Wer darauf wartete, Bekenntnisse über den Entstehungsprozeß eines Gedichts zu hören, wurde enttäuscht. Benn sprach über »die Produktivität als Ganzes im Rahmen der heutigen Affekt- und Erkenntnislage«.[21] Er spannte einen Bogen von den Urzeiten der menschlichen Entwicklung, in denen »Anschauung und Begriff, Farbe und Zahl, Instinkt und Rinde in einer Art Unschuld aneinanderlagen«, bis zu Goethe. Mit der Ethik von 1789 sei es zu Ende, soziale Vorstöße dieser Art seien nichts anderes als der »Umschichtungscharakter der Macht bei gleichbleibender imperialistischer Tendenz«: Ein Selbstzitat aus der Antwort an Becher und Kisch von vor zwei Jahren. Nun aber konnte er ex cathedra »wie ein Pfarrer« seine Gegnerschaft gegen deren Überzeugungen im Namen der Akademie von Staats wegen dokumentieren. Eine radikale Gesellschaftstheorie, so erklärte er seinen Kollegen, verlöre heute ihre innere Wahrheit, denn Arbeit sei ein Zwang der Schöpfung und Ausbeutung eine Funktion des Lebendigen. Das lehre die moderne Biologie. Im übrigen sähen wir uns seit Goethe einem enormen Realitätszerfall gegenüber, so daß selbst »die konkretesten Mächte wie Staat und Gesellschaft« gar nicht mehr zu fassen seien. Heute herrschten Begriffe wie Dynamik und Funktionalismus vor, »immer nur der Prozeß an sich, immer nur die Dynamik als solche –; frappante Sentenz von Ford, gleich glänzend als Philosophie wie als Geschäftsmaxime: erst die Autos ins Land, dann entstehen auch Straßen; das heißt: erst die Bedürfnisse wecken, dann befriedigen sie sich von selber; erst den Prozeß in Gang setzen, dann läuft er von alleine – ja er läuft von alleine, geniale Psychologie der weißen Rasse.«[22]

Ein Kampf gegen diese Entwicklung sei sinnlos. Und im übrigen gehe auch der Einfluß des Mannes grundsätzlich zurück, er sei nur noch eine »Hirnblase mit Suchtrieb«, die Mutterreiche seien im Kommen. Die Impotenz des Mannes beschäftige die klinische Diskussion von Wladiwostok bis San Francisco, man müsse gesamtorganisch wie individuell mit einem Verfall der produktiven Impulse rechnen. Es bliebe, was die Kunst angehe, nur die Halluzination. Das könne man gut an den Malern Klee, Kandinsky oder Léger verfolgen: Die Südseefaszination beruhe nicht auf logisch-empirischen, sondern auf »halluzinatorisch-kongestiven Mechanismen. [...] Vom Standpunkt jeder materiellen, selektiven, historischen Idee des Menschen« sei nichts zu retten, die formfordernde »Gewalt des Nichts« gelte aber für die Kunst.[23]

Neben diesen grundsätzlichen Überlegungen war die Rede zugleich eine gute Gelegenheit, sich vor den Kollegen Thomas und Heinrich Mann mit Zitaten aus deren Schriften zu verbeugen. Und besonders Alfred Döblin erwies Benn seine Reverenz durch Hinweis auf dessen »Wallenstein«. Leo Matthias überliefert Benns Hochschätzung für diesen Roman von 1920: »Er bat mich, die Seiten im ›Wallenstein‹ nachzulesen, auf denen Döblin den Troß dieses Heerführers beschreibt, oder jene Kapitel, in denen über die mittelalterlichen Waffen gesprochen wird. Es gebe keinen deutschen Dichter, der imstande sei, zehn, zwanzig Seiten ohne einen einzigen inneren Monolog, ohne ein einziges Gespräch zu schreiben.«[24]

Die Bekanntschaft der beiden reichte noch in die Zeit vor dem Ersten Weltkrieg zurück. Döblin war wie Benn mit Oskar Loerke befreundet, und so werden sich die beiden Dichter-Ärzte vermutlich durch dessen Vermittlung kennengelernt haben. Benn hatte schon 1927 in seinem Essay »Kunst und Staat« auf Döblin als Arzt und »ruhmreichen Epiker« hingewiesen und ihn als Beispiel für die Misere staatlicher Kunstförderung angeführt. Allerdings gab es auch Spannungen. Benn wandte sich polemisch gegen Döblins These von der notwendigen und anzustrebenden »Senkung des Gesamtniveaus der deutschen Literatur«.[25] Benns gegensätzliche Meinung über die Rolle der Kunst und deren Popularisierung spiegelte sich in seinem Spott über Döblins »Lehrstück-Kantate Das Wasser«, die 1930 bei der »Neuen Musik Berlin« aufgeführt wurde. Er bezeichnete das Werk, ohne Döblins Namen zu nennen, als »das Festspiel des Herrn Reichskunstwarts«, eine eifersüchtige Abschätzigkeit desjenigen, der gerade mit Hindemith über einem Oratorium brütete.

Kurz nach seiner Rede auf Heinrich Mann bei dem Bankett des Schutzverbandes traf er sich mit Döblin in einem Ärzteverband, wo beide lesen sollten. Döblin stürzte auf ihn zu und regte sich darüber auf, daß Benn die »abgetakelten Größen« Heinrich und Thomas Mann gefeiert habe. Döblins künstlerische und persönliche Abneigung gegen die beiden war bekannt. Mit seinen Vorbehalten gegen Benn kann es jedoch nicht weit her gewesen sein, denn Döblin setzte sich für die Aufnahme Benns in die Akademie ein und erinnerte sich 1952: »Es wurde ungeheuer schwierig, Benn durchzusetzen, weil er urologisch dichtete, zugleich kosmisch und prähistorisch, jedenfalls hochgebildet und weithin unverständlich. Solche Zusammensetzung: Kosmos und Jauche aus stinkenden Kavernen gab es da in der Preußischen Akademie der Künste noch nicht. Aber er kam durch.«[26]

Benns Aufnahme in die Akademie führte zu einer persönlichen Annäherung zwischen beiden Autoren. Man besuchte sich gegenseitig und wechselte Briefe. Im April 1932 sprach Döblin die einleitenden Worte bei einer Lesung Benns. Er stellte Benn als »3fachen Kollegen« vor, als »Schriftsteller, Arzt und Akademiker«, der in Berlin »Repräsentant eines Geisteszustands von heute« sei.[27] Döblin gab ein von Wohlwollen und Kenntnis bestimmtes Porträt. Er betonte Benns einsiedlerische Lebensweise, »seine Wohnung ist das Simpelste vom Simpeln, ein enges Schlafzimmer, aber kahl«. Döblin verstand diese Zurückgezogenheit fern von der »Krankhaftigkeit dessen, was man Öffentlichkeit nennt, fern von jeder Partei und Politik«. Er wies auf die eigenwillige Sprachbildung und die pastorale Emphase von Benns Dichtungen hin. Es sei nicht zufällig, daß dieser Autor gerade Spezialist für Haut- und Geschlechtskrankheiten geworden sei, »hier am Ort der Sünde, des Altreligiösen« habe er sich angesiedelt. Und selbst als Abtrünniger stehe er doch mit seinem Glauben in Zusammenhang: »Hinter allem Nein steht die Klage um das unmögliche Ja. Es kommt an auf eine neue Art Ja zu sagen. Und er ist im Begriff es zu tun.«[28]

Die Folgerung, die Döblin aus Benns Absicht, den Nihilismus zu überwinden, zog, hatte prophetischen Charakter. Denn Benn war in der Tat im Begriff, ja zu sagen zu einer »totalitären Sammlungsbewegung, die eine überwältigende politische Dynamik entfaltete und sich zum Sprecher der Krisenängste eines guten Drittels aller Deutschen zu machen wußte«.[29] Und selbst nach seiner Emigration konnte Döblin Verständnis für Benns Abgrenzung von den »literarischen Emigranten« aufbringen: »Benn hat sich nicht den Nazis zugewandt, er blieb in der Sphäre des abseitigen Dichters; er hat sich aber auch nicht der Auswanderung angeschlossen. Er sah, falsch wie viele andere, die Auswanderung unter dem Zeichen einer totgelaufenen Linksbewegung.«[30] Besser kann Benns Einschätzung der Emigration nicht beschrieben und erklärt werden.

Auswanderung

Im April 1932 erschien die Ausgabe der »Neuen Rundschau« zum Goethe-Jahr. Und wenn es ein Zeugnis dafür gibt, daß Benn in die Reihe der »Wappentiere der Republik« aufgestiegen war, dann dieses Heft der damals angesehensten Literaturzeitschrift, die bei S. Fischer, also in dem wichtigsten literarischen Verlag erschien. Die europäische Schriftsteller-Elite äußerte sich zu Goethe: Neben Gerhart Hauptmann, Thomas Mann, Emil Ludwig und Jakob Wassermann kam der George-Kreis mit der Stimme von Friedrich Gundolf zu Wort, aber auch der Schweizer Staatsbürger Hermann Hesse, der Franzose André Gide, der Däne Johannes Vilhelm Jensen und der Spanier José Ortega y Gasset. Benns Aufsatz war die Frucht einer drei Monate langen Beschäftigung mit Goethes Ideen. Er zog wissenschaftliche Werke zu Rate, die auch im Text erwähnt wurden: Hermann August Korff, »Geist der Goethezeit«, die Goethe-Biographie von Georg Brandes, im Verlag des Freundes Erich Reiss erschienen, und die Monographie von Wilhelm Ostwald, »Goethe, Schopenhauer und die Farbenlehre«.

Zunächst skizzierte Benn Goethes Beschäftigung mit dem »Buch der Natur«, zählte die verschiedensten Knochen, Muscheln und Moose auf, denen sich Goethe gewidmet hatte, und beschrieb dessen Leben als das eines Naturforschers. Ausgehend von den Untersuchungen über den Zwischenkieferknochen analysierte er Goethes genetische Methode, dazu die vergleichende Morphologie, »das dialektische Instrumentarium der neuen biologischen Ära«.[1] Goethes botanische Studien deuteten alle auf die Entdeckungen des 19. Jahrhunderts voraus, wobei die Kardinalfrage der neuzeitlichen Lebensforschung nach der Entstehung neuer Gene unbeantwortet blieb. Benn setzte sich mit dem Gegensatz Goethe – Newton auseinander und wendete sich gegen die Tendenz, Goethes Erkenntnissen einen faktischen Platz in der Geschichte der Naturwissenschaften einzuräumen: »Es gibt Grade von Größe, die gänzlich unverbindlich sind.«[2] Obwohl sich Benn wochenlang mit dem Problemkreis beschäftigt hatte, stammen fast alle Zitate und ganze Teile der Argumentation aus der Einleitung von Samuel Kalischer zu Band 36 von »Goethes Werken. Vollständige Ausgabe in vierzig Teilen. Auf Grund der Hempelschen Ausgabe hg. Karl Alt, Berlin Bong 1911«. Benns Aufsatz ist ein glänzendes Beispiel für seine Montagetechnik. Kalischers Ausführungen wurden gekürzt, getrennt und in neue Zusammenhänge gestellt, so daß trotz der Ausschreiberei etwas Neues entstand, nämlich eine dichterische Komprimierung wissenschaftlicher Erkenntnisse. Es entstand das, was Benn »Ausdruck« nannte.

Aber die Befriedigung über das öffentliche Ansehen, das ihm dieser

Aufsatz einbrachte, wurde getrübt durch die Realität der politischen Lage im April 1932. Die Dauerarbeitslosen lebten im Gefühl der Entwürdigung und des Ausgeliefertseins an anonyme Behördenmächte.[3] Ihnen boten die militarisierten Männerbünde der Rechten wie der Linken zumindest kameradschaftlichen Zusammenhalt, die Treffpunkte und Lokale der »Sturmabteilungen« (SA) dienten der entwurzelten jugendlichen Anhängerschaft oft als Wohnungsersatz.[4] Der Kampf um die Straße mündete in den Kampf um die Macht und damit um die ersehnte politische Neuordnung, von der man sich auch einen persönlichen Neubeginn versprechen konnte. Die Kampfverbände traten als »kollektive Sinnstifter« auf, die den Alltag strukturierten und den Hoffnungslosen anboten, sich in die Dynamik der Bewegung einzugliedern.[5] Ein Sommer politischer Gewalt begann, wie ihn Deutschland noch nicht erlebt hatte. Der latente Bürgerkrieg, der sich während der gesamten Weimarer Republik fortgesetzt hatte, drohte offen auszubrechen. Straßenkämpfe zwischen der SA und den Kommunisten waren an der Tagesordnung. In der zweiten Junihälfte 1932 wurden siebzehn politisch motivierte Morde verübt, im Juli waren bereits siebenundachtzig Todesfälle zu beklagen, die Zahl der Schwerverwundeten ging in die Hunderte. Beim schlimmsten Vorfall, dem »Blutsonntag« von Altona am 17. Juli, starben siebzehn Menschen, und vierundsechzig wurden verletzt, als es während eines SA-Aufmarsches, den die Kommunisten als direkte Provokation ansahen, zu einer Schießerei kam.[6] Schließlich setzte die Regierung Papen die preußische Landesregierung ab und übergab das größte deutsche Land einem Reichskommissar: Sechs Monate vor Hitlers Kanzlerschaft wurde dieser verfassungswidrige Schritt zum Vorbild für die Machtübernahme.

Die Tendenz, Deutschland den Rücken zu kehren und im Ausland eine Lebensmöglichkeit zu suchen, war so groß geworden, daß die »Literarische Welt« im Frühjahr 1932 eine Umfrage nach den »Umzugsgedanken« startete. Denn der Wunsch, »in angenehmere soziale Verhältnisse umzuziehen, hat sich seit Beginn der Krise sicher in jedem irgendeinmal geregt«.[7]

Neben Werner Hegemann antworteten auch die Akademiekollegen Alfred Döblin und Heinrich Mann. Im Vorspann dankte die Redaktion »jenen Tapferen, die geschrieben haben: wir wollen hier und heute leben, tragen, was nun einmal getragen werden muß, und für eine bessere Zukunft kämpfen. / Umziehen? Nein, dageblieben! In Europa, in Deutschland!« Benn lag mit seiner kurzen Bemerkung genau auf dieser Linie: »Auf Ihre Rundfrage antworte ich Ihnen, daß ich nirgends anders wohnen möchte als in der Belle-Alliance-Straße, alles andere ist für meine Jahre Utopie. Auch ein anderes Zeitalter mir auszusuchen, erfordert mehr Teilnahme, Phantasie und Selbstgefälligkeit, als ich diesem Gegenstand gegenüber aufbringen kann. Lassen wir es also bei diesem April und dem Südwesten von Berlin.«[8]

Der Wunsch, den hoffnungslosen Verhältnissen zu entgehen, war weit verbreitet, und für diejenigen, die es sich leisten konnten, lag es nahe, das Leben im Ausland fortzusetzen. Benn hatte in seinem Opernentwurf für Hindemith ein Couplet vorgeschlagen, das die Frage nach der passenden Existenzform sentimental als Wunschtraum faßte:

Sie:
»wo möchtest du leben: im Laube
der Wälder der nordischen See
oder im weißen Staube
der Méditerranée –,

was liebst du: die goldenen Tore –
meine Jacht liegt hier im Meer,
oder die schottischen Moore
Ein Douglasschloß steht leer –

lasse dich doch versöhnen,
vergiß, was dir geschah,
nimm doch die Rosen, die schönen,
sei mir nah – …«[9]

Benn blieb »bei diesem April und diesem Südwesten von Berlin«. Seine finanzielle Situation hatte sich nicht gebessert, in der Akademie wurden nur die Senatoren, nicht aber die Mitglieder bezahlt. Eine Bewerbung bei der Stadt Berlin für eine Anstellung als Arzt scheiterte. Er mußte weiter in seiner Praxis auf Patienten warten. Welche Alternativen hätte er gehabt? Die Möglichkeiten, im Ausland eine neue Existenz zu gründen, waren erfolgreichen Schriftstellerinnen wie Vicki Baum vorbehalten, die 1931 in die USA ging, oder Filmschauspielerinnen wie Marlene Dietrich, die ihre Freunde und Bewunderer, umgeben von riesigen Blumenbuketts, vor ihrer Abreise in die USA 1932 aus dem Fenster des Mitropa-Schlafwagens anlächelte.[10] George Grosz suchte sich eine Arbeit in New York und betonte, daß er aus wirtschaftlichen Erwägungen fortging. Erich Maria Remarque ging nach Italien, und Fritz von Unruh, der noch im März 1932 vor zwanzigtausend Zuhörern im Berliner Sportpalast sprach, folgte seinem Beispiel.

Auch Thea Sternheim entschied sich 1932, ihr Berliner Leben aufzugeben und nach Paris zu gehen. Benn teilte ihr im April seine inneren Vorbehalte gegen eine solche Flucht mit:

> Liebe Stoisy, obschon jemand, der Deutschland verlässt, nur weil es ihm schlecht geht oder weil der Betreffende fürchtet, dass es ihm darin schlecht gehen könnte, oder einfach, weil er es sich leisten kann – natürlich von denen, die es sich nicht leisten können u zurückbleiben müssen und auch *aus Charakter* zurückbleiben würden, nicht mehr mit derselben Freundschaft u. Sympathie betrachtet werden kann wie vorher – [...] nachdem ich mir also in dieser längeren Einleitung mein Ressentiment abgestoßen habe, danke ich Ihnen für Ihre beiden freundlichen Karten.[11]

In diesen Zeilen wird trotz der alten Freundschaft auch die Mißgunst deutlich, mit der Benn die Reaktionen der Wohlhabenderen und Arrivierten auf die Misere erlebte: Er fühlte sich im Stich gelassen. Die materielle Unmöglichkeit, es ihnen gleichzutun, mündete in eine Haltung des Trotzes, die es ihm ermöglichte, innerlich mit den Problemen fertig zu werden. »Erkenne die Lage« war die Maxime der Stunde, die ihn denen näherbrachte, die nicht die Möglichkeit hatten, in angenehmere Lebensumstände auszuweichen. Und diese für Benn grundlegende Erfahrung, keine andere Wahl zu haben, als auszuharren und den Gang der Dinge miterleben zu müssen, kleidete er, wie schon häufig zuvor, in die Metapher von der Thermopylen-Schlacht. Dieses Motiv, diese Einstellung bestimmte seine Haltung den Emigranten gegenüber.

Im übrigen erforderte eine Auswanderung genügend Geld und für einen Arzt die Möglichkeit, mit deutschen Examina im Ausland überhaupt praktizieren zu können. Denn der Transfer von Kapital und Vermögen war mit einer »Reichsfluchtsteuer« belegt, die die Abwanderung eindämmen sollte. Im Rechnungsjahr 1931 betrugen die Einnahmen für den deutschen Fiskus daraus rund 1,9 Millionen Mark, weswegen die Steuer bis zum 31. Dezember 1932 verlängert wurde. Die Finanzbehörden erließen »Steuer-Steckbriefe«, die in den Tageszeitungen erschienen. So fahndete beispielsweise das Berliner Finanzamt im Mai 1932 nach der Studentin Margarethe Cohn, geb. Dreyfus aus Charlottenburg, die sich in Zürich aufhielt und dem Reich angeblich 113.863 Mark Fluchtsteuer schuldete.[12]

Auch wenn es nach der sogenannten Machtergreifung, der Ernennung Hitlers zum Reichskanzler, für politisch und im öffentlichen Leben exponierte Persönlichkeiten, zumal wenn sie Juden waren, unbedingt geraten schien, Deutschland zu verlassen, sah Benn diese Entscheidung auch als Fortsetzung des Sich-Fortstehlens an, das schon früher seinen Unwillen erregt hatte. Diese Einschätzung muß man berücksichtigen, um seinen späteren Angriff auf die literarischen Emigranten richtig zu verstehen. Im Entwurf zum »Doppelleben« von 1949 wird er es später so formulieren: »Die meiner Generation und meines Gedankenkreises, die nun Deutschland verließen, emigrierten auch noch nicht in dem späteren polemischen Sinne, sondern sie zogen es vor, politischen Fährnissen aus dem Wege zu gehen, die Dauer und die Intensität dieses Fortgehens sah wohl keiner von ihnen genau voraus. Es war mehr eine Demonstration als eine Offensive, mehr ein Ausweichen als eine Aktion. Emigration als Führerfronde war kein bei uns bekannter Begriff.«[13]

Den Ekel vor den politischen Verhältnissen kann man gut bei dem mit Benn befreundeten Oskar Loerke verfolgen, mit dem er regelmäßig bei den Sitzungen der Akademie zusammenkam. Im Januar 1932 mußte Loerke als Lektor im S. Fischer Verlag eine Gehaltskürzung von 10% hinnehmen, im August notiert er sich: »Verzweiflung über den ganz trostlosen politischen Zustand. Dem Leben ist der Sinn entschwunden«.[14] Am nächsten Tag fand die Trostlosigkeit ihre Linderung in Fluchtgedanken: »Mit Zwang ans Verreisen gedacht. Gefühl: ich werde vertrieben werden. Die Totengräber Deutschlands werden mich bei lebendigem Leibe begraben.«

Nach dem Nihilismus

Im Sommer erscheint in der Zeitschrift »Der Vorstoß« ein Aufsatz von Benn mit dem Titel »Der Nihilismus – und seine Überwindung«. Es handelt sich um die Vorrede zu dem Sammelband, der unter dem Titel »Nach dem Nihilismus« die bereits gedruckten Essays »Goethe und die Naturwissenschaften«, »Gebührt Carlton ein Denkmal?«, »Rede auf Heinrich Mann«, »Irrationalismus und moderne Medizin«, »Die neue literarische Saison« und die Akademie-Rede zusammenfaßte: Gustav Kiepenheuer brachte die Sammlung im Oktober 1932 heraus. Im Dezember wies »Die Literarische Welt« ihre »vergesslichen Bücherschenker« auf Buchpräsente hin und legte den angehenden Schriftstellern den Sammelband ans Herz.[1] Hermann Kesten empfahl »Nach dem Nihilismus« neben Werner Hegemanns »Fridericus«, Joseph Roths »Radetzkymarsch« und Stefan Zweigs »Marie Antoinette« auf die Umfrage nach den besten Büchern des Jahres in der Dezemberausgabe des »Tagebuchs«.[2]

Als Einleitung enthielt der Band den nur leicht überarbeiteten Text aus dem »Vorstoß«. In diesem letzten Essay des Jahres 1932 faßt Benn nochmals seine Ideen über die Entwicklung der Menschheit und des nachlassenden Bewußtseins für ihre »Erlösungsbedürftigkeit«[3] zusammen.

Für ihn kann es keinen Zweifel geben, daß seit Goethes Tod ein Weltbild entstanden ist, »dem jede Spannung zu einem Jenseits, jede Verpflichtung gegenüber einem außermenschlichen Sein« fehle.[4] Während in früheren Zeiten die Welt für die Menschheit »nicht begreifbar, sondern erlebbar« war, begann im 19. Jahrhundert mit der modernen Physik die Herrschaft des Begriffs. Flankiert wurde diese Entwicklung durch Darwins Theorie »von der Ertüchtigung der tierischen Rasse und vom Lohn des Starken für Kampf und Sieg«.[5] Unter dem Einfluß dieser beiden Tendenzen sei ein neuer menschlicher Typ, »der materialistisch organisierte Gebrauchstyp«, entstanden, »der Montagetyp, optimistisch und flachschichtig, jeder Vorstellung einer menschlichen Schicksalhaftigkeit cynisch entwachsen, möglichst wenig Leid für den Einzelnen und möglichst viel Behaglichkeit für alle«.[6] Benn wendet sich in harten Worten gegen den Glauben der Aufklärung, der Mensch sei gut, alle Menschen seien gleich, »gleich wertvoll, gleich stimmfähig, gleich anhörenswert in allen Fragen, nur keine Entfernung vom Durchschnittstyp«.[7] Er geißelt die Auffassung, daß der Mensch »verwertbar« und »zweckmäßig« sein solle, und sieht in dieser Vorherrschaft der Ratio eine Banalisierung alles Tragischen, eine Entwertung des Schicksals und des Irrationalen. Anstatt der Maxime zu folgen, der Mensch solle sich zur Güte durchkämpfen und in diesem Kampf gut werden, hielte sich die Menschheit an die weitaus bequemere Maxime, der Mensch solle leben und genießen, er brauche nicht zu kämpfen, die Partei, die Gesellschaft, das Zeitalter, die Masse kämpfe für ihn. Diese Auffassung habe aber zur Nivellierung aller Werte und zum Nihilismus geführt. Benns Beharren auf der Grauenhaftigkeit dieser Welt diffamiert alle Gedanken an gesellschaftliche Veränderungen als oberflächliche Hirngespinste eines geschichtsphilosophischen Materialismus aus der Mitte des vorigen Jahrhunderts, der völlig veraltet und reaktionär wie die Ideen des Kommunismus sei.

Dieser Artikel zeigt, wie überhaupt die Essays der Jahre 1931-1932, in Diktion und Gedankenführung große Nähe zu den Vertretern der sogenannten Konservativen Revolution wie etwa Arthur Moeller van den Bruck, Oswald Spengler, Carl Schmitt, Wilhelm Stapel oder Edgar Julius Jung. Benn kannte diese Autoren, wenn auch offenbleiben muß, wie intensiv er sich mit ihren Schriften beschäftigt hat. Aber er war ein Leser von Tageszeitungen, ihn interessierten die Vorgänge in seiner alltäglichen Umgebung, und die von den Konservativen vorgetragenen Ideen waren verbreitet und in gewissem Sinne Allgemeingut. Er schrieb selbst in konservativen Zeitschriften wie der »Europäischen Revue«, der »Deutschen Zukunft«, im »Eckart« oder im »Vorstoß«.

Im Konservativismus nach 1918 stand nicht die Rückkehr zu traditionellen politischen Institutionen, sondern die Rückkehr zu einer traditionellen politischen Haltung – der Haltung des Unpolitischen – im Mittelpunkt. Die Argumente dieses »unpolitischen Irrationalismus« (Kurt Sontheimer),[8] der den geistigen Untergrund der antidemokratischen Rechten bildete, führte Benn in seiner zusammenfassenden Einleitung des neuen Essaybandes nochmals an. Der »konstruktive Geist« hatte nach Benns Verständnis die wichtige Aufgabe, »aus der Macht des alten abendländischen Denkens heraus die materialistisch-mechanische Formwelt zu durchstoßen und aus einer sich selbst setzenden Idealität und in einem sich selbst zügelnden Maß die Bilder tieferer Welten zu entwerfen«.[9]

Benn bleibt jedoch nicht bei der bloßen Kritik eines rückwärts gewandten Materialismus stehen, sondern formuliert zum ersten Mal eine geschichtsphilosophische Perspektive: »Es wird also doch der Übermensch sein, der den Nihilismus überwindet, allerdings nicht der Typ, den Nietzsche ganz im Sinne seines 19. Jahrhunderts schildert. Er schildert ihn als neuen, biologisch wertvolleren, als rassemäßig gesteigerten, vitalistisch stärkeren, züchterisch kompletteren, durch Dauer und Arterhaltung gerechtfertigteren Typ, er sieht ihn biologisch positiv.«[10] Das jedoch sei Nietzsches Darwinismus gewesen. Benn antwortet darauf mit einem absolut entgegengesetzten Konzept, indem er die »bionegativen« Werte hervorhebt, die die Rasse eher schädigen, jedoch die Differenzierung des Geistes ausmachen, nämlich die Kunst, das Geniale, das Religiöse und das Degenerative. Der Geist war dem Leben als formendes Prinzip immer konstruktiv überlegen. Deswegen sollte der Nihilismus jetzt artistisch ausgenutzt und durch die Kunst überwunden werden. Aus einer »Steigerung des Konstruktiven« könne sich auch eine »neue *ethische* Realität bilden – nach dem Nihilismus!«.

Der Schluß des Aufsatzes nimmt dann eine bisher ungewohnte Wendung ins Politische. Wenn sich nämlich der konstruktive Geist und damit eine antimetaphysische Weltanschauung durchsetzten, dann sei das für das deutsche Volk der letzte Ausweg, seinen Werteverlusten zu entgehen. Das Ziel sei dann »das Gesetz der Form«, das für die Deutschen den Charakter einer »volkhaften Verpflichtung« bekäme. Die Deutschen müßten sich das erkämpfen, was »älteren und glücklicheren Völkern schon in ihrer Jugend aus ihren Anlagen, ihren Grenzen, ihren Himmeln und Meeren unerkämpft erwuchs: Raumgefühl, Proportion, Realisierungszauber, Bindung an einen Stil«.[11] Dann gälte auch das artistische Gesetz in Deutschland, eine »gezüchtete Absolutheit der Form« und damit eben ein neues ethisches Bewußtsein. »Benns Werk und die Zeitgeschichte hängen bis in den Kern seiner Produktivität, ja, bis in die Wahl der Gattungen und der Ausdrucksformen zusammen.«[12] In diesem Punkt hat Jürgen Schröder recht, wie auch mit seiner Feststellung:

»Um das zu tun und zu schreiben, was Benn 1933/34 getan und geschrieben hat, brauchte man kein Anhänger der Nationalsozialisten sein; es genügte die Herkunft aus einem ostelbischen, preußischen, protestantischen Pfarrhaus.«[13] Benn war in diesen Jahren gezwungen, die politische Realität, in der er lebte, dauernd zu überdenken. Die Arbeit an den Rundfunkessays zur Produktion von Kunst und deren Verwertung in der industriellen Gesellschaft, dazu die Suche nach einem geeigneten Thema für ein Opernlibretto in der weiteren Zusammenarbeit mit Hindemith: Die dauernde Berührung mit der Öffentlichkeit trieb ihn aus der lethargischen Haltung zu Feststellungen, die auch Hoffnung auf eine gesellschaftliche Veränderung ausdrückten und eine Forderung an die Zukunft formulierten: Der Staat ist verpflichtet, sich um die Kunst zu kümmern.

Die Akademie im Übergang

Die Protokolle der Abteilung für Dichtkunst der Preußischen Akademie der Künste weisen für 1932 aus, daß Benn ausnahmslos an allen Sitzungen teilgenommen hat. Man traf sich sechsmal, wobei der Kreis derjenigen, die an den Sitzungen teilnahmen und damit die Geschäfte wirklich führten, sehr klein war. Die Berliner Mitglieder kamen immer, nämlich Gottfried Benn, Ricarda Huch und Oskar Loerke, dazu Alfred Döblin, Ludwig Fulda und Eduard Stucken unter dem Vorsitz Heinrich Manns. Loerke nahm als Sekretär qua Amt teil, Thomas Mann kam nur im Januar 1932, Ina Seidel und Walter von Molo fehlten bei der Hälfte der vorgesehenen Tagungstermine, Paquet und Werfel erschienen einmal kurz im Sitzungssaal am Pariser Platz. Benn nahm sein Amt hingegen sehr ernst, überließ jedoch die Antragstellung für Tagesordnungspunkte – meistens finanzielle Zuwendungen – und deren Diskussion den anderen.

Die Werkhilfen, die die Abteilung notleidenden Schriftstellern als Folge der »furchtbaren Wirtschaftsnot« zusprechen konnte,[1] mußten eingeschränkt werden, da ein Teil der Haushaltsmittel einer Kürzung von 13.000 RM auf 8000 RM zum Opfer fiel. Finanzielle Unterstützungen sollten »in erster Linie für die Mitglieder der Abteilung, die durch die Wirtschaftskrise in Schwierigkeiten geraten sind«, gewährt werden.[2] Für einen Tee-Empfang zum siebzigsten Geburtstag Gerhart Hauptmanns wurden die Geldmittel beim Ministerium beantragt, notfalls mußten sie jedoch auf privatem Wege aufgebracht werden. Ein Teenachmittag zum siebzigsten Geburtstag von Ludwig Fulda sollte mit den Resten der »Verwahrgelder der Abteilung« bezahlt werden, da das Ministerium der Akademie keine Mittel mehr für gesellschaftliche Repräsentation zur Verfügung stellte.[3] Die Akademie fühlte sich bei den Feierlichkeiten zu Goethes Geburtstag in Weimar übergangen, was mit »Erstaunen, Erregung und Unwillen« registriert wurde.[4] Zudem gehörte der Präsident Max Liebermann nicht zu den fünfundfünfzig Empfängern der vom Staat verliehenen Medaille für Kunst und Wissenschaft, es läge deswegen »ein Mangel an Achtung des republikanischen Staates« vor.[5] In der letzten Sitzung des Jahres mußte die Abteilung zur Kenntnis nehmen, daß das Ministerium die Reise- und Aufenthaltskosten für auswärtige Mitglieder gestrichen hatte, so daß die geplante Hauptversammlung der Akademie im Januar nicht stattfinden konnte. Benn wurde in den neuen Werkhilfeausschuß gewählt, und man beriet über die satzungsgemäß geforderten Zuwahlen. Die Abteilung beschloß, das Thema auf »die Mitte des Jahres 1933« zu vertagen.

An der letzten Sitzung des Jahres, am Dienstag, dem 6. Dezember 1932, nahm auch Franz Werfel teil. Er stellte als auswärtiges Mitglied einen Antrag, der die Abteilung noch bis zum Februar des nächsten Jahres beschäftigte. Werfel beantragte, die Abteilung solle öffentlich vor der Literaturgeschichte Paul Fechters, die in der Deutschen Buchgemeinschaft in riesiger Auflage erschienen war, warnen. Dieser Antrag konnte mit Zustimmung rechnen, denn es herrschte, nach dem Zeugnis Loerkes, eine »allgemeine Entrüstung« der Mitglieder über dieses Werk.[6] Die Verärgerung der Abteilung war durchaus verständlich, denn Fechter, Feuilletonredakteur bei der »Deutschen Allgemeinen Zeitung« in Berlin, hatte bei seiner Darstellung und Bewertung der deutschen Literatur auf historisch nachprüfbare Fakten verzichtet. Er wollte nicht über »Dichterlebensumstände und Bücher referieren, sondern den Versuch machen, Grundtypen der seelischen Haltung zur Welt, so weit sie sich dichterisch äußert, zu umreißen«.[7] Die Werke interessierten ihn weniger als die »Seelengeschichte« der Autoren.[8] Heinrich Mann wurde gebeten, eine Resolution zu entwerfen, »falls sich bei dem Versuch der Abfassung nicht, wie sehr zu befürchten, allzu grosse Schwierigkeiten und Gefahren herausstellen sollten«. Mit dieser unentschiedenen Vorsicht endete die Sitzung um 20.30 Uhr abends, und niemand konnte ahnen, daß es in weniger als acht Wochen mit solchen Resolutionen sowieso vorbei sein würde, ob sie nun Schwierigkeiten und Gefahren heraufbeschworen oder nicht.

Denn nun beschleunigte sich die politische Entwicklung. Am 30. Mai 1932 ernannte Hindenburg Franz von Papen zum Reichskanzler. Bei den Reichstagswahlen am 31. Juli erhielt die NSDAP zu den bisherigen 107 Mandaten weitere 123 Sitze hinzu. Auch die KPD erzielte Gewinne, die bürgerliche Mitte schrumpfte hingegen.

Benn blieb den ganzen Sommer in Berlin. Er versuchte, den Operntext für die geplante gemeinsame Arbeit mit Hindemith zusammenzustellen. Auf eine Reise nach Zürich, wo am 8. Juni beim Deutschen Tonkünstlerfest »Das Unaufhörliche« aufgeführt wurde, verzichtete er. Zwar lud ihn Radio Zürich zu einem Vortrag ein, aber es war für ihn unklar, ob das Honorar sämtliche Kosten abgedeckt hätte.

Das Jahr 1932, das für Benn persönlich so hoffnungsvoll mit seiner Wahl in die Akademie begonnen hatte, endete nach der Ablösung Papens durch Schleicher am 2. Dezember 1932, was die allgemeine politische Lage betraf, in einer Situation, die man nur pessimistisch beurteilen konnte. Zwar hatte die NSDAP bei der Wahl am 6. November Stimmen verloren, war jedoch mit 196 Sitzen noch immer die stärkste Fraktion im Reichstag. Die »Vossische Zeitung« titelte am 29. September 1932 mit der Schlagzeile: »155 Todesopfer der Politik. Der schleichende Bürgerkrieg überwunden?«

Im November wurde Benn – wie schon häufig in diesen Jahren – von der Redaktion der »Literarischen Welt« aufgefordert, die Rundfrage zu beantworten, ob der Satz »Friede auf Erden« aus der Verkündigung der Engel (Lukas 2,14) als »sittliche Forderung an die Menschen aller Zeiten und Nationen« oder nur als »eschatologische Prophezeiung [...] eines friedlichen Gottesreiches am Ende der Zeiten« zu verstehen sei, »so daß auch nach christlicher Anschauung für uns das ›irdische Jammertal‹ immer von Kampf und Haß erfüllt sein müsse?«[9] Außer Benn antworteten Bernhard von Brentano, Alfred Döblin, Heinrich Mann, Alfons Paquet, Joseph Roth und einige andere Autoren.

Benns Antwort war in jeder Hinsicht eindeutig: »Der ewige Friede auf Erden, der ewige Frühling am Nordpol«[10] scheint ihm eine altertümliche und zugleich absurde Idee. Er glaubt vielmehr an »Destruktion«. Denn die Menschheit kommt voran durch »Spannungen, Spaltungen, Exzesse«, allenfalls »alle paar Jahrhunderte einmal durch einen – meistens etwas kranken – Geist«. Und auch wenn mit dem kranken Geist eher Nietzsche als irgend jemand aus den Reihen der neuen Machteliten gemeint war, war es doch zugleich ein Schlag ins Gesicht pazifistischer und republikanischer Gesinnung, wenn Benn fortfährt: »Nein, auch unter dem Weihnachtsbaum kann ich mir nicht einreden, daß sich die Geschichte demokratisch gibt, daß sie [...] andere Methoden als die der Macht und der Gewalt«[11] kennt.

Benn spricht sich deswegen statt für den Pazifismus »für ein starkes, tankgesichertes, betonuntermauertes Militärbündnis mit Frankreich« aus, das sei der Vernunft geschuldet und beiden Völkern würdig. Der Traum vom ewigen Frieden komme ihm vor wie Schillers Weltbürgerpathos oder schwäbische Pfarrhauslyrik.[12]

Die erste Sitzung der Akademie im Jahr 1933 fand bereits am Spätnachmittag des 5. Januar statt. Der entscheidende Tagesordnungspunkt bestand in der Diskussion des Antrags von Franz Werfel bezüglich der Literaturgeschichte von Paul Fechter. Heinrich Mann hatte sein Exposé allen Mitgliedern zugehen lassen. Einigkeit in der Beurteilung der Vorlage ließ sich nicht erreichen. Die Briefe der auswärtigen Mitglieder wurden verlesen. Thomas Mann, Paquet und Wassermann stimmten für eine Veröffentlichung der Erklärung, Schickele, von Scholz, Mombert, Pannwitz und Ina Seidel äußerten starke Bedenken, Binding lehnte den Entwurf grundsätzlich ab. Auch Ricarda Huch, die nicht zur Sitzung gekommen war, bestritt schriftlich das Recht der Abteilung, gegen ein einzelnes Buch Stellung zu beziehen. Die Diskussion wurde mit der Bitte Heinrich Manns an Ludwig Fulda und Walter von Molo beschlossen, die Warnung vor Paul Fechters Buch zu einer allgemeinen Erklärung gegen die sich immer »bedrohlicher ausbreitende Kulturreaktion« zu erweitern. Benn, Döblin und Fulda gingen im Anschluß an die Sitzung in ein Lokal am Potsdamer Platz und diskutierten weiter: »Ergiebige Gespräche über unsere heutige Lage«, notierte Loerke im Tagebuch.[13]

Zwar ging der Entwurf Fuldas/von Molos den Mitgliedern schon am 16. Januar zu, aber von Molo stellte, zusammen mit anderen Mitgliedern, die Effizienz einer solchen Erklärung überhaupt in Frage. Auch Benn hatte Vorbehalte und legte einen Gegenentwurf vor. Er warnte vor den »Versuchen, den schöpferischen Geist der deutschen Nation in die Richtung ganz bestimmt festgelegter Normen, Inhalte und Gesinnungen drängen zu wollen«, und kündigte den Kampf der Akademie gegen die parteipolitischen Ansprüche in kulturellen Fragen sowohl von rechts wie von links an. Die »nebelhaften Begriffe der Nationalität, allerdings nicht weniger der Internationalität« lehnte er ab und prangerte sowohl die »züchterischen Rassenmaßnahmen« wie auch die »Klassendiktatur« an.[14] Er endete seinen Entwurf mit einer deutlichen Spitze gegen den Begriff des »Dritten Reiches«, der zur ideologischen Grundausstattung der Nationalsozialisten gehörte: Der »weite Raum der menschlichen Geschichte, an deren Anfang und Erschließung für die deutsche Dichtung die Namen Herder und Schiller stehen –: das ist unser drittes Reich«.[15] Aber auch dieser Entwurf stieß nicht auf Gegenliebe der Abteilung. Döblin wurde gebeten, Benns Text zu revidieren. Er brachte den Text in eine Form, die sich auch für eine Publikation in der Tagespresse eignete, indem er ihn versachlichte und auf die zugespitzte Formulierung vom »Dritten Reich« verzichtete.[16] Eine Entscheidung über den Döblinschen Text sollte auf der Sitzung am 6. Februar fallen.

Aus heutiger Sicht muten die Anstrengungen, die die Elite der deutschen Schriftsteller den ganzen Monat Januar über unternahm, um zu einer Resolution gegen eine kulturreaktionäre Literaturgeschichte zu gelangen, realitätsfern an. Denn zwischen dem 17. und dem 28. Januar 1933 fanden entscheidende Verhandlungen zwischen Hitler und Göring einerseits und von Papen, Hugenberg, Staatsekretär Meißner und dem Sohn Hindenburgs andererseits statt. Der »Vorwärts« schrieb am 20. Januar: »Hitler bei Papen, Strasser bei Schleicher, Hugenberg bei Hitler, Papen bei Hugenberg, Hugenberg bei Hindenburg, Alvensleben schiebt vorne, Thyssen schiebt hinten, Strasser wird Vizekanzler, Hitler will das Reichswehrministerium, Schleicher ist für dieses geneigt, Hindenburg für jenes. Wer findet sich noch durch in der Geheimpolitik, die ohne das deutsche Volk getrieben wird.«[17] Am 28. Januar verweigerte Reichspräsident Hindenburg Reichskanzler Schleicher das geforderte Dekret zur Auflösung des Reichstages, und Schleicher trat mit seinem Kabinett zurück.

Zwei Tage später wurde Hitler vereidigt. Die Eidesformel lautete: »Ich werde meine Kraft für das Wohl des deutschen Volkes einsetzen, die Verfassung und die Gesetze des Reiches wahren, die mir obliegenden Pflichten gewissenhaft erfüllen und meine Geschäfte unparteiisch und gerecht gegen jedermann führen.«

Die Ernennung Hitlers zum Reichskanzler war vielen Menschen nach dem, was sie während des letzten Jahres hatten durchmachen müssen, eher gleichgültig. Nach Beobachtungen des britischen Botschafters in Berlin nahm die Bevölkerung im ganzen Land die Nachricht »phlegmatisch« auf.[18] Das Leben ging weiter, und es blieb zweifelhaft, ob der neuerliche Regierungswechsel irgendeine Veränderung bringen würde. Viele glaubten, daß Hitler nicht einmal so lange wie sein Vorgänger General von Schleicher im Amt sein werde: Seine Popularität werde angesichts der leeren Versprechungen der Nationalsozialisten mit zunehmender Desillusionierung der Bevölkerung drastisch sinken.

Benn assoziierte mit dem Tag der Kabinettsbildung noch Jahre später immer eine unangenehme, ganz banale persönliche Erfahrung, nämlich eine schlecht besuchte Lesung in Oldenburg. Zur Zeit des Fackelzuges trug er im humanistischen Gymnasium, das damals am Damm 1 lag, aus seinen Dichtungen vor. An diesen Abend dachte er immer mit Abscheu: »Es war eine Perversität ohne Gleichen, dort hinzufahren u. vorzulesen.«[19] Durch Vermittlung des Dramaturgen Carl Werckshagen hatte ihn die »Vereinigung für junge Kunst« eingeladen. Am nächsten Morgen konnten die Oldenburger die Kritik von Alfred Wien in den »Oldenburger Nachrichten für Stadt und Land« lesen: »Ein aufgeklärter, geläuterter Humanismus bestimmt mehr vom Formalen und vom

Gedanklichen her als vom Gefühl Gestalt und Inhalt dieser von hellenistischem Geiste erfüllten, klaren, aber auch etwas kühlen Lyrik.«

Als diese Kritik erschien, saß Benn bereits wieder im Zug nach Berlin. Er mußte in Bremen umsteigen und dachte einen Augenblick daran, einen Bremer Kaufmann, Dr. jur. Friedrich Wilhelm Oelze, zu besuchen, der ihm einen begeisterten Brief wegen des Aufsatzes »Goethe und die Naturwissenschaften«, der im Band »Nach dem Nihilismus« wiederabgedruckt worden war, geschrieben hatte. Oelze lag sehr daran, den Dichter persönlich kennenzulernen. Benn hatte ihm schroff geantwortet, eine mündliche Unterhaltung lohne sich nicht, er sage nicht mehr als das, was in seinen Büchern stünde.[20] Aber Oelze ließ nicht locker. Im zweiten Brief thematisierte er den Widerspruch, der ihm bei Benn darin zu liegen schien, daß er in seinen Essays einerseits die Wissenschaft und ihre Resultate verächtlich betrachtete, andererseits diese Resultate aber doch als wahr setzte und zu eigenen Ideen verwertete.

Kurz vor seiner Abreise nach Oldenburg hatte Benn dann ausführlich geantwortet. Er verteidigte sich mit dem Begriff der »Perspektive«, den er von Nietzsche übernahm, der jedoch durch Ortega y Gasset wieder in die philosophische Diskussion gebracht worden war. Der Künstler entwickele eine Perspektive. Sei diese »*existentiell* glaubhaft, überzeugend als Ausdruck eines Sehens, einer Vision, ist ihr Zweck erfüllt. Natürlich wird ihr Realitätsgehalt, ihr exacter Befund eventuell bald überholt u. verdrängt von neuen Befunden, Ergebnissen, sogenanntem Beweismaterial. Aber es bleibt ihre visionäre Realität, ihr Bildhaftgewordenes, ihre im Hinblick auf den Autor existentielle Intensität, sie bleibt als *Ausdruck*, als *Kunst*. Sie ist Erkenntnis; während Wissenschaft ja nur Sammelsurium, charakterloses Weitermachen, entscheidungs- u. verantwortungsloses Entpersönlichen der Welt ist.«[21]

Dieser erste ausführliche Brief an Oelze läßt ahnen, warum sich Benn wenig später für den »Neuen Staat« aussprach: Er stellte für ihn eine visionäre Realität dar. Die reale Entwicklung, der »Realitätsgehalt« der Vision mochte sich bald von ihrem Ursprung entfernt haben. Aber als »perspectivistische Erkenntniss«, als eine »existentielle Intensität« verkörperte der »Neue Staat« eben »zwanghaft das Gesetz zur Form, zur Gestalt, zur Perspective«. Und Benn setzte die Kunst mit der politischen Bewegung in Parallele.

Friedrich Wilhelm Oelze (1891-1978) war für Benns Leben ein außerordentlicher Glücksfall, denn der Kaufmann blieb dem Dichter durch alle Fährnisse als einziger bis zum Lebensende in treuer Freundschaft verbunden.

Oelze stammte aus einer der ersten Bremer Familien. Seine Mutter wuchs in der englischen Kronkolonie Jamaika auf, wo ihr Vater eigene

Zuckerplantagen besaß. In der Familie galt die britische Lebensart als Vorbild. Oelze studierte Jura und wurde an der Universität Rostock zum Dr. jur. promoviert, blieb aber in der Rumimportfirma des Vaters tätig. Er heiratete die Tochter einer sehr vermögenden und angesehenen Bremer Kaufmannsfamilie. Das Leben des Ehepaars, das einen Sohn hatte, wurde wesentlich aus dem Vermögen von Frau Charlotte, geborene Michaelsen, finanziert. Oelze hatte zwar immer ein Büro in bester Innenstadtlage, blieb aber sein Leben lang mehr Privatier denn rühriger Kaufmann. Wenn man nach der Jahrhundertwende noch von bürgerlicher Bildung sprechen kann: Oelze verkörperte sie. Sein Vater besaß eine Bibliothek, in der Goethe den Mittelpunkt bildete, und Goethes »Faust« mußte der Sohn streckenweise schon als Kind auswendig lernen. Geschichte, Politik und Theologie interessierten ihn zeitlebens, Literatur und Kunst waren seine zweite Natur. In Oelze fand Benn einen Verbündeten, dem zwar sein Denken in seiner Radikalität oft unheimlich war, der aber den »Jakobiner« verehrte. Beide Männer verband die gleiche Weltsicht, ein grundlegender Nihilismus, und vor allem die entschiedene Ablehnung der Masse. Das oft ironisch gebrochene geistige Einverständnis der beiden gesellschaftlichen Außenseiter wurde ergänzt durch ein grundsätzliches Vertrauen, das sie fest verband. Auf Oelze konnte Benn sich als »Diskussions- und Krisenzentrale« verlassen, die Schreiben auf blauem Papier waren geistige Nahrung und Seelenarznei in einem. Während des Krieges schreibt Benn dem Freund: »Ich verdanke Ihnen soviel; Ihr Interesse, Ihre Teilnahme ermöglichte es mir, meine Gedanken weiterzuspinnen, sie festzuhalten, Ihr Verständnis für diese so wenig begehrten u. begrenzt zugänglichen Dinge, sie wachzuhalten u. nicht vor ihnen zu erlahmen. Haben Sie tausendfachen Dank!«[22]

Gleichschaltung

Am 6. Februar 1933 tagte die Abteilung für Dichtkunst der Akademie am Pariser Platz. Nochmals stand die Erklärung gegen die Literaturgeschichte von Fechter auf der Tagesordnung. Döblin machte auf die veränderte politische Lage aufmerksam und forderte Rücksichtnahmen: »Ein Nationalsozialist sei gegenwärtig Kurator der Akademie. Erst jetzt sei die Kundgebung klar und deutlich zu einem Angriff geworden. Was ursprünglich eine kritische Stellungnahme zu einer literarischen Einzelarbeit war, würde jetzt wie eine fanalartige Geste wirken.«[1] Er warnte vor den Folgen, die sich für die Akademie aus dem Verprellen der neuen Regierung ergeben könnte. Julius Petersen, Berliner Universitätsprofessor für Germanistik, der als Akademiesenator teilnahm, war der gleichen Meinung. Wenn jetzt eine Erklärung veröffentlicht würde, die Benns Entwurf entspräche, könnte sie nur als ein Protest gegen den neuen Reichskommissar erscheinen oder zumindest so gedeutet werden. Das sei aber nicht der Ausgangspunkt für die Erklärung gewesen. Die Sitzung endete mit der Feststellung, »daß ein zwingender Anlaß für die Kundgebung gegenwärtig nicht gegeben sei, und daß eine geschlossene Erklärung der Abteilung darum nicht zustande kommen werde. Man müsse abwarten und wachsam bleiben.«[2] Das Protokoll verzeichnet, was ganz ungewöhnlich für die frühere Praxis der Abteilung war: »Nicht an den Minister! Vertraulich!«[3]

Aber zum Abwarten war es bereits zu spät. Benn ließ die abwiegelnden Erörterungen seiner Stellungnahme über sich ergehen. Taktieren entsprach nicht seiner Neigung zu Klarheit und Eindeutigkeit, das vorweggenommene Einverständnis gegenüber dem Präsidenten und der Ministerialbürokratie hatte ihn in allen Sitzungen gestört. Man konnte selbstverständlich überlegen, ob eine solche Resolution im Augenblick politisch günstig war, die entscheidende Frage wurde jedoch nicht gestellt: Was war für die Akademie das Beste?

Benn ärgerte sich über den Opportunismus der Kollegen. Der ganze Januar war bereits über den Beratungen zur Stellungnahme vergangen, jetzt hatten Rücksichten auf die neue Reichsregierung dazu geführt, jegliche Äußerung zu unterlassen. Eine Sanktion gegen die Abteilung hätte seiner Meinung nach als Anlaß für einen Schlagabtausch mit dem Ministerium dienen müssen. Besonders verstimmt war Benn über die Zurückhaltung Döblins, der schon seinen Entwurf verwässert hatte. Schließlich lebte man, wenn auch unter einer neuen Regierung, unter dem Schutz der Verfassung der Weimarer Republik, und daran würde auch das Kabinett Hitler nichts ändern. Schließlich diente der jetzige Justizminister schon unter Brüning, Papen und Schleicher. Überdachte man die Lage, so hatte der Regierungswechsel für die Akademie keine negativen Konsequenzen.

Doch das war ein Irrtum. Die Dinge entwickelten sich schneller und anders, als Benn sie voraussah, und es kam zu einem Eklat, der die Lage der Abteilung dramatisch veränderte. In der zweiten Februarwoche[4] klebte an den Berliner Litfaßsäulen ein »Dringender Appell« des »Internationalen sozialistischen Kampfbundes«, in dem zur Bildung einer Einheitsfront von SPD und KPD für die Reichstagswahl am 5. März aufgerufen wurde: »Die Vernichtung aller persönlichen und politischen Freiheit in Deutschland steht unmittelbar bevor, wenn es nicht in letzter Minute gelingt, unbeschadet von Prinzipiengegensätzen alle Kräfte zusammenzufassen, die in der Ablehnung des Faschismus einig sind.«[5] Das Manifest trug, neben zweiunddreißig anderen Namen, auch die Unterschriften von Käthe Kollwitz und Heinrich Mann, wobei Heinrich Mann seine Unterschrift schon geleistet hatte, als Schleicher noch Kanzler war.[6]

Hermann Göring, zu diesem Zeitpunkt im Reichskabinett Preußischer Minister ohne Geschäftsbereich und Reichskommissar für das Innenministerium, hatte den hannoverschen Gauleiter der NSDAP, Studienrat a.D. Bernhard Rust, am 4. Februar zum kommissarischen Leiter des Preußischen Kultusministeriums ernannt. Dieser bekam Kenntnis von dem Plakat und erkannte die günstige Gelegenheit, einen Schlag gegen den in konservativen und völkischen Kreisen mißliebigen Heinrich Mann zu führen und ihn aus der Akademie zu drängen.

In einer Rede vor Berliner Studenten kam Rust auf dieses Plakat zu sprechen: »Es gibt da z.B. eine Dichterakademie. Die hat auch einen Leiter. In den letzten Tagen hat man den Namen dieses Mannes von den Litfaßsäulen prangen sehen, der die Sozialdemokraten und Kommunisten aufforderte, die ›gemeinsame Abwehrfront‹ zu formulieren.«[7] Und der »Völkische Beobachter« ergänzte die Erklärung dahingehend, Rust »werde diesem Skandal ein Ende bereiten, doch bitte er um Geduld«.[8]

Einen Tag später drohte Rust, der als Preußischer Kultusminister zugleich Kurator der Akademie war, mit der Schließung der Sektion Dichtkunst, wenn Heinrich Mann und Käthe Kollwitz nicht aus der Akademie ausschieden. Der Drohung setzte der Präsident der Akademie, der Komponist, Dirigent und Theaterintendant Max von Schillings, keinen Widerstand entgegen, obwohl er wußte, daß es für eine Schließung keine Rechtsgrundlage gab. Noch am selben Tag rief er durch Rohrpost das Plenum der Akademie zu einer außerordentlichen Besprechung zusammen. Die Sitzung begann um 20.00 Uhr. Anwesend waren hauptsächlich die bildenden Künstler und die Architekten. Von der Abteilung für Dichtkunst erschienen Benn, Döblin, Frank, Fulda, Loerke und Ina Seidel. Schillings berichtete über eine Aussprache mit Rust und verlas den »Dringenden Appell«. Käthe Kollwitz hatte es dem Präsidenten einfach gemacht und bereits ihren Austritt erklärt.

Mit Heinrich Mann, dem politisch bewußten Kämpfer, mußte Schillings jedoch rechnen. Auf Benns Frage hin erklärte er, Heinrich Mann sei gar nicht über die heutige Sitzung unterrichtet worden. Denn er sähe nur die Alternative: Entweder beschlösse die Versammlung das Ausscheiden Heinrich Manns oder er, Schillings, verzichtete auf sein Amt.

Benns Frage zwang Schillings zur Offenlegung seiner taktischen Absichten und machte deutlich, in welch eine schwache Position er sich begeben hatte, als er auf Rusts massive Erpressung einging. Denn wenn

Heinrich Mann sich erwartungsgemäß weigerte, seinen Rücktritt anzubieten, gab es kein Mittel, ihn dazu zu zwingen. Der Kampf zwischen Schillings und Rust wäre auf der Bühne der öffentlichen Meinung eröffnet worden. Das jedoch sollte ja gerade vermieden werden: Der designierte Kultusminister wollte natürlich seine starke Stellung im Hause beweisen, über einen Einschüchterungsversuch hinaus jedoch zu diesem Zeitpunkt jede offensichtliche Rechtsverletzung vermeiden. Das neue Kabinett Hitler arbeitete erst seit zwei Wochen, und grobe Fehler auf einem Nebenschauplatz waren in diesen Tagen, in denen die liberale Presse noch offen berichten konnte, der politischen Stimmung nicht förderlich.

Die Sitzung wurde unterbrochen, als Heinrich Mann gegen 21.45 Uhr in der Akademie eintraf. Das Plenum erwartete, daß er sich verteidigen und eine Diskussion eröffnen würde, die mit seinem eigenen oder dem Rücktritt Schillings' enden mußte.

Aber zu diesem Auftritt kam es gar nicht erst. »Heinrich Mann war an diesem Tage von der Geschichte eine Zola-Rolle zugedacht, die er im autoritären Deutschland immer gern hätte spielen wollen. Doch an jenem entscheidenden Abend des 15. Februar 1933 schlug er sie aus«, urteilt Werner Mittenzwei.[9] Leonhard Frank fing Heinrich Mann auf dem Flur ab und bat ihn in Absprache mit Loerke, Döblin und Fulda »dringend, *nicht freiwillig* zurückzutreten. Dann mußte nämlich die Akademie in toto ihn durch Abstimmung ausstoßen«.[10] Heinrich Mann ließ jedoch erkennen, daß er zum Einlenken bereit war. Loerke dirigierte ihn ins Präsidentenzimmer. Es kam zu einer »kurzen persönlichen Aussprache« mit Schillings – über deren Inhalt nichts bekannt ist –, und Heinrich Mann fuhr nach Hause zurück. Der Präsident eröffnete daraufhin die Sitzung erneut und gab bekannt, daß Heinrich Mann auf seine Mitgliedschaft in der Akademie verzichtet hatte. Das Protokoll verzeichnet den entscheidenden Satz: »Heinrich Mann erkennt an, daß der Präsident nicht anders handeln konnte, da er an das Wohl und Bestehen des Ganzen denken müsse.«[11] Er habe seinen Entschluß gefaßt, um die Akademie in einer schwierigen Lage vor Schaden zu bewahren.

Obwohl die Rücktrittsentscheidung bereits aktenkundig war, wurde nach dem Abgang Heinrich Manns weiter debattiert. Das Ende des Spektakels: Statt grundsätzlich einen geharnischten Protest gegen das fragwürdige Vorgehen des Präsidenten zu formulieren, paßte sich das Plenum dessen Verhandlungsführung an. Döblin kritisierte, daß Heinrich Mann nicht die Gelegenheit gehabt habe, seine Meinung im Plenum frei zu vertreten, und stellte den Antrag, Heinrich Mann vor dem Plenum zu befragen. Der Präsident entgegnete, er habe Heinrich Mann eine unangenehme Situation ersparen wollen. Döblin kam gar nicht auf die Idee, daß Heinrich Mann den geräuschlosen Rücktritt selbst vorgezogen haben könnte.

Benn sah in einer verspäteten Debatte, die die Entscheidung Heinrich Manns nicht mehr revidieren konnte, keinen Sinn. Er meldete sich zu Wort und erklärte, der Antrag Döblins verschiebe die Sachlage, weil lediglich zu entscheiden sei, ob der Präsident richtig gehandelt habe, und folgerte: »Dies ist der Fall.« Die Mehrheit der anwesenden Sektionsmitglieder stimmte gegen Döblins Antrag.

Durch die mangelnde Konfliktbereitschaft Heinrich Manns wurde Schillings überhaupt erst in die Lage versetzt, die Angelegenheit elegant zu beenden. Döblin fühlte sich durch den kampflosen Rückzug seines Abteilungspräsidenten verraten: »Er hatte abgedankt. Er hatte die offene Feldschlacht nicht angenommen. Er hatte uns im Stich gelassen. Wir konnten es nicht verschleiern.«[12] Und die Vizepräsidentin der Sektion, Ricarda Huch, ärgerte sich sehr darüber, daß Heinrich Mann es dem Präsidenten so leicht gemacht hatte: »Es ist meiner Ansicht nach sehr zu beklagen, daß Herr Mann ausgetreten ist; ich finde, man hätte es darauf ankommen lassen müssen, ob der Kultusminister wirklich den Mut hatte, unsere Abteilung aufzulösen«, schrieb sie zwei Tage später an Loerke.[13] Das war auch Benns Meinung. Im übrigen lag der Kultusbehörde zu diesem Zeitpunkt nichts an der Auflösung einer traditionellen preußischen Institution. Schillings wußte, daß sich Rust eine möglichst unspektakuläre Säuberung der Akademie wünschte, wobei der Erfolg die Methode vorgab, die bei Heinrich Mann so schnell zum intendierten Ergebnis geführt hatte. Liberale Blätter wie die »Vossische Zeitung« oder die »Frankfurter Zeitung« und das »Berliner Tageblatt« waren am Tag nach der Plenarsitzung noch der Meinung: »Es ist kaum ein Zweifel, daß Mitglieder gegen das Vorgehen Rusts und wohl auch gegen das Verhalten Max von Schillings protestieren werden.«[14] Auch andere Berliner Zeitungen erwarteten Solidarisierungen der Sektionskollegen mit ihrem ehemaligen Vorsitzenden. Aber diese Erwartungen trogen. Der »Völkische Beobachter« diffamierte Heinrich Mann als »Novemberling«, der während des Weltkrieges den »Weißen Blättern« von René Schickele nahegestanden, später die Kriegsdienstverweigerung unterstützt und eine »Glorifizierung unseres erbittertsten Feindes Frankreich« betrieben habe. Da aber heute die Demokratie samt ihres Philosemitismus erledigt sei, könnten jetzt auch »nicht genehme Dichterpräsidenten ›plump körperlich‹ an die Luft befördert werden«.[15] Am Morgen des 21. Februar nahm Heinrich Mann seinen Regenschirm, vermied jedes Anzeichen einer größeren Reise und fuhr über Frankfurt am Main und Karlsruhe nach Kehl, wo er zu Fuß die Grenze nach Frankreich passierte.

Einen Tag vorher traf sich die Abteilung abermals zu einer Sitzung, die drei Stunden dauerte. Einziger Tagesordnungspunkt: »Stellungnahme der Abteilung zum Austritt Heinrich Manns«, notierte Loerke auf der Einladung, die besonders die auswärtigen Mitglieder um Erscheinen bat, zumindest um schriftliche Stellungnahmen. Er notierte in sein Tagebuch: »Abends Aussprache über den Austritt Manns. Vor der Sitzung eine so gewittrige Stimmung, wie ich sie noch nie gespürt habe. Der unangenehme Leonhard Frank schritt drohend auf und ab, Döblin auch unheimlich zurückhaltend. Binding war gekommen. Nachher war der Verlauf leidlich, bis auf das Verhalten Döblins und besonders Franks. Dumme Resolution beschlossen, vorbehaltlich der Billigung durch den Präsidenten.«[16]

Außer Schillings und seinem Sekretär Amersdorffer waren Benn, Binding, Döblin, Frank, Fulda, Loerke und Stucken anwesend. Da die Abteilung keinen Vorsitzenden mehr hatte, wurde Binding durch Akklamation zum Leiter der Sitzung gewählt. Er versuchte, die Aufgabe an Benn weiterzuschieben, der aber lehnte ab.

Schillings war erschienen, um eine Erklärung zu verhindern, die seine Haltung hätte kritisieren können. Er wollte den Rücktritt Heinrich Manns als einen unpolitischen Schritt behandelt wissen: Mit der Unterschrift unter das Wahlplakat habe der Vorsitzende der Abteilung einen »Taktfehler« begangen[17] und Leute ohne Takt könnte die Akademie nicht dulden. Ungeachtet der präsidialen Ermahnung, die Mitglieder mögen sich »im Interesse der Akademie um eine versöhnliche Einigung bemühen«, führte Benn die Diskussion auf die wichtige Frage zurück: Soll protestiert werden? Döblin habe in der Plenarsitzung einen Protest der Abteilung angekündigt. Gegen wen solle sich der Protest richten und welche Grundlage habe er? Die Diskussion spitzte sich auf einen Schlagabtausch zwischen Benn und Döblin zu. Als Döblin nämlich die Satzung der Akademie zugunsten Heinrich Manns ins Feld führte, fragte Benn zurück, ob Döblin es für richtig halte, wenn Heinrich Mann, der als Senator der Akademie eine jährliche Aufwandsentschädigung erhalte und als Sachverständiger des Ministers für Wissenschaft, Kunst und Volksbildung durch Handschlag verpflichtet sei, in einem Litfaßsäulenplakat die KPD zur Bekämpfung der Barbarei eben dieses Ministers und seiner Partei aufrufe? Auch Binding wies auf diesen Punkt hin: »Ich habe mich persönlich und ohne Weiteres davon überzeugt, daß nach den Satzungen der Akademie sein Austritt garnicht zu vermeiden war, da er als Senator dem Minister [Grimme] verpflichtet war und da der Minister die Ernennung der Senatoren bestätigt. Als Senator und als Mitglied der Akademie konnte er sonach keinen Aufruf unterzeichnen, der mit den Worten ›Setzt die Verantwortlichen unter Druck‹ sich gegen diesen Minister und seine Regierung wandte.«[18] Döblin gab zu, daß die Unterschrift nach den formalen Bestimmungen der Satzung nicht richtig war. Heinrich Mann hätte einen Fehler gemacht, »aber keinen sehr großen. Er selbst hätte diesen Taktfehler nicht gemacht. Wir ständen der Staatsmacht gegenüber und damit vor der schwierigen Frage: wieweit wollen wir auch Macht sein.«[19]

Benn drehte den Spieß um, indem er argumentierte, Heinrich Mann habe den Kampf gegen die legal und verfassungsmäßig gebildete Regierung eröffnet und unterstelle dieser Regierung »Barbarei«. Daraufhin habe diese sich zur Wehr gesetzt, jedoch die Weimarer Verfassung als Grundlage der staatsbürgerlichen Rechte nicht angetastet. Im übrigen gebe es außer der Weimarer Verfassung auch noch eine »innere Verfassung als Akademie« und die lege den Mitgliedern Zurückhaltung auf. Benns Argumentation trug jedoch nur ein moralisches Urteil vor, und so blieben die Fronten bestehen. Hatte der Präsident falsch gehandelt? Hatte Heinrich Mann einen Taktfehler begangen? War die Meinungsfreiheit eingeschränkt worden?

Benn wandte sich scharf gegen diejenigen Mitglieder, die geneigt waren, die Bedeutung der Akademie zugunsten der politischen Situation zu bagatellisieren. Diese preußische Institution sei nach ihrer Tradition und ihrer Funktion eine »glanzvolle Angelegenheit«, sie *könne* es jedenfalls sein als die einzige Stätte zur literarischen Traditionsbildung und zur künstlerischen Repräsentation, die Deutschland hatte.

Benn stellte deswegen den Antrag, bei einer noch abzufassenden Erklärung auch die Meinungen der auswärtigen Mitglieder zu berücksichtigen. Sie wurden durch Loerke verlesen. Gegen einen Protest erklären sich von Molo, von Scholz, Ina Seidel, Ponten, Mombert, eine nähere Unterrichtung wünschen Max Halbe und Ricarda Huch. Nach längerem Hin und Her wurde nun endlich ein kurzer Text verabschiedet: »Die Abteilung für Dichtung bedauert tief den Austritt des großen Künstlers Heinrich Mann aus ihren Reihen und dankt ihm, daß er jahrelang seinen Namen und seine Kraft der Abteilung als Vorsitzender zur Verfügung gestellt hat. Die Abteilung ist entschlossen, auch in erregter Zeit sich keinen Schritt von ihrer Pflicht abdrängen zu lassen, die Freiheit des künstlerischen Schaffens zu schützen. Sie sieht sich zu dieser Erklärung genötigt, da sie sich klar bewußt ist, daß der Reichtum der deutschen Kunst zu allen Zeiten aus der Mannigfaltigkeit der Weltanschauungen erwachsen ist. Dieser Entwurf wird einstimmig gebilligt.«[20]

Nach drei Stunden Rede und Widerrede kam die Sitzung endlich an ihr Ende. Aber sie hätte genausogut unterbleiben können. Denn da der Beschluß der Abteilung sofort nach der Sitzung der Presse bekannt geworden war, ohne daß der Präsident ihn zur Kenntnis hatte nehmen können, verweigerte Schillings seine Zustimmung.

Am nächsten Morgen berichteten bereits die »Vossische Zeitung« und auch das »Berliner Tageblatt«. Beide Zeitungen wandten sich scharf gegen die Austritte, und auch die »Frankfurter Zeitung« vom 18. März setzte sich in einem Aufsatz mit der neuen Situation auseinander. Der allgemeine Tenor richtete sich jedoch gegen Heinrich Mann. »Jetzt geschieht nun endlich die Säuberung«, jubelte die »Berliner Illustrierte Nachtausgabe« am 16. Februar,[21] und die »Berliner Börsenzeitung« konnte ein Gefühl der Genugtuung nicht unterdrücken, »daß unseren monatelangen Kämpfen gegen Heinrich Mann endlich Erfolg beschieden ist«.[22] Lapidar äußerte sich der »Völkische Beobachter«: »Diese Dichterakademie muß sterben, wenn die deutsche Dichtung leben soll! Ist es so? Es ist so!«[23]

Benn traf sich mit Schillings und Loerke am nächsten Tag in der Akademie, aber der Schaden, der durch das vorzeitige Ausplaudern des Sitzungsergebnisses durch Döblin oder Frank entstanden war, konnte nicht wiedergutgemacht werden. Denn die »Völkischen Blätter« quittierten eine solche Erklärung, die zudem noch vor ihrer Billigung durch den Präsidenten an die Öffentlichkeit gelangte, mit unverhohlener Verachtung. Wilhelm Stapel sprach für viele, wenn er in der von ihm redigierten Zeitschrift »Deutsches Volkstum« schrieb: »Als Heinrich Mann von der Akademie verwiesen wurde, wäre es moralisch notwendig gewesen, daß die, die ihn zu ihrem Vorsitzenden gewählt hatten, mit ihm unter Protest ausgetreten wären. Mit Hohn haben wir davon Kenntnis genommen, daß die Herren sich entschieden haben, den Fall ›unpolitisch‹ zu behandeln und in der Akademie zu beharren.«[24]

Natürlich kann man das Verhalten der Abteilung kritisieren. Wichtiger ist jedoch, daß Heinrich Mann das Feld freiwillig geräumt hatte. Er hätte dem Wunsch Ricarda Huchs nachkommen und durch seinen Widerstand Klarheit schaffen können. Andererseits wissen wir heute, daß eine Auflehnung nichts genützt hätte. Denn daß die Unterschrift unter das Plakat nur ein willkommener Vorwand für Rust war, um sich seiner zu entledigen und die Akademie zu säubern, wird besonders deutlich, wenn man den Artikel liest, den Hanns Johst in der »Deutschen Kulturwacht«, dem Organ des »Kampfbundes für deutsche Kultur«, am 15. Februar veröffentlichte, ohne schon Kenntnis der Vorgänge dieses Tages zu haben. Er nannte Namen und schlug die Auflösung der Abteilung vor: »Thomas Mann, Heinrich Mann, Werfel, Kellermann, Fulda, Döblin, Unruh usw. sind liberal-reaktionäre Schriftsteller, die mit dem deutschen Begriff Dichtung in amtlicher Eignung keineswegs mehr in Berührung zu kommen haben. Wir schlagen vor, diese restlos überaltete Gruppe aufzulösen und nach nationalen, wahrhaft dichterischen Gesichtspunkten neu einzuberufen.«[25]

»Es wird naturgemäß bei diesen Austritten nicht bleiben«, orakelte »Der Tag« am 17.2.1933, womit er recht hatte. Und selbst diese Feststellung sieht noch über die Kräfte hinweg, die im Februar und März daran arbeiteten, die Zusammensetzung der Abteilung für Dichtung in der Akademie zu ändern.

Seit einem Jahr zog bereits der Dichter Börries Freiherr von Münchhausen die Fäden, um die Abteilung in seinem Sinne verändert zu sehen. Münchhausen fand sich mit Moeller van den Bruck und Hans Grimm in der unmittelbaren Nachkriegszeit in dem 1919 gegründeten »Juniclub« zusammen, einer elitären, konservativen Vereinigung, die ein autoritäres Regierungssystem anstrebte. Im Januar 1930 wählte der Thüringische Landtag den Nationalsozialisten und Vorsitzenden der NSDAP-Reichstagsfraktion, Wilhelm Frick, zum Innen- und Volksbildungsminister. Münchhausen nahm Verbindung zu ihm auf, in der Burg Saaleck kam es zu Kaminstunden, in denen Münchhausen vor wichtigen nationalsozialistischen Funktionären wie Frick, Baldur von Schirach oder Richard Walter Darré, dem späteren Landwirtschaftsminister, seine Balladen vortrug.[26] Münchhausen beabsichtigte, die nationalkonservativen und die nationalsozialistischen Schriftsteller zusammenzubringen und sie in einer Gegengründung zur Akademie, dem Wartburgkreis, zu organisieren. Die Absicht, die Sektion Dichtkunst durch den Wartburgkreis zu ersetzen, schien Münchhausen durch den engen Kontakt zu Papen durchsetzbar. Er hatte sich gegen Ende des Jahres mit Papen in dessen Privatwohnung getroffen und legte am 7. November 1932 eine Denkschrift »Gedanken über eine deutsche Dichter-Akademie« vor. Im November trat Papen als Reichskanzler zurück, der Plan war gescheitert. Kaum aber war am 4. Februar 1933 Rust ernannt, nahm Münchhausen Kontakt mit ihm auf. Er vermerkte in seinem Tagebuch, daß Rust sich rühme, Heinrich Mann und Käthe Kollwitz »durch den derzeitigen Akademiepräsidenten« habe hinauswerfen lassen. In der gleichen Weise wolle er mit Alfred Döblin verfahren.[27] Der Kontakt zwischen beiden blieb in der Folgezeit eng, Münchhausen gab dem kommissarischen Minister Ratschläge, machte ihn mit anderen Mitgliedern seines Kreises, mit Grimm, Kolbenheyer, Stehr, Blunck, Strauß und Stapel bekannt.

Von diesen Aktivitäten erfuhren die alten Mitglieder der Sektion kaum etwas. Benn bezog seine Informationen hauptsächlich von Loerke, der schon am 14. Februar in seinem Tagebuch die Bemerkung eines Ministerialbeamten notierte, daß die Abteilung für Dichtung aufgelöst werden würde: »Das ist nur logisch. Eine böse Stimmung. Alles bricht zusammen«.[28] Eine Woche später, am 27. Februar 1933, einem Montag, nahm sich Benn Zeit für einen ausführlichen Brief an Egmont Seyerlen, mit dem ihn eine lange Freundschaft verband. Man kannte einander von den Vortragsabenden, die Franz Pfemfert im Café des Westens regelmäßig veranstaltete, und trat 1914 gemeinsam in Paul Cassirers Kunstsalon auf. Seyerlen las aus seinem Roman »Die schmerzliche Scham. Geschichte eines Knaben um das Jahr 1900«. Nach dem Kriege vertrieb er für Boulevardtheater Kostüme und Bühnenvorhänge, lebte später als Großhändler vom internationalen Geschäft mit Wolle und Baumwolle und organisierte bis 1930 das System der Ratenzahlung im großen Stil. Während der Wirtschaftskrise beauftragten ihn Firmen wie Kiepenheuer und Rowohlt mit Konzeptionen zur Sanierung und Rentabilitätssteigerung. Ab 1934 stieg er zum einflußreichen Wirtschaftsführer auf.

Seyerlen hatte Benn um Rat wegen seiner Gesundheit gebeten. Benn riet zu einem Sanatoriumsaufenthalt, denn es handele sich wahrscheinlich nur um eine Neurose. Da hülfen schon Selbsterziehung und »Erotik in freien Strömen«. Aber er solle sich keine Sorgen machen, denn der Neurotiker pflege ein hohes Alter zu erreichen. Von diesen Ratschlägen ging Benn übergangslos zu einer Beschreibung der politischen Ereignisse in der Reichshauptstadt über: »Hier herrscht Angst und Schrecken in der Literatur. Die Verläge senden ihre anrüchigen Bücher nach Wien ins Depot und wissen von Nichts; die Autoren sitzen in Prag und im Ottakringer Bezirk und erwarten das Vorbeigehn der Episode. Was für Kinder! Was für Taube! Die Revolution ist da und *die Geschichte spricht*. Wer das nicht sieht, ist schwachsinnig. Nie wird der Individualismus in der alten Form, nie der alte ehrliche Sozialismus wiederkehren. Dies ist eine neue Epoche des geschichtlichen Seins, über ihren Wert oder Unwert zu reden ist läppisch, *sie ist da*. Und wenn sie nach zwei Jahrzehnten vorüber ist, hinterläßt sie eine andere Menschheit, ein anderes Volk. Hierüber rede ich mir den Mund fusselig, die Linksleute wollen es nicht wahrhaben. Siehe oben: Kinder und Taube.«[29]

Dieser Brief gehört zu den zentralen Zeugnissen, die uns mit Benns Ansichten nach der Machtübergabe an das Kabinett Hitler vertraut machen.[30] Benn charakterisiert in diesem Brief die erste Welle der literarischen Emigration und kritisiert deren Glauben, es handele sich in Deutschland um eine kurzfristige Regierungsübernahme, wie man sie bisher in der schnellen Abfolge der Kabinette kannte. Gleichzeitig, und das ist das Wichtigste, verurteilt er das moralische Wehgeschrei, da Wertefragen für historische Ereignisse dieser Dimension unangemessen seien.

Als Benn den Brief schrieb, waren es noch sechs Tage bis zur Reichstagswahl vom 5. März. Der Wahlkampf trieb seinem Höhepunkt entgegen. Um mit staatlichen Mitteln die Machtbasis der neuen Regierung zu festigen, veranlaßte das Kabinett den Reichspräsidenten am 4. Februar, unter Hinweis auf die kommunistische Aufforderung zum Generalstreik eine Notverordnung »Zum Schutz des deutschen Volkes« zu erlassen. Diese Verordnung war schon von der Regierung Papen entworfen worden. Sie erlaubte Presse- und Versammlungsverbote für den Fall, daß »Organe, Einrichtungen, Behörden oder leitende Beamte des Staates beschimpft oder verächtlich gemacht« oder »offensichtlich unrichtige Nachrichten« verbreitet würden, die »lebenswichtige Interessen des Staates gefährden«.[31] Diese dehnbaren Bestimmungen schufen eine Handhabe, um gegnerische Parteien mundtot zu machen. Bei der Anwendung dieser Mittel kam es darauf an, wer über Polizei und Verwaltung gebieten konnte. Es zeigte sich jetzt, wie folgenreich es war, daß Preußen infolge des Papenschen Staatsstreiches vom 20. Juli 1932 unter die kommissarische Leitung des Reiches gestellt worden war. Loerke legte in einer kurzen Notiz über die Lage auf diesen Punkt besonders Wert, wenn er am 14. Februar rückblickend schrieb: »Viel Entsetzliches hat sich ereignet. Es hat keinen Zweck, Chronist zu sein. Am 30. Regierungsbildung mit Herrn Hitler als Reichskanzler. Aber der Juli vorigen Jahres war ja das Entscheidende.«[32]

Loerke hatte insofern recht, als das Notverordnungsrecht des Reichspräsidenten auch nach dem 30. Januar 1933 zunächst das wichtigste Instrument der Hitler-Regierung auf dem weiteren Weg zur Macht blieb. Nach Absprache mit dem Reichskabinett erwirkte Papen am 6. Februar 1933 eine Notverordnung »zur Herstellung geordneter Regierungsverhältnisse in Preußen«, die kurzerhand sämtliche der preußischen Regierung Braun noch verbliebene Befugnisse auf die Reichsregierung übertrug.[33] Es kam in Preußen zu einer scharfen Verbotspraxis gegen Wahlkundgebungen und Presseaufrufe der Linksparteien. Die Berliner Abteilung IA (Politische Polizei) verlor ihre republikanischen Beamten. Die Polizeibehörden wurden durch Göring angewiesen, dem Treiben staatsfeindlicher Organisationen entgegenzutreten und, »wenn nötig, rücksichtslos von der Schußwaffe Gebrauch zu machen«.[34] Kein Wunder also, wenn Rust, dem die Verordnungslage durch das Innenministerium bekannt war, einen Wahlaufruf der »staatsfeindlichen Organisationen« zum Anlaß nahm, um Heinrich Mann durch Schillings zum Rücktritt zu bewegen. Der Berliner Polizeipräsident ließ schon vor dem Inkrafttreten der Notverordnung die kommunistische »Rote Fahne« beschlagnahmen und drei Tage lang den sozialdemokratischen »Vorwärts« verbieten. Zwar wurden die meisten Verbote binnen weniger Tage auf entsprechende Klagen vom Reichsgericht aufgehoben, aber die Praxis bewirkte eine Einschüchterung der Presse und der Verlage.

Das meinte Benn, wenn er von den Verlagen spricht, die begannen, sich vorsichtig zu verhalten. Die Tatsache, daß schon Beleidigung und

Verächtlichmachung der Regierung unter ausdrückliches Verbot gestellt wurde, hatte zur Folge, daß selbst führende liberale und republikanische Blätter wie die »Frankfurter Zeitung« oder die »Deutsche Allgemeine Zeitung« sich bei ihrer Kritik an der neuen Regierung eines zurückhaltenden Tones befleißigten. Vielfach sah die preußische Polizei dem SA-Terror tatenlos zu. Dringende Appelle der Zentrumsführung und des Christlich-sozialen Volksdienstes an den Reichspräsidenten, den Vizekanzler und den Reichskanzler, »den unglaublichen Zuständen ein Ende zu bereiten«[35] und die »sich von Tag zu Tag steigernde Verwilderung des politischen Kampfes«[36] zu unterbinden, veranlaßten schließlich Hitler und Göring, die NSDAP zur Disziplin zu ermahnen. Von besonders weittragenden politischen und institutionellen Folgen war ein damals noch relativ wenig beachteter, unveröffentlichter Polizeierlaß Görings vom 22.2.1933, der zur Bekämpfung »zunehmender Ausschreitungen von linksradikaler, insbesondere kommunistischer Seite« den Einsatz freiwilliger »Hilfspolizei« anordnete.[37] SA, SS und Stahlhelm traten in ihren Uniformen auf und trugen lediglich eine weiße Armbinde mit der Aufschrift »Hilfspolizei«.

Man kann die fast mühelose Gleichschaltung des Staatsapparates und der öffentlichen Meinung nicht verstehen, wenn man nicht die nationalsozialistische Taktik einer inszenierten »nationalen Erhebung« in Rechnung stellt. In ihrem Zeichen standen die ersten Maßnahmen des neuen Regimes, das sich ganz betont als revolutionärer Durchbruch einer längst bestehenden inneren Gegenregierung verstanden wissen wollte. Das neue Kabinett trug nach seiner Zusammensetzung den Charakter einer zwar rechtsgerichteten, aber keineswegs eindeutig nationalsozialistischen Regierung: Viel eher stand es in der »Kontinuität der vorangegangenen Präsidialkabinette«.[38] Auch wurde das scheinbare Übergewicht der konservativ-deutschnationalen Kräfte noch durch eine Kabinettsvereinbarung gestärkt, nach der Papen bei allen Besprechungen zwischen Hitler und Hindenburg zugegen sein sollte. Es waren jedoch die Schlüsselstellungen für die innenpolitische Machtausübung, die die nationalsozialistische Minderheit besetzt hielt.

Selbst für viele »unpolitische« Betrachter war die Erwartung einer nationalen Reformbewegung der bestimmende Maßstab, an dem die Ereignisse der ersten Wochen gemessen wurden.[39] Die zeitgenössischen Äußerungen drückten ein geradezu chiliastisches Gefühl der Erfüllung aus, das eine offiziöse dokumentarische Darstellung dieser Tage in den Satz faßte: »Zum ersten Mal in unserer Geschichte hat das Leben der Nation über die leidvollen Irrwege eines vergangenen Jahrtausends gesiegt.«[40] Und Joachim Fest erinnert sich, daß sein Vater, besonders nach »den stupenden Erfolgen der ersten Regierungsjahre«, das Gefühl entwickelte, »von der Geschichte selber besiegt worden zu sein«. Er habe sich gefragt, ob man nicht »den Wind eines übermächtigen historischen Prinzips gegen sich habe«.[41] Benn hatte in drei Worten dasselbe in dem Brief an Seyerlen ausgedrückt: »Die Geschichte spricht.«

Die Führungsgremien aller demokratischen Gruppen bauten im übrigen auf die rechtlichen Gewährleistungen durch die Verfassung und vertrauten auf das Gewicht Hindenburgs und der Armee. Auch glaubten sie an die Möglichkeit, die NSDAP durch parlamentarische Oppositionspolitik ausmanövrieren zu können.

Trotz aller Behinderungen erblickte man in dem bevorstehenden Wahlgang am 5. März eine Chance für die Erhaltung der Demokratie.[42] Die grandiose Verkennung der Machtlage wich nur schrittweise einer Einsicht in die wahren Fronten, als in riesigem Maßstab die nationalsozialistische Wahlkampagne anlief und mit ihr sich die Monopolisierung des Rundfunks, der Presse und der Straßendemonstrationen abzeichnete. Dann aber war es zu spät: Die Zeitungsverbote überstürzten sich, die Gewerkschaften zeigten die ersten Auflösungserscheinungen, die politisch-bürokratischen Machtpositionen im Reich und besonders in Preußen fielen dem nationalsozialistischen Einfluß anheim, und die preußische Polizei war schon nach wenigen Wochen im nationalsozialistischen Sinne gereinigt und ergänzt.

Benn erkannte schon vor der Wahl am 5. März die revolutionäre Beschleunigung einer Entwicklung, die durch die Berufung auf Legalität, Verfassung und parlamentarisch-demokratische Gewohnheiten nicht mehr zu steuern war.[43] Er blickte weiter als die linken Schriftsteller, die mit Otto Wels der Meinung waren: »Gestrenge Herren regieren nicht lange!«[44] Dabei war Benn keineswegs begeistert. Im Gegenteil. Er sah den Gang der Dinge mit gemischten Gefühlen und resignativ: »Ein neues Geschlecht wächst heran, ein uns sehr fremdes, möge es sich eine glücklichere Geschichte, eine frohere Zeit, ein anständigeres Volk heranzüchten und bilden als wir es hatten. Wir wurden zu sehr von alten steifen Strebern geführt; diese wachsen arm heran, das wird ihr Glück sein und ihre Stärke. Ich nehme sehr stark Abschied von mir und allem, aus dem wir wurden und das uns schön und lebenswert erschien.«[45]

Benn formulierte diese Zeilen an Seyerlen zeitgleich zu dem wichtigsten Ereignis, welches den Nationalsozialisten den Vorwand einer terroristischen Verschärfung der Polizeigewalt bot, dem Reichstagsbrand. Die Meldungen, die in der Nacht vom 27. zum 28. Februar über alle deutschen Sender gingen, sprachen, bevor von Untersuchungsergebnissen die Rede sein konnte, von kommunistischer oder gar sozialdemokratischer Konspiration. Die Reichstagsbrandverordnung wurde vom Kabinett am Nachmittag des 28. Februar verabschiedet. Ohne den

Widerstand derjenigen, die Hitler »engagieren« oder »einrahmen« wollten, kam es zur ersten großen Legalisierung der Diktatur, die Papen lediglich mit dem lakonischen Satz kommentierte: »Sie beseitigte einige der wesentlichen Grundrechte.«[46]

Benns Erklärung

Am gleichen Tage, an dem Heinrich Mann seinen Rücktritt aus der Akademie erklärte, griff Hitler auf einer Wahlveranstaltung in Stuttgart die Kulturpolitik der Vergangenheit an und sprach von den »Fäulniserscheinungen in unserer ganzen Kultur«, die »auszubrennen« seien.[1] Und Rust sagte zur selben Stunde in einer Rede vor den Studenten der Berliner Universität, »man brauche Diktatur und Willkür nicht zu fürchten, nur der Terror, den man bisher ›dem erwachenden Deutschland‹ entgegengesetzt hätte, werde mit brutaler Gewalt gebrochen werden«.[2]

Wenn auch die Abteilung Dichtkunst nach dem Verzicht Heinrich Manns keinen Grund mehr für eine Schließung bot, war es für Benn doch offensichtlich, daß weitere Repressalien folgen würden. Denn die Methode, sich durch psychischen Druck der mißliebigen republikanischen und liberalen Akademiemitglieder zu entledigen, hatte in der Abteilung Dichtkunst Erfolg gezeigt. Eine harte Gangart seitens des Kultusministeriums war auch deswegen zu erwarten, weil der Kreis um Münchhausen den Plan der Gründung einer Deutschen Dichterakademie vorantrieb. Münchhausen traf am 8. März mit Rust zusammen, aber der Minister machte keine Zusagen. Münchhausen sprach sich gegen Pressionen gegenüber der Abteilung aus, nachdem Rust hatte durchblicken lassen, daß Döblin als nächster aus der Akademie gedrängt werden sollte. Zwar empfand Münchhausen die Person und den Künstler Döblin als ebenso »unangenehm« wie Heinrich Mann und Käthe Kollwitz. Es sei jedoch taktisch klüger, keine »Märtyrer« zu schaffen und unerwünschte Mitglieder lieber bei einem »Neubau« der Akademie nicht mehr zu berufen, als sie aus der bestehenden Sektion hinauszuwerfen.[3]

Gefahr drohte aber noch von einer ganz anderen Seite. Am 13. März trat die Abteilung wieder zusammen. An diesem Tag war der Reichspropagandaleiter der NSDAP, Joseph Goebbels, zum Reichsminister des neugeschaffenen Ministeriums für Volksaufklärung und Propaganda ernannt worden. Nur Hanns Johst ahnte, welche Schwierigkeiten den Dichtern dadurch entstehen konnten, und er versuchte, die Fürsprecher einer »Deutschen Dichterakademie« zu bremsen. Er hatte als einziger aus dem Kreis um Münchhausen direkten Zugang zu Hitler und nahm an, Goebbels denke an eine Eingliederung der Akademie in sein Ministerium.[4] Und während Rust versichert hatte, der Abteilung nach ihrem Umbau Selbständigkeit zu gewähren, konnte diese Zusicherung bei einer Zuständigkeit des Goebbelsschen Ministeriums nicht mehr gewährleistet werden. Insofern hatte nach Johsts Meinung der Erhalt der Abteilung Vorrang vor allen anderen Möglichkeiten.

Nachdem die Abteilung schon zuvor trotz dreistündiger Debatte nur einen Dank an Heinrich Mann zuwege gebracht hatte und auch Döblin keine Veranlassung zum solidarischen Rücktritt sah,[5] wollte Benn der Wiederholung einer fruchtlosen Auseinandersetzung vorbeugen. Wenn die Abteilung Wert auf ein Fortbestehen legte, würde sie sich entscheiden müssen: Entweder sie wollte einer Schließung zuvorzukommen, indem sie den Wünschen des Präsidenten nachkam, der als Mittelsmann zum Kultusminister fungierte, oder sie hatte aufgehört zu bestehen. Benn befürwortete unbedingt den Fortbestand, wobei ihm klar war, daß noch weitere Mitglieder die Sektion würden verlassen müssen. Aber wie wollte man etwa den Rausschmiß Döblins begründen? Die Regierung legte scheinbar großen Wert darauf, »gesetzmäßig« zu handeln. Und gegen linke oder jüdische Schriftsteller lag kein Gesetz vor. Benn versuchte daher, den Kultusminister mit seinen eigenen Waffen zu schlagen und dessen Absichten moralisch fragwürdig zu machen. Gegen Mitglieder der Abteilung, die sich jeder politischen Äußerung gegen die neue Regierung enthielten, ließ sich nach Benns Meinung kaum etwas unternehmen: Man mußte die Abteilung vor ihrer eigenen Unentschiedenheit in einer prekären Situation schützen. Um eine lange Diskussion zu verhindern, entwarf er einen Revers: »Sind Sie bereit, unter Anerkennung der veränderten geschichtlichen Lage weiter Ihre Person der Preussischen Akademie der Künste zur Verfügung zu stellen?« Dieser Satz nahm verklausuliert Bezug auf die Wahlergebnisse der vorausgegangenen Woche und auf das Ermächtigungsgesetz, das den Alleinherrschaftsanspruch der neuen Regierung und den weiteren Weg der Machtergreifung besiegelte. Vor dem Kabinett bezeichnete Hitler die Ergebnisse des 5. März als eine »Revolution«. Die unmittelbar folgenden Tage brachten den praktischen Beweis für diesen Anspruch[6]: Unter Berufung auf die Reichstagsbrandverordnung vom 28. Februar und in verfassungswidriger Übertragung der Reichstagswahl auf die Länderpolitik wurden in einem Staatsstreich die deutschen Länder gleichgeschaltet.

Benn hatte die Zukunft der Abteilung von allen Seiten betrachtet, als er mit seinem Revers in die Sitzung ging. Die Abteilung konnte im Augenblick nur erhalten werden, wenn sich gegen den Kultusminister und den Präsidenten kein Widerstand regte und die Diskussion über die Rolle Heinrich Manns nicht wieder in Gang kam. Benn fügte seinem ersten Satz daher einen zweiten an, der Einigkeit in der Sektion herstellen und vor allem unsichere Kandidaten wie Ricarda Huch, Alfred Döblin oder Leonard Frank dazu bringen sollte, Stellung zu beziehen: »Eine Bejahung dieser Frage schließt die öffentliche politische Betätigung gegen die Regierung aus und verpflichtet sie zu einer loyalen Mitarbeit an den satzungsgemäss der Akademie zufallenden Aufgaben der Nation.«[7] Der Satz bezog sich natürlich auf Heinrich Manns Unterschrift unter dem Wahlaufruf und wollte ein ähnlich politisches Signal eines Abteilungsmitglieds in Zukunft verhindern. Dabei konnte Benn zu diesem Zeitpunkt nicht erkennen, daß politische Signale überhaupt ohne Zukunft waren.

Die Sektion tagte in kleiner Runde. Von den Berlinern waren nur Benn, Fulda, Loerke, von Molo und Stucken gekommen, es fehlten Ina Seidel, Alfred Döblin und Ricarda Huch. Binding mußte sogar extra aus Buchschlag in Hessen anreisen, um die Sitzung zu leiten, er blieb das einzige auswärtige Mitglied. Das Protokoll vermerkt: »Es wird Erstaunen darüber geäussert, dass von den auswärtigen Mitgliedern bei einer so wichtigen Sitzung nur eins erschienen ist.« Binding gab zuerst bekannt, daß Hanns Johst zum Amtssenator ernannt worden sei. Darin zeigte sich die unverhüllte Macht des Ministers, denn bisher wurden die Senatoren auf entsprechenden Vorschlag gewählt.

Benns Erklärung traf auf keinerlei Widerstand: »Die Abteilung erkennt durch Eintritt in die Diskussion über die Formulierung der Erklärung an, dass sie eine solche für notwendig hält.«[8] Binding wollte allerdings wissen, ob es sich bei dem Text um eine Initiative des Präsidenten handelte. Benn antwortete, »Gedanke und Formung des Entwurfs seien von ihm selbst«. Loerke sprang Benn bei und zitierte den Präsidenten, der nur wünschte, daß überhaupt gehandelt würde. Binding wertete die Anwesenheit der Mitglieder als Zeichen: Sie wollten offenbar durch ihr Erscheinen eine Selbstauflösung oder zwangsweise Schließung der Abteilung verhindern. Er fragte jedes Mitglied nach seinem Einverständnis. »Sämtliche Mitglieder bejahen die Frage einzeln.« Daraufhin wurde einstimmig beschlossen, den Entwurf dem Präsidenten mit der Bitte um Weiterreichung zuzuleiten.

Damit hätte man zum Schluß kommen können. Aber kaum hatte die Runde Benns Vorschlag zugestimmt, betrat Schillings das Sitzungszimmer. Er wollte den Schluß des zweiten Satzes geändert wissen. Aus »der loyalen Mitarbeit an den satzungsgemäss der Akademie zufallenden Aufgaben der Nation« sollte »die loyale Mitarbeit an den satzungsgemäß der Akademie zufallenden nationalen kulturellen Aufgaben im

Sinne der veränderten geschichtlichen Lage« werden. Die Erklärung war ihm noch nicht glatt genug. Allerdings entsprach seine Formulierung ganz und gar nicht der Intention Benns. »Benn hatte sich als Staatsbürger zur loyalen Mitarbeit bereit erklärt, nicht aber als Künstler.«[9] Dennoch stimmte er, wie alle anderen, zu.

Bevor man auseinanderging, wies Binding darauf hin, daß man nun auch für eine Erweiterung der Abteilung zu sorgen hätte. Und genau an diesem Punkt wurde deutlich, daß die Abteilung eine Hoffnung auf selbständige Entscheidungen zumindest zeitweilig aufgegeben hatte. Anstatt gemäß dem früheren Wahlmodus über die Vorschläge aus den eigenen Reihen abzustimmen und eine Liste zu verabschieden, wie es noch bei der Wahl Benns und Ina Seidels vor einem Jahr geschehen war, wurde der Präsident diesmal ersucht, diejenigen Namen zu nennen, die im Ministerium kursierten. Man stimmte über eine Liste ab, die zusammen mit der soeben verabschiedeten Erklärung ans Ministerium gehen sollte. Benn wurde zum Schluß gebeten, als Berliner bis zur Wahl eines neuen Vorsitzenden die Sitzungen der Abteilung zu leiten, da Binding sonst jedesmal extra hätte anreisen müssen. »Benn ist dazu bereit«, vermerkte das Protokoll. Die Sitzung wurde am späten Abend nach fast vier Stunden gegen 22.00 Uhr geschlossen. Und obwohl die Zukunft nun gesichert schien, konnte noch niemand ahnen, daß alle Bemühungen vergeblich sein sollten: Die Ernennung von Joseph Goebbels zum Minister für Volksaufklärung und Propaganda besiegelte das Schicksal der Abteilung. Am 22. September teilte Goebbels die Errichtung der Reichskulturkammer (RKK) als berufsständische Zwangsorganisation mit. Von diesem Zeitpunkt an führte die Abteilung mangels Geld und Einfluß nur noch ein Schattendasein: Sie starb, wie Binding 1937 anmerkte, den »Eistod«.[10]

Bereits am nächsten Tag wurde der verabschiedete Revers vom Präsidenten an alle Mitglieder der Abteilung mit der Bitte verschickt, die vorliegende Frage »ausschließlich mit ja oder nein spätestens bis zum 21. März zu beantworten«. Mehr oder weniger postwendend stimmten von den dreißig Mitgliedern zwei Drittel mit ja. Thomas Mann erklärte, er habe »nicht im Geringsten die Absicht, gegen die Regierung zu wirken«, beabsichtige jedoch, von seinem Leben »alles Amtliche abzustreifen« und fortan in »vollkommener Zurückgezogenheit seinen persönlichen Aufgaben zu leben. Darum bitte ich Sie, [...] von meinem Austritt aus der Sektion für Dichtung der Preußischen Akademie der Künste Kenntnis zu nehmen.«[11] Und obwohl er sich zu diesem Zeitpunkt bereits in der Schweiz aufhielt und einem geharnischten Widerspruch des Nobelpreisträgers gegen die satzungsverletzende Verfahrensweise der Akademie nichts im Wege gestanden hätte, gab er wie sein Bruder kampflos auf.

Und sogar Alfred Döblin verzichtete auf einen Protest, obwohl er bereits in Zürich lebte, und antwortete unentschieden. Zwar sei die Akademie durchaus berechtigt, von ihren Mitgliedern Loyalitätserklärungen zu verlangen, und er sei auch ohne weiteres bereit, sie zu geben, da er »nicht im mindesten im politischen öffentlichen Leben stehe«. Aber der Präsident möge doch beim Kultusminister ermitteln, ob er selbst und »die Kollegen Fulda, Wassermann, Werfel, Kaiser, Mombert« als Juden weiterhin in der Akademie geduldet würden. Am nächsten Tag, dem 18. März, schrieb Döblin einen ergänzenden Brief: »Ich bejahe die geforderte Loyalitätserklärung, wie ich schon schrieb, sehe aber ein, dass ich als Mann jüdischer Abstammung unter den heutigen Verhältnissen eine zu schwere Belastung für die Akademie wäre. Ich stelle daher meinen Sitz in der Akademie zur Verfügung.«[12]

Mit diesem vorweggenommenen Einverständnis und der Hinnahme des nationalsozialistischen Antisemitismus wurde dem gewünschten Prozeß der »Selbstreinigung« der beste Vorschub geleistet, denn judenfeindliche Überlegungen waren bisher noch gar nicht ins Spiel gekommen. Ein eindeutiges »Ja« hätte den Kultusminister in Zugzwang gebracht, der zu diesem Zeitpunkt gegen die jüdischen Mitglieder noch keinerlei Handhabe hatte. Erst im April ermöglichte das »Gesetz zur Wiederherstellung des Berufsbeamtentums« in analoger Auslegung die Entfernung der jüdischen Dichter.[13] Mit »Nein« antworteten Ricarda Huch, Rudolf Pannwitz, René Schickele und Jakob Wassermann. Damit waren die Diskussionen über Richtigkeit oder Opportunität von Protesten vorbei, die Abteilung konnte versuchen, zu einer produktiven Arbeit zu kommen, wobei entschieden werden mußte, worin diese Arbeit überhaupt noch bestehen sollte.

Wenn man nach einem Dokument sucht, das einen bestimmten Aspekt des politischen Denkens Benns am einfachsten ausdrückt, dann ist es der Revers. Er spiegelt einen auf den Begriff gebrachten Dezisionismus wider, der für einen bestimmten Sektor der antidemokratischen Ideenbewegung der Weimarer Republik von zentraler Bedeutung war. Das antidemokratische Denken bestand im Entweder-Oder, rief zur Entscheidung, forderte das Bekenntnis und duldete keine vermittelnden Positionen. Benn hatte die Notwendigkeit persönlicher Entscheidung als »gestaltende Kraft jenseits aller ideologischen Fixierungen«[14] verstanden. Deswegen mußte ihm der freiwillige Rücktritt Heinrich Manns auch so fragwürdig erscheinen, denn er deutete diesen Schritt als Zurückweichen vor einer obskuren Macht der Hinterzimmer und der Straße. In dieser antidemokratischen Haltung wußte sich Benn mit Carl Schmitt einig, dessen Buch »Der Begriff des Politischen« in der dritten Auflage von 1933 er mit zahlreichen Anstreichungen in blauem oder rotem Stift durchgearbeitet hatte[15]: »Wer diskutiert, will nur der Entscheidung ausweichen. Eine Klasse, die alle politische Aktivität ins Reden verlegt, ist einer Zeit der sozialen Kämpfe nicht gewachsen«.[16] Sontheimer hatte sicher recht, wenn er im Dezisionismus einen destruktiven Kern entdeckte. Aber es war diese radikale Desillusionierung, die Benn, wie auch andere Intellektuelle seiner Zeit, anzog.

Wenn Benn in diesem Zusammenhang die »Leitung« der Abteilung in der Zeit vom 13. März bis zum 7. Juni vorgeworfen und er damit für die Gleichschaltung verantwortlich gemacht wird, dann kann eine solche Schuldzuschreibung nur in Unkenntnis der Fakten zustande kommen, besonders der Aktivitäten der Männer um Münchhausen. Hans Grimm und Erwin Guido Kolbenheyer korrespondierten mit Rust, und Münchhausen als Wortführer informierte das Ministerium über den erreichten Stand der Meinungsbildung.[17] Benn stand allein und korrespondierte, wenn überhaupt, mit Schillings, der ihn möglicherweise über die Geschäftigkeit hinter dem Rücken der Abteilung auf dem laufenden hielt: Benn wollte mit dem Revers Einigkeit und Zusammenhalt in der Abteilung demonstrieren. Oder er traf sich mit Loerke, der im März telefonisch davon unterrichtet wurde, daß von seiten des Ministeriums keine Aussicht bestünde, seine Bezüge als Dritter Ständiger Sekretär über das Ende des Monats weiterzugewähren.

Am Abend des 1. April 1933 kam Benn zu einem Konzert der Akademie, fuhr aber nach dem ersten Teil in der Pause wieder nach Hause, legte den befohlenen Frack ab und traf sich mit Loerke im »Franziskaner« am Bahnhof Friedrichstraße. Man sprach über die »geschichtliche Lage«. Loerke erlebte den Judenboykott dieses Tages im S. Fischer Verlag, zusammen mit den »armen jüdischen Angestellten in ihrer Entehrung, wir alle waren mit ihnen ratlos. [...] Benn stand unter dem Eindruck des Boykotts in seinem Hause, wo es fünf Kollegen getroffen hatte, von denen er zwei hoch schätzt.«[18]

Benn kannte kein »Judenproblem«. Im »Doppelleben« verweist er auf seine jüdischen Freundinnen, Freunde und Bekannten und auf die »überströmende Fülle von Anregungen, von artistischen, wissenschaftlichen, geschäftlichen Improvisationen, die von 1918-1933 Berlin neben Paris rückten« und die auf den jüdischen Bevölkerungsteil zurückgingen: »Alles dies durch politische Regelungen oder gar Gewaltmaßnahmen auslöschen oder gar ausrotten zu wollen oder zu können, erschien 1933 wohl nicht nur mir ausgeschlossen. Das hieß, Europa ausrotten, die Geschichte blockieren, den Kulturkreis destruieren – dies traute man 1933 keiner Macht der Erde zu.«[19]

Andere Leute waren da anderer Meinung. Thomas Mann äußerte sich in einer Tagebuchnotiz zweideutig am 10. April 1933: »Die Juden ... Daß die übermütige und vergiftende Nietzsche-Vermauschelung Kerr's ausgeschlossen ist, ist am Ende kein Unglück; auch die Entjudung der Justiz am Ende nicht.«[20] Ohne Rücksicht auf persönliche Schicksale begrüßte Ernst Rowohlt ganz entschieden die Gewaltmaßnahmen gegen Juden am 1. April. Er war, wie auch der »Völkische Beobachter«, der Meinung, daß es sich 1933 um eine »gewaltlose Revolution« handelte, in der »die schlimmsten Elemente nur von der Nation abgesondert wurden«, und schrieb an Sinclair Lewis: »Es ist kein Zweifel, daß bei dem Umsturz – eigentlich kann ja kaum von Umsturz die Rede sein – nicht jeder mit Samthändchen angefaßt worden ist, aber im allgemeinen kann ich nur immer wieder sagen, daß ich den Eindruck gehabt habe, daß dieser Umsturz sozusagen in Ruhe und Ordnung vor sich gegangen ist. Es ist im Ausland wahnsinnig schwer zu beurteilen, wie weit die jüdische Greuelpropaganda aus rein jüdischem Instinkt und Motiven heraus in Scene gesetzt wurde. Daran ist aber nicht der geringste Zweifel, daß eine gewisse antisemitische Bewegung der Nationalsozialisten durchaus berechtigt war. Wenn du die genauen Zahlen wüßtest, die darstellen, wie sehr sich der jüdische Teil der deutschen Bevölkerung in Regierungsstellen, Verwaltungsstellen, in leitende Arztstellen, in leitende Juristenstellen usw. vorgedrängt haben, so muß auch der auf dem rassentheoretischen Gebiet ganz simpel und normal empfindende Mensch zugeben, daß hier einmal unbedingt ein Riegel vorgeschoben werden mußte. Daß dabei ungeheure Härten vorkommen, ist einfach nicht zu vermeiden.«[21]

Am 20. April zu Hitlers Geburtstag fand die Premiere des Schauspiels »Schlageter« im Berliner Staatstheater statt. Für den Autor Hanns Johst wurde dieser Abend zum größten Triumph seiner literarischen Karriere, weil das Ereignis als »staatspolitischer Akt von symbolischer Bedeutung« aufgezogen wurde.[22] Nachdem der Vorhang gefallen war, erhob sich das Publikum, sang das Deutschland- und das Horst-Wessel-Lied, Johst erschien unter tosendem Applaus auf der Bühne und grüßte seinen »Führer« mit ausgestrecktem Arm. Als persönliche Gäste von Rust wohnten auch Dichter der Akademie der Aufführung bei, an die sich ein Bierabend anschloß. Auch Benn nahm auf Einladung Rusts an der Veranstaltung teil, ebenso wie die zukünftigen Kollegen der Abteilung, die auf der Sitzung am 12. März benannt worden waren, Blunck, Kolbenheyer, Schäfer und Strauss. Sie fühlten sich offenbar bereits als die neuen Herren, was sie ja auch waren, denn Benn nahm »Anmaßung und Feindlichkeit« wahr. Tags darauf telefonierte er mit Loerke und erzählte ihm von der Aufführung. Loerke vermerkte über dieses Gespräch in seinem Tagebuch: »Er meinte, wir würden nicht nur ausgeschaltet, sondern auch körperlich vernichtet werden.«[23] An diesem

Abend wird Benn wohl einen Eindruck davon erhalten haben, was es bedeutet, selbst Teil einer Minderheit zu sein, der sich die Macht nun unverhohlen zeigt.

Der »Neue Staat«

Vier Tage später, am 24. April, hörten Loerke und von Molo abends von 18.05 bis 18.25 Uhr unter dem Titel »Welt in der Wende. Gottfried Benn spricht über ›Der neue Staat und die Intellektuellen‹« Benns Stimme in der »Berliner Funkstunde«. Der Text war seit Monaten gedanklich und in einzelnen Wendungen vorbereitet, auf die Ereignisse der letzten Wochen nahm die Sendung keinen Bezug. Benn machte Carl Werckshagen schriftlich darauf aufmerksam, daß der Rundfunktext am nächsten Tag auch in der »Berliner Börsenzeitung« erscheinen würde: »Die Sache ist schwierig. Auf Finessen lasse ich mich nicht [ein]. Mir liegt daran, zunächst mal öffentlich zu zeigen, daß ein Intellektueller, der Zeit seines Lebens auf Klasse gehalten hat, trotzdem zum neuen Staat positiv stehen kann, stehen *m u ß!* Schmerzlich ist natürlich die Absage u. Trennung in Bezug auf alte ›liberale‹ Werte und Personen. Aber das Gesetz der Geschichte ist so völlig klar, m. E., daß kein Zögern möglich ist. *Alle* müssen den Staat stützen, unser aller Leben und Existenz hängt davon ab. Man kann es garnicht ernst genug ansehen. Die Geschichte u. ihre Folgen sind viel ernster u. abgründiger, als wir lange dachten«.[1]

Was Loerke und von Molo im Rundfunk hörten, war ein Angriff auf die kommunistischen und linksliberalen Intellektuellen, die die revolutionären Absichten des Marxismus und die russische Revolution zwar begrüßt hatten, die »Revolution vom Nationalen her« jedoch als »unmoralisch, wüst gegen den Sinn der Geschichte gerichtet« ansahen. Dabei sei Sowjetrußland doch selbst das beste Beispiel dafür, daß die Moral einer Utopie im Imperialismus nationaler Prägung endete. Benn orientierte sich bei seiner Überlegung über den Gang der Geschichte an dem Phänomen, daß »sich vor unseren Augen überall autoritäre Staaten bilden«.[2] Er dachte an die Türkei, an Italien, Spanien, Polen oder Ungarn und deutete diesen Sachverhalt als eine »vorwärtsgerichtete, ordnende, positive, die moderne Staatstendenz«. Man könne sie mit Ernst Jünger »Der Arbeiter« nennen oder auch nationalen Sozialismus: Sie habe das Ziel, den unfruchtbar gewordenen Gegensatz von Kapital und Arbeit in eine »höhere Gemeinsamkeit« aufzulösen. Heute sei der Sieg der nationalen Idee eine historische Tatsache, die von den linken Intellektuellen allerdings als »der Sieg des Niederen« gebrandmarkt würde. Aber was seien die Maßstäbe für edel oder niedrig? Im übrigen klage er die Intellektuellen an, nichts zur Überwindung der politischen, ökonomischen und geistigen Krise beigetragen zu haben. Dieses Versäumnis verböte jegliche Kritik am gegenwärtigen Geschehen.[3]

Benn trat für den autoritären Staat ein. Doch nahm die Rede noch eine entscheidende Wendung. Indem er sagte, »eine absolute inhaltliche Qualität gab es nie, die inhaltliche Qualität schuf«,[4] unterwarf er auch den totalen Staat ganz selbstverständlich historischer Relativität: »Die inhaltliche Qualität schuf immer die Geschichte«.[5] Damit wurde der autoritäre Machtstaat zur situationsgebundenen historischen Notwendigkeit ohne absolute Qualität, denn diese kam lediglich dem »geschichtlichen Gesetz«, dem tragisch ›Unaufhörlichen‹ zu. »Nur so ist es zu erklären, daß Benn den neuen Staat nicht ausschließlich optimistisch zeichnet.«[6] Vielmehr beschwor er mehrfach das tragische Motiv der Thermopylenschlacht in deutlicher Kritik am revolutionären Optimismus. Loerke hatte recht: Die Rundfunkrede trat »stramm für heroische Unterdrückung der Intellektuellen« ein, ein Hymnus auf den Anbruch des Dritten Reiches war sie jedoch nicht: »Nichts klingt an vom antisemitischen Wahn und der nationalsozialistischen Lebensraumideologie.«[7] Eine große Zahl namhafter Zeitgenossen machte es sich einfach, indem sie die Rede als platte Nazipropaganda verstand[8] und übersah, daß es sich um einen Angriff auf die linken und kommunistischen Intellektuellen handelte.

Benn stand mit seiner Haltung, im totalitären Staat eine geschichtliche Notwendigkeit zu sehen, natürlich nicht allein. Seine Haltung kann an Johannes Popitz, dem Staatsminister und Preußischen Finanzminister, gemessen werden.[9] Popitz gehört zu den Opfern des 20. Juli und ist über den Vorwurf des Opportunismus und Mitläufertums erhaben. Seine Entscheidung, sich nach dem 30. Januar weiter der Regierung zur Verfügung zu stellen, war die praktische Konsequenz aus der Erfahrung und dem Gefühl, der »Neue Staat« sei zunächst noch »ein Bündel offener Möglichkeiten« gewesen. Popitz sah im Nationalsozialismus eine unausweichliche Folge der politischen Lage seit 1930 und wollte auf das weitere Geschehen Einfluß nehmen. Am 26. April 1933 hielt er vor der Berliner Mittwochsgesellschaft, einem Privatclub bedeutender Persönlichkeiten, einen Vortrag über die jüngste deutsche Entwicklung. Der private Charakter des Clubs ließ Offenheit zu. Popitz stellte in einer kritischen Gegenwartsanalyse fest, daß die »pluralistischen, interessemäßig eingestellten, jeder totalen Idee entbehrenden Kräfte«[10] staatliches Handeln in der Republik unmöglich gemacht hätten. Eine Reform habe nur an eine unbestrittene Integrationsfigur im

Staat anknüpfen können. »Da eine führende Persönlichkeit fehlt und die Anknüpfung an die Volksbewegung nicht glücken will ... bleibt nur der Weg zur Revolution.«[11] Und weiter heißt es in deutlicher Übereinstimmung mit Benn: »Es ist eine Revolution, denn es handelt sich um die Machtergreifung im Staate. Es kommt zur Steigerung der einmal ergriffenen Macht gegenüber den vorher bestehenden Freiheitsrechten der einzelnen, es folgt die grundsätzliche Umbildung der staatlichen Organisation. Die Besonderheit dieser Revolution liegt darin, daß sie – im Wesentlichen – unblutig, jedenfalls kampflos und in legalen Formen vor sich geht. Sie beginnt mit der Kapitulation von Regierung und Präsidialgewalt – ohne ›Marsch auf Rom‹, durch Betrauung des Führers der Bewegung mit dem Reichskanzleramt und unter Ausnutzung der biegsamen Verfassung mit ihrem formalen Gesetzesbegriff, der gestattet, mit $^{2}/_{3}$ Mehrheit auch das zu gestalten und durchzusetzen, was im vollen Gegensatz zur politischen Idee dieser Verfassung steht.«

Popitz ließ keinen Zweifel, daß er im Nationalsozialismus eine folgerichtige und notwendige Entwicklung sah, die gleichzeitig eine Chance zur Überwindung der Krise bot. Benn hätte die Überzeugung von Popitz geteilt, sie jedoch durch den Hinweis auf Nietzsche radikalisiert. Seit Nietzsche gab es nur einen Maßstab für das geschichtlich Echte: »Sein Erscheinen als die neue typologische Variante, als die reale konstitutionelle Novität, also kurz gesagt als der neue Typ, und der, muß man sagen, ist da.«[12] Benn verwies auf den Nationalsozialismus als Massenbewegung, von der niemand bezweifeln könne, daß sie auf seiten des »Neuen Staates« stünde. Es sei eine »echte neue geschichtliche Bewegung« vorhanden, »ihr Ausdruck, ihre Sprache, ihr Recht beginnt sich zu entfalten, sie ist typologisch weder gut noch böse, sie beginnt ihr Sein«. Zwar würde jetzt der Verlust der Geistesfreiheit beklagt von denen, die zu Füßen des Kommunisten Tretjakow gesessen hätten. Aber es zeuge von wenig Geschichtskenntnis, wenn die Entstehung der Kultur immer an die Geistesfreiheit oder an bestimmte Staatsformen gebunden würde: Die antike Kultur sei in Sklavenstaaten entstanden. Und was habe die Weimarer Demokratie ihrer Jugend zu bieten gehabt? Nachkriegselend, Vaterlosigkeit, Armut, Arbeitslosigkeit. Für die Intelligenz der Weimarer Republik endete das Visionäre mit einer Villa, »ein Mercedes, das stillte ihren wertesetzenden Drang«. Benn gab deswegen der revolutionären Jugend den Rat: »Halte dich nicht auf mit Widerlegungen und Worten, habe Mangel an Versöhnung, schließe die Tore, baue den Staat!«

Benn war siebenundvierzig Jahre alt, als er der deutschen Jugend diesen Rat erteilte. Für die SA hätte er zum alten Eisen gehört, denn von den 720.000 Männern, die zwischen 1930 und 1933 neu in die Organisation eintraten, befand sich fast die Hälfte im Alter zwischen achtzehn und vierundzwanzig, ein Drittel zwischen fünfundzwanzig und dreißig.[13] Die paramilitärische Truppe hatte vor 1933 den Kampf der Partei durch die »Eroberung der Straße« ergänzt. Aus den auf Provokation angelegten Straßenkämpfen entstand eine Spirale der Gewalt, deren Überwindung man sich von Hitler und der NSDAP erhoffte. Auch Benns Aufforderung, den »Staat« zu bauen, implizierte eine Kritik an der anarchischen Form des Terrors und der Straßenkämpfe. Verglichen mit den bürgerlichen Parteien, aber auch mit der SPD, war die NSDAP überhaupt eine ausgesprochen jugendliche Partei.[14] Dem proklamierten Prinzip »Jugend wird durch Jugend geführt« folgte besonders die Hitlerjugend, die als Reservoir für die SA diente. Hatte sie Ende 1932 nur 108.000 Mitglieder, gehörten ihr infolge von Verbot, Auflösung und Übernahme anderer Jugendorganisationen ein Jahr später schon 2,3 Millionen deutsche Jugendliche an, die freiwillig eingetreten waren.[15]

Wenn Benn im Vorwort zu dem Sammelband »Der neue Staat und die Intellektuellen« davon spricht, daß diese Rundfunkansprache zu seiner »fünfzehnjährigen gedanklichen Entwicklung« gehöre, dann muß man diese Überzeugung ernst nehmen. Zwar waren Loerke und von Molo als liberale, parteiunabhängige Dichter erschüttert, aber es gab auch zustimmende Urteile, so das von George Grosz, der bereits 1932 in die USA auswanderte und in New York City an der »Arts Student League« unterrichtete. Grosz hatte den Glauben an die Wirksamkeit seiner agitatorischen Kunst gegen Militarismus, Kapitalismus und Bourgeoisie verloren. Er vertrat jetzt die Ansicht, daß »die Agitatoren die Wirkung ihrer Agitation auf sich selbst mit deren Wirkung auf die ›geliebten proletarischen Massen‹ verwechselten, daß die ›Führer‹ bei all ihren schönen Schlagworten jene Massen ganz richtig als Hammelherde betrachteten«.[16] Mit Benn blieb er auch nach seiner Auswanderung in Verbindung und lobte ihn wegen der Rede über den »Neuen Staat und die Intellektuellen«.

Wenn Benn die deutsche Jugend zum Schluß seiner Rede aufforderte, den alten Regierungsformen gegenüber unversöhnlich zu sein und den »Neuen Staat« zu bauen, dann bleibt unklar, welche Staatsform er erhoffte. Terroristische und anarchistische Tendenzen, die sich aus Frontkämpfer- und Freikorps-Traditionen entwickelten, waren infolge zwölfjähriger »Kampfzeit« tief in der Hitler-Bewegung verwurzelt. Die Frage nach dem Begriff des Staates war identisch mit der Frage nach dem Verhältnis von Partei und Staat. Seit Juli 1933 war die NSDAP konkurrenzlos, am 1. Dezember wurde das »Gesetz zur Sicherung der Einheit von Partei und Staat« beschlossen: Die NSDAP bekam den Status einer Körperschaft des öffentlichen Rechts, der Stellvertreter des Führers und der Stabschef der SA wurden Mitglieder der Reichsregierung. Das Gesetz machte die Partei zur »Trägerin des deutschen Staatsgedankens« und erklärte, daß sie »mit dem Staat unlöslich verbunden« sei.[17]

Was das allerdings bedeuten sollte, war nicht klar zu erkennen. Es sei denkbar, »daß Partei und Staat dasselbe sind«, heißt es im Organisationsbuch der NSDAP.[18] Im Laufe der Zeit wurden die institutionellen Unterschiede zwischen Staat und Partei verwischt, und das Verhältnis untereinander blieb im Schwebezustand. Parteiliche sowie halb- und nebenamtliche Instanzen durchdrangen die Verwaltung und bewirkten allmählich die Erosion des klassischen staatlichen Herrschaftsapparates. Sonderbehörden uferten aus, Kommissariate und Pseudoministerien entstanden, Ämter der NSDAP konkurrierten mit den Ministerien, die im Instanzenweg oft übergangen wurden.[19] Zu den wichtigsten Strukturmerkmalen des NS-Staates gehörte die Machtentfaltung auf personaler Ebene: Man kann die innere Struktur des Regimes auch als System rivalisierender Machthaber erklären, deren Apparate unkontrolliert wucherten.[20]

Die Beherrschung des Staats durch die Partei zeigt am besten die Ausgliederung der Polizei aus dem Staatsapparat. Mit einem Erlaß Hitlers wurde im Juni 1936 die gesamte Polizei – bislang noch Ländersache – zentralisiert und Heinrich Himmler unterstellt. Dieser führte, im Rang eines Staatssekretärs, jetzt den Titel »Reichsführer SS und Chef der deutschen Polizei im Reichsministerium des Innern«. In seiner Eigenschaft als Polizeichef stand er »persönlich und unmittelbar« unter dem Reichsinnenminister. Tatsächlich jedoch wurde die Polizei dem Innenministerium entzogen und dem Reichsführer SS untergeordnet. Denn der neue Polizeichef war es ausdrücklich als Reichsführer SS. In dieser Eigenschaft unterstand Himmler dem Reichskanzler unmittelbar.[21]

So hatte sich Benn den »Neuen Staat« nicht vorgestellt. Den Nationalsozialisten war es in kürzester Zeit gelungen, »einen Taumel blinder Glaubensseligkeit zu erzeugen«.[22] Das zeigte sich am 1. Mai. Mit den Schaustellungen dieses Tages, an dem Hitler und seine Unterführer allerorten als die Treuhänder des deutschen Arbeiters den »deutschen Sozialismus« verkündeten, war den Gewerkschaften das Gesetz des Handelns gänzlich entrissen: »Der Arbeiter soll während der Feiern vergessen lernen, daß er eine Klasse sei, und daß die andern Klassen auf ihn mit Verachtung herabsehen.«[23] Für Berlin veröffentlichte der »Völkische Beobachter« am 23. April einen Aufmarsch- und Veranstaltungsplan. Auf dem Tempelhofer Feld sollte eine Tribüne 13.500 Menschen fassen, 400 Musiker, 16.000 SA-Männer und 80.000 zahlende Festteilnehmer fanden ihren Platz vor den Tribünenaufbauten. Die großen Festzüge der Betriebszellen-Organisationen verteilten sich auf zwölf Einzelfelder zu je 60.000 Menschen. »Daran schließt sich der Raum für 200.000 unorganisierte Besucher. Ingesamt rechnet man mit einer Teilnehmerzahl von einer Million.«[24]

Tilly Wedekind erinnerte sich, daß sie mit Benn von seiner Wohnung aus den Aufmarsch anschaute, »als die braunen Scharen, umjubelt, in Marschkolonnen vorbeifluteten, eine unübersehbare, fanatisierte Volksmenge! Es war erschütternd und erschreckend! Was kam da für ein entfesselter Strom auf uns zu, der uns nur ersäufen konnte – wie er es dann auch tat.«[25] Benn teilte Tillys Entsetzen keineswegs. Der 1. Mai sei kein »getarnter kapitalistischer Trick« gewesen, »er war höchst eindrucksvoll, er war echt: die Arbeit trug plötzlich nicht mehr ihren Makel als Joch, ihren Strafcharakter als proletarisches Leid«.[26]

Nach seiner Rundfunkrede »Der neue Staat und die Intellektuellen« rief ihn das »Berliner Tageblatt« mehrmals an und bat um einen Beitrag zum Rahmenthema »Deutscher Arbeit zur Ehre. Stimmen zum 1. Mai«. Benn folgte der Aufforderung und fragte in seinem Artikel, dem er keinen Titel gab, nach dem Zusammenhang zwischen einem Feiertag und der Kunst. Die Kunst fühle sich immer erregt, wenn sie Großartiges wahrnähme, sei es in der Natur oder in der Geschichte, und hier sei ein großartiger geschichtlicher Moment: Die Arbeit würde »als ein Band des Volkes gefeiert, als Bund einer neu entstehenden Gemeinschaft«.[27] Soweit wurden die Versprechungen der Minister und Parteiführer von Benn wiederholt.

Doch dann nimmt die Argumentation im Text eine überraschende Wende, denn Benn verwahrt sich gegen eine zu platte und eindeutige Ausdeutung seiner Zustimmung zum »Neuen Staat«. Wenn einerseits zwar die geschichtliche Bewegung den neuen Stil prägt, »um aus ihrem politischen Grundbegriff heraus neue intelligible und ästhetische Werte zu entwickeln«, so sei andererseits die Politik doch auch durch die »Sphäre des Stils« gebunden. Neben den naturhaften stünden die formalen Gesetze. Die Absolutheit des Formalen gehöre zur Substanz der menschlichen Rasse. Für die Kunst bedeute das eine Eigengesetzlichkeit des Geistig-Konstruktiven. Und genau hierin widerspricht Benn der nationalsozialistischen Kunstpolitik, deren Forderung war, die Kunst müsse der Staats- und Parteipolitik dienen. Diese Begründung hätte genausogut in denjenigen Pamphleten stehen können, die er drei, vier Jahre zuvor gegen die kommunistischen Schriftsteller richtete: »Das bedeutet, daß nicht alles Artismus ist, was sich nicht programmatisch zum Volksliedhaften bekennt, daß nicht alles Intellektualismus ist, was sich nicht an Feiertagen der Nation plastisch verwerten lässt, dass nicht alles destruktiv ist, was sich nicht für die aktuelle Politik als konstruktiv erweist.«[28] Und er verstärkt diesen Vorbehalt noch: Nur wenn der politische und der ästhetische Aspekt sich vereinten, könne die ganze Nation sich erheben, würde der Künstler am 1. Mai kameradschaftlich neben dem Arbeiter gehen.

Dieser Artikel war keine unreflektierte Akklamation des Geschehens, sondern der Ausdruck einer geschärften Wahrnehmung. Benn akzeptierte die veränderte Lage und nahm sie als Ereignis ernst. Das bedeutete aber nicht, daß er seine Auffassungen über die Aufgabe der Kunst ändern mußte. Sein auf Nietzsche zurückgehender Anspruch, die Kunst sei die letzte metaphysische Tätigkeit des Menschen, erlosch ja nicht. Im Rahmen der Lobhudeleien, die von Funktionären, Staatssekretären, Gaubetriebszellenleitern, Gewerkschaftssekretären und von Führern des deutschen Beamtenverbandes im selben Blatt zu lesen waren, wirkten seine Äußerungen eigenbrötlerisch und verloren.

Dieser Zeitungstext ist in seiner Bedeutung für Benns Überlegungen und Stimmungen im Frühjahr 1933 bisher nicht gewürdigt worden. Dabei stellt er die erste Äußerung einer ambivalenten Haltung dar. Einerseits signalisiert er Zustimmung gegenüber der Situation, andererseits aber meldet sich auch die Furcht, die Politik könnte ihren Anspruch auf die Kunst durch Gleichschaltung oder Vereinnahmung ausdehnen. Die wohl wichtigste Passage des Textes ist jedoch sein Eingeständnis tief empfundener Uneindeutigkeit gegenüber der Entwicklung der letzten drei Monate. Benn spricht von einem inneren Prozeß, dem er sich durch die Teilnahme an den tagespolitischen Ereignissen und deren Beurteilung ausgesetzt sieht, und will einer pauschalisierenden Einschätzung seiner Haltung mit aller Entschiedenheit entgegentreten. Er begrüßt den nationalen Staat nicht unbedacht und uneingeschränkt, hieß das im Klartext, er begreift sein Entstehen als einen revolutionären Akt der Geschichte und hält sich von moralischen Urteilen über seinen Beginn und seinen Fortgang frei. Gleichzeitig verteidigt er jedoch die Rolle der Kunst, die in der revolutionären Woge nicht untergehen darf, da es ihre Aufgabe ist, an der Form und der Stilbildung des Staates mitzuwirken. Diese Betonung eines inneren Kampfes um die Zustimmung zum »Neuen Staat«, die Prüfung aller Argumente, die für eine Unterstützung sprachen, die innere Beteiligung an den Ereignissen – das war von nun an ein zentrales Argument gegen die Emigranten.[29]

Und noch etwas wird aus diesem kurzen Text zum 1. Mai deutlich: Benn wollte auf keinen Fall als Funktionär des Staates angesehen werden. Er beschwerte sich bei der Feuilleton-Redaktion des »Berliner Tageblattes« darüber, im Vorspann seines Artikels als »kommissarischer Leiter der Akademie-Sektion für Dichtkunst« bezeichnet worden zu sein. Er sei nicht der Vorsitzende der Abteilung und vom Kultusminister dazu auch nicht ernannt: »Ich bin von der Abteilung gewählt, den

Vorsitz zu führen während der Neuordnung der Abteilung. Das ist ein grosser Unterschied. Ich vertrete als solcher also die Rechte der Abteilung, die der Mitglieder und die Tradition des bisherigen Charakters der Abteilung.« Das war ein deutliches Wort.[30]

Benn widerspricht der Insinuation, ein Erfüllungsgehilfe des Ministers zu sein. Gleichzeitig formulierte er den Text aber auch als eine Vorsichtsmaßnahme gegenüber dem Ministerium sowie denjenigen Akademiekollegen, die ihm hätten vorwerfen können, er maße sich eine Rolle an, die ihm nicht zukomme. Diese Vorsicht war wohl auch deswegen nötig, weil sein Widerstand gegen die Auflösung der Abteilung in der Zwischenzeit obsolet geworden war, denn der Kreis um Münchhausen hatte sich mit dem Ministerium geeinigt und die Entscheidungsmacht an sich gezogen.

Kaum hat sich bei Benn die Einsicht durchgesetzt, daß die Dynamik der Veränderung auch seine eigene Rolle nicht unangetastet lassen würde, da überraschte ihn Loerke Ende April mit der Nachricht, daß am 10. Mai »Bücher öffentlich verbrannt werden sollten, symbolisch die Autoren. Aus unserem Verlag Schalom Asch, Döblin, Beer-Hofmann, Schnitzler! Wo führt das hin. Schwarze und weiße Listen! Auch die Buchhändler haben welche.«[31] Die Bücherverbrennungen, die in den deutschen Universitätsstädten besonderen Widerhall fanden, erschienen als vorläufiger Höhepunkt einer Kulturpolitik, deren Kontrollorgane sich auf Richtlinien wie das »Gesetz zum Schutze des deutschen Blutes und der deutschen Ehre« stützen konnten und die Ausrottung von »undeutschen«, »jüdischen«, »zersetzenden«, »bolschewistischen«, »unmoralischen« oder »liberalen« Werken vorsahen.

Allerdings zog diesmal nicht das Propagandaministerium die Fäden. Es handelte sich um einen Alleingang der »Deutschen Studentenschaft«, die sich gegenüber dem »Nationalsozialistischen Deutschen Studentenbund« in einem Legitimations- und Profilierungszwang befand.[32] Denn die nationalsozialistische Studentenvereinigung hatte, obwohl erst 1926 gegründet, Anfang der dreißiger Jahre die Mehrheit in den meisten deutschen Studentenparlamenten. Schon am 6. und 8. April waren die Studentenschaften der deutschen Universitäten darüber informiert worden, daß ein neugegründetes »Hauptamt für Presse und Propaganda der deutschen Studentenschaft« in der Bevölkerung durch eine Säuberungsaktion bekannt gemacht werden sollte, deren Ziel es war, die »jüdische Zersetzungsliteratur« aus sämtlichen privaten und öffentlichen Bibliotheken zu entfernen. Als Höhepunkt der Aktion war die Verbrennung dieser Werke in den Hochschulorten angesetzt. Als Inspiration diente der Boykott jüdischer Geschäfte am 1. April 1933. Zwar sprach der Propagandaminister auf dem Berliner Opernplatz, er wies aber darauf hin, daß es sich um eine Einzelaktion handele, und forderte die Studentenschaft auf, »hinter das Reich und hinter seine neuen Autoritäten zu treten«.[33] Den Zeitungsberichten zufolge waren die Bücherverbrennungen keine besonders aufregenden Schauspiele. Sie nahmen sich aus wie überdimensionierte Sonnenwendfeuer völkischer Kegelclubs. Auf dem Opernplatz funktionierte die Lautsprecheranlage nicht gut, Goebbels' Rede war nur schwer zu verstehen. Der »Völkische Beobachter« vom 12. Mai sprach in einem kurzen Zweispalter lediglich von einer »nächtlichen Kundgebung der deutschen Studentenschaft«, die auf dem Opernplatz als »symbolische Handlung« »undeutsche Bücher« ins Feuer warf, und zitierte Goebbels: »Das Zeitalter eines überspitzten jüdischen Intellektualismus ist zu Ende gegangen, und die deutsche Revolution hat dem deutschen Wesen wieder die Gasse freigemacht. Die Bewegung, die damals den Staat berannte, ist selbst Staat geworden.«[34]

Benn äußerte sich zu diesem Ereignis nicht. Aber auch Loerke machte sich in seinem Tagebuch dazu keine Notiz. Wichtiger war ihm ein Telefonat, das er am nächsten Tag mit Benn führte. Zwar fand er den Freund ruhiger und äußerst skeptisch: »Aber da er sich zurückgezogen hat, wird er nicht so nah berührt.«[35] Besser läßt sich Benns Unbehagen zu diesem Zeitpunkt kaum erfassen.

Die Kontroversen

Klaus Manns Brief

Am 11. Mai, also am Tag nach der Bücherverbrennung, erhielt Benn einen Brief, der ihn zwang, seine politische Haltung nochmals öffentlich zu begründen. Das Schreiben war am 9. Mai in Le Lavandou, einem südfranzösischen Fischerdorf, aufgegeben worden und stammte von Klaus Mann, der München am Abend des 13. März im Schlafwagen verlassen hatte und zu seinem Freund Bonzo nach Paris gereist war. Dort stieg er im Hotel Jacob ab und verabredete sich in den ersten Tagen mit den alten Freunden André Gide, Julien Green und Jean Cocteau. Klaus Mann fühlte sich in Frankreich zu Hause und war an Internationalität und Lebensart eines Reisenden seit langem gewöhnt. Er hatte nur das Notwendigste auf diese Fahrt mitgenommen, in der Erwartung, der »Spuk« werde in wenigen Wochen, allenfalls Monaten, vorbei sein.[1] Für ihn bedeutete der Aufenthalt zuerst einmal einen Tapetenwechsel mit abenteuerlichem Einschlag: Er habe kein Empfinden für das »Traurige und Unwürdige an der Emigration«, schrieb er am 11. Mai in sein Tagebuch.[2] Die nächsten Wochen verbrachte er in Sanary-sur-Mer, wo auch René Schickele und Lion Feuchtwanger wohnten, und er besuchte die Eltern im Nachbarort Bandol. Thomas Mann war von einer Vortragsreise über Wagner, die ihn Mitte Februar nach Amsterdam, Brüssel und Paris führte, nicht nach Deutschland zurückgekehrt, sondern hatte einige Wochen in der Schweiz verbracht und sich dann am 6. Mai in Bandol niedergelassen, wo er eine ständige Unterkunft suchte. Das gemietete Haus war ihm angenehm, aber eigentlich fand er »in diesem Kulturgebiet alles schäbig, wackelig, unkomfortabel unter meinem Lebensniveau«.[3] Klaus nutzte die Zeit, um einen Brief an Benn zu entwerfen, den er im Kreis der Familie vorlas. Wenn Benn auch nichts mit dem Rückzug Heinrich Manns aus der Akademie zu tun hatte, so war es doch sein Revers, der Thomas Mann vor die Entscheidung stellte, Mitglied zu bleiben oder auszutreten. Vielleicht bereute er den Austritt schon, denn Klaus hielt in diesen Tagen eine Rückkehr seines Vaters nach Deutschland durchaus für möglich. Und obwohl die Nachrichten nicht günstig waren, blieb Thomas Mann unentschieden, wie er sich verhalten sollte. Sein Verleger Gottfried Bermann Fischer riet ihm, wie auch sein Sohn Golo, nach Hause zurückzufahren, und auch Erika glaubte, er würde die problematische Heimat einem ständigen Aufenthalt im Ausland vorziehen.

In einer Mischung aus Bewunderung und durchaus fordernder Nachfrage bat Klaus Mann Benn um eine Stellungnahme zu dessen Verbleiben in der Akademie: »Was konnte Sie dahin bringen, Ihren Namen, der uns der Inbegriff des höchsten Niveaus und einer geradezu fanatischen Reinheit gewesen ist, denen zur Verfügung zu stellen, deren Niveaulosigkeit absolut beispiellos in der europäischen Geschichte ist und vor deren moralischer Unreinheit sich die Welt mit Abscheu abwendet?«[4] Ihn wundere ja nicht, daß Ricarda Huch ihren Sitz nicht geräumt habe und Hauptmann seine Rolle als »Hindenburg der deutschen Literatur« behalte. Daß Benn jedoch weiterhin den »Akademiker dieses Staates« spiele und gemeinsame Sache mit den »geistig Hassenswürdigen« mache, bestürze ihn. Sein Onkel Heinrich sei aus der Akademie geflogen, sein Vater würde beschimpft, Benn solle sich doch einmal umsehen, in welcher Gesellschaft er sich jetzt aufhalte. Natürlich könne er Benns Erbitterung gegen den Typus des marxistischen deutschen Literaten verstehen, dessen »fatalster Vertreter« etwa Siegfried Kracauer gewesen sei oder Herbert Ihering, der ja jetzt Mittel und Wege fände, »sich ein bisschen faschistisch umzufrisieren«. Auch hätte Benn Grund genug gehabt, sich über Döblin zu ärgern, aber doch nicht in dem Maße, »daß man den Geist darüber verrät«.

Der Brief schloß mit einer, wie Benn später erkennen sollte, hellsichtigen Prognose und ließ dabei doch auch einen drohenden Unterton erkennen: »Sie sollen wissen, dass Sie für mich – und einige andre – zu den sehr Wenigen gehören, die wir keinesfalls an die ›andere Seite‹ verlieren möchten. Wer sich aber in dieser Stunde zweideutig verhält, wird für heute und immer nicht mehr zu uns gehören. Aber freilich müssen Sie ja wissen, was Sie für unsere Liebe eintauschen, und welchen grossen Ersatz man Ihnen drüben dafür bietet; wenn ich kein schlechter Prophet bin, wird es zuletzt Undank und Hohn sein.«

»Niveaulosigkeit«, »Verrat am Geist«, »moralische Unreinheit«, »Undank«: Das waren harsche Formulierungen, mit denen Benns Haltung gegenüber der politischen Situation charakterisiert wurde. Er war nicht schuld daran, daß Heinrich Mann dem Minister nicht die Zähne gezeigt hatte. Und auch Thomas Mann war mit seiner gewundenen Erklärung nicht gerade mutig gewesen, ebenso wenig wie Döblin, der aus dem sicheren Ausland nicht aufmuckte, sondern mit vorweggenommenem Einverständnis seinen Sitz in der Akademie aufgab. Im übrigen entsprach die naive Frage, warum Benn die Akademie nicht verlassen habe, genau dem Tenor, den gerade die völkischen Zeitungen angeschlagen hatten. Wilhelm Stapel sprach für viele, als er in der Zeitschrift »Deutsches Volkstum« schrieb: »Als Heinrich Mann von der Akademie verwiesen wurde, wäre es moralisch notwendig gewesen, daß die, die ihn zu ihrem Vorsitzenden gewählt hatten, mit ihm unter Protest ausgetreten wären.« Ähnlich glossierte auch Will Vesper im Aprilheft seiner »Neuen Literatur« die ausweichende Erklärung der Dichterabteilung: »Man durfte hoffen, daß der Restbestand der Sektion die Gelegenheit benutzen würde, aus seiner schiefen Lage herauszukommen und dem erwählten Führer Heinrich Mann nachzufolgen. Stattdessen sprach man ihm nur kühl den bei scheidenden Vorsitzenden ortsüblichen Dank aus, blieb aber im übrigen auf den Plätzen.«[5] Ein freiwilliges Ausscheiden wäre für Benn schon deswegen nicht in Frage gekommen, weil sein Revers doch gerade als Schutz für die Abteilung gedacht war.

Klaus Mann provozierte Benn besonders dadurch, daß er dessen politische Überzeugungen auf eine Sympathie-Antipathie-Haltung gegenüber Personen reduzierte: »Ist es nicht doch ein bißchen so, wie ein geistreicher Autor (kein ›Marxist‹) an dieser Küste neulich zu mir sagte: ›Der Benn hat sich einfach so viel über den Döblin geärgert, dass er schliesslich Nazi darüber wurde‹. Ich verstehe ja sehr gut, dass man sich ausgiebig über den Döblin ärgern kann, aber doch nicht gleich bis zu dem Grade, dass man den Geist überhaupt darüber verrät.«[6]

Benn wird sofort erkannt haben, in welch prekäre Lage ihn dieses Schreiben brachte. Denn der Brief war eine wohldurchdachte, eindrucksvoll formulierte Kampfansage, die Klaus Mann später auch in der Liste seiner literarischen Arbeiten der ersten Hälfte des Jahres 1933 aufführte. Am Abend des 9. Mai hielt er seine provozierende Absicht in Form einer Tagebuchnotiz fest: »Langen polemischen Brief an Gottfried Benn.«[7]

Es handelte sich also keineswegs um eine Auforderung zum persönlichen Gedankenaustausch zwischen zwei Schriftstellern mit unterschiedlichen politischen Meinungen. Durch seine Kontakte und die Verbindung zu seinem Onkel Heinrich war Klaus Mann selbstredend über die Vorgänge in der Akademie, wenn offenbar auch unzureichend, informiert. Denn wenn er Ricarda Huch abschätzig denen zurechnete, die ihren Sitz behalten wollten, dann hatte er von deren beispielhafter Gradlinigkeit offenbar nichts gehört.

Aber das Hörensagen und alle Gerüchte hätten für das Schreiben eines Briefes an Benn nicht ausgereicht, wenn Klaus Mann nicht eine Woche vorher die wüste Abrechnung Rudolf Arnheims mit Benns beiden Essay-Bänden »Fazit der Perspektiven« und »Nach dem Nihilismus« gelesen hätte, die noch vor der Machtübernahme im Januar in der »Weltbühne« erschienen war. Dieser Text regte ihn zu seinem Schreiben an. Das internationale Kleinbürgertum, so Arnheim, ströme heute zu »geistfeindlichen Sektierern« wie Hitler, und die »gebildeten Reaktionäre pinselten an Weltuntergangsphantasien«.[8] Benns Aufsätze trügen auf eine demagogische Art Argumente dafür zusammen, »daß die Menschheit an den zerstörerischen Spielereien der Gehirne zugrunde gehe«. Benn betriebe »Chaoshetze«, aus seiner Liebe zum Krankhaften, aus seinem »Haß gegen alles Gesunde und Lebensbejahende« entstünde die »Verhöhnung des ›Wohlfahrtsstaates‹«, wie man sie bei Franz von Papen wiederfände.

Benn waren solche Polemiken durchaus geläufig, und auch der Brief Klaus Manns bewegte sich in dieser Topik. Für ihn war das Schreiben eine durch die Briefform getarnte Polemik eines enttäuschten Verehrers, der die Liste derjenigen Anwürfe verlängerte, die gegen ihn im Laufe der letzten vier Jahre in Umlauf gekommen waren und die sich mit den Namen Becher, Kisch, Hegemann und Arnheim verbanden. Zwar hatte Klaus Mann Benns Werk als »dichterische und intellektuelle Energie von gespanntester Intensität« gelobt,[9] ihn auch mehrfach in der Belle-Alliance-Straße aufgesucht und Benns politische Einstellung irrtümlicherweise als »radikal links« charakterisiert.[10] Aber er schreckte schon 1931 nicht davor zurück, Benn vorzuwerfen, die »Ideale von links« zu verhöhnen und deswegen »von rechts« immer mehr an Boden zu gewinnen.[11]

Benn mißfiel die moralische Forderung, die hinter dem Brief stand und die dem Siebenundzwanzigjährigen von vornherein recht geben mußte, so als ob moralische Urteile grundsätzlich auf geschichtliche Ereignisse hätten Anwendung finden können. Und diese jungen Verehrer, die angeblich als seine Freunde nun in den Hotels in Prag, Zürich und Paris saßen und auf eine Antwort warteten: Hatten sie ihn in den Zeitungen gegen die Angriffe verteidigt? Hatte Klaus Mann sich eingeschaltet, als Benn von Hegemann angegriffen worden war? Und warum hatte er seinen Onkel Heinrich nicht dazu bestimmt, sich bei dieser Gelegenheit öffentlich für Benn einzusetzen? Klaus Mann hieb mit dem Vorwurf des politischen Irrationalismus in die kommunistische Kerbe, als er in seinem Brief wiederholte: »Erst die grosse Gebärde gegen die ›Zivilisation‹ – eine Gebärde, die, wie ich weiss, den geistigen Menschen nur zu stark anzieht – ; plötzlich ist man beim Kultus der Gewalt, und dann schon beim Adolf Hitler.«[12] Dieser Gedanke war bereits von Hegemann in dieser polemischen und zugleich diffamierenden Zuspitzung formuliert worden. Schon die direkte Verbindung mit dem Namen Hitler stellte Benn in die verbrecherische Ecke.

Benn war in den Auseinandersetzungen der letzten Jahre mißtrauisch geworden. Er behandelte den Brief daher auch nicht als vertrauliche, private Äußerung. Im Gegenteil: Er rechnete damit, dieses Schreiben demnächst in einem der Emigrantenblätter wiederlesen zu können. Schon 1933 wurden rund sechzig Zeitschriften außerhalb Deutschlands gegründet,[13] »Die Neue Weltbühne« kam bereits am 14. April 1933 heraus, das »Neue Tagebuch« erschien am 1. Juli, und im September folgte die Prager Monatsschrift »Neue Deutsche Blätter«. Auch erschien die »Internationale Literatur« unter der Redaktion von Johannes R. Becher als Zentralorgan der »Internationalen Vereinigung Revolutionärer Schriftsteller« (IVRS) bereits ab Juni 1932 im Abstand von zwei Monaten.

Unbestreitbar war Klaus Mann ein Teil des literarischen Milieus in der Weimarer Republik, und seine Stimme würde gerade unter den jetzigen Umständen im Ausland an Gewicht gewinnen, von den persönlichen Beziehungen zu den übrigen Emigranten einmal ganz abgesehen. Allein aus diesem Grund konnte Benn das Schreiben nicht als mahnende Verehrerpost ad acta legen oder einfach brieflich erwidern.

Benn kannte die Verbindungen Klaus Manns zu anderen Schriftstellern der Weimarer Republik, zu Zeitschriften und Verlagen. Der Siebenundzwanzigjährige hatte in den vergangenen Jahren in Berlin gelebt, wenn er nicht in Frankreich oder auf Reisen war. Zusammen mit seiner Schwester Erika hatte er Theaterskandale verursacht, in bedeutenden literarischen Zeitschriften veröffentlicht, bereits eine Autobiographie vorgelegt, die USA besucht und darüber regelmäßig Reisenotizen im »Berliner-Acht-Uhr-Abendblatt« und in der »Essener Wochenschau« veröffentlicht. Benn hatte die Berichte über Manns extravagantes Leben als Schauspieler in den Zeitungen verfolgen können. Und da er mit Tilly Wedekind und Elinor Büller liiert und mit Thea Sternheim freundschaftlich verbunden war, kamen ihm auch genügend Details aus dem bewegten Leben der Geschwister Mann zu Ohren: Schließlich waren Pamela Wedekind und Klaus Mann Verlobte gewesen.

Dabei konnte Benn nicht einmal wissen, daß der Brief an ihn gerade zu einem Zeitpunkt geschrieben worden war, als Klaus Mann Überlegungen für eine eigene Emigrantenzeitschrift anstellte: Mit der reichen Schweizer Freundin Annemarie Schwarzenbach besprach er am 3. Mai die Finanzierungsmöglichkeiten. Vier Wochen später schloß er den Vertrag mit dem Querido Verlag in Amsterdam. Das erste Heft der »Sammlung« wurde am 1. September ausgeliefert. Bereits im April warb er die ersten Beiträge ein und stand mit René Schickele, Lion Feuchtwanger, Hermann Kesten, Joseph Roth, Heinrich Mann und Franz Weiskopf in engerer Verbindung. Die Idee für das Blatt hatte er am 29. März bereits mit Wilhelm Herzog erörtert. Es sollte eine Zeitschrift der »Jungen« werden, ein Plan, der allerdings aufgegeben werden mußte, da Georg von der Vring, Manfred Hausmann und Erich Ebermayer keinen Grund zur Emigration und damit zur Mitarbeit sahen. Wilhelm E. Süskind wollte den Freund sogar zur Rückkehr überreden. Klaus Mann verfolgte seine Idee zielstrebig und begriff die Zeitschrift als Herausforderung im Exil.[14] Am 9. Mai hatte er sich an Benn gewandt, sechs Tage später heißt es in einem Brief an Hermann Kesten: »Wir wollen die Zeitschrift recht schön und fein machen, ganz literarisch und oppositionell nur auf eine würdige Weise.«[15] Der Brief an Benn gehörte also gewissermaßen zu den Vorbereitungen für das erste Heft.

Benn befand sich in einem Dilemma: Sollte er antworten oder schweigen? Aber auch sein Schweigen hätte der Situation nichts von ihrer Brisanz genommen. Klaus Mann hätte nur seinen Brief veröffentlichen und in einem Vorspann bemerken können, der Nazi-Lyriker habe darauf nicht geantwortet. Und so stand es dann auch im ersten Heft der Zeitschrift »Die Sammlung«, das im September 1933 mit großer Beachtung unter den Emigranten erschien und auch in den offiziellen Kreisen in Deutschland wahrgenommen wurde.[16] Dort schrieb Klaus Mann dann in seiner Glosse unter dem Titel »Gottfried Benn. Oder: Die Entwürdigung des Geistes«, daß Benn, der jetzt »der Prophet des Dritten Reiches« sein will, und sich »von denen in die Akademie protegieren ließ, die er heute mit plumpen Anspielungen beleidigt«.[17] Klaus Mann nannte ihn »halb pathologisch und halb gemein«, warf ihm »Raserei und Verblendung« vor und kritisierte seine Plattheit, geistige Magerkeit und Bösartigkeit.

In jedem Fall wahrte Benn die gesellschaftliche Contenance. Zwei Wochen später antwortete er handschriftlich in zwei Sätzen: »Sehr verehrter Herr Mann, Ihren Brief vom 9. V. beantworte ich in der anliegenden Form. Ich werde mich Ihrer freundschaftlichen Gesinnung gegen mich immer dankbar erinnern.« Beigelegt fand Klaus Mann den Artikel aus der »Deutschen Allgemeinen Zeitung« vom 23. Mai mit dem Titel »Antwort an die literarischen Emigranten«, der durch eine redaktionelle Bemerkung eingeleitet wurde: »Gottfried Benn, der Arzt und Dichter, hat von Berufsgenossen, die zu Beginn der deutschen Umwälzung ins Ausland gingen, verschiedene Zuschriften mit Vorwürfen wegen seiner politischen Haltung gegen den neuen deutschen Staat empfangen. Um Mißverständnisse zu vermeiden, sei festgestellt, daß es sich um Briefschreiber nichtjüdischer Abstammung handelt.«[18] Benn hat auf diese Vorbemerkung gedrungen, um nicht in den Ruf zu kommen, jetzt die günstige Gelegenheit zu nutzen, seine jüdischen Kollegen zu diffamieren. Denn es waren ja neben den linken die jüdischen Schriftsteller, die aus Deutschland geflohen waren.

Zu Beginn der »Antwort an die literarischen Emigranten« referiert Benn kurz die Fragen des Briefes, ohne den Namen des Briefschreibers zu nennen, und begründet seine Entscheidung. Da er die Wahlergebnisse vom 5. März als eine Revolution ansah, wehrte er zuerst einmal den Vorwurf der »Barbarei« ab: »Sie stellen es so dar, als ob das, was sich heute in Deutschland abspielt, die Kultur bedrohe, die Zivilisation bedrohe, als ob eine Horde Wilder die Ideale schlechthin der Menschheit bedrohe, aber, und so lautet nun meine Gegenfrage, wie stellen Sie sich denn nun eigentlich vor, daß die Geschichte sich bewegt?«[19] Die Geschichte debattiere nicht, sie hielte sich auch nicht an demokratische Spielregeln. In ihr müsse man das »elementare, das stoßartige, das unausweichliche Phänomen« sehen. Die Geschichte habe keinen anderen Stil, als an ihren Wendepunkten einen neuen Typ entstehen zu lassen, der sich durchkämpfen müsse. Es handele sich um »das Hervortreten eines neuen biologischen Typs«, um »eine *neue Vision* von der Geburt des Menschen, vielleicht um eine alte, vielleicht um die letzte großartige Konzeption der weißen Rasse, wahrscheinlich um eine der großartigsten Realisationen des Weltgeistes überhaupt«.

Das waren Gedanken, die er bereits ein Jahr zuvor geäußert hatte. Neu war der Stil. Ein visionärer Schwung führte Benn die Feder und ließ seine unklaren Vorstellungen in einer Form Gestalt gewinnen, die heute nur als schwülstiges Pathos gelesen werden kann. Wichtig zum Verständnis des Textes ist jedoch, daß er diese Vision außerhalb der aktuellen Realität stellte: »Über diese Vision entscheidet kein Erfolg, kein militärisches oder industrielles Resultat, wenn zehn Kriege aus dem Osten und aus dem Westen hereinbrächen, um diesen deutschen Menschen zu vernichten, und wenn zu Wasser und zu Lande die Apokalypse nahte, um seine Siegel zu zerbrechen, der Besitz dieser Menschheitsvision bliebe vorhanden, und wer sie verwirklichen will, der muß sie züchten.«

Benn hatte also durchaus auch die Verwirklichung dieser Vision durch Züchtung im Auge, wenngleich er ablehnte, die Verwirklichung in »Regierungsformen« zu denken, und die Praxis einer »Züchtung« offenblieb. Er bezog sich auf seine Erfahrung der letzten Wochen und führte ins Feld, daß es dem deutschen Arbeiter heute besser gehe als noch vor kurzem im sogenannten »Wohlfahrtsstaat«. Er käme mit früheren Kommunisten und Leuten von der SPD zusammen, die neue nationale Form des Sozialismus gäbe ihnen ein »bewegendes Lebensgefühl«. Benns Erfahrungen können allerdings nur sehr partiell gewesen sein, denn in Wirklichkeit waren die Arbeiter mit einem härteren und aggressiveren Industriemanagement konfrontiert, das von der Staatsmacht gestützt wurde.[20]

Im übrigen erkläre er sich für den »Neuen Staat«, weil er zum deutschen Volk gehöre, das sich hier seinen Weg bahne. Selbstverständlich würde verbreitet, das Volk, das sich hinter Hitler stelle, sei nur eine Schafherde. Aber es bliebe unklar, ob Hitler die Bewegung schuf oder die Bewegung ihn. Hier läge eine »magische Koinzidenz des Individuellen und des Allgemeinen« vor.[21] Allerdings habe er nicht die Absicht, Parteimitglied zu werden. Er gehöre nicht zur Partei, habe auch keine Beziehung zu ihren Führern und rechne nicht mit neuen Freunden.

Benn legte auf diese Feststellung besonderen Wert, um deutlich zu machen, daß es sich bei seiner Entscheidung nicht um Opportunismus handelte. Er hatte nach den Jahren des Elends der »grauen Republik« in diesem Essay seine »Entweder-Oder«-Haltung gut zusammengefaßt: Dieses Land wollte politisch seine Zukunft sichern, hinter der nationalsozialistischen Bewegung stünde das ganze Volk, es sei friedliebend, arbeitswillig, aber auch untergangsbereit. Und dieser Haltung schlösse er sich an. Die politische Situation fordere eine Entscheidung auch vom Literaten: »Privatliebhaberei oder Richtung auf den Staat. Ich entscheide mich für das letztere und muß es für diesen Staat hinnehmen, wenn Sie mir von ihrer Küste aus zurufen: Leben Sie wohl.«[22]

Emigration

Seit dem Reichstagsbrand am 27. Februar hatte in Deutschland eine Fluchtwelle all derjenigen Schriftsteller eingesetzt, die sich in den kommunistischen, pazifistischen oder linksgerichteten Zeitschriften der Weimarer Republik gegen die Nationalsozialisten geäußert hatten und Rache fürchten mußten. Das Wort Emigration ist heute zu einem Allerweltsbegriff geworden, mit dem pauschal die Opposition gegen Hitler bezeichnet wird. Eine solche Generalisierung ist jedoch historisch falsch, denn die Emigration hatte je nach dem Zeitpunkt der Ausreise unterschiedlichen Charakter. In dem knappen Monat zwischen der Berufung des neuen Kabinetts und dem Reichstagsbrand waren die Fluchtbedingungen identisch mit normalen Reisebedingungen. Reisepässe wurden ausgestellt, Auslandsreisen bedurften keiner besonderen behördlichen Genehmigung. Infolge der Devisenzwangswirtschaft galten jedoch schon seit Jahren einschneidende Vorschriften für die Finanzwirtschaft. Nur ein bestimmter Geldbetrag durfte in Devisen ausgeführt werden. Er lag in den ersten Monaten bei 200 Reichsmark pro Reise und Person. Die bewegliche Habe wie das Vermögen gelangten noch ohne willkürliche Behinderungen ins Ausland. Allerdings mußten deutsche Staatsangehörige bei der Verlegung ihres Wohnsitzes ins Ausland eine Abgabe entrichten, die »Reichsfluchtsteuer«. Sie war mit der 4. Notverordnung vom 8. Dezember 1931 eingeführt worden und als Auswanderungssteuer anzusehen, die eine Auswanderung zwar nicht behindern, aber »kapitalkräftige« und »einkommensstarke« Personen belasten sollte. Deshalb bestand eine Freigrenze von 200.000 Reichsmark für Vermögen, 20.000 Reichsmark für jährliches Einkommen, wobei damals ein Hauptmann 6.000 Mark, ein Arzt durchschnittlich zwischen 7.000 und 8.000 Mark verdiente.[1] Es versteht sich, daß, von wenigen Ausnahmen besonders Begüterter abgesehen, Schriftsteller der Reichsfluchtsteuer kaum unterlagen.[2]

Nur wenige Autoren, Publizisten und Journalisten haben in diesen ersten Wochen Deutschland aus eindeutig politischen Motiven verlassen, die Abreise aus privaten Gründen dominierte. Fritz Kortner etwa sollte am 21. Januar eine Skandinavien- und Osteuropa-Tournee antreten, er mußte, wie er schreibt, »sowieso weg«. Thomas Mann hatte am 10. Februar im Auditorium Maximum der Münchner Universität seinen Vortrag »Leiden und Größe Richard Wagners« gehalten und verließ am 11. Februar Deutschland, um ihn bei Wagner-Feiern in Amsterdam, Brüssel und Paris zu wiederholen. Ernst Toller und Erich Weinert brachen ebenfalls im Februar zu Vortragsreisen in die Schweiz auf. Hanns Eisler fuhr nach Wien, um die Uraufführung von Brechts »Maßnahme« vorzubereiten. Oskar Maria Graf bezeugt, er habe in den Tagen nach dem 30. Januar Reisepläne »bis ins kleinste« erwogen, »doch es wurde nie etwas Rechtes daraus«. Er war felsenfest davon überzeugt, »daß so ein Fanatiker sich höchstens einige Monate lang halten konnte. Wer heute den Klugen spielt und behauptet, er sei damals vom Gegenteil überzeugt gewesen, dem bleibt es unbenommen; ich glaube es ihm nicht«.[3] Walter Hasenclever lebte als Korrespondent des »8-Uhr-Abendblattes« die meiste Zeit in Paris, seine deutsche Wohnung stand oft monatelang leer. Joseph Roth verließ Deutschland am 30. Januar, die Reise war vorher geplant.

Bei anderen Autoren ist die politische Motivation eindeutig nachweisbar. Robert Neumann war Ende Januar besuchsweise in Berlin und verließ Deutschland sofort, als er von Hitlers Ernennung erfuhr. Wilhelm Herzog wurde von dem sozialdemokratischen Reichstagsabgeordneten Oskar Cohn nach einem Vortrag dringend zur Abreise gemahnt. Er verließ Berlin in der Nacht vom 13. zum 14. Februar mit dem Reiseziel Frankreich und drängte Heinrich Mann, mitzukommen. Der lehnte jedoch mit der Begründung ab, er müsse am 3. April in der Akademie eine Rede zum 60. Geburtstag von Jakob Wassermann halten. Auch der zwei Tage später erfolgte Rücktritt aus der Akademie war für ihn nur ein Grund, sich nicht weiter zu exponieren. Deswegen protestierte er bei Grossmann gegen die Nennung seines Namens im Zusammenhang mit dem Kongreß »Das Freie Wort«. Erst am 19. Februar nahm er eine verschlüsselte Warnung des französischen Botschafters ernst und bestieg am Abend des 21. Februar den Zug nach Frankfurt am Main. Einen Tag später holte ihn Wilhelm Herzog in Toulon vom Bahnhof ab.

In der Woche nach dem Reichstagsbrand nahmen die Kontrollen zu. Man überwachte oder sperrte die Bankkonten prominenter Antifaschisten. Wer größere Beträge abhob, setzte sich dem Risiko der Verhaftung aus. In Berlin kontrollierten die jugendlichen SA- und SS-Trupps die Fahrkartenschalter und Fernbahnsteige der Bahnhöfe. Der Reichstagsbrand galt als Signal für den Übergang von der Notverordnungsdemokratie zur offenen Diktatur. Ludwig Marcuse reiste noch am Abend des 28. Februar im Schlafwagencoupé erster Klasse ab und entging den Kontrollen. Döblin verließ Berlin am selben Abend, um im Kreuzlinger Sanatorium seines Freundes Ludwig Binswanger Unterkunft zu finden: »Es war ja nur ein Ausflug; man läßt den Sturm vorübergehen.«[4] So war Arnold Zweig der Meinung, er ginge nur zu einer »drei- oder vierwöchigen Erholungspause auf der tschechischen Seite«.[5] Und Theodor Adorno fordert sogar nach den antijüdischen Ausschreitungen vom 1. April 1933 den Freund Siegfried Kracauer auf, zurückzukehren: »Es herrscht völlige Ruhe und Ordnung; ich glaube, die Verhältnisse werden sich konsolidieren; deine Verleger sind hier; hier kannst du mit ihnen einig werden und zugleich noch hinzuverdienen, was allein deshalb nicht schwer sein dürfte, weil es so wenig Filmsachverständige gibt; auch ein übereilter und kostspieliger Umzug schiene mir bedenklich (Gretel denkt ebenso). Natürlich ist da schwer raten; aber vielleicht ist es Dir doch nicht unwichtig, meine Beurteilung zu hören, da ich ja hier mitten in den Ereignissen stehe.«[6] Max Herrmann-Neisse gehörte zu denjenigen Emigranten, die weder politisch noch rassisch bedroht waren. Trotzdem verließ er Deutschland am 2. März, »weil ich es für ein Gebot meiner Menschenwürde hielt, mich aus einem Staate zu entfernen, der einem freiheitsfeindlichen, kriegerischen, rechtlosen, intoleranten System rücksichtsloser Machtanbetung verfallen war«.[7] Er verkörperte mit dieser Haltung genau den »ethisch untermauerten Begriff der Emigration, wie er nach 1933 bei uns gang und gäbe wurde«, wie Benn 1950 dann in »Doppelleben« schreiben wird.[8]

Benn verstand die Emigration der Literaten zu diesem Zeitpunkt nicht als eine Flucht wegen der Gefährdung für Leib und Leben, sondern als einen Gesinnungsprotest gegen den »Neuen Staat«, als eine moralische Reaktion. Denn »man wird kaum argumentieren können, die literarischen Exilierten seien durchweg persönlich bedroht oder gar in Lebensgefahr gewesen und eben deshalb früher gegangen. Für einen Teil trifft das zu, indes nur bedingt: denn der Faschismus hätte die Kniefälle selbst marxistischer Autoren mit Sicherheit akzeptiert. Ein ›umgefallener‹ Becher, Brecht oder Weinert wäre ihm so lieb gewesen wie ein anpassungsfreudiger Barthel oder Winnig. Überdies wäre anderen Autoren wirklich ›nichts Besonderes passiert‹, wie mancher über den Exodus erstaunte Faschist [gemeint ist Benn] damals formulierte. Es wäre ihnen insbesondere dann nichts geschehen, wenn sie sich gleich manchen später oder gar nicht geflohenen Kollegen gegenüber dem ›Neuen Deutschland‹ neutral oder wohlwollend verhalten hätten: Unabhängig vom Grad persönlicher Gefährdung war der Massenauszug also Ausdruck moralischen Protests und politisch bewußter Gegnerschaft.«[9]

Hans-Albert Walter bestätigt Benns Auffassung.[10] Erst nach dem Judenboykott Anfang April verfügte das Auswärtige Amt einen Visumzwang für Auslandsreisen, der aber am 1. Januar 1934 wieder aufgehoben wurde, weil schon eingetreten war, was durch die Ausreisebeschränkung hatte verhindert werden sollen: Die politischen, publizistischen und kulturellen Institutionen der unterdrückten Opposition hatten sich im Exil neu gebildet, man brauchte das Überwachungsinstrument nicht mehr.[11] Als Benn den Brief von Klaus Mann erhielt und dadurch gezwungen wurde, sich überhaupt Vorstellungen von den Flüchtlingen und den Fluchtbedingungen zu machen, dachte er selbstverständlich an seine bekannten Kollegen, die die Literatur der Weimarer Republik repräsentiert hatten. Und von denen war keiner arm, was Benn ja immer beneidet hatte, wenn er von den »Landhäusern der Wappentiere« sprach. Da war es egal, ob es sich um die Mitglieder der Familie Mann handelte, um Lion Feuchtwanger, Döblin oder Emil Ludwig.

Die Exilorte Zürich, Paris und Prag vermittelten allerdings nicht das Bild einer Emigration, so wie wir sie heute, siebzig Jahre nach den Ereignissen, durch genaue Forschungen kennen. Benn dachte nicht an materielle Unsicherheit, Mittellosigkeit und Not als Charakteristikum des Exils. Er sah die literarischen Größen in Länder reisen, in denen sie ohnehin zu Hause waren und wo sie ihren Lebensstil fortsetzen konnten. Heinrich Mann lebte in Nizza und schrieb in bestem Französisch Artikel für die »Depèche de Toulouse«. Stefan Zweig ging nach London und lebte von seinem Vermögen, Klaus Mann selbst waren die Wesensmerkmale des Exildaseins schon vor der realen Erfahrung nicht fremd gewesen: sich heimatlos und als Außenseiter zu fühlen – das waren für ihn vertraute Empfindungen. Im übrigen kam die Familie für seine Existenz auf.

Nun hatte Klaus Mann Benn allerdings nicht aufgefordert, zu emigrieren, sondern ihm die Frage gestellt, wieso er unter den herrschenden Umständen nicht aus der Akademie ausgetreten sei. Entscheidend für Benns Antwort ist der Zeitpunkt, zu dem er den Brief erhielt. Benn wollte die Abteilung Dichtkunst der Akademie erhalten wissen, erlebte im April und Mai aber sowohl die Schwierigkeiten, die sich zwischen den alten Akademie-Mitgliedern und dem Ministerium ergaben, als auch die nicht vorhersehbaren Ereignisse wie Judenboykott und Bücherverbrennung. Mit Loerke traf er sich in dieser Zeit öfters, um mit ihm allein oder zusammen mit Peter Suhrkamp über Manuskripte und Verlagsangelegenheiten zu beraten. Loerke war unter demütigenden Umständen als Sekretär der Akademie entlassen worden, Max Liebermann hatte seinen Abschied eingereicht, es zeichnete sich ab, daß auch die Juden aus der Abteilung ausgeschlossen werden würden. Selbst Walter von Molo schien gefährdet.

Benns zweifelnde Einstellung gegenüber den täglichen Ereignissen verstärkte sich durch einen Besuch beim Kultusminister, zusammen mit dem dienstbeflissenen Rudolf G. Binding. Benn sah ein, daß sich jede Möglichkeit, der Sektion einen Sinn zu geben, der außerhalb politischer Bekenntnisse lag, erledigt hatte. Loerke verzeichnete für den 5. Mai 1933, es werde »heute nachmittag kommandiert werden, was mit der Akademie geschehen soll«. In der kurzen Sitzung blieb Benn nichts weiter übrig, als zusammen mit Walter von Molo, Eduard Stucken und Oskar Loerke die Liste des Kultusministeriums über die neu zu berufenden Mitglieder entgegenzunehmen. Wäre der Brief Klaus Manns ein privates Schreiben eines vertrauten Freundes gewesen, hätte die Antwort nur lauten können: Sie haben recht, und ich habe den Wunsch, die Akademie zu verlassen, ein Wunsch, den Loerke im übrigen auch bezeugt.[12]

Benn kannte jedoch Brisanz und politische Bedeutung des Schreibens von Klaus Mann. Der entschiedene Stil seiner Antwort und die kompromißlose Darlegung waren vom Gefühl des Trotzes diktiert. Denn er mußte den Vorwürfen Klaus Manns durchaus Berechtigung zuerkennen. Aber sollte er ihm schreiben: Ja, ich habe mich getäuscht? Für das Weiterbestehen der Akademie hatte ich mir die Bedingungen anders gedacht? Mit so viel Machtwillen und Selbstherrlichkeit bei Dummheit und schäbigstem geistigen Niveau hatte ich nicht gerechnet? Benn wird seine Bedenken erst siebzehn Jahre später in »Doppelleben« formulieren, Klaus Manns Argumente akzeptieren und gleichzeitig die Schwierigkeit der inneren Situation offenlegen, in der er seinerzeit stand: »Dies ist der Brief [Klaus Manns], niemand wird ihn ohne Rührung lesen. Daß ich ihn trotzdem ablehnen mußte, zeigt die innere Bedrängnis, in der ich stand. Ich glaubte an eine echte Erneuerung des deutschen Volkes, die einen Ausweg aus Rationalismus, Funktionalismus, zivilisatorischer Erstarrung finden würde, die Europa dienen, dessen Bildung, seine kritischen Maßstäbe einschließen, Religionen und Rassen das lassen und sich zu Nutzen übernehmen würde, was das Beste an ihnen war.«[13]

Vor allem mußte Benn sich bei der Beschäftigung mit diesem Brief eine Überzeugung gebildet haben, von der er nicht wieder abgewichen ist: Daß nämlich die literarischen Emigranten keine realistische Einschätzung des Nationalsozialismus gewannen und auch nicht gewinnen konnten, weil sie die Widersprüche nicht erfuhren: Zeitgenössisches Erleben ist etwas anderes als die distanzierte Wahrnehmung post festum.[14] »Nur die, die durch die Spannungen der letzten Monate hindurchgegangen sind, die von Stunde zu Stunde, von Zeitung zu Zeitung, von Umzug zu Umzug, von Rundfunkübertragung zu Rundfunkübertragung alles dies fortlaufend aus unmittelbarer Nähe miterlebten, Tag und Nacht mit ihm rangen, selbst die, die das alles nicht jubelnd begrüßten, sondern es mehr erlitten, mit diesen allen kann man reden, aber mit den Flüchtlingen, die ins Ausland reisten, kann man es nicht.«[15] Aus diesen Zeilen spricht der Vorbehalt gegenüber den Vorwürfen, er sei »begeistert« zum Nationalsozialismus übergelaufen. Benn sprach von den Zweifeln und den Gewissenskonflikten, die diejenigen bestimmten, die zunächst gewillt waren, den »Neuen Staat« als eine Veränderung zum Besseren zu begreifen und ihn zu unterstützen. Es waren gerade die Ambivalenzen, die einen abwägenden Diskurs mit denjenigen ausschlossen, die in ihrem Fühlen und Denken allein durch Ablehnung bestimmt waren und daher einseitig und kompromißlos urteilen mußten. Thea Sternheim berichtet Anfang Juni 1933 in ihrem Tagebuch, Benn sei »ganz eingeschüchtert« gewesen und habe in Zweifel gezogen, ob es richtig sei, seine Tochter aus Dänemark »jetzt nach Deutschland zurückkommen zu lassen«.[16]

Dabei war bereits das Verhältnis des Weimarer Staates zu jenen Publizisten, Schriftstellern und Künstlern, die für eine Veränderung der Gesellschaft oder auch nur für die Einlösung bürgerlich-demokratischer Versprechungen plädierten, alles andere als liberal. Schon 1932 schien es geraten, Kapital ins Ausland zu bringen und eine Ausreise vorzubereiten. Literarische Werke mit radikaldemokratischem, sozialistischem oder kommunistischem Inhalt wurden beschlagnahmt und verboten, ihre Verfasser angeklagt, vor Gericht gestellt und oft verurteilt.[17] Als Heinrich Mann im Juli 1931 die französische Kolonialausstellung in Paris besuchte, reiste ihm ein Spitzel nach, um Verletzungen der nationalen Ehre nach Haus zu melden.[18] Anläßlich von Brechts Lehrstück »Die Mutter«, das am 17. Januar 1932 im Theater am Schiffbauerdamm uraufgeführt wurde, fragte die katholische »Germania« das Polizeipräsidium, wie lange es noch gedenke, »den Staat diesem Treiben preiszugeben?«. Arnold Zweig, Lion Feuchtwanger und Theodor Plivier erhielten Drohbriefe, Fritz von Unruhs Wohnung in Frankfurt am Main wurde geplündert und verwüstet, und im August veröffentlichte der »Völkische Beobachter« eine Zusammenstellung, die als Vorläufer der späteren Bücherverbrennungs- und Verbotslisten gelten kann. Die darin genannten Schriftsteller wurden als »Repräsentanten einer dekadenten Niedergangsepoche« vorgestellt. Für den Fall der Regierungsübernahme kündigte das Blatt das Verbot ihrer Werke an. Erwähnt wurden Feuchtwanger, Hofmannsthal, Hasenclever, Klaus Mann, Sternheim, Toller, Werfel, Wedekind, Friedrich Wolf, Stefan Zweig, Zuckmayer, Brecht, Leonhard Frank, Plivier, Carl Hauptmann und Fritz von Unruh.[19]

Am 28. März 1931 hatte das Kabinett Brüning die »erste Notverordnung zur Bekämpfung politischer Ausschreitungen« erlassen, die vor allem die Versammlungsfreiheit einschränkte, den Behörden aber auch ermöglichte, Druckschriften zu beschlagnahmen und Zeitungen oder Zeitschriften für eine Dauer bis zu acht Monaten zu verbieten. Knapp vier Monate später, am 17. Juli 1931, erfolgte die 2. Notverordnung, der zufolge auf die richterliche Anordnung beim Verbot von Zeitungen oder zur Beschlagnahme von Büchern verzichtet wurde. Die Polizei konnte jetzt nach eigenem Gutdünken und nach Ermessen entscheiden. Papens Regierungserklärung hatte den Kampf gegen den »Kulturbolschewismus« angekündigt, und Innenminister von Gayl bekräftigte am 12. Juni 1932, »es gelte, auf künstlerischem und geistigen Gebiete undeutsche Einflüsse auszumerzen.«[20]

Auch rechneten die Emigranten mit der Solidarität des Auslands und unterschätzten die Bürokratie in den Gastländern. Zwar trogen alle diese Erwartungen, und die vermeintlich simpelsten Dinge wurden problematisch, aber zur Zeit der Antwort Benns im Mai 1933 hatten die späteren Restriktionen der aufnehmenden Länder noch keine gesetzliche Form gefunden.

Gerade die Polarisierung von drinnen und draußen muß Benn zu diesem Zeitpunkt besonders gestört haben, denn Hitlers Ernennung zum Reichskanzler lag erst dreieinhalb Monate zurück, und er war der Meinung, man könne nach einhundert Tagen noch kein abschließendes Urteil über den politischen Prozeß abgeben. Er versuchte in seiner Antwort deshalb gerade die Zweifel darzustellen, zu denen jemand gezwungen war, der keine Beziehungen zu den Machtzentren unterhielt und für sein Urteil auf die Berichte der Zeitungen und des Radios angewiesen war. Deswegen sprach er den Emigranten eine differenzierte Einsicht in das politische Geschehen in Deutschland ab.

Sommer 1933

Benn litt im Sommer 1933 unter melancholischen Stimmungsschwankungen. Tilly Wedekind fehlte ihm. Sie hielt sich in Prag auf, wo im Neuen Deutschen Theater Frank Wedekinds »Lulu« aufgeführt wurde. »Bin weiter mürrisch, schläfrig, unrasiert, kein Staat mit mir zu machen. Bin streng solide«,[1] schrieb er ihr am 20. Juni. Eine Nahrungsmittelvergiftung plagte ihn, »mieses Leben. Kein Geschäft«.[2] Die leere Praxis trug nicht gerade zur Stimmungsaufhellung bei. Auch deutete dieser Hinweis auf das fehlende Geschäft bereits an, daß Benn nach einem Ausweg aus seiner finanziellen Misere suchte.

Gleichwohl waren die Sommer- und Herbstmonate 1933 durch eine angespannte Produktion bestimmt: Benn fühlte sich in seinem journalistischen Element. Die Anregungen kamen von außen, er brauchte nur zu reagieren. Mitte Juli wurde in den Zeitungen über ein Gesetz des preußischen Innenministeriums zur »Verhütung erbkranken Nachwuchses« berichtet. Der Paragraph 1 führt die Liste von Erbkrankheiten auf, die durch Sterilisation verhindert werden sollten: »Angeborener Schwachsinn, Schizophrenie, zirkuläres Irresein, erbliche Fallsucht, erblicher Veitstanz, erbliche Blindheit, erbliche Taubheit, erbliche körperliche Mißbildung. Vorläufig sieht der Gesetzentwurf nur die ›freiwillige‹ Sterilisierung vor, nimmt also noch nicht Stellung zu der zwangsweisen Sterilisierung von Verbrechern. Jeder Fall muß von mehreren Sachverständigen geprüft und begutachtet werden.«[3] Das Gesetz, so der »Völkische Beobachter«, sollte die Möglichkeit eröffnen, »die kranken und minderwertigen Erblinien von der Fortpflanzung im Volk auszuschalten. Ihm sollen jetzt nach dem Willen des Führers beschleunigt jene positiven Maßnahmen folgen, die der erbgesunden Familie wieder die wirtschaftliche Möglichkeit zum unbesorgten Leben geben und zugleich alle jene wirtschaftlichen Bedenken und Schwierigkeiten aus dem Weg räumen, die in der heutigen Zeit die Gründung kinderreicher Familien so schwer machen.«[4] Der Programmleiter des Deutschlandsenders formulierte seine Ansicht über die »zielbewußte Aufklärungsarbeit des Rundfunks« in dem Satz: »Die Stunde der Rassenhygiene ist gekommen! Der düster pessimistischen Prophezeiung vom Untergang des Abendlandes ist der rassenhygienisch optimistische Gedanke vom Aufgang des Abendlandes entgegenzustellen!«[5] An die Stelle des 1930 gegründeten »Reichsausschusses für Bevölkerungsfragen« trat jetzt der »Sachverständigenbeirat für Bevölkerungs- und Rassenpolitik«, der sich an den Vorbereitungen für die gesetzlichen Maßnahmen beteiligen sollte. Er bestand aus drei Arbeitsgemeinschaften: für Finanz- und Steuergesetzgebung, für Rassenhygiene und für Mütterfragen und Fürsorge.[6]

Den Spitzenverbänden der Ärzteschaft war ein »Aufklärungsamt für Bevölkerungspolitik und Rassenpflege« angegliedert worden. Abgeordnete des Innenministeriums, des Ministeriums für Propaganda, des Reichsarbeitsministeriums, der Reichsleitung der NSDAP sowie der Kommissar der ärztlichen Spitzenverbände, Parteigenosse Dr. med. Gerhard Wagner, legten auf einer Pressekonferenz Anfang Juni die Aufgaben dieser Einrichtung dar: »Ihr Zweck besteht darin, die Aufmerksamkeit der breiten Massen des Volkes auf die bislang vernachlässigten biologischen Gefahren zu lenken, die heute Existenz und Größe des deutschen Volkes tödlich bedrohen.«[7]

Bis zur Veröffentlichung der Durchführungsbestimmungen im Reichsgesetzblatt vom 7. Dezember 1933 hielten Presse und Rundfunk das Gesetz im Bewußtsein der Deutschen. Vor allem die Frauen wurden vor den »Gefahren des Rassenniederganges« gewarnt, und »Frauenfunk«, »Jungmädchenstunde« und »Evangelischer Mütterdienst« breiteten ihre »rassehygienisch wichtigen Gedanken vom Muttergroschen« aus, Steuererleichterungen wurden versprochen.[8]

Benn formulierte seine Gedanken zu diesem Komplex in verschiedenen Aufsätzen, die um die Frage »Das Genieproblem oder Züchtung und Wert«[9] kreisten und einen gänzlich anderen Gesichtspunkt in den Blick nahmen als die Ideologie von Rassehygiene und Eugenik. Über dem Aufsatz »Züchtung«, der schon im Titel auf das Vierte Buch »Zucht und Züchtung« in Nietzsches »Willen zur Macht« verweist, stand das Motto »Wer lange herrschen will, muss weit züchten«, und gerade dieses Motto ist Benn als besonders rassistisch vorgehalten worden: Seine Kritiker haben es nicht als Nietzsche-Zitat erkannt.

Für Benn stand es außer Zweifel, daß aus der politischen »Verwandlung« noch einmal »ein neuer Mensch in Europa hervorgehen wird, halb aus Mutation und halb aus Züchtung: der deutsche Mensch«.[10] Er verteidigte den Begriff der Züchtung gegen diejenigen, die ihn durch den Hinweis auf eine nationalsozialistische Legislative von vornherein moralisch belastet sahen. Das sei grundfalsch, er [Benn] bezöge sich nicht auf politische, sondern wissenschaftlich-medizinische Ergebnisse. Zum einen gehöre Rassenzüchtung zur Geschichte, sie sei »uralt«, man brauche nur an Moses zu denken, der die »reine Rasse« wollte und deswegen vor brutalen Maßnahmen nicht zurückscheute: Prügelstrafen, Handabhauen, Steinigung, Feuertod gegen Rassenvermischung. Er ließ die Medianiten ausrotten, hundertfünfzigtausend Menschen wurden hingerichtet wegen des Verdachts auf eine Geschlechtskrankheit. Eugenische Maßnahmen belasteten ein Volk moralisch nicht.[11]

Was aber sollte gezüchtet werden? Da Benn einen Krieg von bisher nicht gekannten Ausmaßen in Europa für das nächste Jahrhundert voraussah, gipfelte seine Züchtungsvision in dem Vorschlag: »*Gehirne* muß man züchten, große Gehirne, die Deutschland verteidigen, Gehirne mit Eckzähnen, Gebiß aus Donnerkeil. *Verbrecherisch, wer den neuen Menschen träumerisch sieht,* ihn in die Zukunft schwärmt, statt ihn zu hämmern; *kämpfen* muß er können, das lernt er nicht aus Märchen, Spukgeschichten, Minnesang, das lernt er unter Pfeilen, unter Feinden, aus Gedanken. Frieden in Europa wird es nicht mehr geben, die Angriffe gegen Deutschland werden erst beginnen: vom Westen, vom Osten, vom Liberalismus, von der Demokratie – also Gehirne mit Hörnern«.[12] Hier wurde nicht von Züchtung im rassisch-biologischen Sinn gesprochen. Vielmehr beschrieb Benns Züchtungsbegriff den Vorgang geistiger und psychischer Prägung des Menschen im kulturellen Milieu seiner Epoche. Allein der Hinweis auf die Entstehung der alten Bildungseliten sprach der zoologisch verstandenen Züchtungsideologie des Nationalsozialismus offen hohn. Als Perspektive sah Benn im Norden noch einmal den Sieg der Griechen, dann würde Asien mit dem neuen Dschingis-Khan Europa erobern und für immer unterjochen. Diese Visionen einer »militanten Transzendenz« nahmen zu der eugenischen Gesetzgebung des »Neuen Staates« keine Stellung.

Den Essay »Geist und Seele künftiger Geschlechter« begann Benn mit der Feststellung, daß der Begriff »Züchtung eines Volkes« im Augenblick in der öffentlichen Diskussion eine große Rolle spiele. Er habe zwei Richtungen, die eine strebe nach »Ausschaltung des unerwünschten, die andere nach Erhöhung der Fruchtbarkeit des erwünschten Lebensmaterials«.[13] Mit dieser Meinung verbände sich die Vorstellung einer größeren Chancenbreite für Begabungsnachwuchs, also eine »ideenprägende Tendenz«. Züchtung an sich gäbe es nicht, schränkt Benn ein, Züchtung sei gegen die Natur, gewissermaßen ihre Überlistung, es handele sich um einen Akt des politischen Entschlusses.

Auf die Frage, was getan werden müsse, um den Volkskörper zu reinigen, verwies Benn auf die Eugenik Amerikas, »wo man in dieser Richtung sehr radikal denkt«.[14] Das »Journal of Social Hygiene« hatte im Mai 1928 in einem Überblick über die Geschichte der Sterilisationen in den USA die Überlegungen zusammengestellt, die bis dahin über Asoziale (»socially inadequate people«) angestellt worden waren. Für das amerikanische Volk wurde bis 1980 ein jährlich ansteigender Satz von 400.000 Sterilisationen gefordert, um bis dahin etwa 15 Millionen Minderwertige aus der Fortpflanzung auszuscheiden. Dazu rechneten die Amerikaner die Schizophrenen, die Tauben, Mißgebildeten und Blinden, ferner die Kriminellen, schwachsinnigen Idioten, »Sadisten« und Drogenabhängigen, Tuberkulösen, Syphilitiker und die Leprösen.[15] Und die »Society for Human Betterment« stellte 1929 fest, daß früher

»the survival of the fittest« für eine angemessene Erbfolge sorgte, die moderne Zivilisation jedoch in die Naturabläufe eingegriffen habe: »The weak and defective are now nursed to maturity and produce their kind. They are a menace to civilisation.«[16] Die entstehenden Kosten in den Irrenanstalten seien so zu hoch, 150 Millionen Dollar verlangten die 300.000 Patienten, die in allen achtundvierzig Staaten vorhanden seien, vom Steuerzahler. Man dürfe auch nicht vergessen, daß diese Menschen keiner Arbeit nachgingen.[17] Das »Sexual Sterilisation Movement« in den USA stellte 1932 stolz fest, daß in siebenundzwanzig Staaten Sterilisationsgesetze bestünden, bedauerte allerdings, daß die Sterilisationspraxis nicht schnell genug vorangetrieben würde, obwohl die USA doch »the foremost champion and advocate of the cause in the world« seien.[18] Praxis und Gesetzgebung der amerikanischen Gesetzgebung wurden durch Harry Laughlin vorangetrieben, der das »Eugenics Record Office« seit 1914 leitete und die Sterilisation von physisch und sozial »unfit types« forderte. Die Universität Heidelberg verlieh ihm 1936 den Ehrendoktor für seine Arbeiten zur »Science of racial cleansing«. Die »New York Times« berichtete über die Ehrung.[19]

Allerdings hatten sich auch die europäischen Länder Dänemark, Finnland, Norwegen, Schweden und die Schweiz seit 1929 der Sterilisationsproblematik angenommen: »Erst in jüngster Zeit ist deutlich geworden, wie sehr Staaten mit einer langen und ungebrochenen demokratischen Tradition im zwanzigsten Jahrhundert aus eugenischen Gründen Zwangssterilisationen geduldet haben. Auch die Schweiz ist hier keine Ausnahme«.[20] Für Deutschland hielt der bekannte Eugeniker Fritz Lenz, auf den sich Benn bezieht, »10% Sterilisierungen in jeder Generation für durchaus nicht zuviel«.[21] Eine Reinigung des Volkskörpers sei nicht nur aus Gründen der Rasseertüchtigung, sondern auch aus volkswirtschaftlichen Gründen notwendig, denn der schwachsinnige Nachwuchs koste den Staat Millionen, besonders die idiotischen Anstaltszöglinge.

Es käme für Deutschland darauf an, seinen Bestand zu »erhalten und zu verbessern«.[22] Mit dieser Absicht begänne jedoch die Problematik, meint Benn: »Was heißt und in welcher Richtung will es verbessern?« Zunächst müsse klar sein, daß man ja keineswegs beliebig und visionär in einen unbestimmten deutschen Raum züchten könne und daß aus solchen Träumen durch irgendwelche eugenische Maßnahmen ein Zug heller nordischer Leiber hervorträte. Man könne nicht Generationen von Menschen züchten wie weiße Brombeeren, deren Züchtung dem Amerikaner Burbank gelungen war.

Und unter welchen Gesichtspunkten wolle nun die deutsche Eugenik, die ja die neue deutsche Weltanschauung vertrete, den deutschen

Typ züchten? Benn beruft sich auf ärztliche Äußerungen und legt Wert darauf, daß es sich nicht um Regierungsverlautbarungen handele. Er referiert die Vorstellungen, die in ärztlichen Kreisen herrschen. Es sollten Erbgesundheitsämter als Behörden eingerichtet werden, die die deutsche Bevölkerung nach einer Art Punktsystem erfassen und aus dem Studium der Vorfahren wie der persönlichen Konstitution des Einzelnen eine Punktsumme errechnen sollte. Wie allerdings das Punktsystem aussehen sollte, sei weitgehend unklar. Einerseits strebe man den Primat des körperlich durchgeprägten Typs an, andererseits sei die Frage, ob der gesunde Körper für vollendete Menschlichkeit garantieren könne. Welches seien die entscheidenden Werte des menschlichen Seins, das biologisch Natürliche und Gesunde oder die hohe Züchtung des Geistes? Es gäbe keine Rasse ohne Geist, »Rasse züchten heißt auch immer Geist züchten«.[23] Benn distanziert sich von den mechanischen Auffassungen der nationalsozialistischen Eugenik, indem er die Züchtung des Geistes durch die Griechen anführt: »Die Griechen liebten und bildeten gewiss den Leib, aber sie bildeten auch die Dialektik, die Rhetorik, die Geschichtsschreibung, die Tragödien und die ersten Ansätze des Individualismus aus. Es wird also doch wohl in erster Linie intellektuelle und moralische Züchtung sein, die man bewerkstelligen muß.«[24]

Wenn es Äußerungen Benns gibt, die seine Ambivalenz gegenüber den offiziellen Verlautbarungen und den herrschenden Vorstellungen zeigen, dann seine Aufsätze zur Züchtung und Eugenik. Grundsätzlich steht er auf der Seite der Förderung von Erbgesundheit. Aber er hält nichts von den »gesportelten« Leibern, die wenig im Kopf haben. Er spricht für eine »neue großartige, geistig-körperliche Form«[25], und die läßt sich nicht so leicht erreichen, wie sich die deutsche Ärzteschaft das vorstellt. Denn »Züchtung ist weniger ein intellektuelles, als ein moralisches Problem.«[26]

Dieselben Ansichten äußerte Benn schon vor 1933, seine Konzeption von Geist und Rasse blieb sich gleich. Geist könne durch bestimmte intellektuelle Milieus wie das lutherische Pfarrhaus zwar gefördert, aber nicht dezisionistisch verbessert werden.[27] Die Gemeinschaft, von der er in »Geist und Seele künftiger Geschlechter« sprach, war nicht das Kollektiv deutscher Supermänner. Die wichtigsten, die »entscheidenden Werte des menschlichen Seins« sind Werte der »metaphysischen Gemeinschaft«.[28] Benn akzeptierte den nationalsozialistischen Sozialdarwinismus, den auch Nietzsche verteidigte, nicht. Biologische »fitness« war ihm zweitrangig.[29] In den Texten, die vom Problem der Eugenik und der Züchtung handeln, macht Benn deutlich, daß sich seine Vorstellungen von den herrschenden Ideen deutlich unterscheiden, wie sie etwa von Hans F. K. Günther, dem »Rasse-Günther«, in seiner maßgeblichen »Rassenkunde des deutschen Volkes« (1922) vertreten wurden. Noch 1934 konnte er unzensiert im »Lebensweg eines Intellektualisten« schreiben: »Die Reihe der Paralytiker unter den Genies ist enorm, die der Schizophrenen trägt die größten Namen, und das alles nicht beiläufig supplementarisch, hinzukommend, sondern als Geschick, Wesen, Blut und Boden des Schöpferischen. Unter den hundertfünfzig Genies des Abendlandes finden wir allein fünfzig Homoeroten und Triebvarianten, Rauschsüchtige in Scharen, Ehelose und Kinderlose als Regel, Krüppel und Entartete zu hohen Prozenten, das Produktive, wo immer man es berührt, ist durchsetzt von Anomalie, Stigmatisierungen, Paroxismen. Der größte Teil der Kunst des vergangenen Halbjahrtausends ist Steigerungskunst von Psychopathen, von Alkoholikern, Abnormen, Vagabunden, Armenhäuslern, Neurotikern, Degenerierten, Henkelohren, Hustern – das war ihr Leben, und in der Westminsterabtei und im Pantheon stehen ihre Büsten und über beidem stehen ihre Werke: makellos, ewig, Blüte und Schimmer der Welt.«[30]

Wenn in solchen Darlegungen von »Blut und Boden« die Rede ist, kann Benn sich beim Niederschreiben nur ins Fäustchen gelacht haben. Denn was der Text berichtet, steht im krassen Gegensatz zu den Kunstauffassungen der Funktionäre des Propagandaministeriums. Nicht der biologische Supermann, nicht die arische »blonde Bestie« war der zukünftige kreative Typ, »nicht aus dem Samenunflat der Zwanzigjährigen, aus fett werdenden Leibern kam Erkenntnis«.[31] Und wenn sich die Nazis auf Nietzsche beriefen, dann rechnete Benn 1940 mit dieser Sichtweise ab: »Rassenzüchtung als Politik ist die Kinderliebe von Kidnappern«.[32]

Im Juli wurde das Buch »Der Neue Staat und die Intellektuellen« ausgeliefert, der Tenor war in allen Besprechungen der gleiche: »Benn bekennt sich rückhaltlos zum neuen Staat und zur nationalsozialistischen Volksbewegung«,[33] »der letzte Essay über die Probleme der Züchtung mündet in einem Hymnus an die tiefen und letzten Ziele der deutschen Erhebung«,[34] »dem Band sind die zwei Rundfunkreden für das Deutschland des Führers vorangesetzt«,[35] »Der neue Staat und die Intellektuellen« heißt der Essayband, in dem sich Benn »zum Dritten Reich bekennt«,[36] im Frühjahr 1933 bekannte er sich angeblich zu Adolf Hitler und der deutschen Revolution: »Wer seine bisherigen Schriften mit Aufmerksamkeit und Verständnis gelesen hatte, konnte gar nichts anderes erwarten.«[37]

Benn wurde nun auch von illustrierten Magazinen wie »Die Woche« gebeten, mitzuarbeiten. Er sagte nicht nein, denn er brauchte nur eine Montage aus den vorhergehenden Essays zu liefern. Am 26. August erschien sein Artikel mit dem plakativen Titel »Der deutsche Mensch.

Erbmasse und Führertum«, der die Frage beantworten sollte: »Wo stammen sie her, die den seelischen Fonds erarbeiteten, mit dem wir heute in eine neue Periode der deutschen Geschichte eintreten?« Benn referiert einen Aufsatz von Johann Friedrich Ritter von Schulte (1827-1914), über »Herkunft und Alter von deutschen Gelehrten aller Art«, der die »Allgemeine Deutsche Biographie« durchgearbeitet und herausgefunden hatte, daß bedeutende Männer aus evangelischen Pfarrhäusern stammen.[38] Gleichzeitig bezog er sich auf Ernst Kretschmer, der das evangelische Pfarrhaus als »ein einheitliches Erbmilieu« anspricht. Benn ergriff die Gelegenheit, sich selbst in die Tradition der Hochbegabungen zu stellen, wobei er die Frage offenließ, ob diese Tradition sich fortsetzen würde, denn auch das Pfarrhaus »verfiel der Nivellierung und der Zivilisation«. Der Aufsatz endet vage und könnte durchaus im Sinne einer Camouflage und eines gezielten Unterlaufens der rassenbiologischen Propaganda gelesen werden: »Vielleicht werden, nachdem die alten Pfarrhäuser der deutschen Nation Bildung, Kultur und Besitz an Genialität, also die Reiche des Geistigen, erschaffen und hinterlassen haben, ihre jungen Söhne dazu bestimmt sein, dem leidenden Volk den Segen der Erde zu erneuern«.[39]

Besuch aus Paris

Mit der »Antwort an die literarischen Emigranten« hatte sich Benn politisch unmißverständlich positioniert, in den Augen der Emigranten hatte er sich in einen »Nazi« verwandelt.[1] Diese schematische Verurteilung, die sich als erstaunlich beständig erwiesen hat, ermöglichte es, eine Auseinandersetzung mit seinen politischen Auffassungen oder gar deren differenzierte Analyse zu vermeiden. Benn wurde zur negativen Projektionsfläche für alle diejenigen deutschen Intellektuellen, die sich im ersten Halbjahr 1933 für die neue Reichsregierung ausgesprochen und die gewaltsamen und illegalen Machenschaften der SA-Banden und der Polizei nicht öffentlich verurteilt hatten. Seine Kritiker nahmen Benns eigene Darstellung seiner Ansichten über die Zeit von 1933 bis 1935 nicht ernst: Mit einer verächtlichen Geste wurde seine Autobiographie von 1950 als beschönigende Rechtfertigungsliteratur abgetan und in eine Reihe mit den Büchern von Carl Schmitt, Ernst Jünger oder Martin Heidegger gestellt.

Und gerade dieses Zusammenrücken von drei Autoren, die wenig miteinander zu tun haben, bezeugt den Unwillen, sich über eine plakative Einordnung in die Schublade »Nazi« hinaus ernsthaft mit Benn auseinanderzusetzen. Denn im Gegensatz zu Carl Schmitt, Martin Heidegger oder Herbert von Karajan, die am 1. Mai 1933 in die Partei eintraten, oder Ernst Rowohlt und Alfred Richard Meyer, die 1937 Parteimitglied wurden,[2] hatte Benn diesen Schritt bewußt ausgeschlossen und teilte es der Öffentlichkeit auch mit. Er war, wenn man seinen Kritikern folgt, eben ein »Nazi außerhalb der Nazi-Partei«. Benn wurde aber auch nicht Mitglied der SA, des Nationalsozialistischen Kraftfahrerkorps (NSKK) oder der NS-Volkswohlfahrt (NSV), für viele Männer und Frauen eine Möglichkeit, die Nähe der Partei zu suchen.[3] Benn wurde auch nicht Mitglied der SS wie Hanns Johst oder Theodor Eschenburg.

Benn war nach dem Kriege unbelastet, stand keinem Spruchkammerprozeß gegenüber wie sein Freund Egmont Seyerlen oder Hanns Johst, der nach seiner Internierung von 1947 bis 1957 in Entnazifizierungsverfahren in München und Berlin als »Mitläufer«, »Hauptschuldiger« und »Belasteter« eingestuft wurde. In den Augen der Emigranten bestand seine Verfehlung darin, »Verrat am Geiste« (Klaus Mann) begangen zu haben, was immer damit gemeint war. Ein bekannter deutscher Lyriker trat nicht in ihr Lager über, sondern schien ein Sprachrohr des politischen Gegners zu werden. Das bedeutete eine Schwächung ihrer Sache, Ärger und Vorbehalt sind verständlich.

Von einzelnen Emigranten gab es allerdings auch Zustimmung zu der in der »Antwort an die literarischen Emigranten« vertretenen Position. Am 16. Juni schrieb ihm George Grosz, er fände den Artikel »sehr gut«, Benn spreche in vielem auch in seinem Sinne und dieser Brief sei »eine Freundesstimme aus dem Ausland«.[4] Er (Grosz) gehöre nicht zu jenen »maulenden Emigranten« und wünsche, »daß endlich einmal eine ›neue‹ Welle kommt – so wie Du es ja in Deinem Aufsatz andeutetest. Die Argumente, von wegen Kulturbarbarei und so, die von verstimmten Emigranten herkommen, sind wahrlich dummes Zeug. Du hast ganz Recht mit Deinem Gegenargument Rußland. Ja, eine ›liberale‹ Zeit ist vorbei – mit Recht«.

Benn handelte politisch nicht naiv. Nirgendwo in seinen Äußerungen über den »Neuen Staat« war eine plakative Formulierung anzutreffen, die sich direkt und unmittelbar für die NSDAP oder Hitler selbst ausgesprochen hätte. Benn ging es nicht um die Partei, sondern um den Staat: »Das Volk soll nicht erwarten, dass in seinen ureigensten Notwendigkeiten aller Segen nur von oben kommt. *Der neue Staat kann nicht notverordnet werden!* Das Volk selbst muß ihn wollen, muß an seinem Werden mitwirken. Ein neuer Staatswille, eine neue Staatsgesinnung, ein neuer Staatsglaube – das sind die unerläßlichen Voraussetzungen des neuen Staates. Unsere Aufgabe ist es zu führen.«[5] Das ist keine Passage aus dem »Völkischen Beobachter« oder einem Benn-Essay von 1933, sondern das Geleitwort Franz von Papens zu dem Buch von

Walther Schotte »Der neue Staat« von 1932, in dem die Regierung von Reichskanzler Papen als die »erste wirklich von den Parteien innerlich unabhängige Regierung« geschildert wird. Gegen den Parteienstaat sollte die Staatsautorität durchgesetzt werden.[6] Der pluralistische Staat der Weimarer Republik wurde als der »korrupte Staat« angesehen, dessen »Allgewalt des Reichstages« und die »Parteiherrschaft« zugunsten eines konstitutionellen Parlamentarismus gebrochen werden mußte.[7] Die Regierung sollte also nicht mehr parlamentarisch-parteipolitisch abhängig, sondern mußte präsidial-autoritativ unabhängig sein. Das sind Gedankengänge und Überlegungen, mit denen sich Benn als Hindenburg-Wähler einverstanden erklären konnte und die auch in den Titel seines ersten Radio-Vortrags eingehen: »Der neue Staat und die Intellektuellen«. Insofern hatte Klaus Mann recht, wenn er Benn Nähe zu Gedankengängen Papens vorwarf.[8]

Der Sommer 1933 war ausgefüllt mit der Arbeit an Zeitungsartikeln zu Themen der Vererbung, der Züchtung und Eugenik, der Familienforschung, dem Genieproblem und der Rolle des protestantischen Pfarrhauses. Die Aktualität der Themenstellung aufgrund des »Gesetzes zur Verhütung erbkranken Nachwuchses« sowie die Diskussion um Fragen der Rasse gaben die Anregung. »Hier geht's so la la. Habe ein paar Aufsätze verfertigt für Zeitschriften, die gut zahlen, läppisches Zeug. Was man jetzt so will«, schreibt er am 24. August 1933 an Käthe von Porada, eine Modejournalistin der »Frankfurter Zeitung«, die in Paris lebt, und meint damit seine Äußerungen zu Genealogie und Züchtung. Er gab damit zu erkennen, daß er selbst diese Arbeiten für kaum mehr als Journalismus hielt, wobei die rhapsodische Form die Distanz überdeckte, die er zu den offiziell-politischen Überlegungen eugenischer Maßnahmen hatte, wie sie etwa im »Völkischen Beobachter« diskutiert wurden.

Käthe von Porada besuchte Benn im Sommer 1933. Politisch war sie unbeteiligt, es war ihr »völlig gleichgültig, ob Benn in Deutschland geblieben war oder nicht, wie auch die Natur seiner Beziehungen zu den Machthabern«.[9] Da sie aber im Freundeskreis vom Herausgeber der »Transition«, Eugène Jolas, verkehrte und Benn in dieser avantgardistischen Zeitschrift von 1927 bis 1932 in englischen Übersetzungen erschienen war, lag es für die Redaktion nahe, sie zu bitten, Benn aufzusuchen und Erkundigungen einzuholen. Vor allem war Klaus Mann daran interessiert, einen Bericht über Benn zu bekommen. Er kannte Frau von Porada schon länger und traf sich bereits zwei Tage nach seiner Ankunft in Paris im März 1933 mit ihr zum Tee. Man kam in der Porada-Wohnung Rue de la Pompe häufiger zusammen, so Ende März auf einem Empfang für Max Beckmann. Und während einer kleinen Gesellschaft im Mai berichtete Hermann Kesten von der Antwort, die Benn in der »Deutschen Allgemeinen Zeitung« und im Rundfunk auf Klaus Manns Brief gegeben hatte: »So ist das also«, notierte dieser überrascht in sein Tagebuch.[10] Käthe von Porada war auch in die Vorbereitungen für die »Sammlung« eingeweiht, denn Klaus Mann stellte mit ihr Mitte Juni eine Adressenliste für die möglichen Bezieher der Zeitschrift zusammen.

Allerdings konnte Käthe von Porada die in sie gesetzte Hoffnung nicht erfüllen. Denn statt sich mit ihr in politische Debatten zu verstrikken, ließ Benn sich auf ein erotisches Abenteuer mit der geschiedenen Mutter zweier Töchter ein: Man ging darüber hinaus zusammen ins Kino und verbrachte die Tage Anfang Juli angenehm in Cafés. Auf Käthe von Poradas Anregung hin besuchte er den neu eingerichteten Beckmann-Saal der Berliner Nationalgalerie Unter den Linden und war sehr beeindruckt: Frau von Porada war 1924 von Beckmann gemalt worden. Benn erwog sogar, Beckmann anzurufen, weil er nach deren Abreise gern mit einem Bekannten von Frau von Porada gesprochen hätte, ließ es aber bleiben.

In ihren Erinnerungen berichtete die Journalistin, daß Benn sich über seine politischen Meinungen ausgeschwiegen habe. Harry Graf Kessler, mit dem sie sich nach ihrer Rückkehr am 10. Juli traf, bekam allerdings zu hören, daß Benn »ein fanatischer Nazi geworden ist und behauptet, die Nazi-›Revolution‹ sei ein geschichtliches Ereignis ersten Ranges, eine totale Neugeburt des deutschen Volkes, die Rettung Europas, das alles mit allerlei Metaphysik durchmischt«.[11]

Benn war hingerissen von dieser Frau, und es entspann sich ein Briefwechsel, der uns einen guten Einblick in Benns innere Lage während dieses Sommers gibt. Seine Briefe hatten alle einen stark erotischen Unterton: »Was Lustmord angeht, so finde ich ihn ja seit je die eigentlich ideale Form der Liebe, jedenfalls von seiten des zart empfindenden Mannes, dem robusten ist es natürlich gleich, was aus ihr wird.«[12]

Ganz deutlich und oft sprach Benn von der gesellschaftlichen Leere, in der er lebte, und ermahnte die Freundin, niemanden über ihn »aufzuklären«. Die schönen Sommerabende seien »so trostlos, unvorstellbar isoliert nach allen Seiten. Kunststück, wie könnte es anders sein. Mit meiner ganzen brutalen Energie, die ich im Geistigen zur Verfügung habe, versuche ich durchzustoßen zu einem neuen Gedicht, einer neuen lyrischen Strophe, aber vorläufig vergeblich«, hieß es am 21. Juli 1933. »So viel ›inneres Raffinement‹, innere Methode, inneres Grundgefühl ist zugrunde gegangen durch die Zeitlage, das Leben, das Alter, die Reife oder was es immer ist.« Auch verschwieg er die wirtschaftliche Misere nicht, in der er sich mit seiner Praxis befand. Immer wieder betonte er seinen antibürgerlich-kapitalistischen Affekt, seine Ablehnung von

»gemütlich und harmonisch«[13] und forderte sie auf, doch den »larmoyanten bürgerlichen Pazifismus« aufzugeben.[14] Benn hielt am Pathos des athenischen Kriegers fest, den er schon in der Totenrede auf Max von Schillings bei der Trauerfeier am 27. Juli 1933 beschworen hatte: Der Ruhm des Dichters Aeschylos bestand für die Griechen in seiner Teilnahme als Soldat in der Schlacht bei Marathon: »Wieder ist Marathon, wieder Thermopylä, wieder Gesetz, das das Vaterland befahl.«[15] Benn war sich seiner selbst zu bewußt, um nicht auch das Helden-Pathos kritisch unter die Lupe zu nehmen. Seine politischen Ansichten schienen ihm selbst manchmal »zu wild, zu nordisch«,[16] durch seine romanische Herkunft sei er im Grunde »nicht zuständig für allerlei Fragen hier«. Wenn das Nebulose oder der Schollengeruch gefragt wäre – ihm könnte es egal sein: »Verwechselt man das Gliedernde, Formale mit Spielerei u. Artistik – gut. m'en fou.«[17]

Die Frage nach Benns politischer Überzeugung ist in allen Briefen präsent, aber Benn biegt die Diskussion immer wieder auf einen Punkt zurück: Was ist heute, wo die weiße Rasse zu Ende geht, überhaupt geistig noch übrig, um das Leben zu tragen? Dem »österreichischen Drang« seiner Freundin nach Helle und Harmonie stellte er sein Weltbild gegenüber: Ich »sehe und erlebe nichts als diesen halb tragischen, halb dionysischen Untergrund des Wissens um das Ende u. des Trotzdem des Weitermachens. *Amor fati.* Griechenland lebte davon. Die Parzen sangen *dies* Lied.«[18] Insofern war der Nationalsozialismus ein Teil des Kampfes der weißen Rasse, sich gegen den Untergang zu stemmen, oder, wie er seine Überzeugung Oelze gegenüber formulierte, sich gegen die Bedrohung durch »Slawen und Mongolen« zu behaupten.[19] Benn war sich jedoch offenbar dieser Überzeugungen in der aktuellen politischen Situation so wenig sicher, daß seine Selbstzweifel in psychosomatischen Beschwerden zum Ausdruck kamen, deren Ursache er durchaus durchschaute: »War mehr als erkältet: tief erkrankt, schwerer Stoß ins Zentrum, Absinken, Altern.«[20]

Die Emigranten wehren sich

Daß er gerade im Spätsommer 1933 dauernd über seine Zustimmung zu den politischen Ereignissen Rechenschaft ablegen mußte, hing auch mit den Angriffen der Emigrantenpresse zusammen. Am 1. September war das erste Heft der »Sammlung« ausgeliefert worden, und Klaus Mann ging scharf mit Benns »Antwort an die literarischen Emigranten« ins Gericht. Mit dieser Abrechnung beginnt die Topik, die von nun an die Beschäftigung mit Benn in den Jahren 1933/34 und nach dem Kriege bestimmt: Klaus Mann erhob den Vorwurf, Benn habe den privaten Brief des Bewunderers und Freundes in der Form eines offenen Briefes »An die Emigranten« beantwortet.[1] Die Art der Polemik, mit verfälschenden Zitaten zu arbeiten, begann mit der Auslassung des Wortes »literarisch‹, wenn Klaus Mann ausschließlich von »uns ›Emigranten‹« spricht. Benn wandte sich ja gerade nicht an alle Emigranten, sondern nur an diejenigen Schriftsteller unter ihnen, die aus oppositioneller »Gesinnung« flüchteten und für die keine Gefahr an Leib und Leben vorlag. Benn räumte ein, daß politische Gegner der neuen Regierung ins Ausland gehen mußten, um »persönlichen Fährnissen aus dem Wege zu gehen«, wie »auch die russischen Emigranten, bei denen lag Flucht vor gegenüber Ermordetwerden, das war eine vitale Reaktion, kein gesinnungshafter Protest gegen eine andere Gesinnung – und wer war 1933 fähig und bereit, den 30. Januar in Berlin mit dem 8. November 1917 in Petersburg zu vergleichen?«.[2]

Benn hatte die Frage gestellt: Wenn jeder einzelne Deutsche den Staat sittlich und rechtlich für seine eigene Unbeschädigtheit verantwortlich macht, »ist da der Staat nicht aus Rechtsbewusstsein verpflichtet, diese Freiheit aufs Speziellste zu überwachen?«.[3] Er hielt die Meinung, die Entstehung von Kultur sei an die Geistesfreiheit gebunden, für eine erkenntnislose Betrachtung, da alles, was das Abendland berühmt gemacht hatte, in Sklavenstaaten entstanden war.[4] Dieser Hinweis war so banal, daß die Firma General Electric zu dieser Zeit damit für sich Reklame machte. Sie berief sich in einer Werbeannonce auf den Ausspruch Oscar Wildes: »The fact is, that civilisation requires slaves. The Greeks were quite right there. Unless there are slaves to do the ugly, horrible, uninteresting work, culture and contemplation become almost impossible.«[5] Bei Klaus Mann wurde daraus der »Hohn auf die Geistesfreiheit, die keinen Platz mehr hat im autoritären Staat, im ›Sklavenstaat, um es einmal ganz klar auszudrücken‹ ich zitiere«.[6] Mann fuhr dann fort mit der Aufzählung weiterer Klischees: Benn habe sich »in die Akademie protegieren« lassen, auch hätten »verlockende Chancen für einen neuen Ruhm, für eine unerwartet repräsentative Stellung« seiner Bewunderung für Hitler, seinem »Halbgott«, nachgeholfen. Zusammenfassend rechnete Klaus Mann Benn seine »Tücke und Unredlichkeit« vor und nannte dessen politische Meinung einen Ausdruck von »Überspannung, Raserei und Verblendung«.

Benn las die »Sammlung« schon kurz nach Erscheinen und faßte seinen Eindruck an Frau von Porada zusammen: »Dann ein neuer schwerer, man kann schon sagen übler Angriff in einem neuen Emigrantenblatt gegen mich: ich bin u. habe: Tücke, Niedertracht, Mangel an Scham, Mangel an Geist, letzter Tiefstand, halb pathologisch halb gemein, ekelerregend, hysterisch, Raserei der Brutalität usw.«[7] Den Namen des Autors erwähnte er nicht.

Seinem Zorn über den Beitrag ließ er freien Lauf in einem Brief vom 4. September an Hans Friedrich Blunck, der ihn gebeten hatte, ein Gutachten für einen jüdischen Kritiker, der ein Buch über Jakob Wassermann bei S. Fischer plante, abzugeben. Benn teilte mit, daß er bereits im Juli eine Empfehlung abgegeben habe, daß es damit nun aber Schluß sei. Er habe gerade »Die Sammlung« bekommen, die sich als Vertretung der »wirklichen deutschen Literatur« ausgebe, »was in Deutschland zurückgeblieben ist, ist ›Provinz‹, lächerlich für Europa«. Auch Wassermann sei vertreten. Er habe im übrigen nachgezählt: »28 deutsche Schriftsteller, davon 24 Juden, von den restlichen 4 haben Heinrich und Thomas Mann Jüdinnen zur Frau.« Der Ton dieser äußerlich gut aufgemachten Zeitschrift sei skandalös: »Das Gemeinste und Niederträchtigste an Gesinnung, das Frechste an Verleumdung, das ich gesehen habe. Das geht nun in alle Länder Europas und macht uns lächerlich und gemein. Keinem der beteiligten Schriftsteller würde ich mehr auch nur die geringste Hilfe angedeihen lassen, und keinem, der ihnen nahesteht, also Ihrem Schützling, der über Wassermann schreiben will. Wassermann hat im Märzheft der »Neuen Rundschau« einen tollen Artikel gegen Deutschland geschrieben, aber vor der nationalen Revolution, das er als ›das Centrum und den Infektionsherd aller antisemitischen Umtriebe der Welt‹ bezeichnete. Erregte damals grosses Aufsehn, bis zum Minister. Ich halte, davon abgesehen, Wassermann für einen der scrupellosesten und frechsten Buchschreiber der letzten Jahrzehnte. Ich werde nichts mehr unterstützen, was zum Fischer Verlag tendiert, der ja nach wie vor, noch so getarnt, seine jüdische Literatur propagiert. In der ›Sammlung‹ werde ich wieder vorgenommen: ›halb pathologisch, halb gemein‹, ›Narr‹, ›heimtückisch‹, ›niederträchtig‹ – so spaltenlang. Nur, weil man sagt: ich bin für Deutschland. Also bei mir ist jetzt Schluss mit jeder Sentimentalität.«[8] Das Gefühlsgemisch von Verletztheit, Wut und Ressentiment hatte sich noch nie so deutlich wie in diesen Zeilen ausgedrückt. Wassermann, den Benn überhaupt nicht schätzte,[9] wurde von ihm als international geschätzter Schriftsteller beschimpft: Mit der Verbreitung dieser Literatur sollte nun Schluß sein. Benn war besonders dadurch getroffen, daß er von der »Sammlung« in die Provinzialität verwiesen worden war, während Autoren wie Wassermann nun die deutsche Literatur außerhalb Deutschlands vertraten. Und von dieser Repräsentanz wurde Benn nicht nur ausgeschlossen und dem literarischen »Kitsch, Marke Braunes Haus«[10] zugeordnet, sondern auch moralisch diskreditiert.

Auf massive Angriffe seitens der Emigranten war Benn zu diesem Zeitpunkt bereits vorbereitet, denn im April hatte die »Neue Weltbühne« einen Artikel des österreichischen Literaturkritikers Erich Heller gegen ihn gedruckt. Benn wurde von Heller als jemand hingestellt, der Freunde und Gefährten verhöhnte, für die es aus der »entsetzlichen Alternative zwischen dem Konzentrationslager und der Gesinnungsprostitution nur den geographischen Ausweg« gab, von den Konzentrationslagern aber schwieg.

Für die heutigen Leser ist der Vorwurf, sich zu der Existenz von Konzentrationslagern nicht geäußert zu haben, der gravierendste. Von Konzentrationslagern, in denen kommunistische und sozialdemokratische Parteifunktionäre untergebracht werden sollten, lasen die Deutschen bereits im »Völkischen Beobachter« vom August 1932.[11] Drei Tage nach der Reichstagswahl, am 8. März 1933, kündigte Reichsminister Frick die Errichtung der Lager an. In ihnen würde den Kommunisten Gelegenheit gegeben, sich an »fruchtbringende Arbeit« zu gewöhnen. Wenn sie sich zu nützlichen Gliedern der Nation erziehen ließen, werde man sie willkommen heißen, »andernfalls aber unschädlich zu machen wissen«.[12] Am 20. März gab der kommissarische Polizeipräsident von München, Heinrich Himmler, die Errichtung eines Konzentrationslagers in einer ehemaligen Pulverfabrik der Kleinstadt Dachau bekannt. Zwei Tage vor der Eröffnung hielt er eine Pressekonferenz. Bei einem Fassungsvermögen von 5000 Personen werde man zunächst mit 200 Gefangenen anfangen. Das Lager sei dazu gedacht, Kommunisten und gegebenenfalls auch Reichsbannerleute und sozialdemokratische Funktionäre aufzunehmen. Es sollte als Abschreckung dienen. Und das tat es auch, denn ein erheblicher Teil der Verhafteten war von Nachbarn oder Arbeitskollegen denunziert worden. Nach der »Verordnung zur Abwehr heimtückischer Angriffe« vom 21. März kam es sogar zu einer derart großen Denunziationswelle, daß selbst die Polizei Kritik an dieser Praxis übte.[13] Seit dem Sommer 1933 gelang eine »beträchtliche Reduzierung der Schutzhaftfälle und der Schutzhaftverhängungen durch strengere Richtlinien des preußischen Gestapochefs Diels, der in dieser Zeit bei der Zurückdrängung des SA- und SS-Terrors eng mit Göring zusammenarbeitete«.[14] Der preußische Justizminister verkündete am 25. Juli 1933 aus Anlaß der »Beendigung der nationalsozialistischen Revolution« eine Amnestie für SS- und SA-Angehörige, die bei der Verfolgung von Gegnern Straftaten begangen hatten. Man wollte in Zukunft die in den eigenmächtig eingerichteten Lagern vorkommenden Mißhandlungen und Tötungen von Schutzhäftlingen bekämpfen und die Schuldigen unter Anklage stellen. In den Moorlagern Papenburg-Esterwegen lösten Berliner Polizeibeamte im Herbst 1933 sogar die

SS-Bewachungsmannschaften vorübergehend ab.[15] Die Bemühungen der Verwaltung und Justiz, gesetzliche Zustände wiederherzustellen, wurden allerdings endgültig zunichte gemacht, als Hitler am 30. Juni 1934 ohne jedes Gerichtsverfahren die Erschießung des SA-Chefs Ernst Röhm anordnete und gleichzeitig andere mißliebige Personen aus den eigenen Reihen ermorden ließ.[16]

Auch in Benns unmittelbarem literarischen Umfeld gab es Verhaftungen. So war beispielsweise Paul Zech mehrere Wochen in Haft, bevor er im August 1933 über Prag und Paris nach Buenos Aires floh. Andererseits verkehrte Benn weiter mit jüdischen Intellektuellen wie Flechtheim und Ullstein, ließ sich von Dr. Goldmann und Dr. Fleischmann behandeln und hatte engen Kontakt mit seinem Freund Erich Reiss. Allerdings hatte ihn Else Lasker-Schüler am 17. April angerufen, um sich von ihm zu verabschieden. Aber Benn war von der Notwendigkeit einer Emigration der Kleist-Preisträgerin nicht überzeugt, denn Else Lasker-Schüler erschien auf keiner der bisher bekannt gewordenen Listen unliebsamer Literaten. Als Tilly Wedekind die Dichterin im Januar 1934 in Zürich traf, gab Benn ihr den Rat, sich nicht von ihr beeinflussen zu lassen: »Sie ist sehr seltsam und sehr genial, aber menschlich ganz fragwürdig und romantisch. Dazu natürlich fanatisch antideutsch und lügt wie alle so hysterischen Menschen.«[17]

Auch das »Neue Tagebuch« äußerte sich in seiner ersten in Paris erschienenen Nummer im Juli 1933 zu Benn. Nach Papens Staatsstreich gegen Preußen hatte Leopold Schwarzschild Übergriffe gegen sein Blatt befürchtet und Redaktion und Verlag im Sommer 1932 nach München verlegt. Schwarzschild vertrat die These, ein Kabinett Hitler würde nur kurz und erfolglos regieren.[18] Ab 1. Juli 1933 kam das linksliberale Blatt dann in Paris heraus. Joseph Roth bezog sich in seinem Artikel direkt auf den Brief von Klaus Mann an Benn und monierte, daß die Zeitung Benn der Pflicht enthoben habe, »auf einen privaten Brief mit einem privaten Brief zu antworten«.[19] Roth gehörte zu den Mitarbeitern der »Sammlung«, stand mit Klaus Mann in enger Verbindung und kannte den Brief an Benn. Er machte Benn dadurch lächerlich, daß er die von Klaus Mann vorgegebene Topik aufnahm: Er kritisierte Benn als Opportunisten, der flugs den Stuhl Heinrich Manns eingenommen und nun als Propagandist des Dritten Reiches einen »offenen Brief« an Klaus Mann geschrieben habe. Roth schloß mit dem schwerwiegenden Hinweis darauf, daß für ihn als Jude sein Leben in Gefahr sei, und er allein deswegen die Flucht vorgezogen habe.

Roth nahm besonders Anstoß an Benns Bemerkung, Klaus Mann sei, wäre er in Deutschland geblieben, »nicht viel passiert«, und wandte sie auf sich selbst an: »Was heißt ›nicht viel‹, Herr Doktor?! Eine Kastrierung, zum Beispiel, eine Sterilisierung, zum Beispiel: ist das viel oder wenig für einen Schriftsteller jüdischer Abstammung?!«[20]

In gewisser Weise mußte Benn nach Erscheinen der ersten Nummer der »Sammlung« aber auch zufrieden feststellen, daß es zu einem Skandal kam, durch den seine »Antwort an die literarischen Emigranten« aufgewertet wurde. Klaus Mann hatte immer von einem unpolitischen, rein literarischen Blatt gesprochen und deswegen auch Autoren gewonnen, die sich in der »Übergangszeit« nicht exponieren und mit Angriffen gegen das »Dritte Reich« zurückhalten wollten. Heinrich Mann eröffnete jedoch das erste Heft mit einem Essay von unverhüllt polemischer Natur (»Sittliche Erziehung durch deutsche Erhebung«). Das erste Erscheinen der »Sammlung« fiel in den Herbst des Jahres 1933, in dem sich innerhalb der nationalsozialistischen Kunstpolitik der Auf- und Ausbau ihrer staatlichen Kontrollen vollzog. Am 10. Oktober brachte das »Börsenblatt für den Deutschen Buchhandel« eine Mitteilung der »Reichsstelle zur Förderung des deutschen Schrifttums«, in der die deutschen Buchhändler vor den Emigrantenzeitschriften gewarnt wurden, obwohl sie nicht verboten seien. Von deutschen Verlagen würden, so hieß es, sogar Neuerscheinungen von Mitarbeitern der »Sammlung« angekündigt und von den Buchhändlern deren Verbreitung erwartet: »Es müßte für den deutschen Buchhändler eine Selbstverständlichkeit sein, daß er keine Bücher verbreitet von Autoren, die im Ausland geistige Kriegshetze gegen Deutschland betreiben.«[21]

Daraufhin ließen Thomas Mann, Schickele und Döblin eine Stellungnahme im »Börsenblatt für den Deutschen Buchhandel« abdrucken, in der sie bekanntgaben, sie hätten von der politischen Natur der »Sammlung« nichts gewußt und kündigten hiermit ihre Mitarbeit. Thomas Mann gab die Erklärung ab: »Kann nur bestätigen, daß Charakter erster Nummer Sammlung ihrem ursprünglichen Programm nicht entspricht«, und Döblin beeilte sich, den Buchhandel wissen zu lassen: »Desavouiere jede schriftstellerische und politische Gemeinschaft mit Herausgeber der Zeitschrift Sammlung. Bitte das in geeigneter Form beschleunigt bekanntzugeben. Tendenz der Zeitschrift war mir unbekannt.«[22] Döblins Erklärung wurde von Musil als »würdelos« und von Roth als »infantil« angesehen, und Johannes R. Becher schrieb Anfang 1934 in seinen satirischen Reisebildern »Deutschland«:[23]

Thomas Mann und Alfred Döblin
Haben an Goebbels gerichtet
Ein Telegramm, sie warben um ihn
Herr Goebbels sei falsch unterrichtet.

Es sei ihr Name zu Unrecht genannt
In der Zeitschrift, »Die Sammlung« geheißen.
Sie haben sich damit selbst entmannt.
Ihr Verleger wird sie nun preisen.

Ernüchterung

Wie widersprüchlich Benn die politischen Ereignisse, aber auch seinen Alltag während des Jahres 1933 empfand, wird aus einem Kommentar an Käthe von Porada deutlich. Benn fragte sich im August, warum er sich überhaupt zu aktuellen Fragestellungen öffentlich äußere, denn er sei dafür gar nicht zuständig: »Will man das Dicke und Nebulose – je m'en fiche. Verwechselt man das Gliedernde, Formale mit Spielerei und Artistik – gut. m'en fou. Will man Handfestes, Schollengeruch – bien. m'en moque.«[1] Eine Lesung seiner Gedichte im Rundfunk, die für den Nachmittag des 19. September stattfinden sollte, wurde telefonisch abgesagt. Auf seine Rückfrage deutete man ihm an: »Wegen Defaitismus! Ich bin sehr froh darüber, es gehört wirklich nicht ins Aufbauprogramm.«[2]

Das Regime hatte sich zu diesem Zeitpunkt bereits decouvriert, und es wurde auch für Benn deutlich, wie schwierig es sein würde, auf die Dauer seine Integrität zu wahren. Die zitierte Briefstelle ist immer herangezogen worden, wenn es nachzuweisen galt, daß eine sogenannte »neue Naziöffentlichkeit« Benn fallenließ.[3] Allenfalls ließe sich sagen, daß er dem Kompetenzgerangel zum Opfer fiel. Als die »Literarische Gesellschaft« in Augsburg ihn zu einer Lesung seiner Gedichte bat, lehnte Benn ab. Aus der Einladung »wehte so viel Bildungsdrang und Aufbauwillen, daß mir schlecht wurde bei dem Gedanken, den Abend hinterher mit ihnen verbringen zu müssen«.[4] Die für November verabredete Lesung für den Leipziger Rundfunk fand statt. Da sie jedoch im Berliner Studio aufgenommen wurde, bestanden im Anschluß keine weiteren gesellschaftlichen Verpflichtungen.[5]

Wie sehr Klaus Manns Vorwurf an Benn, er wolle sich wegen materieller Vorteile dem Nationalsozialismus anbiedern, nur von dessen Wut diktiert war, zeigte Benns Antwort auf die Frage Frau von Poradas nach Wohnung und Auto. Seine primitive Praxiswohnung, für die er sich bei dem Besuch seiner Tochter schäme, sei gar nicht billig, er könne für dieselbe Miete woanders komfortabler wohnen. Aber sie entspräche ihm mehr als eine gepflegte und mondäne. Vielleicht hatte Frau von Porada die Möglichkeit insinuiert, jetzt, wo er sich für den »Neuen Staat« ausgesprochen hatte, Möglichkeiten der materiellen Verbesserung seines

Lebens anzustreben. Benns Darstellung seiner Situation war kurz und knapp: »Ich habe mir oft überlegt, fortzuziehen, aber ich scheue mich davor, als ob ich hier unwiederbringliche innere Dinge im Stich ließe. Alles andere ist Quatsch. Ich habe überhaupt keine Stellung bei der Partei oder bei irgendwem, ob ich sie haben *könnte*, ist eine andere Frage, aber ich bin *mehr als je* ganz auf die innere Wirklichkeit zurückgezogen, nur für sie führe ich diese äußerlich so schwierige Existenz. [...] In eine Kurfürstendammwohnung ziehen, Auto u. Modearzt – mein Gott, welche mediokre Perspektive! Was für ein Gehirn kann sich das vorstellen für mich! Das klingt nach Untermensch! Ich mag über alle diese Dinge nicht weiter schreiben. Sie rühren zu sehr an wirklich tiefe Dinge, menschliche, anthropologische, untröstliche Dinge über das Verhältnis von Rang u. Macht, Geist und Geschichte.«[6]

Für Benn sind alle Illusionen, die er sich über den »Neuen Staat« gemacht hatte, spätestens am 7. und 8. Juni 1933 verflogen. An diesen beiden Tagen fand im alten Akademiegebäude am Pariser Platz die konstituierende Sitzung der erneuerten Abteilung statt. Erstmals trafen die alten Mitglieder der Sektion mit den neuen, von Rust ernannten Mitgliedern offiziell zusammen. An der Sitzung nahmen zu ihrer Eröffnung eingangs die Spitzen der Verwaltung, nämlich Kultusminister Rust und Präsident Schillings, teil. Kaum hatten sie sich verabschiedet, gingen die Verteilungskämpfe los. Die Sitzung selbst beschreibt Loerke farbig: »Als die Herrschaften sich selbst überlassen waren, wurde es unangenehm. Die guten Alten triumphieren. Emil Strauß, Hermann Stehr. Sie fühlen sich jetzt würdig und wichtig. Man hat ihnen auch Senatsstellen gegeben. Im übrigen waren die Herren Nationalisten sehr unter sich. Schäfer, immer zu hysterischen Wutausbrüchen neigend, brüllend, schwarzer Alberich. Das tückische aufgeblasene breiige Nichts Kolbenheyer, stundenlang redend. Eitle Diktatoren, die sehr bald mit den neuen zusammenstießen. Hass auf die ›Berliner‹. Beleidigungen. Die alten Mitglieder wurden absolut ausgeschaltet, außer mir: Stucken, Molo, Scholz, Benn, Seidel, Halbe. Zu Vorsitzenden haben sie gemacht Johst, stellvertretend Blunck. Durch die hohlen, üblen Radaubrüder Schäfer und Kolbenheyer geriet die Sitzung auf ein unwahrscheinlich schäbiges Niveau. Nicht zu verachten ist auch die rücksichtslose Strammheit Will Vespers.«[7] Benn erschien zu der Fortsetzung der Sitzung am nächsten Tag gar nicht mehr und sprach sich mit Loerke aus: »Benn rief an, entsetzt von den negativen Ereignissen des Vortags, ›diesen Wahlen, diesen Menschen‹. Ich beruhigte ihn.«[8]

Den Rückzug bestätigt auch Karl Pagel. Als Lektor der »Deutschen Verlagsanstalt« (DVA) war er für Geschichte und Politik zuständig, auf seinem Tisch landete das Manuskript für den Band »Der neue Staat und die Intellektuellen«. Mit Benn ging er den Text durch, der Chef der DVA, Dr. Kilpper, hatte dabei allerdings um Vorsicht gebeten, denn der Autor gelte als »empfindlich«. Pagel stritt mit Benn mit dem Respekt des Jüngeren vor dem Älteren, »er ließ sich ein paar Sätze abringen, in denen von Mutation und Verwandlung zu reichlich die Rede war und der neue deutsche Mensch gar zu perfekt daherschritt. Im übrigen hatte ich den Eindruck, daß Benn die Positionen des Frühjahres bereits geräumt hatte und nur noch schwach Rückzugsgefechte führte«.[9]

Anfang Oktober 1933 las Benn im »Deutschen Almanach für das Jahr 1934« des Leipziger Verlages Philipp Reclam. Neben Aufsätzen von Hans Carossa und Franz Schauwecker fand er Beiträge von Ruth Schaumann und Hans Friedrich Blunck. Auch Börries Freiherr von Münchhausen, sein alter Gegner und neuer Kollege in der Akademie, verbreitete sich zum Thema »Die neue Dichtung«. Benn las gleich zu Beginn dieses Aufsatzes, der Expressionismus habe »schlechthin alles Deutsche niedergetreten durch kaltschnäuzige Ironie, durch eisige Ablehnung, häufig geradezu teuflische Geschicklichkeit der Zeitungsurteiler«. Obendrein sei bei diesen schriftstellernden »Deserteuren, Verbrechern, Zuchthäuslern« der Anteil der Juden »etwa hundert- bis zweihundertmal so stark wie ihr Anteil an der Bevölkerungszahl« gewesen. An der Spitze der alphabetisch geordneten Liste von expressionistischen jüdischen Dichtern stand der Name Gottfried Benn.[10] Die Namensnennung Benns war kein Zufall, sondern der Versuch Münchhausens, dem Ministerium einen Vorwand zu liefern, Benn aus der Akademie auszuschließen. Münchhausen ließ sein Pamphlet auch dem Kultusminister zugehen, um seine Warnung vor Gottfried Benn zu wiederholen. Denn bereits im Mai hatte er Benn denunziert und Rust geraten, sich dessen Rede auf Heinrich Mann und den Band der »Gesammelten Werke« vorlegen zu lassen: »Lesen Sie 10 Minuten darin. Ich habe das Gefühl, als ob Sie ihn nicht genügend kennen, sollte ich mich irren, so habe ich höflichst um Verzeihung zu bitten.«[11]

Benns Akademiezugehörigkeit hielt Münchhausen für einen schlimmen Mißgriff, denn er billigte dessen Gedichten keine poetische Qualität zu, sie bedeuteten für den Leser »einen Schlag ins Gesicht«: Mit Benn sah Münchhausen die ganze Würde der Dichtkunst in Frage gestellt.[12] Auch sei seine einzige literargeschichtliche Leistung eine begeisterte Hymne auf den »Kommunisten Heinrich Mann«. Münchhausen versuchte Benns Ausscheiden dadurch zu erreichen, daß er ihn als einen der jüdischen Dichter stempelte, deren zügellose Produktion für den Expressionismus charakteristisch und für die neue deutsche Akademie untragbar war. Sollte sich behördlich durch Ariernachweis herausstellen, daß Benn kein Jude war, so wurde er doch als Expressionist inkriminiert und konnte damit als »intellektueller oder weißer Jude« verleumdet werden.[13] Münchhausen stellte den Expressionismus als schlechthin unverträglich mit den kulturellen Zielsetzungen des »Neuen Staates« hin und rüttelte damit an Benns Legitimation, über die Belange der Akademie mitzuentscheiden.

Benn erkannte sofort die Gefahr, in der er nicht nur als Akademiemitglied schwebte, und reagierte am 15. Oktober mit einem Brief, in dem er Münchhausen mehrere Schritte androhte: Erstens Forderung zum Duell, zweitens eine einstweilige Verfügung gegen den Verlag, drittens eine Beleidigungsklage, viertens eine öffentliche Gegendarstellung, und schließlich »würde ich die Deutsche Akademie der Dichtung um Entscheidung darüber bitten, ob Sie oder ich in dieser Gemeinschaft verbleiben sollen. Beide scheint mir unmöglich«. Zudem wies Benn Münchhausen darauf hin, wie wenig glücklich für die Ehre und das Ansehen »dieser so hart umkämpften und eben erst im Aufleben begriffenen Körperschaft« gegenseitige öffentliche Beleidigungen von Mitgliedern untereinander seien. »Ich bin überzeugt, dass alle übrigen Mitglieder ausnahmslos, was dies betrifft, mit mir eines Sinnes sind.«[14]

Mit dieser Wendung setzte Benn alles auf eine Karte, denn er konnte ziemlich sicher sein, daß sich, käme es zu einem Tagesordnungspunkt und einer geheimen Abstimmung wegen dieser Auseinandersetzung, keine Mehrheit für ihn finden würde. Bei der Umbildung der Abteilung für Dichtung in der Sitzung vom 7. Juni 1933 war Hans Friedrich Blunck auf Vorschlag Johsts zum 2. Vorsitzenden gewählt worden. Benn hatte ihn zur Wahl beglückwünscht, wenn auch mit einer zweideutigen Formulierung: »Hoffentlich macht Ihnen das neue Amt Freude und bringt Ihnen und der Sache, die Sie vertreten, Erfolg« (8.6.33). Blunck begriff die Distanzierung, und antwortete: »Die Sache, die wir vertreten, ist unsere, nicht die meinige; wir müssen in der Akademie jetzt ein geschlossenes und einheitliches Gefühl wecken« (17.6.33). Davon war Benn zwar weit entfernt, aber Blunck suchte Benns Rat, man traf sich öfters, und Benn beglückwünschte Blunck zu seinem »neuen Aufstieg« als Präsident der Reichsschrifttumskammer mit der Floskel: »Meine Überzeugung ist, dass der richtige Mann an den richtigen Posten gekommen ist zum Nutzen der Sache. Also glänzende Lösung – Heil und Sieg« (22.11.1933). Den Angriff von Münchhausen teilte er Blunck nun mit, denn zum Ende des Jahres hatten sich zwei Fraktionen gebildet: Johst und Blunck auf der einen und Münchhausen mit Grimm und Kolbenheyer auf der anderen Seite.

Münchhausen antwortete noch am selben Tage verschwommen versöhnlich. Auf die Argumente Benns ging er nicht ein, sondern zog den Konflikt aus dem Grundsätzlichen ins Persönliche. Allerdings versprach er, bei einer weiteren Veröffentlichung des Aufsatzes Benns Namen zu löschen: In dem Sammelband von ausgewählten Aufsätzen »Die Garbe«, der noch 1933 erschien, fehlte der Name Benn.

Benn machte sich sofort an die Ausarbeitung einer öffentlichen Verteidigung, denn noch war die kunstpolitische Entscheidung darüber nicht gefallen, ob der Expressionismus im »Neuen Staat« offiziell anerkannt und zugelassen sein sollte. Goebbels propagierte in einer Rede im Berliner Kaiserhof vor deutschen Schriftstellern und Verlegern eine tolerante Haltung zu gegensätzlichen Kunstanschauungen. Die »Männer der nationalen Regierung« seien dabei, die Begrifflichkeit der Kunst »in das Staatswesen und das öffentliche Leben« zu übersetzen. Bei der »Aufrollung dieses oder jenes Problems und der taktischen Behandlung der Probleme könne man weitherzig sein«.[15] Rosenberg aber nahm dieses Angebot nicht an. Anfang Juli machte er den »erbitterten Meinungskampf« um Fragen der bildenden Kunst zum Gegenstand eines Artikels im »Völkischen Beobachter«, dessen Hauptschriftleiter er war. Er zeigte zwar Verständnis dafür, daß politisch gleichgesinnte Nationalsozialisten in Fragen der Kunst noch sehr verschieden dächten – »Um Männer wie Nolde und Barlach entbrennt eine temperamentvolle Auseinandersetzung. Für diese Künstler begeistern sich ›Revolutionäre‹, die meistens mit bildender Kunst sehr wenig Berührung besitzen.«[16] Die beiden Künstler stellten jedoch eine »Abirrung germanischer Kunst dar«, wobei Rosenberg den Ausgang des Machtkampfes zwischen ihm und Goebbels noch offenließ: »Der Ausgang dieses Ringens wird dann die Form- und Gehaltswelt unserer Zukunft bestimmen.«

Eine Woche später nahm der kommissarische Leiter der Berliner Nationalgalerie, Professor Alois Schardt, in seinem Vortrag »Was ist deutsche Kunst?«, den er im Hörsaal der Staatlichen Kunstbibliothek hielt, die Moderne vor den Angriffen Rosenbergs energisch in Schutz. Der »Völkische Beobachter« zeigte sich unzufrieden: »Die Ausführungen Schardts zielten darauf hin, die Kunst der Expressionisten und der Abstrakten der letzten Jahrzehnte als den reinsten Ausdruck nordischen Kunstwillens hinzustellen. Nolde, Marées, Barlach, der ›Gotiker‹ mit seinen Mongolentypen des Magdeburger Ehrenmals, das sind die ›nordischen Künstler‹ Schardts.«[17] Zwar war Hitler in seiner Rede auf der Kulturtagung des Reichsparteitags der NSDAP in Nürnberg am 1. September dem Kurs Rosenbergs gefolgt, und das Parteiblatt konnte triumphierend berichten: »Und wie die Sonne, die durch Wolken bricht, strahlt des Volkskanzlers befreiendes Wort: ›Die nationalsozialistische Bewegung und Staatsführung darf auch auf kulturellem Gebiet nicht dulden, daß solche Nichtkönner oder Gaukler plötzlich ihre Fahne wechseln‹. Er gibt allen kubistischen, expressionistischen und dadaistischen Scharlatanen zu wissen, daß sie im Kunstleben des neuen Deutschland endgültig ausgespielt haben.«[18]

Daß Leute wie Schardt trotzdem den Kampf um die Moderne noch nicht verloren gaben, mag an Gerüchten gelegen haben, Goebbels sei dem Expressionismus gegenüber freundlich gesinnt, denn er habe Originale von Emil Nolde in seine Wohnung hängen lassen. Auch halte Kultusminister Rust Nolde für den größten lebenden deutschen Maler und Hitler selbst suche die Versöhnung mit Ernst Barlach.[19]

Es ist daher falsch, die Verteidigung des Expressionismus durch Benn als einen Akt besonderen Mutes zu rühmen. An den persönlichen Rivalitäten zwischen Goebbels und Rosenberg entzündeten sich die Hoffnungen kunstinteressierter Bevölkerungskreise auf eine liberale und undogmatische Entscheidung der Partei. Die unentschlossene Kunstpolitik hielt im ersten Jahr des Dritten Reiches den Spielraum der öffentlichen Diskussion noch relativ offen, und die oppositionelle Strömung wähnte, die kunstpolitische Linie der Zukunft noch beeinflussen zu können. Führende Kreise des NSD-Studentenbundes, der in Berlin das Zentrum seiner Aktivitäten hatte, opponierten gegen die »Gartenlaubenkünstler und Literaturmaler« und wandten sich gegen die planmäßige Diffamierung von Nolde, Barlach, Heckel, Kirchner, Mueller und Schmidt-Rottluff. Am 29. Juni fand im Auditorium Maximum der Universität eine Kundgebung statt. Tagelang hatten rote Plakate an den Berliner Litfaßsäulen zu der Kundgebung des Nationalsozialistischen Deutschen Studentenbundes »Jugend kämpft für deutsche Kunst« aufgerufen. Die bürgerlich-liberale Presse reagierte vorsichtig optimistisch, es gab Solidaritätserklärungen. Otto Andreas Schreiber, der Wortführer der studentischen Kunstopposition, sprach als letzter Redner auf der Kundgebung: »Der Versuch der kunsthistorischen Dogmenbildung durch unschöpferische Menschen liegt wie ein Alpdruck auf allen jungen Künstlern unserer Bewegung.«[20] Die »Deutsche Allgemeine Zeitung« trug die Thesen Otto Andreas Schreibers vor, Professor Karl Hofer veröffentlichte in derselben Zeitung einen Diskussionsbeitrag.[21] Wolfgang Koeppen sprang Benn in drei Aufsätzen bei. Im Juliheft der Zeitschrift »Melos« plazierte er den Aufsatz »Die Jugend und die schönen Künste« und berichtete von der Kundgebung. Der Artikel drückte im letzten Satz die Hoffnung aus, »daß der politische Kampf der Jugend jetzt auch zu einem Kampf für die Freiheit der Kunst wird«.[22] Rosenberg verurteilte diese Aktivitäten als anmaßend und beschimpfte die Studenten im »Völkischen Beobachter«: »Sie versuchen, alle jene, welche von der vergangenen Ära hochgelobt und von allen Galerien des untergegangenen Systems gekauft wurden, als die eigentlichen Revolutionäre *unserer* Bewegung auszugeben!«[23]

Aber der NSD-Studentenbund ließ sich durch die Schelte nicht beirren. Am 22. Juli 1933 eröffnete er in der Galerie Ferdinand Moeller eine Ausstellung unter dem Titel »Dreißig deutsche Künstler«. Rohlfs, Pechstein, Macke, Schmidt-Rottluff, Nolde und Barlach vertraten den deutschen Expressionismus mit repräsentativen Werken. »Erfreulich lebendig vom Willen zu Niveau und zum Gegenwärtigen erfüllt«, registrierte die Kunstkritik das Ereignis.[24] Drei Tage später ließ Reichsinnenminister Frick die Ausstellung schließen. Als sie nach einer Woche wieder gezeigt werden durfte, zeichnete der NSD-Studentenbund, aus dem Otto Andreas Schreiber ausgeschlossen worden war, nicht mehr als Veranstalter.

In der Zeitschrift »Deutsche Zukunft« erschien am 5. November Benns Artikel unter dem Titel »Bekenntnis zum Expressionismus«. Die Redaktion nahm Benn in einer Vorbemerkung in Schutz: »Gottfried Benn, der Dichter der Morgue, dessen energische Auseinandersetzung mit den Emigranten noch in bester Erinnerung ist, sendet uns das nachstehende mutige Bekenntnis zum Expressionismus, das wesentlich zur Klärung der Unterhaltungen über das Problem beitragen wird.«[25]

Der erste Satz seiner Verteidigung wurde bisher ausschließlich als Kotau vor »den Machthabern« gedeutet. Dabei spielte Benn nur auf die öffentlichen und innerparteilichen Auseinandersetzungen an, vielleicht sogar mit einem ironischen Unterton: »Das Maß an Interesse, das die Führung des neuen Deutschlands den Fragen der Kunst entgegenbringt, ist außerordentlich. Ihre ersten Geister sind es, die sich darüber unterhalten, ob in der Malerei Barlach und Nolde als deutsche Meister gelten dürfen.«[26] Und nur aus Unkenntnis der Zeitumstände kann man behaupten, Benn habe sich vor den »Schergen« auf die Knie geworfen. Im Gegenteil. Er verwies auf eine Kundgebung im Berliner Sportpalast am 19. Oktober, die vom »Nationalsozialistischen Lehrerbund (Reichsfachabteilung der Kunsterzieher)« veranstaltet worden war und an der etwa fünfzehntausend Lehrer teilnahmen. Neben Reichsminister Frick und dem Bayerischen Kultusminister Hans Schemm sprach der Kustos der rheinischen Heimatmuseen, den Benn mit den Worten zitiert: »Er bezeichnete den malerischen Expressionismus als entartet, anarchistisch snobistisch und den musikalischen als kulturbolschewistisch und das Ganze als eine Verhöhnung des Volks. Es trifft sich, daß im gleichen Augenblick der literarische Expressionismus ebenfalls noch einmal öffentlich verurteilt wird: ein berühmter deutscher Dichter steht nicht an, sich dahin zu äußern, daß Deserteure, Zuchthäusler und Verbrecher das Milieu dieser Generation bildeten, daß sie mit enormen Spektakel ihre Ware hinaufgetrieben hätte wie betrügerische Börsianer eine faule Aktie, er nennt sie von einer völlig zuchtlosen Unanständigkeit und er führt Namen an und drunter auch meinen.« Benn stellt nun den Expressionismus als europäischen Stil von erklärt revolutionärem Charakter vor und weist der nationalsozialistischen Bewegung die Rolle zu, die Kunst »als fundamentale Tatsache des metaphysischen Seins«, ja der weißen Rasse zu würdigen.

Diese Argumentationsfigur wiederholte Benn, indem er zuerst an die Gefallenen des 1. Weltkrieges unter den Expressionisten erinnerte und darauf verwies, daß die expressionistische Bewegung in Italien den Faschismus in der Person Marinettis mit geschaffen hatte. Goethe, Hölderlin und Nietzsche wurden als Ahnherren berufen, Kleists Penthesilea als »versgewordene reine Orgie der Erregung« bestimmt. Autoren wie Sigmund Freud, James Joyce, Marcel Proust oder Hans Henny Jahnn wären bereits in einer Figur wie Hermann Conradi (1862-1890) vorweggenommen worden. Benn sah den Expressionismus in seiner »antiliberalen Funktion des Geistes« als Kampfansage gegen die »abgetakeltste Psychologie und die erbärmlichste bürgerliche Weltanschauung«, gegen die »reine Verwertungswelt der Wissenschaft« und die »analytische Konzernatmosphäre«. Natürlich könne man heute leicht sagen, das sei alles abnorm und zersetzend und volksfremd gewesen, aber damals habe es die »großartige nationale Bewegung« noch nicht gegeben, die heute die moralische Härte habe, »einen Grund zu legen, dem eine neue Kunst entsteigen könne«.[27] Es stimme zwar, daß sich »auffällig viel biologische Minusvarianten« unter den Expressionisten befunden hätten, auch moralisch defekte, ja, kriminelle Vorfälle habe es gegeben. Aber es sei falsch, sich heute bei den Defekten aufzuhalten und nicht zu sehen, daß es expressionistische Künstler gegeben habe, »die mit dieser expressiven Methode sich, ihren Geist, die aufgelöste, qualvolle, zerrüttete Existenz ihrer Jahrzehnte bis in jene Sphären der Form erhoben, in denen über versunkenen Metropolen und zerfallenen Imperien der Künstler, er allein, seine Epoche und sein Volk der menschlichen Unsterblichkeit weiht. Ich glaube es und ich bin sicher, dass die es glauben werden, die ich kommen sehe«.

Benn wich mit diesem Aufsatz keinen Schritt vor Münchhausen zurück. Er war mit sich zufrieden, denn »der Aufsatz erregt hier«, wie er Frau von Porada mitteilte, »das allergrößte Aufsehen«.[28]

Man wird dem Essay eine gewisse Aufmerksamkeit gewidmet haben. Denn nur zehn Tage nach Erscheinen fand am 15. November die feierlich aufgezogene Eröffnung der Reichskulturkammer (RKK) im Großen Saal der Berliner Philharmonie statt. Hitler war anwesend, Furtwängler dirigierte die Egmont-Ouvertüre, Friedrich Kayßler sprach Schillers Gedicht »Über das Erhabene«, Heinrich Schlusnus sang »An die Musik« von Schubert. Hitler schüttelte dem Sänger die Hand, Richard Strauß

»ließ die mächtigen Töne des ergreifenden ›Festlichen Präludiums‹ erklingen. Auch ihm dankte der Führer und dann trat Dr. Goebbels ans Pult und begann: ›Meine Damen und Herren! Die Revolution, die wir gemacht haben, ist eine totale‹.«[29] In gemäßigtem Ton wurde der Kunst der Weimarer Republik ihr Liberalismus vorgeworfen, der »sehr bald in der geistigen Anarchie ausmündete und die deutsche Kunst verlor sich im Gestrüpp des modernen Zivilisationstaumels und war bald nur noch Experiment, Spielerei oder Bluff«.[30] Im übrigen erklärte Goebbels feierlich, niemand in der RKK sei der Meinung, daß Gesinnung Kunst ersetzen könne. Er hatte zwar vom »bloßen Artistentum« gesprochen, den Expressionismus jedoch nicht erwähnt und ließ durchaus offen, ob er sich mit seiner Kulturpolitik der radikalen Ablehnung des Expressionismus durch Rosenbergs »Kampfbund für deutsche Kultur« offiziell anschließen würde. Damit schien der Angriff von Münchhausen ins Leere zu laufen. Persönlich sahen sich die Kontrahenten nicht, da Benn aufgegeben hatte, an den Sitzungen der »Deutschen Dichterakademie« teilzunehmen.

Münchhausen nutzte jedoch eine andere Gelegenheit, um Benns Ruf so zu beschädigen, daß ein Austritt aus der Akademie fast unausweichlich schien: Er behauptete in einem offiziellen Schreiben, Benn sei Jude. Mit dieser Begründung verweigerte Münchhausen den Eintritt in die »Union nationaler Schriftsteller« (UNS), die am 8. Januar 1934 als Nachfolge-Organisation des deutschen PEN-Clubs gegründet wurde. In ihr gingen das Vereinsvermögen und weitgehend auch die bisherigen Mitglieder der deutschen PEN-Gruppe auf.[31] Zum Präsidenten der Union wurde Hanns Johst gewählt, als Vizepräsident kam Gottfried Benn neu hinzu. Benn beschwerte sich jedoch bei Blunck über die Desorganisation bei der Gründung. Am 31. 12. teilt er ihm mit, er habe einen Aufruf mit Namen bekommen, darunter auch seinen, aber er wisse von nichts. Außerdem einen »Bogen des Inhalts, dass ich (neben Ihnen) mich bereit erklärt hätte, in den Vorstand einzutreten und ich weiß wieder von nichts. Ich bin gar nicht im Penclub, kenne die Leute gar nicht. – abgesehen von dieser Ungezogenheit mit den Namen bin ich der Meinung, dass diese Gründung im Augenblick keinen Sinn hat. Der Aufruf ist kläglich, die Namen darunter für diesen Zweck ganz unmöglich. Sie müssen kraft Ihrer grossen Machtstellung solche Sachen einfach verbieten. Es geht nicht, dass gänzlich … Leute mit unseren Namen solchen Unfug treiben.«[32]

Wir wissen nichts über den Fortgang der Querelen. Ursprünglich sollte ein nicht erhaltener erster Entwurf des Aufrufs von Rudolf G. Binding nur von Johann von Leers, dem Autor der Hetzschriften »Juden raus« und »Juden sehen dich an«, und von Johst unterzeichnet werden.[33] Es scheint, daß Benn das nicht für akzeptabel hielt.

Die Öffentlichkeit erfuhr durch einen im »Berliner Tageblatt« abgedruckten Aufruf »An die Schriftsteller aller Länder!«, den Johst und Benn unterzeichnet hatten, von der Existenz der UNS.[34] In dieser Erklärung, die auch im »Völkischen Beobachter« erschien, wurde zunächst vor der internationalen Gefahr des Kommunismus gewarnt und dann die nationale deutsche Literatur gegen die Emigrantenliteratur ausgespielt. Der Text endet pathetisch mit der rhetorischen Frage an die Schriftsteller aller Länder: »Wollen Sie mitarbeiten am Aufbau einer neuen menschlichen Gemeinsamkeit aller unserer, von der äußeren wie inneren Auflösung gleichermaßen bedrohten Vaterländer?«[35]

Alle Mitglieder des deutschen PEN-Clubs waren schriftlich durch ein Rundschreiben im Januar 1934 aufgefordert worden, der UNS beizutreten.[36] Münchhausen weigerte sich und begründete seine Weigerung mit der Behauptung, er könne keiner Organisation angehören, in der ein »reiner Jude« im Vorstand sitze. Dabei war es nicht das erste Mal, daß Münchhausen einen Konkurrenten als Juden denunzierte. 1896, als zweiundzwanzigjähriger Student, der gerade sein erstes Gedichtbändchen herausgebracht hatte, zeigte er Richard Dehmels Gedicht »Venus Consolatrix« bei der Staatsanwaltschaft als »unzüchtig und gotteslästerlich« an und wies auf das angebliche Judentum Dehmels hin.[37]

Benn reagierte prompt. Mit Brief vom 12. April 1934 verlangte er von Münchhausen die Erklärung, er wolle ihn fortan für einen »reinen Arier« halten. Eine solche Erklärung abzugeben, weigerte sich Münchhausen und beharrte auf dem Standpunkt, ein »starker jüdischer Bluteinschlag« sei bei Benn vorhanden, seine Werke seien typische »Meisterwerke jüdischer Kunst«.[38] Benn schickte seinen Antwortbrief auch an Blunck in dessen Eigenschaft als Senator der Akademie und bat um Unterstützung. Eine weitere Abschrift ging an Werner Beumelburg, den Schriftführer der Abteilung Dichtkunst, dem er eine Stellungnahme der Akademie nahelegte. Aber von seiten der Akademie verlief die Sache im Sande. Blunck betrachtete die Affäre als »geradezu tragisch«, Münchhausen habe sich »vergaloppiert« und die Akademie müsse »ein Mitglied, das so entscheidend für das Neue Reich eingetreten ist und sich für uns alle den furchtbarsten Hass der früheren Machthaber zugezogen hat, gegen die Bemerkungen Münchhausens in Schutz nehmen«.[39]

Die UNS wurde rasch zu einem »unbrauchbaren Papiertiger«,[40] von dem Benn keine weitere Notiz nahm. Aber Münchhausens Verleumdung war Anlaß zu wachsender Sorge um die ärztliche Praxis und damit seine bürgerliche Existenz. Denn schließlich war es erst ein Jahr her, daß die Praxisschilder der jüdischen Ärztekollegen von SA-Rabauken mit Zetteln überklebt worden waren, die den Aufdruck »Jude« trugen und die Patienten einschüchtern sollten. Jüdischen Ärzten wurde bereits am

22. April 1933 die Zulassung zu den Krankenkassen entzogen. Und sollte Benn seinen Ariernachweis auf sein Praxisschild kleben?[41] Käme er in den Ruf, ein jüdischer Arzt zu sein, wäre es um seine Tätigkeit vollends geschehen gewesen. Jede Unterbrechung der Praxis, die durch eine Denunziation hätte ausgelöst werden können, wäre finanziell fatal gewesen.[42] Benn machte Münchhausen deswegen darauf aufmerksam, daß der Begriff des Ariertums ein »bestimmt umschriebener staatspolitischer Begriff« geworden sei, der Rechte verleihe und Rechte entziehe.

Die »Erklärung«, die Münchhausen am 21. April 1934 mit unverhohlenem Widerwillen abgab, unterstellte Benn, daß nur er selbst von seinem Ariertum überzeugt sei. Im übrigen gelte er gemeinhin ja als Jude. Benn faßte die Gefahr in einem Satz an Oelze zusammen: »Unser aller bürgerliche Existenz fängt zu schwanken an, wenn unser Ariertum in Zweifel gezogen wird.«[43] Benn bat Oelze, für ihn in England, wo Oelze geschäftliche Beziehungen unterhielt, nach jüdischen Benns zu forschen. Er führte zu seiner Entschuldigung an, daß die Ableitung seines Namens aus dem hebräischen Ben nach Auskunft des Ordinarius für orientalische Sprachen an der Berliner Universität ganz ausgeschlossen sei. Benn hatte zu diesem Zeitpunkt bereits seine Papiere beim Rasseamt eingereicht und die Bestätigung erhalten, er sei Arier. Wenn er aber sowohl Oelze bemühte als auch der Herkunft eines rheinpfälzischen Weins »Dürkheimer Benn« nachging, der auf der Weinkarte des Hotels Kempinski stand, dann tragen diese Nachforschungen paranoide Züge. Es ist aber verständlich, daß die Besorgnis um seine ärztliche Praxis Benn schwer belastete, obwohl ihn der Ariernachweis zunächst bei allen Behördengängen und im Umgang mit der Ärztekammer sicherte.

In der Nummer der »Deutschen Zukunft«, die am Tage des sogenannten »Röhmputsches«, am 30. Juni 1934, erschien, stellte Benn unter dem provozierenden Titel »Ahnenschwierigkeiten« alles zusammen, was er über seine Herkunft hatte in Erfahrung bringen können. Auch zog er wissenschaftliche Literatur heran: Ernst Kretschmer wurde ebenso exzerpiert wie Friedrich Merkenschlagers Buch »Rassensonderung, Rassenmischung, Rassenwandlung«, das 1933 in Berlin bei Waldemar Hoffmann erschienen war. Benn hatte Merkenschlager angeschrieben, und seine positive Einschätzung des Buches wurde in einer Verlagsanzeige in der Sondernummer mit »Herbst- und Weihnachtsneuigkeiten« im »Börsenblatt für den Deutschen Buchhandel« vom 29. Oktober 1933 zitiert: »Sicher eines der interessantesten, bedeutendsten Bücher, die mir seit langem in die Hände gekommen sind. Ich finde es grundlegend, seine Gedanken werden mich von nun an begleiten.«[44]

Bei Merkenschlagers Werk handelt es sich jedoch um ein Buch, dessen Autor bereits ein Jahr später ins KZ gesperrt wurde, weil er sich mit der

Schrift »Götter, Helden und Günther. Eine Abwehr der Güntherschen Rassenkunde« gegen die parteiamtliche Rasseanschauung, die von Dr. Hans F.K. Günther vertreten wurde, gestellt hatte.[45] Der Hinweis auf Merkenschlager im Artikel »Ahnenschwierigkeiten« wurde für den Wiederabdruck des Essays im Sammelband »Kunst und Macht« vom Oktober 1934 jedoch nicht getilgt, die Merkenschlagersche Verfemung war dem Verlag bei dem allgemeinen Kompetenzwirrwarr offenbar noch nicht bekannt geworden. Auch die zweite Auflage von 1935 mit dem gleichen Hinweis wurde unverändert ausgeliefert.

Benn ironisiert gleich zu Anfang die Denunziationsmöglichkeiten, die sich unter der neuen Regierung anboten: »Wir sind in das Zeitalter der Genealogie eingetreten, aber auch in das der genealogischen Verdächte. Der Gegner dort, ist der nicht gemischt, ist der deutsch? Was für ein Sproß ist das?«[46] Er zitierte ohne Namensangabe den Vorwurf Münchhausens, seine Gedichte seien typisch jüdische Meisterwerke, und wies darauf hin, daß eine solche Meinung über ihn und seine rassische Herkunft offenbar verbreitet wäre. Er ließ die Ergebnisse seiner Forschungen in das evangelische Pfarrhaus Deutschlands einmünden, aus dem ein »enormer Teil der gesamten geistig produktiven, kulturschaffenden Macht des deutschen Volkes hervorgegangen« sei.[47]

Man muß es keineswegs »waghalsigen Bekennermut«[48] nennen, wenn Benn zu seiner Verteidigung die Vorwürfe nochmals ohne Umschweife nennt, um dann die Folgerungen zu ziehen. Schon die Gedichtsammlung »Morgue« habe ihm den Ruf eines damals typischen Kaffeehausliteraten eingebracht, was heute »der typische jüdische Mischling« genannt werde: Eine Formulierung, die den Rassebegriff des Nationalsozialismus schon allein dadurch entwertete, daß sie ihn auf eine Stufe mit einer vagen Redensart stellte.

Benns Aufsatz hatte für den Streit mit Münchhausen keine Bedeutung, denn die UNS reagierte auf Münchhausens Beschwerdebrief nicht, und die Abteilung Dichtkunst der Akademie hatte andere Sorgen: Sie kämpfte um ihr Ansehen und ihren Bestand und ließ die Auseinandersetzung auf sich beruhen.

Politischer Journalismus

Anfang Juni 1934 lieferte die Deutsche Verlagsanstalt den Sammelband »Der neue Staat und die Intellektuellen« aus: Sie hatte alle Rechte an den Bennschen Werken vom Kiepenheuer Verlag übernommen, der aufgelöst worden war. Dieser Band enthält die beiden Rundfunkreden und einige ältere Aufsätze, zu denen Benn jeweils eine kurze Vorbemerkung stellte, um die Aufnahme in die Sammlung zu begründen. Alle Aufsätze verbände ein gemeinsames Thema, nämlich »die seit langem sich vorbereitende Verwandlung des inneren deutschen Menschen, sein letztes Jahrhundert. Alles, was bis heute politisch und empirisch sichtbar wird und Form gewinnt, ist ja nur der Ausdruck dieser Verwandlung, sie selber ist jenseitig, kausallos, transzendent, eine innere Macht stößt in ihr vor«.[1] Vor den bürgerkriegsähnlichen Zuständen auf der Straße der letzten Jahre, dem Terror nach dem Reichstagsbrand, den Verhaftungen prominenter Kommunisten und Sozialdemokraten verschließt Benn nicht die Augen: Das Vordringen dieser Verwandlung gehe mit antiker Härte vor, »ohne Rücksicht auf Individuen, Generationen, Leistungen, die sie vernichtet. Was vernichtet werden soll, ist, um es noch einmal ganz banal auszudrücken, der Intellektualismus und die in ihm verwurzelte Zivilisation«.

Es kann kein Zweifel daran bestehen, daß Benn es mit dem Glauben an diese Verwandlung und die Entstehung des neuen Menschen ein halbes Jahr lang bitter ernst gemeint hat. Dabei führt Benns Entschiedenheit keineswegs zu einem freudigen Bekenntnis zur »nationalen Erhebung«, wie immer behauptet wird. Der Nationalsozialismus ist seiner Meinung nach diejenige Form der Verwandlung, die sich geschichtlich durchgesetzt hat, weswegen es müßig ist, über ihren Wert oder Unwert zu streiten. Benn formuliert ganz entschieden die Übergangssituation, in der sich Deutschland befindet, und damit auch die begriffliche Unsicherheit, über die geistigen und politischen Vorgänge eindeutig zu entscheiden. Er legt größten Wert darauf, jede ideologische Festlegung zu vermeiden und die politischen Ereignisse seit dem 30. Januar zugleich als eine geschichtliche Bewegung anzusehen, die erst dabei ist, eine eindeutige Form zu finden. Ihm geht es um die Erschütterung durch die Ereignisse, er begreift die Umwälzungen als die echte Krise einer Krankheit der Gesellschaft, an deren Ende möglicherweise die Heilung steht.

Der Essay »Züchtung« beschließt den Band und faßt die Gedanken nochmals zusammen, die in den vorhergehenden Aufsätzen dargestellt worden sind. Die »unabsehbare geschichtliche Verwandlung« formiert sich politisch unter dem zentralen Begriff des »totalen Staates«, der mit der Behauptung einer Identität von Macht und Geist, Individualität und Kollektivität, Freiheit und Notwendigkeit auftritt. Neben diesem Begriff steht der Begriff des Führers, in dem sich »das Synthetische der Verwandlung zeigt«: »Führer ist nicht der Inbegriff der Macht, ist überhaupt nicht als Terrorprinzip gedacht, sondern als höchstes geistiges Prinzip gesehen. Führer: das ist das Schöpferische, in ihm sammeln sich die Verantwortung, die Gefahr und die Entscheidung, auch das ganze Irrationale des ja erst durch ihn sichtbar werdenden geschichtlichen Willens, ferner die ungeheure Bedrohung, ohne die er nicht zu denken ist. Denn er kommt ja nicht als Muster, sondern als Ausnahme, er beruft sich selbst, man kann natürlich auch sagen, er wird berufen.«[2]

Benns Ansicht wird heute durch die Forschung bestätigt. Kershaw ist der Meinung, Hitler selber habe wenig getan, um die Festigung seiner Macht zu erreichen: »Die Diktatur Hitlers kam ebenso sehr durch andere zustande wie durch ihn selbst.«[3] Haffner faßt diese Erkenntnis in den Satz: »Hitler hatte die Fähigkeit, sich leistungsfähige Machtapparate zu schaffen und sie zu beherrschen.«[4] Solange Hindenburg lebte, gab es Loyalitätsverpflichtungen, nicht zuletzt für die Reichswehr. Als Hitler aber dann im Sommer 1934 in seiner Person das Amt des Regierungschefs mit dem des Staatsoberhauptes vereinigte, ließ er die förmliche Beschränkung seiner Machtausübung hinter sich. »Zu diesem Zeitpunkt hatte der um ihn errichtete Personenkult ein neues Maß an Vergötterung erreicht und für Millionen begeisterter Anhänger gesorgt, denn der von der Propaganda zum ›Volkskanzler‹ stilisierte Hitler wurde nun nicht mehr als Partei-, sondern als nationaler Führer gesehen, dem fast messianische Eigenschaften zugesprochen wurden.«[5]

Als besonderen Beweis für die Richtigkeit seiner Auffassung von der geschichtlichen Verwandlung berief Benn den Erfolg der Märzwahlen. Die letzte Wahl in der Weimarer Republik hatte zugleich die höchste Wahlbeteiligung zu verzeichnen. 88,8 % aller Wahlberechtigten gaben ihre Stimme ab. Aus diesem Engagement zog vor allem die NSDAP Vorteile. Sie erlangte 43,9 % aller abgegebenen Stimmen, was 288 Mandate für den Reichstag ergab. Durch eine Koalition mit der DNVP, die 8 % der abgegebenen Stimmen auf sich vereinigen konnte und 52 Mandate erhielt, war für die beiden Parteien das offiziell gesetzte Ziel, 51 % der Wählerstimmen zu erhalten, erreicht. Benn führt das »Elementare« der Bewegung auf dieses Ergebnis zurück: »Diesem Führer übergab sich nun in unserem Fall auch noch sukzessiv die Masse: in einem zehnjährigen, öffentlich geführten, vor aller Augen sich abspielenden Kampf haben sie gemeinsam das Reich erobert, keine Macht konnte sie hindern, keine Widerstände sie zurückhalten, es war überhaupt keine andere Macht mehr da –, auch hierin zeigt sich das Elementare, Unausweichliche, immer weiter um sich greifend Massive der geschichtlichen Verwandlung.«[6]

Aber was heißt »Verwandlung«? Benn sah die geschichtliche Verwandlung als eine »anthropologische Verwandlung«, die die Frage beantworten mußte: »Welchen Wesens ist der Mensch?« Er argumentierte gegen die kapitalistische Verwertungsidee und die Auffassung von Geschichte als eines zivilisatorischen Fortschritts, die er schon früher entschieden abgelehnt hatte. Der Mensch war nicht gut, er war im Gegenteil tragisch und hilfsbedürftig. Nach einem Vierteljahrhundert grundlegender Krisen entstand ein neuer Mensch in Europa, »halb aus Mutation und halb aus Züchtung: der deutsche Mensch«.[7]

Benn wußte, daß eine praktische Durchführung dieser Phantasie in den Sternen stand, denn es handelte sich um »Reiche, die sich nur der Anschauung ergeben und sich der Verwirklichung entziehen«. Auch trat er nicht für eine Wiederholung des biblischen Genozids ein, sondern forderte die Züchtung »großer Gehirne«, die Deutschland in den Endkämpfen der weißen Rasse hätten verteidigen können, »Gehirne mit Hörnern«, die die Vernichtung der weißen Rasse durch ein kollektives »asiatisches« Menschenbild und einen neuen Dschingis-Khan hätten aufhalten können.

Im Juli 1933 lud die »Deutsche Allgemeine Zeitung« Benn ein, sich über das Verhältnis von Volk und Dichter zu äußern. Auch Münchhausen, Scholz und Blunck trugen ihre Meinung vor. Benn wußte natürlich, was gefordert war, aber er konnte es nicht lassen, gegen den Stachel zu löcken. Denn so programmatisch das Thema schien, das eine banale Verbindung zwischen Dichter und lesender Bevölkerung herstellen sollte, so sehr sprach Benn dagegen. Er sah eine Annäherung zwischen Volk und Dichtung nur dann gegeben, wenn der Staat »öffentliche Einrichtungen, Akademien, Hochschulen, Seminare dazu hergibt, die Nation damit zu durchdringen [...]. Ein Staat, der das versuchte, wie es der neue deutsche Staat versucht, auch wenn es mißlänge, behielte dauernden Ruhm«.[8] Es konnte also in keinem Fall darum gehen, die Dichtung an den Massengeschmack anzupassen. Benn endete mit dem frechen Satz: »Nicht daher in der Propagierung und Plakatierung gewisser im Moment besonders brauchbarer und augenfälliger Erscheinungen von Dichter und Werk erblicke ich einen nationalen Sinn.« Sondern wenn von seiten des Staates die seelische Grundlegung einer dichterischen Volksgemeinschaft gelehrt würde, dann käme er damit der gestellten Aufgabe einer »seelischen Grundlegung einer dichterischen Volksgemeinschaft« nach.

Die Gelegenheiten zur Veröffentlichung, die sich Benn boten, ergriff er gern, denn Arbeiten für Rundfunk oder Presse bedeuteten bares Geld. Und an dem mangelte es. Da die Praxis so schlecht ging, nutzte Benn die Zeit, die er wegen des leeren Wartezimmers gewann, für journalistische Arbeiten. Und es ist durchaus möglich, daß er in dieser Zeit mit dem Gedanken gespielt hat, die ärztliche Praxis ganz aufzugeben und sich seine Existenz allein durch journalistische Arbeiten zu verdienen.

Im November 1933 war er mit einer Antwort auf eine Rundfrage des »Börsenblattes für den Deutschen Buchhandel« beschäftigt, das Meinungen über »die Aufgabe des Deutschen Buchhandels im nationalsozialistischen Staat« einholte. Benn bezog sich im ersten Satz auf die Meinung des Geschäftsführers der Reichskulturkammer, Hans Hinkel, man solle nicht mehr über das Schlechte der Vergangenheit sprechen, sondern an der Verbesserung der Zukunft mitarbeiten. Benn sprach sich für Übersetzungen ausländischer Autoren aus, die der »Verbreitung guter deutscher Volksliteratur nicht im Wege gestanden«[9] haben. Im übrigen könne man feststellen, daß in dem Europa außerhalb der »faschistisch-nationalsozialistischen Revolution« die literarische Produktion einen absterbenden Charakter trage. Benn nannte als Beispiele Galsworthy, D. H. Lawrence, James Joyce, dazu den »alten Gide«, Valéry, Jules Romains und Roger Martin du Gard: »Es sind alles dieselben Gesellschaftstypen, dieselben psychologischen Mixer, es ist dieselbe hochstehende Substanzlosigkeit, es ist Können, aber selbst in diesem Können bleiben sie Zwerge, gegen die Flaubert ein Troglodyt war.«[10] Positiv herausgestellt werden Hamsun, Josef Conrad und Ortega y Gasset. Selbstverständlich dürfe in Deutschland kein Buch erscheinen, das »den neuen Staat verächtlich« mache. Benn wiederholte mit dieser Bemerkung, was bereits in der »Verordnung zur Abwehr heimtückischer Angriffe gegen die Regierung der nationalen Erhebung« im März als Gesetz erlassen und unter Strafe gestellt worden war. Für die Kunst zieht er jedoch aus der Gesetzeslage einen raffinierten Schluß. Würde nämlich dieser Grundsatz von Verlegern und Buchhändlern streng durchgehalten, dann dürfe man »im Geistigen weitherzig« sein. »Umso mehr wird man den Künsten jenen inneren Spielraum lassen können, den sie ihrem Wesen nach ja unbedingt brauchen. Die Dichtung braucht eine gewisse Experimentierbreite«, denn sie ist ihrem Wesen nach »Entfaltung, Durchbruch, schicksalsvolles Spiel eben erst beginnender, ungelöster, fragmentarischer Kräfte«.[11] Benn beharrte also auf dem Standpunkt, den er schon 1929 gegenüber Kisch und Becher formuliert hatte.

Im übrigen zeigt gerade dieser Artikel, daß Benn sich über die politischen Ereignisse auf dem laufenden hielt und auch entsprechende Schriften zur Kenntnis nahm. Denn er zitierte aus dem neuesten Buch von Edgar J. Jung, »Sinndeutung der deutschen Revolution«. Jung hatte auf einen Satz Hermann Görings hingewiesen, daß es leichter sei, aus einem großen Künstler einen guten Nationalsozialisten als aus einem guten Nationalsozialisten einen großen Künstler zu machen, und daraus den Schluß gezogen: »Je weiter sich ein Lebensgebiet von der politischen Gesetzmäßigkeit entfernt, je mehr es seiner Eigengesetzlichkeit unterliegt, um so gefährlicher wird die Gleichschaltung.« Benn zitiert diesen Satz, stellt aber fest, daß er persönlich noch weiter gehen müsse: »Ich vertrete die Ansicht, daß der Kunst für die Zukunft sehr viel mehr vom Menschen, vom Volk, ja der ganzen neuen Rasse gehören wird als bisher; [...] Man sollte sie also weniger kontrollieren, als sich ihrer Intuition und Weltgestaltung überlassen.«[12] Das sind Gedanken, die in der herrschenden Begrifflichkeit ausgedrückt werden, ohne mit ihr übereinzustimmen.

Äußerungen dieser Art liegen auf der Linie der konservativen Zeitkritik[13] und sind im November 1933 ungefährlich. Jung hatte auch vor 1933 keinen Zweifel daran gelassen, daß die angestrebte Revolution unabhängig von allen wechselnden politischen Konstellationen nur mit den Nationalsozialisten möglich sei.[14] Wenn er bei den Säuberungen des 30. Juni 1934 ermordet wurde, dann nicht, weil er ein bedeutender Gegenspieler, sondern weil er als Autor der Marburger Papenrede mißliebig geworden war.

Rückblick

Im September kam Benns Tochter Nele einige Tage zu Besuch. Benn entschloß sich, sie in Dänemark zum Weihnachtsfest wiederzusehen, um aus Berlin herauszukommen und Abstand zu gewinnen: Am 9. Dezember trennte er sich von Käthe von Porada, wobei er den Wunsch, allein zu sein, der Freundin zuschob: »Liebe gnädige Frau, hier ist Ihre Holzspange. Sie sollen sie nicht so lange entbehren, leider vergaß ich sie gestern abend wieder. Ich wünsche Ihnen einen guten Sonntag u. werde erst am Montag oder Dienstag wieder anrufen. Ich habe den Eindruck, daß Sie wünschen einige Tage ohne meine Anfragen und meine Nähe zu sein«.[1] Oelze versuchte kurz vor Weihnachten unangemeldet, ihn persönlich kennenzulernen, aber Benn war nicht zu Hause.

Über die Feiertage fand Benn trotz »Essen und Schnaps und Besuch«[2] genügend Zeit, das Jahr an sich vorbeiziehen zu lassen. Wegen mangelnder Produktivität brauchte er sich nichts vorzuwerfen. Die Provokation Klaus Manns hatte er öffentlich abgewendet, dafür allerdings den Gegenschlag in der »Sammlung« einstecken müssen. »Der neue Staat und die Intellektuellen« war erschienen, viermal hatte er in kurzen Abständen seine Antworten auf den Fragenkomplex zur Vererbung, rassischen Herkunft und zum Deutschtum veröffentlicht. Es war ihm gelungen, den Angriff von Münchhausen zu parieren und dabei in der Debatte um die Entwicklung der Kunst im »Neuen Staat« seine Stimme in die Waagschale zu werfen.

Aber so positiv die produktive Bilanz auch aussah, so deutlich war auch, daß er keineswegs zuversichtlich in die Zukunft schauen konnte. Der Einsatz für den Erhalt der Sektion Dichtkunst in der Akademie hatte sich nicht gelohnt. Freunde wie Loerke verloren ihre Posten, die jüdischen Kollegen waren trotz der Unterzeichnung der Loyalitätserklärung ausgeschlossen worden. Benn hatte seine Teilnahme an den Sitzungen aufgegeben und damit sowohl auf die Verantwortung für den weiteren Gang der Dinge als auch auf die wichtigste Verbindung zu den politischen Geschehnissen verzichtet. Mit Hans Friedrich Blunck, der am 15. November zum Präsidenten der Reichsschrifttumskammer bestimmt worden war, ohne der NSDAP anzugehören,[3] hatte er Kontakt gehalten und Blunck hatte ihm im November versichert, »kräftig für Barlach Stellung genommen« zu haben: »Ich versuche nun, wie Sie es ja auch tun, vor Einseitigkeit zu warnen und wiederhole Ihr Wort, dass Hölderlin in manchen Dingen Expressionist war, in anderen der formvollendete Klassiker. Kunst lässt sich nicht immer in Schachteln zwängen und die Grössten waren immer vielfältiger Art.«[4] Positiv war zu werten, daß er trotz der Verdächtigungen, er sei Jude, seine Kassenzulassung nicht verloren hatte. Man kann Benns Kampf gegen diese Denunziation heute belächeln, für den Arzt bedeutete die Einstufung als »Arier« damals eine existentielle Notwendigkeit. Und wie trübe es ohne diese Zulassung um seine Finanzen ausgesehen hätte, ist gar nicht auszudenken: Benn lebte am Rande des Existenzminimums, und er sah, außer der schriftstellerischen Mitarbeit bei Presse und Rundfunk, keine Möglichkeit der Verbesserung.

Die Ämter der Rundfunkintendanten waren inzwischen mit Parteimitgliedern besetzt worden, Entlassungen bis zur untersten Ebene der Rundfunkangestellten standen auf der Tagesordnung, Fragebogenaktionen und Denunziationen bestimmten die Verkehrsformen in den Funkhäusern. In Eugen Hadamowsky hatte Goebbels, der den Rundfunk als eine »politische Machteinheit« ausbauen wollte, auch den geeigneten Statthalter seiner Politik gefunden. Er sollte dafür sorgen, »daß der Rundfunk von der höchsten Spitze bis zum letzten Mann im Senderaum nun ganz eindeutig nationalsozialistisch eingestellt zu sein hat«.[5] In engster Zusammenarbeit mit dem Reichspropagandaminister vertrat Hadamowsky als Reichssendeleiter und Direktor der Reichs-Rundfunk-Gesellschaft die Schlüsselposition für die Genehmigung und Kontrolle der Programme. »Das Leben der Nation ist die Politik«, so führte er im April 1933 aus, »und der Rundfunk, wenn er diesem Leben dienen soll, kann und muß, ja darf nur politisch sein.«[6] Hauptsächlich Musik und politische Sendungen sollten in Zukunft ausgestrahlt werden, da »die Gestaltung reiner Wortkunst durch ihre Eigenart auf einen engeren

Hörerkreis beschränkt bleibt. Es ist der Wunsch unseres Reichspropagandaministers Dr. Goebbels, daß im Rundfunk nicht das wortgestaltende Moment überwiegt, sondern daß das Allgemeininteresse der Rundfunkhörer durch eine große künstlerische und politische Gestaltung ständig wachgehalten wird.«[7]

Da Benn kein Parteimitglied war und auch den Aufstieg der NSDAP in der Weimarer Republik nicht unterstützt hatte, konnte er kaum auf Förderung durch diejenigen Funktionäre hoffen, die jetzt als bewährte Parteimitglieder ihren kulturellen Führungsanspruch geltend machten. Hans Flesch war auf Anordnung der Staatsanwaltschaft Berlin mit Dr. Magnus, dem ehemaligen Direktor der Reichsrundfunkgesellschaft, und dem Rundfunkreporter Alfred Braun wegen »handelsrechtlicher Untreue« zuerst in das Konzentrationslager Oranienburg und dann in das Untersuchungsgefängnis Berlin-Moabit gebracht worden. Am 10. August zeigte der »Völkische Beobachter« ein Photo, auf dem neben Flesch, Magnus und Braun auch der Sohn Friedrich Eberts in einer Reihe angetreten ist und von einem Trupp Uniformierter SA-Leute bewacht wird.[8]

Am 19. September fand die offizielle Amtseinführung des bisher kommissarisch eingesetzten »Berliner Funkstunden«-Intendanten Friedrich Arenhövel statt, der als Schriftsteller gleichzeitig Leiter der Fachgruppe Literatur im »Kampfbund für deutsche Kultur« war: Mit weiteren Aufträgen für den Rundfunk konnte Benn kaum noch rechnen. An diesem Tag schrieb er Käthe von Porada: »Heute nachmittag im Radio. Erst einer über mich, dann ich selber.« Aber er mußte den Brief mit den Sätzen schließen: »Eben kommt der telefonische Anruf vom Rundfunk, daß die Lesung meiner Gedichte unterbleiben muß – Ursache: peinliches Schweigen. Wahre Ursache, von mir erwartet: wegen Defaitismus! Ich bin sehr froh darüber, es gehört wirklich nicht ins Aufbauprogramm.«[9] Damit hatte er recht. Denn Hadamowsky hatte »die neuen Männer des Rundfunks als die S.A.-Männer des Geistes« bezeichnet.[10] Und dazu gehörte Benn nun wahrhaftig nicht. Dennoch versuchte er, eine weitere Beteiligung dadurch zu sichern, daß er sich auf die Eugenik spezialisierte, ein in Anbetracht der im Juli erlassenen Sterilisierungsgesetze durchaus aktuelles Thema. Und tatsächlich durfte er seine Essays über »Zucht und Zukunft« oder »Erbmasse und Führertum« vor dem Mikrophon vortragen. In diesen Reden zum »genealogisch geschlossenen Erbmilieu des evangelischen Pfarrhauses«[11] blieb Benn dem nationalsozialistischen »Aufbauprogramm« durchaus verbunden: »Das Entscheidende bei allen Züchtungsperspektiven ist der moralische Züchtungswille eines Volkes, sein Glaube an einen Vervollkommnungstrieb, der keine muckerische Utopie, sondern ein realer, geschichtlich nachweisbarer Grundtrieb des menschlichen Seins ist.« Dieses Rundfunk-Plädoyer zur »Züchtungsmoral« hielt Benn im Oktober 1933. Der Vortrag wurde abgeschlossen durch eine Laiendiskussion zwischen einem Gärtner, einer Mutter und einem Lehrer über die Frage: »Hat Benn recht?«[12] Leider kennen wir die Antworten nicht.

Weihnachten 1933 lud die Zeitschrift »Die neue Linie« Benn ein, mit Hans Friedrich Blunck, Paul Fechter, Hanns Johst, Ruth Schaumann und Ina Seidel die »Geistige Ernte 1933« einzufahren: »Welches Buch hinterließ den stärksten Eindruck?« Benn empfahl Willy Andreas, »Deutschland vor der Reformation«, Friedrich Schinkel, »Preußischer Sozialismus«, Joseph Conrad, »Mit den Augen des Westens«. Und er rühmte von Eugen Hadamowsky, »Propaganda und nationale Macht«: »Die Frage des Buches lautet: Siegt die geschichtliche Idee durch ihre moralische Qualität oder durch die in ihrem Namen aus ihrem Feuer heraus betriebene Werbung und Propaganda. Die Antwort: es muß beides zusammentreffen, die fundamentale neue Idee und der Glaube an sie aus der Unverbrüchlichkeit des Blutes. Die Art, wie dieses ganz neue Thema dargestellt wird, ist geistig sehr bedeutend.«[13] Die gequälte Verbeugung vor dem Reichssendeleiter blieb jedoch vergeblich. Denn Hadamowsky hatte in einer Rede an die Rundfunkangestellten im November die Einstufung »systemtätiger Mitarbeiter« als Sicherheitsrisiko für die militante Geschlossenheit des nationalsozialistischen Rundfunks bekräftigt: »Wenn wir glauben, daß in diesem oder jenem Arbeitskreise sich noch einer befindet, der sich nicht so restlos zur nationalsozialistischen Revolution bekennt, wie wir das fordern müssen, nun dann werden wir versuchen, ihn dazu zu erziehen. Und wenn uns das nicht gelingt, dann werden wir natürlich die Konsequenzen ziehen müssen. Und wenn hier die Reaktion versucht, sich mit Monokel und Bügelfalte in die Funkhäuser einzuschleichen, seien Sie überzeugt, meine Parteigenossen und Parteigenossinnen, wir werden auch hier die Reaktion, wo sie sich zeigt, mit Stumpf und Stiel ausrotten (Beifall).«[14]

Mit dem Monokel und der Bügelfalte waren die Alten der sogenannten Systemzeit gemeint, und Benn gehörte dazu. Im Februar 1934 mußte er zum zweiten Mal eine Programmänderung hinnehmen. Im Mai 1934 sprach er zum letzten Mal im Rundfunk, zum Thema »Mythos einst und jetzt«, dann aber schloß sich die Tür zum Studio in der Masurenallee endgültig. Sein Rückzug begann, und an Ina Seidel schreibt er im April: »Es berührt mich sehr, daß wir beide eine Gesinnung verkünden: Hände weg von der Kunst. Es ist mir eine Führung und Bestätigung, daß ich mich darin nicht irrte, wenn ich es aussprach.«[15]

Benns Rückzug

Nachdem Benn sich als Mitglied der Akademie öffentlich geäußert hatte und seine Zeitungsessays und Rundfunkbeiträge als Zustimmungen zu einer offiziellen Parteilinie verstanden worden waren, mußte er sich auch im neuen Jahr den Angriffen stellen, die in ausländischen Zeitungen zu lesen waren. Die Basler »National-Zeitung« eröffnete am 21. Januar 1934 den Reigen, indem sie gegen seine Äußerungen zur ausländischen Literatur Stellung nahm. Benn war sich durchaus bewußt, daß es damit nicht sein Bewenden haben würde: »Aber es hilft ja nichts, der Kampf ist nun mal entbrannt u. man darf nicht sentimental werden. Ein Mann muss doch wohl eher tapfer u. angreifend sein als weichlich u. faul. Ist es nicht doch noch besser man stößt vor, als daß man nur pennt u. ehrbar ist«, las Tilly Wedekind einen Tag später im Brief aus Berlin.[1] In dieser Haltung des Weitermachens bestärkten ihn auch persönliche Angriffe, die ihn nach seinem Artikel »Über die Aufgaben des deutschen Buchhandels im nationalsozialistischen Staat« im »Börsenblatt für den Deutschen Buchhandel« vom 6. Januar 1934 erreichten: »›Sie Schweinehund‹ ›Judenjunge‹, ›Filzlaus‹ u.s.w. und zwar natürlich von Juden und Linksleuten, natürlich anonym. Wo ich doch 500% arisch bin, aber wenn man die geliebten Franzosen angreift, kennt ihr Haß keine Grenzen.«[2] Benns Trotz und Gereiztheit nehmen zu. Dabei war seine Stellung im Literaturbetrieb keineswegs vollständig unsicher geworden. Die Rezensionen zu »Der neue Staat und die Intellektuellen« betonten den »folgerichtigen Weg zum Dritten Reich«,[3] und der Band trug eine rote Bauchbinde mit der Inschrift: »Gottfried Benn legt hier ein Bekenntnis ab zum neuen Staat und begründet seinen ›Schritt in das andere Lager‹ – das für ihn kein ›anderes‹ Lager war, sondern das ihm seit je gemäße. Denn in Wahrheit wurzelte er immer in dem gleichen Boden, in dem das erneuerte Deutschland in seinen letzten Tiefen wurzelt.«

In dieser für ihn so heiklen Zeit hatte er des öfteren mit Hanns Johst zu tun. Johst konnte als Dramatiker, dessen Stücke das Lebensgefühl der expressionistischen Generation spiegelten, auf eine sehr erfolgreiche Laufbahn zurückblicken. Auch von anders denkenden Schriftstellern wie Friedrich Wolf und Bert Brecht bekam er in den zwanziger Jahren Anerkennung, Thomas Mann schrieb ihm 1920: »Ich liebe Sie sehr, Herr Hanns Johst und freue mich Ihres Daseins. Sie stellen Jugend dar, Kühnheit, Radikalismus, stärkste Gegenwart – ohne irgend etwas mit jener gallo-jüdisch-internationalistischen ›Geistigkeit‹ zu schaffen zu haben, von der das deutsche Geistesleben sich eine Weile tyrannisieren lassen zu müssen glaubte.«[4] Zu Hitlers Geburtstag am 20. April 1933 spielte das Staatstheater am Gendarmenmarkt sein Stück »Schlageter«, das ganz als Ausdruck der »nationalen Erhebung« gefeiert und in vielen deutschen Städten aufgeführt wurde.

Johst (1890-1978) war vier Jahre jünger als Benn. Er studierte Medizin, brach das Studium ab und wechselte zur Kunstwissenschaft und Philosophie. Von 1914 bis 1935 schrieb er fast jedes Jahr ein Drama, einen Roman, Erzählungen und Essays. Zusammen mit Persönlichkeiten wie dem nationalsozialistischen Verleger Julius F. Lehmann, mit Winifred Wagner oder Eva Chamberlain, der Witwe des Rassentheoretikers Houston S. Chamberlain, förderte er seit 1928 den »Kampfbund für deutsche Kultur«, der von dem Chefideologen der NSDAP, Alfred Rosenberg, geleitet wurde.

1932 trat er in die Partei ein (Mitgliedsnummer 1.352.376) und machte sich als deren Kulturprogrammatiker einen Namen. Unter dem Titel »Kunst im Nationalsozialismus« entwarf er eine Skizze einer nationalsozialistischen Ästhetik: »Der nationalsozialistische Staat und Kultur sind identisch.« Die Kunst habe nicht mit intellektuellen Berechnungen und rationalen Konstruktionen zu verfahren, sondern sich mit der »Metaphysik der Zuversicht« jenseits empirischen Wissens der »Verherrlichung«, der »Unsterblichkeit« und der »Tat zu verpflichten«.[5] Im Parteiführer Adolf Hitler fand er die heroische Persönlichkeit, nach der er sich seit langem sehnte. Als politischer Dichter, der sich aktiv für die nationalsozialistische Partei eingesetzt hatte, wurde er nach der Machtergreifung mit einflußreichen Positionen bedacht. Im Januar 1934 erhielt er den Ehrentitel eines Preußischen Staatsrats samt monatlichem Salär von fünfhundert Mark.[6] Im März 1933 rückte er zum Senator der Akademie der Künste und im Juni zum Vorsitzenden der Abteilung Dichtkunst auf. Goebbels ernannte ihn im November zum Mitglied des Präsidialrats der Reichsschrifttumskammer, im Oktober 1935 dann zu deren Präsidenten. Seinem Aufnahmeantrag in die Allgemeine SS folgte die Verleihung des Rangs eines SS-Oberführers.

Mit Heinrich Himmler verband Johst eine enge Freundschaft, und an Lob für die SS ließ er es in den kommenden Jahren nicht fehlen: »Dieser Orden dient, und dieser Dienst gewährleistet die Unsterblichkeit Adolf Hitlers und seines Willens.«[7]

Mit Johst trifft Benn Anfang 1934 öfters zusammen, es geht um die »Union nationaler Schriftsteller«. Benn ist von diesen Zusammenkünften nicht erbaut: »3 Stunden Konferenz bei H.J. Nicht gerade sehr erfreulich«, bekommt Tilly zu hören.[8] Aber beide Männer waren sich offenbar sympathisch und kamen über die gemeinsame Arbeit in der UNS auch in näheren persönlichen Kontakt. Johst gab sich in den ersten beiden Jahren des Regimes offen und unbekümmert, was ihm nicht wenig Sympathie eintrug. Im Januar 1934 setzte er sich noch für Kurt

Pinthus, den Herausgeber der »Menschheitsdämmerung«, ein.[9] Zu Hitler schien er direkten Zugang zu haben, denn den Senatoren der Akademie teilte er beruhigend mit, Hitler habe ihm zugesichert, in einer ruhigen Stunde die Dinge der Zukunft mit ihnen zu besprechen. Er konferierte öfters mit Goebbels und hielt nicht damit hinter dem Berg, daß ihm die Türen zur NS-Führungsspitze offenstanden.[10]

Einen unversöhnlichen Gegner hatte er allerdings in Erwin Guido Kolbenheyer, der nicht müde wurde, Stimmung gegen ihn zu machen. So äußerte er häufig, daß Johst dem jüdischen Schauspieler Fritz Kortner die Füße leckte und daß Johsts Schauspiel »Der König« ein kommunistisches Stück sei. Aber Johsts Stellung innerhalb der nationalsozialistischen Kultusbürokratie war nicht so leicht zu erschüttern, wenn Kolbenheyer auch versuchte, zusammen mit Wilhelm Schäfer, Hanns Grimm und Münchhausen ihn beim Kultusministerium wegen Versäumnissen in seiner Amtsführung zu denunzieren und über Umwege Rudolf Heß in München darauf aufmerksam zu machen, um damit Hitlers Ohr zu erreichen.

Im Februar 1934 begab sich Johst unerwartet auf eine längere Dienstreise, die ihn in die Schweiz und nach Frankreich, nach Norwegen, Dänemark, Schweden und Finnland führte. Seine Erlebnisse legte er in dem Buch »Maske und Gesicht. Reise eines Nationalsozialisten von Deutschland nach Deutschland« nieder und widmete es Heinrich Himmler »in treuer Freundschaft«. Das Begleitschreiben begann mit der Anrede: »Mein Reichsführer, lieber Heini Himmler!« und zum Schluß des Briefes bekannte er: »Ich bin über nichts so froh als über meine Zugehörigkeit zur SS, zu Ihrer Führung und zu der Gesinnung, die uns alle gemeinsam zu Werkzeugen in der Hand unseres Adolf Hitler gemacht hat.«[11]

Johst hatte die Reise jedoch nicht freiwillig angetreten, sondern sich aufgrund des Befehls von Göring und Rust auf den Weg machen müssen. Johst bekleidete seit März 1933 die Stellung des Chefdramaturgen am Staatlichen Schauspielhaus am Gendarmenmarkt und ließ eigene Stücke spielen sowie Schauspiele von Verfassern, die der Gedankenwelt des Nationalsozialismus nahestanden. Göring wünschte jedoch ein Theater von Weltgeltung. Deswegen mußte ein neuer Intendant her, und damit stand auch das Amt des Ersten Dramaturgen zur Disposition. Durch die Schauspielerin Emmy Sonnemann, Görings spätere Ehefrau, kam Gustaf Gründgens ins Gespräch und übernahm am 26. Februar 1934 die kommissarische Leitung des Theaters, bevor er am 1. Oktober das Amt offiziell antrat. Gründgens hatte die Ablösung Johsts als Bedingung für seine Arbeit gestellt. Sie war von Göring leicht zu erfüllen, da er der Meinung war, »Johst wolle ja sowieso nur seine eigenen Stücke spielen«.[12] Mit Johsts Abwesenheit kam man ohne alle

Schwierigkeiten über die drohenden Fährnisse beim Intendantenwechsel am Staatstheater hinweg. Allerdings mußte Benn als Vertreter Johsts in der UNS bei öffentlichen Veranstaltungen in die Bresche springen. Übrigens nahm Benn keine Rücksicht darauf, daß sich seit seiner Verteidigung des Expressionismus im vorausgegangenen Jahr die offizielle Linie der Kulturbürokratie geändert hatte.

Für den von der Deutschen Verlagsanstalt geplanten Essayband »Kunst und Macht« erwartete er am 22. August 1934 vergeblich die Korrekturen und glaubte an eine politische Vorsicht des Verlags. Ina Seidel gegenüber äußerte er seine Befürchtungen: »In meinem [Buch] stehn Sätze, die sehr bedenklich sind. Wenn man mich aus der A.[kademie] entfernte – ich wäre so froh. Das Buch wird mir viele neue Feinde machen, ich sehe es voraus, aber die Jahre oder Monate, die man noch lebt, es lohnt sich wirklich nicht zu verkleistern u. zu verschmieren. Der Geist und die Kunst kommt nicht aus sieghaften, sondern aus zerstörten Naturen.«[13]

Benn meinte seinen einleitenden Aufsatz »Lebensweg eines Intellektualisten«, der schon im Titel widerspenstig war, weil der Terminus »Intellektualismus« durch die Begriffs-Schelte der Nationalsozialisten negativ verstanden werden mußte: Er sollte durch den Begriff »Instinkt« ersetzt werden. Johst etwa bezeichnete den Intellektualismus als eine Folge von »äußerlicher Überredungskunst und jüdischer Rabulistik«[14]: »Der Erzfeind der nationalen Weltanschauung ist der Intellektualismus. Er ist der härteste und am schwersten zu fassende Gegner – darüber darf sich niemand täuschen«, schrieb ein Studienrat in der Zeitschrift »Nationalsozialistische Erziehung« 1933.[15] Benn war das egal, wenn er schrieb: »Ich muß nun im folgenden eine längere Stelle aus den Rönne-Novellen anführen, obschon sie in der heutigen Stunde etwas Kompromittierendes und Bizarres bedeuten, ich muß es tun aus Wahrhaftigkeit.«[16] Benn referierte in langen Zitaten aus seinen expressionistischen Novellen »Die Reise«, »Der Geburtstag« und »Der Vermessungsdirigent«, der in der »Aktionsbücherei der Aeternisten« 1919 erschienen war, herausgegeben von Franz Pfemfert, der inzwischen in die Tschechoslowakei emigriert war. »Meine Generation war lyrisch, über ganz Europa hing dieser Code expressiver Typen, was von ihnen bleiben wird, steht dahin. Wahrscheinlich wird das lyrische Ich immer in zwei Formen erlebt, einer zersprengenden und einer sammelnden, einer brutalen und einer stillen, die Rauschmethode kennen beide, man sinkt ins Bodenlose, ins Blutlose, und dann kommen die Andränge mit der Erprobung der Vision.«[17]

Das war natürlich nicht der Ton, der von einer völkischen Ästhetik erwartet wurde. Benn betonte, daß vor der Kunst das Logische versagte und bionegative Typen die großen Künstler Europas ausmachten: »Unter den 150 Genies des Abendlandes finden wir allein 50 Homoeroten und Triebvarianten.«[18] Der größte Teil der Kunst in den vergangenen fünfhundert Jahren sei »Steigerungskunst von Psychopathen, Alkoholikern, Abnormen, Vagabunden, Armenhäuslern, Neurotikern, Degenerierten, Henkelohren, Hustern –: das war ihr Leben und in der Westminsterabtei und im Pantheon stehen ihre Büsten und über beidem stehen ihre Werke: makellos, ewig, Blüte und Schimmer der Welt.«[19]

Benn sprach über sich. Dieser Teil des Manuskripts entstand ab Mitte Mai 1934 und macht seinen Konfrontationskurs deutlich. Er drückte ganz ungeniert die Enttäuschung über die Kunstpolitik des neuen Staates aus. Und wenn man darauf hinweisen wollte, daß Benn 1934 einen gewissen Mut bewiesen hat, hier wäre es angebracht. Denn ein Verbot des Manuskriptes hätte bei mangelndem Wohlwollen oder größerer Aufmerksamkeit der Zensurbürokratien leicht erreicht werden können.

Benns Einsicht in seinen politischen Irrtum wird in der Sekundärliteratur immer mit dem »Röhmputsch« in Verbindung gebracht. Aber dieses Ereignis ist nicht das auslösende Moment, sondern es steht am Ende der Kette von Erfahrungen mit der Kunstpolitik, die in Benn die Erkenntnis reifen ließen, daß seine Ansprüche an den »Neuen Staat« auf einer Wahnidee über diesen Staat beruhten. Benn mußte erkennen, daß der Ausweg aus der politischen Krise, den der »Neue Staat« zu bieten schien, auf die vollkommene Zerstörung der künstlerischen Autonomie hinauslief. Die Akademie, für deren Bestehen er sich eingesetzt hatte, verdämmerte im institutionellen Abseits. In den Machtkämpfen, soweit sie überhaupt an die Öffentlichkeit drangen, schlug sich in einer heute kaum mehr auflösbaren Widersprüchlichkeit der Gegensatz von Praxis und Ideologie, von Wirklichkeit und Programm nieder. Schlagworte, Polemiken, Repliken und offiziöse Stellungnahmen bestimmten den Alltag. Im Wirrwarr der Äußerungen, teilweise durch sie, vollzog sich der komplizierte Prozeß der Machtintegration.[20]

Die kunstpolitische Opposition war durch Rosenbergs Einkreisungspolitik ausgeschaltet worden, am 24. Januar 1934 hatte Hitler das »Amt für die Überwachung der gesamten geistigen und weltanschaulichen Schulung und Erziehung der NSDAP« ins Leben gerufen und Rosenberg zu dessen Leiter bestimmt. Die kultur- und kunstpolitische Öffentlichkeitsarbeit des »Kampfbundes für Deutsche Kultur« und des von ihm lancierten »Reichverbandes Deutsche Bühne« erhielt nunmehr institutionellen Rückhalt. Darüber hinaus machte die Gründung des »Amtes Rosenberg« deutlich, wie Hitler den kulturpolitischen Rivalitätskampf zwischen Goebbels und Rosenberg entschieden haben wollte.

Sogar die italienische Ausstellung »Futuristische Luft- und Flugmalerei«, die am 28. März 1934 am Lützowufer 13 ihre Türen öffnete, wurde in die Auseinandersetzungen um die Moderne in Deutschland hineingezogen. Im Ehrenkomitee saßen Goebbels, Göring und Rust. Für den 29. März lud die »Union Nationaler Schriftsteller« zu einem Empfang mit einfachem Abendessen im Festsaal des Hauses der deutschen Presse, zu Ehren des italienischen Futurismus-Begründers, Filippo Tommaso Marinetti ein. Benn mußte Johst vertreten und die Begrüßungsansprache halten.

Heute gehört die Zusammenführung von Reklame, politischer Manipulation und Ästhetik, deren Pionier Marinetti war, zum Medienalltag, und die »Identifizierung des Menschen mit dem Motor«, die Marinetti damals forderte und die Hitler mit der Eröffnung der Automobilausstellung im Februar 1933 unterstützt hatte, ist abgeschlossen. Marinetti war der Programmdirektor einer sich sowohl künstlerisch als auch militärisch verstehenden Avantgarde. 1909 erschien auf der Titelseite des bürgerlichen »Le Figaro« das erste »Futuristische Manifest«. Es predigte den Haß auf die Vergangenheit, den Bruch mit allen Traditionen, die Destruktion, den Krieg und eine ästhetische Erneuerung, die auf alle Lebensbereiche ausstrahlen sollte. 1919 kandidierte Marinetti zusammen mit Mussolini auf der Liste der Mailänder Faschisten. Für die Jungen und die Wegbereiter, die mit den sozialrevolutionären Programmen sympathisierten, waren Futurismus und Faschismus in diesen Jahren synonyme Begriffe.[21]

Benn war von Johst gebeten worden, für ihn einzuspringen und den Gast mit einer Rede zu würdigen. Er griff für seine Ausführungen auf Thesen und Formulierungen des Expressionismusaufsatzes zurück. Er lobte Marinetti dafür, daß er »die stupide Psychologie« des Naturalismus und des bürgerlichen Romans durchstieß und die Kunst auf ihr Grundgesetz »Schöpfung und Stil«[22] zurückgeführt hatte. Er wies darauf hin, daß der Futurismus den Faschismus in Italien unterstützte, und erinnerte an das Problem der Form: »Form – : in ihrem Namen wurde alles erkämpft, was Sie im neuen Deutschland um sich sehen; Form und Zucht: die beiden Symbole der neuen Reiche; Zucht und Stil im Staat und in der Kunst: die Grundlage des imperativen Weltbildes, das ich kommen sehe.«[23]

Benn entledigte sich der Aufgabe mit dem Pathos und der Rhetorik, die einer Festrede angemessen waren. Allerdings kam es am nächsten Tag zu einem peinlichen Vorfall. Der deutsche Presseverband hatte zu einem Essen gebeten, zu dem außer Hitler auch andere Würdenträger des Reiches erschienen, Goebbels, Heß, Göring und Röhm, dazu die verschiedenen Unterführer und einige Zivilisten wie Gerhart Hauptmann. Marinetti hatte seine alten Künstlerfreunde, den Dadaisten Kurt Schwitters und das Ehepaar Moholy-Nagy vom Bauhaus, eingeladen. Sie saßen, eingeklemmt zwischen den Leitern der »NS-Kulturgemeinde« und der Organisation »Kraft durch Freude«, an einem Nebentisch. Marinetti stand plötzlich auf und versuchte, sein Gedicht »Der Überfall auf Adrianopel« vorzutragen. Schwitters nutzte die Gelegenheit und brüllte in die peinliche Stille nach Marinettis Auftritt die Zeilen aus seinem Gedicht »Anna Blume« in den Saal: »Anna Blume, du bist von hinten wie von vorn A-n-n-a«.[24]

Die Gegner des Futurismus konnten triumphieren, der Fauxpas war ganz in ihrem Sinne. Denn in weiten Kreisen regte sich der Verdacht, es sei planmäßig, über den Umweg der staatsoffiziellen Kunst des befreundeten faschistischen Italien, versucht worden, der deutschen Moderne Kredit zu verschaffen. Und so erklärte der Sprecher der Rosenbergschen Kunstpolitik am Morgen des Eröffnungstages der Ausstellung im »Völkischen Beobachter«,[25] diese Ausstellung sei ein Fall ausländischer Einmischung. Auch sei das Interesse gewisser Kreise dazu angetan, »den überwiegenden Teil der deutschen Kunst verächtlich zu machen«.[26]

Die Feier in den Ausstellungsräumen der ehemaligen Galerie Flechtheim, die Benn öfters besucht und mit deren Inhaber er noch im August 1933 gesprochen hatte, wurde deswegen gewissermaßen zu einer Gegendemonstration. Denn Rudolf Blümner, der aus Sturm- und Dada-Kreisen hervorgegangen war, verteidigte in seiner Begrüßung den Futurismus gegen den Vorwurf »zersetzender Tendenzen« und verwies auf die – den Futuristen verwandten – deutschen Abstrakten. Benn beschwor dann sein »imperatives Weltreich«, Zucht und Form als Herrschaftssymbole »sollten auch im Kunstbereich den ›kalten Stil der Zukunft‹ formen«.[27]

Die noch bestehenden gegensätzlichen Auffassungen über die Bedeutung bestimmter Kunstrichtungen wurden durchaus wahrgenommen. Am 5. Juni notierte Rosenberg in sein Tagebuch: »Über Kulturfragen fängt jetzt ein regelrechtes Tauziehen an. Überall, wohin ich komme, höre ich einmütiges Klagen über die Richtungslosigkeit der Reichskulturkammer. Im Lande ist man sich also auch im klaren über das Sammelsurium, das sich da zusammengefunden hat. Dazu Goebbels-Reden ohne Gehalt, in glatter Manier, um alle Probleme herumgehend.«[28] In einem Brief an Goebbels vom 30. August sprach Rosenberg dann von »einem mißglückten Versuch, eine futuristische Ausstellung von Berliner Kunstbolschewisten auf dem Umweg über Italien durchzuführen«, und machte ihn darauf aufmerksam, daß ein »kunstbolschewistischer Redner von der Gruppe ›Der Sturm‹«, eben Blümner, die einleitenden Worte gesprochen hatte.[29]

Rosenberg organisierte den Kampf für seine kulturpolitischen Auffassungen auf breiter Basis. Unter seiner Regie wanderten sogenannte »Schandausstellungen« durch deutsche Städte, Museumsverwaltungen wurden in Schaufenstern angeprangert. Unter dem Motto »Laßt uns mit dem Herzen bauen!« sprachen namhafte Architekten in Vortragszyklen des »Kampfbundes für deutsche Kultur« und wandten sich gegen das als »Baubolschewismus« diskreditierte Bauhaus und die »Baukunst des Novembers«.[30] Auf dem Reichsparteitag 1934 Anfang September sprach Hitler dann endgültig das klärende Wort. Er gab der Rosenbergschen Kunstpolitik recht, der Kampf um die künstlerische Moderne sei »Sabotage« und seine Wortführer seien »kulturelle Bolschewisten« gewesen.[31]

Damit blieb die künstlerische Moderne ausgeschlossen, die Worte Hitlers bedeuteten das Ende aller kunstpolitischen Opposition, die Zeitschrift »Kunst der Nation« wurde Anfang 1935 verboten. Wenn Benn also während der Abwesenheit Johsts die Rede bei der Marinetti-Ausstellung übernahm, dann wußte er, daß es dabei auch um die avantgardistische Kunstauffassung ging. Und warum sollte er aus seinem Herzen eine Mördergrube machen und an diesem Richtungskampf nicht teilnehmen: Mit seiner Rede konnte er die Moderne und seine eigenen Anschauungen noch einmal verteidigen.

Die Rede für Marinetti war nicht die einzige offizielle Aufgabe, die Benn in Vertretung von Johst übernahm. Am 4. Dezember 1933 war Stefan George in Locarno gestorben und auf dem Friedhof zu Minusio am Nordufer des Lago Maggiore beigesetzt worden. Die Akademie dachte an die Ausgestaltung einer Trauerfeier, und Johst bat Benn, die Gedenkrede zu halten.[32] Bernhard Rust war als Kultusminister seit Beginn seiner Amtszeit im Februar 1933 sehr daran interessiert gewesen, mit George in Kontakt zu kommen, um ihn als Aushängeschild zu benutzen und für die Akademie zu gewinnen.[33] Er nahm Kontakt mit Georges Freund Ernst Morwitz auf und bat ihn, Georges Meinung über ein solches Ansinnen zu prüfen. Morwitz schrieb daraufhin am 5. Mai 1933 an George: »Der Minister wünscht dich der Presse als Ahnherr der jetzigen Regierung darzustellen.« Er böte George die Mitgliedschaft in der Akademie ohne jede Verpflichtung an und sowohl Reichspräsident wie Reichskanzler würden ihm eine entsprechende Einladung schicken. In keinem Fall wünsche man eine Absage. Bevor also etwas Offizielles geschehen könne, brauche man Georges Zusage.[34] George wußte also sehr gut, daß seine Antwort eine Art Presseerklärung darstellte, die der Minister den Zeitungen und dem Rundfunk bekanntgeben wollte. An Morwitz schrieb er: »Es läge mir daran. lieber Ernst. dass dies wortgetreu der betreffenden stelle mitgeteilt werde. irgendwelchen posten. auch ehrenhalber. der sogenannten akademie kann ich nicht annehmen ebensowenig einen sold. dass diese akademie jetzt unter nationalem zeichen steht ist nur zu begrüssen. die ahnherrschaft der neuen nationalen bewegung leugne ich durchaus nicht ab und schiebe auch meine geistige mitwirkung nicht beiseite. was ich dafür tun konnte habe ich getan. die jugend die sich heut um mich schart ist mit mir gleicher meinung.«[35]

George zeigte sich also mit der Reinigung der Akademie einverstanden und betonte kategorisch die Affinität zwischen seinem Denken und der Ideologie des »Neuen Staates«. Wichtiger als die Feststellung, daß er sich selbst als der »Ahnherr der neuen nationalen Bewegung« bezeichnete, ist aber das Faktum, daß er überhaupt antwortete. Von einem Brief an Hindenburg 1928 abgesehen hatte er niemals Kontakt zu einem offiziellen Vertreter der deutschen Regierung aufgenommen. Ihm kam es immer darauf an, daß niemand seinen Namen ohne seine Zustimmung benutzte.

Nach einer Bedenkzeit wünschte George schließlich doch nicht, daß sein Text der Presse übergeben wurde, aber das Ministerium war über die positive Haltung erfreut und wollte, wie übrigens auch George, die Türen offenhalten. Am 8. Juli fuhr er nach Berlin und verbrachte seinen Geburtstag in der Reichshauptstadt. Es gab Gerüchte über eine Festveranstaltung zu seinen Ehren, zu der George auch gekommen wäre, aber nichts dergleichen geschah. Der Propagandaminister schickte ein Glückwunschtelegramm, der »Völkische Beobachter« brachte einen vorsichtigen Zweispalter unter dem Titel »Schaubild und Gestalt. Zum 65. Geburtstag Stefan Georges«[36]: »George sah den Reichtum nicht in der Menge, sondern in der Form. Aristokratisch ist seine Forderung in der Kunst und überall.« Ansonsten betonte der Artikel die »Einsamkeit seiner Gedichte«, dazu die »Zucht des Lebens«, und druckte das Gedicht »Einem jungen Führer im ersten Weltkrieg«. Diese Würdigung hätte in *jeder* Zeitung stehen können. Am 14. Juli sprach Richard Euringer im Rundfunk über George und brachte das Dritte Reich und den Dichter dann zusammen: »Den Fünfundsechzigjährigen, der Nietzsche sah und Hitler schaute, reißt eine Jugend aus dem Ring isolierender Entrückung.«[37] Nach dem Berlin-Aufenthalt reiste George nach Wasserburg am Bodensee, traf junge Freunde, unter anderen Claus von Stauffenberg. Man badete, machte Spaziergänge und unterhielt sich. Als das Wetter schlechter wurde, überquerte er den See per Schiff, fuhr dann über St. Gallen weiter nach Süden und erreichte Ende des Monats sein Ziel Minusio. Dort erkrankte er kurz nach seiner Ankunft: George reiste zwar in die Schweiz, aber nicht ins Exil, wie es der Mythos will.[38] Einen Nachruf erhielt George im »Völkischen Beobachter« durch Rudolf Paulsen: »Stefan George war als nichtbürgerliche Erscheinung längst in die Bereiche des Mythus entrückt, er der Einsame, der Vornehme, der Gesinnungsedle. Und hier bleibt er uns. Denn er ist unser.«[39]

Benn studierte die Sekundärliteratur, bezog sich unter anderen auf die jüdischen Gelehrten Georg Simmel und Friedrich Gundolf und charakterisierte George als ein »Durchkreuzungs- und Ausstrahlungsphänomen«, das die Stimmung seiner Zeit genau widerspiegelte.[40] Die Naturwissenschaft und der Sozialismus waren Anfang des Jahrhunderts an ihr Ende gekommen, Nietzsche und Wagner bestimmten das Denken der Epoche. Benn erwähnte das Maximin-Erlebnis und scheute sich nicht, »die neue Feier des Jünglings« zu beschwören: Nie seien »junge Leute wieder so behutsam, so liebevoll, so durchaus mit Hinsicht auf ihr Bestes behandelt worden« wie im Griechenland des 5. und 6. Jahrhunderts. Dann geht er auf die Gedichte ein, »bei George ist alles zart, klar apollinisch, alles erscheint gesetzlich«. Benn nimmt keine Rücksicht auf eine Blut-und-Boden-Ästhetik und die Einvernahme Georges durch die Kulturfunktionäre als »Ahnherr des Nationalsozialismus«. Er charakterisierte den Dichter als »Artisten«: Er betreibt l'art pour l'art, das heißt eine Kunst, die keiner Ergänzung von der moralischen oder soziologischen Seite bedarf. »L'art pour l'art – das ist also gar kein esoterisches und mystisches Prinzip, l'art, Kunst, es ist das Höchste, und jeder kann sich herankämpfen.«[41] Und nachdem er schon eine Begrifflichkeit gebraucht hat, die verpönt ist, wird er noch deutlicher: »Es gibt kein Zurück in eine vielleicht sehr schön gewesene deutsche Innerlichkeit, zu blauen Blumen und Idyll, aber auch kein Zurück zu einem geschwächten, einfältigen, begriffslosen, undistinkten Denken.«

Aber Benn fängt diese waghalsigen Behauptungen, nachdem er über das Formgefühl und den konstruktiven Geist des jetzigen Zeitalters gesprochen hat, durch den Satz auf: »Dieser Geist ist ungeheuer allgemein, produktiv und pädagogisch, nur so ist es zu erklären, daß sein Axiom in der Kunst Georges wie im Kolonnenschritt der braunen Bataillone als *ein* Kommando lebt.«[42] Was immer auch dieser Hinweis auf die SA bedeuten sollte, er diente der Rechtfertigung, denn schließlich mußte Benn die öffentlichen Warnungen bedenken, die auch an ihn gerichtet waren. Der »Völkische Beobachter« hatte mehrfach wissen lassen, daß es mit dem »Formzerfall der Expressionisten« und dem »hohlen Konstruktivismus« nun vorbei sei, obwohl es immer noch Kräfte gab, die versuchten, den »internationalen Modernismus« in Deutschland einzuschmuggeln: »Der Kanzler gibt allen kubistischen, expressionistischen und dadaistischen Scharlatanen und Gauklern zu wissen, daß sie im Kunstleben des neuen Deutschland endgültig ausgespielt haben.«[43]

Die innerparteilichen Säuberungen, denen Röhm und Jung, aber auch die Generäle Kurt von Schleicher und Ferdinand von Bredow dann am 30. Juni 1934 zum Opfer fielen, setzten auch unter Benns Ambivalenzen einen Schlußpunkt. Vom isolierten, bionegativen Charakter der Kunst wollte die offizielle Parteilinie nichts wissen, seine »essentiell-produktive Kausalität des Schöpferischen« stand der herrschenden Ideologie entgegen,[44] an die Stelle der konstruktiven Form setzte sich nur das konfuse Geschwätz von politischen Funktionären gegen Formalismus und Intellektualismus durch. Benns Glaube, der totalitäre Staat würde etwas für die Kunst tun, beruhte auf einem Irrtum, denn es lebten, wie er zwei Jahre später schrieb, nur »Talente unter uns von der Klangfülle einer Gießkanne und dem Pathos einer Wasserleiche [...] Persönlichkeiten, gegen die man gar nichts einwenden könnte, wenn sie sich mit Schweinemast oder Mehlprodukten beschäftigten«,[45] setzten die Maßstäbe, alte Zunftordnungen sahen sich wiederbelebt, der Künstler wurde in das »ästhetische Sing-Sing« der Kulturkammern[46] verwiesen. Und anstelle des Staates, den Benn als den Förderer der begabten jungen Künstler angesehen hatte, setzte nun die Partei ihre Vorstellungen durch: »Wer behauptet, daß ein gewisses Maß innerer Freiheit zum Kunstschaffen Voraussetzung sei, kommt vor die Kammer; wer Stil sagt, wird verwarnt.«[47]

Oelze gegenüber betonte Benn im Februar 1934, daß die letzten eineinhalb Jahre gewissermaßen die Pausenzeichen in der Geschichte gewesen seien, nun aber sei deutlich: »Die Kunst erregt sie immer wieder so sehr, weil hier etwas ist, wo sie absolut mit ihren Methoden nicht rankönnen, hier genügt nicht, mit dem Hacken ins Gesicht zu treten und das Maul cäsarisch aufzureissen, hier muss man geistig berufen sein – das ist natürlich bitter!«[48]

Benn versuchte sogar, aus seiner Isolation herauszukommen, und gründete einen Stammtisch, um Gleichgesinnte zu treffen, mit denen er sich aussprechen konnte. Er lud Paul Hindemith, Renée Sintenis, den Maler Karl Hofer, den Architekten Hans Poelzig und den Bildhauer Rudolf Belling ins Pschorr in der Tauentzienstraße ein: »Dieser Stammtisch soll die letzte Elite Deutschlands darstellen, an ihm teilzunehmen die größte Ehre sein, die das Reich zu vergeben hat«[49], schreibt er ironisch an Paul Hindemith. Wir wissen aus dem Tagebuch von Loerke, daß sich diese Gruppe bis Ostern 1935 öfters zusammengefunden hat. So berichtete Loerke vom Treffen am 2. Februar 1935, Benn sei »völlig zurückgekehrt in eine vernünftige Denkweise«.[50] Die politische Ambivalenz Benns muß sich jedoch dieser Gruppe mitgeteilt haben, denn der Kreis war sich Ostern 1935 darin einig, daß Benn mit seiner Entscheidung, in die Armee zurückzukehren, richtig gehandelt habe.[51] Diese Entscheidung hat ihn im Sommer 1934 viel Kraft gekostet, und er spürte seine Isolation besonders stark. Tilly Wedekind war im August in der Tschechoslowakei bei einer Tante zu Besuch, Benn hat eine Vertretung in der Städtischen Beratungsstelle für Haut und Geschlechtskrankheiten übernommen, weil im Bezirk Belle-Alliance-Straße/Tiergarten nicht genug arische Ärzte vorhanden waren[52] und er das Geld gut gebrauchen konnte.

Es war der Radikalismus, mit dem der neue Staat das Bestehende abwehrte, die »aggressive Utopie« (Fest), die Benn faszinierte, immer in der Hoffnung, daß sich dieser Staat der Kunst annehmen und sie befördern werde. Und sosehr er selbst darunter litt, daß er mit Hilfe des Rassenwahns als Jude denunziert werden konnte: Er ist keinen Deut von der Überzeugung abgewichen, daß er die richtige Entscheidung gefällt hatte, sich für die Reichsregierung und den »Neuen Staat« des Jahres 1933 auszusprechen. In einem Brief an seinen Verleger Max Niedermayer äußerte er sich fünfzehn Jahre später zu seiner damaligen Entscheidung: »Ich muß aber in aller Ruhe aussprechen, daß ich nicht im entferntesten bereit bin, Pater peccavi zu sagen, daß ich nach wie vor zwei Meinungen aufrechterhalte, nämlich 1) daß 1933/34 die Sache ganz anders aussah als dann später und heute, daß es gar keine Schande war, dem damals durchaus legal gebildeten Staat auf sein Ersuchen hin seine Potenzen zur Verfügung zu stellen, und daß ich als Mitglied der Akademie der Künste auf Bitten des damaligen Präsidenten Max von Schillings, mit dem ich gut bekannt war, vollkommen richtig verfuhr, zu versuchen, die Tradition dieser Institution aufrechtzuerhalten und den Versuch zu machen, die Mitglieder für den neuen Staat zu gewinnen. [...] 2) auch heute bin ich der Meinung, daß der N.S. ein echter und tiefangelegter Versuch war, das wankende Abendland zu retten. Daß dann ungeeignete und kriminelle Elemente das Übergewicht bekamen, ist nicht meine Schuld und war nicht ohne weiteres vorauszusehn. Wobei ich die Frage ganz unerörtert lasse, ob je eine der anderen Großmächte, die Europa hervorgebracht hat, mit anderen Methoden als gewaltsamen und kriminellen zu einer beherrschenden Position gekommen sind.«[53]

Die kriminellen Methoden waren am 30. Juni 1934 vor aller Augen sichtbar geworden. Und auch der Glaube, der neue Staat sei »der letzte Versuch, ein Volk zu regenerieren«, kam ins Wanken. Benn erkannte zwar den »bewundernswerten Willen« an, bezweifelte jedoch die Richtigkeit der »angewandten Methoden«.[54] Noch im November 1933 hatte er sich ganz kämpferisch gegeben: »Wenn jetzt die Abgetakelten schreien: was wird aus der Kunst, denke ich bei mir: die Epigonen des II Reichs sind nicht schutz- und pflegebedürftiger als die Dilettanten im III.«[55] Ein Jahr später war der kämpferische Ton der Resignation gewichen, Benn fühlte, daß er so nicht weiterleben konnte. Vor allem mußte er sich der offiziellen Funktion als Vizepräsident in der UNS entledigen. Ein Mitglied seines Vorstands hatte er wegen Bestechlichkeit entlassen, ein weiteres mußte folgen, »korruptes Pack«.[56] Dazu war ein Gespräch mit Johst nötig, der die Geschäfte für die Akademie und die UNS von seinem Wohnsitz in Oberallmannshausen bei München führte und nur einige Tage im Monat in Berlin war. Benn entschloß sich, ihn zu besuchen und sich mit ihm auszusprechen.

Am 24. September machte er sich auf die Reise und schlug vor, die ganze UNS aufzulösen. Johst schien einverstanden. Benn wußte jedoch, daß er sich in dieser Sache nicht auf ihn verlassen konnte, und war entschlossen, seinen Posten als Vizepräsident aufzugeben. Er verließ Oberallmannsdorf in schlechter Stimmung und fuhr nach Oberstdorf ins Hotel »Zum Löwen«. Ausflüge in die Umgebung, Freibergsee, Einödsbach, Walsertal bestimmten die nächsten Tage. Mit der Drahtseilbahn fuhr er aufs Nebelhorn und kraxelte die letzten dreihundert Meter bis zum Gipfel, »nichts wie Felsen und Gebirge – schrecklich eigentlich, umso näher dem Schöpfer, um so unfruchtbarer alles«.[57]

Benn nutzte den Aufenthalt, um mit sich ins reine zu kommen. Er mußte einsehen, daß es eine »Verwirklichung« nicht gab, »es gibt nur die Form und den Gedanken. Das ist eine Erkenntnis«, schrieb er an Ina Seidel, »die Sie bei Nietzsche noch nicht finden, oder er verbarg sie. Seine blonde Bestie, seine Züchtungskapitel sind immer noch Träume von der Vereinigung von Geist und Macht« – was ich auch geglaubt habe, könnte man ergänzen. Aber »das ist vorbei. Es sind zwei Reiche. Solange man sich darüber täuschen kann, mag man es tun. Wenn man es aber nicht mehr kann, ist es zu Ende.«[58]

Für Benn war es zu Ende. Er korrigierte die Fahnen zu dem Sammelband »Kunst und Macht«, der im Oktober erscheinen sollte. Er würde neben der Verteidigung des Expressionismus auch die Rede auf Marinetti und den »Lebensweg des Intellektualisten« enthalten. Mit diesen Ansichten würde er sich keine politischen Freunde machen: Die Zeit für Meinungen, die von der Parteilinie abwichen, war vorbei. Aber Benn waren die möglichen Konsequenzen einer Zensur egal.

Die inneren Erfahrungen der letzten Monate fanden ihre Gestalt in dem vierteiligen Gedicht »Am Brückenwehr«, das vom 4. bis 6. Oktober in Oberstdorf entstand und dessen Beginn im Entwurf heißt:

Ich habe weit gedacht
Nun lasse ich die Dinge
Ich lasse die Ringe
Der nächsten Macht.

Nach der Frage »Wer ist die Macht« gestand Benn sich ein:

Du bist ja nicht der Hirte
Und wie die Jäger ziehn
Und einem der sich irrte
Wird nicht verziehn.

Er formuliert seine Überzeugung von der einzigen Aufgabe des Künstlers:

Form, das ist die Fülle
der Rasse auferlegt
Formen, bis die Hülle
Die ganze Tiefe trägt

Das Gedicht mit seinen vierundzwanzig Strophen erschien schon kurze Zeit später in der Novembernummer der »Literatur«. Die Besprechungen von »Kunst und Macht« waren durchaus positiv, über die unorthodoxen Ansichten schwiegen sich die Rezensenten meistens aus. Sie betonten Benns »hinreißende Verteidigung des Expressionismus gegen kleinbürgerliche Verdächtigung und Nörgelei, vielleicht die schönste und mutigste Bekenntnisschrift der deutschen Literatur«.[59] Und Max Bense sprach von dem Band als dem »tiefsten, reichsten und klarsten Buch, obwohl vieles aus früheren Werken darin zusammengeschmolzen ist«.[60] Der Ausschnittdienst »Blick in die Zeit« brachte unter der Überschrift »Die Kunst der letzten deutschen Epoche. Eine starke Front von Ablehnung« ein längeres Zitat, das Benns Hinweis auf die ablehnenden Urteile des Expressionismus enthielt.[61] Die »Münchener Neuesten Nachrichten« waren allerdings der Meinung, die »deutsche Aufgabe« sei verkannt: »Der Schlüssel deutscher Staatlichkeit ist nicht die Macht, er liegt in einer tieferen, in der eigentlich erst wesenschaffenden seelischen Dimension.«[62] Der Rezensent bekrittelte vor allem, daß Benn in der Rede auf Marinetti »die Grenze zwischen Nationalsozialismus und Faschismus nicht in der erforderlichen Weise gezogen« habe. Wirklich verstanden hat Theodor Heuss die Ambivalenz der Bennschen Situation. In der Zeitschrift »Die Hilfe« sprach er ganz unumwunden von Benns »leidenschaftlichem Bemühen, die politischen Erscheinungen der Zeit mit dem Sinn und Auftrag der Kunst zusammenzudenken«, stellte jedoch im gleichen Atemzuge fest, daß dieses Bemühen »zerbricht«.[63] Das Buch sei der »Monolog eines Einsamen und Erschütterten, der von der Gewalt der Zeit erfaßt ist, ihr zugehören möchte, in ihr irgendwie Erfüllungen erspürt und zugleich seine denkerische Position verteidigt«. Und dann faßte Heuss, nachsichtig und jenseits von Lobhudelei oder Schelte, sein Urteil über Benn in der denkwürdigen Formulierung zusammen: »Benn baut sich seinen privaten Nationalsozialismus« auf. Einfühlsamer hat kein Kritiker Benns innere Konfliktlage für das Jahr 1934 formuliert.

Nachdem für Benn die Entscheidung gefallen war, aus der UNS auszutreten, mußte er auch seine wirtschaftliche Situation in Ordnung bringen. Er bewarb sich bei der Stadt Berlin um eine Stelle als Angestellter. Sein Gesuch erhielt er zurück mit einem amtlichen Schreiben ohne Anrede und Unterschrift: »Kein Bedarf. Papiere anbei zurück.«[64] Er war verärgert über die Form der Ablehnung und gekränkt, daß er als Berliner, der nun seit dreißig Jahren in der Stadt arbeitete, nicht berücksichtigt wurde. Dabei hätte es natürlich eines Parteiausweises und guter Beziehungen zu den ärztlichen NS-Funktionären bedurft, um als Angestellter mit festem Gehalt in den medizinischen Verwaltungsapparat Berlins einrücken zu können. Unter diesen Umständen blieb als einzige Möglichkeit eine Verwaltungsstelle in der Armee, eine andere Form, in der er seine Tage als Angestellter verbringen konnte: Feste Arbeitszeiten, geregelter Urlaub, freie Wochenenden.

Um die Beziehungen zu den alten Pépinière-Kameraden seiner militärärztlichen Ausbildung, die in der Reichswehr aktiv blieben und nun an den Entscheidungsstellen saßen, wieder zu beleben, brauchte er kein Parteibuch. Im Gegenteil. Ende 1934 waren die Vorbereitungen zur Vergrößerung des Heeres schon im Gange, und am 16. März 1935 führte das »Gesetz für den Aufbau der Wehrmacht« die allgemeine Wehrpflicht wieder ein. Der Chef des Stabes der Heeressanitätsinspektion in Berlin, Generaloberarzt Dr. Walther Kittel, sorgte dafür, daß Benn als Oberstabsarzt reaktiviert werden konnte. Das Weihnachtsfest verbrachte er bei seiner Tochter in Kopenhagen, und im Gruß, den er an Tilly Wedekind schickte, entschuldigte er sich dafür, daß er ihr keine kostbaren Geschenke machen konnte. Kaum war er nach Berlin zurückgekehrt, mußte er die DVA bitten, ihm Geld zu leihen.[65] Benn betonte Oelze gegenüber, daß es die wirtschaftliche Situation war, die ihn zu dem »Milieuwechsel« veranlaßte. Aber er fühlte sich auch geistig am Ende, »was die Technik der Produktion angeht, die innere. Ausgeschöpft, leer. Milieuwechsel dringend geboten.«[66] Benn konnte sich als Journalist nicht mehr zu den anstehenden Fragen äußern, denn der Affekt, in dem er Stellung genommen hatte, hatte sich erschöpft.

In den Abschiedsbriefen, die er zum Ende März 1935 schrieb, spricht er oft von seiner Verlorenheit, er war sich über die Schwere der Krise klar: »In Berlin ist meine Lage unhaltbar geworden, wirtschaftlich, beruflich und vollends, Sie wissen, literarisch.«[67] Benn suchte die Abgeschiedenheit des Militärdienstes und war froh, »fort zu sein aus dem ganzen Geistes- und Kulturrummel. Auswege gibt es ja nicht mehr, wir sitzen in der Falle drin und benagen noch das Stück Speck, bis er alle ist.«[68] Es dauerte noch zehn Jahre, bis sich die Falle wieder öffnete und auch für Benn den Weg frei gab für eine neue Rolle im kulturellen Leben, das sich in Berlin und den alliierten Zonen entfaltete.

Eintritt in die Reichswehr

Die Dienststelle

Am Sonnabend, den 30. März 1935, verließ Benn die Reichshauptstadt und stieg in den Zug nach Hannover. Seine Wohnung in der Belle-Alliance-Straße 12, in der er mehr als siebzehn Jahre lang seine Praxis geführt hatte, hatte er gekündigt, Möbel und ärztliche Ausstattung bei einem Spediteur einlagern lassen. Damit waren die Brücken zum alten Berliner Leben abgebrochen: »Ich hätte Ihnen Adieu gesagt, wenn mir nicht so hundsmäßig mies vor der ganzen Sache geworden wäre, daß ich heimlich und lautlos Berlin verlassen habe«, schrieb er an seine jüdischen Berliner Ärzte, Paul und Elsa Fleischmann, »skeptischer, kälter, erwartungsloser kann man ein neues Leben nicht beginnen, als ich es hier tue.«[1] Und er schließt den Brief mit dem Satz: »Oft gedenkt Ihrer im allgemeinen und besonderen. Viele Grüße sendet Ihnen in freundschaftlicher Teilnahme Ihr dankbarer alter einsamer G. Benn«.[2] Der Verlust der gewohnten Umgebung stürzte den fast Fünfzigjährigen in eine schwere Krise, an depressiven Tagen zweifelte er an der Richtigkeit der Entscheidung.

Eine Unterkunft hatte er bereits im voraus gemietet, Hohenzollernstraße 11, Hochparterre. Als er die heruntergekommene Zweizimmerwohnung betrat, kam ihm das Elend erst recht zum Bewußtsein: Die Lampen waren zu düster, die Vorhänge hingegen verdunkelten das Schlafzimmer nicht genügend, die Miete von 75 Mark schien ihm viel zu hoch. In der ersten Nacht bekam er einen Migräneanfall und mußte Tabletten nehmen. Am schlimmsten empfand er das fehlende Telefon, mit dem er gerechnet hatte, das aber noch nicht gelegt worden war. Das leidige Problem der Nebenkosten konnte er in seiner Verzweiflung nur sarkastisch behandeln: »Muß in einem Haushalt, wo 3 Mietsparteien wohnen das Klosettpapier von der Vermieterin getragen werden oder muß es jede Partei selbst tragen – das ist die Frage.«[3] In den ersten Tagen stand nicht einmal ein Wohnungsschlüssel zur Verfügung, Benn fühlte sich von der Vermieterin kontrolliert.

Das einzig Versöhnliche war der Blick aus den großen Fenstern des Erkers, in dem ein Schreibtisch stand: Benn schaute über die Straße auf den hannoverschen Stadtwald, die Eilenriede. Außerdem gab es eine gute Straßenbahnverbindung zur Dienststelle in der Adolfstraße. Trost spendete auch die freundschaftliche Aufmerksamkeit von Erich Reiss: Vom Berliner Hotel Kempinski ließ er ein Paket mit Kognak, Süßwein und Keksen schicken. Auch die Freundinnen hatten ihn nicht im Stich gelassen: Am Sonntagmorgen erreichten ihn von Tilly Wedekind weiße und rote Tulpen, von Elinor Büller ein Strauß Goldlack. Auch Friedrich Wilhelm Oelze ließ am Montag Tulpen in der Dienststelle abgeben.

Der Entschluß, Berlin zu verlassen und ein neues Leben zu beginnen, war das eine, die Realität der neuen Umgebung das andere. Er dachte daran, wieder nach Berlin zurückzufahren. Am Ende der ersten Woche resümierte er seine Erfahrungen für Oelze: »Wenn diese Tage durch etwas charakterisiert sind, über das sich schon sprechen lässt, so durch die Einordnung in den Begriff, den Sie kennen, den ich kannte, aber vergessen hatte: *Dienst*. Diese keineswegs unmenschliche, aber kalte Atmosphäre des Unpersönlichen, des Sachlichen an sich: so ist es befohlen u. so muss es unbedingt u. unverzüglich geschehn.«[4] Dabei schien ihm das Befehls- und Gehorsamsverhältnis keineswegs unangenehm, bildete es doch die Voraussetzung für alle dienstlichen Abläufe, deren Präzision Benn im Gegensatz zu jedem Dilettantismus schätzte. Zwar störte ihn, daß er als bekannter Dichter und Mitglied der Preußischen Akademie der Künste Befehle von Leuten entgegennehmen mußte, die ihm geistig das Wasser nicht reichen konnten. Und doch schien ihm der Dienst in der Armee als Lebensform in seiner jetzigen Lage angemessen. Er aß wenig, verzichtete auf Alkohol, ging um 21 Uhr ins Bett. Mit dieser Askese trat er dem »enormen inneren Verzehr« entgegen, den diese Umstellung bewirkte.[5] Gleichzeitig sollte dieses mönchische Leben auch der Vorbereitung auf eine innere Erneuerung dienen. Oder auch auf den Tod, eines von beiden, da ist er sich sicher: »Es ist eine Art Identität geradezu ausgebrochen zwischen mir u. diesem Leben.«[6] Die Stichwörter Dienst, Disziplin und mönchisches Dasein bestimmten das neue Leben. Das Abstreifen des »*öffentlichen* Menschen«[7] war durch inneren Rückzug, Verleugnung der Bedürfnisse nach menschlicher Nähe und Wärme gekennzeichnet.

Damit fällt neues Licht auf den berühmt gewordenen Satz, mit dem Benn gegenüber Oelze seinen Weggang aus Berlin begründete und der ihm so viel Verachtung und Ablehnung eingebracht hat: »*Raus* aus allem; u die R.[eichs] W.[ehr] ist die aristokratische Form der Emigrierung!«[8] Diese Formulierung hat ihm so gut gefallen, daß er sie kurz darauf in einem Brief an Ina Seidel wiederholte.[9] Sie ist aus Unkenntnis oft mißverstanden worden, so als hätte Benn den Rückzug in die Armee als die »bessere« Form der Emigration gegen die »plebejische« Flucht der literarischen Emigranten ausgespielt.[10] Ganz falsch. Benn meinte mit »aristokratisch« die isolierte, die anonyme, die schweigende, die mönchische Form. Diesen Zusammenhang hebt eine Briefstelle an Paul Hindemith besonders hervor, in der Benn über die gesellschaftlichen Ansprüche des Nationalsozialismus sprach und seine Schwierigkeit bekannte, damit umzugehen. Hindemith hatte für das Winterhilfswerk »mit der Büchse gesammelt«, was Benn ironisch kommentierte und zum Anlaß nahm, seine eigene Lösung der Frage, wie man sich unter dem gesellschaftlichen Druck verhalten sollte, mitzuteilen. Der Rückzug sei, verglichen mit der Anpassung, nicht weniger bitter: »Offizier – : das ist eine Art von Mönchtum«, schrieb er nach einem Dreivierteljahr hannoverscher Erfahrung, »eine vielleicht aristokratische und unauffällige, am nächsten den *Trappisten* stehend wegen des absoluten Schweigens, zu dem man verpflichtet ist«.[11]

Der Eintritt in die Armee bedeutete den Schnitt, den Benn zwischen dem »transcendenten« und dem »Verwirklichungsleben«[12] des Geistes und der Geschichte machte, wobei er sich auf die Seite des Geistes schlug, für dessen Entfaltung er eine Form brauchte. Und wenn er davon sprach, daß in Berlin seine literarische Produktivität an ihr Ende gekommen war, dann sollte das neue Leben in der Armee auch die Bedingungen für eine erneuerte Kreativität schaffen. Benn setzte auf seinen dienstlichen Status, von dem er genügend Freiräume für die eigene Arbeit erhoffte. »Aber zunächst will ich gar nicht. Um zu neuen Resultaten zu kommen, muss ich mich u will ich mich erst wirklich umbauen lassen, völlig renovieren am Gehirn, Blick, Milieu, Lebenshaltung. Durchaus nicht naiv oder gar aus wirtschaftlichen Motiven allein habe ich dies Unternehmen gewagt. Es ist die letzte Etappe meiner Existenz, die ich hier starte, die dritte Periode u wenn das keine neue Häutung ergibt, will ich keine Schlange sein.«[13]

Das Bild von der unauffälligen, aber gefährlichen Schlange schien ihm für die neue Existenz besonders angemessen. Tilly Wedekind gegenüber sprach er schon am Tag seines Dienstantritts von der Tarnung seiner Persönlichkeit. Er kam sich vor wie die Kobra, die sich in einer Apotheke ansiedelt, bis sie entdeckt wird und »der Aspirinverkäufer sie [...] wie im Bengalfilm erschießt.«[14] Benn ahnt nicht, wie gut dieses Bild auf die Umstände paßt, die sein Leben in Hannover bedrücken werden. Benns Kunst und sein Denken standen in zu großem Widerspruch zu den Bedingungen des militärischen Dienstes, und die Angst, bei seiner vorgesetzten Behörde als Künstler in Verruf zu geraten, hat ihn in diesen Jahren immer als schlechtes Gewissen begleitet. Benn war zunächst als Oberstabsarzt für sechs Monate auf Probe angestellt. Diese Vorläufigkeit belastete ihn, obwohl sie auch einen Vorteil hatte: Er durfte Zivil tragen, und seine äußere Erscheinung blieb im Alltagsleben unauffällig.

Kurz vor seiner Abreise aus Berlin, am 16. März 1935, wurde das »Gesetz zur Wiedererlangung der Wehrhoheit und der Wehrfreiheit« erlassen und damit die Voraussetzung zum Aufbau der Wehrmacht geschaffen. Es entstanden die Wehrersatzinspektionen, darunter jene in Hannover, Wehrkreis XI. Die Inspektion befand sich in der Calenberger Neustadt, wo sich seit dem 19. Jahrhundert rund um den Waterloo-Platz die militärischen Gebäude der Garnisonstadt konzentrierten. Die Wehrersatzinspektion hatte das Ernst-August-Palais in der Adolfstraße 2 bezogen. Vorerst arbeitete Benn unter Anleitung und im Büro (Dienstzeit 9.00 – 14.00) von Oberfeldarzt Professor Dr. Erich Hippke, zwei Jahre jünger und wie Benn ein Absolvent der Kaiser-Wilhelm-Akademie. Die Beziehungen zu den Kommilitonen der »Pépinière« kamen ihm jetzt zugute, wie er auch die Reaktivierung als Sanitätsoffizier dem früheren Studienkollegen und jetzigen Chef des Stabes der Heeressanitätsinspektion in Berlin, Oberstarzt Professor Dr. Walther Kittel, zu verdanken hatte.

Benn sollte selbständiger Leiter der Abteilung IVb werden und die Verantwortung für das gesamte Heeressanitätswesen des Wehrkreises mit den Wehrbezirkskommandos Hannover, Braunschweig, Celle, Göttingen, Goslar, Hameln und Hildesheim übernehmen. Seine Aufgabe bestand nicht nur in der Fachaufsicht über diese Behörden, die die Musterungen und Einstellungen der Rekruten durchführen mußten, sondern auch in der Aufstellung der Sanitätsabteilungen mit den Sanitätsstaffeln der 19. und 31. Divison in Hannover und Braunschweig, dazu in der Organisation der Lazarette, wozu auch der Neubau des großen Wehrkreislazaretts in Hannover-Buchholz gehörte.[15]

Die gesamte Behörde war jedoch erst im Werden, noch standen sich die jeweiligen Zuständigkeiten und Kompetenzen unvermittelt gegenüber. Benns Hauptschwierigkeit lag deswegen darin, für eine gut gegliederte Verwaltungsstruktur zu sorgen. Die Ressortkollegen kamen alle aus alten Adelsfamilien, die berühmten Namen der Bismarck, Kalckreuth oder Bülow stammten alle aus der »Mottenkiste«.[16] Dieser Ton kann nicht darüber hinwegtäuschen, daß Benn den Umgang mit dem Adel schätzte.

Bereits Mitte April kündigte er seine Wohnung und entschied sich für ein Zimmer in der Breiten Straße 2 am Aegidientorplatz bei einer Modistin, Fräulein Else Hoppe, Partei- und Frauenschaftsmitglied, die in der Wohnung auch ihr Schneideratelier führte. Benn störte das nicht, es gab keine weiteren Untermieter, das Badezimmer fand seine Zustimmung.[17]

Er wohnte jetzt im Zentrum und konnte seine Dienststelle zu Fuß erreichen. Zwei Traditionen, die alte Residenz und die moderne Metropole, kreuzten sich im Weichbild der Stadt. Um den alten Kern Hannovers mit seinen mittelalterlichen Kirchen und Fachwerkhäusern waren im 19. Jahrhundert typische Vorstädte entstanden, repräsentative Gebäude bestimmten das Stadtbild: Das königliche Theater, der Hauptbahnhof, das Neue Rathaus. 1911-1914 entstand die Stadthalle mit ihrem großen Kuppelsaal. Zur Zeit der Weimarer Republik entwarfen Hans Poelzig, Fritz Häger und Henry van de Velde moderne Industriebauten für die Fabriken Bahlsen, Continental, Hanomag, Pelikan und Sprengel, Bauhausstil und Konstruktivismus hielten in der Provinz Einzug. Trotzdem bestimmte die höfische Vergangenheit das konservative Denken der Hannoveraner. Man war stolz darauf, daß der spätere Reichspräsident Paul von Hindenburg in Hannover eine Villa bezogen und im Café Knickmeyer, das Benn oft besuchte, seinen Stammplatz gehabt hatte. Auch die moderne Kunst hatte in den zwanziger Jahren Hannover erobert. Der MERZ-Künstler Kurt Schwitters baute hier seinen Wirkungskreis auf, die Künstler des Expressionismus und der Neuen Sachlichkeit wurden mit Ausstellungen in der Kestner-Gesellschaft gefeiert.

Hannover war eine norddeutsche Großstadt mit 450.000 Einwohnern, einer sozialdemokratisch orientierten Arbeiterschaft und guten Brauereien. In den mehr als zwei Jahren, in denen Benn hier lebte, wurde nach älteren Plänen im Rahmen einer Arbeitsbeschaffungsmaßnahme der Maschsee ausgehoben und im Sommer 1936 eingeweiht, die Herrenhäuser Gärten renoviert und die Altstadt-Sanierung in Angriff genommen.[18]

Benn freundete sich mit dem neuen Aufenthaltsort an. Die Stadt erschien abwechslungsreich, Villengegenden mit ihren Gärten erinnerten ihn an die Alsterviertel in Hamburg. Die positive Einschätzung schränkte sich jedoch ein, wenn er die Leute beobachtete: Das Publikum hielt er für zu provinziell, eine »gute Gesellschaft« schien es gar nicht zu geben.[19] Gern saß er im Café Kröpcke am Theaterplatz, der inzwischen für den jüngsten Ehrenbürger der Stadt in »Adolf-Hitler-Platz« umgetauft worden war. Er las die Tageszeitungen, beobachtete die Prostituierten und führte das Leben eines angestellten Junggesellen, der zwar mit den Abenden in der Woche gut zurechtkam, die Wochenenden jedoch ziemlich »ledern« fand.[20]

Die ersten Monate fühlte er sich durch die abendlichen Einladungen der Kameraden und Ärztekollegen belastet. Auf diese Weise kam er jedoch mit dem adligen Offiziersmilieu in engere Berührung, das er einerseits bewunderte – »Diese *Adligen*: eine so typische, in jedem Wort, in jeder Nuance der Lebensäußerung durchschlagende Einheitlichkeit, ob sie Finckenstein oder M.[ackensen] oder v. Z[epelin] heißen, es ist verblüffend. Es ist nicht der Armeeadel, der ja z. T. ganz bürgerlich u. naiv ist, sondern der Großgrundbesitz- Garde- und Kavallerieadel«[21] –, andererseits fühlte Benn sich diesem Milieu nicht so recht gewachsen, er blieb immer etwas steif und gehemmt. Aber die Anpassung an die gesellschaftlichen Notwendigkeiten gehörte zum Gebot der Stunde, wollte er in dieser Umgebung mit möglichst geringem Kraftverlust bestehen. Ein vertrauensvolles Verhältnis gewann er zu seinem Vorgesetzten, General Ferdinand von Zepelin, mit dem er sich sogar über seine »Schriftstellerei«, die er sonst geheimhielt, gut verständigen konnte. Der Frau des Generals schenkte er ein Exemplar von »Kunst und Macht«. Als er jedoch in kleinstem Kreis bei ihm eingeladen wurde, verbrachte er den Nachmittag im Bett, um sich auf die »Hinrichtung« vorzubereiten. Vorher ließ er der Gastgeberin einen Strauß bunter Nelken schicken, erschien abends in dunklem Anzug und dunkler Krawatte mit hellen Punkten. Am nächsten Tag stellte er, zu seiner Überraschung, erleichtert fest: »Es war äußerst nett u. gemütlich! Nächst dem jüdischen ist mir ja das adlige das liebste Milieu. Auch hier etwas Überlegenes und man könnte sagen: Unnordisches, eben Verfeinerung.«[22] Man spricht übers Theater, über Berlin, über Allgemeines »bis an die Grenze, wo es gefährlich wird. Ich bin – sehr vorsichtig – doch ziemlich aus mir herausgegangen u. habe sie offenbar gut unterhalten, sie gingen kolossal auf alles ein.« Benn konnte seine Wirkung auf andere nicht recht einschätzen. Diese Unsicherheit machte einen Teil seiner gesellschaftlichen Schüchternheit aus. An der ablehnenden Haltung seiner Gastgeber gegenüber dem Regime zweifelte er nicht: »Innerlich sind sie ja vollkommen Anti-Nazi«, schreibt er an Elinor, macht aber aus Vorsicht dieses Wort unkenntlich: »Du weißt, was ich meine – *meiner* Ansicht.«

Die Unsicherheit gegenüber den Umgangsformen der höheren Schichten führte bei Benn immer mehr dazu, sich besonders für »das Gesellschaftliche« zu interessieren. Selten sparte er mit Seitenhieben auf das Bürgertum, die Familie, den gockelhaften Ehemann, der belächelt und hingenommen wurde, dazu auf den Balkon, für Benn der architektonische Inbegriff der Spießigkeit.[23]

Neue Lyrik

An den Wochenenden dieses ersten Sommers in Hannover erkundete Benn die nähere Umgebung und unternahm mit dem Autobus Ausflüge in die norddeutsche Landschaft: Lüneburger Heide, Deister, Solling. Im Kurpark des Staatsbades Pyrmont beobachtete er das Wasser trinkende »Chimpansenvolk«.[1] Er besichtigte Bodenwerder, Hann. Münden, Hameln, Celle, Wolfenbüttel, Lübeck und das Steinhuder Meer. Bei diesen Ausflügen empfand er seine isolierte Lage in der norddeutschen Provinz und die Ferne zu einer urbanen Kultur besonders bitter. Oelze hatte seine Abneigung gegen die Großstadt Berlin erwähnt, Benn widersprach lebhaft und formulierte seine Vorbehalte gegen das platte Land, ein Thema, das bereits die Mitglieder der Akademie Anfang der dreißiger Jahre beschäftigt hatte. Gerade diese Wochenendfahrten öffneten ihm die Augen: »Wie unsäglich dünn ist die Elite über ein Land verteilt, was für eine winzige schwache Oberschicht, in der der Gedanke, das eigentliche Sein, der Ausdruck, das Verfeinerte da ist – wie gigantisch ihr gegenüber das durchschnittliche Massiv, das Plumpe, Unbewegbare, Sture, Versackte [...] Stellen Sie sich vor, dass der Provinzmensch ein Volk normalisierte, oder der berüchtigte ›Bauer‹ oder der ehrbare Kaufmann, nein – kennen Sie das Wort: ›Der Weg der Civilisation ist der Weg der Syphilisation?‹ (Krafft-Ebing). Ohne der Lues Pionierarbeit zusprechen zu wollen, in der Richtung liegt der abendländische Weg. Oder wollen Sie biologischen Heroismus? Taten und Turner?? Sänger u. Siege? Wieder sind wir auf einen Holzweg geraten, in eine Sackgasse, in eine Gefahrenzone ... Welche Umwertung der Werte droht heran – sind Sie bereit? Oh Herr Oelze!«[2]

Die Reisen in die nähere Umgebung hatten die Funktion, Abstand von der Büroarbeit, die immer mehr um sich griff, zu gewinnen. Auch dienten sie der inneren Vorbereitung für neue Lyrik, und dazu schien ihm das Erlebnis der Landschaft Voraussetzung und Anregung. Zur Landschaft gehörten auch die städtischen Grünanlagen, der Stadtwald Eilenriede und die Herrenhäuser Gärten. Besonders angetan hatte es ihm die Stadthalle mit den rückwärtigen Caféterrassen in einem gepflegten, weiträumigen Park, dessen Wege bei Einbruch der Dunkelheit von elektrischen Kandelabern erleuchtet wurden. Während des Sommers fuhr Benn fast jeden Abend mit der Straßenbahn zu seiner »neuesten Schwärmerei. Links Wein-, r. Bier Terrasse, in der Mitte eine Kapelle, wenig Menschen, vor einem ein bisher völlig unveränderliches Gemälde: ein Bassin mit 2 Schwänen, eingefaßt von Alleen u. Blumenbeeten, in die Ferne sich verlierend, weiträumige Perspective, jeden Abend atme ich auf, wenn ich mich niederlasse.«[3]

Diese Kulisse diente einem doppelten Zweck: der Trennung vom beruflichen Trott und dem Rückzug in die Isolation, ohne gleichwohl allein zu sein. Hier machte sich das gesellschaftliche Leben breit, ohne daß er daran teilnehmen mußte, hier konnte er sich schweigend seinen Gedanken hingeben und dem Zwang zum Ausdruck folgen, ohne gestört zu werden. Hier schweifte das Auge über Blumenrabatten und Wasser:

Im Stadthallenpark Hannover hatte die innere Emigration ihren konkreten, produktiven Ort gefunden. Vier Monate nach dem Verlassen Berlins entstanden hier diejenigen Gedichte, die erst mehr als ein Jahrzehnt später Benns zweiten Ruhm begründen sollten. Auf der Rückseite der Speisekarte, die dem Gast das Gedeck »Kraftbrühe mit Rindermark, Schmorbraten mit Rotweintunke, grüne Bohnen, Kartoffeln« für 1.50 Mark anbot, notierte Benn vier Monate nach seiner Ankunft in Hannover am 6. August 1935 sein erstes Stadthallen-Gedicht:

Tag, der den Sommer endet,
Herz, dem das Zeichen fiel:
Die Flammen sind versendet,
die Fluten und das Spiel!

Die Bilder werden blasser,
entrücken sich der Zeit,
wohl spiegelt sie noch ein Wasser,
doch auch dies Wasser ist weit.

Du hast eine Schlacht erfahren,
Trägst noch ihr Stürmen, ihr Fliehn,
indessen die Schwärme, die Schaaren,
die Heere weiterziehn.

Rosen- u. Waffen-Spanner,
Pfeile u. Flammen weit – :
die Zeichen sinken, die Banner – :
Unwiederbringlichkeit!

In dieser »Stadthallen-Elegie«, die Benn Oelze widmet,[4] kann man die autobiographischen Anspielungen nicht überhören. Zwar vermeidet das Gedicht jede direkte Bezugnahme auf ehemalige Verhältnisse, aber deutlich genug geht es um die verlorene Schlacht der Berliner Vergangenheit, auch um die Akademie. Benn setzte sich mit seiner Niederlage auseinander, die die »innere Emigration« ja darstellte. Der mißglückte Versuch, sich für einen Staat einzusetzen, der zwar einen Ausweg aus der düsteren Zukunft zu bieten schien, der sich aber bald als verbrecherisches Chaos entpuppte, dazu die Einsicht in diesen Irrtum und die Unsicherheit der Übergangszeit, die er noch als Zivilperson erlebte, drängten nach künstlerischer Bewältigung.

Die Speisekarten scheinen Benn in Format und Papierqualität so gefallen zu haben, daß er sie mit nach Hause nahm und ihre Rückseiten benutzte, um die Gedichte mit der Schreibmaschine in Reinschrift festzuhalten. Auf die Bildseite einer Postkarte an Oelze, die den Eingang des Kuppelbaus der Stadthalle zeigt, schrieb Benn am 1. September in die rechte obere Ecke: »Bitte 10 Tage jetzt nicht schreiben«. Er wollte dem Freund jeden zweiten Tag ein Gedicht, »also eine ganze Kollektion« nach Bremen schicken. Der Vorsatz ging nicht in Erfüllung, denn Oelze brach das eingeforderte Schweigen, womit sich für Benn der Zauber verlor. Immerhin waren drei Gedichte entstanden, Texte in der Form der ersten Stadthallen-Elegie, vier Verse mit Kreuzreimen und dem Wechsel weiblicher und männlicher Endungen, darunter das berühmte

Astern – schwälende Tage,
alte Beschwärung, Bann,
die Götter halten die Waage
eine zägernde Stunde an.

Noch einmal die goldenen Herden
der Himmel, das Licht, der Flor,
was brütet das alte Werden
unter den sterbenden Flügeln vor?

Noch einmal das Ersehnte,
den Rausch, der Rosen Du –
der Sommer stand und lehnte
und sah den Schwalben zu,

noch einmal ein Vermuten,
wo längst Gewißheit wacht:
die Schwalben streifen die Fluten
und trinken Fahrt und Nacht.

Die Spaltung zwischen dem Offizier und dem Dichter, in der Benn täglich lebte, schien ihm anfangs durchaus erträglich. Er hatte sich ja von der Eingliederung in den Dienstplan, den regelmäßigen Dienst- und Mußestunden und der Entlastung durch die Befehle von Vorgesetzten einen Zeitgewinn für sein Dichten versprochen. Allerdings ging die Rechnung nicht glatt auf, denn diese ambivalente Stellung erzeugte Schuldgefühle. Bei einem Treffen im Hotel »Kasten« hatte Oelze die Frage aufgeworfen, ob Dichten nicht überhaupt im Widerspruch zu den Auffassungen der Militärs stünde und eine Veröffentlichung von Gedichten nicht Benns momentane Existenz in der Armee gefährdete. Benn beunruhigte die Fragestellung. Hätte sein Anspruch, Dichter zu sein, den Eindruck entstehen lassen können, er habe sich in die Armee »eingeschlichen«, ohne von der »morschen inneren Existenz handgreifliche und exacte Meldungen« erstattet zu haben? »Aber unmittelbar *ehrenrührig* ist doch dichten nicht«, beruhigte er sich selbst, »und wenn man das erst einmal zugiebt, kann man keine Grenzen setzen, was und wie man dichten solle. Aber natürlich ist das ein bedenklicher Punkt.«[5]

Das schlechte Gewissen, das hier zum Ausdruck kommt, beschäftigte ihn kurz vor der offiziellen Aufnahme in die Armee und dem Anlegen der Uniform besonders stark. Natürlich war Dichten an sich nichts Ehrenrühriges, aber schließlich hatte er früher ja auch die »Etappe« geschrieben, und das Gedicht »Kasino« war mit der Dummheit und der frauenverachtenden Mentalität der Offiziere ins Gericht gegangen.

> [...]
> Kinder! heut Nacht! Ein Blutweib! Sagt:
> Arm kann er sein und dumm kann er sein;
> Aber jung und frisch gebadet.
> Darauf ich: janz Ihrer Meinung, Gnädigste,
> Lieber etwas weniger Moral
> und etwas äußere Oberschenkel.
> Auf dieser Basis fanden wir uns.
>
> Was für Figuren habt ihr denn auf dieser Basis aufgebaut??
>
> Lachen einigt alles. –

Wäre seinen Vorgesetzten diese Strophe bekannt geworden,[6] er hätte vielleicht den Abschied nehmen müssen. Insofern verunsicherte ihn nicht die gegenwärtige Produktion, sondern die vergangene, die ihm Schuldgefühle gegenüber einer Institution einflößte, der er mehrfach den Rücken gekehrt hatte und von der er doch sein zukünftiges Auskommen erwartete. Als er Oelze ein Exemplar der »Etappe«, die 1919 im Aktionsverlag in Berlin-Wilmersdorf erschienen war, zum Geburtstag schenkte, berichtete er davon, daß er 1915 die Manuskripte der »Reise« und der »Etappe« an »Die weißen Blätter« gesandt hatte: Die »Etappe« sei nicht angekommen, vermutlich weil die Grenzbriefkontrolle das Manuskript kassierte. »Dass man mich nicht herausgeholt u. erschossen hat, ist mir bis heute schleierhaft. Wie naiv muss ich gewesen sein!«[7] An die Stelle der Naivität war ein Gefühl wachsamer Unsicherheit getreten, das ihn nicht in Ruhe ließ, weil er dem Soldatsein ambivalent gegenüberstand.

Benns Vorsicht führte dazu, daß er sich schon bei der Bewerbung um Aufnahme in die Armee im Dezember 1934 von Hanns Johst eine Erklärung ausstellen und in die Personalakte aufnehmen ließ:

> Ich bestätige Herrn Gottfried Benn, Mitglied der Akademie der Dichtung, Vicepräsident der Union Nationalen Schrifttums, dass er sich von Anfang an dem neuen Staat unbedingt zur Verfügung stellte und

> niemals gegen die Gesetze der nationalen Ehre verstiess. Über die formale Feststellung hinaus obliegt es mir im Rahmen der mir vom Führer und Reichskanzler zur Verantwortung übergebenen Aemter des deutschen Schrifttums Herrn Dr. Benn auf das Herzlichste zu danken für den kämpferischen Einsatz zur Deutschen Kultur im Sinne des Dritten Reiches an der internationalen Front![8]

Zwar interessierten die Militärbehörden solche Äußerungen der Partei- und Kulturfunktionäre wenig, doch konnte sich ein »Persilschein« in seiner Personalakte auch als Schutzschild erweisen: Benn hatte solche Hilfe bald bitter nötig.

Oberstabsarzt

Am 1. Oktober 1934 war Benns Probezeit vorbei: Als Oberstabsarzt (E) trat er endgültig in die Reichswehr ein. Den Rang eines Stabsarztes konnten kriegsgediente Offiziere damals überspringen. Der geklammerte Zusatz (E) bedeutete Ergänzung, er fiel im Kriege fort. Benn war jetzt Sanitätsoffizier, sein militärischer Status trat mit der Uniform sichtbar in Erscheinung. »Seit heute Nacht 12 h bin ich nun also im bürgerlichen Sinne geborgen, Knochenbrüche u. Kopfschüsse kosten mich nichts mehr, ich kann meinen Kadaver auf Staatskosten in einen Lazarett packen u. im Todesfall giebts eine Salve übers Grab. Nicht zu unterschätzen, alles; noch dazu von einem Mann, der manchmal durchaus nicht in der Lage war, auch nur 1 Woche zu erkranken, sich in eine Klinik zu legen, ja auch nur die Fahrtkosten für ein Krankenauto ohne Schwierigkeiten aufzubringen«, schrieb er an diesem Abend an Oelze.[1]

Am nächsten Tag mußte er sich in Uniform melden, die er sich vorsorglich von einem Berliner Schneider hatte anfertigen lassen. Dieser Wechsel der Garderobe beschäftigte ihn eindringlich, er dachte über die Dialektik zwischen der Uniform und ihrem Träger nach und fand für den neuen Status ein eindrückliches Bild: »Seit ich die Uniform trage, ist die Kralle um die Kehle gelegt. Man spürt es direkt. Ach, ich trage lieber Zivil! Bestimmt. Ich armer Fremdenlegionär!«[2] Von nun an wurde das bewußte Aufspalten der Persönlichkeit, das »Doppelleben«, das er als Arzt und Dichter schon immer geführt hatte, auch zur theoretisch fundierten Maxime dieses Lebensabschnitts. Dieser Begriff deckte nicht nur die besondere Form der »Tarnung«[3] als Strategie des Überlebens in einem von Konkurrenz bestimmten Offizierskorps ab, er spiegelte auch den existentiellen Gegensatz von Geist und Macht. Auf dem Glauben an die Unversöhnlichkeit dieser beiden Reiche ruhte Benns Überzeugung, daß die Doppelexistenz eine ihm gemäße Lebensform war, was er ironisch so formulierte:

> Manchmal, wenn ich mir einen eingegossen habe, [...] gehe ich grinsend herum und lache über diese dreckige Stadt, in der ein paar Straßen bunt u hell sind u. die andern alle dämlichste Provinz. Manchmal bin ich überhaupt der Meinung, hier bietet sich eine köstliche Gelegenheit zu Doppelleben u Dämonenzauber, am Tage jawohl u. zu Befehl u den Hintern rausgestreckt u. abends Destruktion u. Rassenschande. Tags Baldur, dem Licht ergeben, u nachts Loki, den Ratten pfeifend. [...] Die Welt ist halt wohl sehr zwiespältig.[4]

Eine deutliche Projektion, denn nicht die Welt, sondern der Dichter wurde vom Gefühl des Zwiespältigen beherrscht.

Aber Bürodienst und Uniform allein machten das militärische Leben nicht aus, gesellschaftliche Zwänge gehörten dazu, die entnervenden Einladungen »intra Kamerados«, die Benn verabscheute und denen er doch ausgiebig nachkam. Niemand sollte hinter der Maske des korrekt gekleideten Offiziers, der Herrenabende mit kaltem Buffet ausrichtete, Reden hielt und Gegenreden anhörte, den Dichter suchen.

Benn wurde das Gefühl nicht los, den Schritt zurück in die Armee dauernd vor sich rechtfertigen zu müssen. Einerseits hatte die schlechte wirtschaftliche Situation eine entscheidende Rolle bei der Entscheidung gespielt. Andererseits wollte er aus dem Leben im Militär neue Einstellungen und Ausdrucksmöglichkeiten schöpfen. In den Jahren 1933/34 waren nicht mehr als ein Dutzend Gedichte entstanden, und an Käthe von Porada hatte er geschrieben, daß er mit der »brutalen Energie«,[5] die er im Geistigen zur Verfügung habe, versuche, zu einer neuen lyrischen Strophe durchzustoßen, was jedoch damals nicht oft gelang.

Im Oktober gab er seinen Einstand für die Männer der Dienststelle. Im »Weinhaus Wolf« hatte er in der ersten Etage ein paar Räume aufgestöbert, in denen früher ein welfischer Generalsklub tagte. Bilder des Königs von Hannover schmückten die Wände, der ganze Gotha stand im Regal. Benn bestellte ein kaltes Buffet, dazu Bier und Korn. Er hielt eine Rede, »Öl u. Mostrich, alles drin, was reinmusste, am Schluß hart u. überzeugt: ›Die Wehrersatzinspektion Hannover – hurrah‹«.[6] Das Hoch an die versammelte Runde entsprach dem Erlass Nr. 5670.33 W I a des Reichswehrministers vom 19. September 1933 über den inneren Dienst und die militärischen Grußformen: »Soldaten, welche ein Hoch ausbringen, bedienen sich dabei wie bisher des alten Soldaten-Schlachtrufes ›Hurra‹.«[7] Man tagte bis vier Uhr morgens, ein erfolgreiches Beisammensein.

Die Beobachtung der täglichen Vorgänge nahm ihn gefangen. Er hatte den Karrieredrang des Offizierskorps und das Strebertum in der Wehrmacht im Visier, Cliquen bildeten sich unter den Offizieren und Referatsleitern. Benn versuchte, sich aus den Parteiungen herauszuhalten, ihm schien es das klügste, so zu tun, als ob er von nichts wußte: »Ich spiele den Frischen u. Naiven vielfach, eine drollige Rolle!«[8] Andererseits versöhnen ihn formale Qualitäten, er schätzt das Knappe, Funktionale in den Beziehungen: »*Kommandeur*besprechung hier, Dienstanzug, 10 Minuten Dauer. Keine Weitschweifigkeiten, nur das Aktuelle.«[9] Die von jeder Zufälligkeit entblößte Planung eines Mobilmachungskalenders faszinierte ihn, er sah Zusammenhänge zwischen Dienst und Kunst im Einhalten von Sekunde, Komma und Millimeter, hier witterte er die Form, dem Wort »exact« spendete er großes Lob: »Ein Wort das ich unendlich liebe.«[10]

Allerdings stießen ihn die gesellschaftlichen Materialschlachten bald ab, ewig die gleiche Brühe in Tassen, Unterhaltungen über Verwundungen und Heldentaten, das ödete ihn an. Er versuchte, aus der Lage das Beste zu machen, und kümmerte sich, sobald die Würfel gefallen waren und da er nur bis Ende Dezember die Lagerungskosten für seine Möbel ersetzt bekam, um eine eigene Wohnung. Aber als er sie schließlich gefunden hatte, konnte er sie nicht mieten, weil der Hausbesitzer Jude war. Das hätte dem militärischen Ehrenkodex widersprochen. Benn hätte eine dienstliche Stellungnahme einholen müssen. Er scheute jedoch das Risiko, eventuell später wieder ausziehen zu müssen, und suchte weiter. Zudem war am 15. September 1935 das »Gesetz zum Schutze des deutschen Blutes und der deutschen Ehre« erlassen worden, das Ehen sowie außereheliche sexuelle Beziehungen zwischen Juden und sogenannten »Deutschblütigen« verbot. »Gräme dich nicht [...] wegen dieser Schweinehunde«, schreibt Benn an Tilly Wedekind, als in einem Zeitungsartikel ihr jüdischer Großvater, der sich hat taufen lassen, verunglimpft wird.[11] Er weist darauf hin, daß es nach dem Gesetz für ihre Kinder keine Bedeutung hat, daß sie einen jüdischen Urgroßvater hatten, und rät ihr dazu, keine schlafenden Hunde zu wecken und sich ganz ruhig zu verhalten: »Mein Gott, was für eine dreckige Welt. Ärgere Dich nicht«.

Mitte Dezember entschied er sich für eine Dreizimmerwohnung im ersten Stock der Arnswaldtstraße 3, einem wilhelminischen Gebäude, ganz nahe am Aegidientorplatz. Die Wohnung hatte zwar nur Ofenheizung, und der Blick ging auf den Hof, aber neben einem angemessenen Mietpreis gefiel ihm »das Höhlenartige, Zurückgezogene, auch das etwas Enge u Zusammenliegende der Räume. Mit großen Zimmern kann ich ja nichts anfangen, hätte ja auch gar keine Möbel dazu. [...] Und an die Peripherie ziehen, wo schon die Natur eindringt, – ekelhaft«, berichtete er Elinor am 6. Dezember.[12] In den nächsten Tagen benutzte er für Tilly die gleiche Formulierung und ergänzte: »Alles in allem mehr eine kleine Höhle für Menschenfeinde u. Flüchtlinge als ein Renaissancepalast.«[13] Auch Oelze erfuhr über die Wohnung alles mit den gleichen Worten. Dieser Praxis schriftstellerischer Sparsamkeit folgte Benn in seiner Korrespondenz mit Tilly, Elinor und Oelze öfters, das Selbstzitat gehörte zur Technik seines Schreibens. Er verwendete Bilder und ganze Sätze für verschiedene Adressaten im gleichen Zusammenhang, wobei er manchmal nicht wußte, ob eine Formulierung von ihm selbst stammte, einem fremden Text entnommen oder gar das Produkt seiner Bearbeitung war.[14]

Kein Wunder, daß die Schilderung der Wohnung außer in den Briefen an die Freundinnen und Oelze auch den Beginn des Prosatextes von »Weinhaus Wolf« ausmachte, den Benn wenige Monate später begann und in dem die Erfahrungen des ersten hannoverschen Jahres komprimiert waren: »Eine Wohnung hatte ich mir genommen, die nach hinten lag, zum Hof sah, alle Zimmer. Absicht! Einmal vertrage ich kein Licht, keine Beleuchtung durch die starken natürlichen Strahlen, dann aber auch, um verborgen zu bleiben sowohl im Hinblick auf die Männer wie auf die Frauen. Sehr höflich, war immer meine Devise, aber möglichst selten, und nie unvorbereitet.«[15]

Die Wohnung war allerdings zu klein, um ein Dienstmädchen unterzubringen, vielleicht reichte auch eine Aufwartung, die gleichzeitig kochen konnte. Vom Berliner Spediteur ließ er nur die nötigsten Möbel bringen, Elinor Büller bot ihm Bett und Matratze an, es mußten Beleuchtungskörper für alle Räume, für das Eßzimmer ein Teppich und ein Tisch gekauft werden. Erich Reiss wollte ihm vier Stühle schenken, Ullstein sollte sie »bekiebigen«.[16] Benn entrüstete sich über die Preise für Gardinen, die Sessel brauchten einen neuen Bezug. Aber als er nach Weihnachten einigermaßen eingerichtet war, einen »Proletarierfloh« angestellt hatte, der morgens um 7.30 den Kaffee kochte und mittags das Essen, stieß er einen Seufzer der Erleichterung aus. Freund Oelze schenkte ihm zum Einzug eine Buddha-Statue, »die Balance der Formen vollendet, man kann auch sagen, die Bilanz der Formen ohne Rest gelöst«.[17] Weihnachten verbrachte Benn allein, Silvester feierte er mit den Kameraden. Am liebsten hätte er in dieser Zeit eine Reise mit der Hapag nach Madeira gemacht, aber sie wäre zu teuer gewesen und hätte zu lange gedauert.

Schon vor dem Fest bedrängte ihn die Kameraden-»Clique« mit neugierigen Fragen nach seinen Urlaubsplänen. Da Benn allein bleiben und nicht eingeladen werden wollte, gab er eine Harzreise vor. Was aber sollte er erzählen, wenn bei der gemeinsamen Silvesterfeier dann der

Bericht fällig war? Benn entschloß sich zu einem Ausflug nach Hahnenklee, wo sich am 1. Weihnachtstag auch Oelze aufhielt. Es herrschte Tauwetter, Oelze begegnete er nicht. Er frühstückte im »Hahnenkleer Hof«, ärgerte sich über das bürgerliche Publikum, die »feisten Ehepaare ihre weichgekochten Eier aufklopfend, nach der Post meckernd, ›Ober, mein Gespräch nach Königsberg‹, [...] ›Ober hier fehlt Salz, es kommt nichts raus, also ist wohl auch nichts drin‹«.[18]

Seine Enttäuschung und schlechte Stimmung führten zu einer längeren Reflexion über das Verhältnis von Natur und künstlerischer Produktion. Der Schnee gäbe keine sprachlichen und emotionellen Motive her, ebenso wenig wie Wälder. Im übrigen sei »natura« ein Femininum, »immer auf Abzapfung von Samen bedacht, auf Bebeischläferung u. Ermüdung des Mannes. Die *Natur* ist sie überhaupt *natürlich*? Beginnt u lässt liegen, Ansätze und ebenso viel Unterbrechungen, Wendungen, Misslingen, im-Stichlassen, Widersprüche, Aufblitzen, sinnloses Sterben, Versuche, Spiele, Scheinbarkeiten –: das Schulbeispiel des Widernatürlichen!«[19]

Diese Zeilen, die Benn am 2. Weihnachtstag formulierte, machten die doppelte Funktion seines Briefwechsels mit dem Bremer Freund deutlich: Einerseits berichteten die Briefe über persönliche Lebensumstände, andererseits dienten sie als Vorstudien für eine Prosa, in der seine gedanklichen Erfahrungen in den künstlerischen Ausdruck verwandelt wurden. In »Weinhaus Wolf« liest sich diese Passage dann so: »Ihre Natur, mußte ich erwidern, ist sie denn natürlich? Kann man von ihr ausgehen? Ich kann beweisen, daß sie unnatürlich ist, äußerst sprunghaft, ja, daß sie der Schulfall des Widernatürlichen ist. Sie setzt an und läßt liegen, macht Aufwand und vergißt.«[20] Auffallend ist der Widerspruch zum Loblied der sommerlichen Landschaft als Voraussetzung und Anregung der lyrischen Produktion, das Benn beim Besuch der Stadthallenterrasse angestimmt hatte.

Lyrik 1935

Die Gedichte des Jahres 1934 hätte Benn gerne gedruckt gesehen, gleichzeitig scheute er die Öffentlichkeit, um als Offizier nicht in den Geruch des Dichters zu kommen. Da erleichterte ihm der neunundzwanzigjährige Hamburger Geisteswissenschaftler Dr. Heinrich Ellermann die Entscheidung. Er gab seit Oktober 1934 eine Lyrikreihe »Das Gedicht. Blätter für die Dichtung« heraus.[1] Es handelte sich um dünne Hefte, manchmal nur Mappen, oft nicht mehr als einen Bogen, die vierzehntägig jeweils zum 1. und 15. jeden Monats erschienen. Die Auflagenhöhe betrug in der Regel zweitausend Exemplare, aber schon im Sommer 1935 mußten die ersten zehn Folgen neu aufgelegt werden. Die Reihe war von Ellermann nicht als kommerzielles, sondern als literatur- und geschmackspädagogisches Unternehmen gedacht und niedrig kalkuliert worden. Die etablierten Verleger, die der nationalsozialistischen Kulturpolitik distanziert gegenüberstanden, unterstützten ihn und gaben ihm die Abdruckerlaubnis für urheberrechtlich geschützte Texte, so Anton Kippenberg vom Insel-Verlag oder Edwin Maria Landau vom Verlag »Die Runde«, um den sich die jüngsten George-Anhänger sammelten.

Die Unterstützung der Verleger erfolgte allerdings nicht ganz uneigennützig, denn sie waren öffentlich aufgefordert worden, sich der unprofitablen Lyrik stärker anzunehmen. Die Vorgeschichte der Verlagsgründung war eng mit diesem Angriff auf die privatwirtschaftlichen Interessen verbunden, und die Verleger erkannten schnell, daß Ellermanns Initiative geeignet war, sie zu entlasten.

Die Auseinandersetzung über die Rolle der Lyrik im Dritten Reich wurde im Januarheft der »Literatur« 1934 ausgelöst. Der in die Partei eingetretene Lyriker Fritz Diettrich (1902-1964), der bereits 1920 seinen ersten Lyrikband vorgelegt hatte, beklagte die geringe Aufnahmebereitschaft der großen Verlage für Lyrikmanuskripte und forderte von »kulturamtlicher Stelle« Abhilfe. Das war als Drohung gemeint und wurde auch als Drohung verstanden. Im »Börsenblatt für den Deutschen Buchhandel« und der Zeitschrift »Das Wort« kam es zu einer Auseinandersetzung über die Frage: »Vernachlässigte Lyrik?«, die sich bis in den Juni hinzog. Das Börsenblatt war als Sprachrohr der Buchhändler und Verleger schon vor 1933 konservativ-deutschnational und paßte sich den neuen Verhältnissen sofort an.[2] Eine Forderung von parteipolitischen Stellen nach einer Verbreiterung des Lyrikangebots konnte jedoch nicht im ökonomischen Interesse des Buchgewerbes sein. In dieser Diskussion ergriff Ellermann das Wort. Er entwickelte den Plan für seine Reihe, mit der er der Lyrik größere Aufmerksamkeit verschaffen wollte: Für anfangs fünfzehn Pfennig pro Folge erschienen vom 1. Oktober 1934 bis zum 1. September 1944 einhundertsechsundfünfzig Hefte der Reihe. Fritz Diettrich konnte seine Gedichte im ersten und zweiten Jahrgang unterbringen.

Vorher versuchte allerdings Börries Freiherr von Münchhausen, den Plan ins Lächerliche zu ziehen. Am Sonntag, den 5. August 1934, erschien in der »Deutschen Zukunft« ein ganzseitiger Artikel, in dem der billige Preis von Büchern für ihren Absatz grundsätzlich in Frage gestellt wurde. Wenn das Volk sich mit Lyrik nicht anfreunden könnte, dann läge das an der Lyrik und nicht am Volk. Nur wenn die Liedkunst wieder »natürliche Empfindungen seelisch reiner, einfacher und gesunder Menschen in erschütternden, tränennahen und lachnahen Worten« ausdrückte, würde sie wieder volkstümlich sein. »Wenn nicht, – dann helfen uns alle lyrischen Flugblätter und billige, billigere, allerbilligste lyrische Zettelchen nichts!«[3]

Ellermann konnte diese Polemik von einem Mitglied der Deutschen Dichterakademie zwar nicht gleichgültig sein, aber er ließ sich von seinen Plänen auch nicht abbringen. Er war mit Oskar Loerke befreundet, den er oft in Berlin besuchte, und kannte die Kontroverse zwischen Münchhausen und Benn über den Expressionismus. Zu keinem Zeitpunkt ließ er darüber im unklaren, auf wessen Seite er stand. Er legte eine Bibliographie Heyms, Stadlers und Trakls vor, und nach dem Erscheinen der ersten Folgen seiner Reihe teilte im Sommer 1935 ein Prospekt mit, daß neben den Dichtern des Barock und der Romantik auch der Expressionismus zu Wort kommen sollte. Der Expressionismus wurde also ausdrücklich genannt, und Ellermann blieb konsequent bei seiner Linie. Er lud Benn ein, in der Reihe zu veröffentlichen, und Benn stimmte im Oktober 1935 dem Druck seiner hannoverschen Gedichte zu, weil ihm das Unternehmen »obskur« genug schien und seinem Wunsch entgegenkam, »nicht stark hervorzutreten und aufzufallen«.[4] Ein besonderer Reiz der Reihe lag für ihn auch in der Nähe zu den anderen Autoren. Im ersten Jahrgang, der bis zum Oktober 1935 vorlag, konnte er je zwei Gedichte von Trakl, Heym und Stadler finden, eines von Alfred Brust. Mit sechs Gedichten war die Freundin Yvan Golls, Paula Ludwig, vertreten, eine Autorin, die vor 1933 vielen als die jüngere Schwester Else Lasker-Schülers gegolten hatte. 1934 hatte sie in einem Nachrufgedicht auf Samuel Fischer in der »Neuen Rundschau« ihre Haltung zu den politischen Machthabern deutlich zu erkennen gegeben.[5] Benn konnte natürlich nicht wissen, daß auch Yvan Goll selbst, der schon 1933 auf der »Schwarzen Liste für Volksbüchereien der Reichsleitung des Kampfbundes für deutsche Kultur« auftauchte, in Ellermanns Reihe unter dem Pseudonym Johannes Thor in Heft 11 im März 1935 gedruckt worden war: Paula Ludwig, die nach der Besetzung Österreichs nach Paris emigrierte, hatte das Gedicht »Der Ölbaum« an Ellermann vermittelt. In jedem Fall war die Reihe ein gutes Forum, um den Kontakt mit der europäischen Moderne zu halten.

Das graue Heft mit den Gedichten Benns enthielt auf achtzehn losen Blättern die gesamte lyrische Produktion dieses Jahres, die teilweise auf den Menükarten der Stadthalle nach Bremen gegangen war.[6] Die erste Seite des Heftes trug außer der Titelzeile »Gottfried Benn – Gedichte« nichts weiter als die Widmung:

HERRN F. W. OELZE,
in Bremen, Hartwigstraße.

»– dunkler als Kreuz ein Pfosten
trägt die Worte: du weißt.«
G. B.

Dem Freund übersandte er Anfang Dezember zehn Exemplare mit handschriftlichen Widmungen, von denen sich drei erhalten haben. Die erste und zweite stammt aus Gedichten von August von Platen, die dritte aus dem Sonett von Goethe: »Vergebens werden ungebundene Geister/ nach der Vollendung reiner Höhe streben«.[7]

Elinor Büller fühlte sich brüskiert, als Benn ihr seine Absicht mitteilte, das Gedichtheft Oelze zu widmen, denn sie selbst hatte insgeheim mit dieser Ehrung gerechnet. Aber eine öffentliche Erwähnung ihres Namens in einem so intimen Zusammenhang kam schon Tilly Wedekinds wegen nicht in Frage. Benn vertröstete Elinor geschickt auf die Zukunft und verteidigte seine Bevorzugung des Bremer Freundes. Die Beziehungen zu Oelze seien »wirklich allmählich das einzige Geistige, das aus meiner früheren Welt in die jetzige hineinragt. Sonst ist doch alles tot.«[8] Diese Begründung mußte Elinor um so mehr enttäuschen, als Benn sich mit ihr durchaus über Probleme und Bedingungen seiner dichterischen Produktion unterhielt und sie dafür auch Verständnis aufbrachte. Im Gegensatz zu Tilly, der Benn über das, was ihn gedanklich beschäftigte, kaum etwas mitteilte. Elinor konnte aber nicht wissen, daß die »Stadthallenelegien« schon im Sommer alle an Oelze gegangen waren, auch hatte ihr Benn nichts von diesem Produktionsschub gesagt.

Noch bevor die Hefte an die Buchhandlungen ausgeliefert worden waren, teilte Benn Elinor einen Satz aus einem Brief von Ellermann mit und bat um ihr Urteil. »Können mir aus den ›Gedichten‹ Schwierigkeiten entstehn? Der Herausgeber schreibt, wie begeistert er wäre u bliebe, auch wenn sich nach dem 1. I. ›ein Entrüstungssturm gegen ihn erheben würde‹. Wieso Entrüstungssturm, frage ich mich? Möglich ist in dieser beschissenen Öffentlichkeit natürlich alles. Aber ich warte in Ruhe ab, sturmgewohnt.«[9]

Die Besorgnisse kamen nicht von ungefähr. Benn mußte sich darüber klar sein, daß seine Gedichte wegen ihrer Hermetik und ihres melancholischen Tones, gemessen an der schieren Harmlosigkeit der zeitgenössischen Lyrik, die politisch brisantesten waren.[10] Denn schon bei der Übersendung der Druckvorlage Ende Oktober äußerte er sich gegenüber dem Verleger, es gäbe »nichts wegzudisputieren« – offenbar befürchtete er Einwände gegenüber einzelnen Gedichten, denen er mit dem Ton der Entschiedenheit zuvorzukommen gedachte. Das Heft wurde mit dem Gedicht »Die weißen Segel« eröffnet, das die Selbstbehauptung gegenüber dem blinden Glauben an die Politik des nationalsozialistischen Staates thematisiert:

> Und doch vor Flagg und Fahnen
> erhebe dich gedämpft:
> auch d e i n Gefühl hat Ahnen,
> du hast es dir erkämpft.

Das lyrische Ich bleibt ein Außenseiter in den Massenräuschen der Gegenwart und überdies als Träger einer »westlichen«, auf die Individualität und ihr Bewußtsein gegründeten Menschheitsbestimmung. Einen Außenseiter skizzierte Benn auch, kühl und lakonisch, im Turin-Gedicht als asoziales Genie, ohne sich ihm zu verbrüdern: Nietzsche. Die Verse nahmen keine Rücksicht auf das heroisierend verfälschte Nietzsche-Bild der nationalsozialistischen Kulturbürokratie und schlugen gleichsam nebenbei das von Hitler so hoch verehrte Erbe Richard Wagners kurzerhand den blasierten Kulturgenießern zu:

> Indes Europas Edelfäule
> an Pau, Bayreuth und Epsom sog,
> umarmte er zwei Droschkengäule,
> bis ihn sein Wirt nach Hause zog.

Unannehmlichkeiten mit kulturpolitischen Stellen blieben aus, das Heft fand eine erfreuliche Resonanz. Benn zum Ärger, aber »dem Herrn Ellermann zum Wohlgefallen u. zur Reklame«[11] erschien das Gedicht »Am Saum des nordischen Meers« im Berliner »Acht-Uhr-Abendblatt« am 1. April 1936 zusammen mit einer Besprechung des Gedichtheftes durch Frank Maraun: »Diese Gedichte haben die schwere Süße des Ausgereiften und die Fülle und Endgültigkeit des Gewachsenen, dem man heute so selten begegnet.«

So positiv das auch klingen mochte, Maraun sah sich offenbar genötigt, die Rezension mit einer apologetischen Wendung zu schließen: »Benn hat den Nationalsozialismus als universale Bewegung zur endgültigen Liquidierung des europäischen Nihilismus als eine geschichtliche Notwendigkeit rückhaltlos willkommen geheißen, und zwar mit tiefer fundierten und schlagkräftigeren Argumenten, als sie je einem Mitläufer zu Gebote standen. Aber er hat nicht im Zweifel darüber gelassen, daß er selbst, als Dichter wenigstens, diesen Weg nicht mehr mitgehen, daß er ihn für sich nicht realisieren kann. Die Reinlichkeit dieser Scheidung bestätigt seinen dichterischen Rang. Sie zeigt, daß sich in seinem Werk ein Schicksal erfüllt.«[12]

Der Rezensent sah klar, daß diese Gedichte im Jahre 1936 weder einen

»Entrüstungssturm« der Literatur fördernden und kontrollierenden Stellen, noch Zensurmaßnahmen hervorrufen würden. Schließlich gehörte der Autor als ordnungsgemäßes Mitglied zur Reichsschrifttumskammer, und einen unmittelbaren Anlaß zur Kritik boten die Gedichte nicht. Gleichwohl schien der depressive Grundton und das Fehlen einer begeisterten Aufbruchsstimmung Maraun dazu veranlaßt zu haben, Benn gegen mögliche Ankläger vorsorglich in Schutz zu nehmen. Er konnte zu diesem Zeitpunkt noch nicht wissen, welch großen Gefallen er Benn mit seiner positiven Rezension tat und welche Bedeutung seine Anerkennung dieser Handvoll Gedichte für den Dichter in Zukunft noch bekommen würde.

Der 50. Geburtstag

Die Veröffentlichung bei Ellermann und das Urteil von Menschen, die ihm nahestanden, verleiteten Benn dazu, dem Wunsch der Deutschen Verlagsanstalt (DVA) nachzugeben, zu seinem fünfzigsten Geburtstag am 2. Mai 1936 eine Sammlung seiner Gedichte herauszugeben, obwohl eine so bedeutende Veröffentlichung in Verbindung mit dem Feiertag das »Doppelleben« gefährden mußte. Bei der DVA waren bisher nur die Essaybände »Der neue Staat und die Intellektuellen« und »Kunst und Macht« erschienen. Vorher veröffentlichte Benn im Kiepenheuer-Verlag, der jedoch Konkurs machte. Innerhalb der Konkursmasse stellten die Bennschen Bücher einen der wenigen nennenswerten Posten dar und konnten zur Befriedigung der Gläubiger bereits im Juni 1933 an die Deutsche Verlagsanstalt verkauft werden.

Der Wunsch der DVA, einen historischen Querschnitt der Lyrik Benns auf den Markt zu bringen, in dem die expressionistischen Gedichte natürlich nicht fehlen durften, war 1936 ein risikoreiches Unterfangen. Aber konnte Benn eine solche Gelegenheit ungenutzt vorbeigehen lassen? Schließlich bot der angesehene Name des Verlages, dessen Generaldirektor Kilpper sich im Umgang mit der Reichsschrifttumskammer auskannte, eine Garantie für die Unbedenklichkeit der Unternehmung – ein Irrtum, der Benn teuer zu stehen kam.

Gleich zu Beginn des neuen Jahres 1936 fing Benn mit der Arbeit an, die Abgeschiedenheit in der eigenen Wohnung beflügelte ihn. Oelze bot ihm an, bei der Auswahl der Gedichte behilflich zu sein, und Benn bezog den Freund dankbar in die vorbereitende Arbeit ein. Die Gedichte sollten chronologisch aufeinanderfolgen, »nur Anfang u Schluss [des Bandes] stilisiert«.[1] Tiefsinnige und kitschig-pathetische Titel wurden erwogen: »Karyatide«, »Trunkene Flut« oder »Dennoch die Schwerter halten«. Und als der Band im Februar schon in Druck war, schwankte Benn immer noch zwischen »Stunden, Ströme« oder »Am Brückenwehr«.

Benn vertiefte sich in seine »Gesammelten Gedichte« von 1927, die Konfrontation mit der eigenen Geschichte bewegte ihn und zwang zum Nachdenken über die lyrische Entwicklung der letzten Jahre. Die Unvereinbarkeit seiner ästhetischen Überzeugungen mit den jetzt herrschenden Vorstellungen über Kunst war ihm mehr als bewußt, die kursorische Lektüre seiner Gedichte der letzten vierzig Jahre verdeutlichte den Widerspruch. Oelze berichtete er von diesem erschütternden Erlebnis: »Ich nahm gestern Abend daraufhin den Gedichtband vor, las die des I Teils, die ich seit 10 Jahren nicht mehr las; war verblüfft, stand vor Rätseln. Nämlich, dass ja ganz entschieden einmal in meinem Kopf u. Gedankenleben Originalität, fast Genialität war, und gleichzeitig tiefe tiefe Trauer, dass man das alles, ja eigentlich gerade das, was wirklich originell war u. auf neue Zusammenhänge und Überschichtungen des Gefühls deutete, heute vollkommen verleugnen muss, streichen, fallen lassen. Ich sass lange, bis hoch in die Nacht, u wollte die Absicht des Buches aufgeben. Unendliche Scham über meinen Abstieg und zu langes Leben, Über-leben, unendliche Trauer über den Verrat, den ich an mir zu begehn plante, warf mich um. [...] wie bin ich blos auf so unglaubliche Vergleiche, Worte, Zusammenstellungen, Erlebnisse gekommen, wie beweglich muss noch alles in mir gewesen sein, jung, unbeschwert, leichtsinnig, schwärmerisch.«[2]

Mit dem Hinweis auf die Unbesonnenheit, unter der sich seine frühe Produktion vollzogen hatte, idealisierte er gegenüber dem Freund die zwanziger Jahre. In Briefen an Elinor findet er die richtigere Einschätzung. Denn manchen Teilen der Lyrikproduktion stand er fremd gegenüber, sein Hauptempfinden war das eines produktiven »Inferno«: »Wenn ich an die Jahre 1918-23, denke, die letzten ›*expressionistischen Jahre*‹, – mein Gott, was habe ich mich gepreßt u. massakriert u. erniedrigt u. gepeitscht, um Kunst zu machen, um zum letzten, erfühlbaren *Ausdruck* zu kommen. Die Sonntage mit Hungern und Kaffeetrinken bis zum Taumeln, die Nächte vielfach verbummelt, um noch müder, depressiver, mürber zu sein. Und wozu? Das ist die Frage! Um isoliert, absonderlich dazustehn, wenn das Alter beginnt, immer in Gefahr, aus der Insel der bürgerlichen Existenz, auf die man sich rettete, ausgestoßen zu werden. Ein Rätsel, das Ganze.«[3]

In dieser Stimmung schrieb er zu dem Band einen Prolog. Von den sechs Strophen – »sehr ablehnend, individualistisch, tragisch, absolut u. innerlich« – teilte er Elinor die erste Strophe mit:[4]

Verfeinerung, Abstieg, Trauer –,
dem Wüten der Natur,
der Völker, der Siegesschauer
folgt eine andere Spur:
Verwerfen von Siegen und Thronen:
die große Szene am Nil,
wo der Feldherr der Pharaonen
Liedern der Sklavin verfiel.

Benns Einsicht in die Unzeitgemäßheit seiner Lyrik fußte auf einem außergewöhnlichen Selbstbewußtsein, wenn er den Brief mit der Frage beendete: »Aber wer außer mir kann das alles noch verteidigen, darstellen in Germany? Antworte!«[5]

Die Antwort scheint gut ausgefallen zu sein, denn sie gab Benn »Kraft und Stärke«. Beides war für die folgenden Wochen auch dringend nötig. Denn diesmal handelte es sich nicht um eine unauffällige Publikation, sondern um einen repräsentativen Band zu einem repräsentativen Datum, für den vom Verlag auch entsprechend geworben wurde. Mit dieser Veröffentlichung verließ Benn die Zurückgezogenheit seiner Existenz in Hannover und setzte sich der »beschissenen Öffentlichkeit«[6] aus. Er sah den Zündstoff durchaus, der in dem Gedichtband lag. Aber hätte er deswegen seine Vergangenheit als Künstler verleugnen sollen? Das kam nicht in Frage. Wenn er der Veröffentlichung zugestimmt hatte, dann zu Bedingungen, deren er sich auch vor den alten Kennern von Rang, die es ja noch gab, nicht zu schämen brauchte. Seinen Kritiker Frank Maraun warnte er schon vor dem Erscheinen: »Wissen Sie ich mache diese subalterne Kunstpolitik nicht mehr mit. Ich bin 50 Jahre, – soll man mich erschießen. Es kommt bestimmt aus Opfertoden auch nichts heraus, aber sie sind doch wohl noch besser, als *Dreck* zu machen. Und es ist *Dreck*, was sich heute als Dichtung gegenseitig hochlobt und preiskrönt. Es ist bedauerlich, daß der N.S. diese Dinge in so falsche Hände legt. Die politische Führung kann sich bestimmt nicht um diese Einzelfragen kümmern, muß es Beauftragten überlassen, aber gerade diese versagen.«[7] Da sich für Benn politische Verhältnisse in den Leistungen von Personen verkörperten, schien er immer noch der Überzeugung, daß der jetzige Staat bei richtigerer Förderung auch eine »bessere« Kunst hätte hervorbringen können.

Denn wie die aktuell geförderte Kunst aussah, konnte er in diesen Tagen an Erwin Guido Kolbenheyer studieren, der eine Propagandatournee durch England unternahm, über die in den Zeitungen berichtet wurde. Benns Neid auf den arrivierten Akademie-Kollegen war in der abschätzigen Bemerkung, die er an Oelze schreibt, kaum zu überhören:

»Nur einen Millimeter der Stirn möchte ich besitzen, den diese Burschen alle haben. Es ist ihr Hauptorgan. Dadrunter sitzt nichts.«[8] Das meinte Benn auch von Kolbenheyers Drama »Jagt ihn – ein Mensch« von 1931, das gerade in Hannover aufgeführt wurde. Er besuchte die Vorstellung, fand die Sozialproblematik veraltet, die Handlung »saublöd«, ein posthumer Angriff gegen den Kapitalismus, der sich doch in Europa als eine »der größten Errungenschaften humanitärer Art nächst der Guillotine herausgestellt« hätte.[9]

Der Neid war die eine, Benns Selbstbewußtsein eine andere Sache. Seine Verachtung galt einem Dilettantismus, dem die Anpassung an die neuen Verhältnisse leichtfiel, wenn er entsprechend belohnt wurde. Wie bei Rudolf G. Binding, der jetzt als Senator der Deutschen Akademie öffentlich auftrat. Oder bei Ernst Jünger, in dessen »Blätter und Steine« von 1934 Benn »enorm viel inneren Kitsch« fand.[10]

Je näher sein Geburtstag und das Erscheinen des Gedichtbandes rückte, desto mehr überwog Benns Gefühl der Sinnlosigkeit. Er wußte nicht, wie er diesen Tag verbringen sollte. Der einzig angemessene Ort für ein so bedeutsames Datum wäre der Pariser Platz und eine entsprechende Feierlichkeit mit Übergabe des Gedichtbandes an die Öffentlichkeit gewesen. Statt dessen eine Gratulationscour im Kasino unter den Kameraden? Benn beschloß, den Tag allein, nur in Begleitung seiner Tochter, in Hamburg zu verbringen: Man traf sich auf halber Strecke.

Die gedrückte Stimmung wurde aber nicht allein durch den nahenden Geburtstag ausgelöst, sondern auch durch eine Krise in der Beziehung zu Oelze, über den er dermaßen enttäuscht war, daß er ihm die Freundschaft aufkündigte. Oelze hatte bei der Lektüre von Friedrich Sieburgs »Robespierre« zwei Sätze entdeckt, die ohne Quellenangabe mit leichten Abweichungen aus Benns Rönne-Novelle »Der Geburtstag« abgeschrieben worden waren: »Manchmal kommt eine Stunde, da bist du – der Rest ist das Geschehen. Manchmal erstarrt die hochschlagende Flut zum Traum, manchmal rauscht es – wenn du zerbrochen bist.« Oelze fragte an, ob man nicht gegen diese Übernahme als Plagiat vorgehen müsse? Benn bejahte die Frage, denn ihn interessierten die Rechtfertigungsargumente des Plagiators. Oelze antwortete umgehend: »Herrn S.[ieburg] werde ich, da Sie es wünschen, in den nächsten Tagen schreiben. Man muss es wohl behutsam anstellen, damit er nicht falsch wird.«[11] Mit dieser Formulierung kränkte er aber Benns Empfindlichkeit. Benn hätte sich gerade jetzt eine deutliche, ihn in Schutz nehmende Stellungnahme gewünscht, eine kräftige Geste der Zurückweisung eines solchen Diebstahls. Ein Zeichen der unbedingten Solidarität hätte seine düstere Stimmung aufgehellt.

In einem bisher ungewohnten, scharfen Ton antwortete Benn einen Tag später und machte seine Position klar. Er hätte angenommen, daß der Freund gerne bereit gewesen wäre, für ihn einzutreten. Da Oelze nun aber zögere, eine Anklage gegen Sieburg scharf und eindeutig vorzubringen, wünsche er keine Korrespondenz mit Sieburg. Er sei immer in der Lage gewesen, seine Angelegenheiten allein in Ordnung zu bringen: »Mit vielen Grüssen Ihr ergebener Benn.«[12]

Oelzes Antwort wurde drei Tage später, am 21. April, mit der Bemerkung »Dank für Brief« quittiert. Gleichzeitig übersandte Benn ihm das erste Exemplar der »Gesammelten Gedichte«. Unter das eingeklebte Photo von sich in Uniform schrieb er die Widmung: »Der Krieger u. die Statue – auf seinem Helm steht: Semper Oelze«. Mit dieser Sendung, die er als Abschiedsgeschenk verstand, brach Benn die Brücken ab: »Wollen Sie bitte gütigst für die Übersendung des Buches nicht danken, gerade dies Buch zeigt mir, wie sehr alles vorüber ist, jedes Wort darüber würde mir nur Schmerz machen. [...] Ich werde Sie sehr vermissen, aber es wird sein.«[13]

Wenige Tage später trafen die ersten Besprechungen seiner »Gesammelten Gedichte« ein, Würdigungen von Egon Vietta und Carl Wercshagen erschienen. Frank Maraun versuchte, Benn als einen Kämpfer für den Nationalsozialismus zu verteidigen, ihn vom Vorwurf der »Artistik« zu reinigen und den Verdacht des jüdischen Intellektualismus abzulenken. Benn war nicht ganz zufrieden, versetzte sich aber in die Lage der Kritiker, wenn er Tilly Wedekind schrieb, alles sei sehr vorsichtig ausgedrückt, aber eine Diskussion ernsthafter Art verböte sich verständlicherweise, ihn berühre das nicht mehr.[14]

Wie wenig diese gleichgültig hingeworfene Bemerkung mit den wirklichen Wünschen übereinstimmte, zeigte seine Reaktion, als er am Abend des 30. April im Café Kröpcke sein Bier trank. Zufällig sah er die Würdigung von Erich Pfeiffer-Belli mit der Überschrift »Der Fünfzigjährige« im »Berliner Tageblatt«, das ein Herr am Nebentisch las. Benn war so bewegt, daß er dem Rezensenten umgehend seinen Dank ausdrückte. »Das andere, das abgedeckte Leben bricht plötzlich wieder herein, alle seine Dämonen, Kämpfe, Qualen, Widernatürlichkeiten, seine Neurosen, Beengungen, sein tierisches Müssen in die einzigen Ausgänge: Die Worte.«[15] In diesem Satz spiegelte sich die Qual, in Hannover ein Doppelleben führen zu müssen, das den existentiellen Zwang zum Ausdruck unter dem militärischen Verwaltungsalltag verdecken mußte.

Die impulsive Reaktion war ein sicheres Zeichen für die Depressivität dieser Tage. Die Sommergedichte des vorigen Jahres hatten in Ellermann einen Verleger gefunden, der Gedichtband zu seinem Geburtstag lag vor. Aber Benn sah keinen Sinn mehr in der Fortsetzung der Arbeit, er fühlte sich verbraucht, schlief schlecht, lag stundenlang wach, weinte im Traum. Körperliche Schmerzen plagten ihn, er war des Lebens überdrüssig.

Am 1. Mai reiste er nach Hamburg. Für zwei Nächte quartierte er sich mit Nele in der Pension Heiling am Holzdamm 4 ein. Nele konnte nicht länger bleiben. Sie arbeitete zu dieser Zeit in der kleinen dänischen Stadt Kolding an der dortigen konservativen Zeitung »Jydske Tidende«, Benn unterstützte sie finanziell. Da die Devisenausfuhr strengen Kontrollen unterlag, nahm sich Elinor Büller der Sache an. Bei ihr wohnte Nele auch, als sie bei einer deutschen Zeitung ein Volontariat suchte und Nele in den Monaten Juli und August in Berlin arbeitete.

Es wurde ein Geburtstag zu zweit. Benn schenkte seiner Tochter ein goldenes, mit Perlen besetztes Armband ihrer verstorbenen Mutter, die es von ihren Großeltern im Jahre 1896 bekommen hatte, und ließ das Datum seines Geburtstages 2.5.1936 hinzufügen.[16] Die Tage mit seiner Tochter waren allerdings nicht ausschließlich harmonisch. Schon am zweiten Tag dachten beide an Abreise. An Tilly Wedekind schrieb Benn eine Postkarte, deren Floskelhaftigkeit seine Niedergeschlagenheit offenbarte: »Es ist alles nett u reizend. Morgen abend bin ich wieder in Hannover. Ihr Benn«.[17]

Das Schwarze Korps

Während Vater und Tochter noch am Jungfernstieg die Möwen fütterten, wurde bereits derjenige Artikel geschrieben, der Benns Doppelleben zerstören und ihn in eine sehr bedrohliche Lage bringen sollte. Denn wenige Tage nach seiner Rückkehr wurde ihm ein Artikel aus der Wochenzeitung »Das Schwarze Korps«, dem offiziellen Organ der Reichsführung SS, mit dem Titel »Der Selbsterreger« zugeschickt. Der anonyme Absender hatte einen Zettel mit der Bemerkung »Geiler Mistfink« angeheftet.[1] Es handelte sich um einen äußerst bösartigen Angriff auf seine »Gesammelten Gedichte«. Benn glaubte an die Rache des Schriftstellers Hanns Martin Elster, der von ihm 1934, in Absprache mit Hanns Johst, wegen Unterschlagungen als Kassenwart aus dem Vorstand der »Union nationaler Schriftsteller« entfernt worden war.[2] Auch eine gegen ihn gerichtete Attacke von Rosenbergs Seite, ähnlich der Bekämpfung von Barlach und Hindemith, war denkbar, aber doch eher unwahrscheinlich.

Die Wochenzeitung »Das Schwarze Korps« erschien im März 1935 zum ersten Mal und verbuchte rasch einen außergewöhnlichen Erfolg.

Sie verkaufte sich gut, der Absatz stieg innerhalb eines Jahres von 70.000 auf 270.000 Exemplare.[3] Das Blatt war auf Anregung von Gunther d'Alquen, dem dreiundzwanzigjährigen Chef des Innenressorts des Berliner »Völkischen Beobachters«, gegründet worden. Himmler gab seine Zustimmung und verlangte den Untertitel »Zeitung der Schutzstaffeln der NSDAP und Organ der Reichsführung SS«.

D'Alquen verkörperte die neue Generation der NS-Funktionäre. Der »Völkische Beobachter« von Rosenberg war ihm zu konservativ, der »Angriff« von Goebbels zu sehr an die offizielle Parteilinie gebunden. Nach einer kurzen Anlaufzeit erschienen alle Beiträge, mit wenigen Ausnahmen, anonym. Neben der Schriftleitung gab es ein Heer von freien Mitarbeitern, vom SS-Sturmmann, der von seiner Einheit berichtete, bis zum SD-Mann, der ein paar Seiten aus seinen Akten entwendete und sie in einen Artikel umschrieb. SS-Oberführer, SS-Untersturmführer, SS-Hauptscharführer berichteten über sportliche Ereignisse, besprachen Bücher, kritisierten Kunst. Im übrigen lebte die Zeitung von der Denunziation. Hatte sie ein Thema angeschlagen, flatterten ganze Wagenladungen von Zuschriften ins Haus. Sie frönte einem krassen Antisemitismus, kämpfte gegen die katholische Kirche und besonders gegen die Adligen, »die nutzlosen und arroganten Schmarotzer«.[4]

Als Sprachrohr des SS-Reichsführers und Polizeichefs Heinrich Himmler ging es der Wochenzeitung immer auch um die Erhaltung der deutschen Familie und ihrer »Art«: An diesem Begriff wurden alle gesellschaftlichen Formen und Lebensregungen gemessen. Jeder, der nicht von »unserer Art« war, galt als Verräter am Volkstum, als krank und dekadent oder sollte als Entarteter »ausgemerzt« werden.[5]

Mit notorischer Wut zog das Blatt über die Homosexuellen her, denen als »Volksseuche« ein »rücksichtsloser Kampf« angedroht wurde. Wenige Wochen nachdem das Blatt sie zu »Staatsfeinden« erklärt hatte, forderte es die »Ächtung der Entarteten« und drohte mit Sicherheitsverwahrung oder Kastration. In den Kontext dieser Art der Berichterstattung paßte der gegen Benn gerichtete Artikel, der im Stil der völkischen Hetze gegen ihn vorging: »Aber Herr Benn wühlt seinen Stift nicht nur in stinkende Wunden, er macht auch in Erotik, und wie er das macht, das befähigt ihn glatt zum Nachfolger jener, die man wegen ihrer widernatürlichen Schweinereien aus dem Hause jagte. […] Gib es auf, Dichter Benn, die Zeiten für derartige Ferkeleien sind endgültig vorbei (daran ändert auch nichts die Tatsache, daß der Verleger vorsichtshalber unter den Titel setzte: 1911-1936.)«[6]

Der Artikel wollte Benn mit zwei gezielten Hieben schaden. Zum einen lag eine besondere Schlagkraft darin, Benn in einem Atemzuge mit Alfred Kerr, Kurt Tucholsky und Erich Kästner zu nennen, die seit der studentischen Bücherverbrennung am 10. Mai 1933 offiziell als »unerwünscht« galten.

Zwar war die Bücherverbrennung kein gesetzlicher Akt und nur eine studentische Veranstaltung, deren Urheberschaft irrtümlicherweise Goebbels zugeschrieben wurde, wofür es aber keine Anhaltspunkte gibt.[7] Der Katalog derjenigen Schriftsteller jedoch, die bei den Feiern am 10. Mai denunziert worden waren, galt seitdem als offizielle Verlautbarung der Parteizensur über unerwünschte Literatur, in deren Reihe das Bennsche Buch nun gerückt wurde.

Zum anderen hob der Artikel vier Gedichte aus Benns expressionistischer Zeit und den zwanziger Jahren heraus. Aus »Mann und Frau gehen durch die Krebsbaracke« wurden drei Strophen zitiert und als »drastische Schweinerei« bezeichnet. Das Gedicht »D-Zug« diente als Beispiel für »widernatürliche Schweinereien«. Und schließlich galt als letzter Beweis für Benns abartigen Charakter die zweite und dritte Strophe von »Synthese«. Die vorletzte Zeile »Auch was sich noch der Frau gewährt ist dunkle süße Onanie« wurde durch Punkte ersetzt und mit der redaktionellen Bemerkung versehen: »… (ist nicht wiederzugeben, D. Red.)«. Und die Behauptung, es handelte sich in dem Gedicht »Der Selbsterreger« um »warme Luft«, stellte Benn unter den Verdacht der Homosexualität. Diese Anwürfe mußten schon deswegen ernst genommen werden, weil eine Veröffentlichung in dem SS-Organ ihnen besonderes moralisches Gewicht verlieh und zudem den Eindruck erwecken mußte, der Angriff auf Benn sei offiziell veranlaßt oder geduldet.[8] Benn war in seiner Reaktion zunächst unentschieden. Sollte er die Hetze auf sich beruhen lassen, in der Hoffnung, sie würde nicht ruchbar? Dafür bestanden keine Chancen. Der »Völkische Beobachter« (Norddeutsche Ausgabe) hatte den Artikel am 8. Mai gekürzt übernommen und sorgte damit für eine weite Verbreitung. Benn entschloß sich zu einer dienstlichen Meldung beim vorgesetzten General Zepelin, mit dem ihn ein gutes Verhältnis verband. Als Thomas Mann im Dezember 1936 die Ehrendoktorwürde der Universität Bonn aberkannt worden war, enthielt sein offener Brief an den Dekan eine heftige Kritik am Nazi-Regime. Benn hatte ein Exemplar von Oelze erhalten und gab es seinem Chef: Der General zeigte Verständnis. Im jetzigen Fall ging es jedoch nicht mehr um private Zustimmung, sondern um ein Problem, das offiziellen Charakter hatte und auf eine Konfrontation der Wehrmachts- mit den SS-Behörden hinauslaufen konnte. Benn mußte mit der Sanktion rechnen, schlimmstenfalls sogar aus der Wehrmacht entlassen zu werden.[9]

Zu seiner Verteidigung bat Benn Hanns Johst, der als Staatsrat und Leiter der Reichsschrifttumskammer sehr einflußreich war, um eine Ehrenerklärung. Johst war seit einem Jahr SS-Oberführer, und seine

Stimme bekam deswegen in diesem Fall ein besonderes Gewicht. Benn zog die Unterstützung durch Johst jedoch in Zweifel, »er ist zu sehr verbunden u. verbandelt mit allen, namentlich mit Ro.[senberg]«.[10] Von seinen Schriftstellerkollegen aus der Akademie, von Kolbenheyer, Schäfer oder Münchhausen, war keine Hilfe zu erwarten. Im Gegenteil. Loerkes Gutachten wären bedeutungslos gewesen: Mit einem Schlag kam ihm die Isolation, die er doch gesucht hatte, als Bedrohung zum Bewußtsein.

Per Eilbrief wandte Benn sich an Professor Walther Kittel, der als Sanitätsoffizier im Reichskriegsministerium am Tirpitzufer eine maßgebliche Stellung bekleidete. Außerdem legte er die zahlreichen Rezensionen vor, die in renommierten Tageszeitungen erschienen waren. Die »Frankfurter Zeitung« und die »Kölnische Zeitung«, die »Essener Nationalzeitung«, die »Berliner Börsenzeitung«, das »Berliner«- und das »Königsberger Tageblatt« hatten bis zum 10. Mai anerkennende Artikel gedruckt. Paul Fechter hatte den Dichter in der »Deutschen Zukunft« gewürdigt, Egon Vietta in der »Literatur«. Benn war überrascht und erfreut über die große Anzahl von »guten Presse-Aufsätzen« aus Anlaß seines Geburtstages. An Tilly Wedekind schrieb er zusammenfassend: »Ja, so stehn die Dinge. Kampf, Kampf, Kampf bis zur Vernichtung. Alle diese Schlachten: die Hegemann-sache vor Jahren in Sachen H.[einrich] M.[ann], dann die beiden Münchhausenskandale, [...] vorher, als du mich noch nicht kanntest, Krach mit den Marxisten: Becher und Kisch – u. ein entsprechender ›Gedanken‹austausch – ein Feldzug von Pöbeleien, Angriffen, Hetzen, bald mag ich nicht mehr. Na, weiter! Für wen eigentlich? Für mich nicht. Ich weiß es selber nicht mehr«.[11]

Ein Angriff mit Folgen

Dabei fürchtete Benn keineswegs den Konflikt mit dem Parteiapparat der NSDAP oder dessen Zensurbehörden. Und auch für eine Verfolgung durch die Geheime Staatspolizei gab es – was immer übersehen wird – überhaupt keinen Anlaß. Die Veröffentlichung der Gedichtsammlung in einem angesehenen Verlag unterlag keinem Verbot. Im Gegenteil: Sie war auf Wunsch des Verlags erfolgt. Der Autor war seit dem 28. Dezember 1933 Mitglied der Reichsschrifttumskammer und hatte das Recht, zu veröffentlichen. Daß der Inhalt des Bandes der SS nicht paßte, stand auf einem anderen Blatt. Im Zuge der Untersuchungen war allerdings aufgefallen, daß der RSK von Benn gar keine gültigen Aufnahmepapiere vorlagen und auch der Ariernachweis nicht

»durchgeführt« worden war. Benn wurde am 28. Juli 1936 aufgefordert, die »formale aber dienstlich notwendige Angelegenheit baldmöglichst zu regeln«.[1]

Die Gefahr bestand für Benn ausschließlich und allein in der Kontrolle durch die vorgesetzten Militärbehörden. Sie hätten sich die Anwürfe im »Schwarzen Korps« zu eigen machen, moralische Bedenken gegen seinen Charakter und seine Dichtungen vorbringen und dadurch das Ansehen der Armee befleckt sehen können. Wenn ein von den Militärbehören eingesetztes Ehrengericht auf eine »ehrlose Gesinnung« des Dichters erkannt hätte, wäre die fristlose Entlassung unausweichlich gewesen.

Benn malte sich die Chancen aus. Konnte er keine rechtfertigenden Gutachten beibringen, mußte er den dienstlichen Gang der Dinge abwarten und eine ehrengerichtliche Untersuchung gegen sich beantragen. Tilly Wedekind schilderte er die Folgen: »Nun stelle dir vor: Ein Ehrengericht von 3 alten Majoren, die über Lyrik, meine Gedichte, zu Rat sitzen. Was soll da herauskommen? Doch nichts Gutes! Im günstigsten Fall erklären sie, daß meine *persönliche* Ehre unangetastet ist, daß es aber besser sei, ich gehe, da ein Offizier sich solchen Angriffen nicht aussetzen kann. Darin haben sie meiner Meinung nach auch recht. Ich werde bestimmt gehn müssen. Ich werde nur es so einzurichten suchen, daß ich unfreiwillig gehe, d.h. man mir Pension geben muß, event., wenn ich Glück habe, eine neue Zivilstelle.«[2]

Daß Benn eine Selbstanzeige erwog, zeigt, daß er als Verwaltungsbeamter die Vorschriften kannte, die von deutschen Offizieren eingehalten werden mußten. Sie waren unter dem Titel »Wahrung der Ehre« vom Oberbefehlshaber des Heeres, Freiherr von Fritsch, am 1. November 1934 erlassen worden. »Die Ehre ist«, so heißt es im Vorspann, »das höchste Gut des Soldaten. Sie rein und fleckenlos zu erhalten, ist die heiligste Pflicht des ganzen Standes wie des Einzelnen. Die Erfüllung dieser Pflicht schließt die gewissenhafte und vollständige Erfüllung aller anderen Pflichten in sich. Ein Vorbild in allen soldatischen Tugenden und damit in der Auffassung des Ehrbegriffs soll der Offizier sein.«[3] In seiner Stellung als Offizier und zudem Leiter von Lehrgängen war Benn besonders exponiert. Im übrigen sahen die Bestimmungen in § 2 vor, daß eine Ehrenangelegenheit »nie verschleiert oder verzögert werden darf. Ein Versagen in dieser Hinsicht belastet auch den unschuldig Belasteten schwer«.[4] Am 9. Mai erstattete Benn dienstliche Meldung.

Lag ein begründeter Verdacht eines Verstoßes gegen die Ehre vor, dann wurde zunächst durch ein »Ehrenprüfverfahren« der Tatbestand geklärt und dann gegebenenfalls ein »Ehrenverfahren« durch einen »Ehrenrat« eingeleitet, der für Benns Rang eines Stabsoffiziers aus je einem Oberst, Oberstleutnant und Major zu bestehen hatte. Das Ehrenverfahren selber hatte dann festzustellen, ob der Offizier »noch für würdig gehalten wird, weiter im aktiven Wehrdienst belassen zu werden«.[5] Das Recht der Entscheidung, welche Maßnahmen zu treffen oder zu beantragen waren, lag ausschließlich beim Kommandeur. Da Benn wegen seiner expressionistischen Gedichte angegriffen worden war, von denen einige mehr als zwanzig Jahre zurücklagen, scheint seine Sorge wegen einer Bloßstellung durch ein paar alte Gedichte auf den ersten Blick übertrieben. Die Bestimmungen zur »Wahrung der Ehre« setzten jedoch in § 36 auch die Einleitung eines Ehrenverfahrens für Handlungen fest, die vor Eintritt in die Reichswehr begangen sein konnten.

Ein Ausscheiden aus der Armee aber wäre für Benn Existenzvernichtend geworden, denn schließlich hatte er seine Praxis zwei Jahre vorher wegen finanzieller Aussichtslosigkeit aufgegeben. Bei einer Wiedereröffnung hätte der alte Patientenstamm gefehlt, auch wäre kein Geld für eine Praxisausstattung, etwa Röntgengeräte, vorhanden gewesen.[6] Zudem fehlte die Mitgliedschaft in der Partei, was die Zustimmung zur Eröffnung einer Praxis durch die ärztlichen NS-Behörden bei unehrenhafter Entlassung aus der Armee behindert hätte. Günstigstenfalls wäre ein Kompromiß zu erreichen gewesen, der Benn einerseits eine Pension zugesichert oder ihm die Versetzung in eine zivile Stelle als Arzt bei einer Behörde ermöglicht hätte. Aber das waren vage Hoffnungen.

Die Wochen nach dem 9. Mai, der Selbstanzeige bei Zepelin, waren für Benn mit großer Spannung erfüllt, schließlich ging es um seine Zukunft. Eine Hoffnung richtete sich auf Johst. Für Zeitungen ließ Johst sich gern in schwarzer SS-Uniform fotografieren, Benn fürchtete deswegen jedoch, er könne den Ton des »Schwarzen Korps« vielleicht aufgekratzt und kurzweilig finden und die Gefahr in dieser Situation falsch einschätzen. Unterstützung erwartete Benn auch von seinem vorgesetzten General in Hannover, weil grundsätzliche Spannungen zwischen der Wehrmacht und dem Parteiapparat bestanden. Zudem attackierte »Das Schwarze Korps« besonders gern den Adel, der wiederum abschätzig von den jungen Parteisoldaten und Aufsteigern dachte. Vom adligen Generalmajor von Zepelin war deswegen nicht zu erwarten, daß er Benn im Stich ließ. Wie aber würde sich die militärärztliche Behörde im Berliner Reichskriegsministerium äußern?

Bereits am 12. Mai schickte Johst Benn ein beruhigendes Telegramm, in dem er sich vor ihn stellte: »Ignorieren Sie Kritik Verbuerge mich fuer Integrität und Makellosigkeit Ihrer dichterischen Persoenlichkeit.«[7]

Die Bedrängnisse dieser Tage bestimmten Benn auch dazu, seine Haltung gegenüber Oelze zu ändern und die Trennung rückgängig zu machen. Oelze hatte nicht nachgelassen, in den zwei Wochen seit Benns Abschiedsgruß mit Briefen und einer Büchersendung als Geburtstagsgeschenk die Verbindung zu halten, und Benn empfand die Sicherheit der freundschaftlichen Anhänglichkeit in diesen Tagen besonders stark, so daß er diese existentiell wichtige Beziehung jetzt nicht wegen einer Lappalie aufs Spiel setzen konnte. »Ich bedarf Ihrer ja viel mehr«, hatte er dem Freund im vorausgehenden Jahr geschrieben, »Sie machen sich nicht klar, wie völlig isoliert ich bin, ohne jede Beziehung geistiger Art zu meiner Umwelt.«[8] Und diese Lebensbedingungen hatten sich nicht verändert.

Sommer 1936

Die Ergebnisse dieser Tage faßt Benn für Oelze am 17. Mai zusammen: »Johst hat mir ein sehr gentlemenlikes Telegramm geschickt, das meine Lage verbesserte, vielleicht rettete. Mein General – *fabelhaft*: nicht durch die Anpöbeleien wird meine Offiz.Ehre beleidigt, nur dadurch, wenn ich mich überhaupt danach umsähe u. reagierte. In Berlin im R.Kr.M. ist man dagegen weniger großzügig u. ist über mich u. meinen Besitz nicht so 100% beglückt. Eigentlich steht die Entscheidung bei mir, ob ich bleiben will, obschon man mir sehr sehr liebenswürdig u. fast kameradschaftlich andeutet, dass doch wohl ›Entgleisungen‹ vorliegen (bei mir!) und dass das Leben so viel Unschönes böte, dass die *Kunst* nur *Reines* und *Schönes* bieten solle. – Lachen Sie bitte nicht, es ist furchtbar ernst. Im Moment weiß ich noch nicht, was ich tue. Wird das Buch verboten oder wiederholen sich die Angriffe, muss ich gehn. Helfen kann mir niemand.«[1]

Die beiden Wochen hatten Benn so verstört, daß er zwischenzeitlich überlegte, sich in Graz als Arzt niederzulassen. In seiner Wut schrieb er sogar, er wolle »auswandern«.[2] Besonders erbittert war er über die Reaktion der anderen Verlage. Auf der Leipziger Frühjahrsmesse mußte sich die DVA von Verleger-Kollegen »Unvorsichtigkeit« vorhalten lassen. Benn schlug deswegen Verlagsdirektor Kilpper vor, den Band überhaupt aus dem Buchhandel zurückzuziehen. Aber Kilpper besprach sich mit Johst und lehnte ab. Der anonyme Angriff gegen Benn schien im Sande zu verlaufen.

Am 15. Mai war auch die Entscheidung des Reichskriegsministeriums gefallen: Benn durfte bleiben. »Schreiben kann und darf ich nichts mehr, wenigstens nichts mehr veröffentlichen, solange ich Soldat bin«, schrieb er an Oelze. »Ich glaube aber, dass ich, vorausgesetzt, dass ich nicht krank werde, was mir manchmal plausibel erscheint, nicht mehr unberechenbar lange in der Armee bleiben werde. Es war eigentlich doch eine Fehlspekulation.«[3]

Oft wird behauptet, Benn habe sich der NS-Partei erst angedient, die habe ihn dann jedoch »fallengelassen«. Das ist eine Vorstellung, die über die komplizierte Wirklichkeit der ersten Jahre des Nationalsozialismus nicht informiert ist. Die staatliche Bürokratie interessierte sich nicht für Benn. Ebensowenig die Parteibehörde, weil er nicht in der Partei war. Als ordentliches Mitglied der Reichsschrifttumskammer wäre es ihm durchaus möglich gewesen, harmlose Gedichte und Texte in die Feuilletons der Zeitungen zu bringen. Auf eine Veröffentlichung der alten Gedichte hätte er dann allerdings verzichten müssen. Der Expressionismus unterlag der Kuratel der Kulturpolitik.

In den Sommermonaten nahm die Verwaltungsarbeit, unter deren langweiliger Gleichförmigkeit Benn stöhnte, zu. Seine geistige Leistung stagnierte, die intellektuellen Anregungen fehlten, nur zur Lektüre von Kriminalromanen konnte er sich aufraffen. Im Juni besuchte ihn abermals seine Tochter Nele und blieb zwei Wochen bei ihm. Benns Schuldgefühle, sich zuwenig um sie gekümmert zu haben, erzeugten Angst vor zuviel Nähe. Auch wurde seine Einsiedelei gestört, er mußte auf jemand anderen Rücksicht nehmen. Aber seine Ängste erwiesen sich als unbegründet: Die Tochter umsorgte den Vater, kochte und hielt die Wohnung in Ordnung, man saß bei Kröpcke und auf der Stadthallenterrasse. Das Resümee der beiden Wochen: »Nele ist sehr reizend. Kostet aber viel Geld. Werden knappe Monate für mich werden. Aber ich bedauere es nicht, sie ist so lernbegierig u. klug, es wäre schade, wenn sie in dem kleinen Land u. an der kleinen Zeitung und in dem kleinen Nest Kolding weiter ihr Leben fristen müßte. Sie muß lernen u. weiterkommen.«[4] Nach dem Aufenthalt in Hannover war Nele in Berlin. Der Lektor Karl Pagel hatte sich für verschiedene Volontariate bei der verlagseigenen »Zukunft«, dem »Berliner Tageblatt« und der »Deutschen Allgemeinen Zeitung« eingesetzt. Nele wohnte bei Elinor Büller, und Benn mußte aufpassen, daß Tilly Wedekind keinen Wind davon bekam, da er das Leben mit den beiden Frauen ja streng auseinanderhielt und beide nichts voneinander wußten.[5]

Benn war unsicher, wo er Urlaub machen sollte, Travemünde oder Scharbeutz, »überall dasselbe Bürgerpack und dieselbe so penetrante See«.[6] Tilly besuchte ihn. Er entschloß sich schließlich für Malente-Gremsmühlen in der Holsteinischen Schweiz, »Sommerfrische an großen Seen«.[7] Im Hotel Luisenhöhe fühlte er sich wohl, obwohl ihm die Pension spießig erschien und das Essen nicht erstklassig war. Mit kritischem Blick beobachtete er die anderen Gäste, die Ehepaare hatten es ihm angetan, von denen die Frauen immer besser aussahen als die Männer. Die Ehe als der Inbegriff geordneter bürgerlicher Verhältnisse beschäftigte ihn zeitlebens.

Aber die Ruhe war trügerisch. Schon bald gab es neue Schwierigkeiten. Der Schutzumschlag der »Ausgewählten Gedichte« trug auf der ausgedruckten Banderole ein Zitat aus der Besprechung von Martin Raschke in der Zeitschrift »Die Literatur«: »Hier singt der männliche Kämpfer, der tragisch-heroische Mensch, der den Weg Nietzsches zu Ende ging, ohne umzukehren«. Auch hatte der Verlag das Erscheinen der »Gesammelten Gedichte« zum Anlaß genommen, mit einem neuen Prospekt für alle Werke von Benn zu werben, die nach der Übernahme von Kiepenheuer bei der DVA erschienen waren. Dieses kleine Faltblatt von vier Seiten, das dem Band beilag, pries neben den »Ausgewählten Gedichten« auch »Kunst und Macht«, »Der neue Staat und die Intellektuellen«, »Fazit der Perspektiven« und die »Gesammelte Prosa« an. Die erste Seite zeigte ein Porträtphoto von Benn und brachte darunter einen Satz aus einer Besprechung der »Magdeburgischen Zeitung«: »Gottfried Benn ist warnender Seher und Führer in die neue Zeit«.[8] Durch den Artikel im »Schwarzen Korps« war die »Parteiamtliche Prüfungskommission zum Schutze des NS-Schrifttums« (PPK) auf die »Ausgewählten Gedichte« aufmerksam geworden. Benn erhielt die Kopie eines bedrohlichen Schreibens der PPK an den Verlag nach Malente, wodurch die gerade durchgestandene Affäre wiederaufleben konnte:

> Die von Ihnen herausgebrachte Gedichtsammlung von Gottfried Benn, Ausgewählte Gedichte darf auf keinen Fall unter Bezugnahme auf den Nationalsozialismus vertrieben werden. Es sind daher Sätze wie: ›Warnender Seher und Führer in eine neue Gemeinschaft‹ usw. bei der Propaganda dieser Schrift völlig unangebracht und zu unterlassen. Die Schrift kann nicht für sich in Anspruch nehmen, den Geist der Bewegung zu vertreten. Man fragt sich beim Durchlesen der Schrift, wie denn der Verleger es eigentlich rechtfertigen will, dass er so völlig überholte Arbeiten heute, im Jahre 1936, glaubt herausbringen zu können. Glaubt er wirklich im Ernst, einen Beitrag zur deutschen Kultur geleistet zu haben? Das müsste dann als ein bedenkliches Zeichen des neuen Wollens, wie es sich im Nationalsozialismus verkörpert, betrachtet werden. Ich ersuche um Stellungnahme und Angabe über die Höhe der vorhandenen Auflage. Heil Hitler! gez. Hederich.[9]

Was hatte Benns Gedichtband mit dem Nationalsozialismus zu tun? War denn der Band unter Bezugname auf den Nationalsozialismus vertrieben worden? Auf den ersten Blick muß der Einwand der PPK, deren Vorsitz der Chef der »Kanzlei des Führers der NSDAP«, Philipp Bouhler, innehatte, gegen einen Gedichtband verwundern. Denn streng genommen war die Prüfungskommission für die schöne Literatur nicht zuständig.[10] Gemäß einer Verfügung des Stellvertreters des Führers, Rudolf Heß, bestand die Aufgabe der Bouhlerschen Behörde darin, ausschließlich diejenigen Schriften zu prüfen, die den Nationalsozialismus zum Gegenstand hatten. Damit sollte einer Verfälschung des NS-Ideengutes und seine kommerzielle Vermarktung durch sogenannte Konjunkturritter verhindert werden. Die Prüfstelle sollte vor allem die Produkte notorischer »System-Verlage« wie etwa Rowohlt unterdrücken, der 1933 zunächst eine lavierende Programmpolitik verfolgte, indem er Bücher von Autoren brachte, die schon zuvor verlegt worden waren und sich nun zum Nationalsozialismus bekannten, wie Arnold Bronnen. Auch druckte Rowohlt Werke wie »Ein Volk steht auf. 53 Tage nationaler Revolution« oder Wilhelm Scheuermann »Woher kommt das Hakenkreuz?«, während gleichzeitig aber noch Bücher von Franz Hessel, Mascha Kaléko, Robert Musil und Alfred Polgar erschienen. Neue Bücher durften seit April 1934 nur noch dann im Titel und in der Aufmachung als nationalsozialistisch bezeichnet werden, wenn sie den »Unbedenklichkeitsvermerk« der PPK erhalten hatten.[11]

Bouhler weitete jedoch die Rechte seiner Behörde aus. Seit April 1935 war die PPK berechtigt, das Erscheinen jeder Schrift zu verhindern oder vorhandene Bücher zu beseitigen, die zu »der wahren Absicht der Bewegung« im Widerspruch standen. In Zusammenarbeit mit der Reichsschrifttumskammer verbot die Prüfungsstelle nun dem Buchhandel, von ihr beanstandete Bücher und Schriften zu verbreiten. Verleger, die den Wünschen der PPK nicht nachkamen, hatten mit Ordnungsstrafen und in schwerwiegenden Fällen mit dem Ausschluß aus der Reichsschrifttumskammer zu rechnen.[12]

Das Schreiben der PPK an die Deutsche Verlagsanstalt vom 4. August 1936 spiegelt also den erweiterten Einfluß der Behörde wider. Sie nahm im eigentlichen Sinn ihrer Kompetenz Anstoß an der Form der Werbung, nicht an den Gedichten selbst und war damit formal im Recht, denn ihr Statut sah auch die Zensur für Verlagsanzeigen vor, wenn ein unberechtigter Hinweis auf den Nationalsozialismus verwendet wurde. Nun war der Begriff »Führer« seit einer Anordnung des Stabsleiters der Parteiorganisation, Robert Ley, vom Oktober 1934 »zu einem unantastbaren Begriff« geworden. Kein politischer Leiter der Partei oder der angegliederten Organisationen durfte das Wort – »auch nicht in Verbindung mit einem anderen Wort« – für sich verwenden.[13] Die Unterschrift »Führer in die neue Zeit« unter einem Porträtphoto Benns war also in höchstem Maße anstößig. Und obwohl es sich bei dieser Behauptung nur um ein Zitat aus einer Besprechung handelte und auch »der männliche Kämpfer, der tragisch-heroische Mensch« ein Satz aus einer Rezension auf dem Buchumschlag war, konnte man, böser Wille vorausgesetzt, im Abdruck dieser Formulierungen den Versuch eines unberechtigten Hinweises auf die Nationalsozialistische Deutsche Arbeiterpartei und damit den Tatbestand des Konjunkturrittertums sehen.

Hederichs zweites Argument traf die Gedichte selbst, die nicht den »Geist der Bewegung« vertraten, eine Ansicht, der von Verlagsseite nichts entgegenzusetzen war. Würde es zu einem Verbot der »Gesammelten Gedichte« wegen einer fragwürdigen Darstellung der Sexualität kommen, dann würde Benn sich erneut vor den Militärbehörden rechtfertigen müssen.

Unterzeichnet war das Schreiben von Karl Heinz Hederich, einem gelernten Schlosser, der am 9. 11. 1923 am Hitler-Putsch teilgenommen hatte und der zum Geschäftsführer und Stellvertreter des Vorsitzenden der PPK in Schrifttumsfragen aufgestiegen war.[14] Hederich ließ es nicht bei dem Brief an den Verlag bewenden. Für die Werbung war seine Behörde zuständig, nicht aber für den Inhalt des Buches. Er wandte sich daher mit gleicher Post an die Geheime Staatspolizei, Prinz-Albrecht-Straße 8 in Berlin.[15] Im ersten Satz des Schreibens wies er auf seine Nichtzuständigkeit hin, da es sich nicht um »eigentlich nationalsozialistisches Schrifttum« handelte. Er hätte sich aber veranlaßt gesehen, den Verleger darauf hinzuweisen, daß er beim Vertrieb dieser Schrift »jede Bezugnahme auf die Bewegung« zu unterlassen habe, und trug nun eine allgemeine Argumentation vor, die den Text aus dem »Schwarzen Korps« in eine bürokratische Kurzform brachte und mit der Erwägung endete, den Verleger zur Rechenschaft zu ziehen oder ihm zumindest mitzuteilen, daß eine weitere Auslieferung des Buches in der vorliegenden Form nicht in Betracht kam. Dieser Vorschlag wurde von der Gestapo mit der handschriftlichen Randbemerkung »Ja« versehen.

Die Geheime Staatspolizei ordnete die sofortige Vorlage von zwei Exemplaren an und verlangte Bericht darüber, ob der Verlag das Buch noch verbreitete oder es bereits wegen der Intervention der PPK aus dem Handel gezogen hatte. Am 14. August wurden die Exemplare zusammen mit der Mitteilung zugestellt, der Verlag liefere die Bücher noch aus und stünde mit der PPK in Verhandlungen.

Die Gestapo telefonierte daraufhin mit der Reichsschrifttumskammer und bekam den Bescheid, »dass auf Anordnung von Staatsrat Johst gegen Benn und seine Schriften nichts unternommen werden solle. Das Reichsministerium für Volksaufklärung und Propaganda teile diese Meinung«. Mit Schreiben vom 21. August meldete die Gestapo daraufhin der PPK, man nähme von »irgendwelchen Massnahmen gegen die Deutsche Verlagsanstalt Abstand«. Im übrigen stünde der Verlag mit der Staatspolizeistelle Berlin in Verbindung. Eine Kopie des Schreibens ging an die Pressekartei zur Auswertung, die beiden Bücher verschwanden in der Bibliothek der Gestapo »ohne Eingangsbuchung«. Dieser Vorgang zeigt den Kompetenzenwirrwarr, die bürokratische Wichtigtuerei und die wesentliche Rolle persönlicher Beziehungen, die sich in diesem Fall positiv für Benn auswirkten: Die Akte wurde wegen des Einspruchs von Hanns Johst geschlossen.

Der Artikel aus dem »Schwarzen Korps« hatte auch die »Reichs-Rundfunk-Gesellschaft« alarmiert. Am 6. Mai nahm sie Bezug auf die Anwürfe und teilte der Reichsschrifttumskammer mit, sie schlösse sich »voll und ganz« der SS-Stellungnahme an und hätte zwei Möglichkeiten, gegen einen Verlag, der noch 1936 »solche Erzeugnisse« herausbrächte, vorzugehen.[16] Man könne das Buch ablehnend besprechen oder eine Sperre »für die Deutsche Verlagsanstalt für alle Sender anordnen. Wir möchten weiter darauf hinweisen, daß sich der Verlag der Forderung, die in seiner Namensgebung ›Deutsche Verlagsanstalt‹ steckt, sehr oft entzieht und zum großen Teil ausländische Autoren verlegt«. Über eine Antwort wissen wir nichts. Der Verlag mußte auch denunziatorische Schreiben aus Privatfedern beantworten. Ein Oberbaurat Bode aus Kassel führte den Artikel aus dem »Schwarzen Korps« an und sah den Ruf des Verlages in Gefahr. Kilpper antwortete mit dem Hinweis, der Verlag habe Autoren wie Ina Seidel, Josef Ponten, Börries von Münchhausen und Detlev von Liliencron im Programm. »Zu Ihrer persönlichen Information sei Ihnen aber gesagt, daß Gottfried Benn einer der größten deutschen lebenden Dichter und Mitglied der Akademie für Dichtung ist, und dass Herr Staatsrat Johst, Präsident der Reichsschrifttumskammer und SS-Oberführer, ihm vor kurzem empfahl, den Angriff zu ignorieren, er (Johst) verbürge sich für die Integrität und Makellosigkeit seiner (Benns) dichterischen Persönlichkeit. Heil Hitler!«[17]

Benn berichtet Oelze ausführlich und läßt den Satz einfließen: »Der *Stellv. d.F.* Überwachung des Schrifttums hat [...] Drohungen gegen mich ausgesprochen, die sowohl KZ sein können als auch anderes.«[18] Das ist abwegig, und Benn weiß es sehr wohl. Seine Übertreibung ist als Ausdruck einer tiefgreifenden Verunsicherung und des Gefühls der Verlassenheit in einer gefährlichen Situation zu verstehen.

Ende August faßte er die Erfahrungen der letzten vier Monate in einem Gedicht zusammen, das er Oelze auf einer Briefkarte mit der Bemerkung übersendet: »Bedarf keiner besonderen Antwort!:

Einsamer nie als im August
Erfüllungsstunde: im Gelände
die roten und die goldenen Brände,
doch wo ist deiner Gärten Lust?

Die Seen hell, die Himmel weich
Die Äcker rein und glänzen leise
doch wo sind Sieg und Siegsbeweise
in dem von Dir vertretenen Reich?

Wo alles sich durch Glück beweist
und tauscht den Blick u. tauscht die Ringe
im Weingeruch, im Rausch der Dinge –,
dienst du dem Gegenglück, dem Geist.

Am 17. August brach Benn seinen Urlaub in Malente ab, fuhr nach Berlin und nahm an einem Semesterabend der ehemaligen Zöglinge der Kaiser-Wilhelm-Akademie des Jahrgangs 1905 teil, zu dem sowohl er als auch Kittel gehören. Er besprach sich mit ihm und traf sich auch mit Karl Pagel, dem Lektor seines Verlages. Benn ärgerte die Nachstellerei durch die PPK. Er akzeptierte den Gegner und wollte auf eine Rechtfertigung nicht verzichten. Insbesondere provozierte ihn der Vorwurf von Hederich, er trage mit seinen Schriften nichts zur Kultur bei. In einem längeren Brief an Pagel rechtfertigte er sich:

> Kunst und Kultur sind zwei verschiedene Dinge. Ein Künstler liefert nicht Kulturdinge, sondern er macht Kunst. Viele berühmte Werke der deutschen Dichtung würden unter dem Gesichtspunkt ihres Kulturwertes äußerst fragwürdig erscheinen. Z.B. Penthesilea, eine Jungfrau, die ihren Geliebten, Achill, tötet und dann mit den Zähnen in Stücke reißt, ist zweifellos vom Moralischen aus pervers und für Volksbildung nicht verwertbar. *Judith*, die sich einem Mann hingibt, um ihn gleich nach der Hingabe aus politischen Gründen zu ermorden, ist in Bezug auf ihr Weibtum und Liebesleben vom Standpunkt der Volksgemeinschaft aus untragbar. Trotzdem sind beide Stücke berühmte Bestandteile der deutschen Literatur und vom Kunststandpunkt aus geniale Werke. [...] Daß die Kunst für alle ist, ist eine liberalistische Auffassung und die Geisteshaltung aufklärerischer Demokratien.[19]

Benns Hoffnungen auf die Unterstützung der Kunst durch die nationalsozialistischen Kulturinstanzen hatten sich längst erledigt. Unter Hinweis auf das zustimmende Presseecho zu seinem fünfzigsten Geburtstag bestand er auf dem weiteren Verkauf des Buches: Der Verlag sei der deutschen Öffentlichkeit gegenüber verpflichtet, seinem Autor Geltung zu verschaffen.[20] Bis zum Oktober dauerten die Verhandlungen zwischen Kilpper und Hederich. Man einigte sich auf den Kompromiß, die Gedichte *D-Zug, Untergrundbahn, O Nacht und Synthese* zu entfernen. »Dann kann das Buch ›stillschweigend u. ohne Propaganda‹

weiter vertrieben werden.«[21] Benn schwankte zwischen Resignation und Widerstandswillen. Welche Gedichte sollten an die Stelle der zu eliminierenden treten, ohne die Struktur des ganzen Bandes zu zerstören?

Schließlich kam er mit dem Verlag überein, aus den gebundenen Exemplaren das Inhaltsverzeichnis und drei Doppelblätter, also zwölf Seiten herauszutrennen und die entsprechende Zahl neu gedruckter Seiten einzufügen. Der Verlag nahm darüber hinaus das frühe Gedicht »Mann und Frau gehn durch die Krebsbaracke« heraus. Der ursprünglich chronologisch gegliederte Band wurde durch diese Veränderungen natürlich entstellt, weil Benn anstelle der unerwünschten Gedichte sieben andere aufnehmen ließ, die erst in den Sommermonaten in Hannover entstanden waren und die weder inhaltlich noch ihrer Form nach in den Zusammenhang der expressionistischen Gedichte paßten, darunter »Wer allein ist«, »Leben – niederer Wahn« oder »Auf deine Lider senk ich Schlummer«. Es war eine Notlösung, denn Benn hatte diese Gedichte bereits der Zeitschrift »Die Literatur«, die zur Deutschen Verlagsanstalt gehörte, versprochen: Das Dezemberheft brachte sieben Gedichte des Sommers 1936. Es handelt sich dabei allerdings nicht, wie meist behauptet wird, um seine letzte Veröffentlichung.[22] Tatsächlich finden sich noch weitere Beiträge in Ellermanns Reihe »Das Gedicht«.[23] Benn ist in dem anthologischen Heft »Das Gedicht – Bekenntnis und Betrachtung aus neuerem deutschem Schrifttum« mit kleinen Texten vertreten, die den Anschein erwecken, daß er gemeinsam mit Autoren wie Paul Alverdes, Ludwig Friedrich Barthel, Ernst Bertram, Rudolf G. Binding, Josef Weinheber, Ernst Wiechert und anderen weiterhin ein Bekenntnis zur nationalen Kunstdoktrin ablegt. Aus Benns Vorspruch zu den Gedichten von Ernst Otto Stählin, die 1936 ebenfalls bei Ellermann erschienen waren, wird der Satz zitiert: »Erst, wenn ein Volk reif ist, entsteht das Gedicht. Manche Generation liefert nur eine Strophe. [...] Ist der Traum vollkommen und spricht er sich aus, panisch sowohl wie abgemessen, entsteht das Gedicht. In ihm sammelt sich die Rasse, in ihm ruht und atmet für Augenblicke die gestillte menschliche Natur.«[24]

Die gereinigte Auflage der »Gesammelten Gedichte« erschien im Herbst. Diesmal klang die aufgedruckte Bauchbinde, die einen Satz aus einer Rezension der Berliner Börsenzeitung zitierte, nach Größenwahn: »Alle geistigen und materiellen Strömungen und Richtungen, all die ungeheuren Spannungen der modernen Welt riß die titanische herrische Kraft dieses Hirns in sich zusammen.« Niemand erhob Einspruch.

Weinhaus Wolf

Die langweilige und gleichförmige Büroarbeit, die Benn als Behördenleiter zu leisten hatte, nahm weiter zu, und seine Unzufriedenheit wuchs. Zudem siedelte die vorgesetzte Dienststelle, die bisher in Kassel war, Anfang Oktober nach Hannover über. Als neuen Vorgesetzten bekam Benn einen gleichaltrigen »Duzfreund u. Stubenkamerad« aus der Pépinière, »Saufkumpan, Pump- u. Lumpgenosse, aber jetzt in hohem Rang«,[1] Oberstarzt Hans Mantel. Benn war über die neue Konstellation keineswegs erfreut. Er fürchtete Mantels spießige Einstellungen, denn die Distanz zu einem Unbekannten hätte eine größere Unabhängigkeit garantiert. Spannungen und Gereiztheit in der Dienststelle nahmen zu, für die Offiziere begann der Dienst jetzt bereits um 8.30 Uhr. Benn war für die Ausbildung der Sanitätsoffiziere zuständig und hatte »›Kriegsspiel‹ zu arrangieren u. zu leiten«: »Der Angriff von Blau ging früh 6 Uhr in Richtung Peine und nordostwärts vor, um einen noch in Versammlung befindlichen Feind zurückzuwerfen: 4 Divisionen, kriegsmässig, aber Feind gut ausgebildetes Wehrpflicht Heer, in der Luftlage hat Blau an diesem Frontabschnitt Überlegenheit; Bevölkerung hilfsbereit; Wetter heiter, Morgennebel, Sonnenuntergang 15.32 h. Kampf dauert bereits 2 Tage, mittlere Verluste, einige Typhusfälle –: wo würden Sie den Hauptverbandsplatz einrichten?«[2]

In den Briefen an Oelze spricht Benn häufig und explizit aus, daß es zum Krieg kommen wird. In dieser Einschätzung ist er besser informiert und weitsichtiger als seine Zeitgenossen im In- und Ausland. Allerdings behielt die Vorstellung einer Auseinandersetzung Europas mit Asien eine bestimmende Rolle in seinem Denken. Er dachte sich den kommenden Konflikt als einen Weltkrieg, wobei die »Aufgenordeten« im Kugelhagel der »Gelben« vernichtet werden würden.[3] Dabei dachte er in Spenglerschen Dimensionen. Oswald Spengler beschrieb das vor- wie das nachrevolutionäre Rußland als eine asiatische Kultur und sah Deutschland als »Grenzmacht« gegen Asien.[4] Er stellte sich die Vernichtung der weißen Rasse vor allem als Niederlage in einem Handelskrieg vor: Die »farbige Wirtschaft«, die von Rußland und Japan angeführt wird, »dringt mit der Waffe niedriger Löhne [in die weiße Wirtschaft] ein und ist im Begriff, die Zerstörung zu vollenden«. »Wenn man hört, daß Japan in Java Fahrräder für 12 Mark und Glühbirnen für 5 Pfennig verkauft, während die weißen Länder das vielfache davon fordern müssen, um nur die Selbstkosten zu decken, […] dann blickt man in den Abgrund dieses Kampfes hinein. Da die abendländische Technik kein Geheimnis mehr ist und in Vollendung nachgeahmt wird, so besteht der Gegensatz nicht mehr in der Methode der Herstellung, sondern nur noch in deren Kosten.«[5] Benn dachte ebenso.

Zur Ablenkung von den gesellschaftlichen Verpflichtungen und von bürokratischem Stumpfsinn ging Benn oft ins Kino. Die Lichtspieltheater lagen zentral, den Ufa-Palast am Aegidientorplatz konnte er in wenigen Minuten erreichen. Tilly, der er über seine Kinobesuche ausführlich berichtete, sah er im Ufa-Film »Schlußakkord«, in dem sie neben Willy Birgel, Lil Dagover und Erich Ponto eine unangenehme Sozialfürsorgerin spielte. Der Streifen als Ganzes enttäuschte ihn, er ärgerte sich über die Kinder, die er »weder im Leben noch im Film, doof« schätzte.[6] Zur Abwechslung besuchte er hin und wieder Theater oder Oper, obwohl ihm das Kino zeitgemäßer erschien. Die Theaterbesuche stellten jedoch eine Verbindung zu seinem alten Berliner Leben her.

Benns Beobachtungen des Theaterpublikums fanden in »Weinhaus Wolf«, dem einzigen dichterischen Prosastück aus der hannoverschen Zeit ihren Ausdruck. Er betrachtete die »Jacketträger« und ihre »Kultwerte, sogenannte Theater, und die Foyers allein richteten die ganze Epoche. Ein Publikum, das, um sich von den Schrecken der Tragödie zu erholen, zwischendurch 20 Minuten an Ständen mit Schinkenbroten und Weinbrandflaschen vorbeipromenieren muß und dann weitermacht, ist guillotinereif«.[7] Der Titel des Essays nahm Bezug auf »Friedrich Wolfs Weingroßhandlung und Weinstuben«, ein Lokal in der Alten Aegidienstraße 32,[8] das sich unweit seiner Wohnung befand. In der Provinzstadt Hannover war die Weinstube neben der Stadthalle und dem Café Kröpcke der dritte Ort, den Benn aufsuchte, wenn er in Gesellschaft und doch allein sein wollte. Auf regelmäßige Lokalbesuche im Frühjahr 1936 bezieht sich die Erinnerung Ernst Wolfs, des Sohnes der Wirtin: »Er setzte sich immer abseits an einen ruhigen Tisch, den Abendschoppengästen den Rücken zugekehrt. Er trank immer seine 2 Schoppen deutschen Wein. [...] Er war immer sehr deprimiert, hatte das Bedürfnis, sich meiner Mutter mitzuteilen (mit sehr leiser Stimme) und bat sie oft an seinem Tisch Platz zu nehmen ... Er war so klein, daß seine Füße, wenn er auf der Bank saß, den Fußboden nicht berührten.«[9]

In diesem Lokal sammelte er sich, um die Gedanken, die vorher in Briefen den Weg zu Oelze nach Bremen gefunden hatten, zu ordnen und in eine literarische Form zu bringen. Bis in die wortwörtliche Formulierung hinein schmolz Benn Einfälle aus der Korrespondenz mit dem Freund in den Text ein, der stark autobiographische Züge trägt. Anläßlich des Nürnberger Parteitages 1936 und der dort verkündeten Erfolge des Regimes fragte er Oelze: »Wenn sie wirklich das alles vollbracht haben, was sie jetzt in Nürnberg anpreisen, sind *wir* dann nicht blind und böswillig? [...] Der deutsche Baum ist die Linde: süss, innig

u. man kann Thee draus kochen. Das ist die Hauptsache. Sie müssen überall Thee draus kochen können. Auch aus der Kunst. Dann ist sie richtig. Dann ist sie *deutsche* Kunst.«[10]

Das Bonmot von der Linde wiederholte Benn in »Weinhaus Wolf« im Zusammenhang mit einer Charakteristik der neuen deutschen Wortgewalt: Ein Pilot nannte sich »Marschall Vorwärts der Lüfte«, ein pommersches Kossätendorf mit einem Entenpfuhl wurde zu einem »norddeutschen Venedig«, und »dann hörte ich auch ihre Lieder, – ja, die Linde ist ihr Baum: süß innig und man kann Tee daraus kochen«.[11] Im Januar 1936 las er Goethes »Novelle«; auf ihn wirkte die Erzählung wie eine Karikatur und er schreibt dem Goethe-Verehrer Oelze: »Betrachten Sie das Ganze: wilde Tiere brechen aus einer Menagerie aus *u. alles verläuft harmonisch*!«[12] In »Weinhaus Wolf« benutzt Benn diese Formulierung, um Goethes Harmoniebedürfnis zu diskreditieren: »Eine Menagerie fängt Feuer, die Buden brennen ab, die Tiger brechen aus, die Löwen sind los – und alles verläuft harmonisch. Nein, diese Epoche war vorbei, diese Erde abgebrannt, von Blitzen enthäutet, wund, heute bissen die Tiger.«[13]

Die große Klammer aller Gedankengänge dieser Jahre bildete die Frage nach der Geschichte, ihrem Sinn, ihrem Verlauf. Womit konnten eigentlich die weißen Völker ihren Herrschaftsanspruch legitimieren? Wer machte Geschichte? Eben jene Vertreter der weißen Rasse, die im »Weinhaus Wolf« am Nebentisch saßen und sich durch nichts auszeichneten als durch »Genuß, wippiges Lachen, Niederkämpfen der Konkurrenz, wirtschaftliche Triumphe und wiederum vor den Witwen von Geschäftsfreunden Beileid. Individualitäten! Orgasmus zu seiner Stunde, später Weihwasser, auch Teilnahme an Festen.«[14] Diese spießige Lebensphilosophie fertigte Benn sarkastisch ab und zeigte die Unversöhnlichkeit der geschichtlichen Spaltung: »Handeln ist Kapitalismus, Rüstungsindustrie. Malplaquet – Borodino – Port Arthur –: 150.000 Tote, 200.000 Tote, 250.000 Tote, – niemand kann die Geschichte mehr anders sehen denn als die Begründung von Massenmorden: Raub und Verklärung –: der Mechanismus der Macht.«[15] Auf der Gegenseite stand der Geist und seine antinaturalistische Funktion, die Kunst, um die Erfahrungen des »tiefen« Menschen zur Sprache zu bringen. War der Geist von Anfang an das Gegenprinzip des Lebens, dessen Zerstörung? Benn war sich nicht sicher. Er hatte jedoch keinen Zweifel daran, daß die Gegenwart nur den Kampf der niederen Lebenswelt gegen das geistige Prinzip spiegelte.

Die Arbeit nahm unangenehme Formen an: »Heute [...] nur geschrieben, diktiert, gerechnet, geschnauzt usw. Grauenvoll. Richtige Schinderei u. Ausnutzung.«[16] Aber es waren nicht die Unannehmlichkeiten des äußeren Lebens allein, die ihn bedrängten. Er fühlte sich einsam, sehnte sich nach menschlicher Wärme und konnte doch den Zwang zum Alleinsein nicht ablegen.

Kein Zweifel, daß Benn im Winter 1936 und Frühjahr 1937 in einer tiefen Depression steckte. Er dachte an Selbstmord, fragte sich jedoch, ob es nicht »männlicher und geistig sachlicher«[17] wäre, beim Militär auszuhalten und sich das Ende von den Bedingungen des Lebens vorgeben zu lassen.

Doch er behielt die Kraft, seine Versetzung nach Berlin zu betreiben. Sollte dieser Schritt gelingen, dann hätte er um seine Entlassung einkommen und eine Privatpraxis eröffnen können. Erich Reiss, der ihn im Juni 1936 besuchte, riet eindringlich von unüberlegten Schritten ab. Auch Elinor warnte ihn vor Illusionen, was Berlin und die alten Lebensbedingungen anging, und Benn gab ihr recht: »Natürlich kommen einem die *Privat*wünsche u. Hoffnungen lächerlich u. absurd vor, vor dem zermalmenden Gang der Geschichte, des Massenwahns u. der Tyrannenlüste. Sicher hast du ja auch recht mit dem, was du von Berlin schreibst.«[18] Aber der Versetzungswunsch ging nicht in Erfüllung. Benn wandte sich zwar an Kittel in Berlin, aber der konnte zur Zeit nichts für ihn tun. Der Mangel an Ärzten in der Armee war so groß, daß auf Versetzung keine Aussicht bestand. Zudem wurde seine Arbeit im Reichskriegsministerium geschätzt, wie aus einem Bericht seines Vorgesetzten Mantel hervorgeht: Benn galt als der »beste Mann in meiner Branche«.[19]

Drei Frauen

Benns stetiger Hinweis auf seine scheinbar miserable Lage darf nicht darüber hinwegtäuschen, daß er trotz Depressionen, Selbstmordgedanken, Arbeitsüberlastung und den verhaßten gesellschaftlichen Verpflichtungen die Augen immer nach weiblicher Gesellschaft offenhielt. Zwar gab es sehr gelegentliche Besuche von Tilly und Elinor, die jedoch beide nichts voneinander wußten. Auch fuhr er selbst nach Berlin, um die Freundinnen zu sehen. Aber die Besuche mußten sich auf die Wochenenden beschränken. Schon Ende 1935 lernte Benn zwei Abteilungsleiterinnen eines Warenhauses kennen, was ihn zu der Meinung brachte, es seien nicht die Mütter, zu denen der Mann immer wieder zurückkehrte, sondern die »Konfektion. Große gute Figuren, tadellos gekleidet u. beschuht, man kann sich mit ihnen blicken lassen. Wie schon öfter in meinem Wandel: zwei Freundinnen. Ein reines Blond mit allem Zubehör; ein Schwarz mit allem Drum u. Dran.«[1]

Aber auch mit jungen Frauen aus dem alten hannöverschen Adel kam er zusammen. Man unternahm gemeinsam kurze Reisen in die Umgegend, so zum Steinhuder Meer, das er wegen einer Art Urlaubsstimmung, die dort herrschte, liebgewonnen hatte. An dieser Gesellschaft beeindruckte Benn die Geschlossenheit und der Zusammenhalt der adligen Familien, die verächtlich auf die bürgerliche Gesellschaft herabblickten. Das Streben dieser Kreise, in der Wehrmacht wieder die Führung zu übernehmen, hielt er für besonders bemerkenswert. Die Frauen schienen ihm leichtsinnig, was seinem Flirt entgegenkam: »Spielerei von mir, den Sommer totzuschlagen u. etwas Wasser u. Kornfelder zu sehn.«[2]

Die Spielerei des Sommers 1936 bekam jedoch im Laufe des nächsten halben Jahres einen gewissen Ernst. Denn Benn hatte ein Verhältnis mit einer der Frauen angefangen, mit Herta von Wedemeyer. Sie war die Tochter eines königlich-preußischen Hauptmanns, der 1914 im Alter von sechsunddreißig Jahren gefallen war. Herta war damals sieben, ihre jüngere Schwester Doris zwei Jahre alt. Die Mutter, 1887 in Oeynhausen bei Hannover geboren, stammte aus der Familie von Eisenhart-Rothe. Ihr Bruder, Hertas Onkel Hans von Eisenhart-Rothe, arbeitete im Rang eines Majors beim Wehrbezirkskommando Hannover. Durch ihn lernte Benn die Familie kennen. Herta wurde am 2. Februar 1907 in Berlin geboren, sie war also einundzwanzig Jahre jünger als Benn, beide trennte eine Generation.

Aufgrund der herrschenden Militärmoral mußte die Verbindung geheim bleiben, Benn konnte sich schlecht mit einer jungen Frau, die seine Tochter hätte sein können, bei Kröpcke oder in der Stadthalle sehen lassen. Man traf sich in Benns Wohnung, und da noch andere Parteien im Haus wohnten, konnten die Besuche unauffällig bleiben. Auf die eifersüchtigen Fragen von Tilly antwortete Benn noch im November: »Die Frauen in Hannover – nun ja, ein kleiner Flirt, eine Unterhaltung über dies und das, aber das ist ja alles nicht so ernstlich. Zeitvertreib; Probieren, ob der alte Herr noch Wirkung hat u.s.w.«[3] Und als Oelze bei einem Besuch in Berlin mit Tilly zusammentraf und die Meinung äußerte, Benn lebe sicher am liebsten allein, reagierte Benn gereizt: »Natürlich bin ich am liebsten allein, das ist ja nichts Neues; u. ich hätte Herrn Oelze mehr Originalität zugetraut, als solche Banalitäten zu reden. Ich kann nur alleine leben, daran ist nicht zu rühren u ich werde das nie ändern. Ich habe nie etwas anderes gesagt.«[4]

Aber die Verbindung mit Herta von Wedemeyer bekam im Laufe von Herbst und Winter doch eine solche Bedeutung, daß Benn die freien Tage des Jahreswechsels 1936/37 dazu benutzte, um den Berliner Freundinnen reinen Wein einzuschenken. Die Erklärung an Tilly fiel ihm am leichtesten. Mit dieser »irdischen Liebe«, wie er sich Oelze gegenüber geäußert hatte, verband ihn eine sexuelle Beziehung. Mit Tilly sprach er rückhaltlos über die Frustrationen im Dienst, die abendlichen Zerstreuungen und über seine Last mit dem Leben in der Provinz. In seinem Neujahrsbrief vom 1. Januar 1937 bat er sie, von Besuchen in Hannover abzusehen. Die Treffen seien zwar jedesmal sehr schön gewesen, Tilly hätte sich aber jedesmal mit Vorwürfen darüber verabschiedet, daß es zu keiner Heirat gekommen sei und sie nicht an seiner Seite in Hannover lebte. Diese Klagen verstünde er, eine Beziehung, in der man sich alle Vierteljahr einige Tage sähe, wäre für ihrer beider Leben zu unnatürlich. Er habe sich daher »eine kleine Vertraute herangezogen, die in ihren freien Stunden für mich schreibt, arbeitet, sich um meine Sachen etwas kümmert. [...] ich *kann* mich nicht um zerrissene Bettlaken u. alles kümmern, ich brauche jemanden, der anständig ist und mit dem ich über meine Dinge sprechen kann. [...] Ach, es ist keine Leidenschaft u. keine Sache des Glücks! Reiner Ordnungssinn; Bedürfnis nach etwas Gespräch u. Nähe.«[5]

Tilly traf diese Nachricht wie ein Blitz aus heiterem Himmel. Sie antwortete heftig, bedauerte seine zukünftige Frau, die nur geheiratet würde, um zu kochen, zu tippen und seine Socken zu stopfen. Benn entgegnete in einer Form, die alles offenließ und doch gleichzeitig den eigenen Standpunkt nicht aufgab: »Es besteht meiner Meinung nach kein Grund, warum du mir nicht mehr schreiben solltest, aber tue es, wie Du magst. Ich werde nicht aufhören, an Dich in unendlicher Freundschaft u. Dankbarkeit zu denken.«[6]

Benn gelang es zunächst, die auslaufende Liebesbeziehung in eine freundschaftliche umzuwandeln. Tilly fuhr nach Oberbozen und dann nach Florenz, von wo sie Benn schrieb und ihm sogar einen Ölzweig als Geste der Versöhnung schickte. Zum Geburtstag am 2. Mai 1937 bekam er weißen Oleander. Sie trat ein Engagement bei den Münchener Kammerspielen an und blieb zunächst dort. Der Briefwechsel dünnte aus, aber ihren Entschluß, Benn nicht mehr zu schreiben, machte Tilly erst wahr, als Benn ihr im Januar 1938 von seiner Absicht berichtete, Herta von Wedemeyer zu heiraten. Schwerer wurde die Erklärung an Elinor Büller, die innere Bindung an sie ging tiefer. Benn hatte angefangen, Elinor mit einer monatlichen Zuwendung zu unterstützen, da sie in wirtschaftliche Schwierigkeiten geraten war. In Berlin boten sich ihr beruflich nicht mehr genügend Möglichkeiten. Gegenüber Elinor erklärte er sich erst am 10. Januar 1937 in einem zehnseitigen Brief offen: »Du bist meine einzige menschliche Beziehung; der einzige Mensch, übriggeblieben von 5 Jahrzehnten, mit dem mich etwas Tieferes verbindet als Bekanntschaft, Laune, Interesse. Wohl auch der einzige, der mich kennt

u. tiefere Blicke – soll ich sagen in mein Inneres, ich will lieber sagen: in meine Organisation, meinen Ablauf getan hat als irgendwer.«[7] Benn strich heraus, daß von beiden Seiten das sexuelle Interesse erloschen und nicht wieder zurückzuholen war. Das sei im übrigen keine neue Erfahrung, daß »zu einer Frau, in dem Umfang wie die menschliche Bindung wuchs, die erotische nachließ«. Für ihrer beider Beziehung sei das ohne Belang, Elinors Stellung in seinem Leben wäre »das Wertvollste u. Schönste, was es giebt«.

Andererseits habe sich eine Beziehung angesponnen, die ihm etwas Wärme in seine Existenz brächte, auch gäbe es natürlich »erotische Gründe«, »es wäre Blödsinn, hier sich was vorzulügen. Ich bin ja nicht impotent. Man wildert ja doch im Grunde unaufhörlich danach herum, sucht sich was bei Kröpcke, sucht sich was beim Schwoof, findet nichts in dieser Saustadt oder nimmt sich was Mieses, plänkelt daran herum, läßt es wieder sitzen, schafft sich Schwierigkeiten besser gesagt: Langweiligkeiten, erregt Wut, begiebt sich bei meiner Lage in Gefahr, eine ewige unbefriedigte Zänkerei. [...] Da schon lieber eine Dauersache, bei der die Voraussetzungen absoluter Diskretion u. gesellschaftlicher Vorsicht gegeben sind«. Er sei nicht verliebt, was er bedauere. Er müsse aber trotz »der Skepsis, der Müdigkeit, des Nihilismus, der körperlichen Schwere« noch einmal den Versuch machen, eine ernsthafte menschliche Beziehung aufzubauen. Wegen der tiefen Freundschaft, die sie beide verband, bat er Elinor um Verständnis für diesen Schritt.

Für Elinor Büller war dieser Brief eine willkommene Gelegenheit, endlich alle diejenigen Vorwürfe auszusprechen, die sie seit Benns Fortgang von Berlin gegen ihn gehegt hatte. Drei Tage später schreibt sie ihren außerordentlich hellsichtigen und entschiedenen Antwortbrief, in dem sie ihm seine »Eigensucht« vorwirft, die von nichts unterbrochen sei als vorübergehend von »erotischen Anwandlungen«.[8] Sie habe durchaus bemerkt, daß sie in Hannover nicht willkommen gewesen sei. Wegen des Entschlusses, sich eine Freundin zuzulegen, habe er sich nicht in »drolligen Redewendungen« ergehen müssen. Der Brief habe die »durch Schmerzen und gemeinschaftliches Erleben *erworbene* Freundschaft« zerschlagen: »Während ich mich mit der Umgestaltung meines Lebens beschäftigte, schaltetest du ein neues Gefühl ein und gingst, ohne irgendeine Frage, über mich und mein Leben hinweg.« Jedoch hat Elinor Büller – vielleicht ein Zeichen sowohl ihrer Souveränität wie auch tiefer Resignation – den Brief nicht abgeschickt. Er fand sich fertig kouvertiert in ihrem Nachlaß.

Benns Entscheidung für eine viel jüngere Frau hat Elinor tief verletzt, denn sie rechnete insgeheim damit, von Benn geheiratet zu werden. Eine Heirat kam aber zu diesem Zeitpunkt schon aus Gründen der Militärgesetzgebung nicht mehr in Frage, denn Elinor war viermal geschieden worden, und ein deutscher Offizier durfte keine geschiedene Frau ehelichen. Elinor ließ den Briefwechsel mit Benn zwar nicht fallen, entzog sich ihm jedoch, indem sie von ihren Problemen nur noch am Rande berichtete, was Benn wiederum als Kränkung empfand. Denn er hatte vielleicht gar keine Antwort auf seinen Brief erwartet, jedenfalls sprach er ihm schon zwei Wochen später seine Grundsätzlichkeit ab.

Das Verhältnis zu Herta von Wedemeyer war von Spannungen keineswegs frei. Benn machte sich Vorwürfe, mit einer so jungen Frau überhaupt in eine enge Beziehung getreten zu sein, und litt unter der Heimlichtuerei, die der militärische Kodex ihm auferlegte. Hannover war nicht groß genug, um ein dauerhaftes Verhältnis verdecken zu können, in den wenigen annehmbaren Lokalen und Ausflugsstätten traf er auch seine Vorgesetzten und Offizierskameraden mit ihren Frauen. Da Herta als Sekretärin selbst viel arbeiten mußte, kann Benn sie nicht für seine Haushaltsführung voll in Anspruch nehmen. Er hält in seiner seelischen Bedürftigkeit an Elinor fest und schildert ihr seine Situation als Zwickmühle: »Nun könnte ich schließlich zu dem Wesen sagen: ich werde dich heiraten, Kameradschaftsehe, Kinder ausgeschlossen, zwei Schlafzimmer, ich bin innerlich nur in der Lage, in dem u. dem Umfang, an mir teilnehmen zu lassen. Aber dann beginnen die inneren Konflikte: bei mir, daß ich ja nicht heiraten will; bei ihr, daß sie ja mich u. mein Leben nicht begriffe, alles das Bekannte Schwierige, Üble, Eiskalte an mir nicht begriffe u. voraussichtlich sich wund u. tot dran liefe, da sie ja vielleicht ihre einfachen Erfahrungen mit Männern haben mag, aber die Tücken u. Lücken gewisser Persönlichkeitslagen nicht erfassen könnte.«[9]

Den Gedanken, im Anschluß an seinen beabsichtigten Absprung nach Berlin mit Elinor zusammenzuleben, hatte Benn im Februar 1937 noch nicht völlig aufgegeben. Aber er spürte auch die Abwehr einer Frau, die versuchte, sich von ihm zu lösen und ihr eigenes Leben zu ordnen.

Mephisto

Trotz aller Niedergeschlagenheiten war Benn nicht unproduktiv. Er hatte zwar den lyrischen Schwung der vergangenen Sommer verloren. Häufig jedoch saß er abends im Weinhaus Wolf und arbeitete an dem Text weiter, der später den Namen der Weinstube bekommen würde. Ab und zu verdichteten sich die Bilder auch zu einer Strophe.

Aus der Zeile »Bis du dich selbst vergißt, so treiben es die Mächte –«, die Benn im Januar 1937 an Elinor Büller geschrieben hatte, entstand bis Ende März das Gedicht »Die Gefährten«, das er ihr widmete:

Bis du dich selbst vergißt,
so treiben es die Mächte, im Labyrinth der Schächte
verwandelt bist.
[...]

Er beschreibt die Isolation, in der er sich befindet, weil er die Gefährtin und wohl auch die früheren literarischen Gefährten verlassen hat.

Einsamer Gang wie nie,
die letzte, die Bewährten
der Jahre, die Gefährten
du ließest sie,

Überdeutlich thematisiert Benn, daß dieses Opfer für eine ganz und gar fragwürdige Macht gebracht wurde, die nichts als Leid eingetragen hat und deren Sinn sich vielleicht erst offenbart, wenn »der Gefährte still« ist.

für wen und welche Macht?
Du siehst der Ufer keines
und nur das Leid ist deines,
das sie entfacht,

und was sie sagen will,
fühlst du vielleicht nach Jahren,
doch eh du es erfahren,
ist der Gefährte still.

»Du siehst der Ufer keines«: Diese Zeile faßte Benns Zustand sehr gut zusammen. Er sandte das Gedicht als Ostergruß auch an Oelze und ließ seinem Haß in einer wüste Anklage gegen die deutschen Verhältnisse freien Lauf: »Der Dreck schlechthin, das Inferiore an sich, der Unwert als solcher in Zeitungen, Büchern, Theatern, allen öffentlichen Reden, allem Deutschen überhaupt. Rettungslos? Uferlos? In aeternum? Ich glaube: ja.«[1] Benn macht in diesen radikalen Äußerungen keinen Unterschied mehr zwischen den Nationalsozialisten und Deutschen, darin war er sich nun mit den Emigranten einig. Der »bürgerliche Schleim« trug den Nationalsozialismus und das Formlose, Unromanische und Schaumige gehörte zu dessen Voraussetzungen: »Deutschland hat seine Bestien hochgelassen.«[2] Aber »es waren nicht die Bestien, es war Deutschland, das in dieser Bewegung seine Identität zur Darstellung brachte«.[3] Diese Einschätzung Heinrich Manns arbeitete Benn im »Weinhaus Wolf« ab, in dem er die Deutschen beobachtete, die einander zuprosteten und die amorphen, aber aggressiven Auffassungen des Nationalsozialismus als Stammtischideen vertraten.

Die Lektüre von Tolstois »Krieg und Frieden« bestätigte seine Auffassung, daß »alle großen Geister der weißen Völker nur die eine innere Aufgabe empfunden haben, ihren Nihilismus schöpferisch zu überdecken«.[4] In diesem Zusammenhang kritisiert er Nietzsche. Im Zarathustra zeige sich noch der »biedere Glaube an Zukunft u Züchtung u. Edelmenschentum! Geradezu lächerlich!«, schrieb er an Elinor.[5] Nietzsches Zusammenbruch rühre daher, daß er plötzlich das Lächerliche seiner Position bemerkte. Der Nihilismus tauche bei ihm erst sehr spät auf, und dem sei er dann nicht mehr gewachsen gewesen.[6] Und in »Weinhaus Wolf« wird die Stellung Nietzsches in der Reihe der europäischen Nihilisten dann endgültig in die Formel gefaßt: »Noch Zarathustra – was für ein Naturbursche, was für ein Züchtungsoptimismus, was für eine flache Utopie von Geist und seiner Verwirklichung! Erst im letzten Stadium des Ecce homo und der lyrischen Bruchstücke läßt er einen anderen Tatbestand in seinem Bewußtsein hoch und das [...] war dann der Zusammenbruch, daß er von der Brücke in jener braunen Nacht in den Abgrund sah, den Abgrund sah, spät.«[7]

Anfang Februar 1937 ließ sich Benn im Zollamt Hannover ein Päckchen aus Amsterdam geben: Klaus Mann hatte ihm seinen »Mephisto« geschickt. Das Buch war anstandslos ausgehändigt worden, da es nicht auf einer Verbotsliste stand, mit der die Zollbeamten den Titel verglichen, ein gutes Beispiel dafür, daß die Grenzen für die Exilliteratur noch relativ durchlässig waren. Der Innentitel trug eine handschriftliche Widmung: »– die du verlassen sie atmen noch – K M. Amsterdam Januar 1937«. Die Zeile stammte aus dem Benn-Gedicht »Wie lange noch« von 1927, gedacht als Ansprache einer verlassenen Frau an den Mann.[8] Benn verstand die Anspielung richtig, wenn er diese Zeile »mehr als Anhänglichkeit denn als Drohung« auffaßte.[9]

Hauptfigur dieses Schlüsselromans ist Gustaf Gründgens, den Benn vom Berliner Theater, aus Filmen und dem Umgang mit Pamela und Tilly Wedekind gut kannte. In Hannover ließ er kaum einen Film aus, in dem Gründgens mitspielte. Seine Urteile schwankten zwischen Zustimmung und Kritik, aber meistens fühlte er sich ganz gut unterhalten.

Gründgens war 1928 aus Hamburg an die Reinhardtschen Bühnen gekommen und wurde in kurzer Zeit der meistbeschäftigte Darsteller und Regisseur für Schauspiel, Revue und Film. Bevor ihn Berlin als Schauspieler entdeckte, hatte er sich bereits als Opernregisseur durchgesetzt: In der Krolloper war seine Inszenierung von Mozarts »Figaros Hochzeit« im Januar 1931 ein Sensationserfolg. Die erste Riege der Kritiker, Alfred Kerr, Herbert Ihering und Monty Jacobs, förderte seinen

Aufstieg, er wurde zum Kassenmagneten, nachdem im Staatsschauspiel am Gendarmenmarkt die Premiere von »Faust Erster Teil« im Dezember 1932 zu sehen war. Gründgens spielte den Mephisto, die Kritiker reagierten hymnisch, er hatte die Rolle seines Lebens gefunden.

Nach dem Regierungsantritt Hitlers wurde die Intendanz des Staatstheaters am Gendarmenmarkt entlassen, aber auch die Parteigenossen Franz Ulbrich aus Weimar und Hanns Johst waren der Berliner Situation in keiner Weise gewachsen. Gründgens erhielt von Göring den Auftrag, die künstlerische Leitung zu übernehmen. Er unterstand Göring unmittelbar, hatte in schwierigen Fragen dessen Rückendeckung und ohne Zwischeninstanzen ständig freien Zutritt zu ihm. Durch seine Filmrollen haftete ihm jedoch das Odium des Morbiden, Neurotischen und Anrüchigen an. Göring setzte sich darüber hinweg. Gründgens hatte sich als Opernregisseur ausgewiesen, das war sein Alibi.

Prekär wurde es für ihn nach der Liquidierung des für Hitler unbequem gewordenen SA-Chefs Ernst Röhm, dessen Ermordung mit seinen homosexuellen Neigungen in Zusammenhang gebracht und gerechtfertigt wurde. Gründgens gestand seinem Schutzpatron seine homosexuelle Veranlagung und bat um Entlassung und Möglichkeit zur Emigration. Göring lehnte ab, übernahm eine ehrenwörtliche Garantie für seine Sicherheit und ernannte ihn zum Preußischen Staatsrat. Unter dem Schutz dieses Titels konnte Gründgens nur von Göring selbst oder mit dessen Einverständnis verhaftet werden. Benn kommentiert dieses Ereignis, das ausführliche Würdigungen in der Presse fand, mit der Bemerkung: »Was soll man zu G.G. sagen?? Ein smarter Bursche! Ein doller Streber. Kann er als Staatsrat noch Intriganten spielen?? Abgefeimte Politiker? Selbstsüchtige Volksbetrüger???«[10]

Das war das Bild vom schamlosen Opportunisten, das auch Klaus Mann in seinem Roman entwarf. Für ihn bedeutete der Nationalsozialismus das historische Endstadium des Verrats an bürgerlichen Idealen und Lebensformen, er schilderte die Psychologie der vorbehaltlosen gesellschaftlichen Anpassung, jene masochistische Hörigkeit, die seiner Ansicht nach den Typus des intellektuellen Mitläufers prägte.

Benn las interessiert im ersten Anlauf große Partien des »Mephisto«, »faustdick Schlüsselroman«, und fand manche Details nicht uninteressant, natürlich auch deswegen, weil er selbst in der Figur des Dr. Pelz zu den Romanfiguren gehörte. Ihm schien jedoch die Kritik an den herrschenden Verhältnissen »geistig nicht scharf genug«, und er blieb bei seinem Urteil über die Emigranten: Sie »sehn die Lage falsch, beziehn sie noch viel zu sehr u. viel mehr als wir selbst auf ihr eigenes Ich, kommen zu keinem Resultat, sehn die Schnittflächen der Welten, das Kampffeld garnicht.«[11] Vor allem fand er, daß Klaus Mann das Spezifische des Nationalsozialismus, »die Biederkeit, den Kulturhaß, das aufgeplusterte Mittelmäßige, den Haß gegen alles *andere*« nicht traf.[12] Auch schien ihm gerade Gründgens nicht repräsentativ für den Mitläufer, er sei ein guter Intendant und interessanter Schauspieler, aber gewiß keine dämonische Figur, als die Klaus Mann ihn zu zeichnen und zu entlarven versucht hatte.

Oelze hatte Benn Anfang des Jahres 1937 den Essayband von Heinrich Mann »Es kommt der Tag. Deutsches Lesebuch«, geschickt, der 1936 in Zürich erschienen war. Aber auch über diese Lektüre urteilte Benn distanziert, und er wiederholte die Meinung, daß die Emigranten die Lage nicht beurteilen könnten, weil sie »draußen« waren: »Eine Kritik von unter glücklichen Himmeln u. aus glücklichen Gedankengängen, die uns völlig fremd geworden sind«,[13] wobei das Zitat deutlich macht, daß Benn auch noch 1937 von der problemlosen Lebensform in der Emigration überzeugt war und für das wirkliche Elend dort keinen Blick hatte.

Auch für die Äußerungen Thomas Manns, soweit sie in Deutschland bekannt wurden, interessierte er sich und behielt die Achtung vor dem Mannschen Werk. Lübeck fand er zwar ganz »reizvoll«, jedoch wäre die Stadt für dieses Jahrhundert ohne jede Bedeutung, wenn nicht die Dichterfamilie daher stammte: »Stand nicht ohne Rührung (u. mehr) vor dem Haus der Manns.«[14] Thomas Manns Ausbürgerung nahm er verärgert zur Kenntnis, 1943 las er dessen Aufsatz »Kosmopolitismus« von 1925, fragte Oelze nach den »Buddenbrooks« und bekundete seine Hochachtung: »Th. M. ist ein grosser Mann; – kein Zweifel –, soweit es heute u für Lebende Grösse, erkennbare Zeichen von Übergeordnetheit, giebt.«[15]

Benn muß Vorträge an der Heeresnachschubschule in Hannover halten, hat an Paraden teilzunehmen, Dienstreisen nach Braunschweig wegen der Organisation des Sanitätswesens zu machen, die Diensträume sind morgens eiskalt, Benn sinniert über die Struktur der Persönlichkeit und die Zwänge, aus denen er doch immer noch Gewinn ziehen kann in Hinsicht auf Selbsterkenntnis: »Von Haus aus bin ich ein ungemein unfertiger, unskeptischer, erfahrungsloser Mensch gewesen, sehr naiv; erst die Jahre, die Schläge, die Schwierigkeiten brachten einen gewissen inneren Besitz.«[16]

Rückkehr nach Berlin

Die Briefe, die Benn mit Elinor Büller und Tilly Wedekind wegen Herta von Wedemeyer getauscht hatte, vermittelten eine Entschiedenheit, die auf rationalen Überlegungen zu gründen schien, der Wirklichkeit des Bennschen Gefühls der Unentschiedenheit aber nicht entsprachen. Als wolle er sich selbst überzeugen, schrieb er im Februar an Elinor: »Also mit H.[erta] muß Schluß gemacht werden. Mit allem hier. Wird auch ohne Schwierigkeiten gehn. Zum 1. VII. kündige ich sowieso die Wohnung. Ich werde durchaus vernünftig vorgehn, nicht vulkanisch. Ich werde fragen: haben Sie eine andere Stellung für mich: entweder: mit ganz wenig Arbeit, gleich wo. Oder: in Berlin u. als Oberfeldarzt. Geht man darauf nicht ein, – : Abschied *mit* Antrag auf Pension. Kriege ich keine Pension, kann ich es nicht ändern.«[1] Drei Wochen später bat Benn seinen Vorgesetzten Mantel, der dienstlich nach Berlin reiste, sich bei der dortigen Dienststelle wegen Möglichkeiten der Versetzung zu erkundigen. Die Antwort war negativ. Im Mai wurde ein Sanitätsoffizier gesucht, der bereit war, zur Luftwaffe überzutreten und dann in Berlin einen wissenschaftlichen Posten zu übernehmen. Benn bewarb sich. Die Schwierigkeit einer Versetzung bestand jedoch darin, daß Benn ein Verwaltungsspezialist für bestimmte Fragen der Mobilmachung war.[2] Gleichzeitig schilderte er Kittel die Arbeitsüberlastung und beklagte die ausbleibende Beförderung, in der Hoffnung auf Hilfe: Der Dienst würde immer »kommissicher u. erbärmlicher«.[3] Benn mußte nochmals eine halbe Stunde früher, um 8.00 Uhr, im Büro sein, ohne Urlaubsgenehmigung durfte der Dienstort nachts und am Wochenende nicht mehr verlassen werden. Er wurde trotzig, kam immer zwanzig Minuten später und ließ es drauf ankommen. Auch gewöhnte er sich das Weintrinken an, manchmal hatte er schon am frühen Abend »großen Durst darauf u. brause einen hinter das Chemisette«.[4]

Es gelang ihm nicht mehr, die Sinnlosigkeit des Lebens durch die dichterische Produktion aufzufangen, sich so zu verhalten wie die verehrten Großen, die ihren Pessimismus durch die Kunst aufheben konnten. »In was für ein Leben sind wir gestellt u. von nirgends ein Hinweis, was es eigentlich bedeutet«, lautet die Quintessenz dieses Halbjahres.[5] Seinen Geburtstag am 2. Mai 1937 verbringt er allein. Sein Vorgesetzter Mantel besucht ihn eine Stunde lang, aber Benn ist auf solche Besuche nicht gut gestimmt, denn zwischen Mantel und von Zepelin gibt es Auseinandersetzungen wegen des Vorgesetztenstatus für Sanitätsoffiziere, und Benn steht innerlich auf von Zepelins Seite.

Er freute sich hingegen sehr über einen Besuch von Egmont Seyerlen am nächsten Tag. Benn genoß die Stunden besonders, weil beide sich ihren Erinnerungen an die expressionistischen Jahre hingeben konnten. Dabei blieb ihm unklar, was Seyerlen eigentlich beruflich trieb und wovon er jetzt lebte, »er war ja immer ein großer Scharlatan und Ganove«.[6] Seyerlen galt als Autorität auf dem Gebiet der Verteilungswirtschaft und war zum Wirtschaftsführer und Vorstandsmitglied der »Deutschen Arbeitsfront« aufgestiegen. Seine Planungen für den Kriegsfall fanden bei den Mobilmachungen anläßlich der Besetzung der sudetendeutschen Gebiete ihre praktische Bewährung. Im Sommer 1940 wurde er Leiter des Stabes, der die Konsumgenossenschaften in die deutsche Arbeitsfront überführte, alles Aufgaben, die ihn nach 1945 in langwierige Spruchkammerverfahren verwickelten. Neben seinen alten militärischen Kontakten war Seyerlen für Benn jedoch auch ein geschätzter Lieferant von Informationen über die Hintergründe der auf den Krieg zusteuernden Wirtschaft.

Benn konnte auch auf Anteilnahme und Verständnis hoffen, wenn er Seyerlen von den Schwierigkeiten bei seinen Kriegsspielen und Mobilmachungskalendern berichtete, die ihm die Planung für die zukünftige Versorgung der Verwundeten aufgab. Wichtiger aber war für Benn die Aussprache über die politische Lage und die Kunst, für die Seyerlen immer ein großes Interesse und sicheres Urteil behalten hatte. Das Gespräch regte beide zu einer gemeinsamen Postkarte an Ernst Rowohlt an, in dessen Verlagshaus Seyerlen einst Ernst von Salomon getroffen hatte, der ihm in seinem Roman »Der Fragebogen« 1951 ein Denkmal setzte.[7]

Benn hatte von Rowohlt zu Weihnachten aus der blauen Dünndruckreihe der Balzacschen Werke den »Vetter Pons« und die »Verlorenen Illusionen« zum Geschenk erhalten, und im März schickte ihm der Verleger die neue Novellensammlung von Thomas Wolfe »Vom Tod zum Morgen«. Benn fühlte sich durch die Qualität der Bücher so angeregt, daß er seine Gedanken in einem kurzen Essay von nicht einmal zwei Schreibmaschinenseiten zusammenfaßte. Er brachte darin deutlich zum Ausdruck, daß die amerikanische Gegenwartsliteratur einen künstlerischen Rang habe, der augenblicklich in Deutschland nicht erreicht werden konnte, so daß die Besprechung auf eine Denunziation der jetzt erlaubten deutschen Literatur hinauslief.[8] Benn konnte es nicht lassen, in Richtung des Reichspropagandaministers zu sprechen und ihm seine Verachtung für die Phrasenhaftigkeit des NS-Alltags zu zeigen, wenn er der Macht den Geist gegenüberstellte und die Seite mit dem Satz schloß: »Bei Wolfe handelt es sich um einfache Dinge, sie sind leicht zu lesen, allerdings schwer zu schaffen: zu schaffen sind sie nur aus der allem Deklamatorischen und Programmatischen unerreichbaren Sphäre einsamer geistiger Macht.«[9] Kein Wunder, daß Rowohlt diese Besprechung nicht veröffentlichte. Benn gliederte die Seiten später dem Konvolut von Essays ein, das den Titel »Ausdruckswelt« bekam.

Zwar besuchte Benn noch gelegentlich die Stadthalle, um »nachmittags Angel u. Wurm auszulegen, um zu fischen u. zu fangen. Eigentlich *muß* man ja in dieser Art Städten genial werden. Es ist so namenlos stumpfsinnig, daß man nach innen *muß*.«[10] Aber der Produktionsrausch des vorletzten Sommers, in dem ihm Hannover noch neu war und ihm die »Stadthallenelegien« gelangen, ließ sich beim besten Willen nicht wiederholen. Benn war auch nicht mehr auf Veröffentlichung aus, denn er wußte, daß seine Lyrik so sehr im Gegensatz zum Zeitgeist stand, daß sie gar nicht veröffentlicht werden konnte: »Ich betrachte ausnahmslos u. alles, was ich irgendwo aus deutschem Gehirn gedruckt sehe von vornherein für allerletzten Dreck. Was heute die Lizenz der Schriftsteller u. Lektoren passiert, muß Dreck sein. Anderes wird nicht durchgelassen. [...] Heute hat überhaupt nur Zweck, mit ganz gefährlichen, rücksichtslosen, brutalen Mitteln vorzugehn, wenn man sich den geistigen Fragen nähert. Was nicht direkt ins KZ Lager führt, ist albern.«[11] Diese Haltung bestimmte auch seine Arbeit an »Weinhaus Wolf«, seinem »Privatwahnsinn«, die die ganze erste Hälfte des Jahres 1937 ausfüllte.

Die Versetzung betrieb er trotz aller Widerstände weiter. Im Juni besuchte er seinen Vater in Mohrin und verband die Reise mit einem Aufenthalt in Berlin. Er übernachtete bei Elinor Büller und ging am 17. Juni zu einer Besprechung ins Reichskriegsministerium, Heerespersonalamt, Tirpitzufer, seine Bemühungen schienen endlich zu einer Lösung zu führen. Jedenfalls kam er aus Berlin mit einer Versetzungszusage zurück. Herta von Wedemeyer wurde krank, nachdem sie die Nachricht über die bevorstehende Abreise erhalten hatte. Benn fragte sich nach der Bedeutung dieser Krankheit. War seine Freundin vielleicht erleichtert, daß das komplizierte Verhältnis zu Ende war?[12] Im Büro arbeitete er gewissenhaft die letzten »dreckigen Akten« durch und wurde dabei von Trauergefühlen überrascht, aber »immerhin viel Tinte u. sogar Gedanken habe ich in sie hineingearbeitet«. Er hatte das Gefühl, in dieser Zeit in der Militärverwaltung noch stiller, noch unpersönlicher geworden zu sein.[13]

Benn wollte in der Nähe seiner künftigen Dienststellen wohnen, dem Generalkommando III. Armeekorps in der Kurfürstenstraße und der Heeressanitätsinspektion in der Bendlerstraße 14: Bis zum Kriegsausbruch bekleidete er zwei halbe Planstellen, das Büro lag in der Bendlerstraße.[14] Er fühlte sich »mutlos dem Leben und dem bißchen Zukunft gegenüber«, von Elinor verabschiedete er sich am 27. Juni 1937 mit einem Goethegedicht:

> Laß fahren hin das Allzu flüchtige,
> Du suchst bei ihm vergebens Rat,
> Nur im Vergangenen lebt das Tüchtige,
> Beflügelnd uns zu neuer Tat.
> *Goethe.*

Und das Vergangene sind Du u ich, 8 Jahre lang, und es wird weiter Gegenwart u. Zukunft bleiben«.[15]

Das Vergangene blieb aber weder Gegenwart noch Zukunft: Dieser Brief war der letzte, der von Benns Briefen an Elinor erhalten geblieben ist. Offenbar hatte die Schauspielerin, die in Oberbayern zunächst bei einer Freundin wohnte und dann Ende September 1937 mit der Bayrischen Landesbühne auf Tournee ging, Benns Briefe, wenn sie denn in Berlin geschrieben worden sind, nicht mehr aufgehoben. Ihr fehlte offenbar der Wunsch, die Beziehung zu Benn in eine rein freundschaftliche umzuwandeln – im Gegensatz zu ihm, der stets die Freundschaft zu retten suchte, wenn ihm eine Frau nicht nur erotisch, sondern auch menschlich viel bedeutete. Am 17. August schreibt Elinor Büller an ihre Tochter:

> Um Benns wegen würde ich Berlin meiden. Benn ist nicht ein Freund, der einem helfen und beistehen kann – im Gegenteil, er hängt einem noch Gewichte an und das will ich nicht mehr. Ich glaube nicht mal, daß er das vollgültig begriffen hat, trotz meiner immer kürzer werdenden Briefe, aber tut sich was in seinem Leben, wie jetzt, dann kommt er zu mir! Es erfordert zuviel Zeit um sich damit abzugeben wie ich das jahrelang getan habe, ohne je das gleiche für mich zu fordern. Aber ich will das alles nicht mehr, weil ich eingesehen habe, daß ich es nicht darf. Seine Situation ist überdies nicht so ganz unbedenklich! Hoffentlich ist die Persönlichkeit H.J. [Hanns Johst] – Du weißt, wen ich meine – stark genug, um ihn gegen den Ansturm zu schützen.[16]

Der Bruch war endgültig.

Neue Angriffe

Am 25. Juni lag endlich der schriftliche Versetzungsbefehl nach Berlin auf dem Schreibtisch. Benns Bemühungen hatten Erfolg gehabt. Fünf Tage später verließ er Hannover für immer und kehrte in guter Stimmung nach Berlin zurück, voll Hoffnung auf einen Neuanfang. Denn er hatte die Idee keineswegs aufgegeben, weiterhin zu publizieren. Im Dezember konnte er Elinor auch »Die Literatur«. Monatsschrift für Literaturfreunde« mit der Widmung »Morchen von F. Weihnachten 36«[1] schicken. Das Heft brachte neben Artikeln von Rudolf Huch, Winfried Gurlitt und Peter Bamm sechs Gedichte von ihm selbst. Aber der Wunsch, sich ab und zu einer interessierten Leserschaft vorstellen zu können, wird nicht in Erfüllung gehen. Denn die Diffamierung in der SS-Zeitschrift »Das Schwarze Korps« von 1936 war nur der erste Schlag eines Gegners, der alle seine Verbindungen spielen ließ, um Benn als »Kunstbolschewisten« endgültig zu vernichten.

In seine Zuständigkeit fiel die Beurteilung von Wehrdienstbeschädigungen und Rentenanträgen, eine rein gutachterliche Tätigkeit. Benn war mit dem Wechsel zufrieden. Seine Hoffnung auf eine ruhige, zurückgezogene Tätigkeit, die ihm endlich die nötige Muße ließ, um sein Lebensideal zu verwirklichen, nämlich »Untätigkeit bei günstigen äusseren Lebensbedingungen«,[2] schien sich zu erfüllen.

Aber die zufriedene Stimmung währte nicht lange. Elinor behielt mit ihren Warnungen vor Illusionen gegenüber Berlin recht. Einerseits war Benn froh, der Provinz und der anstrengenden Verantwortung als Abteilungsleiter entronnen zu sein. Andererseits hatte sich die Berliner Szene geändert. Tilly und Elinor lebten, wie auch Egmont Seyerlen, in Süddeutschland, Loerke war aus dem literarischen Leben ausgeschieden, die Stammtischrunde von 1934, in der Benn die »letzte Elite Deutschlands« zu versammeln gedachte, also den Architekten Hans Poelzig, die Maler Karl Hofer und Renée Sintenis, hatte sich aufgelöst. Der Bildhauer Rudolf Belling bekam am 8. Juli, eine Woche nach der Ankunft Benns in Berlin, zusammen mit Barlach, Nolde, Pechstein und Kirchner den Rat des Präsidenten, aus der Akademie auszutreten.[3] »Im übrigen ist Berlin ja schön, aber doch anders u. einsam geworden. Die meisten Bekannten fort, die noch vorhandenen teils ihrerseits ablehnend, teils von mir aus mit Vorsicht zu genießen.«[4]

Die Akademie litt unter Kompetenzrangeleien: In deren Folge breitete sich Lähmung aus, denn es blieb unklar, welchem Macht- und Entscheidungsbereich sie in Zukunft zugeschlagen werden würde. Rust fühlte sich durch Goebbels bedroht und ließ sich einen geschickten Schachzug einfallen: Er stellte am 1. Juli 1937 die Akademie unter das Protektorat von Göring.[5] Die Sektion Dichtkunst atmete auf. Aber ihre Hoffnung, der Preußische Ministerpräsident würde sich der Akademie ebenso gönnerhaft annehmen wie etwa des Staatstheaters am Gendarmenmarkt, in dem Gründgens unumschränkt herrschen konnte, erfüllte sich nicht. Im Gegenteil. Göring setzte die geltende Satzung außer Kraft und verlangte eine zeitgemäße Form.[6]

Diese Entwicklung rief jedoch Goebbels auf den Plan, der entschlossen war, Rust zu verdrängen und selbst die Führung der Akademie zu übernehmen. Und obwohl er sich mit Hitler darauf verständigt hatte, die Preußische in eine »Deutsche Akademie« umzubauen, schob Hitler eine definitive Entscheidung über die künftige Führung der Institution immer wieder hinaus. Das aktive Leben der Sektion Dichtkunst verebte. Goebbels suchte, um eine Entscheidung Hitlers zu seinen Gunsten herbeizuführen, nach einem politischen Anlaß. Er fand ihn bei der Vorbereitung zur Ausstellung »Entartete Kunst«, die für den Monat Juli 1937 als abschreckendes Gegenbeispiel gleichzeitig mit der »Großen Deutschen Kunstausstellung« in München geplant war. Diese Ausstellung bestimmte, ohne daß er es ahnen konnte, in den nächsten beiden Jahren Benns Schicksal, denn ihre Vorbereitung wurde von Goebbels in die Hände eines Mannes gelegt, der die Person Benns in seinen Rachefeldzug gegen den Expressionismus einschloß.

Am 30. Juni gab Goebbels, nachdem er Hitler eine Vollmacht abgerungen hatte, dem Präsidenten der »Reichskammer der bildenden Künste«, Professor Adolf Ziegler in München, den Auftrag, »die im deutschen Reichs-, Länder- und Kommunalbesitz befindlichen Werke deutscher Verfallskunst seit 1910 auf dem Gebiet der Malerei und der Bildhauerei zum Zwecke einer Ausstellung auszuwählen und sicherzustellen«.[7] Damit konnte sich Goebbels in die Befugnisse von Rust einmischen, der ebenfalls für die staatlichen Museen zuständig war.

Die Eröffnung der Ausstellung war für den 18. Juli vorgesehen, die Zeit drängte. Bei der Suche nach geeigneten Fachleuten erinnerte sich das Propagandaministerium an den Maler und Schriftsteller Wolfgang Willrich,[8] der schon früher zu Rate gezogen worden war, als das Ministerium eine Ausstellung zur Diffamierung des Expressionismus, eine sogenannte »Schreckensschau«, in Berlin plante.

Willrich war ein fanatischer Gegner der Expressionisten, der im Bewußtsein, mit seinem Kunstgeschmack auf der richtigen Seite zu stehen, seine Mittel nicht zimperlich einsetzte. Das hatte er bereits in der ersten Nummer des »Schwarzen Korps« bewiesen, als er im Artikel »Das deutsche Antlitz« die Charakterzüge »Kühnheit und Stolz, Redlichkeit und Treue« als rassische Vorzüge nannte, die sich beim »nordischen Deutschen aus ihrem Antlitz erraten lassen«. Der Artikel, dazu ein Photo und drei Zeichnungen des Autors füllten eine ganze Seite. Die von ihm selbst gezeichnete halbnackte, nordische »Stillende Mutter« charakterisierte er in einem Beitext als »hoheitsvoll« und drohte: »Wer nicht voller Achtung das Edle in der ganzen Gestalt verspürt, der muß jeder edlen Regung bar sein. Oder er ist von Trieben beseelt, die ihn in die Reihe derjenigen stellen, die am besten hinter Schloß und Riegel verwahrt werden. Nur ein verdorbener Lüstling kann über diese deutsche Mutter abfällig urteilen.«[9]

Wolfgang Willrich (1897-1948) studierte ab 1922 vier Jahre Malerei an der Staatlichen Akademie Dresden und verkehrte im Kreis um die nationalvölkische »Deutsche Kunstgesellschaft«, die sich rühmte, als »erste Gemeinschaft gegen den Spuk der Novemberkunst und den Kunstbolschewismus« beharrlich Front gemacht zu haben.[10] Er hing schon während seines Studiums den Rasse-Ideen der Nationalsozialisten an. Mit seinen Müttern und Mädchen »nordisch-fälischer Rasse«, mit Kopfstudien von Matrosengefreiten und Kapitänleutnants versuchte Willrich nach 1933 Anschluß an den Kunstmarkt zu finden, doch blieben Ruhm und Anerkennung aus, obwohl er sich dem Regime mit rassepolitischen Argumenten andiente.[11] Ein Artikel in der Monatsschrift »Das Bild«, der sich ausschließlich mit Willrichs Arbeiten und Schriften beschäftigte, unterstützte ihn in seinen Angriffen. Im Berliner Kronprinzenpalais hinge drei Jahre nach der Machtübernahme noch kein Willrich, sondern nur »der Abschaum deutscher Künstler wie z.B. Schmidt-Rottluff, Heckel, Feininger, Hofer, Scholz, Klee usw.«. Es könne den dort gezeigten »Untermenschen« nichts schaden, bei Willrich in die Schule zu gehen, »um mit sicherer Hand und rassisch geschultem Geist den Menschen mit Merkmalen der nordischen Rasse aufzuspüren und in Bildern festzuhalten«.[12]

Im Frühjahr 1937 griff Willrich in seinem Buch »Die Säuberung des Kunsttempels« die expressionistische Kunst auf das schamloseste an. Das Pamphlet versprach bereits im Vorwort, was nun endlich Wirklichkeit werden sollte, nämlich »das Entartete mitleidlos im eigenen Schmutz zu ersticken«.[13] Und Gottfried Benn sollte, das hatte sich Willrich vorgenommen, als Dichterkollege des »entarteten Gesindels« mit erstickt werden.

Willrichs Vernichtungswille erklärt sich aus dem tiefsitzenden Neid des unbegabten, erfolglosen Kunstmalers auf die international bekannten, oft an Hochschulen lehrenden Malerkollegen. Warum er es allerdings auf den Militärarzt und Dichter Benn abgesehen hatte und ihm in den Jahren 1936 und 1937 das Leben zur Hölle machte, ist bis heute nicht aufgeklärt. Wie aus verschiedenen Äußerungen hervorgeht, störte sich Willrich besonders daran, daß Benn im Militär einen sicheren Unterschlupf gefunden hatte. Als er vom Propagandaministerium in diejenige Kommission berufen wurde, die die Ausstellung »Entartete Kunst« in München organisieren sollte, war Willrich am Ziel seiner Wünsche angelangt: Er konnte die Vernichtungsphantasien seines Buches in die Tat umsetzen, und das mit höchster Legitimation.

Das Ministerium hatte mit Willrich einen guten Griff getan, denn er zeichnete sich durch organisatorische Erfahrung in der Denunziation expressionistischer Kunst aus. Ab 1933 stellten die neuen Museumsleiter, die von lokalen Ortsgruppen des »Kampfbundes für deutsche Kultur« unterstützt wurden, Sonderaustellungen zusammen, die den jeweils vorhandenen Sammlungsbestand an moderner Kunst als »Dokumente der Verfallszeit« in sogenannten »Schreckenskammern« präsentierten. Die Kunstakademie Dresden organisierte unter der Leitung von Willrich und dem Rektor Richard Müller im September 1933 die Ausstellung »Entartete Kunst«. Dresdner Kreise wußten, daß diese Schau als persönliche Abrechnung von nationalsozialistischen Malern mit ihren politischen und erfolgreicheren Widersachern gedacht war.[14] Die Ausstellung wurde im August 1935 wiederholt, Göring, Goebbels und Hitler gehörten zu den prominenten Besuchern. Diese Dresdner »Schreckensschau« wurde 1937 als Ganzes in die Münchener Ausstellung integriert,[15] denn die fünfköpfige Kommission stand unter enormem Zeitdruck. Innerhalb von zwei Wochen wechselten mehr als fünftausend Werke bekannter expressionistischer Künstler aus den Museen nach München, mehr als sechshundert Gemälde, Skulpturen, Graphiken und Bücher, die noch vor wenigen Wochen im Besitz von zweiunddreißig öffentlichen Museen gewesen waren, wurden konfisziert. Hitler traf sich während der Vorbesichtigung am 16. Juli mit der Kommission, man besprach gemeinsam die Hängung der Hitler besonders verhaßten Werke der Dadaisten.[16]

Am 19. Juli 1937 wurde die Ausstellung in München in den Räumen der Gipssammlung des Antiken-Museums als gezielte Gegendarstellung zur »Großen Deutschen Kunstausstellung« im neu gebauten »Haus der deutschen Kunst« eröffnet. In seiner Eröffnungsansprache bezeichnete Adolf Ziegler die ausgestellten Werke als »Ausgeburten des Wahnsinns, der Frechheit, des Nichtskönnertums und Entartung« und schloß mit dem Appell: »Deutsches Volk, komm und urteile selbst!«[17]

Dieser Aufforderung kamen mehr als zwei Millionen Besucher bis Ende November nach. An manchen Tagen zogen bis zu 20.000 Menschen durch die engen Räume. Am Sonntag, den 2. August 1937, schoben sich sogar 36.000 Besucher durch die Ausstellung, die selbstverständlich keinen Eintritt kostete.

Das Konzept der Schau »Entartete Kunst« ging, wie wir heute wissen, auf die Abbildungsseiten aus Willrichs Buch »Säuberung des Kunsttempels« zurück, »das auch sonst ein Musterbuch für die Einrichtung der Münchner Ausstellung war«.[18] Es stellte den Katalog für die auszustellenden Bilder bereit und lieferte die diffamierenden Texte gleich mit, die großflächig als Kommentare dann auf die Wände gemalt wurden.[19]

Was jedoch hatte Gottfried Benn mit der Ausstellung »Entartete Kunst« zu tun? Die Literaturwissenschaft hat bis heute nicht zur Kenntnis genommen, daß im Erdgeschoß, das dem Publikum wegen der knappen Zeit erst am 22. Juli freigegeben wurde, auch Bücher ausgelegt waren. Das Motto an der Wand nahm Bezug auf die Literatur: »Mindest so toll wie die Ausgeburt unfähiger, boshafter oder kranker ›Künstler‹ ist die Verantwortungslosigkeit der literarischen Zuhälter.«[20] Neben der Reihe »Junge Kunst« des Verlages Klinkhart & Biermann, in der Arbeiten über Pechstein, Hofer, Schmidt-Rottluff und Meidner gezeigt wurden, lag zwischen der Mappe von Otto Dix »Der Krieg« (1924), dem Gedichtband »Klänge« (1912) mit Originalholzschnitten von Wassily Kandinsky und Ludwig Meidners »Septemberschrei« (1920) Gottfried Benns

»Kunst und Macht«. Es war unter der Nummer 16 485 inventarisiert worden. Augenzeugen berichten, es gesehen zu haben.[21]

Mit großer Wahrscheinlichkeit hat Willrich selbst das Exemplar am 8. Juli in der Bibliothek des Breslauer Museums konfisziert.[22] Benn ahnte natürlich nicht, daß sein Buch jeden Tag von Tausenden in einer Umgebung gemustert wurde, die ihnen Abscheu vor den Exponaten einflößen sollte. Daß nicht die expressionistische »Morgue« oder der Band »Söhne« mit der Umschlagillustration von Meidner aus dem Verlag von Alfred Richard Meyer zu sehen waren, hing vielleicht damit zusammen, daß die Zeit für Willrich zu knapp war, um sich das seltene Heft aus öffentlichen Bibliotheken zu besorgen.

Doch war es keineswegs abwegig, »Kunst und Macht« auszustellen, denn dieser Band enthielt die Verteidigung des Expressionismus und setzte sich für diejenigen Maler und Bildhauer ein, an deren Bildern der Besucher gerade vorbeigegangen war: Klee, Hofer, Belling, Kirchner, Schmidt-Rottluff. Benn hatte sich seinerzeit den Zusammenhang von Kunst und Macht allerdings nicht als eine Orgie von Vernichtung gedacht, in die er durch den Verfolgungszwang eines bedeutungslosen Malers, der jetzt an der Macht partizipierte, hineingerissen wurde.

Willrichs Angriff auf Benn wäre wahrscheinlich gar nicht bemerkt worden, auch Benn hätte selbst nichts davon erfahren, wenn Willrichs Buch nicht im Verlag von Julius Friedrich Lehmann, München erschienen wäre. Lehmann gehörte mit Eva Chamberlain, Paul Schultze-Naumburg und Winifred Wagner zu den Gründungsmitgliedern des »Kampfbundes für deutsche Kultur«. In dem angesehenen medizinisch-naturwissenschaftlichen Fachverlag des Hitler-Bewunderers und Parteigenossen erschienen nicht nur »Die Deutsche Zahnärztliche Wochenschrift« und die »Monatsschrift für Krebsbekämpfung«, sondern auch das »Archiv für Rassen- und Gesellschaftsbiologie« oder die Werke des Rasseforschers Hans F. K. Günther, dessen »Kleine Rassenkunde des deutschen Volkes« als sogenannter »Volksgünther« im Jahre 1937 eine Auflage von einhundertfünfundachtzigtausend erreichte. Aber Lehmann verlegte auch die Werke des Reichsernährungsministers und Reichsbauernführers Walther Darré, etwa »Das Bauerntum als Lebensquell der Nordischen Rasse« oder »Neuadel aus Blut und Boden«. In Lehmanns Verlag kamen zudem wichtige Werke der Heeresmedizin heraus, und so bekam auch Benns höchster Vorgesetzter, Generaloberstabsarzt Professor Dr. Anton Waldmann, der selbst in Lehmanns Verlag veröffentlichte, Wind von Willrichs Angriffen gegen den expressionistischen Dichter und Oberstabsarzt, der seinem Befehl unterstand.

Willrichs Buch enthielt vorwiegend Zitate von Kunstkritikern und -historikern aus den verschiedensten Quellen und kommentierte sie mit süffisanten Bemerkungen. Unter der Kapitelüberschrift »Kunstbolschewismus und Kunstanarchie, ihr Wesen und ihre Ausdrucksform« zog Willrich über die publizistischen Wegbereiter des Expressionismus her: »Der uneingeweihte Laie bildet sich meist ein, Kunstbolschewismus sei lediglich ein Verbrechen der *bildenden* Künstler. *In Wahrheit ging die Hetze und Entartung von den Literaten aus* – zum Teil sogar von solchen, die heute sich schon wieder, national getauft oder getarnt, Geltung und Einfluß verschaffen konnten.«[23] Er schloß seinen »roten Reigen« mit Hinweis auf Wilhelm Klemm und Gottfried Benn, »zwei Aktionslyriker, welche schon während des Krieges Herrn Franz Pfemferts Vorbereitungen der bolschewistischen Revolution unterstützt haben«.[24]

Zitate aus der »Morgue« und aus »Fleisch« dienten dazu, Benns »perverse Entladungen« anzuprangern. Affinität zum Judentum wurde dadurch suggeriert, daß seine Gedichte in der Anthologie »›Menschheitsdämmerung‹, Herausgeber der Jude Kurt Pinthus, Rowohlt Verlag 1920« erschienen waren. Der Hinweis auf das Gedicht »Drohungen« in der »Aktion« sollte Benns Beziehungen zu Juden noch deutlicher machen: »Ebendort schwärmt die Jüdin Else Lasker-Schüler zu einer Porträtzeichnung, die sie gemacht hat, von Benn: ›Eine Mücke bin ich und spiele immerzu vor seinem Gesicht. Aber eine Biene möchte ich sein, dann schwirrte ich um seinen Nabel. Gottfried Benn ist der dichtende Kokoschka‹. Das ist eine geradezu genial gezogene Verbindungslinie zwischen dem Maler des gehäuteten Hammel, der sich von einer befreundeten Dame eine lebensgroße Fetischpuppe mit raffinierten lüstern-zynischen Anforderungen in Bezug auf Fleischähnlichkeit herstellen läßt – zu dem Dichter des ›Fleisch‹, ›Gang durch die Krebsbaracke‹ und ähnlicher Ekelhaftigkeiten über ›Das Fleisch ist flüssig, gieß es wie du willst um dich‹.«[25]

In einer Anmerkung zu dem Gedicht »Synthese«, das bereits im »Schwarzen Korps« ganz zitiert worden war, nahm Willrich dann Bezug auf den dortigen Artikel und beschimpfte Benn als Konjunkturritter: »Daß dieser noch eben rechtzeitig zur NSDAP herübergewechselte Kulturbolschewist heute (1936!) eine wichtige Stelle als Schriftwart in der Literaturkammer innehat und sich nicht scheut, seine Machwerke von neuem auf die Öffentlichkeit loszulassen, veranlasste ›Das Schwarze Korps‹ zu einer Enthüllung, die leider nicht den Erfolg zeitigte, den die SS für ihre redliche und berechtigte Kritik hätte erwarten dürfen.«[26] Benn hatte immer angenommen, daß der Artikel in der SS-Zeitschrift von Hanns Martin Elster verfaßt worden war, den Benn zusammen mit Johst »wegen Unterschlagungen aus dem Vorstand der ›Union nationaler Schriftsteller‹ entfernt hatte.[27] Stil und Gleichheit der Argumente machen es jedoch mehr als wahrscheinlich, daß Willrich selbst als Autor des Artikels in Frage kommt, denn schließlich war er SS-Mitglied, seit der ersten Nummer ständiger Mitarbeiter der Zeitschrift und verärgert darüber, daß sein Artikel nicht zur Entlassung des Konjunkturritters aus der Armee geführt hatte.

Benn hatte kaum seine neue Stelle in Berlin angetreten, als ihn Waldmann zu einer Unterredung bestellte und ihn auf die Denunziation aufmerksam machte. Wieder ging es um Benns Ausscheiden aus der Armee auf Grund eines ehrenrührigen Angriffs. Waldmann verlangte glücklicherweise keine Rechtfertigung, die sich auf den Inhalt der Gedichte bezog. Er befahl Benn lediglich, dafür zu sorgen, daß in der nächsten Auflage die inkriminierenden Sätze fehlten. Leichter gesagt als getan, denn wie sollte Benn das erreichen? Zunächst wandte er sich wieder an Hanns Johst, um ihn nochmals um Unterstützung zu bitten. Er teilt ihm den Wunsch des Reichskriegsministeriums mit, »daß bei der nächsten Auflage diese Seiten über mich entfernt würden. Ich weiss nicht, ob das möglich sein wird, ich werde es höflich versuchen, aber wenn es nicht geht, kann ich es nicht ändern. Es wäre vielleicht daher eine ganz ausserordentliche Tat der Freundschaft von Ihnen, wenn Sie in Ihrem Dokument, um das ich Sie bitte, etwa erwähnen könnten, dass Sie dem Verlag diese Ihre hier geäusserte Meinung mitzuteilen bereit wären«.[28]

In diesen vorsichtigen und subalternen Stil kleidete Benn seine Angst, die Anwürfe könnten diesmal zu seiner Entlassung führen. Auch schämte er sich wohl, Johst schon wieder als Bittsteller gegenübertreten zu müssen. Gleichzeitig suggerierte er eine formale Lösung des Konflikts, die dem verwaltungstechnischen Denken der Militärbehörde entsprach. Die sachliche Richtigstellung der Irrtümer Willrichs würde ausreichen, um von den moralischen Vorwürfen gegen die Gedichte abzusehen.

Johst kam Benns Bitte umgehend nach: »Den neuerlichen Angriff gegen Sie verurteile ich auf das schärfste«, antwortete er am 2. August. In seiner Rolle als Präsident der Reichsschrifttumskammer teilte er dem Verlag einen Tag später mit, daß Benn weder Mitglied der NSDAP sei noch eine wichtige Stelle als »Schriftwart in einer Literaturkammer« bekleidete. Der Verlag möge seinem Amt mitteilen, »welcher Art die in Ihrem Verlagswerk erwähnte ›wichtige Stelle als Schriftwart in der Literaturkammer‹ sein soll und was überhaupt mit dem Begriff ›Literaturkammer‹ gemeint ist«.[29] Der Verlag mußte in seiner Antwort zugeben, daß die Angabe über Benns Parteizugehörigkeit ebenso unrichtig war wie der Begriff »Schriftwart in der Literaturkammer«: »Selbstverständlich müssen diese teils falschen, teils ungenauen Bezeichnungen bei der bevorstehenden neuen Auflage richtiggestellt werden. Ich werde veranlassen, daß das geschieht.«

Am gleichen Tage aber antwortete Lehmann privat in einem dreiseitigen, engzeilig beschriebenen Brief auf Benns Schreiben vom 10. August. Benn hatte Lehmann wissen lassen, daß er in seiner Ehre als Sanitätsoffizier beleidigt worden sei und der Verlag ihn als »Kulturbolschewist« verleumdet habe.

Lehmanns Antwort ließ an Schärfe nichts zu wünschen übrig. Er machte auf die »enge Gemeinschaft mit den Kulturbolschewisten Heinrich Mann, Franz Werfel, Karl (sic!) Sternheim, Theodor Däubler, Paul Adler, Max Brod, Albert Ehrenstein und Max Herrmann-Neisse« aufmerksam und wies Benns Vorwurf, Verleumdungen verbreitet zu haben, zurück: »Sie werden niemand überzeugen können, daß Ihre Veröffentlichungen etwas mit deutscher Kultur zu tun haben. Der Ausdruck Kulturbolschewist ist für den Verfasser der oben genannten Bücher und für den Lobredner Heinrich Manns, für den Weggenossen all der vielen entwurzelten Literaten so wenig eine Beleidigung, wie die Bezeichnung Jude für einen Juden.« Lehmann schloß sein Schreiben jedoch mit einer versöhnlich scheinenden Geste. Er wollte davon absehen, einen Durchschlag dieser Stellungnahme an die Militärbehörde zu schicken, »da ich Ihnen in keiner Weise Schwierigkeiten machen will. Ich bin überzeugt, daß die Behörde damit zufrieden ist, wenn Sie ihr sagen, daß lediglich Ihre der Behörde ja gewiß bekannte Vergangenheit angegriffen werde, daß Herr Willrich aber nicht beabsichtigt, Sie in Ihrer heutigen Stellung und in Ihrem heutigen Schaffen anzugreifen und zu kränken«.[30]

Benn hätte erleichtert sein und die Sache damit beenden können. Aber gerade diese Schlußpassage veranlaßte ihn zur Zurückweisung einer gönnerhaft gemeinten Heimlichtuerei: »Es ist für einen Offizier eine Selbstverständlichkeit, einen derartigen Vorgang bis in jede Einzelheit der vorgesetzten Dienststelle zu melden. Eine Verschleierung kommt gar nicht in Frage. Jede Zeile an Sie von mir und jede Zeile von Ihnen an mich geht seinen dienstlichen Weg. Auch möchte ich die Gelegenheit nicht vorübergehen lassen, Ihnen hiermit zu bestätigen, daß ich mich weder in die Wehrmacht eingeschlichen habe, noch mich in ihr durch ein besonderes Wohlwollen halte. Wenn ich die Ehre habe, ihr anzugehören, so dürfte der Grund dafür der sein, daß sich die militärischen Dienststellen bei der Prüfung derartiger Angelegenheiten an diejenigen Unterlagen halten, die offiziellen und behördlichen Charakter tragen.« Benn verwies auf das Gutachten Johsts vom Dezember 1934, das seiner Personalakte beilag, und brach den Briefwechsel ab.

Das Ende der Öffentlichkeit

Der Schlagabtausch mit dem Verleger endete, bei Lichte besehen, nicht ungünstig. Die falschen Angaben würde der Verlag, wie der Reichsschrifttumskammer schriftlich bestätigt wurde, berichtigen, was in der zweiten Auflage 1938 auch recht und schlecht geschah. Aus dem »rechtzeitig zur NSDAP herübergewechselten Kuturbolschewisten« wurde der »rechtzeitig ›gleichgeschaltete‹ Kulturbolschewist«. Über kunstpolitische Begriffe ließ sich streiten, und je mehr Unklarheit bei der Frage nach ihrer Berechtigung auftrat, desto besser. Schließlich lagen die inkriminierten Arbeiten Jahrzehnte zurück, die Bücher waren vergriffen, Benn hatte sich im Militär nichts zuschulden kommen lassen. Er konnte darauf hoffen, daß die Heeressanitätsinspektion bei etwas Wohlwollen die Sache zu den Akten legen würde.

Allerdings hatte er nicht mit Willrich gerechnet, dem zu schreiben er für unnötig hielt, weil allein der Verlag in der juristischen Verantwortung stand. Willrich aber schaltete sich durch einen Brief an Benn am 27. August in die Auseinandersetzung mit Lehmann ein. Und wenn die Überzeugung von Willrichs Vernichtungswut bisher auf Vermutungen angewiesen bleiben mußte, dann läßt dieser Brief keinen Zweifel darüber aufkommen, daß er entschlossen war, den Dichter endgültig zu Fall zu bringen: »Die letzte Antwort, die Herr Lehmann Ihnen erteilt hat, wird Sie darüber belehrt haben, daß Ihr dreister Überrumpelungs- und Einschüchterungsversuch fehlgeschlagen ist. Selbstredend gedenke ich meine Angriffe gegen Ihre literarische Gräuelproduktion von ehedem genau so lange aufrecht zu erhalten, wie ich von der Richtigkeit und Notwendigkeit dieser Angriffe überzeugt bin und Sie keine gültigen Gegenbeweise aufbringen. Wenn ich Ihnen überhaupt schreibe, so lediglich deshalb: 1. damit Sie nicht behaupten können, ich sei Ihnen ausgewichen, 2. damit Sie vielmehr Ihrerseits der Militärbehörde die Begründung meines Angriffs nicht vorenthalten können, 3. weil ich immerhin gespannt bin, was zu berichtigen Sie denn überhaupt für nötig halten, 4. weil es mir gänzlich rätselhaft ist, wie und mit wessen Fürsprache Sie nach Ihrer literarischen Vergangenheit es fertig gebracht haben, nicht nur als Dichter auch im Dritten Reich wieder Gehör zu finden, sondern sogar als Oberstabsarzt einen Rang zu erhalten in Kreisen, die Ihnen als dem Dichter der ›Etappe‹, dieser grausigsten Verhöhnung des Sanitätswesens, schlechthin meilenfern rücken müßten.« Willrich kann sich diesen Vorgang nur so erklären, »daß Ihr von Herrn Johst ausgefertigtes kunstpolitisches Ehrenzeugnis von der ahnungslosen Militärbehörde höher gewertet wurde, als es das verdiente. Denn die Militärbehörde wird bisher zweifellos nicht davon unterrichtet sein, daß

Herr Johst für Sie nicht nur offiziell als Präsident der Reichskammer des deutschen Schrifttums bürgt, sondern ideell schon vordem Ihr Genosse war, nämlich als gelegentlicher Mitarbeiter in jener Zeitschrift ›Die Aktion‹, deren Herausgeber, Pfemfert, als radikaler Spartakist mit Liebknecht und Rosa Luxemburg befreundet war. Die große Münchener Ausstellung ›Entartete Kunst‹ ist ja inhaltlich die harmloseste Gartenlaube im Vergleich zu Ihrer ›Fleisch‹-Lyrik, Ihren ›Vermessungsdirigenten‹ und all den anderen Perversitäten, die Sie literarisch ausgeschlachtet und durchgekostet haben. Jedenfalls ist das Eine sicher: wenn jemand genannt werden muß als spiritus rector der bolschewistischen Wollust am Ekelhaften, die in der Entarteten Kunst ihre Orgien feierte, dann haben Sie ein Anrecht darauf, an erster Stelle angeprangert zu werden, gleichviel, ob mit oder ohne Herrn Johst's Gutachten. Sollten Sie und Hanns Johst anderer Ansicht sein, so empfehle ich Ihnen eine charakteristische Auswahl der Machwerke durch Herrn Johst dem Führer zu überreichen. Ich zweifle nicht, daß Sie es vorziehen würden, Ihren verehrten Heinrich Mann im Auslande zu besuchen, als die Antwort des Führers abzuwarten.«[1]

Das waren sehr deutliche Drohungen. Benn konnte nur hoffen, daß Willrichs Beziehungen nicht ausreichten, um sie wahr zu machen. Er wäre verloren gewesen, wenn die Partei- oder SS-Bürokratie Einfluß auf die Entscheidungen der Heeressanitätsinspektion hätte nehmen können: Eine Einlieferung in ein KZ wäre möglich gewesen.

Aber Willrich machte in diesem Brief einen schweren taktischen Fehler: Er schloß auch Johst und dessen schriftstellerische Vergangenheit in seine Denunziation ein. Dieser Fehler war Benns Rettung. Denn Johst konnte diese frechen und gefährlichen Anwürfe gegen seine eigene Person auf keinen Fall zulassen und wußte von nun an, daß Willrich auch ihn mit Hinweisen auf seine expressionistische Vergangenheit würde erpressen können. Als Präsident der Reichsschrifttumskammer, Staatsrat und SS-Oberführer war seine Stellung nur schwer zu erschüttern, auch machte seine enge Beziehung zu Himmler ihn wenig verwundbar. Aber üble Nachreden und Machtkämpfe gehörten zum Alltag der NS-Kultusbürokratie, und höhere Parteibonzen mußten immer mit dem Gefühl der Bedrohung durch Intrigen und Denunziation leben. Ein schlagender Beweis dafür ist etwa ein Schreiben vom »Amt für Kulturpflege/Kulturpolitisches Archiv« an die Gestapo in der Prinz-Albrecht-Straße, in dem »streng vertraulich!« angefragt wurde, ob dort Briefe »an den Juden Kortner (Cohn)« vorhanden wären, die Johst ihm »vor der Machtübernahme geschrieben und in wenig würdigem Ton gebeten habe, sein Stück ›Thomas Paine‹ aufzuführen«. Als Quelle für die Denunziation wurden »Kreise alter Parteigenossen« angegeben.[2]

Willrich ließ nicht locker. Er stellte ein zwanzigseitiges Dossier zusammen, das seinen Artikel aus dem »Schwarzen Korps«, Abschriften der dort inkriminierten Gedichte, eine Zitatensammlung aus »Das moderne Ich« und aus der »Rede auf Heinrich Mann« umfaßte. Er legte Kopien der Zeitschrift »Aktion« mit Gedichten von Johst und dessen lobender Besprechung des im Verlag der »Weißen Blätter« 1915 erschienenen Buchs »Negerplastik« von Carl Einstein bei und schickte die Akte am gleichen Tage, an dem er an Benn geschrieben hatte, an seinen Gönner Richard Walther Darré mit einem Begleitschreiben: »Es handelt sich bei Benn um einen Kunstbolschewisten erster Ordnung, dessen Dreistigkeit dadurch zu einer Gefahr für die SS und auch den Reichsbauernrat wird, weil sowohl er wie sein Verleger sich verschanzen hinter einem Gutachten, was Herr Hans Johst ehedem ausgestellt hat und sogar entgegen einem Angriff des ›Schwarzen Korps‹ aufrecht erhalten hat. Herr Benn darf, im Falle daß er sich auf Drängen seiner Militärbehörden gezwungen sieht, zu klagen, unter keinen Umständen vor Gericht Herrn Johst's Namen für seine Schweinereien in Anspruch nehmen können. Daß Benn überhaupt, gestützt auf ein Gutachten von Herrn Johst, seine Aufnahme ins Offizierkorps erreicht hat, ist zwar grotesk, läßt sich aber vielleicht auch ohne einen öffentlichen Skandal rückgängig machen.«[3]

Darré hatte als Reichsminister für Ernährung und Landwirtschaft, Reichsbauernführer und Preußischer Staatsrat Zugang zu Goebbels und Göring, und sein Einfluß auf Parteidienststellen war nicht gering. Willrich verdankte Darré seine Arbeit in Berlin, wohin er 1934 »zur künstlerischen Gestaltung des Staatsgedankens von Blut und Boden« berufen wurde.[4] Im Staatsauftrag ging er daran, auf nationalen Feiertagen oder bei Reichsnährstands-Ausstellungen »in volksdeutschen Gebieten an Leib und Seele schöne germanische Menschen zu zeichnen«.[5]

Darré hielt sich jedoch, in richtiger Erkenntnis der von persönlicher Animosität gezeichneten Argumentation, bedeckt, denn Benn stellte keine Gefahr für den Reichsbauernrat dar. Die Brisanz dieser Unterlagen mahnte ihn wegen des Angriffs auf Johst zur Vorsicht im parteipolitischen Dickicht, und er leitete das Dossier »zuständigkeitshalber« an Heinrich Himmler mit der Begründung weiter, Johst sei jetzt zwar Mitglied im Deutschen Reichsbauernrat, viel länger bekleide er jedoch ein Amt als höherer SS-Führer: »Aus diesem Grunde will ich nicht ohne den Reichsführer SS in der Angelegenheit eine Stellungnahme abgeben.«[6] Der Name Benn fiel in diesem Brief nicht, für Darré war allein der Angriff auf Johst entscheidend. Himmler setzte sich mit Johst ins Benehmen und ließ Willrich am 18. September einen geharnischten Brief zukommen:

> Sehr geehrter Herr Willrich!
> Ich kenne den Fall *Benn* sehr gut und halte das Aufrollen dieses Falles von Ihrer Seite für unnötig.
>
> Benn hat ohne Zweifel früher diese Gedichte geschrieben. Die Meinung des Führers auf dem Gebiete der Kunst ist jedoch folgende: Die Künstler hatten 4 Jahre Zeit um sich zu ändern und Kunstschöpfungen, die Zerfallserscheinungen sind, nicht mehr in die Welt zu setzen, sondern wirkliche Kunst zu schaffen.
>
> Benn hat sich seit dem Jahre 1933 und auch schon früher in nationaler Hinsicht absolut einwandfrei gehalten. Jetzt wie ein Amokläufer gegen diesen Mann vorzugehen, der sich gerade im internationalen Leben einwandfrei für Deutschland gehalten hat, halte ich für unnötig und unsinnig. Ich habe meinen gesamten Dienststellen verboten, sich in die Angelegenheit Benn irgendwie einzumischen.

Im übrigen sei Johst, »der den Weg zum Nationalsozialistischen gefunden« habe und ihn »kompromisslos« gegangen sei, für solche Fragen zuständig. Er, Himmler, schätze zwar Willrichs Kampf gegen die entartete Kunst, er glaube aber, »dass dieser Kampf nicht so, wie ich bei Ihnen den Eindruck habe, Lebensinhalt und Amoklaufen werden darf. Ich wiederhole meine Überzeugung, die ich Ihnen gegenüber schon einmal mündlich aussprach, dass es wichtiger wäre, wenn Sie weiterhin gute Bilder malten, als nun jeden Einzelnen, der im Jahre 1918/19 und auch meinetwegen später als Künstler dumme Sachen geschaffen oder verfasst hat, nun bis zur Vernichtung seiner Existenz zu verfolgen«.[7]

Himmlers Diktat enthält im Grunde nur das Verbot, den Fall weiter zu verfolgen. Johst wurde in eher schaumigen Wendungen exkulpiert und in die allgemeine Schlußfloskel von den Künstlern, die früher »dumme Sachen« verfaßt hatten, einbezogen. Auf diese Rüge hin distanzierte sich auch Darré von Willrich, indem er sich »die Auffassung des Reichsführers SS voll zu eigen« machte und seinerseits Himmlers Brief an die ihm nachgeordneten Dienststellen verteilte. Damit schien Willrichs Machenschaften endgültig ein Riegel vorgeschoben zu sein, alles hing jetzt von der Entscheidung der Militärbehörde ab.

Aber trotz der Briefe von Johst und Himmler zögerte Benns vorgesetzte Dienststelle, die Heeressanitätsinspektion im Oberkommando des Heeres (OKH), zusammen mit dem Heerespersonalamt, ihre Entscheidung hinaus, so daß Benn bis Mitte Oktober in großer Unsicherheit leben mußte. Erst dann war klar, daß er im Amt bleiben konnte:[8] Am 19. Oktober 1937 bedankte sich Generaloberstabsarzt Dr. Anton Waldmann bei Johst für dessen Unterstützung. Johst hatte im Anschluß an Himmlers Verbot und in richtiger Einschätzung der Tatsache, daß sich Himmler auch für ihn verwendet hatte, an Waldmann geschrieben: »Ich komme mit diesen Zeilen der angenehmen Pflicht nach, mich vor die Ehre des Herrn Dr. G. Benn stellen zu dürfen. Der Reichsleiter SS, Herr Himmler, hat an den Autor des Angriffs gegen Herrn Dr. Benn bereits in schärfster Form Front gemacht. Ich bitte Sie darüber hinaus, zur Kenntnis zu nehmen, daß Herr Dr. Benn dem nationalsozialistischen Staat bereits mehrfach durch seinen persönlichen und schriftstellerischen Einsatz viele Dienste geleistet hat. Ich trete mit vollem Einsatz meiner Stellung und Person für Herrn Dr. Benn ein und hoffe, daß mit dieser Erklärung jeder Schatten für die Ehre des Herrn Dr. Benn genommen ist.«[9]

Bozener Straße 20

Man kann sich nicht eindringlich genug vor Augen halten, daß Benns Existenz einzig und allein dann gefährdet war, wenn seine militärische Ehre durch Hinweise auf die expressionistischen Dichtungen auf dem Spiel stand. Die Vorstellung, die bis heute durch die Sekundärliteratur geistert, Benn sei von den NS-Spitzen nach anfänglichem Wohlverhalten fallengelassen und verfolgt worden, beruht auf mangelnden historischen Kenntnissen. Nach der Zurückweisung Willrichs durch Himmler stand Benns Bleiben bei der Wehrmacht nichts mehr im Wege. Er konnte endlich seine Untermieterexistenz aufgeben und sich nach einer angemessenen Wohnung umsehen, die zu bezahlen er auch zukünftig in der Lage sein würde. Erich Reiss half ihm bei der Suche: Am 1. Dezember zog er in die vier Zimmer der Parterrewohnung Bozener Straße 20 in Schöneberg ein, die er bis zu seinem Tode behalten wird.

Benn war nicht mehr der Jüngste. Die hannoverschen Jahre mit den ungeklärten Beziehungen zu Tilly und Elinor lagen hinter ihm, beide Frauen waren weggezogen. Berlin hatte ihn mit neuen Gefährdungen empfangen, die jetzt überstanden waren. Jedenfalls wollte er das glauben und konnte nicht ahnen, daß das Damoklesschwert noch immer über ihm schwebte. Es schien ihm an der Zeit, sich angemessen zu etablieren und seinem Liebesleben eine bürgerliche Form zu geben, um dadurch die Tarnung zu verstärken und auch den konservativen Vorstellungen der Militärs entgegenzukommen: Sein Junggesellendasein erfüllte schon in Hannover nicht die Erwartungen an einen deutschen Offizier, dem Führungsaufgaben anvertraut worden waren. Tilly beschrieb er zu Beginn des neuen Jahres in einer Art Resümee die aktuelle Lage und die Entschlüsse: »Meine Zukunft ist doch so, daß ich unbedingt bei meiner jetzigen Behörde bleiben muß, woanders bekomme ich keine Arbeit mehr u. die Verfolgungen können ja jeden Tag wieder losgehn. Ich muß also mein Leben konsolidieren, nach außen immer mehr abdichten, ich brauche Ordnung, Ruhe u. Hilfe, ich bin alt u. sehr müde und kann allein nicht mehr weiter. Ich werde mich verheiraten u. zwar jetzt bald. Keine Passion, keine Illusion. Ordnung, Kameradschaft, gegenseitige Hilfe.«[1]

Benn schlug den nüchternen Ton auch deswegen an, weil er an eine Geliebte schrieb, die gerne bei ihm geblieben wäre und die die Ankündigung einer Heirat mit einer anderen noch mehr kränken mußte. Er warb in diesem Brief um das Weiterbestehen der Freundschaft und beschwor die Jahre mit ihr »als ein großes Geschenk des Lebens, das ich nie vergessen kann«.[2] Solche Sätze spiegeln einen Grundwiderspruch in Benns Leben: Einerseits wollte er allein bleiben und seine Einsamkeiten in künstlerischen Ausdruck verwandeln. Dabei waren gesellschaftliche Verpflichtungen und eine Ehefrau nicht besonders förderlich, die sexuellen Bedürfnisse ließen sich durch gelegentliche Bekanntschaften befriedigen. Andererseits war eine Frau an seiner Seite, die sich dazu noch um die alltäglichen Dinge kümmern konnte, zum aktuellen Zeitpunkt für ihn lebensnotwendiger denn je: Von Liebe sprach Benn nicht. Gelang eine Ehe, dann war sie »das Vernünftigste, was es gibt«.[3]

Die Vernunft wurde aber dadurch in Frage gestellt, daß die Ehe als Institution die sexuelle Attraktion beider Partner schwächte. In knappster Form hat Benn seine Meinung über dieses Paradox Jahre später in einem Brief an Erich Reiss zusammengefaßt, der ihn um einen Ratschlag wegen zunehmender Impotenz in seiner Ehe mit Lotte Jacobi gebeten hatte: »Die Ehe ist doch eine Institution zur Lähmung des Geschlechtstriebes, also eine christliche Einrichtung. Abraham und Odysseus litten nicht an ihr. Für den Mann gibt es doch nur die Illegalität, die Unzucht, den Orgasmus, alles, was nach Bindung aussieht, ist doch gegen seine Natur. Eine Banalität! Hamsun sagt: es gibt nur eine Liebe, die gestohlene, – er hat recht. In der Ehe gibt es Wirtschaftsfragen, Essensfragen, Geselliges, ›gemeinschaftliche Interessen‹ – alles Torpedierungen des Sexus. Die menschliche Bindung an die Gattin lähmt das Gemeine, Niedrige, Kriminelle, das jedem echten Koitus für den Mann zugrundeliegt, er wird impotent, aber diese Impotenz in der Ehe ist *eine Ovation für die Ehepartnerin als Mensch*. Ich habe daher schon oft gedacht, Frauen müßten Kaninchen sein, dann wären sie anders organisiert wie wir, wüßten nicht, was wir denken und tun, sie könnten in der Bettstelle schlafen, unten an den Füßen, sie sind ja reizende Hasen, die Kaninchen, – mit ihren weichen, wellenförmigen Bewegungen haben sie geradezu etwas Mystisches, ich finde sie die apartesten Tiere, – und alles wäre in Ordnung. Leider aber sind sie keine Kaninchen, sondern eine Art Menschen, wenigstens in Europa u USA. Also das von Ihnen geschilderte Dilemma mit allen Folgen! Ich rede ganz im Ernst und spreche aus meiner ärztlichen Erfahrung, die ja in Hunderte von Ehen sieht.«[4]

Am 22. Januar 1938 heiratete er auf dem Standesamt in Berlin-Schöneberg seinen Hannoverschen »Pagen«, Herta Antonia Emilia Klara von Wedemeyer, den er zärtlich »Hertele« nannte. Als Trauzeugen hatte er seinen Bruder, den Konsistorialrat Ernst-Viktor Benn, der in Berlin-Charlottenburg wohnte, und seine Vermieterin aus der Kaiserallee, Frau Helene von Zeschau, gebeten. Benn hat diese Ehe als eine Vernunftehe oder, wie man damals sagte, »Kameradschaftsehe« aufgefaßt, die ihren Sinn in der Gemeinsamkeit bei der Bewältigung des Lebens fand, sowohl für Herta als auch für ihn. Er betonte zwar die Funktionalität dieser Verbindung und gab auch Oelze gegenüber als Grund für die Heirat die Arbeitsfähigkeit seiner Frau an. Aber dieser Bericht über den Anlaß zu seiner Heirat wirkt wie ein kurzes literarisches Kabinettstück,[5] das er auch anderen Briefpartnern gegenüber aufführte. Im Zuge einer Beschreibung des Berliner Lebens gab er Mitte 1938 ein freundlicheres Bild seiner Partnerschaft, das den über Fünfzigjährigen in einer zärtlichen, fürsorglichen Beziehung zu seiner jungen Frau zeigt: »Um 16 h gehe ich dann nach Hause. Spreche für den Rest des Tages nur mit meiner Frau. Vermeide jede Bekanntschaft, jedes Gespräch, jeden Besuch. Meine Frau ist zart, verfeinert, sehr degeneriert, immer müde, was mir sehr angenehm ist. Um 8 Uhr ist sie zum Schlafen fertig. Sie weiss nicht viel, ist ›ungebildet‹, niemand kümmerte sich um ihre Erziehung. [...] Ich freue mich sehr, ihr im Rahmen meiner bescheidenen Möglichkeiten ein ruhiges, eigenes Leben geben zu können. Sie verbindet mich als Letztes mit menschlichen Dingen u. Verhältnissen, ohne mich sehr zu stören oder zu leidenschaftlichen Empfindungen zu bringen. Sie vergilt es dadurch, dass sie mir eigentlich in keiner Lage missfällt. [...] Diese meine 31jährige Frau nun umgebe ich mit der ganzen Sorgfalt u. Vorsicht meines so häufig von Gefahren und Zusammenbrüchen etwas ermüdeten und wunschlos gewordenen Lebens, in der meine menschliche Hinterlassenschaft etwas weiter getragen werden soll, wenn der angebliche mort douce mich mit seinen Mohnstengeln betäubte.«[6]

Die Anspielung auf den »sanften Tod« kam nicht von ungefähr. Denn Benn füllte seine Abende nicht nur durch Gespräche mit seiner Frau aus, er saß auch zurückgezogen am Schreibtisch und grübelte über einem Essay. Die DVA hatte ihn gebeten, ein Vorwort für die deutsche Bearbeitung des Buches von George Barbarin »Le livre de la mort douce« beizusteuern. Es enthielt Berichte von Leuten, die nach dem Tode wieder ins Leben zurückgekehrt waren und ihre Erfahrungen mitteilten. Benn interessierte sich nicht für das klinische Bild von der Auflösung des menschlichen Körpers. Der Sachverhalt des Todes könne »seelisch-erlebnismäßig« nicht ausgedrückt werden und entzöge sich jeder intellektuellen Definition. Benn stimmte dem »aus dunklen Reichen« stammenden Wort Barbarins zu: »Der Tod ist eine Einwilligung.« Und er kommentiert: »Eine Einwilligung – das kann man nicht anders auslegen als, der Tod ist eine tiefe moralische Pflicht, die der Mensch, der lebte und weil er lebte, zu übernehmen um seiner fremden und fernen Herkunft willen sich entschließen muß. Zweifellos ein großer metaphysischer Gedanke!«[7]

Das Manuskript von knapp fünf Seiten lag bereits Anfang Februar 1938 vor. Aber Benn tüftelte noch an Änderungen herum, bis er dem Verlag die korrigierten Fahnen gegen Ende März zurückschickte. Die »Deutsche Zukunft« hatte ihm einen Vorabdruck zugesichert.

Aber sein Essay erschien weder in der Zeitschrift noch als Vorwort des Buches. Denn mit Einschreiben vom 18. März wurde er Knall auf Fall mit sofortiger Wirkung aus der Reichsschrifttumskammer ausgeschlossen: »Auf Grund dieses Beschlusses verlieren Sie das Recht zu jeder weiteren Berufsausübung innerhalb des Zuständigkeitsbereichs der Reichsschrifttumskammer. Im Übertretungsfalle müßten die Strafbestimmungen des Reichskulturkammergesetzes gegen Sie in Anwendung gebracht werden.«[8]

Der Ausschluß erfolgte unter Umgehung des üblichen Amtswegs in der Kammer, so daß selbst Johst als Präsident von dem Vorgang nichts wußte. Das ist aber auch nicht verwunderlich. Denn zum einen hatte er die Gewohnheit, in absentia über die RSK zu residieren. Er zog niemals nach Berlin und erledigte die laufenden Geschäfte per Post oder durch Sekretärinnen von seinem Gut in Oberallmannshausen am Starnberger See aus. Seine mangelnde Präsenz in der Reichshauptstadt brachte es mit sich, daß dem Geschäftsführer Wilhelm Ihde erhebliche Macht zuwuchs. Ihde war SS-Offizier, ein guter Verwaltungsfachmann, der die Kontinuität in der Geschäftsführung der Kammer garantierte und, ohne daß Johst es wußte, eine Verbindung zum Propagandaministerium unterhielt.[9] Auf diese Weise erfuhr Johst von manchen Entscheidungen seiner Kammer nichts. Zudem war zu diesem Zeitpunkt die Entscheidungsgewalt bereits auf das Ministerium für Volksaufklärung und Propaganda übergegangen, das auf eigene Faust handelte und die Kammer erst nach den gefällten Entscheidungen benachrichtigte.[10]

Willrich hatte auf einem anderen Wege versucht, sein Ziel zu erreichen, und es war ihm gelungen, Goebbels als Präsidenten der Reichskulturkammer für den Fall Benn/Johst zu interessieren. Mitte Februar 1938 wurde überraschend vom Reichssicherheitshauptamt eine polizeiliche Beurteilung der Person Johsts verlangt: Himmler verbürgte sich persönlich für ihn. Offenbar konnte Willrich also doch Zweifel an Johsts Kompetenz in kulturellen und politischen Fragen säen. Wenn sich herausstellte, daß auch die schriftstellerische Vergangenheit des Präsidenten der Reichschrifttumskammer Flecken aufwies und der Einsatz für Benn auf Vetternwirtschaft beruhte, wäre er in die Schußlinie seiner Gegner geraten und in seiner Beschützerrolle unglaubwürdig geworden. Willrich hatte in dem Informationspaket, das er herumgeschickt hatte, die »alte Bekanntschaft« zwischen Benn und Johst als frühere Mitarbeiter von Franz Pfemferts »Aktion« herausgestrichen: »Der Fall Benn von heute diskreditiert die Schrifttumskammer und Herrn Johst so, daß ohne Kenntnis der gemeinsamen ›Aktionsbasis‹ niemand das begreifen kann.«[11] Das Datum der Intervention von Goebbels ist bekannt: Ein Begleitvermerk hält fest, daß die Akte Benn am 8. März dem Reichspropagandaministerium überstellt wurde. Eine Woche nach Benns Ausschluß wurde sie der Reichsschrifttumskammer zurückgegeben.

Johst erkundigte sich bei Staatssekretär Karl Hanke, dem Adjutanten von Goebbels, nach den Gründen der Maßregelung und erfuhr zu seiner Überraschung, daß der Ausschluß durch Göring veranlaßt worden war. Auch Johst wußte nicht, wer Göring aufgestachelt hatte, vermutete aber Willrich als Informanten, da von ihm der Satz stammte, »es gäbe noch andere Mittel und Wege«.[12]

Willrich hatte nicht aufgegeben und bei Göring ein offenes Ohr gefunden, der seinerseits Goebbels zum Ausschluß Benns veranlaßte. Willrich hatte beide Funktionäre 1935 auf der Dresdner Schandausstellung persönlich kennengelernt und mit Goebbels zusammen dann die Hängung der Bilder in der Münchener Ausstellung 1937 begutachtet.

Hanns Johst versuchte, gegen diese Entscheidung, die ja auch seine Kompetenz als Präsident der Schrifttumskammer nicht unberührt ließ, anzugehen, und wandte sich in drängendem Ton erneut an Himmler. Er fürchtete diesmal, »dass hier menschlich die Tragödie eines Schriftstellers beschworen wird, der man besser mit Edelmut, mit Güte, adliger Nachsicht aus dem Weg gegangen wäre, denn wenn ich richtig unterrichtet bin, wird Herr *Benn* nicht nur aus der Kammer ausgeschlossen, sondern auch als Offizier aus der Armee gestrichen. Da er der Armee als Arzt dient, wird auf diese zwei Ausschlüsse hin die Ärztekammer nicht zögern und von sich aus gleichfalls die Existenz Gottfried *Benns* vernichten. Dies alles auf Gründe hin, die schon lange vor der Machtergreifung zurück liegen. Wenn Sie mein Reichsführer hier, mit einem guten Wort, Güte und Revision erreichen könnten, das wäre sehr schön!«[13] Der Ton des Briefes kam auf Zehenspitzen daher. Denn einerseits waren Johst die Grenzen seines Einflusses deutlich geworden, andererseits fiel kein Fleck auf seine weiße Weste. Als loyaler SS-Oberführer gab er sein

Einverständnis mit Entscheidungen gegen Benn zu erkennen: »Zum Fall Benn selbst: ›Befehl ist Befehl!‹ und ich übe selbstverständlich jede Disziplin.«

Himmler versprach vage, zu sehen, »was sich machen läßt«, aber wir wissen nicht, ob er sich überhaupt noch bemühte. Er konnte zwar gegen Willrich als Mitglied der SS angehen, aber weiter reichte sein Arm nicht. Göring als Protektor der Akademie und Goebbels als Präsident der Reichskulturkammer beherrschten in diesem Fall das Feld und hätten von ihm angesprochen werden müssen. Es lohnte sich für Himmler wohl nicht, sich wegen Benn in die Belange seiner Konkurrenten einzumischen. Rankünen und Intrigen gehörten im Dritten Reich zum Alltag der NS-Funktionäre und ihrer Beamten, die sich gegenseitig den Anspruch auf die Macht streitig machten. Goebbels hatte ein gutes Verhältnis zu Adolf Ziegler, den er selbst zum Präsidenten der »Reichskammer der bildenden Künste« bestimmt hatte und der bei der Vorbereitung der Münchener Ausstellung »Entartete Kunst« als seine rechte Hand diente. Ziegler wiederum arbeitete eng mit Willrich zusammen, und Willrich wiederum mit dem Hamburger Studienrat und Parteigenossen Dr. Walter Hansen. Uns ist ein Brief eines SS-Obersturmführers an einen Kunstwissenschaftler überliefert, in dem die Zusammenarbeit zwischen Hansen und Willrich zur Sprache kommt: »Willrich hat mir zugegeben, daß der größte Teil seines Buches Material ist, das Hansen geliefert hat. Willrich ist sein Maschinengewehr, das dieser Mensch bedient, um aus seinem krankhaften Verleumdungstrieb andere Menschen ›abzuschießen‹.«[14]

In Benns Fall war der Abschuß gelungen. Seine Vertreibung aus der Kammer diente als drakonische Maßnahme dazu, Auseinandersetzungen zwischen den Ministerien wegen der Zuständigkeiten zu vermeiden und Johsts Weste rein zu halten. Auf diese Art konnte man sich der Willrichschen Wühlarbeit entledigen, die sogar seinem Gönner Darré so lästig wurde, daß er sich im Dezember 1938 von seinem Untergebenen trennte, von »einem Mann, den ich immerhin fast ein halbes Jahrzehnt über Wasser gehalten und ihm erst die Möglichkeit gegeben habe, in der weiteren Öffentlichkeit bekannt zu werden«.[15] Jedenfalls hatte Johst nicht genug Macht, um Goebbels' Entscheidung entgegentreten zu können. Zwar erwog er im Oktober 1939 weitere Schritte in Benns Angelegenheit, legte den Fall dann aber doch zu den Akten.

Benn wußte, daß es Mittel und Wege gegeben hätte, um bei der Reichskulturkammer den Ausschluß rückgängig zu machen oder eine Sondergenehmigung zur Fortführung der Berufstätigkeit zu erreichen. Seine Reden und Essays der Jahre 1933 und 1934, die bei einem Revisionsantrag eine entscheidende Rolle gespielt hätten, sprachen für ihn und das Reichskulturkammergesetz und dessen Durchführungsbestimmungen boten keine rechtliche Handhabe für die Anordnung des Ausschlußes. Ein Jahr zuvor, am 25. März 1937, war der Schriftsteller Jochen Klepper wegen seiner Ehe mit einer Jüdin ausgeschlossen worden. Klepper veröffentlichte wie Benn bei der DVA, und der gleiche Lektor, Karl Pagel in Berlin, beriet ihn. Es ist ganz unwahrscheinlich, daß Benn von den Schwierigkeiten, die sich durch den Ausschluß Kleppers für den Verlag ergaben, von Pagel nichts gehört hat. Denn beide hielten in den Jahren vor Kriegsbeginn engen Kontakt, man stand im Briefwechsel, telefonierte oft miteinander und besuchte sich privat.

Klepper kam der große Erfolg seines Romans »Der Vater«, der sich mit Friedrich Wilhelm I., dem »Soldatenkönig«, beschäftigte, zugute, um eine Sondergenehmigung zu erreichen. Er nahm Verbindung zu Johst auf, über den er 1927/28 längere Artikel in Zeitungen verfaßt und im Breslauer Rundfunk gesprochen hatte. Aber Johst war nicht geneigt, sich für ihn zu verwenden. Im Gegenteil. Die Reichsschrifttumskammer versuchte, den Verkauf des Romans zu behindern, und lehnte die Zuerkennung einer Sondergenehmigung ab.[16] Einflußreiche Freunde setzten nun ihre Beziehungen ein, das Buch wurde General von Blomberg, General von Fritsch und Göring überreicht. Der Frontakademikerbund schenkte es Hitler zum Geburtstag, Reichsinnenminister Frick kaufte sich ein Exemplar. Der Schauspieler Matthias Wiemann intervenierte persönlich beim Reichskommissar Hans Hinkel. SS-Mitglied Hinkel war Goebbels' »Sonderbeauftragter für die Überwachung und Beaufsichtigung aller im deutschen Reichsgebiet lebenden nichtarischen Staatsangehörigen auf künstlerischem und geistigem Gebiet« und gleichzeitig Geschäftsführer der Reichskulturkammer. Er zog den Fall an sich und erteilte die Sondergenehmigung unter der Voraussetzung, daß Klepper seine Arbeiten in Zukunft der RSK zur Begutachtung vorlegte.

Zuständig für Klepper wie für Benn war das Referat II C. Es wurde von Alfred Richard Meyer geleitet, der Benn mit der »Morgue« (1912) und dem Nachfolgeband »Söhne« (1913) bekannt gemacht und auch die späteren Bände »Schutt« (1924), »Betäubung« (1925) und »Spaltung. Neue Gedichte« (1925) herausgebracht hatte und in dessen Verlag die Arbeiten von Paul Zech, Alfred Döblin, Yvan Goll, Max Herrmann-Neisse und Else Lasker-Schüler erschienen waren. Meyer war Mitglied des »Kampfbunds für deutsche Kultur«, der NSV und der NSDAP. Von Meyer, der seine eigenen schriftstellerischen Arbeiten unter dem Pseudonym »Munkepunke« veröffentlichte, erschienen 1934-1944 fünfzehn Bücher, darunter »Soldatenbriefe großer Männer« und »Beihefte der Reichsstelle für den Unterrichtsfilm«. 1948 legte er ein Erinnerungsbuch vor, »die maer von der musa expressionistica«, in der er sich als

Entdecker und Verbreiter des Expressionismus anpries. Seine Arbeit für die Reichsschrifttumskammer wurde dort natürlich mit keinem Wort erwähnt.

Sachbearbeiter Meyer paßte sich als Zensor den Wünschen seiner Vorgesetzten an. Im Fall Klepper wies er darauf hin, daß der Autor »mit einer Volljüdin verheiratet ist« und in seiner religiösen Lyrik »eine Gesinnung vertritt, die absolut *jüdisch* genannt werden muß«. In der dichterischen Darstellung des Malers Ludwig Richter komme zudem eine »defaitistische Absicht zum Ausdruck«.[17] Aufgrund dieser destruktiven Taktik konnte Klepper von seiner Sondergenehmigung nicht profitieren. Er schrieb deswegen im Dezember 1937 direkt an Goebbels und legte ihm die Schwierigkeiten dar. Goebbels wies den Leiter der Abteilung VIII (»Schrifttum«) seines Ministeriums, Karl Heinz Hederich, an, sich die Manuskripte direkt vorlegen zu lassen. Damit war die Reichsschrifttumskammer ausgeschaltet, der Machtkampf zwischen den beiden Instanzen entschieden. Klepper wurde nicht weiter behindert, er konnte von der Konkurrenz der Institutionen profitieren.

Auch Gerhart Pohl, ebenfalls Autor der DVA, ehemals Herausgeber der linken Zeitschrift »Die neue Bücherschau«, der Benn 1929 in seiner Auseinandersetzung mit Becher und Kisch beigesprungen war, wurde 1936 aus der Reichsschrifttumskammer ausgeschlossen, nachdem alle seine Schriften auf der »Liste des schädlichen und unerwünschten Schrifttums« standen. Trotzdem erreichte auch er die Aufhebung seines Ausschlußes und durfte weiterhin mit einer Sondergenehmigung publizieren. Der Geschäftsführer SS Obersturmführer Wilhelm Ihde, der auch die Schreiben an Benn und Klepper unterzeichnet hatte, brachte in diesem Fall als Grund vor, Pohl habe sich in den letzten vier Jahren politisch nichts zuschulden kommen lassen und damit seine »Probezeit« erfolgreich bestanden, ein Argument, das auch Benn für sich hätte in Anspruch nehmen können.

Benn faßte jedoch zu keinem Zeitpunkt einen Einspruch gegen seinen Ausschluß ins Auge, denn er wollte keine weiteren Einlassungen, deren Ausgang unsicher war und die vielleicht das Militär kopfscheu gemacht hätten. Er wußte zwar von den erfolgreichen Protesten anderer Schriftsteller,[18] für ein Einspruchsverfahren wären jedoch Beziehungen zu einflußreichen Parteifunktionären nötig gewesen, die Benn aber fehlten. Und die Kameraden aus der Pépinière konnten in diesem Fall nichts tun.

Noch bis zur Mitte des Jahres 1938 sprach Benn von Unsicherheiten, die ihn deprimierten. Er hatte den Fall wieder ordnungsgemäß bei seiner Behörde gemeldet und erwartete die Entscheidung. Daß Benn an einem guten Ausgang zweifelte, hing mit den unerwarteten Neubesetzungen in der Heeresleitung durch die sogenannte Blomberg-Fritsch-Affäre zusammen. Der Reichskriegsminister, Generalfeldmarschall von Blomberg, wurde ersetzt, weil er die von ihm selbst erlassene Heiratsordnung ignoriert und eine Frau geheiratet hatte, die wegen Vertriebs unzüchtiger Photos von sich selbst vorbestraft war. Der Oberbefehlshaber des Heeres, Generaloberst Werner Freiherr von Fritsch, geriet bereits 1934 fälschlicherweise wegen »widernatürlicher Unzucht« in Verdacht. Diese Anschuldigung bekam bei der Frage der Nachfolge Blombergs neue Nahrung, auch von Fritsch mußte zurücktreten. Am 4. Februar 1938 sah sich die Wehrmacht mit schwerwiegenden Änderungen in der Organisationsform konfrontiert: Hitler selbst übernahm den Oberbefehl, das Kriegsministerium wurde durch das »Oberkommando der Wehrmacht« (OKW) abgelöst, außer Blomberg und Fritsch mußten zwölf der ranghöchsten Generale gehen.[19] Bis dahin lebte im Heer immer noch eine preußische, in der Marine eine kaiserliche Tradition. Die Schwächung der alten Führungselite durch jüngere, der nationalsozialistischen Partei verbundene Offiziere wurde durch die Ablösungen begünstigt. Diese Entwicklung mußte Benn in seiner labilen Situation bedrohlich erscheinen, weil die Protektion, deren er sich bisher erfreuen konnte, nicht mehr durch Kameraden seiner Generation und gleichaltrige Zöglinge der Pépinière gesichert war.

Benn hat diesen Umschwung im Essay »Zum Thema Geschichte« beschrieben, der aber erst drei Jahre nach seinem Tode 1959 zum ersten Mal gedruckt wurde: »Die deutsche Armee war bis 1938 innerhalb des Nazideutschlands die letzte Elite und der letzte Kern von Fond. Der Eintritt in die Armee war, wie ich damals sagte, die aristokratische Form der Emigration. Mit dem Ausstossen des Generalobersten Freiherrn von Fritsch begann das Ende. Was sich jetzt noch hielt oder hochkam, war Kreatur. Schließlich erschien jener Erlass, der anordnete, dass bei den Qualifikationsberichten über Offiziere angegeben werden musste, nicht nur, ob der Betreffende die Weltanschauung des Nationalsozialismus verträte, sondern, ob er sie *hinreissend zu übertragen* vermöchte. Das wurde die Vorbedingung zur Beförderung«.[20]

Die Personalveränderungen in der Armee ließen Benn Schlimmes befürchten. Er mußte zudem darüber beunruhigt sein, daß die öffentlichen Angriffe gegen den Expressionismus immer noch kein Ende gefunden hatten. Im Februar 1938 wurde die Ausstellung »Entartete Kunst«, die von München als Wanderausstellung durch das Reich ging, in Berlin feierlich eröffnet und der »Kulturbolschewismus im Sinne einer politischen Gefahr« beschworen. »Frankfurter Zeitung« und »Völkischer Beobachter« verwiesen auf diesen Text.[21] Die Angriffe gegen den Expressionismus zeigten eine neue ideologische Tendenz. Es kam der Propaganda nicht mehr darauf an, artistische Ausdrucksformen anzuprangern, sondern den »internationalen Bolschewismus« zusammen mit dem »Weltjudentum« als verschworene Gegner des deutschen Volkes zu demaskieren: Das Feindbild sollte klarer hervortreten. Die Ausstellung dauerte bis Mai 1938 und zog über eine halbe Million Besucher an.[22]

Kaum war die »Entartete Kunst« von Berlin nach Leipzig weitergezogen, da wurden am 24. Mai in Düsseldorf die »Reichsmusiktage« eröffnet und von einer Ausstellung »Entartete Musik« begleitet. Die Eröffnungsrede hielt der Präsident der Reichskammer der bildenden Künste, Staatsrat Hans Severus Ziegler, der die Atonalität als »Entartung und Kunstbolschewismus« verhöhnte. Der Bericht der »Hamburger Nachrichten« wies darauf hin, daß der Zieglersche Satz »Wer von Juden ißt, stirbt daran« für Paul Hindemith gelten müsse, den dieses Schicksal als Künstler ereilt habe.[23] Das Gesetz zur »Einziehung von Erzeugnissen entarteter Kunst« vom 31. Mai 1938 beendete schließlich alle Richtungskämpfe und bildete die Grundlage für eine weitere Säuberungskampagne. Ein kleiner Teil der mehr als sechstausend beschlagnahmten Ölgemälde, Aquarelle, Zeichnungen und Graphiken für die Münchener Ausstellung fand gegen Devisen Käufer im Ausland. Der verbliebene Rest, etwa fünftausend Kunstwerke, wurde auf Befehl Goebbels' im Hof der Berliner Hauptfeuerwache verbrannt.[24]

Kriegsgefahr

Benn kämpfte in diesem Sommer mit einer verzweifelten Stimmung. Ihm schien es sinnlos geworden zu sein, überhaupt noch über die Verhältnisse nachzudenken, über geistige Dinge konnte man nicht mehr schreiben, »ohne zu zittern oder zu heulen«.[1] Trotzdem versuchte er, wie so oft, seiner depressiven Gemütslage durch geistige Arbeit zu begegnen. Er gab »Weinhaus Wolf« den letzten Schliff und schickte das einzig vorhandene Exemplar, das Herta auf der Schreibmaschine in eine Reinschrift gebracht hatte, an Oelze. Daß Benn diese Arbeit seiner Frau, mag es in den Briefen oft auch anders klingen, keineswegs für eine selbstverständliche Hilfe hielt, deutete sich in der Schlußbemerkung des Briefes an, der die Sendung an Oelze begleitete: »Meine Frau [...] schenkt Ihnen [die Abschrift] als Eintrittsgeschenk in unsere, Ihre und meine, Freundschaftsverbindung«, und Benn schließt mit den rücksichtsvollen Worten: »Bitte danken Sie ihr.«[2]

Benn arbeitete in der Heeressanitätsinspektion, Bendlerstraße 14, der »Zentrale«, wo er sein Büro hatte. Auf den Fluren und im Kasino hörte er »öfter fesselnde Sachen« über Korruption und Bonzentum in Partei- und Militärkreisen.[3] Er nahm an, daß der Krieg, wegen Hitlers Absicht, die Tschechoslowakei zu annektieren, bereits in der zweiten Hälfte des August 1938 beginnen würde.[4] Für einen Teilnehmer des 1. Weltkrieges verband sich mit der Art der Aufrüstung und der Entwicklung neuer Waffen nur das Schlimmste an Vorstellungen über die Wucht der zukünftigen Auseinandersetzungen: »Ich persönlich rechne mit Krieg,: ich fürchte ihn nicht, was soll man sagen, jedes Wort ist leer u. krankhaft u. erstickt einem im Munde. [...] Ich habe Morphium mir besorgt, genügend, um den Weiterungen zu entgehen in Explosionen u. Luftschutzkellern.«[5]

Unter dem propagandistischen Vorwand, daß Deutschland nur dann in Frieden leben könne, wenn es jedem Angriff wohlgerüstet entgegenzutreten in der Lage sei, wurden die Kriegsvorbereitungen von der Reichsregierung verstärkt. Der »Reichsluftschutzbund«, der mit seinen Ortsgruppen in allen Städten vertreten war, machte in regelmäßigen Übungen die Bevölkerung mit den Schutzmaßnahmen bei feindlichen Luftangriffen vertraut, deren verheerende Wirkung damals kaum jemand voraussah. Auf der Münchener Konferenz am 29./30. September 1938 zwischen Hitler, Mussolini, Chamberlain und Daladier entschieden sich die Westmächte für den Anschluß der sudetendeutschen Grenzgebiete an das Deutsche Reich. Die Konferenz wurde in Deutschland mit großer Erleichterung aufgenommen, ein bewaffneter Konflikt schien vermeidbar. Benn war ganz anderer Meinung. Er wertete das Treffen als eine Niederlage Hitlers, der seinen Plan, einen Krieg vom Zaun zu brechen, nicht hätte verwirklichen können,[6] eine Meinung, die, wie die heutige Forschung weiß, Hitler tatsächlich selbst hatte. Er fühlte sich »um den größeren Triumph betrogen, den er durch einen begrenzten Krieg mit den Tschechen hätte erringen können und der den ganzen Sommer über sein Ziel gewesen war«.[7]

Benn lebte jetzt länger als ein Jahr in Berlin. Die Umstellung von Hannover und die Angst um die Existenz hatten ihn zermürbt. Zum Schreiben fehlte ihm die Zeit, seit dem Veröffentlichungsverbot auch die Lust. Wofür und für wen sollte er sich äußern? Bis Ende Oktober entstanden nur vier Gedichte, die alle erst aus dem Nachlaß veröffentlicht wurden. Benn beschäftigte sich mit der Nähe des Todes, in der Gestalt eines alten Kellners sah er »das Nichts, das Menschenlos, die Parzennähe« verkörpert.[8] Auch das Gedicht »So still« sprach von den Spindeln der Parzen Lachesis und Klotho,[9] und an den schweigenden Gott wurden die Fragen gerichtet: »Wohin kannst du mich noch führen, [...] wovon kannst du mich noch lösen«?[10] *Ein* Gedicht jedoch entwarf ein Bild der Realität, mit der Benn tagtäglich konfrontiert wurde. Er hörte manches auf den Fluren seiner Dienststelle und wurde in vertrauliche Gespräche hineingezogen. Er deutete sich die offiziellen Verlautbarungen und konnte die einzelnen Schritte zur Kriegsvorbereitung verfolgen. Im Gedicht »General« prangerte er die Mechanik militärischer Funktionalität an, die keine kritischen Fragen zuließ und ausschließlich dem Ziel der Vernichtung diente. Mit dem Vernichtungswillen paarte sich der blasierte Machtgestus der Befehlshaber, so wie er sich in den Erlassen und Ansprachen ausdrückte:[11]

General
Meine Herren – : Stichwort: Reginald!
Spannungsstufe III, Sofortmassnahmen –!
Zwanzig Uhr Verladung der beschleunigten Divisionen!

Wozu die ganze Chose in Bewegung geht –
keine Fragestellung! Geschieht!
Spähtrupps, mechanisierte Abteilungen,
mot. –, t-mot. –, Raupenschlepper
durch die blaue Zone,
wo die Maschinen schweigen müssen,
die letzten zweihundert Meter
für die Infanterie!

Vernichtung! Ein Rausch die Gräben!
Wenn Sie wollen, vorher doppelte Rumration.
Hinweis auf die Feldpolizei.
Gefangene – –, Sie verstehn! Auf keinen Fall schriftlichen
Befehl darüber! Der Materialwert der Angrenzerländer
ist Reichsmark 10000 für den Morgen,
in der Avenue d'Opéra und den Docks von Bizerta
wesentlich höher,
demnach Bomber nie zum Luftkampf
alle Last auf Produktionszentren!

– Jemand noch eine Frage? *Kriegserklärung*?
meine Herren, auf der Reede von Tschemulpo
versenkten 1904 acht dreckige Japszerstörer
die halbe russische Kriegsflotte
mitten im heitersten Frieden
frühmorgens, als die Brödchen ausgetragen wurden,
dann machten sie leider kehrt, statt zu vollenden:
das wird nie wieder vorkommen!

Die Einsicht in den Aberwitz der sich in Bewegung setzenden Kriegsmaschine hinderte Benn nicht, sich denjenigen Militärs gegenüber dankbar zu fühlen, die in diesem Jahr ihre Hand schützend über ihn gehalten hatten.

Am 2. Dezember 1938 beging die Deutsche Militärärztliche Akademie ihr 143. Jubiläum in festlichem Rahmen. Eine ganz besondere Ehre bedeutete die Anwesenheit des Oberbefehlshabers des Heeres, Generaloberst von Brauchitsch. Weiterhin waren anwesend Generalarzt Dr. Erich Hippke, Benns ehemaliger Chef aus Hannover, und der Heeressanitätsinspekteur, Generaloberstabsarzt Prof. Dr. Anton Waldmann, den Benn schon auf einer Einladung in Hannover persönlich kennengelernt hatte. Jetzt könnte Benn an diese Begegnung anknüpfen und sich im persönlichen Gespräch außerdienstlich für die geleistete Hilfe bedanken.[12] Denn schließlich ging der Ausschluß aus der Reichsschrifttumskammer ohne weitere Folgen vorüber. Es ist bisher ungeklärt geblieben, wann Benn einen positiven Bescheid über den Abschluß der Affäre bekam. Er hat sich in seinen Briefen bedeckt gehalten aus Angst, es könne geredet werden. Selbst Oelze teilt er nichts mit. Wir sind deswegen auf seinen eigenen Bericht im »Doppelleben« angewiesen: »Wochen vergingen, keine angenehmen Wochen, denn daß mir der NS.-Ärztebund die Praxis wieder gestattet hätte, war unwahrscheinlich. Aber schließlich fiel die Entscheidung. Die Heeressanitätsinspektion konnte mich auch jetzt noch halten, allerdings war ich aus der höheren Laufbahn ausgeschlossen, konnte keine Kommandeurstellen bekommen und keine Personalfragen bearbeiten. Aber dahin ging mein Ehrgeiz auch nicht. Ein intelligenter Vorgesetzter, Sanitätsoffizier, teilte mir das mit und sagte: ›Das sind ästhetische Fragen. Kommt das 4. Reich, sollen wir wieder alle Offiziere und Ärzte rausschmeißen, die andere künstlerische Ansichten haben, das tun wir nicht.‹ Nun, es kam kein 4. Reich mehr, das wieder rausschmeißen konnte, aber man sieht, daß es noch eine ganze Reihe von Männern in der Armee gab, die ihre Meinung gegen die Parteilinie behaupteten und ihren Untergebenen, wie hier, die Existenz retteten.«[13]

Kaum hatte sich die Situation etwas entspannt, war sein einziger Duzfreund, der Verleger Erich Reiss, zu dem das Verhältnis immer eng geblieben war, vom Pogrom des 9. November betroffen. Die Mehrheit der im Reich gebliebenen Juden hatte sich trotz des Terrors der Hoffnung hingegeben, es werde zu einem Modus vivendi mit den neuen Machthabern kommen. Der Vorsitzende des Bundes Jüdischer Frontkämpfer hatte noch 1934 erklärt: »Unsere Jugend ist aber auch mit uns der Anschauung, daß eine Befriedung der jüdischen Frage innerhalb des nationalsozialistischen Staates möglich ist.«[14] Ähnliche Thesen wurden noch auf der Jahresversammlung des Jüdischen Hilfsvereins im Juni 1935 vorgetragen, auch erreichte in diesem Monat »eine starke Rückwanderungswelle jüdischer Emigraten (bisher etwa 10 000)« die Reichsgrenzen.[15] Nicht einmal das »Gesetz zum Schutze des deutschen Blutes und der deutschen Ehre« vom 15. September 1935, das vor allem die Abschiebung der Juden bezweckte, führte zu einem relevanten Anstieg der Auswanderungsquote.[16] Zwar durfte Reiss in seinem Verlag keine Bücher »arischer« Autoren mehr verlegen. Aber er belieferte die jüdische Gemeinde und kehrte von Reisen nach Italien ins heimische Berlin zurück, ohne die Möglichkeiten zur Flucht oder zur Auswanderung zu nutzen.

Der Anschluß Österreichs führte zu einer markanten Wende in der Judenpolitik. Mit Gesetz vom 26. April 1938 wurden die Juden unter Androhung gerichtlicher Verfolgung gezwungen, ihr gesamtes Vermögen bei den Behörden anzumelden, damit darüber entsprechend den Bedürfnissen der deutschen Wirtschaft verfügt werden konnte. Auch diese Maßnahme sollte die Juden zur raschen Auswanderung veranlassen.[17] Mitte Juni 1938 wurden bei Razzien in Berlin rund 1500 jüdische Männer festgenommen und in Konzentrationslager gebracht. Zur Verhaftung diente meistens ein nichtiger Vorwand: Ein Verstoß gegen die Verkehrsordnung oder gegen das Wohn- und Arbeitsgesetz. Ein abgelaufener Paß oder unvollständige Ausweispapiere reichten für eine Festnahme aus, der Delinquent wurde registriert und nach zwei bis drei Tagen wieder freigelassen. Die Festnahme bedeutete jedoch, daß die Juden nun als »vorbestrafte asoziale Elemente« der Polizeibehörde bekannt waren.[18] In München fiel die Synagoge im Juni 1938 dem Abriß zum Opfer, um einen Parkplatz zu schaffen, Nürnberg ließ im August die Synagoge sprengen. Jetzt erst herrschte zum ersten Mal seit 1933 großer Andrang in den Konsulaten des Reichs. Am 7. November 1938 erschoß Herschel Grynspan den Sekretär der deutschen Botschaft in Paris, Ernst Eduard vom Rath. Am 8. November wurde die jüdische Presse verboten, man beschimpfte und belästigte die vielen Berliner Juden, die am selben Tag das französische Reisebüro Unter den Linden aufsuchten.[19] Noch in der Nacht organisierte die Partei den Pogrom. Sieben große Synagogen standen in Flammen, sogar die französischen Filialen der Firma Citroën und der Damenunterwäschefabrik ETAM am Kurfürstendamm waren von den Vandalen heimgesucht worden.[20] In den auf den 10. November folgenden Tagen wurden mehr als 6000 Juden allein aus Preußen und von der Nordseeküste in das ungefähr 30 km von Berlin entfernte Konzentrationslager Sachsenhausen-Oranienburg gebracht, der Sadismus der größtenteils sehr jungen Bewacher, von denen keiner über zweiundzwanzig Jahre alt war, konnte sich austoben.

Benn hat Erich Reiss nicht wiedergesehen, beide nahmen den Briefverkehr jedoch sofort nach dem Krieg wieder auf. An Oelze schrieb Benn: »Mich betrafen diese Tage insofern besonders als ein Bekannter von mir den Weg seiner Rasse ging, abgeholt wurde am Donnerstag Nachmittag um 4 1/2 u. verschwand, der mir als Letzter der vergangenen Epoche nicht nur oberflächlich nahe stand und den ich auch jetzt noch ab und zu sah. Ein früherer Verleger, 50 Jahre, zart, krank, degeneriert, politisch völlig inaktiv. An seltsame Dinge werden wir herangeführt, äusserst seltsame Vorgänge.«[21] Er suchte nach einem Verständnis für die Ereignisse, blieb im Grunde aber stumm. Amor fati. Die viehische Brutalität der Vorgänge setzte er in Beziehung zu den Grausamkeiten bei der Eroberung Mexikos durch Cortez. »Wenn man das alles, ohne fortzublicken, ruhig ansieht u. menschlich findet, entsteht ein neues Gefühl für das andere Gewisse u. es scheiden sich die Schöpfungsstufen in einem immer klareren Licht. Einen Ausweg bringen auch diese Empfindungen nicht, nur kurze Spürungen und auch dieser noch ohne verbindlichen Charakter.«[22]

In diesen Sätzen drückten sich Verzweiflung und Hoffnungslosigkeit eines Mannes aus, der gerade selbst erst durch die Hilfe von wohlwollenden Vorgesetzten vor unvorhersehbaren Schwierigkeiten bewahrt wurde. Für Reiss setzten sich Persönlichkeiten aus dem Ausland ein, der schwedische König erwirkte über seine Gesandtschaft in Berlin eine Ausreisegenehmigung nach Schweden.[23]

Benn beschloß dieses für ihn so unheilvolle Jahr mit der Lektüre des gerade erschienenen Buches von Erich Rudolf Jaensch: »Der Gegentypus. Psychologisch-anthropologische Grundlagen deutscher Kulturphilosophie, ausgehend von dem was wir überwinden wollen«. Es handelte sich um eine Sammlung von Vorlesungen, die der Psychologieprofessor »in den Kampfjahren vor der Machtergreifung an der Universität Marburg« gehalten hatte.[24] Jaensch untersuchte die »Grundformen menschlichen Seins« und stieß dabei auf den »Typus der Auflösung und Zersetzung«, den »Gegentypus«, der seines Erachtens von der nationalsozialistischen Bewegung zu Recht bekämpft wurde, weil er als Künstler liberalistisch, bindungslos und charakterlos war und deswegen seiner Kunst »die Bindung an reale Ziele, an das wirkliche Leben, an ein gemeinsames blutgebundenes Wollen« fehlte.[25]

Benn nahm die pseudowissenschaftliche Rassenpsychologie natürlich nicht ernst, fand jedoch diese Form nationalsozialistischer Kulturanthropologie deswegen beachtenswert, weil Jaensch 1912 zum Nachfolger von Hermann Cohen berufen worden war, der während Benns Studienzeit in Marburg gelehrt hatte und mit dem Jaensch nun abrechnete: Die Marburger Schule sei die »talmudische Umprägung der kantischen Lehre, die in Weltanschauungsfragen weithin die Führung gewann«.[26]

Benn fand das Werk auch deswegen faszinierend, weil er als »Gegentypus« mitgemeint war. Zudem bezog sich Jaensch in seiner Argumentation und mit seinen Beispielen auf eine europäische Gesamtkultur, schloß die neuesten medizinischen und psychiatrischen, vererbungs- und rassetheoretischen Ideen der völkischen Seite ein, verwies auf Äußerungen von Carl Schmitt, Ernst Robert Curtius, Arnold Gehlen und Bernhard Groethuysen. Er zitierte aus Victor Hehns »Kulturpflanzen und Haustiere in ihrem Übergang aus Asien nach Griechenland und Italien«, Berlin 1883, einem Werk, das Benn selbst sehr schätzte. Jaensch endete seine Rabulistik mit einem Hinweis auf Nietzsche, der »den Kampf gegen das ausgehöhlte und kranke Christentum des Gegentypus mit literarischen Mitteln führte. Wir wollen ihn heute durch die Tat führen«.[27]

Benn verstand die mehr als fünfhundert Seiten umfassende Schrift als ein ideologisches Brevier, aus dem alle Begründungen gegen diejenigen gezogen werden konnten, die den geistigen, körperlichen und rassischen Vorstellungen des Nationalsozialismus nicht entsprachen oder ihnen im Wege standen. Benn, durch die Ereignisse dieses Jahres und die Verhaftung Reiss' besonders empfindlich gegen Bedrohungen geworden, verstand die Gefahr, die von solchen Büchern, besonders wenn sie in wissenschaftlicher Verbrämung daherkamen, ausging. Mit dem Wunsch an Oelze für ein frohes Weihnachtsfest 1938 verband er den Hinweis auf Jaensch und schrieb dem Freund: »Daraus ersehen Sie, ersehen wir, wer wir nun eigentlich sind, wie u. warum wir vernichtet werden müssen. Es ist ein centrales Werk aus *unserer* Problematik von der *Gegenseite*, von der ›Genesungsbewegung‹ aus.«[28]

Vier Monate später, am 20. April 1939, dem fünfzigsten Geburtstag Adolf Hitlers, wurde Berlin zur Bühne eines grandiosen militärischen Spektakels. Auf der neuen Ost-West-Achse in Charlottenburg defilierten 40.000 Soldaten, dazu Panzer und Kanonen, vier Stunden lang an den Tribünen vorbei. Hunderte von Flugzeugen flogen über die zuschauenden Massen hinweg. Umgeben von Diplomaten aus der ganzen Welt genoß Hitler das Schauspiel. Zwölf Kameramänner der Wochenschau filmten die Ereignisse, über die alle deutschen Rundfunksender ausführlich berichteten.[29] Angesichts dieser Demonstration der Stärke war kein Zweifel mehr möglich: Die Aufrüstung des Reichs war weit fortgeschritten.

Die Weimarer Republik hatte sich nach mehrfachen Warnungen der Sieger in den Jahren 1921 und 1922 widerwillig zur Erfüllung der Abrüstungsklauseln des Versailler Vertrages bereit gefunden. Aber der Zustand war nur vorübergehend. Im Zuge der beginnenden Entspannung gegen Ende der zwanziger Jahre setzte die Oberste Heeresleitung sich zum Ziel, eine nationale, von allen Fesseln freie Armee aufzubauen.[30] Da die Reichswehr keine moderne Ausrüstung besitzen durfte, informierte man sich bei den fremden Mächten über die Entwicklungen auf dem Gebiet der Rüstung. Prototypen neuer Waffensysteme wurden heimlich studiert. Getarnte Subventionen gingen an die Industrie, um jederzeit eine Serienproduktion aufnehmen zu können. Im Gegensatz zu einer weitverbreiteten Ansicht schaffte schon die Regierung unter den Kanzlern Müller und Brüning die Grundlage für eine Wiederaufrüstung und eine Armee, die eindeutig umfangreicher war als die von Versailles zuerkannte.

Mit der Berufung Hitlers zum Reichskanzler wurde die Aufrüstung diskret vorangetrieben. Erst am 16. März 1935, als Benn bereits in Hannover war, gab Hitler die deutsche Wehrhoheit bekannt und führte ab dem 1. Oktober die allgemeine Wehrpflicht mit einjähriger Dienstzeit ein. Im Herbst wurde der Wehrdienst auf zwei Jahre verlängert und die Wehrmacht wuchs damit auf eine Stärke von einer Million Mann. Sie verfügte im September 1939 über fünfzig aktive Divisionen, davon sechs Panzer-, sechs motorisierte Infanterie- und vier Kavalleriedivisionen.

Benn erlebte den Geist, der die deutsche Wehrmacht beherrschte, tagtäglich. Die junge Generation war zum Kriegseinsatz bereit, die aktiven Divisionen und besonders die Besatzungen der Panzer und Flugzeuge auf eine Auseinandersetzung eingestellt: Der Dienst in der Hitlerjugend und im Arbeitsdienst konnte den Stolz und die Entschlossenheit, die ›neue Ordnung‹ zu verteidigen, nur noch bekräftigen. Zwischen der Armeeführung und der Staatsgewalt herrschte nach dem Zwist über die Zerschlagung der Tschechoslowakei wieder Einmütigkeit, bei den jüngeren Offizieren war die Zustimmung zum neuen Regime am stärksten, »wandelte sich die Verehrung für die Person Hitlers bereits in Schwärmerei«.[31]

Die Enthüllung des Angriffsplans gegen Polen stieß daher bei den Offizieren nicht auf Opposition, eine Debatte blieb aus. Hitlers Pakt mit Stalin am 23. August 1939 beseitigte den letzten Vorbehalt, den die Militärs noch gegen seine Politik haben konnten. Die Generalität glaubte nicht mehr an einen großen Konflikt durch das Einschreiten der Westmächte, sondern nur noch an einen »kleinen Krieg« gegen Polen, der sogar eine gewisse Begeisterung auslöste. Polen galt in den Augen der meisten Offiziere als ein künstliches Gebilde, als ein rückständiger Staat, der deutsche Minderheiten unterdrückte: Drei Millionen Landsleute konnten in den Schoß des Vaterlandes zurückgeführt werden.[32]

Benn deutete Oelze den Kriegsbeginn bereits am 24. Juli an und teilte ihm seine Stimmung angesichts der zu erwartenden Ereignisse mit, die

die innere und äußere Vergangenheit versinken lassen würden: »Abfinden sich damit, mit diesem Abschluß ganz in sich allein, mit diesem einsamen späten Traum.«[33] Die Einsamkeit des Bewußtseins, diese gleichsam metaphysische Grunderfahrung des Künstlers, erhielt in der Zeit kurz vor Kriegsbeginn eine existentielle Bedeutung. Die politischen Umstände hatten ihm die Erfahrung aufgezwungen, von jeglicher kulturellen Öffentlichkeit ausgeschlossen zu sein und sich nicht mehr in einem freizügigen geistigen Austausch zu befinden. Das Gefühl der Ohnmacht und die Einsicht in die Sinnlosigkeit jedes Handelns wurden für Benn überdeutlich. Doch zeigte sich auch in den Gedichten dieser Zeit wie »Abschied«[34], daß er »noch nicht ganz ausgebrannt war«[35]:

> […]
> du Überleben, wenn die Träume fallen,
> zuviel gelitten und zuviel gewußt.
>
> Entfremdet früh dem Wahn der Wirklichkeiten,
> versagend sich der schnell gegebenen Welt,
> ermüdet von dem Trug der Einzelheiten,
> da keine sich dem tiefen Ich gesellt;
> nun aus der Tiefe selbst, durch nichts zu rühren,
> und die kein Wort und Zeichen je verrät,
> mußt du dein Schweigen nehmen, Abwärtsführen
> zu Nacht und Trauer und den Rosen spät.
>
> […]
> wem das geschah, der muß sich wohl vergessen
> und rührt nicht mehr die alten Stunden an.

Kriegsjahre

Das erste Jahr

Am Morgen des 1. September 1939 um 4.45 Uhr trat der Fall »Weiß« in Kraft. Das Linienschiff »Schleswig-Holstein« eröffnete das Feuer auf die polnischen Befestigungen auf der Westerplatte vor Danzig: Der 2. Weltkrieg hatte begonnen.

Der deutsche Überfall auf Polen änderte zunächst nichts an Benns Lage. Seiner »Mobilmachungsbestimmung entsprechend« blieb er bei der Heeressanitätsinspektion, einer Dienststelle des OKH, die zum Befehlshaber des Ersatzherres (BdE) gehörte. Am 1. Oktober erhielt er seine Beförderung zum Oberfeldarzt.[1]

Für den 10. Oktober mußte er um einen Tag Urlaub bitten, weil er zur Beerdigung seines Vaters fahren wollte: Gustav Benn war mit dreiundachtzig Jahren gestorben. Er wurde in der Kirche von Mohrin aufgebahrt und neben Benns Mutter, die bereits 1912 gestorben war, beigesetzt. »Wenn ich jetzt an ihn zurückdenke u. von den 50 Jahren Abschied nehme, in denen mein Blick immer wieder mit Teilnahme und Verehrung zu ihm zurückging, kommt mir als stärkster Eindruck entgegen, dass ich ihn niemals, in keiner Lage u. vor keinem Ereignis, armselig, dürftig, kleinlich, ängstlich sah, immer war er über den Dingen, immer hob er das Niedere, immer trug er das Gefallene u. Bedrängte in eine nur ihm gehörige reine, gütige Welt.«[2] Diese liebevolle Beschreibung war Benns eigenem Alter geschuldet, denn in seiner Jugend hatte es wegen der einzuschlagenden Studienrichtung und später wegen des Todes der Mutter manch ernsthaften Streit zwischen Vater und Sohn gegeben. Aber Benn hatte bei Besuchen seines Vaters in Berlin auch eindrucksvoll erlebt, daß ein Dienstmädchen, das er konfirmiert hatte, plötzlich ihren Marktkorb hinstellte und dem alten Pastor die Hände küßte: »Dann musste sie uns begleiten u. er sprach mit ihr wie mit einer Gräfin.«[3]

Im Januar 1940 hatte er ein paar Tage Urlaub, die ihm zum Bewußtsein brachten, wie sehr ihn die Verwaltungsarbeit und die Beschäftigung mit den eingereichten Vorlagen langweilten. Wenn er acht Stunden über Gesundheitsbeschädigungen von Soldaten und deren Versorgungsanspruch nachgedacht hatte, fehlte ihm die Kraft, seine Einfälle für ein Gedicht zu Papier zu bringen, obwohl er das Gefühl bewahrte, sich »wieder in Schwung bringen zu können«.[4]

Eine Dienstreise brachte ihn nach Kiel, die Stadt gefiel ihm nicht. Sie war mit Urlaubern überfüllt, dazu schmutzig und lärmig vom Bau der Kriegsschiffe in Docks und Werften. Auf der Rückfahrt blickte er sehnsüchtig aus dem Zugfenster über die Seen bei Malente, und mit Rührung erinnerte er sich an den Urlaub drei Jahre zuvor, während dessen er in Gremsmühlen »einige gedichtgebärende Wochen«[5] verbrachte.

Den ihm zustehenden Sommerurlaub verbrachte er in Berlin mit einer geliebten Beschäftigung: Er saß in der Staatsbibliothek und verdiente gleichzeitig etwas nebenbei, indem er privat Patienten empfing und eine Vertretung übernahm.[6] Mitte August 1940 schrieb er an Oelze einen langen Brief, in dem er die Ergebnislosigkeit des Daseins seiner Generation zusammenfaßte: »Ein Bewusstsein, sommers, in einer Stadt, Bremen oder Berlin oder Kiel, fünfzigjährig, ohne Resultate, realisiert die Geranienkästen auf einer Caféterrasse, und vergegenwärtigt sich seine nächsten Schritte. Schallplattenklänge, Musik darüber, anfallsweise und verwehend. Niedersinkend das Ganze, halb in einer Richtung, halb auch regungslos. Es sind Klänge entlang an Stränden, erblickten Sommerflächen, an Blumen einst. Niewiederkehr!«[7] Der Brief trägt deutlich die Züge eines künstlerischen Prosatextes, Benn bringt im Dialog mit Oelze seine Gedanken wieder einmal in Form. In sein Arbeitsheft trägt er die erste Briefzeile in veränderter Form ein, sie hätte den Anfangsvers eines Gedichtes bilden können: »Ein Bewußtsein sommers in Berlin / fünfzigjährig ohne Resultate.«[8]

Der Kriegsausbruch selbst hatte in der Reichshauptstadt keinerlei öffentliche Reaktionen ausgelöst, das Leben ging wie gewohnt weiter, die »Cafés, Restaurants und Bars waren am ersten Abend überfüllt wie eh und je. William Shirer hörte, daß die Menschen sagten, die ›polnische Angelegenheit‹ werde bald vorüber sein und der Westen werde sich nicht rühren«.[9]

Hauptgesprächsthema blieb die mit Kriegsbeginn eingeführte Konsumrationierung. Nicht die Ereignisse an der Front, sondern die allgemeine Mühsal des Einkaufens und des »Organisierens« von zusätzlichen Nahrungsmitteln beschäftigte das Denken. Dennoch akzeptierte man die vorübergehende »Verknappung« als Voraussetzung für den ersten vernichtenden militärischen Schlag; schon im Frieden wurde offen über einen möglichen Entzug von Speck oder Bier diskutiert.

Die Kältewelle im ersten Kriegswinter machte den Berlinern zu schaffen, sie belastete sowohl die Arbeitsmoral wie die industrielle Produktion. Benn klagte darüber, daß sein Stammlokal keine Kohlen mehr hatte und die Gäste abends im Pelz ihren Grog schlürfen mußten. Er wußte nicht, wie er genügend Brennmaterial besorgen sollte, um seine Wohnung zu heizen. Für den Ofen seines Büros waren nicht mehr als zehn Briketts täglich erlaubt, viel zuwenig, um die klammen Hände zu wärmen.[10]

»Ich gehe bei Dunkelheit fort u. komme, wenn es wieder dunkel ist, zurück«:[11] Benn hatte noch mehr Arbeit als sonst, denn seit Kriegsbeginn hatte er darüber zu entscheiden, ob die körperlichen Beeinträchtigungen, die den Soldaten wehruntauglich gemacht hatten, eine Folge von Kriegshandlungen waren. Mit dem Antrag eines Soldaten auf Versorgung kam ein bürokratisches Verfahren in Gang, in dessen Verlauf Formulare ausgefüllt, Stellungnahmen abgegeben und Prüfungsvermerke angebracht werden mußten. Manche Fälle, die Benn bearbeitet hatte, mußte er dem Oberkommando der Wehrmacht (OKW) vorlegen, das die letzte Entscheidung fällte. Obgleich Benns Dienststelle, die Heeressanitätsinspektion, zum OKH gehörte, benutzte er den Stempel: »Der Chef des Oberkommandos der Wehrmacht. Im Auftrage Dr. Gottfried Benn«.[12] Dieser Satz ist korrekt, denn zwischen dem Oberkommando des Heeres (OKH) und dem Oberkommando der Wehrmacht (OKW) gab es, was truppenärztliche Angelegenheiten oder Wehrdienstbeschädigungen anging, zahlreiche Überschneidungen.

Benn konnte nur nach Aktenlage entscheiden. Seine Stellungnahme richtete sich nach dem Wehrmachtfürsorge- und -versorgungsgesetz (WFVG) vom 26. 8. 1938. Das Gesetz sollte sicherstellen, daß der Soldat in Erfüllung seiner aktiven Dienstpflicht keinen Nachteil für sein Berufsleben erlitt, daß aber auch keine jungen, noch arbeitsfähigen Rentenempfänger geschaffen wurden.

Von ärztlicher Seite war zunächst festzustellen, ob überhaupt eine Wehrdienstbeschädigung (WDB) als Voraussetzung für die Gewährung von Beschädigtenfürsorge und -versorgung nach den Vorschriften des WFVG vorlag. War ein Gelenkrheumatismus als WDB anerkannt worden, dann konnte die Erkrankung der Herzklappe als unmittelbare Folge der Ersterkrankung gelten und mußte entschädigt werden. Führte der Verlust eines Beines durch Kriegshandlungen mittelbar zu einem Unfall und zum Verlust eines Armes, war eine Entschädigung des Soldaten kein Problem.

Benn machten jedoch die Komplikationen Kopfzerbrechen, die etwa bei inneren Krankheiten anfingen und die zu Streitigkeiten in der Beurteilung des Falles durch verschiedene Instanzen geführt hatten. Eine genaue Kenntnis des Gesetzes und zugleich der medizinischen Umstände des Falles waren besonders dann gefordert, wenn es nicht nur um die Frage der Entstehung, sondern um die Frage der »Versehrtheit« ging. Hatte Benn entschieden, daß eine Versehrtheit vorlag, mußte er die Höhe des Versehrtengeldes festlegen.

Benn ödete die Beschäftigung mit dem menschlichen Elend, das ihn aus den Akten anstarrte, an: »Viel Dienst; überall gereizte Stimmung, Gefahren u Klippen. Mir hängt alles zum Halse raus«, schrieb er im März 1940 an Oelze: »Unerträglich das Ganze. Immer wieder stösst man auf Menschen der Künste u. freien Berufe, die ihr Leben lang geschnorrt und gefaulenzt haben u es auch heute weiter tun. Mir ist das nie geglückt, mich hat es immer gehascht u. ich habe mich schinden müssen, ein Elend! Neue Gedanken, neue Pläne, neue Überblicke, – aber Mangel an Zeit! Ein einziger Satz erfordert so viel Ungestörtheit u. Abgeschlossenheit, geschweige ein Absatz oder ein Kapitel! Unerträglich das alles.«[13]

Im Spätherbst 1940 sammelte der Oberstarzt im stellvertretenden Generalkommando III. Armeekorps, Dr. Curt Heinemann-Grüder, einige Kollegen um sich, um die Erfahrungen, die mit dem WFVG gemacht worden waren, in einem Handbuch darstellen zu lassen. Man brauchte verbindliche Richtlinien, und die sollten von denjenigen Kollegen festgelegt werden, die wissenschaftlich auf dem laufenden waren und außerdem über den neuesten Stand ärztlicher Erkenntnis verfügten. Benn bekam den Befehl, den Begriff der Wehrdienstbeschädigung (WDB) zu umreißen und sich mit dem Begriff der »Verschlimmerung« auseinanderzusetzen, der in § 4, Absatz 2 des Gesetzes eingeführt wurde. Er war gezwungen, neben der laufenden dienstlichen Arbeit den Gesetzestext erneut zu studieren, was ihn wochenlang beschäftigte.

Seine Ausführungen erschienen im medizinischen Teil des Sammelbandes unter den Titeln »Die Zusammenhangsfrage« und »WDB. im Sinne der Verschlimmerung«, vierzehn eng bedruckte Seiten, stringent und ohne Umschweife formuliert, mit entsprechenden Hinweisen auf die wissenschaftliche Literatur. Für die Beurteilung der Frage, ob ein ursächlicher Zusammenhang der Gesundheitsstörung mit dem schädigenden Einfluß durch den Wehrdienst als »vernünftigerweise wahrscheinlich« angesehen werden konnte, stellte Benn einen Kriterienkatalog auf und machte etwa an einem Fall klar, worum es praktisch ging: »Ein Soldat liegt wegen eines Armbruchs im Standortlazarett, erkrankt dort an einer Angina, die zu Blutvergiftung und bleibenden Folgezuständen führt. Erklärt der Chefarzt auf Anfrage hin dienstlich, daß mehrere Fälle von Angina damals im Lazarett vorgekommen sind, so daß eine Lazarettübertragung wahrscheinlich ist, wird auch hier der Gutachter von dieser Tatsache ausgehen können ohne Rücksicht darauf, daß unter anderen Tatbestandsverhältnissen eine Mandelentzündung keine WDB. zu sein braucht.«[14]

Benn beherrschte trotz aller inneren Abwehr sein Metier. Als Oelze, der eingezogen worden war und im Rang eines Hauptmanns seinen Dienst als Generalquartiermeister leistete, an einer Grippe erkrankte, gab er ihm den dringenden Rat, eine Kur zu beantragen und damit nicht zögerlich zu sein. Viele nutzten diese Möglichkeit aus, die Erholungsheime und Kurlazarette seien voll von »Generälen u. O.K.W Grössen«, auch würden die Reisekosten ersetzt und die Zeit nicht auf den allgemeinen Urlaub angerechnet. Benn erklärte im selben Atemzuge den entsprechenden Dienstweg. Der Truppenarzt habe den Kurantrag zu stellen, der Divisionsarzt müsse ihn genehmigen: »Belasten Sie den Staat, mit was Sie können, jede Scham wäre wirklich fehl am Platz. Schliesslich lassen Sie eine *Wehrdienstbeschädigungsliste* aufstellen und behaupten Sie, dass die Grippe W.D.B sei. Aus mir spricht die oberste Instanz der Wehrmacht – für alle drei Wehrmachtsteile – in Sachen Versorgung und Dienstbeschädigung.«[15] Wenn Benn Oelze dazu ermutigte, sich aller Möglichkeiten zu bedienen, dann sprach aus seinem Rat die Erfahrung desjenigen, der täglich mit Versuchen der Vorteilsnahme konfrontiert war. Benn fand diese besonders abstoßend, wenn sie von Personen unternommen wurden, die durch Vermögen oder gesellschaftliche Stellung sowieso begünstigt waren. Er kannte aus den Anträgen die vielen Versuche, sich aufgrund von Krankheiten Vorteile zu verschaffen, Geldentschädigungen zu bekommen oder vom Dienst freigestellt zu werden. Die Akten spiegelten die allgemeine Praxis eines zäh geführten Kleinkrieges der Antragsteller um jede Mark Unterstützung. »Nicht nur Bonzen und Privilegierte versuchten im Krieg auf ihre Kosten zu kommen, fast alle waren bemüht, ›herauszuholen was herauszuholen ist‹.«[16]

Benns Klagen über Arbeitsüberlastung und Müdigkeit waren zum einen sicherlich der Monotonie des Aktenstudiums geschuldet. Andererseits spiegelten die Unterlagen zwischen den Aktendeckeln gerade diejenigen menschlichen Haltungen wider, die seiner Leistungsethik im Wege standen und die er aufs tiefste verachtete: Vorteilsnahme, Bequemlichkeit, Krankenkassenmentalität, kurz: bürgerliches Versorgungsdenken. Es war keineswegs die Arbeit allein, die ihn erschöpfte, sondern auch die innere, vielleicht sogar unbewußte Abwehr gegen die unheroischen Wünsche der »Handelnden«, mit denen der »Gegentyp« sich konfrontiert sah. Und trotzdem riet Benn in der für ihn typischen Ambivalenz Oelze ausdrücklich dazu.

Zum Dichten fühlte er sich nicht aufgelegt und beschränkte das Schreiben auf gelegentliche Notizen, die er in Arbeitshefte eintrug.[17] Die Erfolge des Polenfeldzuges erfüllten ihn entgegen der allgemeinen, öffentlichen Zufriedenheit mit Skepsis und Abscheu, denn sie zeigten in seinen Augen eine Seite der deutschen Mentalität, die sich in der Mordlust der Befehlshaber ausdrückte: »Es ist ja schade um jeden Polen, der nicht erschossen wurde. Ich habe immer ohne Weiteres alles erschiessen lassen«,[18] notierte er sich als einen Gesprächsfetzen, den er aus seiner militärischen Umgebung aufgeschnappt hatte. In den Tagebuchaufzeichnungen der 9. Kompanie des III. Bataillons I.R. 59 hätte er entsprechende Sätze lesen können: »Am nächsten Morgen, es ist der 19. September, können wir mit Genugtuung feststellen, daß unsere Kompanie in der vergangenen Nacht ganze Arbeit geleistet hat. Das Vorgelände ist bedeckt mit Toten und Verwundeten.«[19]

Den Rausch der künftigen Siegesgewißheit, der sich in den Sätzen des Tagebuchführers der 9. Kompanie ausdrückt, vermittelten auch manche Offiziere auf den Fluren des Bendlerblocks. Die jüngeren waren, wie die Parteibonzen auch, Anhänger der Lehre von Germanien als praeceptor, die da gemäß der Bennschen Auffassung lautete: »Immer an das Gemeinste denken, das Viehische, das Dümmste, immer nur † denken! Seine schmutzige Tatze in jedem Onkel wittern, seine Lüge in jedem Wort, seine Bestialität in jedem Augenaufschlag, kein Rosenbeet soll diesen Factor vergessen lassen. Immer das Gemeinste denken u zurückschlagen, zermalmen, ausrotten.«[20] Dieses Denken, das ihm täglich vorgelebt wurde, war ihm der praktische Beweis für seine Theorie von den zwei Reichen, die er in den Ansichten der Offizierskollegen, dem »Kreis der Geschichtlichen«, bestätigt sah.[21]

Zur Entlarvung des Kriegswahnsinns, dem einen Sinn zu unterstellen die Menschheit nicht aufhörte, bediente sich Benn eines methodisch ungewöhnlichen Zugangs: Er denunzierte den Sinn geschichtlicher Vorgänge durch die Sprache, die sie beschrieb. Dazu nahm er ein Schulbuch, das ihm bereits am Gymnasium in Frankfurt/Oder gedient hatte, den »Auszug aus der alten, mittleren und neueren Geschichte« von Karl Ploetz in der Ausgabe von 1891. »Ich schlage eine beliebige Seite auf, es ist Seite 337, sie handelt vom Jahre 1805. Da findet sich: 1× Seesieg, 2× Waffenstillstand, 3× Bündnis, 2× Koalition, einer marschiert, einer verbündet sich, einer vereinigt seine Truppen, einer verstärkt etwas, einer rückt heran, einer nimmt ein, einer zieht sich zurück, einer erobert ein Lager, einer tritt ab, einer erhält etwas, einer eröffnet etwas glänzend, einer wird kriegsgefangen, einer entschädigt einen, einer bedroht einen, einer marschiert auf den Rhein zu, einer durch ansbachisches Gebiet, einer auf Wien, einer wird zurückgedrängt, einer wird hingerichtet, einer tötet sich –, alles dies auf einer einzigen Seite, das Ganze ist zweifellos die Krankengeschichte von Irren.«[22]

Den Gedanken von der Sinnlosigkeit der Geschichte fand er bei Goethe bestätigt. Bei der Lektüre der »Kampagne in Frankreich« fragte er nach der militärstrategischen Seite der Auseinandersetzung: »Wochenlang ziehen die Armeen gegen einander, dann stellen sie sich auf u. verschiessen 3/4 Tag lang je 10.000 Kanonenkugeln auf einander, – völlig resultatlos, kaum Tote, u. dann ziehn sie wieder ab nach Hause.«[23] So schilderte er Oelze den Lektüreeindruck. Diese Episode schien ihm ein gutes Beispiel dafür zu sein, daß Geschichte sich unmotiviert und ohne innere Notwendigkeit vollzog.

Aber nicht nur blieb die politische Geschichte ohne Sinn und Ziel, auch die Geschichte der Menschheit, ja sogar die des einzelnen Menschen blieb rätselhaft: »Wir wissen nicht im entferntesten, was gespielt wird, universal gesehen, wer oder was wir überhaupt sind, woher und wohin, Arbeit und Erfolg ist in keinen Zusammenhang zu bringen, auch Leben und Tod nicht. [...] Was sich abhebt, ist immer nur das durcheinandergehende Spiel verdeckter Kräfte. Ihnen nachzusinnen, sie zu fassen in einem Material, das die Erde uns an die Hand gibt, in ›Stein, Vers, Flötenlied‹, in hinterlassungsfähigen abgeschlossenen Gebilden – : diese Arbeit an der Ausdruckswelt, ohne Erwarten, aber auch nicht ohne Hoffnung – : etwas Anderes hat die Stunde für uns nicht.«[24]

Die Gedankensplitter, die sich in den Briefen an Oelze oder in den Essay-Entwürfen des Frühjahrs 1940 finden, zeigen Benns Anstrengungen, sich gegen die Unbilden der Zeit durch die »Arbeit an der Ausdruckswelt« abzuschirmen, wenn ihm auch wenig Kraft und Zeit blieb, um aus seinen Einfällen ein Gedicht zu machen, »ein Einziger Satz erfordert so viel Ungestörtheit u. Abgeschlossenheit, geschweige ein Absatz oder ein Kapitel! Unerträglich das alles.«[25] An Oelze schickt er aber vier Gedichte, die innerhalb eines Jahres, vom März 1939 bis zum März 1940, entstanden waren.[26] Wir lesen schwermütige Zeilen, die vom »Ende der Lebensreise« sprechen, von der Vergänglichkeit der Menschen »im Raub- und Rassenraum« und die den letzten Sinn des Lebens in der ästhetischen Produktion des Künstlers in einer Gesellschaft sieht, die »der Gott verneint«.

»Wer sich begrenzt, vollendet seine Spur«: Als Benn diese Zeile in dem Gedicht »Wer Wiederkehr in Träumen weiss« schrieb, war das Konzept eines »Blitzkriegs« bereits aufgegangen, und die Eroberung Frankreichs stand vor der Tür. Bereits nach fünf Wochen, am 6. Oktober 1939, kapitulierten die letzten polnischen Feldtruppen in einer Stärke von 16.800 Mann. Am selben Tag zog Hitler vor dem Deutschen Reichstag in der Krolloper Bilanz und bot den Westmächten Frieden an: Das Angebot wurde abgelehnt. Trotzdem blieben die Berliner optimistisch. Der Beginn des Frankreichfeldzuges ein halbes Jahr später am 10. Mai 1940 hatte allerdings einen drastischen Stimmungsabfall zur Folge, denn Parallelen zum 1. Weltkrieg drängten sich auf, wenn die Namen von Orten genannt wurden, die mit der Erinnerung an blutige Schlachten verbunden waren. Die raschen Siege belebten die Stimmung jedoch wieder, die Kampagne im Westen spielte sich mit »unverschämtem

Glück und verblüffender Leichtigkeit« ab, es haftete ihr nach dem Urteil des Militärhistorikers Masson geradezu etwas Irreales an.[27] Das ist eine Ansicht, die Benn teilte, wenn er an Oelze schrieb, die Erfolge hätten einen »mysteriösen Zug, wie bei so vielen Vorgängen der letzten Jahre«.[28]

Die deutschen Truppen schlossen die belgische Armee, das britische Expeditionskorps und drei französische Armeen ein, Lüttich, Brüssel, Dünkirchen fielen. Benn blieb angesichts der Siege skeptisch, das politische Ziel eines Friedens lag seiner Meinung nach in weiter Ferne. Er verglich den französischen Zusammenbruch mit dem Preußens von 1806, man hatte sich durch den Ruhm einlullen lassen: »Hier waren es die friderizianischen, dort die versailler Lorbeeren, die betäubten; diese Zweige müssen einen narkotisierenden u. defaitisierenden Einfluss ausüben.«[29] Auch mißfiel ihm die vollständige Niederlage Frankreichs, denn der Waffenstillstand und die Evakuierung des britisch-französischen Expeditionsheeres aus Dünkirchen im Mai 1940 nahmen auch dem letzten Gegner der Nationalsozialisten die Hoffnungen, die sich auf eine Niederlage der deutschen Militärmacht gründeten. Große Siegesfeiern fanden statt, in der mit Fahnen und Girlanden geschmückten Reichshauptstadt paradierten Truppen der Wehrmacht gemeinsam mit Formationen der NSDAP, um dem Führer zu huldigen. Betriebsbelegschaften sowie die Jungen und Mädchen der Hitlerjugend säumten den Weg der Wagenkolonnen, die Bevölkerung jubelte. Sie hatte den Eindruck, daß das Schlimmste des Krieges bereits ausgestanden war, ja daß am Endsieg nicht mehr gezweifelt werden konnte: »Hitlers Ruf als Wundertäter und als militärisches Genie« hatte sich gefestigt.[30]

Überdies begann die militärische Auseinandersetzung jetzt ihre positive Seite zu zeigen: Die Soldaten kauften in den besetzten Gebieten zu günstigen Kursen Waren ein, die in Deutschland längst vom Markt verschwunden waren, Stoffe, Kleider, Leder. In Berlin konnte man Putzfrauen in Seidenstrümpfen vom Boulevard Haussmann oder nach dem Norwegenfeldzug auffällig viele Serviermädchen in luxuriösen Silberfuchs-Pelzen beobachten.[31] Kaffee und Schokolade kamen sozusagen im legalen Schwarzhandel aus den scheinbar unerschöpflichen Vorräten der eroberten Länder zum Vorschein.

Man war sich freilich bei all der Siegesstimmung bewußt, daß auch England noch bezwungen werden mußte. Die Luftangriffe auf die Insel, die im Spätsommer 1940 begannen, wurden allgemein als Vorspiel einer Invasion aufgefaßt, und über den strategischen Sinn dieser »Vergeltungsangriffe« gab man sich keiner Illusion hin. Man rechnete damit, England werde Friedensverhandlungen eingehen. Das Propagandaministerium vergab im Juli 1940 bereits Aufträge an Dekorationsfirmen, die

die Hauptstraßen der deutschen Städte für die triumphierende Heimkehr aller deutschen Truppen mit Siegessäulen ausstaffieren sollten.[32]

Benn ließ sich durch die siegesfrohe Stimmung nicht beeindrucken. Ihn beunruhigte im Gegenteil gerade die »asiatische« Geschwindigkeit, die ihn an das Vorgehen Dschingis-Khans erinnerte.[33] Er beobachtete die Erfolge nicht isoliert, sondern beurteilte sie als Ausdruck einer Finallage, die über die augenblicklichen Ereignisse hinausging. Ihn beschäftigte der »apokalyptische Zug der Vorgänge. Sieg und Niederlage, ja selbst Krieg u. Frieden sind Vorbegriffe einer so unvorstellbaren Veränderung der geschichtlichen ökonomischen Welt, aber – scheint mir – auch der Werte und des moralischen Zustandes der weissen Völker, dass man sich noch kein Bild von allem machen kann.«[34]

Zu diesem frühen Zeitpunkt, zu dem noch niemand auf das Ende blickte, sind zwei Einsichten Benns besonders bemerkenswert. Zum einen war er davon überzeugt, daß gerade die Siege zum Untergang des Nationalsozialismus führen würden[35], zum andern sagte er Oelze die Notwendigkeit einer »Wendung gegen den *Osten*« voraus und schilderte die Konsequenzen als Untergang der Welt, der durch die »Geschichtlichen« hervorgerufen wurde. Auch schien ihm selbstverständlich, daß England in der Zwischenzeit gut gerüstet war und deswegen auf die ausgestreckten Friedensfühler nicht einging, »also der endgiltige u. hundertprozentige Sieg wird sich noch hinziehn«.[36]

Im Juni 1940 wurde Oelze eingezogen, vier Wochen später bekam Benn vierzehn Tage Urlaub. Aber wohin sollte er reisen? Nirgendwo fanden sich freie Hotelbetten. Auslandsaufenthalte waren aus Devisengründen erheblich eingeschränkt worden, aber die binnendeutsche Reiselust blieb zunächst unbehindert, und Urlaubsorte meldeten Rekordbesuch. »In Zoppot ist es so voll, dass man beim Essen 2 Stunden auf den Kellner wartet u. dann bringt er auch nicht viel.«[37] Die Züge waren so überfüllt, daß stundenlanges Stehen auch mit einem Fahrschein der zweiten, der besseren Klasse keine Seltenheit bedeutete. Benn fuhr für einen Tag nach Mohrin und besuchte das Grab seiner Eltern. Ansonsten blieb er in Berlin und beendete ein paar Skizzen zu vier neuen Essays in der Art von »Weinhaus Wolf«: Die Typoskripte »Strömungen«, »Züchtung«, »Rilke« und »Franzosen«, in dem er seine Bewunderung für Balzac formulierte, sandte er dem Freund im August nach Bremen. Man müsse sich, um nicht völlig in Schwermut zu versinken, »gelegentlich gedankliche Haltung geben«, hieß es echt preußisch im Begleitschreiben, um ein Gedicht zu verfassen, reichten die augenblicklichen Lebensbedingungen nicht aus, der Freund möge mit diesen Betrachtungen vorliebnehmen.[38]

Ein ständiges Thema der ersten Kriegsjahre bildeten die Bombenangriffe. Berlin lebte im Frühjahr und Sommer 1940 in der Illusion, vom

Krieg verschont zu bleiben. Eine militärische Offensive Großbritanniens gegen das Deutsche Reich war nicht zu erwarten. Doch die Sicherheit, in der sich die Reichshauptstadt wiegte, blieb trügerisch. Am 25. August 1940 drangen englische Flugzeuge in den Berliner Luftraum ein, in Pankow und Lichtenberg fielen Bomben. Weitere nächtliche Angriffe folgten, es gab die ersten Toten. Nahe dem Kottbusser Tor in Kreuzberg starben zwölf Menschen: Arbeiter, Hausfrauen und ein Kind. Goebbels benutzte die Beisetzung der Opfer auf dem Jacobi-Friedhof für eine pompöse Feierstunde.

Berlin war auf Angriffe aus der Luft völlig unzureichend vorbereitet: Erst die Bombardierungen führten zum Bau von Bunkern und Feuerlöschteichen. Die Kellerwände der Häuser erhielten Durchbrüche, um auf diese Weise Fluchtwege zu schaffen. Anfangs hatte die Berliner Bevölkerung auf das nächtliche Geheul der Sirenen überwiegend mit Gelassenheit reagiert. Aber die Luftangriffe, die sich nicht nur gegen Industriezentren, sondern auch gegen Wohnviertel im Osten der Stadt richteten, verstärkten sich. In der Nacht zum 24. September 1940 waren 111 Flugzeuge im Anflug, über 780 Menschen wurden durch das Bombardement obdachlos.[39]

Auch Bremen wurde schwer getroffen, der Bahnhof sähe »à la Dünkirchen« aus, hörte Benn von Oelze.[40] Benn beobachtete die Zunahme und die Intensität der Angriffe mit Besorgnis: »Die neuen englischen Bomber übrigens, die offenbar jetzt Stil sind u. aus den U.S.A. stammen, wirken unvergleichlich intensiver. Die letzten beiden Angriffe waren hier recht unangenehm. In der Tauentzienstrasse ist kein Fenster ganz geblieben von 2 Bomben, die Ecke Nürnberger- u. Tauentzienstr. fielen«,[41] teilt er Oelze zum Jahresende 1940 mit. Seine Frau erlebte kurz darauf am 10. Februar den sechsstündigen Großangriff auf Hannover mit mehr als einhundert Toten, der alles Bisherige in den Schatten stellte.[42] Benn nahm an, daß »Riesenschwärme von Stukas u. Bombern« für eine »Entscheidungsschlacht« in Bereitschaft gehalten wurden, die im übrigen durch die neuen Bombertypen aus den USA entschieden werden würde. Wir wissen heute, daß Benns Vermutungen zutrafen.[43] Über einen Dänen aus der angeheirateten Verwandtschaft seiner Tochter bekam er Informationen über die Produktion von Bombern in den USA, die unvorstellbar und »märchenhaft« sein sollte. Man könnte sich nicht mit dem Gedanken beruhigen, diese Aufrüstung richtete sich gegen Japan. Japan wäre zu wenig gerüstet, sein Kriegspotential zu schwach, ein Krieg von seiten der USA deswegen gar nicht nötig. Ein Irrtum sei ausgeschlossen, die Aufrüstung richtete sich gegen Mitteleuropa. Das aber bedeutete, daß der Krieg noch zwei bis vier Jahre dauern würde.[44] Goethe hatte 1812 an den Grafen von Reinhard geschrieben: »Daß Moskau verbrannt ist, tut mir gar nichts. Die Weltgeschichte will künftig auch was zu erzählen haben.«[45] In Anlehnung an diesen Zynismus teilte Benn Oelze mit, man dürfe in der augenblicklichen Lage nicht allzu »romantisch« sein: »Darum kann ich auch London durchaus brennen sehn: wer so die Gefahren verkennt, die ihn umgeben, und den Folgerungen der Dämonie des Seins das Bewusstsein verschliesst, ist, scheint mir, [...] nicht bedauernswert. Es giebt innerhalb der geschichtlichen Welt kein Gut und Böse. [...] Es gibt nur das Böse, meine ich. Wer das nicht sieht, ist in der Substanz schmächtig und seelisch nicht herangereift.«[46]

Selbstmordakten

Zum Schluß des Kommentarbandes zum Wehrmacht-Fürsorge- und -versorgungsgesetz (WFVG) findet sich unter der Rubrik Sonderfragen auch ein Kapitel »Selbstmord und WDB.«. Dieser Artikel stammte eigentümlicherweise nicht von Benn, obwohl er sich das ganze letzte Jahr dienstlich mit dem Selbstmord von Soldaten zu befassen hatte. Auch hätte er die Versorgungsprobleme, die durch diese Todesart entstanden, gut und knapp darstellen können.

Statt seiner machte sich der Berliner Kollege Professor Dr. Otto Wuth an den Kommentar. Selbstmord sei eine Handlung. Handlungen könnten in überlegter und abwägender Weise geschehen, weswegen man auch von »Bilanzselbstmord« sprechen könne. Es gäbe aber auch »Primitivreaktionen in Form von Kurzschlußhandelungen«. Beide Handlungsformen könnten jedoch nicht als WDB-Folge nach dem WFVG aufgefaßt werden, da eine »absichtlich herbeigeführte Gesundheitsstörung nicht als WDB. gilt.«[1] Schon aus diesem Grund könnten Selbstmorde nicht als Wehrdienstbeschädigung angesehen werden. Im übrigen habe »der Normale gar keinen Trieb zur Selbsttötung. Nichts ist im Leben stärker als der Selbsterhaltungstrieb. Um das zu erkennen, braucht man nur die Leiden der Menschheit der Zahl der Selbstmorde gegenüberzustellen und daran zu denken, daß im letzten Kriege an der Front, wo die Gefahr war, Selbstmorde selten, in der Etappe dagegen häufiger waren«.[2] Diese Auffassungen des Kollegen Wuth entsprachen der herrschenden Meinung, besonders was die Abnormität von Selbstmördern anging: »Alle Abweichungen zum Guten oder Schlechten, zum Brauchbaren oder Unbrauchbaren, zum biologisch Wertvollen oder biologisch Minderwertigen fassen wir als abnorm auf.«[3]

Benn vertrat in dieser Frage eine gänzlich andere Meinung. Am 26. November war eine Dienstbesprechung mit höheren Beamten aus der Wehrmachtversorgungsabteilung beim Wehrkreiskommando III (Berlin und Brandenburg) befohlen. Für die versammelten Sanitätsbeamten ging es um die Erfahrung mit § 4, der die Wehrdienstbeschädigung (WDB) definierte und regelte. Wie sollten gemäß diesem Text die Selbstmorde gewertet werden? Lag überhaupt eine Wehrdienstbeschädigung vor? Hatten Hinterbliebene von Soldaten, die sich erschossen, ertränkt, erhängt oder durch Gas umgebracht hatten, Anspruch auf Rente? Sollte man im Falle einer Geisteskrankheit auf WDB im Sinne des Gesetzes erkennen?

Die Meinungen der Runde waren geteilt. Benn berichtete über das von ihm vorbereitete statistische Material. Danach traten die meisten Selbstmorde im Juni auf. Das Verhältnis der protestantischen Selbstmörder zu den katholischen betrug 4:1, am häufigsten brachten sich die Fünfzigjährigen um. Benn stellte im Laufe seines Vortrags besonders heraus, daß eine wirkliche Geisteskrankheit, wenn überhaupt, nur 3-20% aller Fälle betraf. In 30 bis 75% der restlichen Fälle sei überhaupt keine Ursache zu finden. Mehr als 150 Fälle waren im vorausgegangenen Jahr über seinen Schreibtisch gegangen, in 28% der Fälle mußte er einen Zusammenhang zwischen der Selbsttötung und der Wehrdienstbeschädigung bejahen, denn es lag seiner Meinung nach die Verschlimmerung einer Depression, einer Geisteskrankheit oder falsche Beurteilung im Sinne der Ausführungsbestimmungen von § 4 vor.

Die Konferenz endete mit offenen Fragen, die besonders den dritten Absatz des Gesetzes betrafen: »Wehrdienstbeschädigung liegt nicht vor, wenn ein Körperschaden durch den Beschädigten vorsätzlich herbeigeführt worden ist«. Aber was bedeutete bei Selbstmördern Vorsätzlichkeit? Die Meinungen der Runde zu diesem Thema schienen Benn zu sehr aus der gewöhnlichen, kleinbürgerlichen Einstellung gegenüber Selbstmördern zu stammen, schienen typisch für ein naturwissenschaftliches, positivistisches Denken. Die Besprechung ließ ihn sehr unbefriedigt. In früheren Zeiten hätte er seinen Widerstand in die Form eines Essays gegossen und umgehend veröffentlichen lassen. Das ging nun nicht. Aber Benn war so sehr von der Problematik des Themas angerührt und wollte seine Ansicht unbedingt in die behördliche Waagschale werfen, daß er sich zu einem ungewöhnlichen Schritt entschied. Knapp eine Woche später, am 2. Dezember 1940, setzte er ein Schreiben an Ministerialrat Müller-Lauchert auf, das in gebotener Kürze die gewünschten statistischen Zahlen mitteilte. Die restlichen zwei Drittel des Briefes füllte Benn mit seinen Bedenken gegen die vorgetragenen Meinungen und hielt ein fulminantes, gut begründetes Plädoyer für die Notwendigkeit, alle Selbstmordhandlungen als Wehrdienstbeschädigungen anzuerkennen und die Hinterbliebenen zu versorgen.

Diese Studie, in der er seinen persönlichen Überzeugungen Ausdruck gab und Hilfe für die Familien anstrebte, stand in krassem Gegensatz zu den Ratschlägen, die er Oelze zu Beginn des Krieges gegeben hatte, um unbeschädigt und mühelos den militärischen Alltag zu überstehen: »1) bearbeiten Sie nie anderes, als was Ihnen einwandsfrei auf Ihren Schreibtisch gelegt ist. [...] 5) Nehmen Sie nie an, dass irgendeine private Meinung oder Auffassung von Ihnen einer vorgesetzten Dienststelle interessant oder wichtig ist.«[4]

Benn stellte zuerst fest, daß man dem Selbstmord nicht mit der Statistik gerecht werden könnte. Es handelte sich nicht um ein materielles, sondern um ein metaphysisches Problem: »Nur wenn man dies annimmt, ist zu verstehen, dass der Selbstmord durch alle Zeiten und Völker, alle Kulturphasen, durch die ganze Geschichte geht. Der Selbstmord ist eine menschliche Tatsache, hinter der weniger soziale Schuld oder eine feststellbare moralische Erkrankung steht als vielmehr etwas Unerklärliches, das wohl zu den Besonderheiten des menschlichen Schicksals gehört.«[5]

Benn gab seiner schwungvollen Argumentation Farbe durch die Aufzählung interessanter Selbstmordverfahren – vom Verbrennen in Backöfen bis zum Abbiß der Zunge – und kam dann auf das eigentliche Ziel seines Briefes zu sprechen: Er wollte den Selbstmord aus der »Zusammenhangsfrage« ausgegliedert wissen. Zum einen reichten die modernen Erkenntnisse der Psychologie und Psychiatrie nicht bis in diejenigen Schichten, in denen sich der Entschluß zum Selbstmord bildete. Das gälte besonders für die ausschlaggebende Rolle der Depression als Grund für den Selbstmord, und Benn unterstrich den folgenden Satz: »Jeder Selbstmord entsteht aus einer Depression, eine tiefere Depression kann es gar nicht geben, diese Depression übersteigt alle Maßstäbe psychologischer Prüfmethoden und Vergleichbarkeiten.« Die naturwissenschaftlichen Untersuchungsmethoden mit dem Rückgriff auf »beurteilbare Handlungen« erreichten nur das Bewußtsein, könnten aber »das Innere selbst, die Hintergründe« nicht entschleiern: »Es würde mir daher durchaus nicht unmilitärisch, liberalistisch und auch nicht unwissenschaftlich erscheinen, aus unseren Selbstmord-Fällen nur diejenigen herauszunehmen, deren Hintergrund nachweislich ehrenrührige Handlungen, Feigheit, Straffälligkeiten niedriger Art bilden, in allen übrigen aber schwerste Gesundheits- und Lebensstörungen zu erblicken, sie aus der Zusammenhangs- und Ursachenfrage gänzlich herauszunehmen und die Hinterbliebenen entsprechend zu versorgen.«

Mit dieser Argumentation hatte Benn sich weit aus der Deckung gewagt und gegen die herrschenden Ansichten seiner militärärztlichen Kollegen opponiert, die sich über Benns ketzerische Ansicht, den Körper als »ein metaphysisches Massiv« zu betrachten, sowieso befremdet geäußert hätten. Ansichten dieser Art galten als verschroben. Zu seiner Sicherheit hatte Benn in dem Schreiben zweimal darauf hingewiesen, daß es sich ausschließlich um seine ganz persönliche Ansicht und nicht die seiner Dienststelle handelte. Konnte er jedoch sicher sein, daß der Brief nicht doch an bestimmte Stellen in der Verwaltung geriet, die sich bei personalpolitischen Entscheidungen an diese Ausführungen erinnern und sie zu seinen Ungunsten auslegen würden? Benn schloß daher mit einer ausgesucht raffinierten Argumentation. Zum einen verwies er auf den Rassegünther, der behauptete, der Selbstmord sei eine eigentlich »nordrassische Erscheinung«. Aber davon abgesehen könne natürlich kein Zweifel daran bestehen, daß die meisten Selbstmörder zu den gefährdeten und labilen Typen gehörten, deren Fortpflanzung gemäß dem Ideal der heutigen »Staatsbiologie« nicht unbedingt wünschenswert sei. Daraus zog er den überraschenden Schluß: »Die Selbstmörder werden nicht in allen, aber in den meisten Fällen zu der Bilanz des Bionegativen gehören, also in der Richtung der Entartung und der Substanzauflösung liegen. Man könnte daher im Selbstmord sehr wohl einen rassischen Eliminationsprozess erblicken, und insofern wird man den Selbstmord keineswegs von vornherein als unmoralisch, weder im individuellen noch im volkhaften Sinne bezeichnen können.«

Benn wird sich beim Formulieren ins Fäustchen gelacht haben, denn schließlich schrieb er diesen Satz als ein Vertreter der »entarteten Kunst«, in dessen Personalakte zu lesen war, daß der »Völkische Beobachter« seine frühen Gedichte als »widernatürliche Schweinereien« bezeichnet hatte. Benn durfte annehmen, daß die Offiziere seine Schriften aus den zwanziger Jahren nicht kannten, in denen zu lesen war: »Wo immer also man hinsieht: das Produktive einer Masse durchsetzt von Psychopathien, Stigmatisierungen, Rausch, Halbschlaf, Paroxysmen; ein Hin und Her von Triebvarianten, Anomalien, Fetischismen, Impotenzen.«[6] Auch hätten sie den Kollegen Benn, der seine Briefe im Auftrag des Chefs des Oberkommandos der Wehrmacht zeichnete, in kein Gespräch über Wehrdienstbeschädigungen gezogen, wenn sie gewußt hätten, daß er einst behauptet hatte: »Ich begann, das Ich zu erkennen als ein Gebilde, das mit einer Gewalt, gegen die die Schwerkraft der Hauch einer Schneeflocke war, zu einem Zustande strebte, in dem nichts mehr von dem, was die moderne Kultur als Geistesgabe bezeichnete, eine Rolle spielte, sondern in dem alles, was die Zivilisation unter Führung der Schulmedizin anrüchig gemacht hatte als Nervenschwäche, Ermüdbarkeit, Psychasthenie, die tiefe, schrankenlose, mythenalte Fremdheit zugab zwischen dem Menschen und der Welt.«[7]

Daß Benn die Verhaltensregeln, die er Oelze so dringlich ans Herz gelegt hatte, in den Wind schlug und sich mit privaten Meinungen hervorwagte, ist ein Zeichen für die Frustration, die der tägliche bürokratische, nervtötende Dienst hervorrief. »Um nicht völlig zu vertieren, mache ich mir den Witz, eine dienstliche Sache persönlich aufzufassen«: Mit diesem Kommentar bedachte er Oelze gegenüber den Brief an Müller-Lauchert.[8] Sosehr er dem Prinzip des Exakten und der Berechenbarkeit in der hierarchisch geordneten Männerwelt des Militärs immer fasziniert zugestimmt hatte, so sehr führten die täglichen Kontakte und Erfahrungen, die »Kriegsverdienstkreuzbestrebungen« und »Dekorationsdränge« zu einer immer stärkeren Desillusionierung über die militärische Maschine, deren besinnungsloses Vernichtungswerk ihn belastete.

Krieg im Osten

Im Jahre 1941 wurde die Dienstzeit am Sonnabend bis 17.00 Uhr ausgedehnt, zudem hatte Benn sonntags häufig Bereitschaftsdienst. Er litt an der Subalternität der Kameraden und der angepaßten Gedankenwelt der Vorgesetzten, für die der Selbstmord eines Menschen natürlich nur Feigheit ausdrückte. Ließ er im Gespräch das Wort »Krise« fallen, so verstanden die Offizierskameraden unter diesem Begriff die schleppende Beförderung: »Ich kann diese sturen Gestalten ringsum garnicht mehr verächtlich finden, […] nichts gegen sie, es muss so sein, bloss vor der Berührung mit ihnen behüte mich, wenn es irgend etwas Transcendentes giebt, Schicksal oder Ordnung oder Götter oder Zufall, es behüte mich. Die Sprache, die Redewendungen, die Unterhaltungsallüren – es behüte mich. Menschen mit körperlichen Widerlichkeiten geht man aus dem Wege, aber mit solchen mit Ansichten, die doch auch nichts anderes sind als Absonderung, Wunde, zellulöser Unflat, muss man kameradschaftlich u. gesellschaftlich verkehren. Sonst ist man ›eigenbrödlerisch‹, ›verschlossen‹, vor allem arrogant.«[1]

Da erreichte ihn die Mitteilung, daß er als Offizier des Ersatzheeres zu den aktiven Truppenoffizieren übernommen werden sollte. Zwar bedeutete eine solche Übernahme eine Auszeichnung, denn er konnte schneller zum Oberst aufsteigen. Gleichzeitig aber wäre jederzeit eine Versetzung zur kämpfenden Truppe als Divisionsarzt denkbar gewesen. Und gerade das wollte er vermeiden. Er riet deswegen auch Oelze dringend davon ab, sich aus Schleswig, wo dieser in einem Kriegsgefangenen-Stammlager (Stalag) als Nachrichtenoffizier arbeitete, versetzen zu lassen. Benn blieb nicht verborgen, daß die militärische Führung seit Monaten mit allen verfügbaren Kräften am Unternehmen »Barbarossa«, an der Vorbereitung des Angriffs gegen die Sowjetunion, arbeitete. Der Erfolg dieses Schlages war abhängig von der Lage auf dem Balkan und der Treibstoffversorgung. Deutschland hatte ein eminentes Interesse an den rumänischen Ölfeldern: Von hier bezogen die deutschen Truppen einen wesentlichen Teil ihres Treibstoffs. Um dieses Gebiet zu sichern, wurde Jugoslawien an den großen Dreierpakt (Italien, Deutschland, Japan) gebunden. Mitten in diese Überlegungen, die Benn Oelze am 25. März 1941 mitteilte, platzte zwei Tage später die Meldung vom Putsch der serbischen Generale. Die Sowjetunion erkannte die Putschregierung an und gab damit Hitler einen Grund, den sofortigen Angriff auf Jugoslawien zu befehlen. Am Vormittag des 6. April, einem strahlenden Palmsonntag, verwüsteten deutsche Bomber das Zentrum Belgrads. Dreitausend Tote blieben unter den Trümmern. Benn schrieb Oelze am Gründonnerstag (10. April) einen Gruß zum Osterfest und wünschte ihm gute Erholung: »Über die Lage spricht man wohl besser garnicht mehr.«[2] Am 12. April besetzten die Deutschen die Stadt, der rasche Vormarsch schnitt die griechische Epirusarmee ab, die seit einem halben Jahr dem Überfall Mussolinis standzuhalten versuchte. Sie mußte am 18. April kapitulieren, der Hafen von Piräus wurde zerbombt, Athen fiel in deutsche Hand. Benns Formulierung dieses Ereignisses lautet im Brief an Oelze doppeldeutig: »Inzwischen haben wir die Kriegsflagge auf dem Olymp gehisst.«[3]

Benn sah voraus, daß diese Eroberungen zu Schwierigkeiten in der Heimat führen mußten: Mehr und mehr Arbeitskräfte fehlten in der Landwirtschaft und der Industrie. Besonders erregte ihn die Einnahme der Hafenstadt Benghasi, der Hauptstadt der Cyrenaika, durch Rommel, denn die militärische Überlegenheit der Deutschen störte ihn. Er ärgerte sich über das Versagen der Briten, die sich »wirklich bis an die äussersten Grenzen des Möglichen in ihrer Indolenz und Dickfälligkeit gehn« lassen.[4] Erst im November wurde Rommel geschlagen, Benn schwieg sich aus. Das erfolgreiche »Unternehmen Merkur«, die Eroberung Kretas Ende Mai 1941 durch deutsche Luftlandetruppen bestärkte ihn in seiner Resignation: »Nachdem aus der Luft, aus dem Nichts die Fallschirmjäger gekommen sind mit einer Knarre in der Hand u. weiter keine Befehle u. die Insel erobert haben, die befestigt war u. von einem Heer bewacht, giebt es wohl keine Unmöglichkeiten mehr u. der Rest wird Schweigen sein.«[5]

Seit zwei Jahren arbeitete Benn jetzt in der Heeressanitätsinspektion. Er war mit seinen Kräften am Ende, schlief schlecht, die niedergeschlagenen Stimmungen nahmen überhand. Seine Selbstdiagnose: eine klinische Depression auf arteriosklerotischer Grundlage, »ich bin mir völlig darüber klar, dass ich im Ausgang meines Lebens stehe«.[6] Das, was ihn geistig bewegte und was er über die politische und militärische Situation dachte, konnte er nur mit Oelze teilen, die geistige Unterbelastung führte seiner Meinung nach zu Zerstörungen. Mit dem Weggang von Hannover nach Berlin war er vom Regen in die Traufe gekommen, und ihn beschäftigte, wie damals in Hannover, die grundsätzliche Frage, ob es überhaupt richtig war, die Privatpraxis, so schlecht sie ihn auch ernährte, zugunsten einer sicheren Anstellung in der Reichswehr aufzugeben. Oelze gegenüber rechtfertigte er den Entschluß: Er hatte damals keine andere Wahl. 1934/35 konnte er sich in der Praxis nicht mehr halten, die ärztlichen Verwaltungsposten waren durch Parteimitglieder besetzt, der Rundfunk gab ihm keine Aufträge mehr. Dem Argument, er hätte ja sparen und vorsorgen können, gestand er zwar eine gewisse Berechtigung zu, begründete seine damalige Situation jedoch mit der Unfähigkeit, mit Geld angemessen umgehen zu können, auch war der Krieg noch nicht in Sicht. Was ihm heute jedoch am meisten zu schaffen machte, war die Enttäuschung über die moralische Verkommenheit der Offizierskaste, die auf die militärischen Tugenden »Pflichttreue, Fleiss, Pünktlichkeit« zugunsten von »Streberei u. Durchschnittlichkeit u. Niggertum« verzichtet hatte.[7] Die ewigen Reibereien unter den höchsten Dienst- und Kommandostellen und die Unflätigkeiten konkurrierender Militärs verdüsterten sein Lebensgefühl.[8] Benn wäre leichter mit der Situation zurechtgekommen, wenn er genügend Muße und ausreichende Spannkraft gehabt hätte, um seine Gefühle und Ideen in ein Gedicht zu bringen. Seine Essays von früher kamen ihm schwatzhaft vor, gesichert schien ihm einzig die gemeißelte Strophe. Bei der Lektüre von Schillers »Das Glück« wurde ihm wieder klar, daß das »Gedicht reine Mathematik ist; Algebra, in sich geschlossenes Axiom. Sehr schwer zu entziffern; Sanskrit, selbst für Forscher. Behauptung, Voraussetzung u Beweis alles äußerst irreal u. mit der gewöhnlichen Erfahrung nicht zu erschliessen.«[9] Seit einem Jahr hatte er fünf Gedichte zu Papier gebracht, darunter das später so berühmt gewordene »Welle der Nacht«, das er Alexander Lernet-Holenia widmete.

Mitte Juni 1941 besuchte ihn Oelze von Schleswig aus in Berlin. Benn war hocherfreut über den Besuch, er konnte sich dem Freund gegenüber vorbehaltlos aussprechen und Erfahrungen austauschen. Herta nahm an den Gesprächen teil und freute sich, daß ihr Ehemann sie einbezog, denn sie war eifersüchtig auf diese Männerfreundschaft, die einen ausgedehnten Briefwechsel hervorbrachte, dem Benn viel Zeit widmete. Das Gespräch mit Oelze war der letzte Anstoß dazu, sich krank schreiben zu lassen und für einige Wochen in einem Kurlazarett zu verschwinden, um neue Kräfte zu sammeln. Er mußte allerdings damit rechnen, seine Ministerialzulage zu verlieren und auch vom OKH wegversetzt zu werden. Diese Möglichkeit nahm er in Kauf und suchte sich im Thüringer Wald den Kurort Friedrichsroda aus, in dem er vom Ende

Juni an sechs Wochen blieb: Erst am 11. August 1941 nahm er seinen Dienst wieder auf, wenn auch unter anderen Bedingungen.

Der Ort war jedoch wenig attraktiv und ohne Ablenkungen, die Umgebung enthielt »nicht die landschaftlichen Elemente, die mir irgend eine Stimmung zutragen«.[10] Wäldern fehlte der »numinose« Charakter der Ebene und des Wassers, »Tannen wirken nicht weiter auf mich«.[11] Natürlich war alles sauber und ordentlich, das Essen reichte aus. Doch verknappte sich im Laufe der wenigen Wochen die Versorgung, weil überraschend noch zweihundertfünfzig Ostverwundete eintrafen.

Benns Wohlbefinden wurde auch durch die anderen Offiziere beeinträchtigt. Bei den Mahlzeiten lief im Speisesaal das Radio. Auch im Kurgarten, im Lesesaal und sogar in den Gartenwirtschaften blieb niemand von Meldungen und Sondermeldungen verschont.[12] Die Gespräche kreisten ausschließlich um Kriegsfragen, Benn konnte den bekannten Einschätzungen und Urteilen der Kameraden nicht entrinnen. Da ihn selbst die Haltung einer »inneren Sabotage«[13] bestimmte, machten ihm die deutschen Erfolge an den Fronten kein Vergnügen: »Ich gewinne erneut ein tiefes Verständnis für das Geheimnis unserer Siege, – Siege: die Vernichtung als Masstab u. die Zahl der Leichen als Erfolg. Hinter dem allen steht weniger Mordgier, als eine unendliche Bequemlichkeit u. Dummheit.«[14]

Die Kurbedingungen hinderten die dichterische Arbeit eher, als daß sie ihr nützten, die Umgebung war kein Inspirationsersatz für die Hannoversche Stadthalle. Außer den Tageszeitungen las er wenig. Die Vorstellungen des frühen philosophischen Taoismus, wie sie in der Sittenlehre des chinesischen Philosophen Tschuang-tse zum Ausdruck kamen, beschäftigten ihn, und er war beeindruckt von der geradezu beiläufigen Klarheit, mit der im 4. Jahrhundert v. Chr. bereits Fragen beantwortet wurden, mit denen der Europäer heute noch kämpfte. Benn zitierte aus der Ausgabe des Sinologen Richard Wilhelm, die 1940 in Jena bei Eugen Diederichs erschienen war, einige Beispiele: »der Berufene geht nicht an sein Geschäft mit Eifer«; »es freut ihn nicht zu streben«, »der höchste Mensch ist Geist; wie sollte der gewillt sein, die Aussenwelt als seine Sache anzusehn«.[15] Ab und zu nahm er eine Lyrik-Anthologie des Insel-Verlags zur Hand, die ihm Oelze geschenkt hatte. Er stellte sich die Frage, warum er Hölderlin nur wenig schätze, und vermutete, daß dessen Gesamtwerk von der Literaturgeschichte ein zu hoher Rang eingeräumt worden war. Zwar gäbe es einige tiefe und unvergängliche Verse wie etwa »Hälfte des Lebens«. Aber auch an diesem Gedicht mäkelte Benn herum. Vor allem schienen ihm die »grässlichen langen Oden« überflüssig: »Das Gefühl für das Vergebliche des Geistes gegenüber der Wirklichkeit war vielleicht bei ihm als Ersten zum Ausdruck gelangt, das sei ihm gedankt. Aber weiter als über eine Melancholie hierüber ist er kaum gekommen.«[16]

Abrechnung

Als Benn nach sechs Wochen in den Trott der täglichen Verwaltungsarbeit zurückkehrte, gab es einen Hoffnungsschimmer für eine bessere Zukunft, denn seine Ahnungen fanden Bestätigung. Sehr kurzfristig hatte er sich zur Krankmeldung entschlossen, was – entgegen seiner Absicht – oppositionell wirkte und zu Überlegungen Anlaß gab, ihn aus der Heeressanitätsinspektion zu versetzen: Am 11. August 1941 trat Benn seinen Dienst beim stellvertretenden Generalkommando III. Armeekorps an. Er war nicht überrascht, denn als intimer Kenner der Verhältnisse hatte er mit Vorbehalten gegenüber seiner Person gerechnet. Der ihm bekannte Kommandierende General des stellvertretenden Generalkommandos III. Armeekorps, General der Kavallerie Franz Freiherr von Dalwigk zu Lichtenfels,[1] nannte das OKH den »schwersten Intriguen-Bunker«; diese Dienststelle habe das Bestreben, jeden anständigen Charakter zu brechen oder, wenn das nicht gelänge, ihn wieder hinauszusetzen. Dieses Empfinden hatte auch Benn.[2]

Jedenfalls war er froh, der Bendlerstraße entronnen zu sein. Seine neue Dienststelle lag in der Kurfürstenstraße in der Nähe des Wittenbergplatzes. Er war bei der »Versorgung« geblieben, hatte niemanden über sich, es gab weniger Kontrollen, die Stellung war subaltern, also »wie man sie sich heutzutage *unbedingt* wünschen muss«.[3] Seiner Ansicht nach kam die Katastrophe mit Riesenschritten näher, das Jahr 1942 würde die Entscheidung im Sinne Spenglers bringen: »Der 3. Band seines Hauptwerks wird nicht in Papier erscheinen, sondern als Schlachtfeld u. Generalstabskarte.«[4]

Am 22. Juni 1941 griffen deutsche Wehrmachtsverbände zwischen der Ostsee und den Karpaten auf breiter Front ohne Kriegserklärung die Sowjetunion an. Mehr als drei Millionen deutsche Soldaten waren an dem Überfall beteiligt. Benn bekam mehr Arbeit, als ihm lieb war. Zwar gewann die »Heeresgruppe Mitte« zu Anfang August die Kesselschlacht bei Smolensk, die »Heeresgruppe Süd« schloß die Kesselschlacht bei Uman siegreich ab. Leningrad wurde eingeschlossen, Kiew Mitte September eingenommen und die Doppelschlacht bei Wsasma und Brjansk an der Ostfront Ende Oktober gewonnen: Mehr als 670.000 sowjetische Soldaten gerieten in deutsche Kriegsgefangenschaft.

Aber Benn blieb ungerührt. Das strategische Ziel Petersburg – Moskau – Rostow konnte man nicht nach vier Wochen, wie der Generalstab geglaubt hatte, sondern im günstigsten Fall erst nach fünf Monaten erreichen. Die Opfer waren nach Benns Meinung nahezu umsonst. Von den drei Millionen deutschen Soldaten sei eine Million bereits außer Gefecht gebracht worden, »Ersatz ist kaum mehr vorhanden«.[5] Von den 12 Millionen russischen Soldaten seien jedoch noch sieben Millionen einsatzbereit, dazu erhielten die Russen massive Unterstützung durch die USA: »Aus England gehen jede Nacht grosse Geschwader von Bombern über Dänemark nach dem Osten.«[6] Benn wußte, daß der Zeitplan für die Eroberungsziele in Rußland vom Generalstab nicht eingehalten werden konnte. Denn trotz »der außerordentlichen Erfolge der Wehrmacht wurde bereits im Juli 1941 klar, daß der Einsatzplan für Barbarossa gescheitert war«.[7] Es kam zu Auseinandersetzungen zwischen Hitler und der militärischen Führung. »An der Ostfront sieht es nicht gut aus. Eigentlich ist es schon Napoleon u. Beresina, etwas verschleiert noch. Das Frühjahr droht mit ungeheuren Gefahren aus dem Osten, wenn es überhaupt bis zum Frühjahr dauert.«[8] Eine bemerkenswerte Voraussicht Benns, denn Stalingrad lag zu diesem Zeitpunkt noch in weiter Ferne. Nachdem deutsche Truppen bis auf wenige Kilometer den Stadtrand von Moskau erreicht hatten, setzte am 5. Dezember die sowjetische Gegenoffensive ein, die alle Eroberungsziele Hitlers endgültig zunichte machte.

Die größte Gefahr für die weitere Entwicklung sah Benn in der Rolle der USA. Die Amerikaner waren, wie er aus dem Umkreis seiner Tochter gehört hatte, bewundernswert gerüstet, Pearl Harbour schätzte Benn als Glücksfall für sie ein, um in den Krieg eintreten und die Kriegsentscheidung bringen zu können. Für Rommel und das Afrikakorps sagte er die Niederlage in Libyen voraus.[9]

Seit dem 22. Dezember tagte in Washington eine Konferenz von Vertretern der US-amerikanischen und der britischen Regierung unter dem Vorsitz von Franklin D. Roosevelt. Die Teilnehmer einigten sich darauf, zunächst alle Anstrengungen auf den europäischen Kriegsschauplatz zu konzentrieren. Am 1. Januar 1942 unterzeichneten sie den Pakt der Vereinten Nationen, in dem sich 26 Nationen verpflichteten, keinen Separatfrieden mit den Dreimächtepaktstaaten zu schließen. »Die Zukunft muss man sich wohl sehr grausig vorstellen«, kommentierte Benn, »die Frage ist wohl nur die, ob man Stalin Deutschland bis zur Oder oder bis zur Elbe versprochen hat.«[10] Vor allem dürfe man Japan nicht unterschätzen. Das Land sei »teuflisch arbeitsam, religiös, brutal, noch echt kollektiv. Es hat die Excremente des Abendlands zur Verwertung importiert: Beton, Stahl, Motore. Ingenieurtechnik, u. besitzt dazu noch die Emsigkeit der Insekten und das Prae-individuelle des Asiaten.«[11]

Dabei dachte Benn über die rein militärisch-strategischen Absichten hinaus und nahm eine wirtschaftspolitische Perspektive ein. In Japan sah er die eigentliche ökonomische Bedrohung des »Kapitalismus der Weißen«[12] und glaubte an die Notwendigkeit der Vernichtung Japans durch die USA aus ökonomischen Gründen. Schon der Bier- und Fahrradexport verlange eine Bereinigung der Lage. Wenn aber »der chinesische Kuli unter japanischer Aufsicht für 22 Pf. Tageslohn an einer Maschine täglich 2000 kleine Frottierhandtücher herstellt, oder die Fischer für noch weniger die Hummern und Krabben aus dem ochotzkischen Meer in Büchsen bringen, [...] so geht das auf die Dauer nicht.«[13] Benns Planspiele und Voraussagen waren nicht einfach Spintisierereien eines untergeordneten Militärbeamten: Seine Einschätzungen der Lage beruhten auf zuverlässigen Quellen aus dem innersten Kreis des Generalstabs und Nachrichten aus erster Hand. Seine alten Kontakte zum OKH bestanden weiter, von Mund zu Mund wurde die eine oder andere interessante Prognose weitergereicht. Benns Bruder war beim Amt Ausland/Abwehr beim OKW beschäftigt, das mit seinen Abteilungen für Geheimen Meldedienst, Sabotage, Gegenspionage und Dokumentation im Bendlerblock saß. Das Amt Ausland/Abwehr von Admiral Canaris überwachte und lenkte ein weltumspannendes Netz von dreizehntausend Mitarbeitern. So hörte Benn von der »Fälscherzentrale«, einer »genialen Einrichtung«, in der jede Art von Dokumenten, Briefen und Pässen in kürzester Zeit hergestellt werden konnten.[14] Benn hatte Beziehungen zu einem Obersten im Generalstab, der ihn über die Verhältnisse auf dem Balkan aufklärte, er kannte Leute aus dem Kreis der Widerständler. Im Dezember teilte er Oelze das authentische Zitat eines berühmten Namens mit, der gesagt haben sollte: »Es knistert im Gebälk, nur gut, dass erst wenige wissen, dass das Schlusskapitel längst begonnen hat.«[15] Wahrscheinlich denkt Benn an den Chef des Stabes des Ersatzheeres, General Olbricht, der später an der Verschwörung gegen Hitler beteiligt sein wird.

Die tagtägliche Berührung mit den Kriegsplanungen, die Aktenberge, die aufgrund der Verwundeten und Gefallenen immer höher wurden: Seine Einsichten und Aggressionen arbeitete Benn in dem Essay »Kunst und Drittes Reich« ab, den er Anfang Dezember 1941 an Oelze schickte und in dem er die Gedankengänge über die Rolle der Kunst im Nationalsozialismus zusammenfaßte. Schon in Hannover war er nach dem Angriff durch das »Schwarze Korps« mit der Frage beschäftigt, warum die Kunst im Nationalsozialismus verfolgt wurde. An Frank Maraun schrieb er damals: »Wo halten wir eigentlich? Furtwängler dirigiert nicht mehr, Hindemith ist in Ankara. Poelzig geht nach Ankara. Ein Buch über Barlach wurde verboten. Ich bin ein öffentliches Ferkel. [...] Den einen bekämpft man, weil er ostisch ist, den anderen, weil er mediterran ist, den dritten, weil er humanistisch ist, den vierten, weil er christlich ist – alles bekämpfen sie, bloß selber leisten, das können sie nicht. Ausmerzen, abtöten, niederhalten, diese Seite der Züchtung beherrschen sie, aber die andere: die Schöpfungskraft ahnend führen und erweitern, schweigend sie leiten, im Dunkel sie gebären lassen, das ist nicht sieghaft genug, unnordisch, davon ahnen sie nichts.«[16] Im Essay heißt das dann so: »Vor allem aber ausrotten muß man: das Ostische, das Südliche, das Westliche, außerdem das Romanische, das Gotische, das Impressionistische, das Expressionistische, die Staufer, die Habsburger, Karl den Großen –, dann bleiben sie allein übrig, vielleicht noch Heinrich der Löwe und Schneewittchen. Aus diesen Resten bilden sie ihre Kulturkammern, ihr ästhetisches Sing-Sing.«[17]

In den ersten beiden Teilen des Essays entwarf er ein Panorama eines romanischen, verfeinerten Europa, »Genuß und Stil des Fin de siècle«, und skizzierte Hochfinanz und Kapitalismus als Voraussetzungen für die Kunst im 19. Jahrhundert. Er rechtfertigte seine Sichtweise als eine Frage der Perspektive auf die Geschichte: Man konnte sie von innen anschauen, beteiligt und leidend, ein Standpunkt, den die politische Linke eingenommen hatte. Oder man sah sie von außen, betrachtend, dann entdeckte man die gesellschaftlichen Voraussetzungen der Kunst: »Kunst ist Ausdruck. [...] Sie braucht Ausdrucksmittel, sie sucht sie, mit Kartoffelschalen läßt sich nicht viel ausdrücken, jedenfalls nicht soviel wie ein ganzes Leben auszudrücken sich bestrebt.«[18]

Benn kannte das kapitalistische Panorama von Prunk und Vergeudung, das er in den ersten beiden Abschnitten seines Essays entwarf, nicht etwa durch ausgedehntes Studium historisch-wissenschaftlicher Quellen oder gar aus Archivunterlagen. Er nahm eine Biographie des Hotel-Magnaten Cäsar Ritz[19] und ließ sich durch die Beschreibungen des Luxus und der Moden anregen, indem er einzelne Passagen wörtlich übernahm, andere zusammenstrich, komprimierte und damit einen Stil einleitete, der später von ihm als »Poetik der Phase Zwei« bezeichnet werden wird. Das Ziel dieser Technik bestand darin, den »Ausdruck des Gemaltwerdens [...] hervortreten« zu lassen.[20]

Erst im dritten Teil ließ Benn dann dem Haß auf die politische und kulturelle Situation die Zügel schießen, der ihm bei der Analyse der Verhältnisse die Feder führte. Wie war die Lage? »Ein Volk in der Masse ohne bestimmte Form des Geschmacks, im ganzen unberührt von der moralischen und ästhetischen Verfeinerung benachbarter Kulturländer, [...] durch das Mittel der Romanisierung oder der Universalierung, läßt eine antisemitische Bewegung hoch, die ihm seine niedrigsten Ideale phraseologisch verzaubert, nämlich Kleinbausiedlungen, darin in subventionierten, durch Steuergesetze vergünstigten Geschlechtsverkehr [...]. Ein Turnreck im Garten und auf den Höhen Johannisfeuer – das ist der Vollgermane«.[21] Den Nationalsozialismus deutete er als den Lohn für die kleinbürgerlichen Wünsche der Deutschen, die im europäischen Vergleich moralisch und ästhetisch immer dumpf geblieben waren, ein »teutonisches Kollektiv auf der Grundlage krimineller Sozietät«,[22] das auch den Antisemitismus ermöglichte. Gleich zu Beginn benannte er den Widerspruch, der die Kunstpraxis des Dritten Reiches bestimmte: Sie hatte sich von den geistigen Errungenschaften Europas abgekoppelt, von innerer Freiheit als Voraussetzung des künstlerischen Prozesses war nicht mehr die Rede, davon sprachen nur die verfemten »Kulturbolschewisten«.

Benn verzichtete in dieser Abrechnung auf einen probaten Unterschied, der sich im Rückblick auf die Zeit von 1933 bis 1945 und ihre politische Beurteilung eingebürgert hat: Die Spaltung zwischen Deutschen und Nazis, die es bis heute erlaubt, zwischen den Guten und den Bösen zu unterscheiden und die Verantwortung für alle Greuel bei »*den* Nazis« zu suchen.[23] Benn wirft Deutsche und Nazis in einen Topf, versteht Kunstauffassung und Verordnungspraxis der nationalsozialistischen Behörden als Kunstauffassung und Praxis *deutscher* Behörden. Die von Hitler angestrebte »Nationalisierung der Massen« konnte nach Benns Auffassung auch deswegen gelingen, weil die Deutschen für eine solche Form prädisponiert waren. Das Ziel des Nationalsozialismus, im Zeitalter der Industrialisierung den Menschen wieder in sein Volk zu integrieren und das Gefühl der Entfremdung in das der Zugehörigkeit zu verwandeln, konnte nur gelingen, weil diese Ideale auch gewünscht und gerne gelebt wurden: Das deutsche Volk wollte eine Integration und Unterordnung unter Vorstellungen und Ideale, die durch die Nachkriegsgeschichtsschreibung immer mit einem politischen Zwang entschuldigt wurden. Benn hätte mit der Formulierung von George L. Mosse übereingestimmt: »Nazi-Kultur lehnte sich an einen latent vorhandenen Volksgeschmack an. Die nationalsozialistische Opposition gegenüber jeglicher Neuerung in Kunst und Literatur wurde überall von den Leuten unterstützt. Dies gab der Kultur eine statische Qualität.«[24]

Benn wollte in seinem Essay keine argumentativ begründete Analyse der NS-Kulturpolitik vorlegen, sondern in prägnanten Formulierungen eine Stellungnahme über das abgeben, was sich ihm in Deutschland im Augenblick darbot.

Dabei war Benns Deutschenhaß nichts Neues. Diese Gedanken hatte er schon 1929 im Essay »Frankreich und wir« dargelegt. In Frankreich sah er das Muster für Werte wie Haltung, Ordnung, Klassizität, Tradition, Nation und Latinität. Wandte er den Blick nach Westen, dann erblickte er schon 1930 am Rhein nichts weiter als eine »Gemeinschaft von gutartiger Durchschnittlichkeit auch mit gehobener Volksschulbildung«, ein Volk, dem alles das fehlte, was die französischen Nachbarn in seinen Augen besaßen. Nur die deutsche Musik und der einzige Goethe wurden als Ausnahme anerkannt.[25] Diese deutsch-französische Antithetik gehört zur Kernmetaphorik von Benns Ästhetik. Sie war ihm aus dem Werk Heinrich Manns vertraut, und er fand sie auch in der Rede über »Das Schrifttum als geistiger Raum der Nation« bestätigt, die Hugo von Hofmannsthal 1927 in der Münchener Universität gehalten hatte und die sich, mit vielen Anstreichungen versehen, in Benns Bibliothek befand. Vor allem aber diente ihm Nietzsche als Kronzeuge, der verkündet hatte: »Es gehört selbst zu meinem Ehrgeiz, als Verächter der Deutschen *par excellence* zu gelten.« Aus diesem Arsenal bediente sich Benn mit antideutschen Waffen, die er noch schärfer schliff.[26] Auf die Äußerung Heinrich Manns, Deutschland habe seine Bestien hochgelassen, berief er sich, korrigierte jedoch diese Meinung eines Emigranten, der die Dinge von »außen« sieht, durch die Kenntnis dessen, der »innen« blieb: »Nein, man muss bekennen, es waren nicht die Bestien, es war Deutschland, das in dieser Bewegung seine Identität zur Darstellung brachte [...]. Wo immer es galt, einen Überfall zu arrangieren, einen Rechtsbruch zu stabilisieren, eine politische Felonie massiv zu untermauern, [...] überall stand ein General und sagte: Jawohl!«[27]

Benn unterrichtete Oelze von der Entstehung des Essays, wagte aber nicht, ihn nach Schleswig zu schicken. Sein Leichtsinn fand glücklicherweise eine Grenze in der Angst vor der Postzensur, denn eine Entdekkung hätte KZ bedeutet. Er erwog die Möglichkeit, ihn zu seiner Tochter nach Dänemark gelangen zu lassen. Sie sollte ihn aufbewahren und später für einen Druck sorgen.[28]

Das Jahr 1941 ging seinem Ende entgegen, und Benn rechnete schon zu diesem Zeitpunkt nicht mehr mit einem Sieg der deutschen Truppen an der Ostfront. Die Wehrmacht hatte seit dem Angriff auf die UdSSR Verluste von mehr als 160.000 Toten, 570.000 Verwundeten und 33.000 Vermißten zu verzeichnen. Die Versorgung mit Munition, Waffen und Lebensmitteln blieb mangelhaft. Wegen der Erwartung des schnellen Sieges waren zudem keine Vorbereitungen auf den extrem kalten Winter getroffen worden, das Saatgetreide, das für die eroberten russischen Gebiete vorgesehen war, wurde schon während des Winters verbraucht.

Zudem begann in Libyen »der letzte Akt einer wirklichen Tragödie, das Afrika Korps war die Elite an Menschen u. Ausstattung«.[29] Benn spielte darauf an, daß General der Panzertruppe Erwin Rommel, Befehlshaber der Panzergruppe Afrika, am 7. Dezember den Rückzug der deutsch-italienischen Einheiten aus dem libysch-ägyptischen Grenzgebiet nach Westen angeordnet hatte: Die Soldaten mußten bis zum Ende des Jahres in ihre Ausgangsstellungen am Westrand der Cyrenaika zurückkehren.

Am 19. Dezember 1941 übernahm Hitler selbst den Oberbefehl über das Heer. Generalfeldmarschall Walther von Brauchitsch, den bisherigen Oberbefehlshaber, hatten die ständigen Auseinandersetzungen mit dem Diktator zermürbt, er meldete sich krank. Damit endete der Streit zwischen Hitler und der Heeresleitung um die Ostkriegsführung, der sich seit Mitte des Jahres immer mehr zugespitzt hatte. Hitler tauschte alle Offiziere, die andere Ansichten zu äußern wagten, gegen Oberbefehlshaber aus, die Nationalsozialisten waren. Benn erschrak, gerade im Rückblick auf die schützende Rolle des Militärs in den letzten Jahren, über diesen Wechsel und nahm ihn sehr ernst, bedeutete er doch »die Unterstellung des Heeres unter die S.S. u. die Partei«.[30] Würde Willrich wieder mit der Wühlarbeit gegen ihn beginnen und er nochmals in die Schußlinie der Partei oder der SS kommen, wären die Aussichten für sein Bleiben im Heer nicht besonders rosig. Benn übersah in seiner Angst, daß der Krieg die Situation grundsätzlich geändert hatte. Während der ersten beiden Kriegsjahre lag die Fleischration bei wöchentlich fünfhundert Gramm pro Person. Ende des Jahres 1941 senkte das Ernährungsministerium die Gesamtration auf dreihundertfünfzig Gramm. Da schaltete sich das Propagandaministerium ein. Man befürchtete einen negativen Einfluß auf die allgemeine Moral der Bevölkerung und sprach sich gegen weitere Einschränkungen aus. Es kam zu Querelen zwischen den beiden Ministerien, die beim Thema Fleisch begannen und sich auf die ganze Ernährungsversorgung ausweiteten. Walther Darré mußte gehen. Er behielt zwar seinen Titel »Reichsminister für Ernährung und Landwirtschaft« noch eine Zeitlang als Aushängeschild, aber Hitler beschuldigte ihn, die Parteiführung über den Vorrat an Nahrungsmitteln im Rußlandfeldzug falsch informiert zu haben[31]: Mit Darrés Prestigeverlust war es auch mit der Macht seines Schützlings Willrich vorbei.

Benn hatte trotz Arbeitsüberlastung und sorgenvoller Stimmung, die auch in den höheren Offizierskreisen herrschte, zu dem einen oder anderen Gedicht ein paar Zeilen entworfen und sich Notizen gemacht. Am 21. Dezember 1941 bedankte Benn sich bei Oelze für die Zusendung von zwei Flaschen Rum und schickte ihm als Gegengabe ein Typoskript von acht Blättern, von denen das erste als Titelblatt beschriftet ist: »Biographische Gedichte von Gottfried Benn«.

Herta hatte das Typoskript sorgfältig und fehlerfrei geschrieben, auf jeder Seite stand ein Gedicht: 1. Verse 2. Gedichte 3. Bilder 4. Unanwendbar 5. Du trägst 6. Ein Wort 7. Abschied. Benn hatte zum Schluß die Widmung hinzugefügt: »Für Herrn F.W. Oelze. Weihnachten 1941«. Im Begleitbrief erläuterte er den überraschenden Titel: »Ich nenne sie zusammen: ›Biographische Gedichte‹. Sie haben bewusst nicht die Losgelöstheit vom eigenen Ich, die grosse Gedichte haben u. haben sollen; aber Lyrik ist Existentialkunst – voilà.«[32]

In dieser Sammlung zeigte sich eine Begrenzung in der Wahl der Ausdrucksformen. Denn fünfhebige jambische Verse, die Benn früher nur selten gebraucht hatte, dominierten. Zwei Gedichte, nämlich »Du trägst« und »Ein Wort«, bestanden aus vierhebigen Jamben. Aber auch in der Thematik waren die Gedichte eingeschränkt: Der einzige Gegenstand, den Benn in sieben Variationen lyrisch darstellte, war die Kunst und ihr Verhältnis zur Wirklichkeit. Mit dem Verhältnis von Kunst und Drittem Reich hatte er sich auseinandergesetzt, nun wurde das gleiche Thema lyrisch auf die persönliche Erfahrung bezogen. Er sah in der Feindschaft zwischen der herrschenden Macht, deren Wirkungen er selbst ausgesetzt war, und der Kunst nur einen besonderen Fall des allgemeinen Gegensatzes zwischen der Vergänglichkeit der Reiche und Völker und der Unvergänglichkeit der Kunst. Seine Überzeugung, daß Kunstwerke ihrem Wesen nach »statische Gebilde« waren, die alle geschichtlichen Veränderungen überdauerten, machte ihm seine Lage erträglich und ermöglichte es ihm, seine subjektiven Erfahrungen in den Gedichten so zu objektivieren, daß alles Zufällige und bloß biographisch bedingte durch die Gestaltungsweise aufgehoben war. Denn weder das 1938 entstandene Gedicht »General« oder gar den »Monolog« von 1941 hatte Benn in diese Sammlung aufgenommen. Wie sehr Benn das Dichten als eine Rettung vor unerträglichen Zuständen empfunden hat, geht aus einer winzigen Änderung hervor, die er in der Reinschrift von »Gedichte«[33] vorgenommen hat. Die erste Strophe lautet:

> Im Namen dessen, der die Stunden spendet,
> im Schicksal des Geschlechts, dem du gehört,
> hast du fraglosen Aug's den Blick gewendet
> in eine Stunde, die den Blick zerstört,
> die Dinge dringen kalt in die Gesichte
> und reißen sich der alten Bindung fort,
> es gibt nur ein Begegnen: im Gedichte
> die Dinge mystisch bannen durch das Wort.

Im Entwurf hieß die siebte Zeile »Es giebt nur eine Abwehr: im Gedichte«, was deutlich macht, daß Benn die künstlerische Arbeit durchaus als Abwehr der bedrohlichen Lebensumstände und als Mittel der Bewältigung seiner Lebenssituation verstanden hat.

Welch starken Eindruck die Sammlung auf Oelze machte, als Benn ihm im dritten Kriegsjahr das Typoskript schenkte, geht aus dessen Antwortbrief hervor: »Lieber Herr Benn, als Ihre Gedichte und Ihr Brief am 21. ankamen, fühlte ich mich buchstäblich zurückversetzt in die Stimmung des tiefsten und seltsamsten Weihnachtsfestes, das ich erlebt habe, Hahnenklee 1935. [...] Die siebenmalige Anrufung der *einen* Schönheit, die mit der Materie nicht zerfällt, die Apotheose des Genius, der die Dinge nicht reproduziert, nicht ab-bildet, sondern sie zum zweiten Male, unter völlig anderen Gesetzen als den natürlichen, erschafft, er selbst einem Zwange gehorchend, der nicht von dieser Welt ist: ›die Dinge dringen kalt in die Gesichte und reissen sich der alten Bindung fort‹ – der logischen Bindung und der der Sinne auch; etwas dem Wesen nach Anderes entsteht, etwas Unstoffliches, das nicht zerfällt – la Vérité.«[34]

Oelze spielte auf den antiken Mythos vom Dichter als *alter deus* an, dessen Kunst sich nicht in der *imitatio*, in der Nachahmung, erschöpft, sondern dessen Werke Ausfluß seines Genies sind.

Bombenkrieg

Auch die ersten Monate des neuen Jahres waren voll der bedrükkendsten Nachrichten. Die Versorgungslage hatte sich nicht gebessert, Kartoffeln und anderes Gemüse wurden zu Luxusgütern, kosmetische Artikel verschwanden ganz vom Markt. Die ziemlich plötzlich eintretende Knappheit an Tabakwaren bescherte Berlin schon kurz nach Beginn des Rußlandfeldzuges seine ersten echten Käuferschlangen.

Auch der Mangel an Alkohol und das schlechte Bier waren für die Bevölkerung schwer zu ertragen. Die Berliner Weinhandlungen wurden auf offizielle Anordnung geschlossen, ihre Lagerbestände zu festgelegten Preisen für die Truppe aufgekauft. Im Januar 1942 erschien in Goebbels' Zeitung »Der Angriff« neben einer Ankündigung der Broschüre »Kann man Deutschland aushungern?« eine Annonce der Weinbrandfirma Dujardin mit dem Text: »Auf jedem Gabentisch wird *Imperial* diesmal leider nicht vertreten sein, da er nur in zeitgemäßem Umfange geliefert werden kann.«[1]

Aus seinen »Informationen, Eindrücken und Intuitionen« zog Benn den Schluß, daß die Eroberung Europas vom Mittelmeer beginnen würde. Er sah die ersten Invasionen schon für dieses Jahr voraus, so die Eroberung Siziliens. In jedem Falle komme die Zange von Westen, sei es über Italien, sei es über Frankreich. Auch glaubte er an einschneidende

Maßnahmen für die Zivilbevölkerung: Die Arbeitszeiten würden ausgeweitet, Nahrungsmittel und Heizvorräte weiter eingeschränkt werden. Benn dachte sogar an die systematische Erfassung des persönlichen Besitzes und an Zwangsabgaben von Schuhen, Decken, Kleidern und Wäsche.[2] Diese Vision war allerdings zu radikal und zeigte nur, welche Maßnahmen Benn in der Diktatur für möglich hielt. Immerhin wurde zu Beginn des Rußlandfeldzuges jeder Berliner Familie per Handzettel mitgeteilt, daß sie ab sofort nicht mehr mit Schuhen rechnen könne, weil alles Leder für die Soldaten gebraucht würde.[3]

Häufig drückte Benn sein Entsetzen über die Folgen der alliierten Luftangriffe aus. Im Februar 1942 zerstörte eine Luftmine das Elternhaus Oelzes in Bremen, Ende März flogen Wellington- und Sterling-Bomber der Royal Air Force auf Lübeck einen der bislang schwersten Luftangriffe gegen das Deutsche Reich. Zum ersten Mal wurde eine Stadt Opfer eines massierten Flächenbombardements, das der neue Oberbefehlshaber des britischen Bomberkommandos, Arthur Travers Harris, befohlen hatte. Thomas Mann wandte sich in einer Sondersendung der BBC in London an die deutschen Hörer: »Beim jüngsten britischen Raid über Hitlerland hat das alte Lübeck zu leiden gehabt. Das geht mich an, es ist meine Vaterstadt und lieb ist es mir nicht, zu denken, daß die Marienkirche, das herrliche Renaissance-Rathaus oder das Haus der Schiffer-Gesellschaft sollten Schaden gelitten haben. Aber ich denke an Coventry – und habe nichts einzuwenden gegen die Lehre, daß alles bezahlt werden muß.«[4] Nach über einhundert Angriffen wuchsen auch die Zerstörungen in Bremen. »Zitternd denke ich daran. Wie fanden Sie es denn?« fragt Benn im Juli Oelze. »So zerstört wie Rostock oder Köln soll es ja wohl nicht sein. Was macht die Horner Heerstrasse? Und Ihre Bücher? Stimmt es, dass die Focke-Wulff Werke schon längst nicht mehr in Br. waren bzw. arbeiteten, sondern verlegt waren? In den mystischen Osten, in den angeblich die ganze West-industrie schon installiert sei? Nicht sehr glaubhafte These.«[5]

Benn versuchte, sich nicht unterkriegen zu lassen. Er beschäftigte sich mit Nietzsche und zog die Monographien von Erich Friedrich Podach, »Nietzsches Zusammenbruch« (1930) und »Gestalten um Nietzsche« (1932) zu Rate. Mit Oelze diskutierte er über Rilke, den er »aus seinem Generationsbestand nicht vermissen möchte«[6]. Aber er entspannte sich auch bei leichter Lektüre. 1938 erschien im Heyne-Verlag Dresden der Roman »Der Kavalier« von Ernst Moritz Mungenast (1898-1964): »Zweifellos sehr nahe am Kitsch, u. stellenweise sicher Kitsch. Und trotzdem für einen Deutschen Romancier eine Beweglichkeit u. Spielerischkeit, die mich sehr fesselte.«[7] Er vertiefte sich wieder in Oscar Wildes Roman »Dorian Gray«, den er schon in seiner Jugend gelesen hatte. Der Autor interessierte ihn so sehr, daß er zur Biographie von Frank Harris über Wilde griff und fand, der Freund Wildes, Alfred Douglas, sei eine »üble Kreatur« gewesen:[8] »Von den 3 allergrössten Männern der weissen Rasse, war einer sicher, einer angeblich oder wahrscheinlich, einer bestimmt nicht: homosexuell. Michelangelo, Shakespeare, Goethe. Eine ziemliche Procentzahl!«[9]

Ab und zu erhielt Benn Besuch von dem österreichischen Schriftsteller Alexander Lernet-Holenia. Es gelang dem Ullstein-Verlag, ihn nach der Eroberung Polens »Unabkömmlich« (UK) stellen zu lassen. Diesem unerwarteten Zivilistendasein mitten im Kriege verdankt der Roman »Mars im Widder« sein Dasein, der das Tagebuch des Polenfeldzuges verarbeitet. Der Roman erschien in dem Ullstein-Blatt »Die Dame« in Fortsetzungen. Inzwischen wurde die Buchausgabe vom arisierten S. Fischer-Verlag, der auch im Dritten Reich das jüdische S. für »Samuel« nicht abgelegt hatte, vorbereitet. Im Frühjahr 1941 waren in Leipzig 15.000 Exemplare ausgedruckt worden – zu Kriegszeiten eine respektable Erstauflage. Aber das Buch erreichte nicht einmal die Schaufenster, noch vor der Auslieferung wurde es verboten. Man beorderte Lernet-Holenia nach Berlin und ernannte ihn zum Chefdramaturgen der Heeresfilmstelle. Durch diese Anstellung war er erneut »unabkömmlich« und hatte Zeit und genügend Geld, um sich weiter dem Schreiben zu widmen. Den Roman »Beide Sizilien« las Benn schon in den Fahnen. Anfang Dezember 1942 holte er sich persönlich ein Exemplar von Peter Suhrkamp ab und schenkte es Oelze zu Weihnachten: »Es ist leicht u. leichtsinnig als Buch und Werk, aber mit dem Charme, der der Reiz dieses Autors ist.«[10] Benn schätzte an dem Österreicher (1897-1976), der elf Jahre jünger war als er, das Weltmännische und Gepflegte und wußte einen Autor zu würdigen, der mit Stefan Zweig und Ödön von Horváth ebenso bekannt war wie mit Carl Zuckmayer und Emil Jannings, mit denen er sich vor Schloß Sanssouci fotografieren ließ. Benn stand mit Lernet-Holenia seit 1933 in schriftlicher Verbindung, und als dieser eine Sammlung seiner Gedichte 1941 als Manuskript drucken ließ, bekam auch Benn ein Exemplar. Benn fand die Gedichte »leicht« und »zärtlich«, bemängelte jedoch einige »Soldatenlieder« als »zeitgemäßen Krampf«.[11]

Die beiden kamen sich näher, die gemeinsame Herkunft aus dem Militär spielte sicher eine Rolle, aber auch die Unterstützung durch einen Brief, den Lernet-Holenia 1933 zustimmend zu Benns »Antwort an die literarischen Emigranten« geschrieben hatte. Er schmeichelte Benn und nannte den Brief »das Bekenntnis des größten Lyrikers, den es jetzt in Deutschland gibt«: »Eine bindendere Entschließung des deutschen Geistes als die Ihre gibt es nun für mich nicht mehr.«[12]

Benn ließ sich nur ungern auf persönliche Beziehungen ein. Lieber wahrte er die Distanz, die durch einen Briefwechsel gesichert war. Diese persönliche Bekanntschaft enttäuschte ihn jedoch nicht, »was viel sagen will bei meiner tiefen Antipathie gegen Menschen«.[13] An dem Gast und seinen Büchern fand er gerade das Undeutsche angenehm. Die Unterhaltungen waren lebhaft, Lernet-Holenia brachte seine Ansichten aggressiv vor. Benns Essays schienen ihm unerheblich, dafür lobte er Benn als den »größten Lyriker für 100 Jahre« und forderte ihn auf, jetzt einen neuen Stil zu finden, nach der »Krebsbaracke« und der achtzeiligen Strophe.[14] Als Vorbilder empfahl er Novalis, Hölderlin und Rilke. Benn machte die Intensität der Auseinandersetzungen Vergnügen, und er empfahl Lernet-Holenia im August 1943 als »Vertrauensmann« für die Veröffentlichung seiner Werke nach seinem Tode. Von solch gelegentlichen Begegnungen abgesehen führte Benn jedoch ein bescheidenes gesellschaftliches Leben. Ein Künstlerinnenpaar, die Pianistin Else C. Kraus und die Sängerin Alice Schuster, die Benn bereits seit 1926 kannte, besuchte ihn und seine Frau ab und zu, »die beiden treuen Buschis, vermehrt um einen ekelhaften Köter, der sie bespringt«.[15]

Auch der einstige expressionistische Weggenosse und Arztkollege Dr. med. Otto Wilhelm Klemm, Alleininhaber der Dieterichschen Verlagsbuchhandlung in Leipzig, den Willrich mit Benn zusammen denunziert hatte, klingelte an der Tür der Bozener Straße, um Benns dienstlichen Rat zu suchen. Und Egmont Seyerlen machte bei Benn Station, wenn er mit dem Reichsnährstand und dem Reichswirtschaftsministerium verhandelte, eine »dicke Ledertasche voll Eßwaren, Hummer und Sekt«. Beide Freunde tauschten dann Interna zu Kriegsprognosen aus der Ordonanzumgebung Keitels oder zu den Machenschaften von Seyerlens Dienstherrn, Robert Ley, aus. Auch die Frauen freundeten sich an, man schmiedete gemeinsame Urlaubspläne.[16]

Benn hatte sich an den zweiten Mann von Leonharda Ringelnatz, den Augenarzt Dr. Julius Gescher, angeschlossen, nachdem er aus Hannover nach Berlin zurückgekehrt war. Man traf sich mit den Frauen nachmittags in der Bozener Straße oder in der Brückenstraße im Stadtteil Steglitz, wo die Geschers wohnten.[17] Allerdings nahmen die Besuche und Gegenbesuche im Laufe der Jahre ab, denn wegen der schlechter werdenden Verkehrsverhältnisse isolierten sich die Berliner mehr und mehr voneinander. An den Haltestellen der Schnell- und Untergrundbahnen, der Straßenbahn und der Omnibusse bildeten sich Trauben Wartender, die U-Bahn-Waggons wurden nicht mehr gründlich gereinigt, stickige Luft und Gestank machten jede längere Fahrt zur Qual. Wer es sich leisten konnte, blieb zu Hause.

Neben dem Dienst zehrte die schlechte Versorgungslage an Benns

Nerven. Oelze ließ nicht nach, Benn mit dem zu versorgen, was damals neben Zigaretten das Kostbarste war, mit Bohnenkaffee, »die schwarzen Diamanten, das ens realissimum von heute, das umkämpfteste Material des Civilisationstyps«.[18] Der »Kampf um das Material« vollzog sich auf den schwarzen Märkten, die sich nach Einbruch der Dunkelheit in allen Berliner Stadtteilen gebildet hatten. Die Sendung Kaffee, die Oelze am 17. Mai 1943 Benn schickte, war nach Schwarzmarktpreisen den »ungeheuren Wert eines blauen Scheins«, also tausend Reichsmark, wert. Er schilderte Oelze die über den augenblicklichen Genuß hinausgehende Bedeutung des Kaffees für die lyrische Produktion und erinnerte sich an Tage, an denen er »mit Hilfe einiger Tassen den ganzen Tag verbrachte u. die Sätze und Träume des ›Gartens von Arles‹ und des ›Modernen Ich‹ und des ›Letzten Ich‹ mir aus den coffeinerweiterten Gefässen des Hirns u. der Haut spielend herauszauberte«.[19]

In der Leihbibliothek um die Ecke versorgte er sich mit Lektüre. Von dem englischen Erzähler Arnold Bennett las er den Roman »Lord Raingo« (dt. 1928). Er las den frühen Hamsun,[20] wandte sich jedoch von C. G. Jungs »Psychologischen Typen« enttäuscht ab. Das Buch sei zwar berühmt durch die Darstellung des introvertierten und extrovertierten Typs, aber es sei weitschweifig, in den literarischen Analysen uninteressant und besonders schwach in der Kritik von Nietzsches »Geburt der Tragödie«.[21] Klemm hatte ihm nach seinem Besuch eine Reihe von Büchern aus seiner neu gegründeten »Sammlung Dieterich« geschenkt, darunter »Die Charaktere« von La Bruyère, das sich Benn gewünscht hatte,[22] und die Briefe von Jacob Burckhardt, darunter zwei an Nietzsche, die ihn durch die Distanz und Zurückhaltung, die die beiden »Griechenanalytiker« und Basler Professoren gegeneinander hatten, beeindruckten.[23]

Über die militärische Lage ließ Benn sich 1943 kaum noch aus, es lohnte sich nicht mehr, der Krieg würde verlorengehen. Alliierte Truppen landeten in Marokko und Algerien, deutsche Truppen marschierten über die Demarkationslinie zwischen dem besetzten und dem unbesetzten Teil Frankreichs. Einheiten der italienischen 4. Armee besetzten das Gebiet an der französischen Riviera. Nachdem Hitler den Ausbruchsplan für die 6. Armee aus dem Kessel von Stalingrad verboten hatte, gerieten die Reste der deutschen Truppen, mehr als 100.000 Mann, nach sechsmonatigen Kämpfen in sowjetische Gefangenschaft. Von den ursprünglich eingeschlossenen 280.000 Soldaten waren zwei Drittel der Mannschaften und Unteroffiziere sowie die Hälfte der Offiziere gefallen, erfroren, verhungert oder an Erschöpfung gestorben. »Was die *Lage* angeht, so ist sie von kristallener Klarheit. Es wird kaum Überraschungen mehr geben. Die Formen des Verlaufs sind nicht zu spezifizieren, aber das Ergebnis ist unerschütterlich deutlich.«[24]

Berlin war seit anderthalb Jahren von größeren Luftangriffen verschont geblieben. Die Berliner glaubten an ihre dauerhafte Sicherheit aufgrund der geographischen Lage und erzählten sich mit angehaltenem Atem von den Verwüstungen in Köln, Dortmund oder Wuppertal.[25] Mit dem Angriff vom 1. März 1943 war aber auch für Berlin die Atempause vorbei. Das Bombardement forderte 709 Tote und machte 65.000 Menschen obdachlos. Die viermotorigen Bomber waren über Ostsee und Odermündung eingeflogen und kamen so niedrig über die Stadt, »daß man meinen konnte, sie würden an die Schornsteine rühren«.[26] »Einige Stunden nach dem Angriff standen noch viele Berliner – ohne beim Löschen zu helfen – vor den brennenden Häusern und diskutierten über die für unmöglich gehaltenen Einflüge«.[27] Ursula von Kardorff schildert die völlige Zerstörung des Prager Platzes und berichtet von dem Gerücht, »dieser Angriff sei die Antwort auf die Judenverschleppungen«.[28]

Benn war während des Bombardements am Schreibtisch sitzen geblieben. Er haßte es, in den Keller zu gehen und dort herumzusitzen auf engem Raum im Gedränge mit anderen Leuten und mit schreienden Kindern und dabei auf die Einschläge zu hören und den Pfeifton der Bomben abzuwarten. Benns Neigung zum Spiel mit dem Feuer verführte ihn auch in dieser Lage zur Unbedachtsamkeit. Eine glückliche Fügung wollte es, daß die Bozener Straße bei diesem Angriff verschont blieb, weil sie in der Mitte zweier Zerstörungszentren, dem Prager und dem Innsbrucker Platz, lag. Zwei Blindgänger sausten jedoch in den Vorgarten vor dem großen Wohnzimmer, in dem Benn am Schreibtisch saß. Die Scheiben splitterten, die Gardinenstangen wurden durch den Luftdruck aus der Halterung gerissen, die Gardinen zerfetzt, »aber Tisch u. Denker blieben unzerstört«, wie Benn lakonisch bemerkte.[29]

Die belebende Wirkung der Oelzeschen Kaffeebohnen bei der Formulierungsarbeit wurde dankbar vermerkt, denn sie stand im unmittelbaren Zusammenhang mit dem Text, an dem Benn schrieb. Während die Brand- und Sprengbomben pfeifend niedersausten und die Flak donnerte, brachte er seine Gedanken über die universale Verbreitung von Drogen aufs kriegsbedingt schlechte Papier. Mit zwei, drei Pinselstrichen malte er ein Bild von der Bedeutung der Droge für die alten Kulturen: Karawanen mit Opium durchzogen die Wüste, die Königin der Inkas, »Mama Cuca«, bezog ihren Namen von der Coca-Pflanze, seit mehr als zweitausend Jahren wurden die Pfeifen mit Marihuana gestopft. Dem Kauen von Betel gaben sich in Ostasien mehr als zweihundert Millionen hin, der Erregung durch Koffein unterwarf sich die westliche Welt: »Steigerung, Ausweitung, – provoziertes Leben.«[30]

Benn deutete diesen Wunsch der frühen Völker nach Trance und Ekstase nicht als Entartung, sondern als Abwehr gegen das beginnende

Bewußtsein. Mit Dutzenden von Zitaten beschrieb er die entgrenzenden Wirkungen der Rauschsubstanzen, zitierte die Bemerkung »im Rhythmus lag letzten Endes das Weltgeschehen«[31] und kam zu dem Schluß, daß auch die moderne Quantentheorie derselben Auffassung folgte.[32]

Dieser Essay mit dem Titel »Provoziertes Leben«, der erst 1949 erscheinen wird, war typisch für die literarische Technik, einen Text aus vorformuliertem Material zu montieren. Benn griff in diesem Fall auf die Untersuchung von Kurt Beringer »Der Meskalinrausch. Seine Geschichte und seine Erscheinungsweise« (Berlin 1927) zurück, eine Arbeit, die er schon für den Essay »Zur Problematik des Dichterischen« im Winter 1929 benutzt hatte und die er nach dem Kriege 1951 noch Ernst Jünger empfahl.[33] Außerdem zog er das Standardwerk des Berliner Toxikologen Louis Lewin (1850-1929) aus dem Regal: »Phantastica. Die betäubenden und erregenden Genussmittel. Für Ärzte und Nichtärzte« (Berlin: zweite, erweiterte Auflage 1927). Benn interessierte sich besonders für die Erfahrungsberichte, mit denen Lewin seine pharmakologischen Untersuchungen angereichert hatte. Ihn faszinierte der Patient, der sich wegen einer Gesichtsneuralgie Wattebäusche mit Kokain-Lösung in die Löcher seiner kariösen Zähne stopfen ließ, und zitierte aus einem Schreiben, in dem dieser Mann seine beglückenden Erfahrungen mitteilte: »Wenn die Zeit der letzten fünf Jahre zur glücklichsten in meinem Leben zu rechnen ist, habe ich solches in erster Linie dem Kokain zu verdanken. An dieser brutalen Tatsache läßt sich nicht rütteln.« Der zwölfseitige Brief schließt: »Ich brauche Zeit, um mit meiner Weltanschauung fertig zu werden, die sich bereits im Rohbau auf dem einzigen Satz erhebt: Gott ist eine Substanz!«[34] Benn gibt dem begeisterten Bekenntnis des Süchtigen schließlich folgende Form: »Seltsame Grunddurchdringung, Magmaosmose: ›Ich brauche Zeit, um mit meiner Weltanschauung fertig zu werden, die sich bereits im Rohbau auf dem einzigen Satz erhebt: *Gott ist eine Substanz*‹. Gott ist eine Substanz, eine Droge! Eine Rauschsubstanz mit verwandtschaftlicher Relation zu den menschlichen Gehirnen.«[35]

Benn wußte, daß die Beschäftigung mit den Vitalsteigerungen durch Drogen, um »der weißen Rasse einen Zustrom von Erkenntnissen und von Geist zu vermitteln«, [36]zu diesem Zeitpunkt etwas Absurdes an sich hatte, obwohl ja Bomberpiloten zum Wachhalten Pervitin verabreicht wurde.[37] Der Hinweis auf die Abwegigkeit seiner Überlegungen spiegelte das Bewußtsein von der Isolation seines Denkens inmitten einer Realität, die durch Bombennächte, Kriegsberichte und Nahrungssorgen gekennzeichnet war: Benn spaltete diese Realität beim Schreiben ab. Wenn er nach neun bis zehn Stunden Aktenstudium in die Bozener

Straße zurückkehrte, setzte er sich trotz der Müdigkeit gelegentlich an seinen Schreibtisch und zog sich in die Welt seines Denkens und seiner Phantasien zurück. Der Künstler folgte dem inneren Zwang, sein Denken in Sprache zu bringen und eine »Ausdruckswelt« schaffen zu müssen, ein Begriff, der Benn in diesem Frühjahr als Leitbegriff und Orientierung diente.

Atomphysik 1943

In den geheimen Lageberichten des Sicherheitsdienstes der SS vom 4. Februar 1943 wurden die ersten Reaktionen der deutschen Bevölkerung über die schwere Niederlage der 6. Armee an der Ostfront beschrieben: Die Meldung vom Ende des Kampfes in Stalingrad löste eine tiefe Erschütterung aus. Für Benn bedeutete der Ausgang der Schlacht keine Überraschung, er war sich des Widerspruchs seines Denkens zur herrschenden »exkrementellen Anthropologie«[1] dauernd bewußt. Während andere die Siege der deutschen Armee feierten und ihre Niederlagen betrauerten, hoffte Benn auf ein schnelles Ende des Krieges und damit der Diktatur. Er machte das mönchische Leben zwischen Dienstzimmer und Parterrewohnung fruchtbar, indem er seine Erkenntnisse vor sich selber und einer imaginären Leserschaft rechtfertigte. Oelze hatte von seiner eigenen Isolation berichtet und die Sinnlosigkeit aller Gespräche betont, weil die kleinbürgerlichen Ansichten stets nach unangemessenem Ausgleich und Kompromiß suchten. Benn dachte ebenso, machte aber nicht nur die anderen für die Veränderungen verantwortlich, sondern berücksichtigte auch den eigenen inneren Wechsel: »Man kann vielleicht sagen, der Mensch ist nicht einsam, aber Denken ist einsam.«[2] Mit dem gleichen Satz begann sein Essay »Pessimismus«, der in den ersten Wochen des Jahres 1943 entstand, jedoch erst 1949 veröffentlicht wurde: »Der Mensch ist nicht einsam, aber Denken ist einsam. Der Mensch ist sicher von Trauervollem dicht umhüllt, aber viele nehmen Teil an dieser Trauer und bei allen ist sie populär. Das Denken aber ist ich gebunden und solitär.«[3]

Benn verallgemeinerte seine oppositionelle Haltung und rechtfertigte sie gegenüber dem von Partei- und Staatsbehörden verordneten Zwang zu Optimismus und Zuversicht. Daß es aber Zeiten gegeben hatte, in denen der Pessimismus eine »fast allgemein, wenigstens theoretisch zugegebene Gesinnung war«, beschrieb er in diesem Essay an historischen Beispielen. Vom indischen Brahmanismus, den vorchristlichen Klöstern und der griechischen Tragödie führte die Linie über Diderot und Schelling zu Schopenhauers Feststellung: »Das Leben ist fortgesetzter Betrug, hat es versprochen, so hält es nicht, hat es gegeben, so war es nur, um zu nehmen.«[4] Aussprüche von Plinius, Marc Aurel und Septimus Severus standen neben solchen von Pierre Bayle und Byron.

Aber er notierte auch den Essay von Eduard von Hartmann »Ist der Pessimismus trostlos?« von 1869, den er in seiner Bibliothek hatte, sowie den Aufsatz des Philosophen Wilhelm Windelband »Pessimismus und Wissenschaft« und die Arbeit des Altphilologen Hermann Diels, »Der antike Pessimismus« von 1921, dazu die Sammlung »Reden und Aufsätze« von Oswald Spengler von 1937.

»Die Denkfunktion der Verneinung ist die vom höchsten Rang«, schrieb er zusammenfassend an Oelze, »in ihr erreicht es seine letzte Stufe. Darum ist alles Denken pessimistisch u. wer mit ihm beladen ist, geht schweigend in seiner Larve umher.«[5] Ein eindrucksvolles Bild, um seine Befindlichkeit auszudrücken: Der sich hinter der Maske verbergende Teilnehmer des Karnevals, den das festliche Treiben abstößt und der an ihm nur beobachtend teilnimmt.

Der erbarmungslose Rüstungswettlauf, dazu die Vernichtung der Kunstdenkmäler und der historischen Substanz der deutschen und englischen Städte durch die Terrorangriffe aus der Luft drängte Benn die Frage nach der Rolle der Naturwissenschaften bei der Entwicklung der Menschheit und ihren Vernichtungsmaschinerien auf. Hatte die altgriechische Physik noch ästhetischen Charakter, so engten die modernen Naturwissenschaften die Natur auf das Prinzip der Kausalität ein. War das »affektive Bezugssystem«[6] der antiken Physik eine Art innerer Ordnung, Anschauung und Harmonie, so ging es der modernen Physik um die praktische Verwertbarkeit ihrer Beobachtungen. Es ging ihr um Herrschaft über die Natur, es ging um Macht. Benn benutzt mit geschickten Kürzungen einen Aufsatz des englischen Altphilologen Francis Macdonald Cornford, der 1939 unter dem Titel »Griechische Naturphilosophie und moderne Wissenschaft« in der »Europäischen Revue« erschienen war.[7] Er betont die »Verwertbarkeit des Erforschten« als ein Grundprinzip moderner Technik. Außerdem schaffe es eine Totalität aller vier Erdteile, die weit über die Totalität des Christentums oder des Islam hinausgehe. Die moderne Industrie »mit ihrer geradezu extravaganten organisatorischen Potenz«[8] führe zu einer »globalen synchronen Perspektive«. Das sind Einsichten, die erst heute, sechzig Jahre später, das allgemeine Bewußtsein bestimmen.

Benn ist zu seinen Theorien und Analysen immer durch die gesellschaftliche Wirklichkeit angeregt worden, die er im Jahre 1943 durch Akten und Verfügungen, durch Zeitung und Rundfunk wahrnahm. Deswegen wundert es auch nicht, wenn er im Aufsatz »Physik 1943«

die Kernspaltung als ein Beispiel für eine »*tatsächliche Umgestaltung des Wirklichen durch den Geist*« anführte.[9] Was meinte er damit?

Benn verstand die Erkenntnisse der modernen Physik, so wie sie sich etwa in der Einsteinschen Relativitätstheorie oder der Heisenbergschen Unschärferelation ausdrückten, als einen Beweis für die rätselhafte und metaphysische Verfaßtheit unserer Welt. Die Naturwissenschaft bestätigte seine Zwei-Reiche-Theorie, daß auf der einen Seite die Ausdruckswelt stand, die die metaphysische Rechtfertigung des Menschen darstellte, und auf der anderen Seite eine Wirklichkeit, über die die Gelehrten auch im Jahre 1943 keine klaren Aussagen treffen konnten. Die Astronomen wußten immer noch nichts über die Sonne, die Biologen fragten noch immer nach den Bedingungen, unter denen sich Leben veränderte. Aber was das Leben war, wußten sie nicht zu beantworten.[10]

Besonders beschäftigte ihn aber die Möglichkeit der Atomzertrümmerung. Otto Hahn und Fritz Straßmann hatten im Kaiser-Wilhelm-Institut für Chemie in Berlin-Dahlem schon Ende 1938 nachgewiesen, daß durch Kernspaltung große Mengen Energie freigesetzt werden würden. Niels Bohr gab seine Theorie der Kernspaltung im Januar 1939 auf der »Fünften Washingtoner Konferenz über Theoretische Physik« bekannt und löste damit eine hektische Aktivität und eine Flut wissenschaftlicher Publikationen aus.[11] Im August erschien in der Berliner »Deutschen Allgemeinen Zeitung« der erste allgemeinverständlich gehaltene Artikel über »Die Ausnutzungen der Atomenergie« des Physikers Siegfried Flügge. Zum ersten Mal stellte Flügge öffentlich die Möglichkeit zur Diskussion, aus Uran und einer »Bremssubstanz« eine energieerzeugende »Uranmaschine« zu bauen. Benn las diese Zeitung regelmäßig. Natürlich war die Anwendung der Kernspaltung für militärische Zwecke sofort ins Auge gefaßt worden. Das Heer riß nach Kriegsbeginn die Kernspaltungsforschung an sich, Heisenberg hatte im Februar 1940 den Vorschlag gemacht, als Bremssubstanz Deuterium »schweres Wasser« (D_2O) zu benutzen. Die Anreicherung von Uran 235 stellte, wie er erkannte, »einen Kernsprengstoff von bisher unbekannter Zerstörungskraft dar«.[12] Schweres Wasser stand seit der Besetzung Norwegens im April 1940 zur Verfügung, denn die Firma Norsk Hydro hatte schon vor der deutschen Besetzung die Erzeugung und den Verkauf betrieben.

Das Heereswaffenamt forderte erst Anfang Dezember 1941 den entscheidenden Schritt von der reinen Laborforschung zur großindustriellen Entwicklungsarbeit, denn man war überzeugt, daß in den USA die Erforschung der Kernenergie ernsthaft vorangetrieben worden war. Dem Oberkommando der Wehrmacht stellte sich ab 1942 einzig und allein die Frage, wie der Krieg am schnellsten zu gewinnen war. Neuartige

Waffen kamen zwar gelegen, allerdings nur, wenn sie sich auch in absehbarer Zeit einsetzen ließen.

Die Ergebnisse einer Forschungskonferenz im Kaiser-Wilhelm-Institut Ende 1942 wurden der Öffentlichkeit in einem Zeitungsbericht unter dem Titel »Physik und Landesverteidigung« zugänglich gemacht. Ohne daß Begriffe wie Atomkraft oder Kernenergie genannt wurden, konnten die Leser dem Beitrag entnehmen, daß sich die Tagung »mit Problemen der modernen Physik befaßte, die ihm Interesse der Landesverteidigung und der gesamten deutschen Wirtschaft von entscheidender Bedeutung sind«.[13] Diese Information stieß bei Benn auf größtes Interesse. Am 21. März, knapp einen Monat nach Heisenbergs Vortrag, notierte Goebbels in seinem Tagebuch: »Die Forschungen auf dem Gebiet der Atomzertrümmerung sind so weit gediehen, daß ihre Ergebnisse unter Umständen noch für die Führung dieses Krieges in Anspruch genommen werden können. Es ergeben sich hier bei kleinstem Einsatz derart immense Zerstörungswirkungen, daß man mit einigem Grauen den Verlauf des Krieges, wenn er noch länger dauert, und einem, späteren Krieg entgegenschauen kann. Die moderne Technik gibt dem Menschen Mittel der Zerstörung an die Hand, die unvorstellbar sind.«[14]

Die Wissenschaftler des Kernenergieprojekts durften sich zwar der Unterstützung der staatlichen Behörden sicher sein, das Heereswaffenamt löste jedoch am 31. März 1943 seine letzten Beziehungen zur Kernenergie, da die Finanzabteilung des Heeres die hohen Kosten und die zu langwierige Entwicklung einer Waffe beanstandet hatte. Auch war Ende Februar derjenige Teil der Firma Norsk Hydro in Vemork, der der Erzeugung von schwerem Wasser diente, von Widerstandskämpfern schwer beschädigt worden. Mitte November bombardierten alliierte Flugzeuge die Anlage. Auf den Fluren der Militärverwaltung in Berlin wurde es um die Kernwaffen still.

Benn blieb nicht unberührt von den Nachrichten über die militärischen Aktionen um das norwegische Kraftwerk, als er an seinem Artikel arbeitete. Die militärische Bedeutung der Atombombe war ihm bewußt, wenn er schrieb: »Das Uratom, dessen Aufspaltung den Physikern gelang, läßt die Möglichkeit ins Auge fassen, durch fortgesetztes Aufprallen von Neutronen auf Uranatome in sich multiplizierenden Wirkungen so viel Energiebeträge freizumachen, daß die Planeten in Katastrophen verwickelt werden könnten. Der formenbildende Geist ist bestimmt in der Lage, an einem Prozeß, der die Materie auflöst, mitzuwirken.«[15]

Zu diesem Zeitpunkt war das Ende des Krieges mit der Niederlage in Stalingrad im Frühjahr 1943 absehbar. Rommel wurde nach einer vergeblichen Offensive gegen die 8. britische Armee als Befehlshaber der

Heeresgruppe Afrika, deren Reste Mitte Mai bei Tunis kapitulierten, abberufen. Rund 250.000 deutsche und italienische Soldaten gingen in Gefangenschaft. Am 10. Juli erfolgte die englisch-amerikanische Landung in Sizilien. Kommentar Benn: »Der Kulminationspunkt ist wohl noch nicht da. Die Umstellung auf Lamento u. Defensive erst im Beginn.«[16] Die Alliierten verschärften den Terror gegenüber der deutschen Zivilbevölkerung: Verbände der US-Luftflotte flogen Präzisionsangriffe bei Tag, während die Royal Air Force nächtliche Flächenbombardements übernahm. In der Nacht vom 11. zum 12. Juni 1943 kam es zum ersten schweren Angriff gemäß der neuen Strategie: 693 britische Flugzeuge warfen annähernd 2000 Tonnen Bomben auf Düsseldorf ab. In der Stadt breiteten sich Flächenbrände aus, 120.000 Menschen wurden obdachlos. In der Nacht zum 25. Juli begann eine Reihe schwerster Luftangriffe auf Hamburg: Bis zum 3. August folgten zwei Tages- und vier Nachtangriffe: Insgesamt kamen bei der »Operation Gomorrha« mehr als 30.000 Menschen ums Leben, die meisten verbrannten in den Feuerstürmen von orkanartiger Gewalt.[17]

Auch die Berliner wurden bis in den Sommer hinein pausenlos durch »Voralarm« aufgeschreckt. Sie fingen an, ihre Wohnungen zu räumen, die Möbel auf dem Land unterzubringen oder in möblierte Zimmer außerhalb der Stadt zu ziehen. Benn suchte den Keller in seiner Dienststelle auf, dauernde Störungen machten sich im Arbeitsablauf bemerkbar, »der große Coup rückt näher«.[18]

Im Mai 1943 bekam Benn Urlaub. Aber wohin sollte er reisen? Er konnte sich nicht entschließen, »den Koffer eigenhändig auf den Bahnhof zu schleppen, u. den Kampf um den Sitzplatz auf mich zu nehmen, dann in einem so genannten Kur- u Badeort zu hungern«.[19]

Er blieb in Berlin und beschäftigte sich mit den Essays, in denen er sich mit den Eindrücken seiner unmittelbaren Gegenwart auseinandersetzte: Schöpferische, geistige Arbeit als die einzig würdige Lebensform, um dem Chaos zu entgehen, Schreiben als ein Mittel, um die Verzweiflungen durch das Wort zu bannen: Diese Strategie erklärt die außerordentliche Produktivität in diesem ersten Halbjahr 1943, die auch zu einigen Gedichten führte, unter ihnen das später so berühmt gewordene »Verlorene Ich«.

Nach dem Fall von Stalingrad hatte sich außer der Stimmung auch die Versorgung in Berlin drastisch verschlechtert. Es gab keine einheitliche Lebensmittelkarte mehr, sondern nur noch gesonderte Karten für Brot, Fleisch, Fett, Eier und Zucker. Ein spezieller Ausweis galt für Sonderzulagen. Dabei war Benn als Angehöriger der Armee besser gestellt als die Zivilbevölkerung, denn er aß täglich im Kasino. Herta Benn war zu diesem Zeitpunkt noch nicht dienstverpflichtet, sie stand in den

Schlangen, versuchte das Notwendige zu ergattern und für Essen an den Wochenenden zu sorgen.

Bonzen der Partei, der SS und der Staatsverwaltung litten noch nicht unter der schlechten Versorgung. Ihr Arm reichte weit genug, um sich und ihren Familien das Leben weiterhin angenehm zu machen. Der Berliner Bevölkerung blieben diese Unterschiede natürlich nicht verborgen, und ihr Unmut machte sich in politischen Witzen und Parodien Luft. So wurde in Abwandlung des Horst-Wessel-Liedes der Vers gesungen:

Die Preise hoch, die Läden fest verschlossen,
Der Hunger naht dem deutschen Volk sich Schritt um Schritt,
Doch hungern nur die armen Volksgenossen,
Die Reichen hungern nur im Geiste mit.

Und im Sommer 1943 kursierte ein »Tischgebet« mit dem Wortlaut[20]:

Komm, Herr Ley, sei unser Gast,
Und gib uns die Hälfte, die Du uns versprochen hast,
Nicht Pellkartoffeln und salzigen Hering,
Nein, was Du ißt und Hermann Göring,
Jüppchen (Joseph Goebbels) darf davon nichts wissen;
Sonst werden wir noch mehr beschissen.

Benn kannte diesen Klatsch über die Privilegien der Auserwählten und gab ihn an Oelze weiter. Tilly Wedekind, die sich an den Starnberger See zurückgezogen hatte, erzählte ihm von ihrer Tochter Pamela, die als Schauspielerin des Berliner Staatstheaters von Gründgens eingeladen worden war. Mit Mann und Kind sei sie im Schlafwagen 1. Klasse von München nach Berlin gereist, am Anhalter Bahnhof von Gründgens' Chauffeur im großen Wagen abgeholt und nach Zeesen auf das Gut gefahren worden, das siebzig Kilometer von Berlin entfernt lag. Denselben Weg habe sie zurück genommen. Benn ärgerte sich über die Privilegien der dem Nationalsozialismus genehmen Künstler, denn Zugfahrten waren für die normale Bevölkerung noch unangenehmer als schon in den beiden Jahren zuvor. Er berichtete von einem ihm bekannten Oberst, der dafür bestraft wurde, daß er mit seinem Dienstwagen einen Umweg von 50 Metern gefahren war. Mit Mißtrauen bedachte er das Gerücht, ein Schriftsteller wie Kasimir Edschmid habe ein Gut bei Ruhpolding gemietet und lebe dort sorgenfrei mit seiner jungen adeligen Frau. Nur: Wovon bezahle er seine Miete?[21]

Benn sprach mit Neid von diesen Verhältnissen. Zwar wußte er, daß sie seinen Bedürfnissen völlig fremd gewesen wären, aber solche Ausfälle machen die Frustration deutlich, die er mit dem Rest der Bevölkerung teilte. Denn er erlebte sich selbst als einen Dichter, der dem Zwang zur Kunst alles opfern mußte, ob er wollte oder nicht. Dieses protestantische »Ich kann nicht anders, Gott helfe mir«, das er an Luther so haßte, war aber ein Charakterzug, der ihn mit dem »dreckigen Niedersachen«[22] verband. Daß es die Angepaßten und Mitläufer im Leben leichter hatten, erregte seinen Unmut, obwohl er resignativ zugestehen mußte: »Ein Narr, wer bei den Dingen bleibt, die ihm aufgetragen waren.«[23] Gleichzeitig sah er die Unterschiede zwischen den Mitläufern und den einzelgängerischen Narren voraus, wenn der Krieg eines Tages vorbei sein würde: »Wir werden sehn, dass, wenn die *andern* zurückkommen, diese Hochstapler alle durchschwimmen werden, aber die Narren werden an die Wand gestellt. Es soll wohl so sein.«[24] Ganz so schlimm ist es nicht gekommen, aber in der Tendenz hatte Benn die Lage richtig erfaßt. Die Entnazifizierung wurde zwei Jahre später von Dilettanten betrieben. SS-Obergruppenführer Werner Best,[25] Stellvertreter Heydrichs in dessen Funktion als Chef der Sicherheitspolizei, avancierte nach dem Krieg zum Rechtsberater des nordrhein-westfälischen Landesverbandes der FDP. Dessen Vorsitzender, der Verleger Friedrich Middelhauve, engagierte den Blutordensträger SS-Standartenführer Wolfgang Diewerge als persönlichen Referenten. Diewerge hatte sich durch antisemitische Traktate hervorgetan, und Goebbels hatte ihm die Aufgabe übertragen, 1942 einen Schauprozeß gegen Herschel Grynspan, den Mörder des Pariser Botschaftsrats vom Rath, vorzubereiten.[26] Eine Vielzahl von SS-Offizieren in leitender Funktion zählte zu den Mitarbeitern des Magazins »Der Spiegel«, der sich um die effiziente Integration von Nationalsozialisten in die bundesdeutsche Gesellschaft verdient gemacht hat.[27]

Benn bereitete sich innerlich auf das Ende vor, über dessen verwüstende Formen er sich klar war. Wie sollte er seine dichterische Produktion dieses Jahres vor der Vernichtung durch Artilleriegeschütze und Bomben retten? Alles Geschriebene lag, wie auch die Entwürfe in seinen Arbeitsheften und auf Zetteln, immer nur in einem einzigen, von Herta sauber getippten Exemplar vor. Benn ließ keine Durchschläge anfertigen, von »Weinhaus Wolf« besaß er nicht einmal ein eigenes Exemplar: »Der Inhalt ist mir völlig entfallen.«[28] Er hatte sich angewöhnt, diese Manuskripte in seinem griffbereit vorbereiteten Luftschutzkoffer mit in den Keller zu nehmen. Was aber, wenn das Ehepaar verschüttet wurde und erstickte oder bei Feuer durch Brand- und Phosphorbomben in den Flammen umkam und die Manuskripte verbrannten?

Benn verstimmte der Dienst »im hohen Stab« so sehr, daß er seine Zurückstufung beantragte. Er suchte eine »niedere Dienststelle«, wo er sein »eigener Herr« sein konnte.[29] Aber der Abstieg in einer Behörde war ebenso kompliziert wie der Aufstieg. Es gelang ihm jedoch, beim Wehrmachtfürsorge- und Versorgungsamt Berlin-Brandenburg, Fredericiastraße 14-15, in der Nähe des Kaiserdamms in Charlottenburg, unterzukommen, »ein Schmuckkasten an Unbeobachtetheit u. Kommen und Gehen, wann ich mag«.[30] Die Freude über die gewonnene Freiheit dauerte allerdings nicht lange: Am 7. August 1943 erfuhr er, daß seine Dienststelle in Kürze nach Osten evakuiert werden würde. Die Frage nach dem Verbleib der maschinengeschriebenen Blätter wurde damit dringender, denn es blieb zu diesem Zeitpunkt noch unklar, in welche Verhältnisse er versetzt werden würde. Kasernierung und damit der Rückfall in die Masse des Heeres schien ihm durchaus möglich. Deswegen hatte der Brief, den er an diesem Tag an Oelze schrieb, den Charakter eines Vermächtnisses und enthielt Vorschläge, wie mit seinen Papieren zu verfahren sei. Das Typoskript der Aufsätze hatte er zu einem Band zusammenheften lassen und auf das Deckblatt geschrieben: »›Ausdruckswelt‹ (gleichzeitig Beiträge zur Klinik des Deutschtums) von Assistenzarzt Dr. Werff Rönne † XII 1942 Stalingrad«. Das war die Camouflage für den Fall, daß das Typoskript in falsche Hände gelangte: Benn vergaß nie, daß er, was die Korrespondenz mit Oelze anging, mit dem Feuer spielte. Er wollte gern, daß die Prosasammlung nach seinem Tode gedruckt würde, wobei die Reihenfolge noch nicht festlag und die einzelnen Stücke je nach dem Geschmack des Verlegers geordnet werden konnten. Benns geheime Hoffnung bestand jedoch darin, daß Oelze die Sache selbst in die Hand nehmen würde. Sollte dieser sich aber nicht damit befassen können oder wollen, schlug Benn Lernet-Holenia als »nächsten Vertrauensmann«[31] vor. Die bisher ungedruckten Gedichte, die er als »Abschluß seines lyrischen Werkes« betrachtete, wollte er eventuell privat drucken lassen.[32] Oelze gegenüber betonte Benn, daß es sich keineswegs um einen Abschiedsbrief handele. Doch war klar, daß Oelze diesen Brief als testamentarische Verfügung verstehen mußte, die es Benn erlaubte, den »kommenden Eventualitäten ruhig entgegenzusehen« und die Schuld einzugestehen, in der er sich gegenüber dem Freund sah: »Ich verdanke Ihnen soviel; Ihr Interesse, Ihre Teilnahme ermöglichte es mir, meine Gedanken weiterzuspinnen, sie festzuhalten, Ihr Verständnis für diese so wenig begehrten u. begrenzt zugänglichen Dinge, sie wachzuhalten und nicht vor ihnen zu erlahmen. Haben Sie tausendfachen Dank!«[33]

Benns Absicht, seine Gedichte als Privatdruck erscheinen zu lassen, war gefährlich. Denn er war ja mit einem Veröffentlichungsverbot durch den Ausschluß aus der RSK belegt. Im übrigen durften Manuskripte ausschließlich Verlagsbuchhändlern »zum Zwecke der Verbreitung« angeboten werden, »der Selbstverlag gemäß § 5 der Amtlichen Bekanntmachung Nr. 133 ist untersagt«, hieß es im »Handbuch der

Reichsschrifttumskammer«.[34] Wäre die Mißachtung des Verbots etwa durch Denunziation ans Licht gekommen, hätte es für die Bürokratie zwar Ermessenspielräume gegeben, schlimmstenfalls jedoch hätte ein Zuwiderhandeln gegen die gesetzlichen Bestimmungen Benn mit der Strafjustiz in Berührung gebracht: Die Armee hätte ihn in diesem Falle nicht mehr retten können. Benn riskierte also ziemlich viel, wenn er seine Idee in die Tat umsetzte. Dabei hätten die Gedichte selbst keinen Anstoß erregt. Naturlyrik war ja nicht verdammt, es erschienen Gedichte von Oskar Loerke 1941 oder Wilhelm Lehmann 1942. Benn hatte die sieben »Biographischen Gedichte« von 1941 um fünfzehn weitere ergänzt, darunter später so berühmt gewordene wie »Welle der Nacht« oder das »Verlorene Ich«, dessen erste Strophe seine Beschäftigung mit dem Wissen über die Atomspaltung und die Strahlentheorie im Sommer 1943 widerspiegelt:

Verlorenes Ich, zersprengt von Stratosphären,
Opfer des Ion – : Gamma-Strahlen-Lamm –,
Teilchen und Feld – : Unendlichkeitschimären
auf deinem grauen Stein von Notre-Dame.[35]

Im Sommer 1943 wurde klar, daß auch Berlin nicht von den verheerenden Bombenangriffen der Engländer und Amerikaner verschont bleiben würde. Der Berliner Luftschutzdienst läßt vor den Häusern Sand abladen, der als Löschmittel gegen Phosphorbrandbomben gedacht war. Auch die Mieter der Bozener Straße 20 mußten gemäß behördlicher Anordnung den Sand gemeinsam in den Speicher über dem vierten Stock tragen. Benn hatte keine Lust, sich an solchen Gemeinschaftsarbeiten zu beteiligen, und bat zwei seiner Sanitätssoldaten, die Arbeit für ihn zu übernehmen, zum Ärger der Hausbewohner. Benns Bequemlichkeit wurde als »undeutsch« gerügt, die »Luftschutzwartin« läßt die Erwartung durchblicken, »der deutsche Mann« besorge eine solche Aufgabe der Volksgemeinschaft selbst. Benn beruft sich auf Goethe und Mephistopheles: »Ist Ihnen einmal klar geworden, was für ein naiver Hochkapitalismus hinter diesen Versen steht ›wenn ich 4 Rosse zahlen kann –‹?«[36]

Im Fesselballon

Am 15. August wurde Benns Dienststelle aus der Fredericiastraße in die Kreisstadt Landsberg (Warthe), Provinz Mark Brandenburg, verlegt, 135 Kilometer östlich von Berlin. Sein Dienstzimmer lag in der General-von-Strantz-Kaserne. Übergangsweise wohnte er zunächst in der Stadt. Durch Beziehungen bekam er ein Zimmer in der Wohnung des Kaufmanns Max Fraaß, der als Soldat diente: Seine Frau wohnte mit den drei Kindern allein in der Vierzimmerwohnung, Böhmstr. 2.

Der Befehl, Berlin zu verlassen, brachte Unannehmlichkeiten mit sich: Laufereien zu den Behörden wegen Abmeldung und Ummeldung der Lebensmittel- und Spinnstoffkarten, Verpacken der nötigsten Kleidung, auch für den bevorstehenden Winter. Herta hängte die Bilder ab, verpackte sie und räumte die Schubladen aus. Auch wurde ein Teil des Hausrats nach Landsberg geschafft, damit man zur Not für sich selbst sorgen konnte, obwohl Offiziere durch die Küche der Kaserne verpflegt wurden. Benn verstaute seine Manuskripte und füllte einige Kisten mit Büchern.

Was aus der Bibliothek und der sonstigen Habe werden sollte, stand in den Sternen. Denn er konnte kaum damit rechnen, seine Wohnung heil wiederzusehen. Kaum hatte Benn seinen Dienst in Landsberg angetreten, wurde die Gegend um den Bayerischen Platz von Bomben getroffen, besonders die Innsbrucker und die Meraner Straße.[1] In das Haus Bozener Straße 20 schlugen sechs Brandbomben ein, die aber gelöscht werden konnten. Die beiden Häuser, die den Hof begrenzten, sowie einige Nachbarhäuser brannten vollkommen aus. Nach den Luftangriffen drohte immer die Gefahr der Plünderung, obwohl die »Verordnung gegen Volksschädlinge« vom 5. September 1939 Plünderer von ausgebombten Häusern nach § 1 mit dem Tode bestrafte. Der Kranführer Alfred Kurt Prescher wurde hingerichtet, weil er nach dem Angriff auf Leipzig im Dezember 1943 »in der Innenstadt aus brennenden Häusern abgestelltes Gut gestohlen hatte, und zwar einen Rucksack voll Tabakwaren und 1218 Raucherkartenpunkte«.[2]

Benns Wohnung blieb unbeaufsichtigt, denn er verließ Berlin nicht allein. Seine Frau kam unmittelbar nach, auch sie hatte ein kleines Zimmer in der Stadt Landsberg, obwohl unsicher war, ob sie es würde behalten können, da Wohnraum der behördlichen Kontrolle unterlag und nur kinderreiche Familien oder Versehrte der Stufe IV Anrecht auf Wohnraumzuteilung hatten. Zwar entsprach es nicht der Gewohnheit, Frauen verstärkt ins Arbeitsleben einzubeziehen, aber gegen Ende des Krieges erwartete das Regime auch freiwillige Frauenarbeit. Hitler hatte in einer Rede am 4. Mai 1941 von den deutschen Mädchen und Frauen einen zusätzlichen Beitrag für die Kriegswirtschaft gefordert. Doch die Bereitschaft zur freiwilligen Meldung für den Arbeitseinsatz blieb zu gering.[3] Dieser Zurückhaltung setzte die »Verordnung über die Meldung von Männern und Frauen für Aufgaben der Reichsverteidigung« im

Januar 1943 ein Ende: Herta Benn hatte sich bei dem zuständigen Arbeitsamt zu melden und konnte jederzeit dienstverpflichtet werden.

Von seinem Quartier in der Böhmstraße ging Benn allenfalls eine Viertelstunde zur großen Freitreppe, deren 137 Stufen zur hochgelegenen Kaserne führten. Sie war im September 1935 eingeweiht worden, also zu einer Zeit, in der auch Benn sich in Hannover mit den Neubauten und Einrichtungen von Kasernen in seinem Verwaltungsgebiet zu beschäftigen hatte. Benn fand den täglichen Aufstieg mühselig. Die Höhe garantierte zwar einen schönen Blick über die Stadt, »aber ein Aufzug wäre auch was wert«.[4] Die Kaserne trug ihren Namen nach dem preußischen General der Infanterie Hermann von Strantz (1853-1936). Benn betrat das Gebäude durch den Haupteingang im Stabsgebäude, dem eine »Ehrenhalle« vorgelagert war, und es bereitete ihm in den ersten Tagen ein diebisches Vergnügen, den präsentierenden Posten zu fragen, wer denn dieser General von Strantz gewesen sei. Die Soldaten hatten keine Ahnung: »Völlig unbekannt General von X. Verschollen. Gesunken sein Wimpel, seine Autostandarte, sein Gefolge von Generalstäblern, das ihn umschwirrte. Es wirkt nicht über zwei Jahrzehnte. Sehr fühlbar hier das Ephemere, die falschen Wertungen, das Verzerrte.«[5]

Das Ehepaar Benn zog schon Ende August aus seinen provisorischen Privatquartieren in eine Zweizimmerwohnung mit Bad und Warmwasser im ersten Stock des Gebäudes der 2. Kompanie (»Block II«). Der gesamte Block war verwanzt, die Mannschaften liefen zerstochen und verschwollen umher. Das Ungeziefer sollte vergast werden, aber, so die Einschätzung Hertas, »bis das geschieht, wird der Krieg entschieden sein«.[6] Die Wohnung strotzte vor Schmutz, die Besenschränke standen leer, Putzmittel und Reinigungspersonal fehlten. Zwar hätte Benn die Säuberung den einfachen Soldaten befehlen können, aber der unterste Dienstgrad bei den Mannschaften in Landsberg bestand aus Unteroffizieren, denen eine solch niedrige Arbeit nicht zuzumuten war. Herta legte selbst Hand an und schaffte eine gewisse Wohnlichkeit mit den mitgebrachten Möbeln, Decken und Kissen. Benn benutzte diese Wohnung auch als Büro. Es war ihm gelungen, seine Frau aus der Dienstverpflichtung zu befreien und sie für eine »kriegsehrenamtliche Bürotätigkeit« als Sekretärin bis Mai 1944 zu engagieren.[7]

Versorgt wurde Benn mit Truppenverpflegung, und er erinnerte sich »undeutlich, daß es früher einmal Geschirr, Bestecks, Kaffeemaschinen, Teekocher und Wein enthaltende Flaschen«[8] gegeben hatte. Der alte Ruf »Kaffeeholer raus« weckte morgens die Soldaten, mittags wurde das Essen auf tiefen Tellern hingestellt, das Besteck mußte mitgebracht werden. In den Restaurants der Stadt war es nicht besser, Essen gab es nur gegen Nährmittelmarken. Natürlich halfen »Beziehungen«, aber die

Benns kannten niemanden, mit dem sich Kompensationsgeschäfte hätten machen lassen. Zwar lebte Gottfrieds Schwester Ruth mit ihrem Mann »ebenfalls bei Verwandten«[9] in der Nähe, aber Landsberg platzte zu dieser Zeit schon aus allen Nähten: 53.000 Einwohner teilten den Wohnraum mit 21.000 Evakuierten,[10] es gab nichts zu kaufen, Benn konnte nicht einmal seine Uhr reparieren lassen.

Ein gewisser Vorteil bestand allerdings darin, daß Benn der dienstälteste Offizier seines Ranges in der Kaserne war: Jeder schuldete ihm Respekt.[11] Im übrigen gab es nichts zu tun, die Dienststellen waren durch die Auslagerung aus Berlin zerrissen worden. Rückgriffe auf eine einigermaßen geordnete Aktenlage erübrigten sich. Benn verstand das Chaos »als angenehme Pause der Arbeit, ein dolce far niente im Warthegau«.[12] So primitiv und strapaziös er das alltägliche Leben in der Kaserne auch erlebte, er akzeptierte diese Situation. Endlich war sein großer Wunsch in Erfüllung gegangen: Er konnte sich in Ruhe seinen Einfällen widmen und als Rädchen einer kaum noch funktionierenden Maschine der aktuellen Lage Ausdruck verleihen: »Die Desorganisation macht sich angenehm geltend.«[13]

In einem Brief an Muschelkalk (Leonarda) Gescher, die Witwe von Joachim Ringelnatz, mit der die Benns in freundschaftlicher Verbindung standen, beschrieb Herta das Leben des Ehepaares in der Kaserne: »Abends gehen wir meist in den kleinen sogenannten ›Offiziersgarten‹ hinter unserem Wohngebäude. Wir sitzen dort auf unserer luftigen Höhe auf einer Bank und schauen auf die Dächer der tief unter uns liegenden kleinen Stadt, meist in einer bräunlichen Belichtung, wie Corot malte, und auf die Warthe-Landschaft. Um uns schwirren die Schwalben. [...] Also ein friedliches Dasein inmitten der so kriegerischen Umwelt, tagsüber von 4 Uhr morgens an, inmitten gebrüllter militärischer Kommandos, ohrenbetäubendem Stiefelgerassel die Treppen herauf und herunter, schrillen Signalpfiffen und herzerweichenden Dissonanzen auf Mil. Musikinstrumenten. Aber alles das höre ich nur noch, ohne dass es mir zum Bewusstsein kommt.«[14]

Im übrigen konnte Benn dem Schreiben freien Lauf lassen. Er fügte seinem Prosabuch einige neue Seiten an: »Wenn Sie es später einmal zu Gesicht bekommen«, schrieb er am 26. Oktober an Oelze, »erinnern Sie sich, dass es die *Pallas*-Partie war, die ich meine.«[15] Anstatt in aller Herrgottsfrühe in Berlin in die Fredericiastraße eilen zu müssen, konnte er jetzt in seinem Zimmer sitzen bleiben und »kritzeln«. Benn muß die Monographie des Leipziger Professors Ernst Bergmann »Erkenntnisgeist und Muttergeist. Eine Soziosophie der Geschlechter« (Breslau: Ferdinand Hirt 1931, 2. Auflage 1933) mitgenommen oder sie aus einer der beiden Leihbibliotheken, die in der unmittelbaren Nähe der Kaserne lagen, ausgeliehen haben. Denn diese Lektüre reizte ihn zum Widerspruch. Bergmann prophezeite das Heraufkommen neuer Mutterreiche, und Benn hatte diese Phantasien schon in seiner Akademierede 1932 ironisch abgefertigt. Diesmal ärgerten ihn besonders die Bemerkungen über Pallas Athene. Bergmann hatte Äschylos vorgeworfen, er verherrliche in seinen »Eumeniden« den Sieg des Vaterrechts über den »uralten Muttergeist«. Er wandte sich gegen den »unbiologischen Sinn« der Mutterlosigkeit Athenes, die ja dem Haupt des Zeus entsprang. Bergmann inkriminierte auch die Knabenliebe und ihre »Aberration von der Natur«: »Erst der degenerierte Mensch hat die Männerfreundschaft und die Männerbünde erfunden, mit ihrer Krone, der Päderastie.«[16]

Der Vorbehalt gegen Unnatur und Degeneration ging Benn besonders gegen den Strich. Daß Bergmann den Mann zum »düsteren Büchsenöffner« degradierte und dabei auch die Göttin, die den Mann beschützt, abwertete, reizte ihn zu einer sarkastischen Zusammenfassung der ihm echt deutsch klingenden Thesen. Er fühlte sich als Künstler degradiert, dem das Gerede von der »Natur« gerade in den Herbsttagen 1943 zuwider sein mußte: Das Ziel des »weißen letzten« Menschen war »nicht mehr natürliche Natur, sondern bearbeitete Natur, gedankliche Natur, stilisierte Natur, – Kunst«.[17]

Benn schaffte sich in der Göttin Pallas Athene seine eigene Heilige, erhob sie »zum höchsten Symbol der Existenz des künstlerischen, dem Geist mehr als dem Leben verpflichteten Menschen in der Zeit der Kulturwende und des Umsturzes aller Werte«.[18] Natürlich handelte der Aufsatz, wie die Germanistik unablässig herausgestellt hat, »vom Urgegensatz Benns, dem Kampf des Geistes gegen das Leben«.[19] Aber er handelte ebenso von Benn selbst, seiner Überzeugung von der Notwendigkeit künstlerischer Arbeit in dieser Umgebung und zu diesem Zeitpunkt und dem Willen, sich nicht unterkriegen zu lassen. Benn arbeitete nicht am aufgeräumten Schreibtisch in der Kaminecke eines teppichbelegten Wohnzimmers. Er saß an der Kante eines Küchentischs und kritzelte seine Entwürfe auf grobes Papier, während Befehle durch die Gänge hallten und die Militärkapelle auf dem Exerzierplatz spielte: In diesem Milieu kam ihm das mythische Symbol der Göttin des Geistes, die auch Kriegerin war, gerade recht. Die Arbeit an dem Essay »Pallas«, wie er ihn nannte, war der tägliche Kampf des »Gegentyps« gegen die Geistfeindschaft des militärischen Alltags und das Schaffen von Kunst gegen alle Selbstzweifel. Die biographischen Einsprengsel beweisen es: »Man hat ein Stück erarbeitet, Papier mit Schreibmaschine, Gedanken, Sätze, es lagert auf dem Tisch. Man kommt zurück aus anderen Bereichen, Menschenkreisen, Berufssphären, Beladungen des Gehirns mit Sachverhalten, Überspülungen, Verdrängungen jedes Flugs und jedes Traums –, nach Stunden zurück und sieht auf dem Tisch den weißen Streifen. Was ist das? Lebloses Etwas, vage Welten, qualvoll und unter Anstrengungen Zusammengebrachtes, Zusammengedachtes, Gruppiertes, Geprüftes, Verbessertes, erbärmlich Gebliebenes, Loses, Unbewiesenes, Schwaches. [...] Da nähert sich Pallas, nie beirrt, immer im Helm, nie befruchtet, schmale, kinderlose Göttin, vom Vater geboren ohne das Geschlecht. Es nähert sich das Gesetz der Kälte, der geringen Gemeinschaft.«[20] Herta Benn hat diesen täglichen Kampf mit dem Papier beschrieben: »Mein Mann ist von einem unheimlichen Fleiss. Ich habe eben wieder für ihn geschrieben. Danach ist mir stets zumute wie nach einer Gehirnmassage, wenn es sowas gäbe«,[21] womit sie einfühlsam die Wirkung charakterisiert, die Benns essayistische Produktion oft auf spätere Leser ausgeübt hat.

Im Oktober erreichte Benn schließlich ein Paket kartonierte Hefte, in grünen, dünnen Karton eingebunden, der Privatdruck der 22 Gedichte. Zwar war der Titel »22 Gedichte« in Goldbuchstaben auf dem Deckel geprägt, die Überschriften der Gedichte erschienen jedoch in fetter Schrift übermäßig groß: Benn störte der unsensible Druck. Er hatte sich die materielle Gestalt seines lyrischen Vermächtnisses eleganter gedacht. Die ästhetisch unbefriedigende Form verminderte für ihn die Lust am Wagnis, das mit diesem Druck verbunden war. Nun hatte Benn ja sowieso nicht vor, diese Sammlung weiteren Kreisen zugänglich zu machen. Vielmehr diente das gedruckte Exemplar der Selbstbestätigung und war ein sichtbares Zeichen dafür, daß die Staats- und Parteibürokratie seine dichterische Potenz nicht hatte beschädigen können.

Er verschickte nur sieben Exemplare: Außer Oelze erhielten Julius Gescher, Gustav Kilpper, Heinrich Zimmer, Alexander Lernet-Holenia und Friedrich Vorwerk ein Exemplar. Ein Heft bekam Frank Maraun, der befreundete Journalist und Literaturkritiker, von dem mehrere lobende Artikel über Benn stammten. Maraun (1903-1981) hatte seine Berufslaufbahn als Schauspieler und Regie-Assistent 1924 bei der Volksbühne Berlin begonnen und arbeitete bis 1940 als Schriftleiter für Film und Kultur für die »Tägliche Rundschau«, das »8-Uhr-Abendblatt« und die »Berliner Börsenzeitung«. Seit 1940 stand er als »Mitarbeiter der Filmdramaturgie« im Dienst der »Abteilung F« (= Filmabteilung) des Reichsministeriums für Volksaufklärung und Propaganda und genoß in Berlin das »ganz besondere Wohlwollen« des Propagandaministers. 1942 schied er aus dem Arbeitsverhältnis des Reichsministeriums aus und wurde Leiter der »Abteilung Nachwuchswesen« beim Reichsfilmintendanten. Erst 1943 wurde er als Soldat einberufen.[22] Maraun verglich die Gedichte des Privatdrucks mit Rilkes »Duineser Elegien« und nahm sich vor, wie er Benn wissen ließ, ein Buch über »Hölderlin, Rilke, Benn« zu schreiben. Benn packte das Entsetzen: »Die Aussicht und die wunderschöne Absicht von Ihnen«, schrieb er ihm am 6. November 1944, am selben Tag, an dem er den Pallas-Essay abschloß, »mich in einem Buch zu behandeln, wird für mich dadurch ja sehr getrübt, dass ich absolut zu der unerwünschten Literatur gehöre und auch garkeine Aussicht besteht, dass sich das ändert und dass ich eine Änderung auch vorläufig garnicht wünsche. Ich nehme an, Sie wissen, dass ich 1937 [recte 1938] in der schroffsten Weise und ohne jede äussere Veranlassung aus der Reichsschrifttumskammer ausgeschlossen [worden] bin, ohne dass von den Grössen der Literatur und der sonstigen Öffentlichkeit irgendjemand sich zu meinem Schutz erhoben hätte. Ich habe damals sehr schwierige Zeiten durchgemacht und mich nur mit grosser Mühe in der Wehrmacht halten können. Das habe ich nicht vergessen und ich wünsche daher nicht, mit der Literatur und den massgeblichen Kulturkreisen wieder in Berührung zu kommen.«[23]

Dieser Brief zeigt abermals die verletzliche Seite Benns: Er spricht von der Enttäuschung darüber, daß niemand ihn gegen die massiven Angriffe von Münchhausen oder Willrich in Schutz genommen hatte. Zwar entsprach dieses Gefühl nicht der Realität, denn Johst hatte sich für ihn eingesetzt und auch seine Vorgesetzten in Hannover und Berlin, General von Zepelin und Oberstarzt Dr. Kittel. Und auch der Generaldirektor der Deutschen Verlagsanstalt, Dr. Gustav Kilpper, der als Vorsitzender dem Ausschuß für Urheber- und Verlagsrecht in der »Akademie für Deutsches Recht« vorsaß und seine Beziehungen spielen lassen konnte, so daß eine zweite, gereinigte Ausgabe der »Gesammelten Gedichte« 1936 möglich wurde.[24] Benn hatte jedoch das Gefühl, daß die literarische Welt sich für ihn hätte engagieren müssen, wobei er übersah, daß die literarischen Größen gar nichts von seinen Problemen wissen konnten und auch nicht seine Freunde waren.

Kilpper dankte für die Zusendung der »22 Gedichte«, äußerte sich zustimmend, machte jedoch gleichzeitig auf den Umstand aufmerksam, daß die Deutsche Verlagsanstalt gezwungen worden war, bestimmten Autoren ihre Rechte zurückzugeben. Benn gehörte dazu und hatte nun keinen Verlag mehr. Er fragte in seiner Antwort an, wer außer ihm betroffen war, und schloß sein Schreiben mit dem Satz, dem ein Zensor die Ironie nicht hätte anmerken können: »Ich bleibe also gefaßt; wenn der Endsieg kommt, wird sich ja alles ändern.«[25] Im übrigen war er zufrieden mit den Reaktionen, die er bekam. Den Freunden und Bekannten gefiel das Gedicht »Abschied« am besten, er hatte es Oelze schon 1939 geschickt.

Je länger der Aufenthalt in Landsberg dauerte, desto mehr beherrschte ihn das »Gefühl der Existenzlosigkeit«.[26] Er faßte das Leben in der Kaserne in die Metapher vom »Fesselballon«, in dem er saß, so daß die Berührung mit der Erde ihm nur noch flüchtig und »artifiziell« vorkam[27]: Ein regressiver Zustand, der jedoch für die literarische Produktion eine gute Voraussetzung darstellte. Natürlich war im Frühjahr 1944 klar, daß sich die Stellung in Landsberg nicht mehr lange würde halten können, denn an der Ostfront hatte die Großoffensive der Sowjets gegen die Heeresgruppe Nord im Januar begonnen: Nowgorod wurde erobert und Leningrad nach 900 Tagen Belagerung entsetzt. Im April und Mai räumten deutsche Truppen Odessa und die Krim, im Juni feierte Rom seine Befreiung. Benn erwartete den »Beginn des Frühlings«, womit er die Invasion der Alliierten in Frankreich und das Entstehen einer zweiten Front meinte. Er hatte immer noch gute Beziehungen nach Berlin, »von einem grossen Meteorologen, der die *centralen* Wettermeldungen in der *Hauptstation* kennt, hörte ich kürzlich, dass der Beginn des Frühlings, von dem wir in unseren Briefen öfter schrieben, doch erst für den Monat Mai erwartet wird.«[28] Die Information entsprach den Tatsachen, denn die Invasion war ursprünglich für den Monat Mai geplant, wurde aber wegen des schlechten Wetters auf den 6. Juni verschoben. An diesem Tag setzte eine Armada von sechstausend Schiffen die gewaltige britisch-amerikanische Invasionsarmee im französischen Küstenabschnitt zwischen Cherbourg und Caen an Land. Unterstützt wurde der Sturm auf die »Festung Europa« durch den Einsatz von rund 14.000 alliierten Bombern, die einen Schutzschirm über Flotte und Bodentruppen spannten: Die endgültige deutsche Niederlage war nicht mehr aufzuhalten.

Benn fuhr im Herbst des Jahres einmal wöchentlich die 140 Bahnkilometer nach Berlin, um nach der Wohnung zu schauen. Jede Fahrt war »ein abschreckendes Erlebnis«. In überfüllten Zügen mußten auch Offiziere stundenlang stehen. Bei Fliegeralarm hielt man auf offener Strecke und warf sich wegen der Tiefflieger im Schutz der Waggons auf den Boden. Einmal wurde Benn von einem SS-Mann wieder aus einem Zug geholt: Die Abteile waren ausschließlich für Offiziere der höchsten Stäbe bestimmt. »Ich steige in den nächsten Zug, d.h. quetsche mich in eine Toilette 3. Klasse, ich in Oberstenuniform, zwischen Ostarbeiter. Die Toilette steht offen, Frauen und Kinder müssen sie benutzen, die Tür ist nicht zu schließen, ein Rücken ist unmöglich, niemand stört das. Ich muß umsteigen. Im nächsten Zug gelange ich in ein Abteil 2. Klasse, in dem ich stehen muß. Drei junge Schnösel in Parteiuniform, kräftige Burschen, räkeln sich auf den Polstern. Frauen mit weißem Haar, Frauen mit Kindern stehen mit mir im Gang. Die Herrenrasse zieht eine Flasche mit Kognak hervor, dazu einige Bündel Zigarren (die Volksgemeinschaft erhielt pro Tag eine Zigarre, keinen Kognak) und stärkt sich drei

Stunden lang bis Berlin für die kommenden Parteiaufgaben (›Genesungsbewegung‹). Am gleichen Tage stand in allen Zeitungen ein Aufsatz des Inhalts, daß die Ritterkreuzträger und die Gefallenen in weit höherem Prozentsatz aus den Reihen der Partei kämen als aus dem übrigen Volk. U.K.-Stellungen gäbe es überhaupt nicht. Es fand sich der Satz: ›das gegenteilige optische Bild, das sich gelegentlich bietet, ist ausgesprochen irreführend‹. Offenbar gehörten die drei Reisegenossen in dies optische Bild.«[29]

Die Bozener Straße 20 stand noch zwischen Ruinen, jedoch sank von Reise zu Reise die Hoffnung, je wieder in die Wohnung einziehen zu können. Benn gab der Stadt keine Chance mehr, obwohl er bei einer Fahrt mit der Stadtbahn nicht den Eindruck einer völligen Zerstörung gewann. In der »Schlacht um Berlin« waren seit 1943 sechzehn Großangriffe geflogen worden, unter der Berliner Bevölkerung forderten die Bombardierungen 6166 Tote und 18.431 Schwerverletzte, 1,5 Millionen hatten ihr Dach über dem Kopf verloren. Zwar verursachten die ständigen Angriffe extreme nervliche Belastungen für die Bevölkerung, aber man arrangierte sich mit der Angst und dem Elend, so gut es eben ging. Benn gab Oelze einen kurzen Kommentar: »Meine Wohnung mit zersplitterten Fenstern u Türen, kalt, schmutzig unbewohnbar, aber sonst noch ganz. Eine melancholische Sache. Als Ganzes kann man wohl sagen, dass die Stadt zu 60% zerstört ist. [...] Trotzdem hausen sie alle in den Ruinen u. Kellern, schmutzig, krank u. verzweifelt, bezw. stumpfsinnig u. blöd.«[30] Benns Beobachtungen stimmten mit den geheimen Lageberichten des Sicherheitsdienstes der SS überein, die über die Stimmung der Berliner berichteten: »Während man sich bisher in den Nachtangriffen verbittert, nicht frei von Furcht, aber mit einem gewissen Stoizismus in den Kellern geduckt hat, beginnt jetzt am hellichten Tage vielfach eine ›Rennerei um das Leben‹ mit der Absicht, es möglichst sicher in Bunkern unterzubringen.«[31]

Der Phänotyp 1945

Benn konnte von Glück sagen, daß er nicht täglich in Bunkern oder Kellern Schutz suchen mußte. Noch nicht. Der Winter 1943/44 war schneereich, auch herrschte eine ungewöhnliche Kälte, und das Heizmaterial reichte nie aus, um die Kaserne einigermaßen zu wärmen. Benn mußte mit klammen Fingern schreiben, aber er war in schöpferischer Hochform. Er gewann Geschmack an seiner Lage, und ihn beherrschte das Gefühl, das gütige Geschick stünde auf seiner Seite. Endlich genoß er die ersehnte Freiheit, seinen Tagesablauf nach Gusto einteilen zu können. Nur zu bestimmten Zeiten ließ er sich überhaupt sprechen, verließ seine Wohnung, die ja auch sein Büro war, nur selten, hatte keinen Vorgesetzten. Zu Beginn des Jahres machte er sich allerdings Sorgen, er müßte Landsberg verlassen. Denn die Wehrmacht trat die Versorgung ihrer Angehörigen an das Reichsarbeitsministerium ab und behielt sich selber nur die Versorgung der Berufssoldaten, also vor allem der aktiven Offiziere, vor. Benns Dienststelle war glücklicherweise gerade für diese Kategorie der kämpfenden Truppe zuständig. Die verwaltungstechnische Änderung ließ seine Stellung unberührt, er wurde in eine reguläre Stelle als Regiments-Kommandeur eingewiesen.[1] Dieses Glück mußte sein Gefühl verstärken, in der windstillen Mitte des Taifuns zu sitzen.[2] Im übrigen war er davon überzeugt, wie er es noch 1951 formulierte, »daß überall Mitte ist, auch heute, wo Produktion, dichterische, entsteht«.[3] Denn kaum hatte er die einzelnen Essays zum Band »Ausdruckswelt« zusammengefaßt, schickte er an Oelze am 3. Mai eine lange programmatische Erklärung über den augenblicklichen Stand der Arbeit an einem Roman, dem »Roman des Phänotyp«: »Es ist natürlich kein Roman in irgendeinem schon bekannten Sinne. Es hat mit Liebe garnichts zu tun. Es ist ein Roman nach Innen, der Roman der tatsächlichen inneren Schichten in uns, aber dies nicht analysiert, sondern ausgedrückt, real vorhanden, wobei natürlich Inhalt u. Form schon wieder identisch ist. [...] Das ganze Ding wird nicht lang, vielleicht 100 Seiten [...]; kurze Abschnitte, die Titel werden Sie amüsieren: z.B. ›Der Stundengott‹; ›Ambivalenz‹; ›Gestützt auf Pascal‹; ›nicht pessimistisch das Ganze‹; ›Bedenken gegen Nietzsche‹; ›völliger Gegensatz zu Schifferkreisen‹; ›Summarisches Überblicken‹; ›Stadtpark‹, ›geographische Details‹ ›Blöcke‹, ›Statische Metaphysik‹ – kurz: buntes Allerlei.«[4]

Hundert Seiten sind es dann doch nicht geworden, in der Stuttgarter Ausgabe beläuft sich der Text auf knapp die Hälfte. Als Benn diesen Bericht an Oelze gab, hatte er über die Hälfte der Essays, die später dann den »Roman des Phänotyp« ausmachen werden, schon geschrieben. In den nächsten sechs Wochen folgten noch weitere Abschnitte und schließlich die »Zusammenfassung«, die am 9. Juni 1944 entstand und auf die Invasion in der Normandie Bezug nahm.

Die lange Erklärung an Oelze trug Züge der Rechtfertigung, ja des Sich-selbst-Überzeugens, die eine gewisse Unsicherheit über die Komposition des Ganzen überspielen sollten. Denn für diese Sammlung den Begriff »Roman« zu verwenden war eher eine Verlegenheitslösung. Die Handlungen und Eindrücke des Phänotyp speisten sich aus Erinnerungen an Reisen, an New York und Bordeaux, vor allem aber an eine Fülle von Leseeindrücken: »Schon summarisches Überblicken, Überblättern schafft manchmal einen leichten Rausch«[5]: Der Abschnitt, mit dem dieser Satz begann, endete: »Das unmittelbare Erleben tritt zurück. Es brennen die Bilder, ihr unerschöpflicher, beschirmter Traum [...].«[6] Als passionierter Benutzer von Leihbibliotheken hatte Benn mit schöpferischer Wahllosigkeit manch zufällige Quelle in sich aufgenommen, die dem Philologenblick bis heute noch verborgen geblieben ist. Es konnten »Kulturfahrpläne oder Geschichtstabellen, historische Romane, Briefanthologien, Reisereportagen und Expeditionsberichte, Memoiren, Biographien, Kunstbände oder zufällige Sonntagsbeilagen der Tagespresse« sein oder Eindrücke aus der täglichen Zeitungslektüre, die in bewährter Weise collagiert wurden, wie das schon in den Essays »Dorische Welt«, »Kunst und Drittes Reich« oder »Provoziertes Leben« der Fall war.[7] Als Vorbilder berief er sich auf die »Paludes« von André Gide und den »Bebuquin« seines Freundes Carl Einstein, alles andere sei doch »Prosa im treu-deutschen und treu-europäischen Sinne«, also eigentlich formal unproblematisch und rein inhaltlich bestimmt. Da es nun im »Phänotyp« keine Vergangenheit, keine Zukunft und kein psychologisches Gefüge gäbe, der Dichter aber einen Satz schreiben müsse, bliebe die Frage: »Wie also muß das aussehn? –«[8] So wie der Phänotyp, würde man heute antworten, einzelne Seiten, die durch nichts anderes zusammengehalten werden als durch den Zwang des schreibenden Subjekts.

Die Erklärung Benns an Oelze, das Ganze ähnele im Aufbau einer Orange, deren Scheiben nach innen gingen, ist in der Literaturwissenschaft zur Interpretationsgrundlage des »Phänotyp« geworden. Aber kann man denn übersehen, daß Benns Erklärungen nur Versuche waren, durch eine Theorie den inneren Zusammenhang eines Werkes zu retten, das eben nichts weiter darstellte als Prosastücke aphoristischen Charakters und unterschiedlichster Perspektiven? Und da der Sinnzusammenhang fehlte, der dem denkenden Bewußtsein angesichts der herrschenden Lage sowieso absurd erscheinen mußte, erklärte Benn die Unmöglichkeit einer solchen Zusammenhangsherstellung zum formalen Prinzip seiner jetzigen Arbeit. Eine Geisteshaltung, die sich noch immer auf Erklärung und Analyse einließ, war überholt. Wenn um ihn her die Welt versank, hielt sich der Phänotyp in ruhiger Distanz: »Wenn man das Ganze überblickt, ist es von großer Unverständlichkeit, aber wahrlich der Wunder voll.«[9] Das ist die rettende Ironie, Benn wußte nicht, wie er formal den täglichen Kriegsschrecken anders begegnen sollte. Die Lage mußte akzeptiert werden, sie sollte aber auch den ihr angemessenen künstlerischen Ausdruck finden.

Herta hatte an der dichterischen Arbeit ihres viel älteren Ehemannes in der ganzen Zeit Anteil genommen, indem sie die Handschrift mit der Schreibmaschine abschrieb und die Korrekturen berücksichtigte. Allerdings verdeckt dieses Bild der durch Maschineschreiben helfenden Ehefrau die Schwierigkeiten, mit denen die Ehe seit geraumer Zeit zu kämpfen hatte. Beide wohnten auf engstem Raum zusammen, waren in hohem Maße aufeinander angewiesen, sieben Jahre lebte man bereits als Paar zusammen, aber die Ehe war nicht glücklich. Zwar spricht Benn häufiger davon, daß seine Frau ihm in der schweren Zeit beistünde, und bekundet Dankbarkeit für die zugewandte Haltung. Aber niemand, der die beiden kannte und in Berlin besucht hatte, wußte, daß Herta drogensüchtig geworden war: sie nahm Morphium. Vorhaltungen nutzten nichts: »Es ist aber immer so schön danach«, kam als Antwort.[10]

Herta führte eine Art Tagebuch, ein Kalender, in den sie acht Monate lang Notizen in Stenogrammschrift eingetragen hat.[11] Sie notierte die Daten der Geburtstage von Freunden und Verwandten, Alice Schuster kommt mit Hund Pütz, Benn trifft sich mit Kollegen. Herta war eine tüchtige Organisatorin und versierte Hausfrau. Sie kocht und notiert Kriegsrezepte, etwa Griesbrei aus Magermilch. Bekannte bringen Kekse und Wein. Um die dürftige Kasernenversorgung zu bessern, kaufte sie in der Stadt ein. Trotz des Fliegeralarms und der Pflicht, sofort den nächsten Keller aufzusuchen, setzte sie ihren Weg fort: Einwohner, die selbst aus den Fenstern lehnten, beschimpften sie. Ein französischer Gefangener, der Benns Stuben reinigte, Monsieur Demoulin, war häufiger Gegenstand zuneigungsvoller Eintragungen. Er brachte Schokolade und verwöhnte die junge Frau mit Aufmerksamkeiten: »Blumen mit Widmung für mich gebracht. Nachmittags Beruhigung mit Lesen.«[12] Mit ihm macht sie im Mai einen »netten Ausflug nach Schwerin«, Benn wird eifersüchtig. Aber auch der »schöne Spaziergang mit G.« wird erwähnt. Öfters aber erscheint ein verdrießlicher und übellauniger Benn in den Notizen, »hetzt mich immer und legt sich selbst ins Bett. Ich wurde heftig, weil er so hetzte. Darauf holte er selbst wenigstens Leitungswasser«, ist am 29. April 1944 eingetragen. Für Benns Geburtstag am 2. Mai backte sie einen »sehr schönen Honigkuchen«. Ein gemeinsamer Spaziergang endete abrupt: »Abendlicher Spaziergang mit G., aber beim Hinausgehen aus der Kaserne ertönte Voralarm schon wieder und G. macht kehrt und ließ mich stehen.«[13] Kein Wunder, daß der »Page« sich ständig erschöpft fühlte, schlecht schlief, häufig abgespannt war: »Fühle mich immer sehr krank.« Herta klagte über Gelenkrheumatismus und Gelenkentzündungen an beiden Knien, zeitweilig konnte sie nicht richtig gehen und humpelte am Stock.[14] Mitte Juli wurde eine dreiwöchige Kur in einem Wehrmachtserholungsheim in Podiebrad bei Prag erwogen, aber dazu kam es nicht mehr. Am 14. Juli morgens um 8.30 Uhr saß sie im Zug nach Bad Oeynhausen, »Abteil für Schwerkriegsbeschädigte. Fahrt schreckliche Tortur«.[15] Sie war im Johanniter-Stift untergebracht, der behandelnde Arzt war Benn aus der Pépinière-Zeit bekannt.[16] Das Stift wurde jedoch kurz nach Hertas Einquartierung in ein Lazarett umfunktioniert, sie mußte umziehen und kam bei Verwandten ihrer Mutter unter. Benn war erleichtert, vor allem auch deswegen, weil es sich um einen Ort in Westdeutschland handelte, der von den Alliierten besetzt werden würde und nicht von den Russen, und kommentierte die Situation mit einem Hölderlinzitat: »Wo Gefahr ist, wächst das Rettende auch«[17]: Benn war nun vorerst allein. Von John Dos Passos las er »Auf den Trümmern«, von Charles Morgan »Die Flamme« und beschäftigte sich auf Anregung von Oelze mit Rilke[18], den er einerseits bewunderte und in der Lyrik des 20. Jahrhunderts nicht missen wollte, dem er jedoch auch mit zwiespältigem Gefühl begegnete: »Nie sehe ich ihn anders als kriechend, als einen Wurm, der sich zwar ohne Absetzen einzigartig gliedern und bewegen kann, aber zu den ganz fairen Tieren nicht gehört.«[19] Aus der Leihbibliothek nahm er die Erinnerungen von Gustav Pauli, dem Direktor der Bremer Kunsthalle, mit und ließ sich über das Kunstverständnis der alten Bremer Familien belehren. Die Atmosphäre der Hansestadt erinnerte ihn an die »Buddenbrooks«, und er bedenkt Thomas Mann uneingeschränkt mit Lob: »Th. M. ist ein grosser Mann, – kein Zweifel –, soweit es heute u für Lebende Grösse, erkennbare Zeichen von Übergeordnetheit, giebt.«[20]

Von der Front konnte man in Landsberg den Geschützdonner hören, zwölf Kilometer östlich wurden »von Jung und Alt« Schützengräben ausgehoben.[21] Hinter dieser lapidaren, scheinbar harmlosen Feststellung Benns in einem Brief an Oelze versteckte sich jedoch eine wichtige Mitteilung: In Landsberg wurde der Erlaß über den »totalen Kriegseinsatz« vom 25. Juli 1944 bereits befolgt. Alle waffenfähigen Männer im Alter von sechzehn bis sechzig Jahren, der sogenannte »Volkssturm«, sollten zum Bau und der Sicherung von Panzersperren, zu Schanzarbeiten an der Front, zum Nachschubdienst herangezogen werden können.[22] Benn hoffte, nicht zu solchen Arbeiten abkommandiert zu werden. Allerdings mußte er im Oktober, was er schon länger befürchtete, die Kaserne verlassen: Ab Mitte des Monats wurde er in der Lehmannstraße 68 II bei der Familie Kretzschmer einquartiert. Das obere Stockwerk des Hauses bewohnte die Witwe des Generalmajors Theodor Kretschmer, der 1941 in Estland gefallen war. Benn mit seinen 58 Jahren und seine Frau, die aus Oeynhausen zurückgekehrt war, mußten wieder das eingeschränkte Dasein von Untermietern führen.

Die Kaserne wurde mit »Ost-Rückverlegungen« gefüllt. Zu diesem Zeitpunkt hatte die Rote Armee ihre Großoffensive gegen die deutsche Heeresgruppe Mitte in Weißrußland gestartet. Ende Juli standen sowjetische Truppen im Süden der Front vor Belgrad, im mittleren Frontabschnitt vor Warschau und im Norden vor den Grenzen Ostpreußens: Der große Flüchtlingsstrom ergoß sich in Richtung Westen. Benn fürchtete, daß er noch zum Gewehr würde greifen müssen. Wo aber sollte er, wenn er das jetzige Quartier aufgeben mußte, im Trubel des Rückzugs seine Manuskripte lassen? Oelze war in Paris stationiert. Die Stadt wurde am 25. August befreit, aber er hatte zu dieser Zeit gerade Urlaub, den er in Bremen verbrachte. Benn riet ihm, sich krank schreiben zu lassen und möglichst in Bremen zu bleiben oder in Kur zu gehen. Das wäre im Moment die einzige Möglichkeit, sich etwas auszuruhen, ohne zu verhungern. »Kann ich Ihnen dazu helfen? Soll ich ein Attest schreiben, dass aus Ihren Briefen deutliche Zeichen des geistigen Verfalls mich angesprochen hätten u dass meine jahrzehntelange Kenntnis Ihrer Persönlichkeit mir den Gedanken nahe legt, dass Sie sich in paranoide Ideen verlören? Ich tue es gern u sofort, quand vous voulez. Ich werde mit Symptomen und Formulierungen nicht sparen, ich kann sehr überzeugend schreiben.«[23] Auch im September riet er ihm, sich weiter krank schreiben zu lassen, und endete den Brief mit der Zeile »›mit Blick auf das Ende, ist das Leben schön‹ – sagte Clemenceau«.[24]

Das ist der erste Hinweis darauf, daß Benn sich auch wieder der Lyrik zugewandt hatte. Denn mit diesem Zitat beginnt das Gedicht »Clemenceau«:

> »Mit dem Blick auf das Ende ist das Leben schön«,
> der Blick lag auf den Rosen der Vendée.
> Ferner:
> »die Menschen haben keine Seele,
> wenn sie doch wenigstens Haltung hätten.«

Benn hat dieses Gedicht später nicht in die Gedichtsammlungen aufgenommen. Zu Recht, denn er war seiner Absicht, der Lyrik eine »Dimension der Alltäglichkeit«[25] zu geben und etwas ganz Neues zu machen, noch nicht gewachsen. Aus Gesprächsprotokollen von Clemenceaus langjährigem Sekretär Jean Martet verwendete er einzelne Zitate, ein Verfahren, für das er 1949 den Begriff »Montagekunst« benutzte.[26]

Benn begann damit eine Reihe von Gedichten in freien Versen, eine Form, die er nicht mehr aufgeben und im Laufe der Jahre immer wieder versuchen würde. Diese Rückkehr zu einer Ausdrucksform, die er in frühen Jahren so variantenreich erprobt hatte, fiel mit einer tiefgreifenden Änderung der Thematik zusammen. Seine Abgrenzung gegen eine feindlich gewordene gesellschaftlich-geschichtliche Welt wurde ihm selbst langweilig, eine sterile Wiederholung bekannter Grundstrukturen. Früher hatten seine Gedichte die Herrschaft des konstruktiven, wenngleich leidgeprägten Geistes über die qualitätslose geschichtliche Welt verherrlicht. Aber so konnte er nicht weiter schreiben, nachdem er in seinen Essays das notwendige Ende kausaler Verknüpfung und innerer Zusammenhänge postuliert hatte. »Jetzt werden Gedankengänge gruppiert, Geographie herangeholt, Träumereien eingesponnen und wieder fallen gelassen. Nichts wird stofflich-psychologisch mehr verflochten, alles angeschlagen, nichts durchgeführt. Alles bleibt offen. Antisynthetik.«[27] Und Benn bezog die Lyrik expressis verbis in diesen Zusammenhang mit ein: »Aber wenn der Mann danach ist, dann kann der erste Vers aus dem Kursbuch sein und der zweite eine Gesangbuchstrophe und der dritte ein Mikoschwitz und das Ganze ist doch ein Gedicht.«[28]

Benn selbst wies darauf hin, daß dieses Verfahren in Gefahr war, in eine kindische Spielerei mit Sprachmaterialien abzugleiten.[29] Das stimmt für das Gedicht »Clemenceau«, da das Material nur spannungslos nebeneinander steht und nicht viel mehr als eine Zitatensammlung bildet.

Erst in »Chopin«[30] stellt der Rückgriff auf bereits vorgeformtes, kulturelles Material die Nähe zur Wirklichkeit her:

Chopin

Nicht sehr ergiebig im Gespräch,
Ansichten waren nicht seine Stärke,
Ansichten reden drum herum,
wenn Delacroix Theorien entwickelte,
wurde er unruhig, er einerseits konnte
die Notturnos nicht begründen.

Diese Strophe entwickelt die Beziehung zwischen schöpferischem Geist und theoretischer Reflexion. Der Nachhall traditioneller Genievorstellungen, die den Künstler als unbewußt schaffend denken, vertrug sich sehr wohl mit dem neuen Bild des Künstlers als Handwerker und Techniker.[31] Das lyrische Subjekt erschien nur noch als Kommentator, der Angaben zur äußeren Biographie des Künstlers machte. Die zweite und dritte Strophe zeichneten das Bild eines physisch schwachen, zutiefst kranken Menschen, dem es an Vitalität gebrach:

Schwacher Liebhaber;
Schatten in Nohant,
wo George Sands Kinder
keine erzieherischen Ratschläge
von ihm annahmen.

Brustkrank in jener Form
mit Blutungen und Narbenbildung,
die sich lange hinzieht.

Benn stellte den Künstler als bionegativen Typ vor, als »Gegentyp«, in Kontrast zu der herrschenden Ideologie vom Künstler als dem deutschen Rabauken. Das Thema der Krankheit wurde in medizinischen Details ausgebreitet, ohne Empathie, eine Haltung, die schon manche Gedichte der »Morgue« charakterisiert hatte. Die Verweigerung der subjektiven Regung erlaubte gleichwohl ein Pathos, das Benn durch die Beschreibung einer Szene erreichte:

> stiller Tod
> im Gegensatz zu einem
> mit Schmerzparoxysmen
> oder durch Gewehrsalven:
> man rückte den Flügel (Erard) an die Tür
> und Delphine Potocka
> sang ihm in der letzten Stunde
> ein Veilchenlied.

Chopin ordnete vor seinem Ende jedoch die künstlerische Hinterlassenschaft:

> Dann verbrennt er seine Skizzen
> und Manuskripte,
> nur keine Restbestände, Fragmente, Notizen,
> diese verräterischen Einblicke –
> sagte zum Schluß:
> »meine Versuche sind nach Maßgabe dessen vollendet,
> was mir zu erreichen möglich war«.

Das war eine Haltung, die Benn bewunderte und die er ja auch von sich selbst verlangte: Selbstbeschränkung und eine künstlerische Leistung innerhalb der durch Vererbung und Begabung gezogenen Grenzen bei Anstrengung und Fleiß. Obwohl Benn die Kunst als die letzte metaphysische Erfahrung des europäischen Menschen betrachtete, vergaß er doch nicht ihre handwerklich-artistischen Grundlagen:

> Spielen sollte jeder Finger
> mit der seinem Bau entsprechenden Kraft,
> der vierte ist der schwächste
> (nur siamesisch zum Mittelfinger).
> Wenn er begann, lagen sie
> auf e, fis, gis, h, c.

1928 hatte er das Buch von Guy de Pourtalès »Der blaue Klang. Friedrich Chopins Leben« gelesen, und am Grabe Klabunds den Satz zitiert, den Chopin an seinem Todestage schrieb: »›Meine Versuche sind nach

Maßgabe dessen vollendet, was mir zu erreichen möglich war‹ – das Abschiedswort eines wahren Künstlers, der das Fragmentarische des Individuellen erlebt hatte.«[32] Benn muß den Band in Landsberg wieder zur Hand genommen haben, denn der Eingang des Gedichts ging von der bei Pourtalès geschilderten Szene aus, die Chopin im Gespräch mit Delacroix zeigte: »Nun war Delacroix in seinem Fahrwasser. Er entwickelte seine Gedanken über Kolorit, Kontur, eintönige Farben, erklärte, jede Farbe sei durch Reflexwirkungen bedingt. Chopin jedoch hörte nicht mehr hin. Er stand auf und setzte sich an den Flügel.« Von acht Abschnitten des Gedichts beruhen mindestens sechs auf mehr oder minder wörtlichen Übernahmen aus der Biographie. Allerdings ist eine Veränderung der musikalischen Realität zugunsten der dichterischen Absicht bemerkenswert. Im Text der Vorlage heißt es: »Um die Hand in eine vorteilhafte Lage zu bringen, ließ er sie von oben leicht auf die Klaviatur aufsetzen, und zwar so, dass die Finger sich auf e, fis, gis, b, h stützten. Nach seiner Ansicht war dies die normale Handlage.«[33] Pourtalès bezeichnete die beiden weißen Tasten (e und h) für Daumen und den kleinen Finger, die drei schwarzen Tasten (fis, gis und b) für Zeige-, Mittel- und Ringfinger. Benns Aufzählung »e, fis, gis, h, c« war dagegen für einen Pianisten unsinnig. Ihm schien die Zeile »e, fis, gis, b, h« nicht gut zu klingen, also wurde die Realität des Musikers gemäß den Bedürfnissen des Dichters geändert.

Aber neben dem Versuch, die Montagetechnik der Prosa auch in der Lyrik zu praktizieren, knüpfte Benn ebenso an seine Naturgedichte der hannoverschen Zeit an. Wenn er in der Lehmannstraße das Haus durch den Hinterausgang verließ, um mit Herta spazierenzugehen, erreichte das Ehepaar in kürzester Zeit die kleinen Gärten und Felder:

Du, über den Zaun gebeugt mit Phlox
(vom Regenguß zerspalten,
seltsamen Wildgeruchs).
der gern auf Stoppeln geht,
zu alten Leuten tritt,
die Balsaminen pflücken,
Rauch auf Feldern
mit Lust und Trauer atmet –

aufsteigenden Gemäuers,
das noch sein Dach vor Schnee und Winter will,
kalklöschenden Gesellen
ein: ›ach, vergebens‹ zuzurufen
nur zögernd sich verhält –

gedrungen eher als hochgebaut,
auch unflätigen Kürbis nackt am Schuh,
fett und gesichtslos, dies Krötengewächs –[34]

Der Anfang dieses Gedichts, das Benn »September« nannte, verdankte sich einer wirklichen »Gelegenheit«: »Der Zaun steht vor meinem Fenster in der Lehmannstrasse u ich betrachte ihn täglich u. der September war in den kleinen Gärten u Feldern, 5 Minuten von unserer Wohnung hier, ›hinten raus‹, wie wir sagen, wenn wir spazieren gehen,: da waren die Balsaminen u. Kürbisse und auch die Maurergesellen, die an einem Hausgrund bauten.«[35]

Benn schrieb diesen Kommentar in Antwort auf ein zustimmendes Urteil von Oelze zu einer Sammlung von vierzehn Gedichten, die er ihm am 18. Januar 1945 als Geschenk zu Weihnachten und zum Geburtstag geschickt hatte. Es ist ein ungewöhnlich langer Brief, in dem Benn einen Kommentar zu einzelnen Gedichten und zu seinen »artistischen Überzeugungen« gibt: »Die neuen sachlichen Gedichte könnten auch in einem Essayband stehn u. ich habe mir sehr wohl überlegt, ob sie in den Essayband gehören. [...] Sie sollen, zwischen anderer u. bewährter Lyrikform, sagen: dies ist auch Lyrik, so sieht sie heute sogar *vornehmlich* aus, so ist sie echt, nämlich Wirklichkeit so angeordnet u. zum Ausdruck gebracht, dass sie phantastischer wird als sogen. Phantasie.«[36]

Natürlich war es kein Zufall, daß Benn seine Theorie über die moderne Lyrik Oelze gegenüber zusammenfassend als Vermächtnis äußerte. Denn das Ende des Krieges näherte sich mit Riesenschritten. Am 12. Januar 1945 begann die Rote Armee ihre Winteroffensive gegen die deutsche Ostfront. Fünf Tage später wurde Warschau besetzt, am selben Tag begann die 3. weißrussische Armee ihren Großangriff auf Ostpreußen. Es gelang den sowjetischen Truppen innerhalb von knapp drei Wochen, bis an die Oder vorzudringen, wo sie nördlich von Küstrin am Westufer des Flusses einen Brückenkopf bildeten. Im Verlauf dieser Offensive überschlugen sich die Ereignisse. Am 21. Januar überschritten die Sowjets die deutsche Reichsgrenze. Einen Tag später erreichten sie die Stadtgrenze von Breslau. Am 23. Januar entbrannten heftige Kämpfe um das oberschlesische Industrierevier.

Für Landsberg wurde die Situation brenzlig, die Räumung stand kurz bevor, wenn nicht jemand die Stadt mit Klauen und Zähnen verteidigen wollte. Für Benn blieb immer noch die Frage, wie er seine Manuskripte in Sicherheit bringen konnte. Er machte sich einen Erlaß des OKW über »Nachlaßsachen, Eigensachen, zurückgehende Feldpostsendungen« zunutze, der eine rasche Expedition einigermaßen sicherstellte. Getarnt als Nachlaß des angeblich im Dezember 1942 bei Stalingrad gefallenen Assistenzarztes Dr. Werff Rönne gingen am 23. Januar 1945 alle noch vorhandenen Manuskripte als Paket mit Dienstsiegel an Oelzes Dienstadresse in Nienburg an der Weser in der Nähe von Bremen: Das Paket kam an, Oelze brachte es zu Clara Rilke-Westhoff nach Fischerhude in der Nähe von Bremen.

Wie aber sollte Herta nach Berlin zurückkommen? An einen Platz in der Eisenbahn, wenn diese denn überhaupt fuhr, war nicht zu denken. Um ihn sich zu erobern, hätte sie kräftig und gesund sein müssen. Aber eine Behinderte, die sich nur an Krücken vorwärts bewegen konnte, hatte keine Chance. Und mit ihrem Rheumatismus hätte sie vierzig Kilometer zu Fuß durch Eis und Schnee nicht durchgehalten. Für einen Platz im LKW, der nach Westen fuhr, wurden in diesen Tagen enorme Preise gefordert, Benn sprach davon, daß »1000 M u ein Schinken geboten werden«.[37] Aber am 26. Januar war Herta das Glück hold, sie ergatterte einen Lastwagenplatz in Richtung Berlin, obwohl die Wohnung in der Bozener Straße in der Zwischenzeit durch Zwangsmieter belegt worden war. Deswegen blieb es zum Zeitpunkt der Abreise unsicher, ob sie dort überhaupt würde unterkommen können. Ihr blieb jedoch keine andere Wahl: Flucht oder die Russen, über deren Grausamkeiten und Vergewaltigungen sogar die Schweizer Presse berichtete.[38]

Was aus Benn werden würde, war an diesem Tag noch unsicher. Darüber, daß auch er sich absetzen mußte, bestand kein Zweifel. Aber er konnte als »Standortarzt von Landsberg/Warthe und Führer der Heeressanitätsstaffel«[39] die Kaserne nicht ohne Befehl einfach verlassen. Eine Entdeckung seiner Flucht hätte die sofortige Erschießung zur Folge gehabt. Benn hatte jedoch durch Krankmeldung für diesen Notfall vorgesorgt und konnte eventuell mit dieser Begründung nach Berlin fahren: »Ich bin quasi krank gemeldet, hatte kürzlich eine schwere Grippe, könnte eventuell mit dieser Begründung nach Berlin, weiss aber noch nicht, was zweckmässig ist.«[40] Einen Tag später war der Entschluß, Landsberg sofort zu verlassen, unumgänglich. Am Sonnabend, dem 27. Januar 1945, schrieb er ein letztes Wort an Oelze und kündigte seine Abreise für den nächsten Tag an, »fast alle meine Sachen muss ich hier lassen«.[41]

Zwei Tage vorher war der Befehl ausgegeben worden, in einer »Heldengreifaktion«, wie der Offizier Walter Neumann ironisch schrieb, »aus in Ausbildung befindlichen, aus Genesenden, festgehaltenen Urlaubern und Stammpersonal der Garnison Einsatzkompanien aufzustellen und auszurüsten«.[42] Ein Leutnant, den er am 30. Januar zur Kaserne schickte, um Verbindung zum kommandierenden General in Landsberg aufzunehmen, kam gegen 19.00 Uhr »erregt und bleich zurück. Er berichtete, er habe die Kaserne fast leer vorgefunden. Der General sei weg, ohne einen Befehl zu hinterlassen«.[43] Offizier Neumann fuhr mit seinem Panzer um Mitternacht an dem hochgelegenen Kasernenkomplex vorbei: »Alles hell erleuchtet, sämtliche Türen standen offen, überall lagen Waffen, Panzerfäuste, Munition und Ausrüstungsgegenstände herum, dazwischen verstreute Akten. Die Kaserne bot das Bild kopfloser Flucht einer völlig aufgelösten Truppe.«[44]

Als Führer der Heeressanitätsstaffel konnte Benn natürlich nicht ohne weiteres seinen Standort verlassen. Er brauchte einen Marschbefehl, denn nur so konnte er sich gegenüber SS oder Feldpolizei legitimieren. Wäre er kontrolliert und ohne Papiere angetroffen worden, wären ihm der Genickschuß oder der nächste Baum sicher gewesen. Wahrscheinlich stellte sich Benn den Marschbefehl selber aus. Daß das möglich war, wissen wir von dem SS-Mann Hans Schneider-Schwerte, der seinen Marschbefehl »blanco in der Tasche hatte«.[45] Benns Flucht war nicht unbemerkt geblieben. Ein Zeuge berichtet, daß im Krankenrevier der Kaserne völliges Durcheinander herrschte. Im Arztzimmer verteilte ein Stabsarzt einer fremden Staffel, die auf dem Rückzug in der Kaserne Pause machte, Lebensmittel und Zigaretten. Arzneimittel, die früher sorgfältig verwahrt wurden, lagen in angebrochenen Großpackungen herum. Zerschlagene Spritzen, Instrumente aller Art und Blutlachen bedeckten den Boden. »Im Behandlungszimmer ist ein junger Hilfsarzt im Range eines Sanitätsfeldwebels mit der Behandlung Kranker und Verwundeter beschäftigt. Auf meine Frage nach dem Standortarzt antwortete der Standortarzt-Schreiber, ein Sanitätsunteroffizier: ›Wir sollen uns nach Küstrin durchschlagen. Hier ist seit gestern kein Standortarzt mehr‹.«[46]

Auch die Zivilbevölkerung flüchtete Hals über Kopf, weder die örtliche Parteileitung noch die militärischen Stellen hatten sie über die wahre Frontlage unterrichtet und erst am Morgen des 30. Januar die Räumung erlaubt. Gegen 23.00 Uhr abends marschierten die Russen im Osten der Stadt ein. Vierzehn Tage später wurde Generalmajor Gerhard Kegler, der mit der Führung der Division »Woldenberg« beauftragt war, vom Reichskriegsgericht in Torgau wegen Dienstpflichtverletzung im Felde zum Tode verurteilt und degradiert, weil er die Stadt den Russen kampflos überlassen hatte. Kegler wurde am 12. April als einfacher Schütze schwer verwundet und geriet in russische Gefangenschaft. Mitte der fünfziger Jahre hob Bundespräsident Theodor Heuss das Todesurteil auf.[47]

Benn hatte sich also vorzeitig abgesetzt, er spürte keine Lust auf den Tod für Führer und Vaterland oder die Verschleppung nach Sibirien. Die dichterischen Arbeiten dieser sechzehn Monate waren als Wertpaket an Oelze abgegangen, ob sie damit in Sicherheit waren, blieb im Moment offen. Benn hat Thea Sternheim im ersten Brief, den er ihr nach dem Krieg am 12. August 1949 schrieb, das Ende in Landsberg in knappen Sätzen geschildert: »Dann die Flucht im Januar 45, bei 10 Grad Kälte im Schneetreiben nach Küstrin zu Fuss, alle Sachen dagelassen – wenn man Mitte Januar fragte: was machen wir eigentlich mit unseren Sachen und Möbeln, die wir mühselig aus Berlin hierhergeschleppt haben, hiess es: die Russen kommen nicht, wer so was fragt, wird an die Wand gestellt, und dann in der folgenden Nacht Alarm, Artilleriebeschuss und Flucht mit einer Aktentasche – so war es ja im ganzen Osten, alle Strassen voll Trecks und Planwagen, aus denen die toten Kinder fielen.«[48]

Diese Zeilen hat Benn in leicht veränderter Form in den Abschnitt »Block II, Zimmer 66« des »Doppellebens« von 1950 übernommen, sie sind also ein Selbstzitat. In beiden Texten ist vom Artilleriebeschuß die Rede, der jedoch, wie Zeitzeugen übereinstimmend berichten, nicht stattgefunden hat.[49] Er wurde nur befürchtet, weswegen sich die Bevölkerung in den Kellern verschanzte. Benn benutzte ihn als dramatisches Element für die Flucht aus der Stadt: »Die ruhigste und glücklichste Zeit« seines Lebens, wie er rückblickend schrieb,[50] war zu Ende.

Nachkrieg

Berlin in Trümmern

Während Ende Januar 1945 die »Aachener Nachrichten« als erste amerikanisch-britisch kontrollierte Zeitung auf deutschem Boden erschien, traf Berlin die letzten Vorbereitungen für den Endkampf. Im Lustgarten sammelten sich alte Männer in Hut und Mantel, die dem Volkssturm zugeteilt worden waren. Schulkinder im Alter von fünfzehn, sechzehn Jahren übten sich an Knüppeln im Schießen und hielten Papphülsen als Panzerfäuste über die Schulter: »Sie trugen kein Koppel mehr, sondern Stricke jeglicher Art, keine Stiefel mehr, sondern irgendein Schuhzeug, sie parierten nicht, denn viele von ihnen konnten kein Deutsch.«[1] Der Volkssturm errichtete Barrikaden und Panzersperren aus dem Trümmermaterial der zerbombten Häuser. Ausgebrannte Straßenbahnwagen und riesige Bombentrichter versperrten die Straßen der völlig verwüsteten Innenstadt.

Benn war noch keine Woche aus Landsberg zurück, da flogen die Amerikaner am 3. Februar bei strahlendem Sonnenschein den schwersten Luftangriff, den Berlin bisher erlebt hatte. Mehr als neunhundert »Flying Fortresses« und »Liberators«, begleitet von sechshundert Jagdflugzeugen, legten am Vormittag zwischen zehn und elf Uhr die dichtbesiedelten Stadtbezirke Kreuzberg, Mitte, Friedrichshain und Wedding in Schutt und Asche. Das Zeitungsviertel in der Kochstraße, der Anhalter Bahnhof und das Schloß im Lustgarten standen bald in einer einzigen Feuerlohe, endgültig zertrümmert wurde »Altberlin« um Friedrichsgracht und Klosterstraße, ein Stadtteil, in dem Benn vor seiner Versetzung nach Landsberg spazierenzugehen pflegte. Noch Stunden nach dem Angriff behinderte Qualm das Atmen. Bomben »so groß wie Betonmischer« durchschlugen selbst massive Bunkerdecken und zerfetzten die Bewohner in ihren Kellern.[2] Auch von Schöneberg blieb nur ein glühendes Trümmerfeld. Neun Volltreffer schlugen auf dem Bayerischen Platz ein. Drei Tage später besuchte Julius Gescher Benn in der Bozener Straße und mußte erleben, daß der Bayerische Platz noch immer in Flammen stand: »Es ist ein Wunder, daß Benns noch leben. Jedoch in Hungersnot. Vor allem kein Wasser.«[3]

Gescher hatte allen Grund, sich um das Ehepaar Benn zu sorgen und nach ihm zu sehen. Benn erfreute seinen Gast mit Kognak, dem man reichlich zusprach. Die Flasche stammte wohl aus dem Reisegepäck aus Landsberg, ein Schluck Alkohol konnte als Wegzehrung nichts schaden und besaß im übrigen mehr Wert als bare Münze. Möglicherweise hatte er schon Anschluß an den Berliner Schwarzmarkt gefunden, auf dem man sich an bekannten Orten der Stadt das Nötigste besorgen konnte. Für ein halbes Pfund Butter bot man vierhundert Mark, zweihundertfünfzig Mark betrug der Tagespreis für ein Oberhemd, Zigaretten kosteten fünf Mark pro Stück.[4] Die Bevölkerung lebte wegen der sieben- bis achtstündigen Stromsperre und der mit Brettern vernagelten Fenster praktisch im Dunkeln. Benn und seine Frau schliefen in ihrer Wohnung, die sie mit anderen Leuten teilen mußten, auf Strohsäcken: Die Schlafzimmereinrichtung, sonstiges Mobiliar und alle Bücher, die Benn im Laufe der zwei Jahre aus Berlin in die Kaserne mitgenommen hatte, gingen in Landsberg unter. Besonders schwierig war die Versorgung mit Wasser, Benn mußte es in Eimern von einer Pumpe holen, die mehrere Straßen entfernt lag. Vor den Pumpen bildeten sich lange Schlangen, wie auch vor den Geschäften zwischen den Luftalarmen. Daß man vier bis fünf, auch sechs Stunden warten mußte, um etwas Brot auf Brotmarken zu kaufen, war keine Seltenheit.[5]

Benns letzte Dienststelle in Berlin war das Wehrmachtfürsorge- und Versorgungsamt Berlin Brandenburg in der Fredericiastraße. Dort mußte er sich nach der Rückkehr aus Landsberg/Warthe Anfang Februar 1945 melden und erhielt Sold und Lebensmittelmarken.[6]

Die Luftangriffe rissen nicht ab. Der Bunker im Rathaus Schöneberg, der als besonders sicher galt und in dem sich das Ehepaar Benn ab und zu einen Platz erkämpfte, wurde durch Volltreffer zerstört, einhundertfünfundvierzig Tote waren zu beklagen. Meistens blieben die Benns allerdings im Keller ihres Hauses in der Bozener Straße, manchmal flüchteten sie auch in die Katakomben der Kirche zum Heilsbronnen in unmittelbarer Nähe des Bayerischen Platzes.[7] Benn vertrieb sich die Zeit im Gespräch mit dem Pfarrer. Oelze erhielt eine Lagebeschreibung: »Viele Leichen gestern wieder, offenbar gibt es keine Bahren u Tragen mehr, die Toten werden an den Beinen in die nahe gelegenen Wohnungen geschleift. Aus Dresden sagte einer beiläufig: ›sie liegen immer noch da, man fasst sie mit Messer und Gabel an, da sie so weich sind‹. Also, – davon abgesehen, es ist eindrucksvoll, wie dies gewiss enge religiöse Milieu selbst des Protestantismus etwas von Haltung u. Feinheit an sich hat, was mein altes Pfarrhausherz sympathisch berührt.«[8] Von einem geregelten Dienst konnte keine Rede mehr sein, weil es große Schwierigkeiten machte, überhaupt einen bestimmten Ort zu erreichen. Nach den Bombenangriffen erzwangen selbst kürzere Strecken oft ausgedehnte Umwege. Da die Straßenbahnen häufig außer

Betrieb blieben, benutzte man Fahrräder oder legte mehrstündige Fußmärsche zurück. Straßenschilder waren verschwunden, die ausgebrannten Häuserreihen sahen alle gleich aus. Die Berliner kauerten zwischen ihren geretteten Möbelstücken und Habseligkeiten in Schnee und Regen vor den Ruinen. Nach einem Luftangriff bestand oft keine Verbindung zu anderen Stadtteilen, so daß die nachbarliche Beziehung wegen mangelnder Verkehrsverbindungen allmählich verlorenging. Die Versteppung der Stadt hatte schon begonnen, als Benn noch in Landsberg lebte, zwischen Ruinen und Säulen der Schinkelbauten weideten Ziegenherden. Das Zentrum war mit Ackerflächen durchsetzt, viele Trümmergrundstücke verwandelten sich in Schrebergärten. Benn beobachtete seit seiner Rückkehr mit Interesse die Lockerung der Sitten in der Reichshauptstadt. Polizei und Parteiverwaltung bekamen trotz schärfster Strafandrohung die Beziehungen deutscher Frauen zu Kriegsgefangenen nicht mehr unter Kontrolle, die Fälle von Beischlaf »mit Fremdvölkischen« nahmen eher zu als ab.[9] Der Sicherheitsdienst fühlte sich sogar veranlaßt, einen Sonderbericht über »Unmoralisches Verhalten deutscher Frauen« vorzulegen, die an vielen Orten in stadtbekannten Verkehrslokalen Männer kennenzulernen suchten.

Im Halbdämmer der Zimmer, deren Fenster mit Papp- und Sperrholzplatten vernagelt waren, räumte das Ehepaar auf, Benn ordnete die verbliebenen Bücher in den Regalen, Gedichtbände von 1912, Komödien von Carl Sternheim, die frühen Romane von Heinrich Mann. Er las manchmal in seinen eigenen Schriften, der letzte gedruckte Band lag neun Jahre zurück. Diese Epoche seines Lebens gehörte der Vergangenheit an, und niemand wußte, wie die nächsten Monate aussehen würden.[10] Mitte März zeichnete sich für Berlin das Ende ab. US-amerikanische Streitkräfte eroberten die strategisch wichtige Rheinbrücke bei Remagen. Frankfurt am Main, Wiesbaden und Mannheim wurden besetzt. Benn überlegte, ob er seine Frau aufs Land evakuieren sollte, denn mit der letzten Schlacht um Berlin mußte täglich gerechnet werden. Mit einem Brief von Anfang April verabschiedete Benn sich von Oelze, weil er annahm, daß Nienburg an der Weser, wo der Freund stationiert war, in Kürze Kampfgebiet sein würde. Er hatte recht. Zehn Tage später, am 15. April, befreiten britische Truppen das nahe gelegene Konzentrationslager Bergen-Belsen in der Lüneburger Heide.

Benns Dienststelle suchte bereits seit Anfang Januar nach einer Unterkunft außerhalb der bedrohten Reichshauptstadt, konnte offenbar aber bis Ende Februar keinen passenden Ort finden. Benn hielt von der Auslagerung sowieso nicht viel und fragte sich, ob es nicht besser sei, das Ende in Berlin abzuwarten.[11] Erst Mitte März berichtete er von einer möglichen Evakuierung der Dienststelle nach Neuhaus an der Elbe,

»ein Dorf, wo jemand ein par (!) leer stehende Katen entdeckt hat. [...] Sollte ich hingelangen, würde ich dort noch einen Schluss zu dem Essayband schreiben: ›Willkommen den literarischen Emigranten‹«.[12] Benn sah sich schon in der gleichen Situation wie in Landsberg, wo die Verhältnisse ihm das Schreiben gestattet hatten. Aber aus dem Umzug der Dienststelle wurde vorerst nichts. Aus Lautsprecherautos hörte er am 23. April den Wehrmachtsbericht und die neuesten Nachrichten: »Der Führer hat, wie es in einer Erklärung des Gauleiters und Reichsverteidigungskommissars Dr. Goebbels bekannt gegeben wurde, den Befehl über alle zur Verteidigung Berlins angetretenen Kräfte übernommen. Die Schlacht um die Reichshauptstadt ist in voller Heftigkeit entbrannt. In die Verteidigungsfront hat sich neben Wehrmacht und Volkssturm die Zivilbevölkerung eingereiht. Männer, Frauen und Jugend geben der kämpfenden Front Hilfe und Unterstützung, wo sie nur können.«[13] Benn hatte sich schon vor dieser dramatischen Zuspitzung der Kämpfe bemüht, eine Unterkunft für Herta in Neuhaus zu finden, und sie am 5. April auf den Weg aus Berlin gebracht. Er hoffte, mit seiner Dienststelle nachzukommen.

Benn blickte in diesem Monat über das Ende der Kämpfe hinaus. Die schlimmen Erfahrungen der letzten Jahre durften seiner Ansicht nach nicht zu dem falschen Schluß verführen, dieser Krieg sei Ausdruck einer geistigen oder seelischen Krise des Abendlandes. Ebensowenig hatten die Lebensläufe Shakespeares oder Goethes einen gesicherteren Lauf genommen. Statt der Bombenexplosionen wüteten damals Feuersbrünste und Seuchen. Aber im Unterschied zu heute handelte es sich seinerzeit um echte moralische und geistige Krisen, etwa den Zerfall der mittelalterlichen Kirche im Ansturm von Renaissance und Reformation: »Das war echteste Zerstörung u. Erschütterung –. Jetzt, das ist doch nur Bagatelle, Oberflächengekräusel, Fünftagefieber, eine innere schöpferische Verwandlung und Neuintegration vollzieht sich doch garnicht, kein Vergleich zu 1500!«[14] Irgendwann würden sich die Verhältnisse normalisieren, Handel und Geschäfte wieder das Tagesgeschehen bestimmen. Dann kämen auch die literarischen Emigranten zurück: Benn dachte sich die einsetzenden Konflikte um das politische Rechts oder Links als eine Fortsetzung der Auseinandersetzungen von 1929. Darauf wollte er vorbereitet sein und an diesen Auseinandersetzungen teilnehmen, schließlich hatte er keinen Moment aufgehört, sich als Zeitzeuge zu fühlen. Alles zu beobachten und die Beobachtungen in Worte zu verwandeln, »dies ist die Bewährung.«[15] Selbst in diesen kurzen Wochen vor der Befreiung, die durch die materielle Sicherung der alltäglichen Existenz und die Flucht vor der Todesgefahr durch Bomben und Artillerie bestimmt waren, dachte Benn als Schriftsteller. Schon zehn

Jahre zuvor hatte er den Standpunkt vertreten, daß die Situation nur angemessen von jemandem beurteilt werden könne, der in Deutschland geblieben war, der »innen« die Verhältnisse erlebte und dadurch die Legitimation zu ihrer Beurteilung erwarb. Und bei dieser Meinung war er geblieben. Deswegen wollte er die Essaysammlung aus Landsberg, die er Oelze zur Aufbewahrung anvertraut hatte, durch einen abschließenden Aufsatz mit dem Titel »Willkommen den literarischen Emigranten« erweitern. Der Aufsatz sollte »die ganze Radikalität« seiner antagonistischen Einstellung gegen den Nationalsozialismus klarstellen, das Hierbleiben rechtfertigen und begründen.[16] Mit dieser Überzeugung stand Benn keineswegs allein. Die Journalistin Margret Boveri, mit der er drei Jahre später in engen Kontakt trat, kam auf dasselbe Problem zu sprechen. »Wenn die Trennung lange genug gedauert hat, ist die Übermittlung der unmittelbaren Anschauung durch Sprache nicht mehr möglich«, schrieb sie in ihren Erinnerungen an diese Monate in Berlin. »Alle Phantasie reicht dazu nicht aus. Das ist einer der Gründe, warum eine Berichterstattung über ein Land, das man verlassen hat, nach einer Weile nicht mehr stimmt, auch wenn alle Fakten richtig sind. Dies ist auch einer der Gründe für die tiefgehenden Missverständnisse, die nach dem Kriegsende zwischen den zurückgekehrten Emigranten und den verbliebenen Hitlergegnern auftreten werden.«[17] Aber die Ereignisse überstürzten sich, Benn kam nicht mehr dazu, den Essay zu schreiben. Am 5. April hatte seine Frau Berlin verlassen. Der Militärbürokratie gelang es nicht mehr, Benns Dienststelle zu evakuieren. Ohne gültigen Marschbefehl konnte der Oberstarzt seiner Frau jedoch nicht folgen. Zwar hatten die blaupaspelierten Sanitätsoffiziere bei den Kameraden der Truppe eine gewisse Narrenfreiheit, denn im Ernstfall war man von ihnen abhängig. Aber es waren zu viele »Kettenhunde« unterwegs. So nannte man die Unteroffiziere, die eine Kette mit einer Erkennungsmarke um den Hals trugen und den Befehl hatten, in öffentlichen Verkehrsmitteln und auf den Straßen alle Angehörigen der Wehrmacht zu kontrollieren. Bestand auch nur der geringste Verdacht auf eine unerlaubte Entfernung von der Truppe, machte man kurzen Prozeß. Hitlers Befehl dazu lag seit dem 22. März vor: »Jeder, der Maßnahmen, die unsere Widerstandskraft schwächen, propagiert oder gar billigt, ist ein Verräter! Er ist augenblicklich zu erschießen oder zu erhängen!«[18]

Die Schlacht um Berlin begann eine gute Woche nach Hertas Abreise. Für die Offensive boten die sowjetischen Streitkräfte insgesamt 2,5 Millionen Soldaten auf, denen nur 94.000 schlecht ausgerüstete deutsche Soldaten gegenüberstanden. Bereits fünf Tage nach Beginn der Kämpfe lag das Stadtgebiet in Reichweite der sowjetischen Artillerie. Zwei Tage später wurde der Bezirk Weißensee erobert, am 24. April rückten Einheiten der 1. Ukrainischen Front von Süden kommend über die Bezirke Zehlendorf, Steglitz und Schöneberg auf das Zentrum vor. Am 30. April fanden die Kämpfe schließlich im Regierungsviertel ihren Abschluß. Nachdem sie sich im Reichstagsgebäude teilweise von Zimmer zu Zimmer vorgekämpft hatten, hißten die Sowjets die rote Fahne auf der Ruine.

Obwohl in den letzten zwei Wochen nur Chaos herrschte, blieb es lebensgefährlich, sich ohne ausdrücklichen Befehl abzusetzen. In der Reppichstraße hing noch am 23. April ein Deserteur mit einem Schild um den Hals am Laternenmast: »Ich, Unteroffizier Heinrich Lehmann, war zu feige, Frauen und Kinder zu verteidigen. Darum hänge ich hier.«[19]

Auf die Frage nach Benns Leben von Februar bis April 1945 in Berlin haben die Akten und Archive keine Antwort gegeben. Wahrscheinlich hat er bis zum 9. Mai, der Unterzeichnung der deutschen Kapitulation in Berlin-Karlshorst durch Generalfeldmarschall Wilhelm Keitel, Uniform getragen. Denn noch Ende April mußte ein Major im Luftfahrtministerium dem Befehl der Kommandantur folgen, wonach alle waffenfähigen Männer in Spandau anzutreten hatten.[20] Möglicherweise war er untergetaucht und hatte durch die alten Seilschaften Unterstützung bekommen. Vor Kriegsende war Benn durch seine Stellung, seinen Rang und den medizinischen Dienst privilegiert. Jetzt brauchte er nur die ungeliebte Uniform mit dem Zivilanzug zu vertauschen und zu versuchen, als Arzt unter der russischen Besatzung zurechtzukommen. Für die Wiederanmeldung einer privaten Praxis waren die nötigen behördlichen Schritte zu unternehmen, um Anschluß an eine Art Nachkriegsleben zu finden und seine Frau in die Bozener Straße zurückzuholen.

Besatzungszeit

Die russischen Soldaten verbreiteten im Mai 1945 Angst und Schrecken, die Nazi-Propaganda mit ihren Warnungen vor den Greueln der »Untermenschen« schien recht behalten zu haben. »Wohin wir kommen«, erinnerte sich Ruth Andreas-Friedrich, »Raub, Plünderung, Gewalt. In hemmungsloser Liebesgier hat sich das Heer unserer Sieger auf die Berliner Frauen gestürzt. ›Sie schänden unsere Töchter, sie vergewaltigen unsere Frauen‹, klagen die Männer. ›Nicht einmal, nein sechsmal, nein zehnmal und zwanzigmal‹. Es gibt kein anderes Gespräch in der Stadt.«[1] Ein ähnliches Zeugnis legte Margret Boveri ab:

»Im Lazarett werden jede Nacht alle Schwestern vergewaltigt. Die Russen leuchten Bett für Bett die Verwundeten ab, ob sich dort eine versteckt hält. Die Ärzte sagen, es wird schlimme Geschlechtskrankheiten geben; unsre Soldaten haben die Gonorrhoe aus Frankreich mitgebracht und im Osten eingeschleppt; von dort kommt sie nun mit Syphilis hierher.«[2]

Benn hatte sich notdürftig eine Praxis eingerichtet. Er bekam Besuch von russischen Soldaten, mußte unter Androhung von Waffengewalt die Pillen vorschlucken, die er verteilte, und behielt traumatische Erinnerungen an diese Tage: Die Ereignisse bestätigten seine Urteile gegenüber den östlichen Nachbarn und verstärkten seinen Antikommunismus. Dabei unternahm die russische Militärorganisation viel, um aus eigenen Beständen die Versorgung der Bevölkerung Berlins sicherzustellen und die Plünderungen von Geschäften durch die deutsche Bevölkerung einzudämmen. »Alle plündern alle«, schrieb Theo Findahl am 11. Mai 1945 in sein Tagebuch.[3] An diesem Tag gab die Militärverwaltung die ersten Lebensmittelmarken aus, eine Maßnahme, die wenigstens die Angst vor dem Verhungern dämpfte. Die Berliner freuten sich über das »erste Wasser« und den »ersten Strom«. Sie entwickelten eine Art Lagerleben, weil man in langen Schlangen auf die Ausgabe von Lebensmittelmarken oder die Versorgung mit Wasser aus öffentlichen Zapfstellen warten mußte. Die Wiederaufnahme einer Teilstrecke der U-Bahn wurde als etwas »Märchenhaftes« empfunden.[4]

Von seiner Frau hatte Benn seit der ersten Aprilwoche keine Nachrichten erhalten. Mit der Kleinstadt, die ungefähr fünfundzwanzig Kilometer von Lüneburg am östlichen Elbufer lag, bestand vorerst keine Postverbindung. Im Juni schickte Benn eine Hausangestellte mit Papieren und Verpflegung los, um Herta zu holen. Das Mädchen erreichte Neuhaus nicht. Sie wurde vorher von Russen verschleppt und kam vier Wochen später »zerschlagen«[5] zurück: »Zerfetzte Wälder, besät mit Kriegsmaterial, Kolonnen verlassener Fahrzeuge, zu Wracks geschossene Panzer, Stahlhelme auf Soldatengräbern, tote Pferde und Gestank nach Verwesung«, so sah das Land aus, durch das sie sich bewegen mußte.[6]

Herta hatte sich nach monatelangem Warten am 2. Juli das Leben genommen. Sie wurde ein Opfer des Rückzugs der englischen und amerikanischen Truppen aus dem Gebiet östlich der Elbe. Nach den furchtbaren Luftangriffen auf Hamburg im Juli 1943 suchte die Hamburger Bevölkerung Schutz in der Kleinstadt Neuhaus und den Dörfern ringsum.[7] Im Februar 1945 kamen die Flüchtlinge aus dem Osten hinzu, wochenlang durchzogen Trecks die Dörfer, in Neuhaus wurde der Wohnraum knapp, die Schule verwandelte sich in ein Massenquartier. Am Vormittag des 1. Mai erreichten amerikanische Panzer der Heeresgruppe Montgomery das Städtchen, die Kampfhandlungen waren zu Ende. Allerdings konnte sich die deutsche Bevölkerung nicht ungehindert bewegen, denn der Übergang über die Elbe wurde von den Alliierten sofort gesperrt, und ohne Passierschein über eine Pontonbrücke ließ sich das westliche Ufer nicht erreichen. So staute sich die Masse der Flüchtlinge am Elbufer. Das Gerücht über die Besetzung des Gebietes östlich der Elbe durch die Sowjets wollte nicht verstummen. Am 1. Juni ersetzten englische Truppen in geringerer Stärke die Amerikaner. Die britische Besatzung trat den Gerüchten entgegen und bedrohte deren Verbreitung mit Strafe. Am 29. Juni wurden in Neuhaus deswegen sieben Personen festgenommen. Am Vormittag des 30. Juni jedoch hingen überall gedruckte Proklamationen der Besatzungsmacht, die den Abzug zum 1. Juli bekanntgaben, um den sowjetischen Truppen das Gebiet zu überlassen. Gleichzeitig wurde das Betreten der Straße für vierundzwanzig Stunden verboten. Der Bevölkerung bemächtigte sich lähmendes Entsetzen. In der Nacht zogen die Engländer ab. Die Sowjets rückten am nächsten Tage über menschenleere Straßen ein.

Zwar ist bezeugt, daß sich die sowjetischen Truppen durchaus korrekt verhielten, aber die Frauen fürchteten sich vor den Vergewaltigungen. Viele versuchten, sich über die Elbe nach Westen in Sicherheit zu bringen. Die Pontonbrücke bei Darchau war von den Briten abgeschlagen worden. Auch Herta versuchte, »das rettende westliche Ufer zu erreichen, sie wurde aber im Stich gelassen und kam nicht mit. Bei ihrer Rückkehr nach Neuhaus fand sie ihre Unterkunft belegt«[8] und setzte ihrem Leben ein Ende. Zwar fanden Mitbewohner sie auf dem Speicher und brachten sie in das bisherige Amtsgerichtsgebäude, das eine Krankenstation beherbergte. Aber jede Hilfe kam zu spät. In ihrem Haarknoten fanden sich sechs Goldmünzen versteckt eingebunden.

Benn konnte vom Freitod seiner Frau nichts wissen, denn der Postverkehr zwischen Neuhaus und den westlichen Zonen lief erst gegen Ende Oktober wieder an.[9] Ein Brief, den Oelze am 10. Oktober 1945 aus Bremen absandte, erreichte Benn erst am 8. November. Nachdem der Versuch, über das Hausmädchen mit seiner Frau wieder in Kontakt zu kommen, gescheitert war, schlug sich Benn im September, also mehr als vier Monate nach Hertas Abreise aus Berlin, selbst bis Neuhaus durch. Dort mußte er die Nachricht von ihrem Tod entgegennehmen und fand ihr Grab. »Überhaupt nichts in meinem Leben hat mich so erschüttert wie dieser Tag in dem armseligen Dorf«, schrieb Benn an Else C. Kraus, »in der Küche, in der sie seit Monaten wohnte u. auf mich wartete, auf dem Boden, wo sie in einer Ecke auf einem Kartoffelsack, der auf Holzspänen lag, sich die Morphiumeinspritzungen machte, an denen sie dann in dem kleinen Krankenhaus starb. Es war das Morphium, das wir beide für den bestimmten Fall beiseite gestellt hatten u das sie ohne mein Wissen mitnahm.«[10]

Benn litt tief unter dem Verlust, von Tag zu Tag vergrößerte sich sein Kummer. Die Trauer, die er empfand, ist öfters bezeugt, und sie war echt. Dabei hatte er mehrmals von dem Gefühl gesprochen, Herta zu überleben: Das mag mit seiner Einschätzung ihrer Morphiumabhängigkeit zu tun gehabt haben.

Trotz seines Schmerzes und der Trostlosigkeit der ersten Nachkriegsmonate mußte Benn seinen Alltag bewältigen. Bis Ende Oktober 1945 richtete er sich wieder vollständig in seiner Praxis ein, die überraschend gut ging. Eine Angestellte versah ihm Wohnung und Haushalt. Durch Kauf oder Tauschhandel auf dem Schwarzmarkt ergänzte er die Hungerrationen. Allerdings konnte er seine Wohnung bis November nicht heizen, da kein Ofen mehr vorhanden war.[11]

Trotz aller Verwüstungen und materiellen Schwierigkeiten nahmen schon wenige Wochen nach der Kapitulation die Theater und Opernhäuser ihren Probenbetrieb wieder auf. Einige hundert Kinos und Kabaretts entstanden über Nacht, die Philharmoniker spielten. »Kunstvereine und Kulturclubs wurden gegründet und fanden lebhaften Zulauf.«[12] Schnell brach sich eine leere Betriebsamkeit Bahn. Im November 1945 sprach Peter Suhrkamp in einem Brief an Hermann Hesse von »den Kultur- und Kunstbeflissenen hier, die sofort wieder betriebsam und geschäftig aus den Löchern auf die Straße gekommen sind und von deren Lärm vielleicht ein Geräusch auch in die Schweiz dringt«.[13]

Obwohl Charlottenburg mittelschwer getroffen war, blieben der Kurfürstendamm in Höhe des Olivaer Platzes und die umliegenden Seitenstraßen weitgehend intakt. Hier hatten keine Straßenkämpfe stattgefunden. In der Schlüterstraße, einer Seitenstraße zwischen Kurfürstendamm und Lietzenburger Straße, lag im Haus Nr. 45 bis zur Kapitulation die Reichskulturkammer, die vor der Ausbombung in der Wilhelmstraße untergebracht war. Bereits eine Woche nach Beendigung der Kampfhandlungen nahm das Bezirksamt Charlottenburg das herrenlose Reichseigentum in Form einer »wilden Besetzung« an sich. Dieses Haus bildete in den ersten Wochen den Sammel- und Treffpunkt von Künstlern und Intellektuellen. Denn hier erfolgte die Einstufung für die Zuteilung von Lebensmittelkarten. Der russischen Verordnung vom 13. Mai zufolge gab es davon vier Klassen. Verdiente Gelehrte, Ingenieure, Kunst- und Kulturschaffende bekamen Klasse I wie die Schwerarbeiter. In der Schlüterstraße wurde also bestimmt, welchen künstlerischen Rang und welchen sich daraus ergebenden Lebensmittelanspruch der Einzelne hatte. Das Haus bot sich für diese Funktion auch deswegen an, weil hier die kompletten Personalakten und die gesamte Korrespondenz der ehemaligen Reichskulturkammer lagerten.[14] Die Mitglieder der kommunistischen »Gruppe Ulbricht«, die am 1. Mai aus Moskau eingetroffen war, kümmerten sich um den kulturellen Betrieb. Von der Roten Armee wurde die erste Tageszeitung, die »Tägliche Rundschau«, herausgegeben mit »vielleicht 10 Zeilen außenpolitischer Meldungen, im übrigen Artikel über die Segnungen des russischen Erziehungssystems, der Kolchosenwirtschaft, dazu lokale Meldungen, wonach viel mehr Wasserleitungen, Elektrizitätsversorgungen usw. funktionieren als in Wirklichkeit«.[15] Am einfachsten gelang es den Theaterleuten, ihre berufliche Karriere wieder in Gang zu bringen. Schnell bildete sich eine »Kulturmafia« heraus,[16] die in der zweiten Hälfte Mai Kontakt mit der russischen Kommandantur aufnahm. Das Haus Schlüterstraße wurde der Magistratsabteilung für Volksbildung angegliedert, ab Juni 1945 bezogen die im Hause Tätigen bereits feste Gehälter von der Stadtverwaltung. Wo vier Wochen zuvor noch die Reichskulturkammer ihre Büros unterhielt, füllte nun die »Kammer der Kunstschaffenden« die Formulare aus. Alle bisherigen Tätigkeiten wurden unverändert weitergeführt: Zuordnung der Lebensmittelklasse, Zuteilung der Lebensmittelkarten und politische Überprüfung, was sich mit Hilfe der vorhandenen NS-Unterlagen leicht machen ließ.

Benn war über diese Vorgänge im Bilde, denn er las die »Tägliche Rundschau«, die offizielle Zeitung der Sowjetischen Militäradministration (SMAD), dazu die »Berliner Zeitung«, die auch von der Roten Armee herausgegeben wurde. Oder er hörte die Sendungen des Berliner Rundfunks in der Masurenallee, der den Sendebetrieb ab Pfingsten von sechs Uhr früh bis ein Uhr nachts aufgenommen hatte. Ihm fiel auf, daß »sich manche Künstler in jedem politischen Regime unangefochten halten, während andere z B. ich ebenso bei jedem Regime Schwierigkeiten haben«.[17] Was in den ungeordneten Verhältnissen der ersten Wochen niemanden gekümmert hatte, wurde mit der Bildung eines Magistrats, von dem die Hälfte der Mitglieder der KPD angehörten, um so deutlicher bemerkt: Die parteipolitische Postenverteilung innerhalb der Berliner Kulturprominenz, dazu die unkontrollierte, aus persönlicher Gefälligkeit erfolgte Anstellung von Mitarbeitern, die aus der Magistratskasse versorgt wurden.[18]

In diesen Kreisen hatte Benn nichts zu suchen, und er konnte wieder einmal von Glück sagen, daß er von seiner Schriftstellerei nicht leben mußte: Im Juni breitete sich eine Ruhrepidemie in der Stadt aus, in der Praxis war viel zu tun.

Natürlich hätte er in der Schlüterstraße 45 vorstellig werden können, und vielleicht wäre ein solcher Opportunismus bei den bekannten Theaterleuten wie Paul Wegener oder Gustaf Gründgens auf Unterstützung gestoßen. Denn die Szene wurde beherrscht von den alten Chefs des Berliner Kulturlebens, »die sich nicht allzu entschieden mit dem NS-Regime identifiziert hatten, und das waren die meisten«.[19] Benn hätte auf den illegalen Privatdruck seiner »22 Gedichte« mit dem »Monolog« hinweisen können. Daß er 1936 durch das »Schwarze Korps« denunziert und 1938 aus der Reichsschrifttumskammer ausgeschlossen worden war, ging aus den Akten der Reichskulturkammer hervor. Und da gerade diese Akten in der Schlüterstraße zur Hand waren, hätten diese Umstände, die weitgehend unbekannt geblieben waren, keines weiteren Beweises bedurft.

Wer im kulturellen Leben Berlins in den ersten Nachkriegsjahren eine Rolle spielen wollte, kam am sowjetzonalen »Kulturbund zur demokratischen Erneuerung Deutschlands« nicht vorbei. Die »Gruppe Ulbricht« gründete am 3. Juli, einen Tag bevor die Amerikaner und Engländer in Berlin einzogen, im Großen Saal des Rundfunkhauses in der Masurenallee diese, wie man später gesagt haben würde, »kulturell-moralisch-geistige Vereinigung zur Bewältigung der Vergangenheit«.[20] Als Kopf des Vereins nahm Johannes R. Becher, KPD-Funktionär und Emigrant, das Heft in die Hand. Becher betonte die Überparteilichkeit des Kulturbundes und versuchte, für den »antifaschistisch-demokratischen Aufbau« im sowjetischen Besatzungsgebiet auch bürgerliche Schriftsteller zu gewinnen, um nach außen hin den Eindruck der Überparteilichkeit zu erwecken. Der Bund war als Massenorganisation konzipiert, ein Ziel, das schon in den ersten Monaten erreicht wurde. Ende 1945 gab es in Berlin 4000 Kulturbundmitglieder, sechs Monate später 9000. Der Kulturbund befriedigte handfeste materielle Bedürfnisse.[21] Im »Klub der Kulturschaffenden« konnte man die Zentralheizung und markenfrei servierte Mahlzeiten genießen, dazu auswärtige Zeitungen lesen. Im Ostseebad Ahrenshoop, das von der SMAD eigens für den Kulturbund beschlagnahmt worden war, verbrachten die Mitglieder 1946 ihre Sommerferien. Die entsprechenden Verbindungen zu den Kulturdienststellen der Alliierten und damit zu den ehemaligen Emigranten ergaben sich von selbst, denn »für viele, wenn nicht gar die meisten der Emigranten, die zwischen 1946 und 1948 nach Berlin zurückkehrten, war der Kulturbund Auskunfts- und Reisebüro«.[22] Hier ergab sich für Benn keine Perspektive, obwohl sich Becher um den konservativen Flügel der in Deutschland gebliebenen Schriftsteller bemühte, um Ricarda Huch, Hans Carossa, Reinhold Schneider oder Ernst Wiechert. Aber er stieß dabei auf Widerstand in den eigenen Reihen, weil manche Mitglieder fürchteten, materiell das Nachsehen zu haben.[23]

Rückkehr in den Alltag

Die Situation wurde für Benn auch nicht leichter, nachdem die West-Alliierten sich in ihren Sektoren eingerichtet hatten. Denn die Amerikaner brachten rigorose Vorstellungen von Entnazifizierung mit. Im Gegensatz zu den Russen waren sie der Meinung, die kommunistischen Kulturmandarine zeigten zu große Nachsicht im Umgang mit politisch belasteten Künstlern. Gerade Benn konnte auch deswegen keine Nachsicht erwarten, weil unter den Sachbearbeitern von »Information Control« mehr deutsche Emigranten als Amerikaner tätig waren,[1] etwa Peter de Mendelssohn, der Benn 1953 in seinem Buch »Der Geist der Despotie« schwer angreifen sollte. Als Presseoffizier im amerikanischen Informationsservice war er für die Gründung der ersten Zeitung im amerikanischen Sektor, des »Tagesspiegels«, zuständig, der unter der Herausgeberschaft von Erik Reger und Walther Karsch zum heftigsten Kritiker des Kulturbundes heranwuchs und der sich nicht scheute, Nationalsozialismus und Kommunismus gleichzusetzen.[2]

Benn hatte jedoch kaum Zeit, um sich mit kulturpolitischen Problemen zu befassen. Er hatte in seiner Praxis zu tun. Die Hälfte aller Berliner Frauen war von russischen Soldaten oder Fremdarbeitern vergewaltigt worden. Diese Zahl trugen die Berliner Amtsärzte vor, als sie am 18. August unter dem Vorsitz von Ferdinand Sauerbruch, der als Magistratsmitglied für das Gesundheitswesen zuständig war, in der Charité tagten. Zur Debatte stand § 218 des Strafgesetzbuches: »Eine Schwangere, welche ihre Frucht vorsätzlich abtreibt oder im Mutterleibe tötet, wird mit Zuchthaus bis zu fünf Jahren bestraft. Sind mildernde Umstände vorhanden, so tritt Gefängnis nicht unter sechs Monaten ein.«[3] Benn hatte sich schon 1928 gegen den § 218 gewendet und gegen den Staat, »der für das keimende Leben dies riesige Interesse bekundet, das er für das ausgekeimte dann schnell verliert«, Stellung genommen.[4] Jetzt hatten die Ärzte viel schwierigere Entscheidungen zu treffen, da es sich um die Schandtaten der Besatzungsmacht handelte. Sollte man Zehntausende von Kindern leben lassen, »die ihren Vater nicht kannten, die in Gewalttat erzeugt, in Furcht empfangen, in Grauen geboren wurden«?[5] Da der Paragraph weiterhin Gültigkeit hatte, die Berliner Ärzteschaft in dieser Situation jedoch pragmatischen Überlegungen den Vorzug gab, wurde in den Praxen nach stillschweigendem Übereinkommen gehandelt. Benn hatte zudem reichlich mit Geschlechtskrankheiten zu tun, in seinem Wartezimmer hockten verstörte Mädchen und Frauen, die nicht ein noch aus wußten. Zehn Prozent aller vergewaltigten Frauen hatten sich mit einer Geschlechtskrankheit angesteckt. Aber Medikamente wie Pyrimal und Salvarsan waren kaum zu haben. Auf dem

Schwarzmarkt wurden zwar zwei Pfund Kaffee oder einhundert Mark pro Spritze geboten, aber Sulfonamide fehlten, und die deutsche Bevölkerung war von einer Versorgung mit Penicillin ausgeschlossen.[6] Die Situation spitzte sich so sehr zu, daß die Alliierte Kommandantur den Oberbürgermeister aufforderte, strengere Maßnahmen zur Kontrolle der Prostitution und zur Bekämpfung der Geschlechtskrankheiten einzuleiten.[7] Auch drohten Ruhr und Typhus epidemische Formen anzunehmen.

Benns Leben kam gegen Ende des Jahres in geordnete Bahnen. Seine Praxis ging zufriedenstellend, die Haushälterin kochte, er hatte noch Mitte November einen Ofen und Brennmaterial ergattern können, so daß er den Winter überstehen würde. Benn half, wo er konnte. Ein ärztliches Attest konnte damals Gold wert sein. Im März 1946 bestätigt Benn einer Frau S. die Erkrankung an einer Blasen- und Nierenbeckenentzündung: »Frau Sch. musste auf meinen Rat besondere Wärme-Applikationen anwenden, wie heisse Sitzbäder, heisse Spülungen und Umschläge, die sie täglich vornehmen musste.« Was so harmlos klingt, setzt materielle Bedingungen voraus, die der Arzt mithelfen mußte zu schaffen: »Ein erhöhter Gasverbrauch war dadurch leider unumgänglich notwendig, aber ärztlicherseits muss er als notwendig zur Wiederherstellung und Aufrechterhaltung der Arbeitsfähigkeit bezeichnet werden.«[8]

Im Oktober verbreitete sich die Angst vor dem früh einsetzenden Winter. Die Kommandantur hatte der Stadtverwaltung rücksichtslose Stromdrosselung befohlen. Das hieß Sperrstunden auf unbestimmte Zeit, Holzsammeln in Ruinen, Kauf von Kerzen auf dem Schwarzmarkt. Das Kohleproblem begann sich zum schlimmsten Nachkriegsproblem auszuwachsen. Die Berliner saßen in den Theatern und Kinos in Decken gehüllt und brachten sich Fußsäcke mit. Den Schauspielern dampfte beim Sprechen der Atem.

Benns Ofen heizte das rückwärts zum Hof gelegene Zimmer, und er konnte seine Handschrift aufs Papier bringen, wenn er ab und zu Holz aufs Feuer warf: »Das ist schon sehr viel.«[9] Unter diesen Umständen war an konzentriertes Schreiben jedoch kaum zu denken. Seine Manuskripte lagerten in Fischerhude bei Bremen, und er hätte beginnen können, einen Verleger zu suchen. Denn daß Benn die Öffentlichkeit erreichen wollte, steht außer Zweifel, wenn dieser Wille auch ambivalent blieb. Einerseits merkte Benn an, daß er nicht wisse, ob er vom Publikationsverbot betroffen sei: »Nichts verbindet mich mehr mit den Dingen der Öffentlichkeit. [...] Berührt mich nicht mehr. In Hamburg allerdings, schrieb mir ein Bekannter, sei in einer Zeitung Aufsatz mit Bild von mir erschienen u. mein Wiedererscheinen erhofft u. begrüßt worden.«[10] Dieses »allerdings« bestimmte als unbewußter Widerruf des inneren Exils seine Haltung gegenüber allen Versuchen, das »Combak«, wie er seine Rückkehr in die literarische Öffentlichkeit im neuen Jargon eines Bewohners des amerikanischen Sektors Berlins nannte, in Gang zu setzen. Einerseits unternahm er nichts, um festzustellen, ob er publizieren durfte, andererseits berichtete er über Verehrerpost und von einer Vorlesung vor englischen Offizieren: »Verlagsangeboten würde ich näher treten, da ich ja aus den Manuscripten einen Teil publizieren möchte.«[11] Gleichzeitig wollte er sich nicht exponieren und fürchtete, seine Bemerkungen würden »sofort und essentiell als rebellisch u. anarchisch empfunden«[12] werden. Diese Topik der Ambivalenz konnte ganz abrupte Formen annehmen. In einem Brief an Carl Werckshagen vom 23.1.1946 zitiert er sich selbst aus »Weinhaus Wolf«: »›Du stehst für Reiche, nicht zu deuten, und in denen es keine Siege gibt.‹ Man muß sich völlig abschließen gegen die öffentliche Welt«, um dann im nächsten Absatz nach der Wirkung eines Aufsatzes zu fragen, der über ihn erschienen ist, mit der Begründung, ihn interessiere das, weil ein neuer Gedichtband erscheinen solle.[13]

Seit dem 1. November verkehrte die Post wieder in allen Besatzungszonen. Für die Berliner bedeutete das einen großen Schritt aus der Isolierung, obwohl ein Brief aus den Westzonen noch immer wochenlang unterwegs war. Benn bedankte sich für ein Schreiben, das Oelze am 10. Oktober losgeschickt hatte, das am 29. Oktober in Göttingen einen Stempel erhielt und das dann am 8. November bei ihm im Briefkasten landete.

Trotz der materiellen Sicherung seines Lebens stand es um Benns emotionale Verfassung nicht zum Besten. Die Spannkraft, die ihm aus dem inneren Exil erwachsen war, daß er in Landsberg gegen das Mitläufergewäsch anschreiben und seinen Aggressionen freien Lauf lassen konnte, war verflogen. Zwar blieb die Ausnahmestellung mit ihrer produktiven Isolation bestehen, doch entstand ein Berliner Literaturbetrieb und damit ein Markt, auf dem er eine Rolle wie in den Jahren 1929-1933 hätte einnehmen können. Aber dazu fehlten ihm die Verbindungen, denn die politischen und markttechnischen Entscheidungen wurden von Emigranten aus Ost und West getroffen, auf deren Unterstützung er nicht rechnen konnte. Auch hätte er seine grundsätzlich kulturkritische Haltung aufgeben und sich einem Lager anschließen müssen. Wie sollte er jedoch seine Urteile über die Zeit fassen? Die geistige Intensität seiner Prosa, »das Ungestüme, Sichhineinwerfende, das *Tätliche* der Essayistik« entsprach nicht dem Zeitgeist, die Lyrik der alten Form schien ihm aber auch nicht »identisch mit der Zeit«.[14] Das hatte er schon in Landsberg zum Ausdruck gebracht, als er sich den ungereimten Strophen zuwandte. In welcher Form also sollte er seinen Ideen Ausdruck verleihen? Oelze bot ihm für eine Übersiedlung nach Bremen seine Unterstützung an, aber Benn stellte sich eine Ablösung von Berlin zu schwierig vor. Er hätte als »Mönch unter Trümmern« in Fortsetzung der Isolation der letzten sieben Jahre weiter schreiben können. Aber er wollte auch auf dem literarischen Markt vertreten sein. Allerdings stellte sich heraus, daß sich die angepaßten Ansichten betriebsamer Literaten leichter verkaufen ließen als seine eigenen.

Innere und äußere Emigration

Benns Lage zum Ende des Jahres 1945 kann widersprüchlicher nicht gedacht werden. Einerseits hatte er zwei Monate nach Hitlers Ernennung zum Reichskanzler den »Neuen Staat« verteidigt, die marxistische Linke beschimpft und das Tischtuch zwischen sich und den literarischen Emigranten zerschnitten. Andererseits gehörte er nach zwölf Jahren zu den wirklichen »inneren Emigranten«, und er hätte dafür Beweise vorlegen können. Das aber kam für ihn nicht in Frage, er wollte sich auf keinen Fall rechtfertigen. Denn er verachtete eine literarische Öffentlichkeit, die von seinen Gegnern, den Emigranten, beherrscht wurde, viel zu sehr. Er folgte seinen Überzeugungen, und seine Haltung in dieser Frage stand in krassem Widerspruch zur Anpassungsfähigkeit eines Manfred Hausmann oder Erich Kästner. Benn thematisierte dieses Dilemma: »Es ist kein Zweifel, dass ich hier in Berlin weiter als literarischer Staats- u. Gesellschaftsfeind Nr. I betrachtet u sogar empfunden werde. Ich denke darüber nach, ohne zu einem Resultat über die Gründe zu kommen. Vor gewissen Vorfragen Halt machen –, das ist wohl eine der Forderungen der Gesellschaft. Wer diese Vorfragen stellt, muss mit Ausmerzung rechnen. Als Sicherungsinstinkt des Staats muss man das gelten lassen –, kurz Antinomien liegen hier vor, die wir nicht lösen können.«[1]

Manche Schriftstellerkollegen hatten mit den Antinomien weniger Schwierigkeiten und agierten auf der Bühne der neuen Öffentlichkeit besonders strategisch, um wieder ins Geschäft zu kommen. Walter von Molo etwa, Benns ehemaliger Akademiekollege, sowie Frank Thiess gehörten dazu. Sie brachten sich im Herbst 1945 mit einer Debatte zwischen den Emigranten und der »inneren Emigration«, die von einem offenen Brief Walter von Molos an Thomas Mann ausgelöst wurde, ins Spiel.

Thomas Mann hatte zu Anfang des Jahres 1945 seine Sendungen für den deutschen Dienst der Londoner BBC wiederaufgenommen. Bereits am 14. Januar bezog er sich auf die Vernichtungslager in Maidanek, Auschwitz und Birkenau, über deren Existenz die Schweizerische Flüchtlingshilfe berichtet hatte.[2] Die Vorbedingung einer Aussöhnung der Deutschen mit der Welt sei »die klare Einsicht in die Unsühnbarkeit« dessen, was Deutschland der Menschheit angetan habe«.[3] Mitte Mai wurde eine Rede Thomas Manns von der »Bayrischen Landeszeitung«, dem Blatt der amerikanischen Militärregierung, im Wortlaut übernommen, in der er sich auf die Bilder bezog, die nach dem Sieg der Alliierten aus den Konzentrationslagern bekannt geworden waren: »›Unsere‹ Schmach, deutscher Leser und Hörer! Denn alles Deutsche, alles, was deutsch spricht, deutsch schreibt, auf deutsch gelebt hat, ist von dieser entehrenden Bloßstellung mitbetroffen. Es war nicht eine kleine Zahl von Verbrechern, es waren Hunderttausende einer sogenannten deutschen Elite, Männer, Jungen und entmenschte Weiber, die unter dem Einfluß verrückter Lehren in kranker Lust diese Untaten begangen haben.« Auf die Einsicht, »daß die ›Machtergreifung‹ ein fürchterliches Unglück, ihre Zulassung, Begünstigung ein Verbrechen ersten Ranges war«,[4] konnte Thomas Mann jedoch zu diesem Zeitpunkt gerade nicht rechnen, denn die Deutschen hatten nach dem Ende des Krieges andere Sorgen. Sie mußten mit dem Flüchtlingselend fertig werden, sich in Lebensmittellisten eintragen, Passierscheine beantragen, Holz und Kohle »organisieren« und auf dem Schwarzmarkt das Nötigste besorgen. Für die Schriftsteller, die während des Dritten Reiches publiziert hatten, bedeutete das, den Anschluß an die neuen Verhältnisse, von denen man noch nicht genau wußte, wie sie aussehen würden, nicht zu verpassen. Und in keinem Fall auf irgendwelchen schwarzen oder grauen Listen aufzutauchen. Die sowjetischen Militärbehörden hatten die Deutsche Bücherei in Leipzig beauftragt, eine »Liste der auszusondernden Literatur zusammenzustellen. Dieses Verzeichnis lag ab Mai 1946 vor und umfaßte zunächst rund 15.000, später 35.000 Titel. Die von der amerikanischen Militärverwaltung vorgelegte »Liste der 1000« enthielt neben Buchtiteln auch Autorennamen, eine englisch-deutsche Liste von 1947 verzeichnete etwa 4200 Titel. Beide blieben intern und hatten eher empfehlenden Charakter. Unter der Regie des Berliner Magistrats entstand die Berliner Liste, die den Bestand der Volksbibliotheken einstufte und politisch-weltanschaulich rigorose Maßstäbe anlegte: Das Gesamtwerk von Benn wurde ausgeschlossen. In der sowjetischen Besatzungszone umfaßte die »Liste der auszusondernden Literatur« über 30.000 Nummern. Die Amerikaner begnügten sich mit einer exemplarisch verfahrenden, nur als Anleitung dienenden »Illustrative List of National Socialist and Militarist Literature« mit nur etwa 1000 Titeln.[5]

Walter von Molo war im Juni fünfundsechzig Jahre alt geworden. Der konservativ-liberale Autor national geprägter Historienromane hatte von 1933 bis 1945 zwanzig Bücher veröffentlicht, Erinnerungen, Erzählungen und Romane, die von Friedrich II., Preußen, Prinz Eugen oder Friedrich List handelten. Allein 1943 erschienen zwei Bände Erzählungen, von denen einer in die Feldpostreihe aufgenommen wurde. Klaus Mann wußte zu berichten, daß Molo seine Bücher mit persönlicher Widmung an Rosenberg schickte, in dessen Bibliothek die Exemplare 1945 entdeckt wurden,[6] wie Klaus Mann zu berichten wußte. Molo antwortete auf Thomas Manns Vorwürfe mit einem »offenen Brief«, der am 8. August in der »Berliner Allgemeinen Zeitung« erschien. Da Molo mit Thomas Mann in der Sektion Dichtkunst der Berliner Akademie der Künste gesessen hatte, sah er sich zu einer Anknüpfung der unterbrochenen Beziehung besonders legitimiert: »Bitte, kommen Sie bald, sehen Sie in die von Gram durchfurchten Gesichter, sehen Sie das unsagbare Leid in den Augen der vielen, die nicht die Glorifizierung unserer Schattenseiten mitgemacht haben, die nicht die Heimat verlassen konnten, weil es sich hier um viele Millionen Menschen handelte, für die kein anderer Platz gewesen wäre als daheim, in dem allmählich gewordenen großen Konzentrationslager, in dem es bald nur mehr Bewachende und Bewachte verschiedener Grade gab. Suchen wir wieder gemeinsam – wie vor 1933 – die Wahrheit, indem wir uns alle auf den Weg zu ihr begeben und helfen, helfen, helfen!«[7]

Molo traf mit diesem Brief genau den weinerlichen Ton, der der augenblicklichen Einstellung der Deutschen entsprach. Sie fühlten sich als die Opfer des »großen Konzentrationslagers«, die mit den Greueln des Dritten Reiches selbst nichts zu tun hatten. Denn die Missetäter, das waren die anderen, eben »die Nazis«: Das deutsche Volk hat, wie Molo sagte, »im innersten Kern nichts gemein mit den Missetaten und Verbrechen, den schmachvollen Gräueln und Lügen, den furchtbaren Verirrungen Kranker, die daher wohl so viel von ihrer Gesundheit und Vollkommenheit posaunten«.[8] Noch bevor Thomas Mann sich dazu aufraffen konnte, auf diese unverhohlen rührselig-verlogene Geste des scheinbar wehrlosen Schriftsteller-Opfers zu antworten, begriff Frank Thiess seine Chance. Er hatte an der NSDAP schon 1929 »das spezifisch jugendliche, spezifisch revolutionäre Moment«[9] geschätzt. Thiess diente sich später der NS-Kulturbürokratie an, wo er nur konnte, mußte allerdings in Kauf nehmen, daß 1933 zwei seiner blumigen Liebesromane Opfer der Bücherverbrennung am 10. Mai wurden. Zwölf Jahre später behauptete Thiess, er habe mit einem Brief gegen die Verbrennung seiner Bücher protestiert. Er machte geltend, daß nichtnationalsozialistische Schriftsteller unter dem herrschenden Gesinnungsterror gezwungen gewesen seien, sich zurückzuziehen. Mit dieser Schutzbehauptung präsentierte er sich bei Kriegsende als Urheber des Begriffs »Innere Emigration« und als früher Nazi-Gegner.[10] Im übrigen bestand die innere Emigration von Frank Thiess in der Folgezeit vor allem im Verfassen hochdotierter Drehbücher für die Ufa. 1936 erschien sein Kriegsepos »Tsushima«, das, vom Propagandaministerium geschätzt, zwei Jahre vor Kriegsende mit einer Wehrmachtsausgabe belohnt wurde. Die Gesamtauflage des Buches lag 1945 bei über 100.000. Thiess selbst konstatierte jedoch in den Memoiren von 1972 einen »miserablen Absatz«. Die zwölf Jahre des Dritten Reiches hatte Thiess unbehelligt in Italien und Österreich überstanden. Er brachte das Selbstverständnis derjenigen Literaten, die zwölf Jahre lang versucht hatten, sich nach der Decke zu strecken, auf den Begriff. »Die Innere Emigration« hieß sein Artikel, der am 18. August, nur fünf Tage nach Molos offenem Brief, in der »Münchner Zeitung« erschien. Mit kräftigen Strichen zeichnete er das Bild von den Überzeugungen der »innerdeutschen Emigranten«, die in einer Welt gelebt hatten, die ein »innerer Raum war, dessen Eroberung Hitler trotz aller Bemühungen nicht gelungen ist«.[11] Die Verschiebung des Widerstandes gegen das Verbrechersystem vom Handeln auf eine innere Einstellung, die sich naturgemäß jeglicher Kontrolle entzog, war ein geschickter Schachzug. Er warf Thomas Mann vor, den Brief von Molos noch nicht beantwortet zu haben, und ging dann zum offenen Angriff über: »Es war schwerer, sich hier seine Persönlichkeit zu bewahren, als von drüben Botschaften an das deutsche Volk zu senden.«[12]

Die Frechheit dieser Attacke machte die Wirkung des Artikels aus, denn von jetzt an waren die Fronten klargestellt: Man pochte auf die sittliche Überlegenheit des angeblichen innerdeutschen Widerstands gegenüber der Emigration. Diejenigen Schriftsteller, die bis 1945 publiziert und von ihrem Schreiben gelebt hatten, wollten bei dem jetzt einsetzenden Kampf um den Markt das Feld nicht kampflos an die zurückkehrenden, konkurrierenden Emigranten abgeben. Thiess hatte klargestellt, daß man nicht schuldbewußt zurückweichen werde.

Thomas Mann tat sich mit einer Antwort verständlicherweise schwer. Sie erschien am 12. Oktober 1945 im »Augsburger Anzeiger« der amerikanischen Zone unter dem Titel »Warum ich nicht zurückkehre«. Er freue sich zwar, daß Deutschland ihn wiederhaben wolle, aber »etwas Beunruhigendes, Bedrückendes haben diese Appelle doch auch für sich, und etwas Unlogisches, sogar Unrechtes, nicht Wohlüberlegtes spricht mich daraus an«. Er sei heute amerikanischer Bürger, und Bücher, die ihn jetzt aus Deutschland erreichten, stelle er bald ins Regal: »Es mag Aberglaube sein, aber in meinen Augen sind Bücher, die von 1933-1945 in Deutschland überhaupt gedruckt werden konnten, weniger als wertlos und nicht gut in die Hand zu nehmen. Ein Geruch von Blut und Schande haftet ihnen an. Sie sollten alle eingestampft werden.«[13]

Dieses Argument war nicht ungefährlich, denn schließlich hatte Mann zunächst gezögert, sich gemeinsam mit den Emigranten öffentlich gegen die Nazis zu wenden, um den Verkauf seiner Werke bis 1936 nicht zu stören. Auch war seine Distanz zur Zeitschrift »Die Sammlung« seines Sohnes Klaus in Emigrantenkreisen durchaus bemerkt worden. Aber der Ton des Briefes kam seinen Neidern und Gegnern entgegen, denn nun konnte man sich über Manns »böses Wort vom Blutschaum«[14] erregen und die Ungerechtigkeit gegenüber denjenigen anprangern, die »in der Heimat aushielten«. Erich Kästner sprach in einer »Einladung« an Thomas Mann vom 14. Januar 1946 von dessen »physischer Labilität«, die keine gute Voraussetzung für das Heldentum der inneren Emigration gewesen wäre.[15] Kästner selbst gehörte als Feuilletonredakteur der »Neuen Zeitung« zu den einflußreichsten journalistischen Köpfen der amerikanischen Besatzungszone. Nach 1945 liebte er es, sich als einen Schriftsteller zu stilisieren, der zwölf Jahre »verboten« war. In Wirklichkeit publizierte er, teils bei Schweizer Verlagen, unter Decknamen und war einer der großen Lieferanten von Komödien und Filmdrehbüchern der Unterhaltungsindustrie des Dritten Reiches.[16]

Benn verfolgte die Debatte mit Interesse, denn er hatte ja ursprünglich vor, in Neuhaus einen Aufsatz zu dem geplanten Essayband mit dem Titel: »Willkommen den literarischen Emigranten« zu schreiben. Er wollte sich auf den Brief an Klaus Mann beziehen, dazu die »ganze Radikalität« seiner antagonistischen Einstellung gegen das Dritte Reich klarstellen und darlegen, warum er das Bleiben in Deutschland für das grundsätzlich Richtigere gehalten hatte.[17]

Benn schrieb den Essay nicht, war jedoch innerlich auf die sich jetzt entwickelnde Debatte vorbereitet. Thomas Manns Antwort an von Molo fand er enttäuschend und wunderte sich darüber, daß »ein zweifellos recht bedeutender Geist so schwächlich und stimmungsbestimmt im Charakterlichen und Persönlichen« sei.[18] Wenn er von Thomas Manns angstvoller Antwort auch enttäuscht war, so wußte er sich in der Ablehnung der Deutschen doch mit ihm einig. Sein »Ekel vor den deutschen Zeitgenossen war so gross«, daß er gerne »in der Erde gelegen hätte, wo einen zwar ihre Schuhsohlen u ihre Spucke, aber nicht ihre Worte u Gedanken erreichen können«.[19] Den Hilferuf Molos fand er subaltern, und als Oelze ihn mit Frank Thiess, der in Bremen lebte, in Verbindung bringen wollte, lehnte er das Ansinnen ab. Denn die Epistel an Thomas Mann war nicht die erste, die Thiess der Presse übergeben hatte. In der »Literarischen Welt« konnte Benn 1927 einen an ihn selbst gerichteten »offenen Brief« als Antwort auf seinen Essay »Neben dem Schriftstellerberuf« lesen. Benn antwortete damals weder persönlich noch öffentlich, und er wisse auch heute nicht, was er mit dem Kollegen anfangen sollte.[20] Er rechnete sich zwar selbst der inneren Emigration zu, wollte aber durch Leute, die sich jetzt in der Öffentlichkeit als deren Repräsentanten aufwarfen, nicht vertreten sein. Oelze, der Thiess gern das eine oder andere Manuskript von Benn gezeigt hätte, traf auf entschiedenen Widerstand. Benn befürchtete, daß Thiess sich seiner Gedanken und Formulierungen bemächtigen könnte, ohne die Quelle zu nennen.[21] Insbesondere sprach er Thiess das Recht ab, »jetzt das Wort in Sachen der ›Inneren Emigration‹ zu führen, da er doch unbehindert schreiben konnte«,[22] und erinnerte Oelze daran, daß die »Berliner Illustrierte« noch bis zum Schluß 1944-45 ihre Leserschaft mit den Fortsetzungen des Thiesschen »Caruso« unterhalten und der Autor daran doch nicht schlecht verdient habe. Benn berief sich zudem auf einen Artikel des New Yorker deutschsprachigen »Aufbau« vom 23. November 1945 aus der Feder von Ulrich Becher, der Thiess vorgeworfen hatte, »kein einziges verhülltes Wort gegen die totale Gemeinheit gewagt« zu haben.[23] Benn relativierte diesen Angriff auf Thiess jedoch, indem er darauf hinwies, daß alle in Deutschland gebliebenen Schriftsteller jetzt angegriffen würden. Auch stellte er die Methode der Denunziationen in Frage, die sich auf einzelne Sätze bezöge, deren Tragweite heute vielleicht nur aus dem zeitgeschichtlichen Zusammenhang richtig eingeschätzt werden könnte: »Wer hat nicht im Laufe der Jahrzehnte Dinge geäussert u. publiziert, die heute als einzelner Satz gefährlich und unsympathisch klingen.«[24]

Das ist natürlich ein Eingeständnis seiner eigenen zustimmenden Urteile in den Aufsätzen der Jahre 1933 und 1934. Daß Benn seine Meinung geändert hatte, konnte zu diesem Zeitpunkt seinen Gegnern noch nicht bekannt sein, denn der Sinneswandel war ausschließlich in den Briefen an Oelze und den in Bremen lagernden Manuskripten dokumentiert. Damals hatte er in den Essays zur Geschichte die Sätze geschrieben: »Die grossen Dirigenten, die ordentlichen Professoren für Philosophie oder Physik, Ehrensenatoren noch aus den alten anständigen Zeiten, Pour-Le-Mérite-Träger der Friedensklasse, Reichsgerichtspräsidenten, kaiserliche Exzellenzen, Verleger, ›erwünschte‹ Romanschreiber, Goethe-Forscher, Denkmalspfleger, Staatsschauspieler, Generalintendanten, der ehrbare Kaufmann und alle ausnahmslos lassen das antisemitische Geschwätz des Ministers ruhig über sich ergehen. [...] Sie alle ausnahmslos sehen die Lastwagen, auf die jüdische Kinder, vor aller Augen aus den Häusern geholt, geworfen werden, um für immer zu verschwinden: dieses Ministers Werk – : sie alle rühren die Arme und klatschen diesem Goebbels zu.«[25] Benn hätte mit solchen Sätzen seine »innere Emigration« beweisen und seinen Gegnern vielleicht den Wind aus den Segeln nehmen können. Aber daran lag im nichts.

Erste Verlagsgespräche

Benn klagte noch zu Beginn des Jahres 1946 über Depression und Hoffnungslosigkeit, die durch den Tod seiner Frau mit bestimmt wurden: Er hatte jegliches Interesse an den tagespolitischen Vorgängen verloren und fühlte sich zum Schreiben nicht aufgelegt. Das ständige Schwanken zwischen der Zuversicht auf die baldige Veröffentlichung seiner neuen Arbeiten und der Ablehnung des jetzt herrschenden Literaturbetriebs bestimmten den Winter 1945/46.[1] Benn hatte schon in Landsberg den Plan gefaßt, sofort nach Kriegsende seine Kunstprosa und Essays herauszubringen, die seit 1938 bei Oelze gelagert worden waren und im Druck wahrscheinlich mehr als zweihundert Seiten umfaßten. Als Verlag schwebte ihm der S. Fischer Verlag vor, auch die Deutsche Verlagsanstalt kam in Frage. Sie hatte ihm zwar alle Rechte zurückgegeben, wäre aber vielleicht unter den veränderten Bedingungen zu einer Zusammenarbeit bereit gewesen. Ein Prosaband sollte »Weinhaus Wolf« und den »Roman des Phänotyp« enthalten, ein weiterer Band die Essays zusammenfassen, wobei Benn noch unschlüssig war, ob er »Block II, Zimmer 66« aufnehmen wollte. Ein Gedichtband sollte schließlich die »22 Gedichte« von 1943 und die »Statischen Gedichte«, die er Oelze im Januar aus Landsberg geschickt hatte, enthalten.

Diesen Plan bestätigte Benn zum Ende des Jahres 1945, angeregt durch einen kurzen Zeitungsartikel, der unter der Überschrift »Köpfe der Woche« am 24. Oktober in der »Neuen Hamburger Presse«, einer offiziellen Zeitung der Militärregierung, über ihn erschienen war. Adolf Frisé hatte in einer Serie von Kurzporträts über Zuckmayer, Musil, Kokoschka oder Hindemith auch einen »Steckbrief« über Gottfried Benn verfaßt. Dieser Artikel schien ein Lichtblick am Horizont, das erste Zeichen dafür, daß man sich seiner nach neun Jahren doch noch erinnerte. Benn beschloß in seiner Freude, sich um eine Publikationsmöglichkeit zu kümmern. Aber hatte es Sinn? In Berlin durfte er nicht auf Wohlwollen hoffen, »ich habe ja in der Tat nie ein Wort geschrieben, das für Demokratie oder Kollektivität sich einsetzte«.[2] Außerdem kämpften die Verleger um Papierlieferungen und mußten auf den Einfluß politischer Cliquen Rücksicht nehmen. Benn hatte zudem mit den »neuen Kunstkammern« keine Fühlung aufgenommen und hielt es zunächst für richtiger, »sich das Crapule vordrängen zu lassen«.[3] Im Dezember 1945 mußte sich aber niemand mehr vordrängen, weil alles bereits bequem saß. Die Kulturfunktionäre organisierten die Vorträge, verfaßten die Resolutionen, ließen über Satzungen abstimmen. Und zu Verlagshäusern in den westlichen Zonen bestanden für Benn keine Verbindungen.

Da nahm Anfang 1946 der Berliner Verleger Carl Henssel, mit dem Benn schon früher in Verbindung gestanden hatte, Kontakt zu ihm auf. Henssel hatte eine amerikanische Lizenz bekommen und einigte sich mit Benn dahingehend, zuerst die Gedichte herauszubringen, die dann zu Benns sechzigstem Geburtstag erscheinen sollten. Am 22. Januar übergab Benn das Manuskript. Zwei Wochen später trafen sich die beiden, aber Henssel brachte schlechte Nachrichten mit: Er bekam von der »Nachrichtenkontrolle der amerikanischen Militärregierung« keine offizielle Druckerlaubnis und damit auch kein Papier. Dem Verleger fehlten die Beziehungen, die etwa der katholische Papiergroßhändler Heinrich von Schweinichen zu Reinhold Schneider unterhielt[4]: Von ihm erschienen allein 1945 zwölf selbständige Schriften im Herder Verlag Freiburg und 1946 nochmals zwanzig in verschiedenen anderen Verlagen. Benn rechnete spätestens Anfang April 1946 nicht mehr mit dem Erscheinen des Bandes und resignierte: »Der – sehr junge u. etwas unerfahrene – Verleger verfügt nicht über die nötigen Beziehungen, um sich u. mich durchzusetzen. Berlin bleibt ein gefährliches Pflaster. Es wird völlig beherrscht von der Gruppe östlicher Emigranten, mit denen ich ja seit je nicht gut stand u. mit denen mich zu liieren ich keineswegs entschlossen bin.«[5] In diesem Fall waren aber nicht die Linken schuld, sondern die Amerikaner und Briten. Wenigstens ließ Henssel vom fertigen Satz zu Benns sechzigstem Geburtstag am 2. Mai 1946 eine Handvoll Privatdrucke herstellen, von denen sich ein Exemplar erhalten hat. Benn schrieb in das Heft: »In 5 Exemplaren als Privatdruck hergestellt, da öffentliches Erscheinen verboten.«[6] Der erste Versuch, sich Gehör zu verschaffen und das Gesicht der deutschen Nachkriegsliteratur mitzubestimmen, war gescheitert.

Während Benn in Berlin durch Henssel die Druckerlaubnis für seine Gedichte zu erreichen suchte, stellte Carl Werckshagen Ende Januar 1946 den ersten Kontakt mit dem Goverts Verlag in Hamburg her. Zusammen mit Oelze übernahm er die Verhandlungen. Dr. Henry Goverts bekam von Carl Zuckmayer in dessen »Geheimreport« für den amerikanischen Geheimdienst nur die besten Noten. Er wurde als »ein Mann von keiner besonderen schöpferischen Fähigkeit aber von ausgezeichneter Bildung« charakterisiert, bei dem auch der leiseste Kompromiß mit nationalsozialistischen Ideen »völlig ausgeschlossen« sei.[7] Die Verhandlungen mit Benn führte Dr. Eugen Claassen, auch er bestens beleumdet.[8] Der Verlag plante zu Beginn einen Prosaband, der aus den Arbeiten »Weinhaus Wolf«, »Roman des Phänotyp« und dem Aufsatz »Kunst und Drittes Reich« bestehen sollte. Oelze brachte die Manuskripte nach Hamburg. Claassen fragte Ende September 1946 beim britischen »Book Censorship Bureau, Control Commission for Germany« in Bünde (Westfalen) an, ob einem Druck neuer Werke von Benn etwas entgegenstünde, da der Autor als »unwelcome« betrachtet würde. Das Zensurbüro in Bünde wandte sich an die »Intelligence Section« in Hamburg und machte auf Benns Plazierung auf der Liste »CSDIC.PW 137, p.3« aufmerksam. Von dort ging der Briefwechsel nach Berlin an die dortige »Information Control Unit« mit der Bitte um Stellungnahme. Die Antwort lautete klar und deutlich: »The US Authorities state the fact that the author is on the US Blacklist would prevent all publishers in the US Zone from even considering such works for publication.« Im übrigen erwartete das amerikanische Zensurbüro die Solidarität der britischen Bürokratie in Hamburg. Der Briefwechsel zwischen den drei Instanzen zog sich hin. Auf eine erneute Nachfrage Claassens vom April 1947 setzte Hamburg die Briten in Bünde erst im August von der amerikanischen Entscheidung in Kenntnis. Benn verlor, da die Schwierigkeiten nach sieben Monaten noch immer nicht überwunden waren, das Interesse an weiteren Bemühungen. Allerdings hätte er den Druck der Gedichte gerne gesehen. Claassen griff diesen Wunsch auf. Als Oelze Ende August 1946 wieder nach Hamburg fuhr, berichtete ihm der Verleger von seiner Absicht, den Gedichtband, gleichsam als Test, herausbringen. Oelze traf in Hamburg auch Ernst Rowohlt, der Interesse an Benns Arbeiten zeigte und sich mit ihm in Verbindung setzen wollte.[9]

Benn selbst unternahm nichts, um seine Veröffentlichungen voranzutreiben. Seine regressive Stimmung stand in einem fundamentalen Gegensatz zur allgemeinen Tendenz des Weitermachens, des Zusammenschlusses und des Wiederaufbaus, dem er aber nur eine leere Mechanik zusprach. Er stand allein, allenfalls gestützt auf die Treue Oelzes, dem er Ende Februar 1946 schrieb: »Wenn ich nicht wieder mit Ihnen in Fühlung gekommen wäre u mir Ihre Briefe in diesen Monaten immer wieder von Ihrem Interesse und Wohlwollen an u zu mir Bekundungen gebracht hätten, würde ich diese Zeit wohl nicht überstanden haben. Meine Depression war grenzenlos, meine Hoffnungslosigkeit so tief, dass ich keinen Gedanken mehr fassen konnte. Haben Sie Dank –«.[10]

Oelze hatte, wahrscheinlich zur Aufmunterung, auf ihrer beider Briefwechsel der letzten Jahre verwiesen, den er als ein »Panorama des Geistes« bezeichnet hatte. Benn antwortete, er stelle sich ein Panorama des Geistes anders vor, je länger man lebte, desto fremder würde man sich. Am Ende falle doch nur noch eine Hülle, und diesem Fallen fühle er sich sehr nahe.[11] Benn hatte das Bewußtsein, daß er etwas Wichtiges und vor allem Neues zu sagen hatte. Aber sollte er die Auseinandersetzungen um seine Person, die bei dem Erscheinen seiner Bücher unweigerlich entstehen würden, wieder auf sich nehmen? Träte er in die Öffentlichkeit, würde er nicht geschont werden. Und da er keinem Lager zugehörte, empfand er die Situation als bedrohlich, da er im Falle von Angriffen mit keinerlei Unterstützung oder solidarischen Äußerungen rechnen konnte. Das war schon 1929 so und dann 1936, und die jetzige Situation schien nur eine Wiederholung des Bekannten.

Benns resignative Haltung ist verständlich, denn die Gleichgültigkeit der Öffentlichkeit gegenüber seiner Person bedeutete eine Kränkung, die ihm zu schaffen machte. Er hätte nur die Schubladen aufzuziehen brauchen, um gleich mit drei Bänden auf den Markt zu kommen. Er machte die Furcht der anderen vor der Konkurrenz und die »geistig-politischen Einflüsse« für die Zurückhaltung ihm gegenüber verantwortlich und betonte gegenüber Oelze, daß Qualität und Niveau den Durchschnitt und die Konjunktur gefährde.[12] Aber Benns Gedichte und Essays paßten in der Tat nicht in die Produktion des Jahres 1946. Skepsis und Kritik waren nicht gefragt, und was gedruckt wurde, das konnte er ja in den Buchhandlungen in die Hand nehmen. Und es war nicht wenig, was über den Ladentisch ging.

Der strenge Winter 1945/1946 wurde zur härtesten Überlebensprobe für die Bevölkerung, man sprach vom »achten Kriegsjahr«.[13] Der Rhein fror auf sechzig Kilometer Länge zu, Transportmittel für die Beförderung von Kohle fehlten. In Berlin waren Mitte Februar 1946 bereits zweihundert Kältetote zu beklagen, Hunderte erlitten schwere Erfrierungen. Benn konnte sich glücklich schätzen, einen Ofen zu besitzen, auch hatte er ein festes Dach über dem Kopf. Die Korrespondenz mit Oelze beschleunigte sich, ab Februar 1946 dauerte ein Brief von Bremen nach Berlin nur noch eine Woche. Aber Benn war zum Schreiben zu müde, seine Depression ließ keine hoffnungsvollen Gedanken über die Zukunft zu, auch die Rückschau auf das Leben war durch abwertende Düsternis verstellt. Unter diesem Blick blieb von seiner Lyrik und Prosa nicht viel übrig: »Aber ach, wenn ich mich so als Ganzes oder Halbes überdenke u. überblicke, ist der Anblick doch recht erbärmlich, ich mag mir zur Zeit in keiner Weise ins Gesicht sehn. Kunst ist die Wirklichkeit der Götter, und dazu langte es nicht.«[14]

Literarische Öffentlichkeit

Die alte Hauptstadt Berlin, die früher Ausgangspunkt aller literaturpolitischen Aktivitäten im Reich gewesen war, war nun, ungeachtet des Viermächtestatus, von einem Hinterland umgeben, das der Sowjetischen Militäradministration SMAD unterstellt war. Trotz aller Zerstörungen bot sich hier ein Sammlungszentrum, dem im Westen weder Frankfurt noch München oder Hamburg entsprach: Berlin hatte sich bis Ende 1947 mit 233 Verlagen in allen vier Sektoren zur führenden Verlagsstadt entwickelt.[1] Die bei weitem größte Zahl von Exilschriftstellern, die eine Gruppe angesehener Namen umfaßte, kehrte in den sowjetisch besetzten Teil Deutschlands zurück. Benn sprach von seinen Gegnern als den »östlichen Emigranten«. Im September 1945 war das erste Heft der Monatsschrift »Aufbau« erschienen, die vom Kulturbund herausgegeben wurde. Neben den kommunistischen Autoren Johannes R. Becher, Georg Lukács und Alfred Kurella war auch Thomas Mann als Aushängeschild für die angebliche Überparteilichkeit mit einem Beitrag »Vom kommenden Sieg der Demokratie« vertreten. Dem Heft lagen ein Aufnahmeantrag und die Leitsätze des Kulturbundes bei, die wie folgt lauteten: »Vernichtung der Naziideologie auf allen Lebens- und Wissensgebieten. Kampf gegen die geistigen Urheber der Naziverbrechen und der Kriegsverbrechen. Kampf gegen alle reaktionären, militaristischen Auffassungen. Säuberung und Reinhaltung des öffentlichen Lebens«. Die Forderung nach Reinheit und Sauberkeit war nicht weit von demjenigen Jargon entfernt, den zu bekämpfen die Organisation vorgab, und Benn kam schon aufgrund dieser Erklärung als Mitarbeiter nicht in Frage: Als »geistiger Urheber« und aktiver Militär konnte er allemal angesehen werden. Im übrigen erschien ihm ein Punkt besonders lächerlich: »Verbreitung der Wahrheit. Wiedergewinnung objektiver Maße und Werte«. Er wußte ja, wie die Dinge liefen. Der Einfluß der Zeitschrift war schon deswegen nicht zu unterschätzen, weil sie von Autoren des bürgerlichen Lagers unterstützt wurde. Fünfzigtausend Exemplare des ersten Heftes erreichten Abonnenten und Kioske. Und schon im zweiten Heft begrüßte Gerhart Hauptmann den Kulturbund mit einer »Botschaft«, die Johannes R. Becher ihm in Agnetendorf abgerungen hatte. Herbert Jhering, vormals Kritiker am »Börsencourier«, kündigte einen »Kampf für die deutsche Sprache im Geiste Lessings« an und ließ eine Lobhudelei auf Paul Wegener vom Stapel. Klaus Mann hatte in seinem Brief an Benn von 1933 recht gehabt, als er von Jhering behauptete, er könne sich jeder Lage anpassen und immer Mittel und Wege finden, sich »umzufrisieren.«[2] Brecht war mit »Rechtsfindung 1934«, dem Dialog zwischen einem Richter und einem Inspektor, vertreten, und Becher druckte ein Gedicht ab, das mit den Zeilen begann:

Ich trete mit der neuen Zeit
Beginn
Vor dich, mein Volk, in deinem
Namen hin.
O Deutschland, schwer geprüft
wie nie zuvor!
Ich seh dein Bild durch einen Tränenflor.

Benn sah Deutschland allerdings nicht durch einen Tränenflor. Sein Bild der Lage war klar und deutlich. Alle seine Äußerungen würden »nicht als Wahrheit angesehn, sondern nur als ein neuer Irrtum«.[3] Deswegen ließ er gar nicht erst zu, daß andere über ihn zu Gericht saßen: »Ich richte mich allein u in dieser Beziehung habe ich den schwärzesten Talar an. [...] Wenn einer meinen Intellekt oder meine Geistigkeit verdächtigte, das wäre mir genau so nebensächlich, als wenn er die Behauptung verbreitete, daß ich mit Stubenfliegen Geschlechtsverkehr ausübte, es könnte mich nichts mehr bestimmen, dies zu verneinen.«[4] Dieser Sarkasmus verdeckte jedoch seine Empfindlichkeit. Denn die Kreise stalinistischer Funktionäre, die jetzt als Heilsbringer ihre Macht ausspielten, kaum daß die alten Konkurrenten abgetreten waren, stellten für ihn eine Gefahr dar wegen der Denunziationen, mit denen der »Aufbau« bereits in seinem zweiten Heft anfing. Diese Art des Kampfes mußte Benn besonders abstoßen, war er doch 1936 selbst das Opfer einer Denunziation geworden.

Unter dem Titel »Kunstfragen des dritten Reiches« ging es im zweiten Heft des »Aufbau« um einen Brief von Frank Maraun, der sich im März 1944 als »Beauftragter für das Nachwuchswesen beim Reichsfilmintendanten« unter dem Bezug »Filmnachwuchs und Arbeitsdienst« für eine vorzeitige Entlassung einer »ungewöhnlich filmgeeigneten Arbeitsmaid vom Arbeitsdienst« eingesetzt hatte. Materialien dieser Art konnte der Kulturbund sich ohne weiteres zu Hauf beschaffen, saß er doch in der Schlüterstraße 45 an der Quelle, wo sich das Archiv der RKK befand. Ein Griff in eine Akte, und belastendes Material fand sich. Das gab eine redaktionelle Notiz vor dem Maraun-Brief auch unumwunden zu. Benn notierte sich in sein Arbeitsheft: »Die deutsche Form der Revolution ist die Denunziation.«[5]

In den Westzonen war im Oktober 1945 das erste Heft der »Sammlung« in Göttingen erschienen, in der die Göttinger Pädagogikprofessoren Hermann Nohl und Erich Weniger zusammen mit dem Religionspädagogen Otto Friedrich Bollnow einer »neuen Erziehung« das Wort redeten: »Unser Wille ist entschlossen nach vorwärts gerichtet in den grauen Morgen unserer Zukunft.« Und auch hier war Frank Thiess mit von der Partie. Er hatte sich mit seiner Verteidigung der »Zuhausegebliebenen« einen guten Namen und eine gute Startposition geschaffen und steuerte einen Beitrag über Sokrates bei.

Interessanter war eine Zeitschrift, die in der amerikanischen Besatzungszone von Dolf Sternberger unter Mitwirkung von Karl Jaspers, Werner Krauss und Alfred Weber unter dem Titel »Die Wandlung« herausgegeben wurde. Im ersten Heft vom November 1945 begann die erste Folge des später berühmt gewordenen »Wörterbuchs des Unmenschen« von Sternberger, aber auch ein Gedicht von T. S. Eliot in freien Versen wurde vorgestellt, wobei die deutsche Übersetzung dem englischen Text gegenübergestellt war. Eine redaktionelle Anmerkung wies auf Eliots Satz hin: »Es ist berechtigt, wenn man in Prosa theoretisiert, sich mit Idealen einzulassen, während man im Gedicht nur Tatsachen behandeln kann.« Benn hätte sich einer solchen Auffassung oder »poetischen Gesinnung«, wie die Herausgeber sagten, ohne weiteres anschließen können. Karl Jaspers rechnete in einer Rede zur Wiederaufnahme des medizinischen Unterrichts an der Universität Heidelberg am 15. August 1945 mit deren Vergangenheit ab und schlug den Ton an, der für Rückblicke auf die Zeit des Nationalsozialismus charakteristisch werden würde: »Mit uns ist durch die zwölf Jahre etwas geschehen, das wie eine Umschmelzung unseres Wesens ist. Mythisch gesprochen: die Teufel haben auf uns eingehauen und haben uns mitgerissen in eine Verwirrung, daß uns Hören und Sehen verging. Wir müssen Abstand nehmen von einer Vergangenheit um uns und in uns. Aber wir suchen nicht Vergeltung, wenn jetzt das Notwendige geschieht und unser Einverständnis fordert.« Die Frage, warum die Deutschen gegen die »ewigen sittlichen Forderungen« so ungehorsam waren, stellte sich offenbar nicht. Dafür schloß Hans Egon Holthusen sein Gedicht »Tabula rasa« mit der Frage:

Wer ist es, raunend in
Verborgenheit
Und wohnt in eines
Menschenherzens Enge
Und keltert einen Tropfen
Ewigkeit
Im dunkeln Wirbel unsrer Untergänge.

Und Marie Luise Kaschnitz sprach in ihrem Essay »Vom Ich« über die »Heimkehr zu sich selbst« und die Gefahren, denen das Ich ausgesetzt ist: »Auf der Schwelle jeder Wiedergeburt zittern wir in der Erinnerung an die unendliche Erfahrung der Nacht. Aber die Welt, die vor unseren Blicken liegt, ist jung wie am ersten Tag.«

Benn schätzte diesen Rechtfertigungsnebel nicht, in dem die konkreten Urteile über das Einverständnis der Deutschen mit dem NS-Regime verschwanden. Benn wäre das Geleitwort von Jaspers zu »humanistisch« gewesen und der Appell an die »abendländische Geschichte« und den »öffentlichen Geist«, der »unser aller Verantwortung« ist, zu verquast.[6] Dabei hätte ein Gedicht wie »Verlorenes Ich« oder »Welle der Nacht« sich in diesem Rahmen durchaus unterbringen lassen, wenn Benn es versucht hätte.

Zurückweisung

Am 15. März 1946 wurde das dritte Heft der »Wandlung« ausgeliefert. Zwischen drei Gedichten Werner Bergengruens und einer »Kantate auf den Frieden« von Horst Lange war ein Artikel von Alex von Frankenberg mit dem Titel »Umsonst?« eingerückt, der aus Benns »Antwort an die literarischen Emigranten« vom Mai 1933 zitierte. Bei dem Artikel handelte es sich um eine Art sektiererischen Traktat, der das Nachkriegsdeutschland einer »geistigen Agonie« bezichtigte und dessen Schuld darin sah, »die letzte Möglichkeit zu verlieren, überhaupt zur Besinnung zu kommen«. Die Emigranten irrten in ihrem Glauben, Hitler habe damals nur ein paar Schafe hinter sich geschart. Benn sei es 1933 klar gewesen, daß nicht nur Einzelne, sondern alle Deutschen die neue Regierung unterstützten. Er habe zwar damals auch »Heil« geschrieen, aber doch mehr gewußt als die Emigranten. Auch heute würde wieder »Heil« gerufen, wenn nämlich »der Ritter von Molo den diesem Heil entflohenen Thomas Mann wieder ›Heim ins Reich‹« holen wolle. Das aber sei der falsche Weg, Deutschland müsse, bevor es »Heil« rufe, sein »Un-heil« erkennen und Verantwortung übernehmen.

Der Artikel blieb in der Stoßrichtung unklar, spielte mit Begriffen und schwankte zwischen Ironie und falschem Pathos. Er endete mit dem Aufruf »Deutschland erwache«, ohne daß die Redaktion an dem Nazi-Slogan Anstoß nahm. Benn wurde benutzt, um Molo, aber auch die Emigranten in die Schranken zu weisen und von den Deutschen die Einsicht zu verlangen, daß sie alle Mitläufer waren.

Die Verschwommenheit der Argumentation läßt es nicht zu, von einem Angriff auf Benn zu sprechen. Die Bedeutung dieser allerersten Berufung auf Benn in einer größeren Öffentlichkeit liegt vielmehr darin, daß sie zu einem ungelegenen Zeitpunkt auf ein Dokument aufmerksam machte, das Benn gerade in diesem Jahr lieber in der Vergessenheit gelassen hätte. Viele Leser werden, wenn überhaupt, Benns »Antwort an die literarischen Emigranten« nur vom Hörensagen gekannt haben. Seinem Brief an Klaus Mann wurde jedoch eine Aktualität dadurch verliehen, daß die Kontroverse zwischen Molo und Mann die Frage nach Notwendigkeit und Recht der Emigration erneut belebte. Zudem hatte Frankenberg den Emigranten zur Last gelegt, sie hätten Benn des Verrates am Geist beschuldigt, und er fragte: »Was hatte Benn denn Schreckliches getan? Er hatte ›Heil‹ gerufen. Er hatte sich offen zum neuen Reiche bekannt. Da zogen die Leute die Konsequenzen. Sie wollten mit diesem ›Heil‹ nichts zu tun haben. Sie formulierten das in dem merkwürdigen Satz: ›Wer sich in dieser Stunde nicht zu uns bekennt, wird von heute an und für immer nicht mehr zu uns gehören‹. ›Zu uns‹? Wer war das? War das Deutschland? Das Heil? der Geist? Wo war denn eigentlich Deutschland?«[1] Frankenberg machte Benn damit zu einer Figur, an der sich die entgegengesetzten Positionen abarbeiten und die Geister scheiden konnten. Das war um so leichter, als Benn von Anfang an in einem Zwielicht erschien. Einerseits hatte er sich zum »Neuen Staat« bekannt, andererseits hatte er das Mitläufertum aller Deutschen behauptet und damit eine Position vertreten, die gerade 1946 nicht opportun war.

Die Redaktion muß dem Artikel gegenüber zwiespältig eingestellt gewesen sein. Sie sah sich veranlaßt, den Aufsatz mit einer Fußnote zu schließen, die eine Distanz ausdrücken sollte: »Es muß hier angemerkt werden, daß Gottfried Benns literarische Person, unerachtet dieses erstaunlichen Bekenntnisses, vom Nationalsozialismus nicht akzeptiert worden ist. Vom Oktober 1936 an, ungefähr zu der Zeit seines fünfzigsten Geburtstages, begann eine Serie öffentlicher Angriffe in der Parteipresse, unter anderem im ›Schwarzen Korps‹, die in den unflätigsten Ausdrücken über einen damals neu erschienenen Gedichtband herfiel. Auch die mit literarischen Angelegenheiten befassten Parteiinstanzen begannen, auf den Verleger Benns einen Druck auszuüben, und dieser Vorgang endete mit der Ausschließung Benns aus der Schrifttumskammer um die Jahreswende 1936/37. Seitdem hat er nichts mehr veröffentlicht. Von Beruf ist Benn Militärarzt und ist auch während des Krieges als solcher tätig gewesen.«[2]

Diese wenigen Zeilen haben eine außerordentliche Bedeutung für die Benn-Rezeption der Nachkriegszeit bekommen, denn sie formulierten zum ersten Mal eine Meinung über Benns Verhältnis zum Nationalsozialismus, die dann, auch in der Übertreibung und der Umkehrung der Verhältnisse, topisch geworden ist. Benn wurde hier zu einem Dichter, der »vom Nationalsozialismus nicht akzeptiert worden ist« nach dem Schema: Benn war für die Nazis zu intelligent und nicht angepaßt genug. Von einer »Serie öffentlicher Angriffe in der Parteipresse« kann nicht die Rede sein, und der Ausschluß aus der Reichsschrifttumskammer, der nicht 1936/37, sondern 1938 erfolgte, war nicht die Folge eines Drucks der »mit literarischen Angelegenheiten befaßten Parteiinstanzen« auf den Verlag, sondern geht, wie wir wissen, auf die Verfolgung durch Willrich zurück.

Wichtig jedoch war, daß Benn durch Verwendung einer bestimmten Terminologie in eine Opferrolle gebracht wurde. Denn die Begriffe »Parteipresse« und »Parteiinstanzen« vertraten die Bedrohung durch den Apparat. Und glückte es dann noch, das Wort »Gestapo« in den Lebenslauf zu verweben, war die Exkulpierung perfekt. Alex von Frankenberg gelang es auf diese Weise für sich selbst, das beabsichtigte Bedauern zu wecken. In seiner Kurzvita heißt es: »Ende 1932 erschien das Buch ›Das wiedergefundene Paradies, Unschuld und Lösung‹, dessen Gesamtauflage kurz nach Erscheinen von der Gestapo beschlagnahmt und vernichtet wurde. Während der letzten Jahre des Dritten Reiches beschäftigte er sich mit der Literatur der deutschen Barockmystik (Jacob Böhme). Er lebt in Tübingen.« Kein Wort über Beruf oder öffentliche Funktionen. An deren Stelle tauchte nur das Lesen barocker Literatur auf. Der vorhergehende Satz mit dem Hinweis auf die Gestapo insinuierte jedoch Bedrohung und Gewalt in einem rechtsfreien Raum. Dabei gehörten Gutachten, Fragebögen, Weiterleitungsvermerke, Stempel und bürokratische Verwaltungswege zu den Voraussetzungen des Verbots einer Buchauflage, deren Beschlagnahme nach behördlicher Ankündigung eines Termins durch die örtlichen Polizeibehörden im Verlag vorgenommen wurde. Die Gestapo hatte mit diesen Vorgängen nur ausnahmsweise zu tun. Aber deren Nennung klang gefährlich und damit entlastend, und das war in diesem Zusammenhang wichtig.

Der Artikel aus der »Wandlung« wurde in Heft 6 des »Aufbaus« in der Rubrik »Presseschau«, um zweieinhalb Seiten gekürzt, nachgedruckt. Durch die Kürzung entfiel die Pointe des Artikels, es könne keine Unschuldigen geben, weil das ganze Volk hinter Hitler stand, und der Essay wurde dadurch zu einer Anklage gegen Benn. Der »Aufbau« hatte bereits eine Auflage von 150.000 Exemplaren erreicht und sorgte auf diese Weise dafür, daß die zitierten Sätze aus dem Brief an Klaus Mann zur Kenntnis von Autoren, Verlegern und Journalisten kamen, denen die »Antwort an die literarischen Emigranten« aus der »Deutschen Allgemeinen Zeitung« unbekannt geblieben war.

Benn rückte nicht von der Überzeugung ab, daß seine damalige Auffassung richtig war. Die beiden ausführlichen Zitate, die Frankenberg brachte, fanden auch jetzt noch seinen Beifall: »In wenigen Jahren wird die Beurteilung von heute revidiert sein«, schrieb er an Oelze, »man wird das Kriminelle vom Nicht-Kriminellen getrennt sehn und das Letztere weitgehend bejahen.«[3] Benn fühlte sich in dieser Meinung auch in privaten Gesprächen mit US-Offizieren, mit Bekannten seiner Tochter und vor allem mit dem Schweizer Journalisten Erhard Hürsch unterstützt.

Mit der Verachtung für die Zeitgenossen hatte Benn nicht gespart, aber er schonte sich selbst auch nicht und ließ alle Enttäuschungen, die er an sich selbst erlebt hatte, Revue passieren: Die Entscheidung für den »Neuen Staat« 1933 mit allen Konsequenzen gehörte dazu. Der sechzigste Geburtstag am 2. Mai 1946 veranlaßte ihn zu einem Rückblick, der durch die depressive Stimmung stark beeinflußt wurde: Seine Lebensleistung ging in einer Entwertung unter, die vom Leben nichts anderes übrigließ als »ein par traurige Räusche, angetrunkene Röten, fahl u. doppelbödig«.[4] Der Tag selbst unterschied sich nicht von einem gewöhnlichen Arbeitstag in der Praxis. Er aß mit dem Dienstmädchen in der Küche, am Nachmittag behandelte er Patienten, am Abend schrieb er einen langen Brief an Oelze: »Lieber Herr Oelze, zu meinem 60. Geburtstag beschenke ich mich selbst damit, Ihnen einen Brief zu schreiben, also mich dem gegenüber zu stellen, dem ich im vergangenen Jahrzehnt so unendlich viel verdanke. [...] Von der Literatur oder sogenannten Geisteswelt bekam ich natürlich keinerlei Glückwunsch zu meinem Jahrestag. Aber ich hatte Cigaretten u. Café, woran mir auch mehr lag.«[5] Die Enttäuschung über das Schweigen der literarischen Öffentlichkeit ist deutlich zu spüren. Einige Wochen später erfuhr er jedoch, daß in der »Schleswig-Holsteinischen Volkszeitung« vom 27. April 1946 eine Würdigung zu seinem Geburtstag aus der Feder seines alten Bekannten Carl Werckshagen erschienen war. Werckshagen hatte durch die Vermittlung Oelzes einen Einblick in die Manuskripte bekommen, einen Auszug aus »Kunst und Drittes Reich« mit einer Einleitung versehen und ihn bereits am 21. Februar 1946 in der Hamburger Wochenzeitung »Die Zeit« erscheinen lassen. Die Ausgabe erschien in 25.000 Exemplaren. Dieser Text durchbrach das Schweigen, löste ein lebhaftes Echo aus und befreite Benn aus der Berliner Umklammerung. Denn aus der französischen Zone wandte sich der Verleger Johannes Weyl vom Südverlag in Konstanz an ihn. Er plante eine literarische Zeitschrift »Vision« und lud Benn zur Mitarbeit ein. Benn übersandte das Manuskript der neuen Gedichte und den Essay »Kunst und Drittes Reich«[6] und hoffte auf eine Chance zur Publikation.

Eine eigenständige Veröffentlichung wäre ihm lieber gewesen, weil es auch anderen Dichtern gelang, mit wenig umfangreichen Lyriksammlungen in kleinem Format auf sich aufmerksam zu machen. Alexander

Lernet-Holenia besang Deutschland in fünfhebigen Jamben in dem Epos »Germanien«, das 1946 bei Suhrkamp in Berlin herauskam. Von Albrecht Haushofer erschienen die »Moabiter Sonette«, von Hans Carossa »Stern über der Lichtung«, von Wolfgang Weyrauch »Von des Glückes Barmherzigkeit«. Auch von Rudolf Hagelstange, Gertrud Kolmar, Hans Erich Nossack erschienen 1947 Lyrikwerke. An Gedicht-Sammlungen war kein Mangel, die mit Strophen wie den folgenden aufwarteten (Johanna Moosdorf, Brennendes Leben, Berlin 1947):

Frühling 1946

Sonne! Wärme! Und es schlägt
das Leben
Leise seine süßen Augen auf,
Rein und leuchtend im Gesicht
der Blumen
Die sich bebend aus dem
schwarzen Schoß
Unsrer tränennassen Erde heben.

Und Rudolf Leonhard ließ in seiner Sammlung »Deutsche Gedichte« (Berlin 1947) Strophen wie folgende drucken:

Das alte Konstanz am Bodensee,
eine schöne, keine kleine
Stadt,
das mehr als
fünfunddreissigtausend
Einwohner hat,
ist verwuchert von Jammer,
gelähmt von Weh.

Benn empörte vor allem die mangelhafte Qualität dieser Literatur. Wenn man überhaupt ernsthaft willens gewesen wäre, das deutsche Volk umzuerziehen, dann hätte man seinen »*Geschmack* bilden« müssen. Und dazu waren diese Machwerke nicht geeignet: »Wenn man aber weiter einen Schmarren, nur weil er antifaschistisch ist, als grosses Kunstwerk und ein Machwerk, nur weil es sozialistisch klingt, als Hochprodukt anpreist u. bespricht, wird man es [das deutsche Volk] nicht hochbringen, sondern es wird weiter dynamisch, faustisch u. klotzig bleiben.«[7] Ringelnatz, Morgenstern und Wilhelm Busch seien die Leckerbissen seines artistischen Appetits.

Benn blieb der Widerstand gegen ihn nicht recht durchschaubar. Berliner Bekannte erzählten dies und das, aus den Zonen bekam er wenig

Echo. Er blieb auf Vermutungen angewiesen und fühlte sich wieder in der gleichen Lage wie 1938 nach dem Publikationsverbot. Deswegen fürchtete er auch »Angriffe, Beleidigungen, Gefahren«, wenn er den Schritt in die Öffentlichkeit gewagt und ein Verlag sich seiner angenommen hätte.

Die Angst vor dem Ungeklärten und Anonymen war verständlich. Oelze hatte von der Deportation führender Persönlichkeiten und von Fachleuten in der russischen Zone gesprochen und angefragt, ob Benn davor gefeit sei. In den Bezirken Pankow und Oberschöneweide der russischen Zone wurden in der Tat Berliner Ärzte zur deutschen Polizei befohlen, »um dort in Anwesenheit einiger russischer Offiziere ihren Lebenslauf niederzuschreiben und registriert zu werden«.[8] Die Leitung des Berliner Gesundheitsamtes bestätigte, daß diese Ärzte sich zur jederzeitigen Verfügung der Sowjetverwaltung halten mußten. Befürchtungen dieser Art wurden durch die herrschende Rechtsunsicherheit im viergeteilten Berlin bestärkt. Benn fühlte Ohnmacht und Wut, weil die politische Realität auch jetzt durch einen Vertreter der Kunst so wenig beeinflußt werden konnte wie 1933. Daß »der Staat in dieser Welt mehr Recht hat als jene irrealen Sphären, die nur in sich selber Rechtfertigung und Ausgleich tragen«, wollte ihm auch nach seiner Erfahrung im Dritten Reich nicht recht einleuchten.[9] Nun hätte er sich bemühen können, in den Zeitschriften zu publizieren und »Die Wandlung«, »Die Sammlung« »Die Gegenwart« oder der Berliner »Horizont. Halbmonatsschrift für junge Menschen« hätten vielleicht Gedichte von ihm gedruckt. Aber als vormals bekannter Dichter wollte er nicht wieder von vorne anfangen, seine neue Produktion sollte umfassend in drei Bänden vorgestellt werden. Diese Absicht hinderte ihn daran, seine Fühler auszustrecken, denn kein Verlag konnte für ein Werk dieses Umfangs das nötige Papier auftreiben.

Wegen der depressiven Stimmung fand Benn keinen Zugang zur Arbeit, jede Fragestellung schien ihm »völlig sinnlos, leer, überaltert«.[10] Jede Erkenntnis blieb nur noch individuell, allein auf die eigene Existenz bezogen. Wie sollte man zu Entscheidungen geistiger Art kommen, die allgemeinen Charakter hatten? Er wurde das Gefühl nicht los, daß der Zusammenbruch und die Zukunftslosigkeit gar nicht recht wahrgenommen wurden, daß »*keine Menschenseele* von der totalen Verwahrlosung unseres Inneren, seinen Lügen, seinen Korsettstangen, seinen Suspensorien« etwas wußte.[11]

Manchmal spielte er mit dem Gedanken, Berlin zu verlassen, die Praxis zu verkaufen und in ein Dorf im Westen zu ziehen, denn das Leben in der Trümmerwüste war zu aufreibend und erinnerte ihn zu oft an sein früheres Leben. Zu Patientenbesuchen in fremden Wohnungen hatte der Sechzigjährige keine Lust mehr. Unter den herrschenden Umständen kam ihm rückblickend das Leben in Landsberg als Paradies vor: »3 Schwalben flogen immer zwischen 7 u 8 Uhr abends, wenn wir in dem Garten uns ergingen u. zwei Flieger kreisten u. ein angebundener Ziegenbock heulte im Nachbargarten u. ein Hund lag auf der Treppe u. ein Major, deutsches Kreuz in Gold, im Civilleben Pfarrer, verbot uns das Betreten des Gartens, da wir nicht zum Bataillon gehörten, sondern aus Berlin waren. Das waren Zeiten.«[12]

Der Weg zum Ruhm

Sommer 1946

Die Tage des Sommers 1946 waren angefüllt mit den ärztlichen Pflichten. Benn klagte über seine Tätigkeit als Gefängnisarzt, als Arzt an der Beratungsstelle für Geschlechtskranke und litt unter dem Nacht- und Sonntagsdienst, »ein Geschäft, als ob man ein Bordell wäre«.[1] Er bemängelte die unbezahlte Arbeit, da es sich um Anordnungen des Magistrats oder der alliierten Militärregierung handelte. In allen Sektoren herrschte eklatanter Ärztemangel. Schon unmittelbar nach Kriegsende hatten die sowjetischen Behörden die Entlassung von leitenden Ärzten der Verwaltung und der Krankenhäuser bei Nachweis der Mitgliedschaft in der NSDAP, der SS oder des SD angeordnet. Auch die amerikanische Militärregierung entfernte Ärzte als »Nazis und Militaristen« aus Stellungen, die mit Macht und Einfluß verbunden waren.[2] Da die medizinische Versorgung der Bevölkerung wegen dieser politischen Maßnahmen nicht mehr gesichert war, wurde in den sechs amerikanischen Bezirken das Berufsverbot von 223 Ärzten in eine eingeschränkte Berufserlaubnis umgewandelt.[3] Oft mußte unter katastrophalen hygienischen Bedingungen praktiziert werden, bei der Diagnostik der Infektions- und Geschlechtskrankheiten wirkte sich das Fehlen von Mikroskopen und Nährböden besonders fatal aus. Der Mangel an Röntgengeräten hatte zur Folge, daß eine Tuberkulose meistens unerkannt blieb und Ansteckungen zur Folge hatte.

Eine besondere Gefahr stellten Seuchen dar. Die Ruhr entwickelte sich im Sommer 1945 außerordentlich schnell und mit einer hohen Mortalität. Die in die Stadt strömenden Flüchtlinge schleppten Typhus ein. Daher ordneten die Alliierten im April 1946 eine generelle Typhusschutzimpfung an, täglich, auch an Sonntagen, sollte in zwei Schichten geimpft werden. Zum festgesetzten Impftermin blieben alle Geschäfte in den einzelnen Stadtteilen geschlossen. In der Zeit vom Mai bis August 1946 erhielten 2,6 Millionen Berliner die entsprechenden Spritzen.[4] Benn beschwerte sich bei Oelze über die »allgemeine Typhusimpferei«, an der teilzunehmen er ohne Entgelt gezwungen war, weil es sich um eine Anordnung der Alliierten handelte. Zudem mußte er aber auch die eigene Praxis unterhalten, »um die Basis für Café u. Zigaretten zu beschaffen«.[5] Die Fliegerangriffe hatten das Leitungssystem in erheblichem Umfang in Mitleidenschaft gezogen. Die Trinkwasserversorgung war deswegen noch immer von den Hof- und Straßenpumpen abhängig, an denen Benn »die mageren, von Krätze u. Pusteln bedeckten Kinder« bedauerte, die er nackt trinken sah.[6] Auch konnte die Bevölkerung, obwohl sie dazu von den Kommandanturen aufgefordert worden war, das Wasser nicht immer abkochen, weil Strom oder Heizmaterial fehlten. In dieser Situation im trostlosen Berliner Sommer 1946 fragte sich Benn, ob der Künstler einen anderen Anspruch an das Leben und den Lebensabend habe als der Durchschnittsbürger. Er gab zur Antwort »nein« und drückte diese Haltung in dem Gedicht »Gewisse Lebensabende« aus, in dem es um den Daseinskampf der Künstler Rembrandt und Shakespeare geht. So wie Benn an seinem sechzigsten Geburtstag allein und unbemerkt von der Literatenwelt mit seinem Dienstmädchen in der Küche saß und sich im übrigen um Kaffee und Zigaretten kümmern mußte, so hatte sich auch bei Rembrandt oder Shakespeare die Genialität nicht in einer ihrer Kunst angemessenen gesellschaftlichen Anerkennung niedergeschlagen. Benn machte beide zu Außenseitern und entheroisierte ihr künstlerisches Schaffen, das sich bei Lichte besehen als monomanische Zwangshandlung herausstellte:

Du brauchst nicht immer die Kacheln
zu scheuern, Hendrickje,
mein Auge trinkt sich selbst,
trinkt sich zu Ende –
aber an anderen Getränken
mangelt es –
dort die Buddhastatue,
chinesischen Haingott,
gegen eine Kelle Hulstkamp,
bitte!
Nie etwas gemalt
In Frostweiß oder Schlittschuhläuferblau
Oder dem irischen Grün
Aus dem der Purpur schimmert –
Immer nur meine Eintönigkeit,
mein Schattenzwang –
nicht angenehm
diesen Weg so deutlich zu
verfolgen.
[…]
Der Kamin raucht
– schneuzt sich der Schwan von
Avon –,

die Stubben sind naß,
klamme Nacht, Leere vermählt
mit Zugluft –
Schluß mit den Gestalten,
übervölkert die Erde
reichlicher Pfirsichfall, vier
Rosenblüten
pro anno –
ausgestreut,
auf die Bretter geschoben
von dieser Hand,
faltig geworden
und mit erschlafften Adern!

Ein Künstler konnte aus seiner Genialität keine Rechte ableiten: »Ich glaube nicht, dass selbst Rembrandt Anspruch auf einen anderen Lebensabend hatte als mit Hendrikke unter Alkohol u. gepfändet.«[7] Benn wollte in diesen Strophen auch den Standpunkt des alt gewordenen Künstlers, der auf sich selbst beziehungslos herabsieht, charakterisieren. Das Alter erlaube keine Lässigkeit in Hinsicht auf den Produktionsvorgang: Ein Gedicht sei ein schwieriges Werk, alles müsse ineinander verzahnt werden, eine anstrengende An- und Ausgleichsarbeit, bis alles zusammenpasse: »Man will ja mit einem Gedicht nicht ansprechend sein, gefallen, sondern es soll die Gehirne spannen u. reizen, aufbrechen, durchbluten, schöpferisch machen.«[8]

In der letzten Augustwoche 1946 gelingt es Benn, nach Neuhaus an der Elbe zu kommen, um das Grab seiner Frau zu besuchen. Die Reisebedingungen waren noch immer katastrophal. Viele Bahnhöfe, von denen häufig nur ein Stahlgerippe übriggeblieben war, glichen einem Heerlager, Flüchtlinge aus dem Osten warteten auf Unterkünfte, Soldaten und ehemalige Kriegsgefangene waren auf dem Weg in ihre Heimatorte, Tausende fuhren täglich zum Hamstern aufs Land mit Körben, Rucksäcken und Taschen. Die wenigen durchgehenden Schnellzugverbindungen durften nur mit besonderen Fahrberechtigungen benutzt werden. Andere Züge verkehrten nur unregelmäßig und waren hoffnungslos überfüllt. Manche Fahrt, auch wenn sie nur über wenige hundert Kilometer ging, mußte nicht selten für einige Tage wegen Gleisschäden oder anderen Reparaturen unterbrochen werden. Und wie sollte man sich mit Reiseproviant versorgen? Lebensmittelkarten besaßen nur am Heimatort Gültigkeit, und »Reisemarken« bekamen nur diejenigen, die in dienstlichem Auftrag unterwegs waren. Benn faßte seine Expedition nach Neuhaus in das mythologische Bild von Orpheus: »Eine wahrhafte Fahrt über den Styx! Ein Unternehmen auf Leben u Tod. Verhungern, verschleppt werden, im überfüllten Coupée niedergeschlagen werden – alles da. Und mit grossem Glück entging ich einer Verhaftung u. Unschädlichgemachtwerdung durch eine r... Feldpolizei, – vielleicht war es auch nur eine private Räuberbande.«[9]

Dieser Bericht ist keineswegs übertrieben. Das Treiben krimineller Banden in den vier Besatzungszonen stellte Militärbehörden und Polizei vor wachsende Probleme. Neben sozial entwurzelten Jugendlichen, die noch als Soldaten mit dem Gebrauch von Waffen vertraut gemacht worden waren, schlossen sich auch ehemalige Zwangsarbeiter zu Banden zusammen.[10] Benns Erinnerung an seine Frau, die Erschütterung über ihren Selbstmord und dazu die Eindrücke der Reise mündeten in das Gedicht »Orpheus' Tod« (August 1946), das neben »Rosen« (Mai 1946) und »Gewisse Lebensabende« (September 1946) die einzige lyrische Produktion seit eineinhalb Jahren darstellte. Benn nimmt aber nicht das Motiv von der Hadesfahrt zur Errettung Eurydikes auf, sondern beschreibt den um die Geliebte trauernden Sänger, der Eurydike treu bleiben will und deshalb von den abgewiesenen Frauen getötet wird. Benn greift zwar auf Ovids Metamorphosen zurück, veränderte jedoch den Bericht grundlegend. Der erste Teil des Gedichts hat die Form eines inneren Monologs des Orpheus –, die auch in »Gewisse Lebensabende« dominiert:

> Wie du mich zurückläßt, Liebste –
> [...]
> Drei Jahre schon im Nordsturm!
> An Totes zu denken ist süß.
> So Entfernte,
> man hört die Stimme reiner,
> fühlt die Küsse,
> die flüchtigen und die tiefen –
> doch du irrend bei den Schatten!

Der Tod trennt die geliebten Menschen nicht, sondern knüpft das Band zwischen Orpheus und Eurydike fester. Durch den Verlust gewinnt das einst Besessene erst seinen ganzen Wert.[11] Benn versuchte mit diesem Gedicht etwas Neues: Er führte ein episches Prinzip ein, denn die Stimme des Sängers, der bisher in erster Person sein Schicksal dargestellt hatte, verstummt, und ein ungenannter Zeuge berichtet das Ende.

Durch die Reise nach Neuhaus stellte sich für Benn auch die Frage nach der eigenen Grabstelle: Am liebsten wäre ihm zu diesem Zeitpunkt der Platz an der Seite seiner Frau gewesen. Das tägliche Leben jedoch und die Ernährungslage ließen, wollte man überleben, wenig

Zeit für Gedanken an Sterben und Grab. Jeder Quadratmeter Boden wurde in Hinterhöfen und Parkanlagen zur Anlage von Feldern und primitiven Gärten genutzt. Benn charakterisierte Berlin als »mongolische Grenzstadt«, in der das »Leichengewimmel der Verhungernden«, die eigentümliche Berufslosigkeit einer nach Millionen zählenden Bevölkerung und die Sinnlosigkeit jeder tätigen Unternehmung zusammengehörten.[12]

Mit größter Verachtung begegnete er dem politischen und kulturellen Leben, das er als bieder, familiär und zu wenig radikal im Denken empfand. Die Leute, die den Kulturbetrieb beherrschten und etwas Neues anfangen wollten, kamen ihm »unentwickelt« vor wie Hänsel und Gretel im Wald, während er sich als jemand begriff, der mit der Atombombe gegen Anfänger mit Pfeil und Bogen ankämpfte.[13]

Doch es gab auch positive Signale: Der »Tagesspiegel« interessierte sich für seine Mitarbeit, auch Heinz Ullstein besuchte ihn. Aber Benn hielt sich zurück, die in den Gesprächen geäußerten Ansichten kamen ihm zu harmlos vor und standen zu seinen radikalen Gedanken im Widerspruch: »Der interessanteste Eindruck für mich ist der: die hündische Feigheit, mit der die ›Geistigen‹ die politischen Begriffe acceptieren, die Aufstellung jeder Wertskala den Politikern überlassen, also Leuten 4. Standes und 5. Ranges, offenbar besitzen sie selbst in sich gar keine Masstäbe, Richtlinien, Gesetze. Alles beugt sich ohne Scham u. ohne Gedanken den öffentlich geforderten u. vertretenen Hauptworten.«[14]

Mit seinen Veröffentlichungsplänen kam Benn nicht voran. Der Goverts Verlag konnte sich nicht entscheiden, und an dem Erscheinen eines »Bändchens« war Benn nicht interessiert. Kurt Marek, Lektor im Rowohlt-Verlag und Redaktionsmitglied der Tageszeitung »Die Welt«, die vorerst als offiziöses Organ der britischen Militärverwaltung in Berlin und Hamburg herausgegeben wurde, wollte im Auftrag Ernst Rowohlts versuchen, die Erlaubnis für einen Vorabdruck aus dem »Roman des Phänotyp« in der »Welt« zu erwirken, um dadurch einen Weg für die Buchpublikationen zu erwirken. Woran dies scheiterte, wissen wir nicht.

Benn trug sein eigenes Scherflein zu den Schlappen bei, denn er verhandelte außerordentlich zögerlich und mußte zugeben, daß seine Vorsicht, die vielleicht in Berlin geboten war, für den Kunstbetrieb der anderen Zonen nicht paßte. Er hatte sich bisher auch zurückgehalten, weil er unter keinen Umständen seine Praxis gefährden wollte. Es sollte in Arztkreisen nicht über ihn geredet werden. Schon im Juni 1945 regten sich Widerstände gegen eine amtliche Anerkennung Benns durch die Ärztekammer und die Fortführung seiner Praxis. Bis zum Frühjahr 1946 erfolgte die Entnazifizierung der Ärzte in den Bezirken, erst dann übernahmen Entnazifizierungskommissionen beim Magistrat die Aufgabe.

Benn mußte sich mit der Gegenwehr eines jüdischen Ärztefunktionärs, des Schöneberger Amtsarztes Dr. Gustav Emanuel, auseinandersetzen, der im »Verzeichnis der jüdischen Ärzte Groß-Berlins 1937« noch mit einer Charlottenburger Adresse verzeichnet war, später jedoch emigrierte. Erst Ende Februar 1946 wurden von der Alliierten Kommandantur Überlegungen angestellt, »ob jemand bezüglich der Zugehörigkeit zur NSDAP als schuldig oder gefährlich anzusehen« sei und wie »das Bereinigungsverfahren durchgeführt werden sollte«.[15] Nun war Benn zu keinem Zeitpunkt »Mitglied der NSDAP, der SS, der Gestapo oder des SD« gewesen. Die Beschlußfassung des Magistrats der Stadt Berlin am 28. Juli 1945 sah jedoch vor, daß eine vorhandene Approbation auch dann entzogen werden konnte, »wenn der Betreffende als unwürdig oder nicht geeignet zur Durchführung einer ärztlichen Tätigkeit« angesehen werden mußte oder als »politischer Denunziant zu bewerten« war. Benn mußte besorgt sein, daß seine »Antwort an die literarischen Emigranten« in diesem Sinne gegen ihn verwendet werden würde. Erst im September 1946 konnte er sicher sein, daß für seine Praxis keine Gefahr mehr bestand.[16] Außerdem beherrschte Johannes R. Becher den Kulturbetrieb der Viersektorenstadt. Becher fürchtete, wie Benn vertraulich berichtet wurde, seine Konkurrenz und versuchte deswegen, ihn »auszuschalten.«[17] Benns ursprünglicher Plan, alle seine Manuskripte in drei umfangreichen Bänden drucken zu lassen, ließ sich zu diesem Zeitpunkt nicht verwirklichen. Auch für Rowohlt wäre das nicht zu bewältigen gewesen. Da Claassen die Absicht geäußert hatte, zuerst einen Gedichtband herauszubringen, überlegte sich Benn eine Zusammenstellung seiner Gedichte und fragte bei Oelze an, ob er »Orpheus' Tod« mit in eine solche Sammlung aufnehmen sollte. Er wollte sie »Statische Gedichte« nennen und glaubte, daß allein der Titel Anstoß erregen würde. Ein Zusammengehen mit Rowohlt wäre ihm durchaus sympathisch gewesen. Und da der Verleger auch mit Oelze zusammengetroffen war, lag gewissermaßen Oelzes »Schutz und Schirm« über den Plänen.[18]

Neue Versuche

Aber kaum hatte Benn sich entschlossen, wieder an die Öffentlichkeit zu treten, als ihn ein unvorbereiteter Schlag traf, der deutlich machte, daß seine Vorsicht und sein Mißtrauen gegenüber den Drahtziehern im Kulturbetrieb begründet waren. Im Oktober mußte ihm Johannes Weyl von Südverlag mitteilen, daß er die Lizenz für seine geplante Monatsschrift »Vision« von der Kulturbehörde der französischen Zone in Baden-Baden nur deswegen nicht bekommen hatte, weil er Gottfried Benn als Mitarbeiter vorgesehen hatte. Alfred Döblin hatte seine Zustimmung verweigert. Er war am 9. November 1945 nach Deutschland zurückgekehrt und leitete als französischer Oberstleutnant und Chef des literarischen Büros der französischen Kulturbehörde (Direction de l'Education publique) die Zensur in der französischen Zone. Er hatte sein Veto eingelegt, weil Benn angeblich auf einer »schwarzen Liste« stünde. Benn war dieser Vorfall außerordentlich peinlich. In einem siebenseitigen Brief berichtete er Weyl von seinem früheren Verhältnis zu Döblin, gab einen rechtfertigenden Überblick über die Zeit von 1933 bis 1945, wehrte sich gegen den Vorwurf des Antisemitismus und verwies auf den andauernden Umgang mit Heinz Ullstein und Erich Reiss, dem Vetter von Frau Döblin, mit dem er sich auch nach dessen Entlassung aus dem KZ getroffen habe: »Ich habe in den 35 Jahren meiner literarischen Tätigkeit 5 mal Personen ein Gedicht, ein Buch oder dergl. gewidmet. Von diesen 5 waren 4 jüdische Freunde, nämlich Carl Sternheim, Carl Einstein, Else Lasker-Schüler, Alfred Flechtheim.«[1] Er verwies auf den Aufsatz »Goethe und die Naturwissenschaften«, in dem er »das 20. Jahrhundert als das Jahrhundert Einsteins« bezeichne und das Buch von Georg Brandes für das beste Goethe-Buch erkläre. Dieser Aufsatz sei 1934 mit den Hinweisen auf beide Juden wieder abgedruckt worden. Die Widmung des Essays »Kunst und Staat« von 1927 an Franz M. Zatzenstein hatte er offenbar vergessen.

Benn kam dann auf die Listen mit seinem Namen zu sprechen. Vom Hörensagen wußte er von einer Liste »Völkische Aktivisten«, auf der er stehen sollte. Auch war ihm berichtet worden, daß er auf dem »russischen Index« mit den Büchern »Der neue Staat und die Intellektuellen« und »Kunst und Macht« vertreten war. Diese Angabe stimmte. In der Liste der auszusondernden Literatur, die von der »Deutschen Verwaltung für Volksbildung in der sowjetischen Besatzungszone« am 1. April 1946 herausgegeben wurde, erschien Benn mit diesen beiden Schriften. Damit war allerdings nicht unbedingt ein Veröffentlichungsverbot verbunden. Hinter den politischen Gründen für seine Ablehnung vermutete Benn persönliche Gründe, deswegen stehe er lieber auf einer schwarzen denn auf einer weißen Liste.

Daß eine Veröffentlichungsmöglichkeit in der französischen Zone von Döblin im Keime erstickt wurde, war bitter. Den Rat von Weyl, Döblin um gut Wetter zu bitten, wies er jedoch scharf zurück. Die Hoffnung, in einer der Westzonen auf den Markt zu kommen, hatte sich vorerst zerschlagen. Und obwohl es Möglichkeiten zu geben schien, von den angeblichen »Listen« gestrichen zu werden, resignierte Benn im Oktober 1946. Er ließ den Briefwechsel mit Rowohlt und Claassen einschlafen, stellte alle Aktivitäten ein und bat Oelze, der sich mehrfach bemüht hatte, nichts weiter zu unternehmen.

Zu Benns Resignation trug auch die Verschlechterung der Versorgung in Berlin bei, es war alles noch schlimmer als im vorigen Jahr: »Keiner weiß, was werden soll.«[2] Dieser Seufzer ist verständlich, denn trotz der massiven Hilfe durch die Besatzungsmächte blieb die Ernährungslage in Deutschland katastrophal. Der US-amerikanische Militärgouverneur, General Lucius D. Clay, teilte mit, daß die Rationen in der US-Zone von täglich bisher 1550 auf künftig 1250 Kalorien je Einwohner herabgesetzt werden müßten. Das würde die Arbeitsfähigkeit der Deutschen zwar beeinträchtigen, niemand brauche jedoch zu verhungern.[3] Zu dem Nahrungsmittelmangel gesellte sich ein extrem kalter Winter, in den Nächten sank das Thermometer bis auf Minus 20 Grad. Benn beklagte neben der Kälte vor allem die Stromsperren, so daß den größten Teil des Tages völliges Dunkel herrschte. Kerzen waren auch auf dem Schwarzmarkt äußerst knapp, die Praxis kam fast zum Erliegen.[4]

Der allgemeine Verfall inspirierte sein Denken, und er folgte dem Zwang, seine Assoziationen und Einzelbeobachtungen noch einmal »in völliger Klarheit u. in letzten Formulierungen«[5] zu schildern. Ihn beherrschte das Gefühl, daß sich der Geist von der Erde zurückgezogen hatte, das Menschliche überhaupt schien »ausgeglüht, zerstoben. Die Schöpfung richtet ihr Ejaculat in andere Räume«,[6] schrieb er im November an Oelze. Wieder einmal zeigte sich, daß der Briefwechsel mit Oelze die Werkbank geblieben war, an der Benn seinen Gedanken die entsprechende Form gab. Denn die zitierte Stelle findet sich fast wörtlich in einigen Prosaseiten, an denen Benn gegen Ende des Jahres 1946 arbeitete und die später als erstes Kapitel des »Ptolemäer. Berliner Novelle 1947« den Titel »Lotosland« erhielt. Der Erzähler ist, mitten im Berliner Winter 1946/1947, der Inhaber eines Schönheitssalons mit dem Namen »Lotos«. Seine Monologe drehen sich um das Ende des Geistes und der Götter. Der Mensch hat sich selbst aufgegeben. Der Illusionismus eines Schönheitsinstituts, das auf den Schein, die Schminke und die Maske gerichtet ist, demonstriert das Sinnlose allen Handelns in dieser Zeit. Der Mensch lebt mit einem zynisch-gleichgültigen und zugleich innerlich sehr angespannten Fatalismus im Bewußtsein dieses Untergangs. Wie läßt sich unter diesen Umständen noch Wirklichkeit bestimmen? Diese Frage durchzieht den Text, und in ihr drückt sich der Verlust der metaphysischen Sicherheit des Menschen aus.[7] Dabei macht Benn klar, daß schon die Frage nach der Wirklichkeit selbst fragwürdig ist, da wir nur noch die Gleichzeitigkeit des Nebeneinanders wahrnehmen, in dem Wirkliches und Unwirkliches, Empirisches und Transzendentes unverbunden und beziehungslos nebeneinander stehen: »Wir alle leben etwas anderes, als wir sind. Dort wie hier Bruchstücke, Reflexe; wer Synthese sagt, ist schon gebrochen.«[8] Da sich für Benn eine Synthese verbot, konnte auch die Form dieses Textes nicht argumentativ zielbestimmt sein. Die Prosa nimmt daher auf logische Verbindungen der Gedanken wenig Rücksicht, sie baut auf Assoziationen und Analogien auf, deren Freiheit an den Rand des Chaotischen zu führen scheint. Der »Ptolemäer« ist sehr schwer verständlich, die einander ablösenden Reflexionen, Beobachtungen, Stimmungen, Entwürfe und Fragen bestimmen den Text bis ins Detail des Satzbaus.

Dabei sind durchaus Aspekte der Realität des Berliner Winters aufgenommen: »Wölfe an der Oder, Adler in den Müggelbergen! Ein Winter in der Besatzungszeit! Der Magistrat verschanzte sich hinter die Besatzungsmächte, diese hinter die Elemente, diese vermutlich hinter das Hochland von Tibet, dies hinter irgendeinem Dalai Lama und so fort –, und darüber ging alles zugrunde, die Geschäfte schliefen ein, das Geld verschwand, Steuern wurden nicht mehr gezahlt, das Leben stockte.«[9] Eine moralische Bewertung der Entscheidungen ist in einer Welt, »in der so Ungeheuerliches geschah«, gleichgültig geworden.[10] Deswegen erschienen Benn auch die Nürnberger Prozesse gegen die Hauptkriegsverbrecher als nichts weiter als das Ausspielen der unterschiedlichsten juristischen Ansichten gegeneinander.

Erst viel später sollte sich in aller Deutlichkeit zeigen, wie viele ranghohe Funktionäre des Nationalsozialismus unbehelligt in die Nachkriegsgesellschaft integriert wurden und ihre Karrieren in Wirtschaft, Wissenschaft und Gesellschaft ungehindert fortsetzen konnten.

In westlichen Presseorganen wurde Kritik an den juristischen Grundsätzen der Nürnberger Prozesse laut. Britische und US-amerikanische Zeitungen warfen der eigenen Regierung Selbstgerechtigkeit vor.[11] Randolph Churchill, der Sohn des früheren britischen Premierministers, schrieb in der »Continental Daily Mail«: »Man sollte nicht übersehen, daß der Hauptgrund dafür, daß sich die Nazi-Führer vor Gericht fanden, nicht darin bestand, daß sie Krieg führten, sondern darin, daß sie den Krieg verloren.«[12] Und wo war nun der Staat, fragte Benn und gab gleich selbst die Antwort: Er war wesenlos geworden und tobte sich in Bezirksbüros und Magistratsbeschlüssen aus. Der Text verbindet Zeitkritik mit dichterischer Vision. Die Gattungsangabe »Novelle« war rein ironisch gemeint, denn es gab kein Erzählen und schon gar kein novellistisches »unerhörtes Ereignis«. Alle Ereignisse waren unerhört, und sie wurden assoziativ ausgebreitet.

Das unerhörte Ereignis des Jahres 1946 bestand für ihn allerdings in einer glücklichen Lebenswendung: Benn verliebte sich. Im Juni war eine junge Frau als Patientin zu ihm gekommen. Ilse Kaul arbeitete in eigener Praxis als Zahnärztin drei Häuser weiter in der Bozener Straße 17. Sie brauchte eine Typhus-Impfbescheinigung, um ihre Lebensmittelkarten abholen zu können. Sie kannte das Praxisschild aus schwarzem Glas mit Goldbuchstaben: »Arzt Dr. med. G. Benn, 11-12 und 5-6«: »Das sah nicht sehr nach Arbeit aus«, dachte sie, »mehr wie ein Gedenkstein.«[13] Ilse Kaul war beeindruckt »von dem in Leid versteinerten Gesicht« des Doktors, »keine Spur von konzilianter Höflichkeit«. Man kam nach der Impfung ins Gespräch über Lyrik, die Patientin bekannte ihre Begeisterung für Werfel und Dehmel, sie hatte gerade in einem Tauschladen eine Spieluhr gegen die Anthologie von Benzmann getauscht und darin im Wartezimmer gelesen. Benn fragte sie nach Mombert und Platen, und als er ihr die Bescheinigung ausschrieb, stellte sich heraus, daß sie in Fürstenfelde bei Küstrin geboren war, also in der Nähe seines eigenen Geburtsortes. Zwei Tage später brachte er ihr ein halbes Pfund Butter, lud sie abends zum Essen ein und schenkte ihr ein Exemplar seiner »Ausgewählten Gedichte« von 1936. Sie war beeindruckt: »Dieser Ton aus Trauer und Kraft! Wer dafür einen sensus hat, der ist für immer getroffen. Und wer den Menschen dazu kennt, der ist geborgen. Dem kann nichts mehr passieren.«[14] Benn lobte Oelze gegenüber die Freundin als »ein Wesen von grossem Reiz nach der menschlichen Seite hin«,[15] das er nur durch Heirat halten könne. Denn ein Mann seines Alters, der einer jugendlichen Geliebten nicht mehr zu bieten hatte als geistige Führung oder Liebe, mußte darauf achten, daß auch der gesellschaftliche Rahmen für die Verbindung angemessen war. Am 18. Dezember 1946 fand die amtliche Trauung im Standesamt Schöneberg statt. Benns Schwester Edith und Ilses Schwester Eva waren Trauzeugen.

Es war von beiden Seiten eine Liebesheirat. Benn sprach von dem Glück, mit dem ihn das Leben in so überraschender Weise beschenkt hatte. Dabei konnte er sich das Risiko dieser Ehe nicht verhehlen: Die junge Frau war siebenundzwanzig Jahre jünger als er und hätte seine Tochter sein können. Benn sah in dieser Verbindung eine Spannungsbeziehung außerhalb »jeder bürgerlich-konventionellen Bemassstabung«: Das gab ihr vielleicht Dauer.[16] Zum ersten Mal in seinem Leben aber lag nicht die ganze Verantwortung auf seinen Schultern allein. Ilse war durch ihren Beruf wirtschaftlich unabhängig und konnte im Falle seines Todes allein für sich sorgen. Aber diese Überlegungen waren Benns Gefühl ganz untergeordnet. Mutlosigkeit wegen seines Alters, das keine weitreichenden Zukunftspläne mehr zuließ, konnte er jedoch auch nicht verhehlen: »Es ist die Verschanzung im Winterlager; an der Seite u. mit Hilfe dieser reizenden Frau wird die Isolierung vollkommen sein.«[17]

1947

Die Metapher vom »Winterlager« benutzte Benn nicht zufällig. Seit Mitte Dezember 1946 herrschte eine extreme Kälte, gegen die sich die Bevölkerung kaum zu schützen wußte.

Für die amerikanische Zone war seit Juni das Hilfsprogramm der »Cooperative for American Remittances to Europe« (CARE) angelaufen. Die CARE-Hilfe bot in den USA Lebensmittelpakete an. Die amerikanischen Bürger überwiesen 15 US-Dollar an die CARE-Organisation und bezeichneten den Empfänger des Pakets in Deutschland. Jedes Paket enthielt Lebensmittel mit einem Nährwert von insgesamt rund 40.000 Kalorien, in der Hauptsache Büchsenfleisch, Fett in Dosen, Kekse, Marmelade, Kakao, außerdem Erdnüsse und 100 Zigaretten.[1] Benn wurde von den Freunden nicht vergessen, aus New York kamen CARE-Pakete von Erich Reiss und Gertrud Zenzes, die Benn 1935 zum letzten Mal in Hannover getroffen hatte. Der Schlips vom Broadway, das Feuerzeug, der Rasierapparat und die dazugehörigen Klingen, Nescafé, Ananas und Zigaretten zauberten einen ungewohnten Luxus in die dunklen Tage.[2] Ein Wahrsager, den Benn als Patienten behandelte, hatte seinem Arzt für die zweite Jahreshälfte 1947 eine außerordentliche Konjunktur vorausgesagt und ihn aufgefordert, sie vorzubereiten. Diese Voraussage sollte sich bewahrheiten, obwohl Benn die Prophezeiung nicht ernst nahm. Er hielt sich aber an die Mahnung, die Konjunktur vorzubereiten, und arbeitete auch im dritten Nachkriegsjahr ohne Aussicht, gedruckt zu werden, weiter am »Ptolemäer«: »Es wird leichtsinnig, aber auch bösartig.«[3] Dabei beunruhigte ihn, daß es keine Fragestellung und kein Gefühl gab, das er ernst nehmen konnte. Wie sollte man heute überhaupt eine Fragestellung formulieren? Im Frühjahr 1947 konnte er Oelze mitteilen, daß der erste Teil der neuen Arbeit, »Lotosland«, fertig war: »Boxerisch gesprochen: Leberhaken bei flotter Beinarbeit.«[4] Der Brief schließt mit einer Analyse, daß keiner der Publikationswünsche in Erfüllung zu gehen scheint. Nicht schwarze Listen verhinderten sein »Combak«,[5] sondern er selbst stünde sich im Wege. Seine Stimmung war in der Tat höchst ambivalent. Denn einerseits hatte er die Arbeit wiederaufgenommen, auch mangelte es nicht an druckreifen Manuskripten. Die »Statischen Gedichte« und der »Phänotyp« lagen fertig vor, mit seiner »neueren und fragwürdigen Prosa« stand er einzig da. Andererseits war gerade für diese Erzählweise keine Zustimmung zu erwarten.

Um die landläufige Produktion kennenzulernen und sein Außenseitertum bestätigt zu sehen, brauchte er nur den »Berliner Almanach 1947« des Verlages Blanvalet aufzuschlagen. Ilse Langner ließ »Mutter

Berlin« zu ihren Töchtern sagen: »Lernt erst einmal die echte Liebe der Mutter, die vor allem bedeutet: gebären und erziehen fürs Leben.«[6] August Scholtis begann seine Geschichte »Martin oder das gute Gewissen« mit dem Satz: »Martins Herz scheint so groß zu sein wie die gewaltige, blutende, zerschundene Stadt Berlin.«[7] Und Wolfgang Weyrauch steuerte die »Ode an Berlin« bei[8]:

> Die Alexander-von-Humboldt-Universität
> lehrt euch, was ein Mensch ist.
> Schäumende Harmonie, bildest dich hier,
> im Berlin des Jahrs 1946.

Diese Äußerungen der sogenannten »jungen Generation«, die in dem Almanach durch Hildegard Ahemm, Karla Höcker und Ilse Molzahn vertreten war, wurden eingerahmt von den »inneren Emigranten« Eduard Spranger, Werner Bergengruen und Walter Bauer. Erik Reger und Günther Weisenborn vertraten die Emigranten. Walter G. Oschilewski faßte die Absicht des Almanachs zusammen: »Wir sind alle Geschlagene, aber auch Wanderer zu neuen Ufern, Arbeiter einer Welt des Friedens, der Freiheit und der Menschenwürde.«[9] Und Gustav Leuteritz, der die »Heilkraft des beseelten Dichterwortes« suchte, nannte die nationalsozialistischen Verbrecher Irrgänger, die »das Edle aus dem Blick verloren, weil das finster Verwegene sie in seinen Bann zog«.[10]

Benn sah in Berlin weder »schäumende Harmonie« noch »Helden der Menschlichkeit«. Die Lektüre des Almanachs machte ihm seine Isolation deutlich, denn er rührte mit jedem seiner Sätze »doch etwas laut an den Schlaf der Welt«.[11] Er wußte nicht einmal mehr, ob seine Prosa überhaupt verstanden werden und nicht erst Jahre später als »Fundgrube für Zeit- und Stilstimmungen« bedeutend sein würde.[12] Seiner Angst vor der Öffentlichkeit entsprach aber auch eine Größenphantasie, wenn Benn in einem Brief an Frank Maraun mutmaßt, daß seine »Sachen sofort wieder den Sturm erregen würden, der heute gefährlich ist und in den Kasematten enden könnte«.[13] Diese Phantasie war jedoch der Ausdruck der Wunschvorstellung, seine Prosa könnte heute den gleichen Widerhall haben wie 1929 die Auseinandersetzung mit Becher und Kisch.

Insgeheim hatte Benn die Hoffnung nicht aufgegeben, daß Rowohlt sich seiner Werke annehmen würde, nachdem Oelze ihm ein Exemplar des »Phänotyp« hatte zukommen lassen. Aber der Gedanke an eine Zusammenarbeit, die Benn im September 1946 noch sympathisch schien, verflüchtigte sich im Laufe der Zeit, weil Rowohlt seiner Meinung nach die Entschiedenheit fehlte, unter den herrschenden Bedingungen seine neuesten Schriften zu verlegen. Vor allem erschien Rowohlt ihm als »Opportunist«, der »bei der Hand« ist, »wo er Sensation oder Aktuelles wittert«.[14] Benn kannte offenbar Interna aus der Wehrmachtszeit.[15] Bei einem Besuch in Berlin wohnte der Verleger bei Paul Wegener, »dem Präsidenten aller nur möglichen antifaschistischen Kunst- u. Kulturvereine«,[16] wie Benn sich ausdrückte, und er schloß daraus, daß der Verleger sich mehr für die »Antifa«-Linie des Kulturbundes in der Schlüterstraße interessierte als für die Manuskripte in der Bozener Straße. Zwar kam es im August dann doch noch zu einem Besuch, Rowohlt labte sich an »starkem Kaffee u. Apfeleierkuchen«,[17] aber das Gespräch blieb im Allgemeinen, man trennte sich mit einem unverbindlichen »Wir bleiben in Verbindung«.[18] Benn sah sein früheres Urteil über »das Laute u. Charlatanhafte« des Besuchers bestätigt[19]: »Er ist der reine Opportunist, der, wo er seinen Vorteil wittert, sich rücksichtslos heran schiebt.«[20] Besonders schäbig fand er Rowohlts Auskunft auf eine Umfrage des »Ulenspiegel«. Eugen Claassen beantwortete die Frage: »Welchen von den nicht erlaubten Autoren möchten Sie gern drucken?« mit »Gottfried Benn«. Ernst Rowohlt antwortete kurz und entschieden: »Erlauben Sie mal – keinen!«[21] Benn hatte schon vor dem Besuch Rowohlts bei Wegener vermutet, daß Rowohlt sich den linken Kreisen anschließen und dort seine Autoren suchen würde. Auf dem 1. Deutschen Schriftstellerkongreß hatte Rowohlt ausgeführt, ihn interessiere nur »das Buch in großer Auflage«, er wolle »an die Massen herankommen«, schöne Bücher herzustellen sei ihm nicht wichtig.[22] Auf Einladung des Kulturrats der Hansestadt Hamburg hielt Kurt Hiller Ende Mai 1947 eine polemische Rede: »Geistige Grundlagen eines schöpferischen Deutschlands der Zukunft«. Sie erschien im Rowohlt Verlag. Zusammen mit »dem volkstümlichen Hermann Claudius und dem hochfliegenden Walter von Molo« habe der »forsche Gottfried Benn« einer »nationalsadistischen Betrügerregierung im Oktober 1933 zusammen mit achtzig anderen Schreibern treueste Gefolgschaft gelobt«.[23] Benn hatte für diese Art des Pamphletismus nur Verachtung übrig: »Übles Machmerk, wie alle seine Sachen. Dass R.[owohlt] das bringt, ist bezeichnend für ihn.«[24]

Mitte des Jahres 1947 hatte Benn aufgegeben, auf Veröffentlichungen in naher Zukunft zu hoffen. Das tägliche Leben in der Trümmerstadt forderte seinen Tribut, er fühlte sich körperlich erschöpft. Die Lebensmittelmarken deckten nur die Hungerration, auf dem Schwarzmarkt war niemand vor Razzien sicher. Wer sich nicht angemessen ausweisen konnte, wurde verhaftet. Benn schilderte Oelze die Nachweise, die er bei sich führte, wenn er das Haus verließ: »1 Registrierschein vom Arbeitsamt, 1ne Tätigkeitsbescheinigung vom Gesundheitsamt, 1 Personalausweis vom Polizeirevier, 2 Typhusschutzimpfscheine für die Kartenstelle, und nun noch 1 ›Arztausweis‹.«[25] Das Geld für Schwarzmarktkäufe wurde knapper, und wenn von Händlern überhaupt Papiergeld akzeptiert wurde, erreichten die Preise für Butter, Kaffee oder Zigaretten astronomische Höhen. Für die meisten waren diese Preise unerschwinglich, es sei denn, sie hatten selbst etwas – einen Wintermantel, einen Fahrradschlauch – zum Tausch anzubieten.[26] Aber »der schwarze Markt in Berlin ist nicht auf den Tauschhandel angewiesen. Mit Geld werden Wohnungseinrichtungen, Kleidung, Nahrung und Genußmittel gekauft. Aber wer vermag die horrenden Überpreise zu bezahlen«, heißt es in dem Bericht über Berlin im »Querschnitt durch 1947«.[27] Ein Angestellter mit einem Monatsverdienst von 280 Mark gab monatlich für Brot 180 Mark, für Tabak 100 und für Seife, Kohlen und Gemüse 20 Mark aus.[28] Dennoch war sich Benn seiner privilegierten Situation durchaus bewußt: »Alles in allem geht es uns natürlich noch besser als den allermeisten.«[29]

Auch für die Beendigung seiner Isolation gab es ermutigende Zeichen: Zwei Veröffentlichungen aus dem Ausland sorgten für die Wende. Die im Bermann-Fischer Verlag in Stockholm erscheinende »Neue Rundschau« brachte einen langen Aufsatz von Eugen Gürster, »Gottfried Benn. Ein Abenteuer der geistigen Verzweiflung«. Gürster arbeitete bis 1933 als Dramaturg in Darmstadt, wich dann nach Basel aus und wirkte von 1941 bis 1952 als Lektor in den USA. Er gehörte zu den Emigranten, von denen Benn nichts Gutes erwartete und die er als seine entschiedensten Gegner ansah.

Aber in diesem Fall täuschte er sich. Am Beispiel Rönnes erläuterte Gürster den Verlust der Zuversicht des modernen Menschen, für den es eine innere Wahrheit der Existenz nicht mehr geben könne. Gürster verfolgte Benns Revolte gegen eine Welt, die im Zeichen des mechanischen Fortschritts organisiert und in der das Leben zum Material des Denkens funktionalisiert wurde. Er verzichtete darauf, Benn wegen seines Engagements für den »Neuen Staat« Vorwürfe zu machen, und versuchte vielmehr, die Hinwendung zu verstehen: »Hartnäckig glaubt Benn, daß man gar nicht mehr die Möglichkeit besitze, das Wollen dieser neuen Männer nach irgendeinem Moralkodex zu beurteilen. Geschichtliche Größe stehe von vorneherein ›außerhalb jeder ethischen Kategorie‹. [...] Ihr klagt über Tyrannei? Aber eine Gesellschaft, die kein transzendentes Recht mehr über sich errichten kann, ist längst reif für das Joch!«[30] Gürster lobt an Benns Gedanken eine absolute Modernität in einer Welt, die sich mit der Atombombe in das Abenteuer einer totalen Selbstzerstörung gestürzt hat. Eine Menschheit, die nicht weiß, für welche Bestimmung sie als Ganzes weiterexistieren solle, sei in den apokalyptischen Visionen Benns faszinierend antizipiert worden.

Das war ein ungewohnter Ton, mit dem Benn nicht gerechnet hatte. Er fand den Essay »im Ganzen äusserst interessant u tief, u. politisch nicht unangenehm, eine der besten Sachen über mich u dies nach 11 Jahren Schweigen von meiner Seite«.[31] Und schließlich sorgte die Hamburger Wochenzeitung »Die Zeit« vom 25. September 1947 für eine weitere Verbreitung des Artikels, denn sie wies in einer Notiz »auf die kritische Auseinandersetzung mit Gottfried Benn« hin.

Mindestens so bedeutsam war ein Artikel, der im Mai in der Züricher »Weltwoche« erschien. Der spätere Auslandskorrespondent der Zeitung, Peter Schmid, beklagte die mangelnde Bekanntheit des »größten expressionistischen Lyrikers deutscher Sprache«. Er gab einige Beispiele aus der expressionistischen Lyrik Benns, hielt allerdings nichts von den neuen Gedichten, »die in privaten Abschriften in die Schweiz gelangten«.[32] Wer sich allerdings die Mühe mache, weiter »in diesen vielseitigen und problematischen Geist einzudringen«, der könne auf manchen »geistigen Genuß hoffen«. Im übrigen wäre es erfreulich, wenn ein wagemutiger Verleger sich zu einer Publikation einer Auswahl aus dem Werk entschlösse. Schmid wies auf den Arche-Verlag hin, der vor kurzem die Gedichte von Georg Heym, »eines expressionistischen Vorläufers von Benn«, herausgegeben habe.[33] Das abfällige Urteil über die Lyrikproduktion der letzten Jahre verunsicherte Benn zwar zunächst, aber er sah auch diesen Aufsatz im ganzen »erstaunlich günstig und als starkes Positivum für mich«.[34]

Vorteilhaft war in der Tat, daß beide Aufsätze im Ausland erschienen und dazu in angesehenen Publikationsorganen. Der Hinweis auf einen jungen Schweizer Verlag, der schon andere expressionistische Dichter gedruckt hatte, bedeutete eine Perspektive. Vielleicht las ein entschlossener Verleger die Anregung, und das Hin und Her zwischen den Besatzungszonen hätte ein Ende gehabt. Die Verbreitung von »privaten Gedichtabschriften in der Schweiz« klang nach Subversion und Verbotenem. Aber die Manuskripte waren keineswegs heimlich in die Schweiz gelangt. Im Gegenteil. Benn hatte Vertrauen zu einem jungen Schweizer Dichter, Erhard Hürsch, gefaßt, der ihn schon im März 1946 zum ersten Mal besucht hatte. Der junge Mann war auch 1947 wiedergekommen, und Benn hatte ihm das maschinengeschriebene Manuskript der »Statischen Gedichte« mitgegeben, weil Hürsch eine Veröffentlichung in der Schweiz versprach. Benn faßte zwar eine Druckmöglichkeit im Ausland ins Auge, die Schweiz war von Berlin aus postalisch jedoch schwer zu erreichen, und Benn fürchtete um seinen Einfluß bei einer eventuellen Auswahl der Gedichte und bei der Fahnenkorrektur des Bandes.

Trotz dieser Hoffnung war er jedoch pessimistisch. Ihn beherrschte ein Gefühl der »völligen Verlorenheit u. Isoliertheit«,[35] denn seine Beurteilung der allgemeinen europäischen Lage unterschied sich von Aufbauwillen und positivem Geraune. Das Gefühl der Isolation war auch deswegen nicht ungerechtfertigt, weil Benn zu Veranstaltungen nicht eingeladen wurde, bei denen er eigentlich nicht hätte übergangen werden dürfen. Der Intendant des Deutschen Theaters etwa bat am 4. Mai 1947 zu einer Kundgebung »Deutschland ruft Heinrich Mann«, bei der dem Schriftsteller die Ehrenpromotion der Berliner Universität verliehen werden sollte. Alfred Kantorowicz hielt die Laudatio. Am 10. Mai fand mittags vor der Berliner Universität zum Gedenken an die Bücherverbrennung eine Veranstaltung zum »Tag des freien Buches« statt, auf der Alfred Kantorowicz, Anna Seghers und Günther Weisenborn sprachen. Im Juni eröffnete die Berliner Verleger- und Buchhändlervereinigung in Zusammenarbeit mit dem Magistrat im Charlottenburger Schloß eine Ausstellung von ungefähr 3000 Büchern von 400 Verlegern aus allen vier Besatzungszonen. Die Stadt Berlin war darunter mit beachtlichen 800 Titeln vertreten. Die Bücher präsentierten sich in zwölf Räumen unter Gesichtspunkten wie: »Die Wahrheit muß gesucht werden«, »Unsere Sorge, der Mensch«, »Der neue Humanismus wird sozialistisch sein«. Benn, der keine Beziehungen zu den »*Kultur*trägern, Vermittlern und Propagatoren gängiger Gedanken« hatte[36] und auch nicht zu den »weinerlichen Kreisen der Existentialisten, Idealisten, Kulturphilosophen u. dem ganzen deutschen Biedermannskonsortium«[37] gehören wollte, war selbstverständlich weder eingeladen noch mit einer Schrift vertreten.

Erfolg im Ausland

Vom 4. bis zum 8. Oktober 1947 fand in Berlin der 1. Deutsche Schriftstellerkongreß statt. Von den mehr als zweihundertfünfzig Teilnehmern kamen die meisten aus Groß-Berlin, zudem begünstigten die schlechten Reiseverhältnisse die Ortsansässigen. Auch die Veranstalter, der Schutzverband Deutscher Autoren, der eine Unterorganisation des Freien Deutschen Gewerkschaftsbundes war, sowie der Kulturbund und die Sowjetische Militäradministration SMAD, die ihn materiell ermöglichte, hatten ihren Sitz in Berlin.[1] Die Präsidentin des thüringischen Kulturbundes, Ricarda Huch, die sich 1932 gegen eine Aufnahme Benns in die Akademie ausgesprochen hatte, führte den Ehrenvorsitz. Es entsprach den realen Verhältnissen der Remigration, daß die sozialistischen Schriftsteller unter den Referenten und Diskussionsbeiträgern die gewichtigste Gruppe darstellten: Alexander Abusch, Johannes R. Becher, Willi Bredel, Alfred Kantorowicz, Anna Seghers, Friedrich Wolf. Das Verhältnis von innerer und äußerer Emigration, der

Widerstand gegen Hitler und die künftige Rolle der Literatur in einem demokratischen Deutschland waren die Themen des Kongresses. Elisabeth Langgässer, als Halbjüdin seit 1936 aus der Reichsschrifttumskammer ausgeschlossen, hielt das Einleitungsreferat über »Schriftsteller unter der Hitler-Diktatur«, Alfred Kantorowicz sprach über »Deutsche Schriftsteller im Exil«.

Es ist klar, daß sich niemand für eine Einladung Benns aussprach und sein Name auch in keiner Rede erwähnt wurde. Benn konnte zu keinem Zeitpunkt nach dem Krieg seine Isolation deutlicher wahrnehmen als während dieses Kongresses, der in Berlin stattfand und eine breite Presseresonanz hervorrief.

In dieser Situation war ihm die Verbindung zu Erhard Hürsch hilfreich, dem Benn das Manuskript der »Statischen Gedichte« mitgegeben hatte. Und es ist ausschließlich ihm zu verdanken, daß Benns erstes Buch nach dem Kriege in der Schweiz erschien. Hürsch (geboren 1920) hatte eine Verbindung mit einem Schweizer Verlag in Aussicht gestellt, denn er unterhielt gute Beziehungen zu Peter Schifferli, dem Inhaber des erst vor wenigen Jahren gegründeten Arche-Verlages in Zürich, der in dem Artikel der »Weltwoche« erwähnt wurde. Hürsch kannte auch den Verfasser der Rezension, Peter Schmid, dem er Gedichte von Benn gezeigt hatte ebenso wie Armin Mohler.

Hürsch hatte im März 1946 im französischen Pressebüro für Auslandskorrespondenten die Erlaubnis bekommen, über Baden-Baden in der französischen Zone sowie Hannover und Hamburg in der britischen Zone nach Berlin zu reisen. Zuerst meldete er sich beim französischen Presseoffizier in Baden-Baden, um eine Erlaubnis und Transitpapiere zu erhalten. Hürsch gab als Grund für seinen Besuch in Berlin an, er wollte Künstler, Verleger und Schriftsteller kennenlernen, zum Beispiel Gottfried Benn. Der Offizier war empört: »›Was, Gottfried Benn? Der war doch Nazi‹, erwidert er empört.«[2] Hürsch brachte den Ausschluß aus der Reichsschrifttumskammer als Gegenargument ins Spiel und durfte seines Weges ziehen. Der Presseoffizier war Alfred Döblin. In Hamburg traf Hürsch durch Zufall auf Nele Benn, die als war-correspondent im Majorsrang in dänischer Uniform auch im Hotel Atlantik übernachtete. Sie versah Hürsch mit Benns Adresse und Telefonnummer.

Vielleicht ließ sich auch Benns Prosa in diesem Verlag veröffentlichen, denn dort war nicht nur ein Band mit Gedichten von Georg Heym erschienen, den schon Schmid in seinem Essay erwähnte, sondern auch »Sprache und Körperbau« von Ernst Jünger. Benn fand das Buch langweilig. Jünger verstand seiner Meinung nach weder viel von Sprache noch vom Körper, sondern operierte mit »›humanistischen‹ u. ›göttlichen‹

Mächten«.[3] Aber immerhin konnte doch der »Ptolemäer«, wie er seinen Prosaband nennen wollte, diesem Buch an die Seite treten. Es bestand gegen Ende 1947 also durchaus Hoffnung.

Und während auf dem Schriftstellerkongreß noch Reden gehalten und Abstimmungsergebnisse verkündet wurden, überbrachte Hürsch einen Brief des Verlegers Schifferli vom 3. Oktober, der Benn einen Band von fünfzig Gedichten vorschlug. Benn akzeptierte und wollte die Ausgabe unter dem Titel »Statische Gedichte« veröffentlicht sehen: »Statisch ist ein Begriff, der nicht nur meiner inneren ästhetischen und moralischen Lage, sondern auch der formalen Methode der Gedichte entspricht und in die Richtung des durch Konstruktion beherrschten, in sich ruhenden Materials, besser noch: in die Richtung des Anti-Dynamischen verweisen soll. [...] Statik also heisst Rückzug auf Mass und Form, es heisst natürlich auch ein gewisser Zweifel an Entwicklung und es heisst auch Resignation.«[4] Für einen Deutschen hatte ein Schweizer Verlag einen unschätzbaren Vorteil: Er fragte seine Autoren nicht nach ihrer politischen Vergangenheit. Im Oktober 1946 hatte der Alliierte Kontrollrat mit Sitz in Berlin ein einheitliches Verfahren für die Entnazifizierung der deutschen Bevölkerung festgelegt. Die Richtlinien entsprachen der in der US-amerikanischen Besatzungszone geübten Entnazifizierungspraxis gemäß dem »Befreiungsgesetz vom 5. März 1946«. Gemäß der Direktive Nr. 38 zur »Bestrafung von Kriegsverbrechern, Nationalsozialisten und Militaristen« waren »Kriegsverbrecher und solche Personen, die gefährlich werden können«, in fünf Hauptkategorien einzuteilen.[5] Jeder Deutsche im Alter von über achtzehn Jahren war verpflichtet, einen Fragebogen mit insgesamt 131 Fragen auszufüllen und genaue Angaben über seine frühere Mitgliedschaft in NS-Organisationen zu machen. Gemäß dieser Angaben wurde entschieden, welcher der folgenden fünf Kategorien der Betroffene zuzuordnen war: Hauptschuldiger, Belasteter, Minderbelasteter, Mitläufer oder Entlasteter. Die Strafen reichten von Geldbußen bis zu zehn Jahren Arbeitslager.

Eine Mitgliedschaft in der NSDAP war bei der Einstufung entscheidend. In der US-Zone wurden alle Beamten, die vor dem 1. Mai 1937 in die NSDAP eingetreten waren, aus dem Staatsdienst entlassen. Diese Regelung fand auch in der Privatwirtschaft Anwendung. Benn hatte sich nichts vorzuwerfen, denn auf die alles entscheidende Frage nach der Mitgliedschaft konnte er mit »Nein« antworten. Anders als viele Autoren und Publizisten, die »alle die Jahre hindurch unentwegt hier tätig sein durften«,[6] war Benn von allen Aktivitäten nach wie vor ausgeschlossen. Er war zwar im formalen Sinn »unbelastet«, seine Gegnerschaft gegen den Nationalsozialismus gehörte zu seiner inneren Existenz der letzten zwölf Jahre. Das Bewußtsein, seinen Irrtum durch seine unveröffentlichten Aufsätze und durch den Eintritt in die Armee eingestanden und sich dadurch auf die andere Seite gestellt zu haben, führte bei Benn zu aggressiven Reaktionen, wenn auch nur der Schatten des Verdachts auf ihn fiel, er könnte »belastet« sein. Die Verlage in den Besatzungszonen prüften die politische Einstufung ihrer Autoren, um Auseinandersetzungen mit den Militärbehörden und dadurch Kosten bei dem nachträglichen Verbot eines Buches zu vermeiden. Schon der Gedanke, er könnte zu einem Beweis seiner Unschuld aufgefordert werden, führte bei Benn zu radikaler Abwehr: »Eine Spruchkammer usw. käme ja natürlich an sich garnicht in Frage, mich ihr stellen, hiesse ja, sie als existent betrachten, sie u. das ganze Pack, das dazu gehört«, bekam Oelze zu hören.[7] Diese Haltung wurde besonders deutlich in einem späteren Brief an seinen deutschen Verleger Max Niedermayer, der an ihn die »moderne Gretchenfrage« nach Entnazifizierung und Einstufung gemäß den gültigen Vorschriften stellte. Benn reagierte empört: »Ihre Gretchenfrage erschüttert mich: Ich *bin nie P.G. gewesen*, gehörte weder der Partei noch einer ihrer Gliederungen an, bin also nicht entnazifiziert und eingestuft, ich falle ja nicht ›unter das Gesetz‹!«[8]

Die Versuche der Militärverwaltungen in den einzelnen Zonen, durch bürokratische Verfahren mit dem Problem der Entnazifizierung fertig zu werden, verfolgte Benn aufmerksam. Er selbst hatte nicht die geringste Absicht, sich vor der Öffentlichkeit in irgendeiner Form zu rechtfertigen. Verteidigungsargumente lagen zur Hand: Die Denunziation seines Gedichtbandes 1936 durch das »Schwarze Korps« und die Kündigung der Mitgliedschaft in der Reichsschrifttumskammer 1938 und das damit verbundene Veröffentlichungsverbot. Von diesen äußerlichen Argumenten abgesehen sah er keine innere Notwendigkeit für eine Rechtfertigung seines Eintretens für den »Neuen Staat.« Tilly Wedekind, die den Kontakt mit ihm wiederaufgenommen hatte, erläuterte er das Problem: »Ich kann auch nichts bedauern oder gar bereuen, was ich je literarisch publizierte, es war immer echt u. kam aus meinem Wesen. Wenn man immer nur das publizierte und ausspräche, was 15 Jahre später *opportun* erscheint, würde man überhaupt nichts publizieren.«[9]

Benn lehnte jeden Versuch ab, anderen seine Lage zu erklären. Deswegen reagierte er besonders gereizt, als sich seine Tochter Nele in Kopenhagen mit Klaus Mann traf und ihm erklärte, ihr Vater sei kein Nationalsozialist gewesen.[10] Benn war selbstverständlich daran interessiert, wieder in die Öffentlichkeit zurückzukehren, aber nicht zu der Bedingung, »das allgemeine öffentliche Geschwätz über die politische Lage oder die geistige Krise oder den Existentialismus oder alle diese beliebten bürgerlichen Unterhaltungsstoffe zu vermehren«.[11] Benn wollte sich in keinem Fall unter das Diktat der herrschenden Tendenz stellen, die sich der Anstrengung verweigerte, über die aktuelle politische Situation hinaus eine Analyse der geistigen Lage vorzulegen.

Ein gutes Beispiel für diese Tendenz war Benn »Der Phönix 1947«, von dem im September bereits eine zweite Auflage von 21.000 bis 30.000 gedruckt wurde. Horst Lange sprach in diesem Almanach der Dichtung die Aufgabe zu, »der Jugend das Gefühl ihrer Unschuld wiederzugeben, das sie in dem finstersten Jahrzehnt eingebüßt hat, das die deutsche Geschichte kennt«.[12] Werner Bergengruen tröstete die Jugend mit den Zeilen: »Ja, du erschufst die Völker bekehrbar aus jeglicher Irrung. / Knaben wachsen heran. Und so sind wir getrost.«[13] Und Rudolf Hagelstange dichtete: »Nun steigt der Mittag mählich in die Bläue. / Gebändigt mißt das Herz die steten Schläge. / Das Alte stirbt. Es bildet sich das Neue.«[14] Der Almanach enthielt Gedichte von Max Barthel, Georg Britting, Karl Krolow, Wilhelm Lehmann, Josef Weinheber und Gert Westphal. Jedoch findet sich von Gottfried Benn keine Zeile im »Phönix«.

Und nicht nur daß Benn aus der Literatur ausgeschlossen blieb, es kam noch schlimmer, denn am letzten Tag des Jahres 1947 erschienen in der Zeitung »Sonntag. Wochenschrift für Kulturpolitik, Kunst und Unterhaltung« einige Auszüge aus dem Mannschen Tagebuch der Jahre 1933 und 1934: »Was wird eines Tages mit diesen Intellektuellen, die es hemmungslos, mit unterworfenen und begeisterten Hirnen mitgemacht haben! Spranger, der in der Preußischen Akademie der Wissenschaften Hitler den ›charismatischen Führer‹ nennt … Nicht zu reden von einem Bäumler, dem Nietzsche-Verhunzer, der auf Fichtes Katheder sagt: ›Hitler ist nicht weniger als die Idee – er ist mehr als die Idee, denn er ist wirklich‹ … Wiederum nicht zu reden von Benn, Binding oder gar Johst oder dem Gros der Aerzte, Juristen, Nationalökonomen, die einen kläglichen Rausch mit den tollsten Unsinnsreden und ›Beiträgen‹ der Psychose nachgeben und sich vor der Geschichte prostituiert haben.«[15]

Dieser Angriff wog schwer, denn mit Thomas Manns internationaler Autorität waren die Vorwürfe zusammengefaßt, die von nun an gebetsmühlenartig gegen Benn vorgetragen werden würden. Zwei Jahre nach dem Ende des Dritten Reiches kam ein solches Urteil denjenigen Mitläufern entgegen, die sich hinter Namen wie Benn, Heidegger und Jünger, die als Sündenböcke herhalten mußten, verschanzen konnten.

Benn überdachte die Berechtigung der Kritik an seiner damaligen Einschätzung des Nationalsozialismus und wies sie mit entschiedener Geste von sich: »Ich selber sage mir, dass ich vielleicht politisch sehr dow[16] war, aber prostituiert gewiss niemals. Ferner sieht man ein Bild der geräumigen Villa von Th. M. in München, die durch die weltgeschichtlichen Ereignisse beschädigt wurde, worüber ein grosses Lamento erhoben wird. Die Herren Epiker!«[17] Bei dieser Haltung ist Benn geblieben, er hatte sie in den »Drei alten Männern«, an denen er in diesen Tagen arbeitete, auf die Formel gebracht: »Sich irren und doch seinem Inneren weiter Glauben schenken müssen, das ist der Mensch und jenseits von Sieg und Niederlage beginnt sein Ruhm.«[18] Für Benn unterschied sich der Nationalsozialismus nicht von sonstigen blutigen Machtkämpfen, und er sei keineswegs das moralische Problem, zu dem er im Nachkriegsdeutschland gemacht würde. Denn das deutsche Volk sei sowieso nie ein Ruhmesblatt für die Menschheit gewesen. Wo immer sich seit dem Mittelalter in den von Deutschen besiedelten Landstrichen Züge feinerer Gesittung und Geselligkeit zeigten, stammten sie aus dem Morgenland oder aus dem Erbe der römischen Kultur: »Vor Kugeln tapfer, vor Worten dumm – / das ist das deutsche Panoptikum«, so lautete Benns Einschätzung.[19] Und was sich jetzt an Dichtung in Anthologien und Broschüren versammelte, war der Schaum, der eine »Besonderheit der deutschen Konstitution« ausmachte.[20] Wenn Journalisten, Schriftsteller und Emigranten weiter »am geliebten N.S. herumkauen«,[21] dann hatten sie nach seiner Auffassung nicht verstanden, daß Politik in jedem Fall außerhalb der moralischen Sphäre stehe.

Mit der Weigerung, politische Vorgänge moralisch zu betrachten, stellte sich Benn ins Abseits, weil sich mit diesem Standpunkt die Frage nach der Schuld erledigte. Er sah Politik als gesellschaftliche Funktion und ihn beschäftigte eher die Zunahme des Funktionalen in der modernen Gesellschaft. Allein der Künstler stand außerhalb funktionaler Zusammenhänge und damit im Gegensatz zum Kulturträger, der die Gesellschaft bediente und in Gang hielt. Das galt für den Nationalsozialismus wie für die Nachkriegszeit, in der Benn die »Mechanisierung des Sozialdaseins« beobachtete.[22] Sie habe sogar den Geschlechtsverkehr erfaßt, denn dieser sei doch, besonders bei der Jugend, phantasieärmer und »maschinell« geworden.

Auf Schritt und Tritt entdeckte Benn eine Unterwerfung unter die jetzt herrschenden politischen Begriffe. Der schamlose Opportunismus begegnete ihm vor allem in den neuen Zeitschriften, die mit entsprechenden Titeln wie »Aufbau«, »Die Pforte«, »Das Goldene Tor«, »Die Wandlung«, »Die Sammlung«, der »Horizont«, die »Neue Welt« oder »Neues Abendland« bis zur Währungsreform das geistige Profil in den Zonen darstellten. Deren Lektüre erzeugte eine »bodenlose Übelkeit« in ihm. Mit Oelze war er sich darin einig, daß diese Blätter, von einzelnen Aufsätzen abgesehen, nichts taugten, weil sie die Automatik eines Denkens und die panische Angst der Autoren offenbarten, »bei sich selbst ins Leere zu blicken – mit einem Wort: *das Unvermögen zu schweigen*«.[23]

Benn wußte, daß es in diesem historischen Augenblick gerade darauf ankam, zu reden, um auf dem Markt der Ideen präsent zu sein und an dem »von der Unesco zwangsverwalteten geistigen Europa« mitwirken zu können.[24] In hohem Ansehen stand jedoch der Existentialismus Sartrescher Prägung. Aber Benn hatte bereits im Landsberger »Phänotyp« ähnliche Gedanken formuliert und konnte dem nichts abgewinnen. Mit dem Vorbehalt gegen Sartre stand er keineswegs allein, nur wurde ihm von einer Seite sekundiert, auf der er keine Freunde suchte. Seit Juli 1947 erschien in Berlin die Zeitschrift »Ost und West«. Ihr Herausgeber Alfred Kantorowicz, vor 1933 Mitarbeiter der »Vossischen Zeitung« und der »Literarischen Welt«, war als Emigrant Mitarbeiter von Klaus Manns »Sammlung«, der »Neuen Weltbühne« in Prag und der Moskauer Zeitschrift »Das Wort« gewesen. Über Paris floh er 1933 nach Spanien und kämpfte im Bürgerkrieg. Obwohl die Selbstreinigung der Deutschen, so hieß es im Vorwort der ersten Ausgabe von »Ost und West«, noch kaum begonnen hätte, wäre es nun ihre welthistorische Aufgabe, in den Weltkonflikten zu vermitteln. Im Februar 1948 erschien ein Schwerpunkt »Existentialismus«, in dem zwei entgegengesetzte Ansichten über die Bedeutung von Sartres Philosophie vorgetragen wurden. Während der Deutsche Roland Schacht »die Lehre« Sartres gegen Vorwürfe aus dem christlichen Lager verteidigte, sah die Kommunistin Cécile Angrand im Existentialismus »eine neue Mode«, die durch das französische Radio kurz nach der Befreiung Frankreichs als Teil der Widerstandsbewegung der Öffentlichkeit schmackhaft gemacht worden sei. Kein Wunder also, daß sich der Existentialismus als antifaschistisch und demokratisch vorzustellen versuchte. Angrand rechnete mit dem Antimarxismus Sartres ab und berief sich auf die »großartigen Worte Stalins«, daß der früher »zufällige Prozeß der Entwicklung nun der bewußten Handlung der Menschen Platz« mache.[25]

Zur selben Zeit, als dieses Heft von »Ost und West« die Buchhandlungen erreichte, ging Benn ins Theater und sah sich »Die Fliegen« in der Inszenierung von Jürgen Fehling an.

Das Aufheben, das in Berlin um das Stück gemacht wurde, hatte weniger mit Philosophie als mit Schaulust zu tun. Gustaf Gründgens hatte es schon im November 1947 in Düsseldorf inszeniert. Nun wartete Berlin auf den großen »Gegenschlag« durch Fehling. Friedrich Luft berichtete von den »Schmeißfliegen des Schwarzmarkts«, und der »Spiegel« nannte Preise von 500 bis 700 Mark für einen Parkettplatz.

Die Aufführung bestärkte Benn in seiner Meinung, daß nur das Banale Aussicht hatte, in der Presse zu erscheinen, von der Masse akzeptiert und als »tief« angesehen zu werden. Ihm blieb unklar, wieso bei diesem Stück von »Existentialismus« die Rede sein konnte, handelte es sich doch nur um ein »Oberlehrerdrama«, in dem Orest in verschiedenen Masken, »vom tumben August über Heydrich bis Prometheus« herumläuft.[26] Benn fand, daß die Franzosen die Antike ausweideten, und stimmte dem Ausdruck »Atrideninflation«, den er in einer Zeitung las, zu.[27] Dieselbe Leere grinste ihm auch aus der Literatur entgegen.

Dem, was auf den Markt kam und ihm zugänglich wurde, begegnete er mit großen Vorbehalten. Seine Urteile kannten keine Kompromisse. Hürsch brachte ihm die »Strahlungen« von Ernst Jünger mit, er fand das Buch »*katastrophal*! Weichlich, eingebildet, wichtigtuerisch u. stillos. Sprachlich unsicher, charakterlich unbedeutend. [...] Er hat in genügender Menge das Mulmige, ohne das die Deutschen den Geist nicht ertragen, das Gedrückte, leicht religiös gefärbte, das den Autor so angenehm harmlos und achtenswert macht, die Klarheit und Schärfe des durchbrechenden Genies mangelt ihm völlig, jede Latinität.«[28]

Hürsch brachte ihm Anfang Februar 1948 den »Doktor Faustus« von Thomas Mann mit, der gerade bei Bermann-Fischer in Stockholm erschienen war. Benn überflog nur die ersten Seiten und zeigte keine Lust, sich an die Lektüre zu machen, ihm war das Buch in Stil und Haltung zu anmaßend. Oelze schickte er einen Aufsatz »Zur Prostitutionsfrage« aus der »Zeitschrift für Haut- und Geschlechtskrankheiten« und wies darauf hin, daß Frauen in Hamburg, außer den Dirnen, keine Zuzugsgenehmigung bekamen, weswegen Ehemänner ihre Frauen als Prostituierte anmeldeten. Da eine Dirne aber ungefähr 12.000 RM im Monat verdiente und die Ehemänner diese Einnahmequelle bald schätzten, würden so »nicht nur neue Prostituierte, sondern auch neue Zuhälter geschaffen«. Miszellen dieser Art schienen Benn eine »reellere Lektüre« als das neue Buch von Thomas Mann.[29]

Ausführlich widmete er sich allerdings Heinrich Manns Autobiographie »Ein Zeitalter wird besichtigt«, in der dieser noch einmal vehement für ein Bündnis der Bürgerlich-Liberalen und Sozialdemokraten mit den Kommunisten eintrat, ein Wunsch, der ihn 1933 zum Rücktritt in der Akademie veranlaßt hatte. Er feierte die Sowjet-Union als die fortschrittlichste Nation und erhob Stalin zum Verehrer des Geistes.[30] Benn fand die politischen Ansichten unverändert und damit überholt, die biographischen Details eher geschwätzig und im Stil manieriert. Alles ende »in *Psychologie* u. *Soziologie*, also im 19. Jahrhundert«.[31]

Währungsreform und Blockade

Vom Verleger Peter Schifferli hatte Benn im März 1948 die Bestätigung erhalten, daß die Gedichte im Satz seien. Der Verleger machte keinen Hehl aus seinem »weitgehenden Verständnis« für Benns damalige »politische Haltung« und drückte eine gewisse Freude darüber aus, mit Benns Gedichtausgabe »jene Kreise der Emigration herauszufordern, welche mir bereits seit den Jünger-Ausgaben eine erfreuliche Aufmerksamkeit geschenkt und eine nicht minder erfreuliche Zahl von öffentlichen Angriffen beschert haben«.[1] Benn hatte Hürsch auch die Prosaarbeiten mitgegeben und Schifferli wissen lassen, daß ihm an deren Veröffentlichung fast noch mehr lag als an den Gedichten. Die Prosa schien ihm mehr von seiner »inneren Lage und auch der Lage der Zeit« herauszuarbeiten, denn in ihr stelle er die Grundfrage der ganzen Epoche: »Gibt es für das Abendland noch eine geistige Welt, eine metaphysische Realität ausserhalb und unabhängig von der geschichtlich-politischen Welt, die ihr Primat behauptet und mit Brutalität verteidigt?«[2] Benn versäumte nicht, auf das Goethe-Jahr 1949 hinzuweisen und dem Verleger einen Wiederabdruck seines Goethe-Aufsatzes von 1932 nahezulegen: Schifferli erklärte sich mit dem Vorschlag einverstanden.

Zwei Wochen später, am 21. Juni 1948, trat das wichtigste Ereignis der Nachkriegszeit ein, das gerade für die Berliner einschneidende Folgen haben sollte: In den drei westlichen Besatzungszonen wurde das Gesetz über die »Neuordnung des deutschen Geldwesens« verkündet, die lange erwartete Währungsreform hatte begonnen. Mit Wirkung dieses Tages verlor die Reichsmark ihre Gültigkeit, und jeder Einwohner der Westzonen konnte 40 Reichsmark als sogenannte »Kopfquote« im Verhältnis 1:1 in die neue »Deutsche Mark« umtauschen. Der Direktor der Wirtschaftsverwaltung der Bi-Zone, Ludwig Erhard, kündigte über den Rundfunk die Aufhebung der Lebensmittelrationierung an.

Bereits am nächsten Tag machten sich die Wirkungen des Währungsschnitts bemerkbar. Wie durch ein Wunder häufte sich in den Regalen begehrte Mangelware: Die Geschäftsleute hatten sie in Erwartung der Währungsreform gehortet. Tabakwaren blieben noch rationiert, die Zuteilungen kosteten kaum mehr als bisher auf dem Schwarzmarkt. Benn teilte Oelze an diesem Tage mit, daß ein Brief nun zum letzten Mal 24 Reichspfennig kostete und daß er von den 40 Deutschen Mark vorerst kein Geld für Porto würde opfern können. Vor allem befürchtete er, daß die Postzüge ebenso wenig weiterfahren würden wie die Personen- und Güterzüge: Schon seit Mitte Juni blieb die Autobahn zwischen Berlin und Helmstedt wegen angeblich notwendiger Reparaturarbeiten an der Elbbrücke bei Magdeburg gesperrt. Gegen Ende des

Monats begannen die sowjetischen Besatzungsbehörden mit der Unterbrechung des gesamten Personenverkehrs auf Straße, Schiene und Wasserwegen. Benn hörte das Klirren des »Eisernen Vorhangs« und fragte sich, wie die »moralische Publizistik« des Westens die Übereignung Berlins an die Sowjets begründen würde.[3] Seine Sympathien lagen auf der Seite der SPD, denn eine Partei-Delegation hatte in London Vorschläge zur Lösung der Berliner Probleme überbracht, konnte aber konkret nichts erreichen.

Benn fragte sich wie alle Berliner, in welches Währungsgebiet die geteilte Stadt einbezogen werden würde. Die Sowjetunion betrachtete die Westsektoren als wirtschaftlichen Bestandteil ihrer Besatzungszone. Am 23. Juni wurde aufgrund des Befehls Nr. 111 der Sowjetischen Militäradministration auch in der Ostzone und in Großberlin eine Währungsreform aus Furcht vor einer Überschwemmung der Ostzone mit entwerteter Reichsmark angeordnet. Die Anordnung der sowjetischen Besatzungsmacht schloß das gesamte Stadtgebiet, also auch die drei Westsektoren ein. Die Westalliierten kündigten jedoch einen Tag später die Ausdehnung der westzonalen Währungsreform auf den Westteil Berlins an und führten die DM mit dem Stempelaufdruck »B« in Berlin ein: Die Übereignung an die »Steppenwährung« war, wie Benn sagte, zwar verhindert worden, aber zu einem hohen Preis: Die Sowjets blockierten die Stadt. Als einzige Verbindung zu den Westzonen standen nur die drei alliierten Luftkorridore offen. Zugleich verfügte die sowjetische Militäradministration die Einstellung aller Stromlieferungen aus den umliegenden Kraftwerken in den Westteil der Stadt. Der US-amerikanische Militärgouverneur in Deutschland, General Clay, forderte, ungeachtet der Bedenken seiner Regierung, sämtliche verfügbaren Flugzeuge der US-Luftwaffe an, um sie zum Transport von Versorgungsgütern nach Berlin einzusetzen.

In den Morgenstunden des 25. Juni trafen die ersten zweimotorigen Flugzeuge des Typs »C-47 Dakota«, die zweieinhalb Tonnen Fracht transportieren konnten, in der blockierten Stadt ein. Die Luftbrücke hatte begonnen, und Benn sah sein Postproblem gelöst: »Ein Vivat auf Herrn Clay, der die Flugbeförderung der Post uns zugestanden hat.«[4]

Die Abschließung Berlins belebte in Benn die alten Phantasien vom Erlebnis einer Welt, die sich, wie 1933, in »innen und außen« teilte. Er fühlte sich an die Situation nach Hitlers Machtübernahme erinnert, als sich die Zurückgebliebenen mit den Interpretationen der Lage durch die Emigranten auseinandersetzen mußten. Da Benn in einem Stadtteil lebte, der nicht unmittelbar an den Sowjetsektor grenzte, sah er vorerst die Lage nicht als so dramatisch an. Mißlich war nur, daß er von seinen Patienten schlecht ein Honorar verlangen konnte, da jeder mit der geringen Menge des »Kopfgeldes« Mühe hatte, über die Runden zu kommen. Allerdings brachte die ungeklärte Situation auch Vorteile. Im Ostsektor konnte das alte Geld in den ersten Tagen noch 1:1, später noch 1:10 in ostzonale Reichsmark getauscht werden, was Benn begrüßte: »Wer clever genug war, zur Stelle zu sein, konnte einige Tausender Ostgeld nach Hause bringen. Davon fliesst nun bereits einiges in Nebenströmungen hier herum u. macht die Lage etwas flüssiger. Echtes Berlin!«[5] Benn sah zwei Lösungen des Konflikts voraus: Entweder gab es einen »Weststaat« einschließlich Westberlin mit einem Korridor für Flugzeuge, Bahn und Autos nach Westen, und einen »Oststaat«. Oder es kam zum Krieg, was er für wahrscheinlicher hielt. Am 6. Juli legten die Regierungen der USA, Großbritanniens und Frankreichs bei der Regierung der UdSSR förmlichen Protest gegen die Blockade der Westsektoren ein. Der Verkehr zwischen der Bi-Zone und der Ostzone wurde eingestellt. Im Dezember 1948 landete das hunderttausendste Transportflugzeug mit Versorgungsgütern für die blockierten drei Westsektoren, nachdem die Luftbrücke generalstabsmäßig aufgezogen worden war. Die Flughäfen Tempelhof und Gatow wurden durch einen neuen Flugplatz entlastet, am 1. Dezember landete die erste Maschine in Tegel. Ein Ende der Blockade war vorläufig nicht abzusehen, jedoch konnte eine Verschärfung des Konflikts durch die Verlegung von US-amerikanischen Atombombern verhindert werden.[6] Für Benn wog der Zusammenbruch des Schwarzen Marktes besonders schwer, die großen und kleinen Schieber verschwanden von der Bildfläche.

Dabei erleichterte die Währungsreform das Leben für die Bevölkerung keineswegs. Zwar war die Rationierung aufgehoben, aber die Preise stiegen ungewöhnlich stark, Unmut machte sich breit. Stellte das Beschaffen von Lebensmitteln vor der Währungsreform das Hauptproblem dar, so war es jetzt die Teuerung. Benn hatte das Gefühl, daß diese Situation nicht lange andauern und es zu einer Revolution in der Stadt kommen könnte. Die Westzonen erlebten Arbeitsniederlegungen aus Protest gegen die Preisentwicklung, Lübeck mußte mit organisierten Käuferstreiks fertig werden, und auf dem Münchener Viktualienmarkt stürmten aufgebrachte Hausfrauen die Verkaufsstände.

Benn hatte Angst vor einer Eingliederung des Stadtteils Schöneberg in den russischen Sektor: Der Mai 1945 und die Reise zum Grab seiner Frau im September vor zwei Jahren wirkten traumatisch, und er schilderte Oelze seine Erfahrungen, die in der Hoffnung mündeten, Berlin bliebe in den Händen der Westalliierten: »Sie haben meines Wissens in Ihrem Leben keine Begegnung mit russ. Soldaten und Behörden gehabt u nie den Eindruck dieser mephitischen Dschungelluft, das Unheimliche dieses Phänomens empfunden, das jeden Einzelnen, absolut *jeden*, umweht. Ich habe sie im Mai 45 zu spüren bekommen, war 1 Tag von der G.PU mitgenommen, dann quartierte sie sich 2 Tage mit Maschinenpistolen hier bei mir ein u. vernahm mich u. liess mich Tische und Stühle schleppen – u. allein, weil meine Wohnung – absichtlich von mir so gelassen, – völlig verkommen u. verjaucht war (das ganze Haus hatte die letzte Woche bei mir kampiert), zog sie dann wieder ab. Die Eindrücke dieser Tage sind unauslöschlich u. ein zweites Mal hätte ich keine Lust es zu erleben.«[7]

Die Angst vor Verhaftung oder Deportation hatte selbst noch drei Jahre nach den Ereignissen von 1945 ihre Berechtigung. In einer Nacht-und-Nebel-Aktion waren unter dem Operationsnamen »Ossawakim« rund 10.000 deutsche Ärzte, Wissenschaftler und Facharbeiter aus der Sowjetzone in die UdSSR deportiert worden. Die Maßnahme lag in den Händen von Einheiten des sowjetischen Geheimdienstes »Ministerstwo Wnutrennich Del«. Die nächtliche Deportation sprach sich innerhalb weniger Stunden in der Sowjetzone herum und löste Angst und Empörung in ganz Berlin aus.[8] Berichte, die Benn aus den Westzonen erreichten, standen in krassem Gegensatz zum Berliner Leben. Mit dem ergebnislosen Abbruch der Londoner Viermächtekonferenz am 15. Dezember 1947 begann eine Zeit, in der wichtige Entschlüsse zum Aufbau Westdeutschlands ohne die Mitwirkung Rußlands fielen. Nach der Währungsreform begann die Industrie in der »Trizone« mit Hilfe von Marshallplangeldern unter besseren Bedingungen zu arbeiten, die Lethargie, die das deutsche Leben in Bann gehalten hatte, verflüchtigte sich. Die Umstellung auf die »Soziale Marktwirtschaft«, der Verzicht auf eine Planwirtschaft und liberale Wirtschaftsgesetze verbesserten die ökonomischen Bedingungen: Das »Wirtschaftswunder« der Westzonen nahm seinen Lauf. Von Patienten hörte Benn, daß die Konjunktur ansprang und die Angestellten sich bereits wieder ein neues Fahrrad für 60 Deutsche Mark leisten konnten. Er sah die Westdeutschen auf dem richtigen Wege und glaubte, daß sie »reich und glücklich« werden würden. Denn er dachte in Kategorien der Globalisierung, und es gehörte zu seinen Überzeugungen, »dass der Kapitalismus erst beginnt u. er sich sogar leisten kann, den Sozialismus, oder was sich so nennt, ganz gemütlich sein Wesen treiben zu lassen. Über ein kleines – und Alles ist wieder gut.«[9] Um so schmerzlicher war die Situation in Berlin. Da die Sowjets die Energielieferungen für die Westzonen unterbunden hatten, konnte das abendliche und nächtliche Dunkel nur durch Kerzenlicht erhellt werden. Und wie sollte es im Winter ohne Holz und Kohle werden? Besonders bedrückte ihn die langsame postalische Verbindung zwischen Berlin und den westlichen Zonen. Briefe brauchten oft länger als drei Wochen. Auch war er nicht sicher, daß seine Briefe den Westen ordnungsgemäß erreichten, denn er hörte davon, daß sie den Adressaten aufgeweicht und zerfleddert in die Briefkästen gesteckt wurden.

Da erschütterte am 12. August 1948 ein ernsthafter Zwischenfall das labile politische Gleichgewicht der Viersektorenstadt. Angehörige des sowjetischen Militärs drangen bei Razzien gegen Schwarzhändler am Potsdamer Platz in den amerikanischen und britischen Sektor ein. Handgreiflichkeiten folgten, Schüsse fielen. Die Zwischenfälle führten dazu, daß der Verlauf der Sektorengrenzen am Potsdamer Platz nicht nur markiert, sondern teilweise mit Stacheldraht gesichert wurde. Am 22. August beschrieb der »Tagesspiegel« die jetzt manifest gewordene Teilung der Stadt: »Schon am frühen Sonnabendnachmittag war auf dem Potsdamer Platz deutlich zu sehen, wo die Sektorengrenzen verlaufen, denn die zum russischen Sektor gehörende Seite, auf der Ostpolizisten patrouillierten, war menschenleer.«[10]

Benn berichtete Oelze nach der Zeitungslektüre noch am selben Tag von den Geschehnissen: »Die Lage hier wird nicht angenehmer. Eines Tages oder Abends werden doch wohl die Schüsse von Sarajewo fallen. Aber ich fürchte, dass dann Oberneuland ebenso davon betroffen wird wie Schöneberg.«[11] Noch wichtiger jedoch als die politischen Ereignisse war ihm die Mitteilung über eine Entscheidung, die sein Leben grundlegend verändern sollte: Er hatte sich entschlossen, dem Limes Verlag in Wiesbaden den Druck seiner gesamten Prosa anzuvertrauen. Der Grund dafür war eine Verärgerung über Schifferli. Benn hatte die Umbruchkorrekturen für die »Statischen Gedichte« mit einer Änderung zurückbekommen, die in den Fahnenkorrekturen noch nicht vorgesehen war: Schifferli hatte das Gedicht »Gewisse Lebensabende« für den endgültigen Druck getilgt. Benn empfand den Eingriff des Verlegers als Mangel an Respekt vor seinem Autor, obwohl er Schifferli die letztendliche Auswahl expressis verbis zugestanden hatte.[12] Schifferli hatte schon »Monolog 1941«, »Clemenceau«, »St. Petersburg« und »1886« ausgeschieden und nur auf Benns Fürsprache das Gedicht »Chopin« zugelassen. Nach diesem Eingriff verstimmte ihn schon ein Hinweis auf einen möglichen Verleger in Deutschland, er kam sich vor »wie eine leidliche Jungfrau, um die allerlei Männer herum sind, die gerne mal ein bischen und so möchten, aber keiner will heiraten«.[13]

Benn hätte sich keinen engagierteren Verleger wünschen können als Max Niedermayer. Im Frühsommer 1945 hatten die Amerikaner, bevor sie Leipzig den Russen überließen, einige Verleger nach Wiesbaden gebracht. Brockhaus, Thieme, die Diederichssche Verlagsbuchhandlung und der Insel Verlag siedelten sich in der amerikanischen Zone an. Auch Niedermayer wartete in Wiesbaden auf seine Lizenz, die im Oktober endlich gewährt wurde. Er nannte seinen Verlag »Limes« und bezog zwei Zimmer im »Pariser Hof«, einem Hotel und Badhaus aus dem 19. Jahrhundert, das inmitten der Trümmerlandschaft in der Stadtmitte lag. Die alten Verleger waren dem Neuling gegenüber kollegial und halfen ihm mit ihren Erfahrungen. Man verlegte deutsche Klassiker, einige Übersetzungen aus dem Amerikanischen und suchte nach deutschen Autoren. Niedermayer lernte den Expressionisten Wilhelm Klemm kennen, der, wie Benn auch, von Willrich verfolgt worden war, und knüpfte Beziehungen zu Hans Mayer, Werner Krauss und Ernst Glaeser an. Niedermayer war Teilhaber einer Druckerei in München und daher als Verleger unabhängig. Er gehörte zu den Gründern des Hessischen Verleger- und Buchhändlerverbandes, und von ihm ging die Initiative zur Wiederaufnahme der Frankfurter Buchmesse 1949 aus.

Beim Aufbau des Verlagsgeschäftes und dem Aufspüren von Autoren half ihm ein junger Mann, der sich mit einem abgebrochenen medizinischen Studium gleichwohl im Sanitätsdienst bewährt und nach dem Krieg als Herausgeber der Zeitschrift »Der Bogen« und als Feuilletonredakteur der »Frankfurter Allgemeinen Zeitung« den Weg des Journalisten gewählt hatte: Paul E. H. Lüth (1921-1986) kann das Verdienst für sich in Anspruch nehmen, Benn für Niedermayer entdeckt und damit die Grundlage für Benns Ruhm in Deutschland gelegt zu haben.[14] Der junge Mann meldete sich bei Niedermayer im Frühjahr 1946 mit dem fast fertigen Manuskript einer modernen Literaturgeschichte, die auch die Emigrantenliteratur behandelte. Das war verblüffend, denn mit Übersee gab es noch keine regelmäßige Postverbindung. Lüth war in den vier Besatzungszonen herumgereist und hatte keine Strapaze gescheut, um an Bücher und Interviews zu kommen.[15] Durch Alfred Döblin in Baden-Baden knüpfte er Verbindungen zu Emigranten und lernte Gerhart Pohl und Ernst Kreuder kennen.

Das Erscheinen der Literaturgeschichte löste einen Skandal aus. Hans Mayer verriß das Buch in der »Neuen Zeitung« vom 12. Dezember 1947: »Die Beurteilung von Dingen, die er nicht kennt, scheint überhaupt Lüths besondere Stärke zu sein, hat er es sich doch nicht nehmen lassen, den Roman Thomas Manns, den ›Dr. Faustus‹, bereits anzukündigen und irgendwie auch schon einzuordnen. Das Buch hat Lüth nicht gelesen.« Fehler Lüths waren nicht zu übersehen, politische Gesichtspunkte spielten eine Rolle, aber es ging letzten Endes um die Rolle von Thomas Mann und Alfred Döblin: Thomas Mann kam angeblich nicht genügend zur Geltung. Lüth zitierte zudem den Satz aus der Antwort an Walter von Molo: »In meinen Augen sind Bücher, die von 1933 bis 1945 in Deutschland überhaupt gedruckt werden konnten, weniger als wertlos und nicht gut in die Hand zu nehmen. Sie sollten alle eingestampft werden.«[16] Lüth bemerkte sarkastisch, daß zu diesen

Büchern auch Werke von Thomas Mann selbst gehörten, denn »Die Geschichten Jaakobs« und »Der junge Joseph« erschienen 1933 und 1934 im S. Fischer Verlag Berlin. Lüth bedachte Döblin mit überschwenglichem Lob als denjenigen Dichter, der stilistisch nicht erstarrt sei, »wie man das im allgemeinen bei älter werdenden Schriftstellern bemerken kann«.[17] Lüth widmete sich der literarischen Entwicklung der Nachkriegszeit in Deutschland in dem Essay-Band »Gedanke und Dichtung«, berief in einer Werkauswahl Döblins Größe und sprach, indem er Thomas Mann meinte, vom »Kampf gegen die schädlichen, monumentalisierenden Tendenzen der deutschen Dichtung«: »Denn die deutsche Neigung zur Heldenverehrung brachte eine für Kritik und Darstellung gleich hemmende, schiefe literaturhistorische Ideologie hervor, die als Spielart zu dem politischen feudalistisch-reaktionären Zug gehört, der dem nationalsozialistischen Regime den Weg bereitete.«[18] Im Frühjahr 1948 wollte er in Berlin Benn kennenlernen, setzte sich unter die Patienten ins Wartezimmer und gab sich zu erkennen, als er an der Reihe war. Benn liebte solche verdeckten Besuche von Bewunderern nicht. In diesem Fall machte er jedoch eine Ausnahme, denn Lüth war in Perleberg geboren, dort, wo auch Ilse Benn herstammte. Benn rief seine Frau und stellte Lüth vor: »Hier ist der Unglücksrabe, dessen Literaturgeschichte heute morgen im Tagesspiegel so angegriffen wurde.« Lüth wurde zum Kaffee eingeladen, Benn fand ihn »beweglich« und »mit guten Formen« und entließ ihn mit dem Trost: »Wenn Sie sich über Besprechungen erregen, dürfen Sie überhaupt nicht schreiben.«[19] Da die Angriffe gegen Lüth, obwohl sie von verschiedenen Seiten kamen, in der Argumentation übereinstimmten, hielt Benn eine Verschwörung gegen den Autor für wahrscheinlich, »alles zentral inspiriert. Aller Dinge Mass ist: Thomas Mann –, wer ihn lädiert, ist gerichtet. Insofern bin ich für Herrn Lüth. Der Deutsche *will* totalitär geführt werden, – so auch hier. Aber auch Döblin kann ich nicht ernst nehmen, er widerspricht sich zu oft u. ist voller Bizarrerieen.«[20]

Benn ahnte zu diesem Zeitpunkt noch nicht, daß er Lüth, diesem »begabten u. beweglichen Burschen«,[21] seinen zweiten Ruhm in Deutschland zu verdanken haben würde. Nach diesem Besuch gab Lüth seinem Freund und Verleger Niedermayer den dringenden Rat, Benn als Autor in den Verlag aufzunehmen, und ließ den Kontakt zu Benn nicht abreißen. Am 22. Juli 1948 schrieb Niedermayer den entscheidenden Brief. Er wolle sich unter die Bewerber gesellen und damit einen lange gehegten Wunsch verwirklichen, nämlich Benns ungedruckte Werke zu verlegen. Erst nach langem Zögern und auf Lüths Veranlassung schickte Benn im September den »Ptolemäer« und dazu einzelne Prosadichtungen an den Verlag in Wiesbaden. Niedermayer revanchierte sich sofort mit einem Vertrag über die Prosaarbeiten. Benn fragte, um sich aus Unsicherheiten zu befreien, zuerst bei Oelze an, ob er den Limes-Verlag für solvent halte. Denn beim Konkurs eines Verlages würden die Rechte des Autors keineswegs frei, sondern der Konkursmasse zugeschlagen und das sei keine angenehme Perspektive. Am 15. Oktober 1948 unterschrieb er den Vertrag, nachdem Lüth versichert hatte, Niedermayer sei in der Lage, sofort jedes Buch erscheinen zu lassen. Damit waren die Würfel gefallen, Benn hatte sich entschieden und dabei mit Niedermayer ein Glückslos gezogen. Der junge Verleger hatte seine Bitte um Benns Mitarbeit im rechten Augenblick geäußert. Am 17. August, kurz nach den Ereignissen am Potsdamer Platz, schloß Benn ein Typoskript ab, an dem er in den letzten Wochen gearbeitet hatte und das er Oelze widmete, die »Drei alten Männer«. Es handelte sich um Unterhaltungen über den Menschen, seine Herkunft, sein Ende, über den gesellschaftlichen Luxus und die Geschichte, das Ganze durchsetzt mit kulturgeschichtlichen Notizen. In dem Brief vom 22. August, in dem Benn Oelze die Situation in Berlin schilderte, faßte er seine innere Lage zusammen, die genausogut eine Charakterisierung der »Drei alten Männer« hätte sein können: »Es liegt etwas so Tragisches um alle diese geistigen Dinge, die so mühsam erkauft und erlitten werden, dann so schnell verstaubt und leer wirken und nur einen üblichen Nachgeschmack hinterlassen. Vier Jahrzehnte durchhalten zu sich selbst, ohne viel an sich zu glauben, ohne an die Wirkungsfähigkeit des Geistes zu glauben, aus irgend einem Zwang dem ›Gegenglück‹ zu leben und zu glauben wie es in dem Gedicht ›Einsamer nie‹ – heisst – das ist kein Spiel.«[22] Und auf die Rückfrage Oelzes, ob es sich bei den Personen um fiktive oder reale Figuren handele, antwortet Benn, die drei alten Männer seien keine Realitäten, sondern nur »3 Bewegungsvorwände des unglücklichen G.B«.[23]

Unabhängig von Schifferli/Hürsch und Niedermayer/Lüth klopften im Sommer 1948 auch die Herausgeber Paeschke/Moras der Zeitschrift »Merkur« bei ihm an und baten um Mitarbeit. Benn kannte Hans Paeschke als letzten Herausgeber der »Neuen Rundschau« ebenso wie Joachim Moras, der als langjähriger Herausgeber der »Europäischen Revue« 1934 seinen Aufsatz »Dorische Welt« gedruckt hatte. Der »Merkur« erschien seit 1947 und sollte das Erbe der »Neuen Rundschau« und der »Europäischen Revue« antreten »mit dem Anspruch, eine geistige Ebene jenseits der Ideologien sichtbar zu machen«.[24] Benn freute sich, daß überhaupt jemand auf die Idee kam, ihn zur Mitarbeit an einer Zeitschrift einzuladen, ohne daß er sich bemühen mußte. Er begriff die Einladung als Chance und legte Paeschke seine Ansichten in einem Brief dar, der in seinem grundsätzlichen Charakter über die Situation der Nachkriegszeit und besonders das Leben in der geteilten Stadt die Form eines Essays annahm. Benn konzipierte seinen Brief gewissermaßen als Nagelprobe und schloß mit dem Satz: »Sie winkten mir freundlich mit einem Handschuh und ich erwidere mit Etwas wie eine Nilpferdpeitsche.«[25] Paeschke war um eine witzige Antwort nicht verlegen und teilte umgehend seine Absicht mit, den »Berliner Brief, Juli 1948« zu drucken: »Sie haben mir eine Degenspitze entgegengehalten und ich bin bereit, mit ziemlicher Leidenschaft in sie hineinzustürzen.«[26] Benn hatte sein Schreiben mit einer Begründung für sein vorsichtiges Taktieren begonnen: »Wenn man wie ich die letzten 15 Jahre lang von den Nazis als Schwein, von den Kommunisten als Trottel, von den Demokraten als geistig Prostituierter, von den Emigranten als Renegat, von den Religiösen als pathologischer Nihilist öffentlich bezeichnet wird, ist man nicht so scharf darauf, wieder in diese Öffentlichkeit einzudringen.«[27] Im übrigen habe er die literarische Produktion der letzten drei Jahre genau beobachtet, es seien keine Gedanken vorgetragen worden, die nicht auch schon um 1900 geäußert worden wären. Die Ergebnisse der Diskussionen schlügen sich alle in zwei Begriffen nieder, »Synthese« oder »Krise«. Zudem sei es der Gehalt der gängigen politischen Begriffe, der eine radikale Erneuerung des Abendlandes verhinderte. »Demokratie« sei als Staatsprinzip zwar das beste, aber als Prinzip des Produktiven absurd: Ausdruck entstünde nicht durch Plenarbeschlüsse, sondern durch »Gewaltakt in Isolation«. Und wenn die Öffentlichkeit den Begriff des »Humanitären« mit numinosem Charakter umkleide, dann erinnere er daran, daß es hohe Kulturen gab, die Ägypter, Griechen oder Azteken, die einen solchen Begriff nicht gekannt und gelebt hätten. Benn berief sich auf die moderne Genetik, deren Ergebnisse zu der Einsicht zwängen, daß alles Primäre explosiv entstünde.[28] Mit derselben Einschätzung hatte er schon 1933 das Entstehen des »Neuen Staates« begründet. An eine grundsätzliche geistige Erneuerung denke doch heute niemand, denn wo sich im Geistigen etwas Primäres andeute, griffe die Öffentlichkeit zu und unterdrückte es im Namen von Demokratie und Humanität: »Als Hintergrund dieses Vorgangs sehe ich etwas, das, wenn ich es ausspreche, Sie als katastrophal empfinden werden. Das Abendland geht nämlich meiner Meinung nach gar nicht zugrunde an den totalitären Systemen oder den SS-Verbrechen, auch nicht an seiner materiellen Verarmung oder an den Gottwalds und Molotows, sondern an dem hündischen Kriechen seiner Intelligenz vor den politischen Begriffen. Das Zoon politikon, dieser griechische Mißgriff, diese Balkanidee, – das ist der Keim des Untergangs, der sich jetzt vollzieht.«[29]

Benn hielt mit diesen Einschätzungen an den geschichtsphilosophischen Thesen der Jahre 1932/33 fest und machte die Herausgeber auch explizit darauf aufmerksam. Denn er konnte erwarten, daß beide sich an diese Positionen erinnern würden. Weihnachten 1932 hatte er auf die Rundfrage der »Literarischen Welt« nach der Bedeutung des Satzes »Friede auf Erden« geantwortet, er könne sich nicht einreden, daß sich die Geschichte demokratisch gäbe und andere Methoden habe als die der Macht und der Gewalt.[30] Diese Auffassung wiederholte sich in der »Antwort an die literarischen Emigranten« oder im Essay »Der neue Staat und die Intellektuellen«: »Die Geschichte verfährt nicht demokratisch, sondern elementar«, wobei dieser Satz schon eine Abschwächung darstellte, denn in den Entwürfen hatte es noch geheißen: »Die Geschichte arbeitet an ihren Wendepunkten nicht demokratisch, sondern terroristisch.«[31]

Paeschke reagierte in der gewünschten Weise und erbat die Abdruckrechte für den Brief Benns, der unter dem Titel »Berliner Brief, Juli 1948« erscheinen sollte. Benn schickte daraufhin auch das Manuskript der »Drei alten Männer« nach Baden-Baden.

Die Sommermonate 1948 waren für Benn trotz des Interesses der verschiedenen Verleger besonders schwer. Er fühlte sich so »down wie noch nie, wahrhaft am Ende«.[32] Von zwölf Uhr mittags bis zum nächsten Morgen um neun fehlte der Strom, ihm graute davor, die neue Kopfquote von DM 70 im russischen Sektor abholen zu müssen, »denn wenn 2 Millionen Westsectoreneinwohner das innerhalb von 3 Tagen im Osten tun müssen, ist das eine Sache von 24 Stunden einschließlich der Fragebogen«. Nachts bekam er keinen Schlaf, da der Luftkorridor für die alliierten Transportflugzeuge direkt über der Bozener Straße verlief.[33] Zwar war er nun sicher, daß der erste Gedichtband nach zwölf Jahren Schweigen auf den Markt kommen würde – aber im Ausland, was ihm nicht mehr behagte. Die Beschaffung der Notwendigkeiten für das tägliche Leben forderte viel Zeit, Benn konnte sich nicht in Ruhe seinen Gedanken widmen. Überhaupt schien es ihm bei der prekären politischen Lage in Berlin, die leicht in einen Krieg münden konnte, fraglich, ob die Beschäftigung mit geistigen Dingen der Situation angemessen war. Allerdings warteten genügend Patienten in der Praxis, so daß die Gelder für den Schwarzmarkt, der exorbitant teuer geworden war, für Kaffee, Alkohol und Zigaretten ausreichten.

In diesen Monaten wurde Benns Selbstzweifel wieder einmal besonders deutlich. Der Mangel an Selbstbewußtsein äußerte sich im Neid auf die Dickfelligkeit der anderen, die keine Schwierigkeiten mit den neuen Verhältnissen kannten und sich ihnen umstandslos hatten anpassen können. Die Ambivalenz, in die Öffentlichkeit zu kommen, war groß. Noch mußte er die Literaturszene von außen betrachten, denn die »Statischen Gedichte« befanden sich in der Produktion, mit Niedermayer bestand nur ein Vertrag, und Paeschke konnte nicht sagen, wann der Brief erscheinen würde. Die Außenseiterrolle gab ihm allerdings auch Sicherheit: Er brauchte um keinen Posten zu kämpfen, und kein Lager konnte sich auf ihn berufen.

Nach der langen Zeit der inneren Ambivalenzen und äußeren Komplikationen mit den Verlegern Henssel, Claassen, Rowohlt und Weyl kam der große Tag: Hürsch brachte am 19. Oktober 1948 den schmalen, wenig ansehnlichen Band der »Statischen Gedichte«. Benn reagierte abwehrend: »Sehr froh bin ich über das Ganze nicht, aber es ist wohl ein Anfang.«[34]

Das Benn-Jahr 1949

Das Erscheinen der »Statischen Gedichte« in der Schweiz war in der Tat nur ein Anfang des Erfolgs und des Durchbruchs, den dann das Jahr 1949 brachte. Die Regie dafür lag ausschließlich in den Händen von Max Niedermayer. Benn war sich der Mühe des Verlegers bewußt. Er bat Oelze, sich mit Niedermayer in Verbindung zu setzen und ihm zu danken. »Gerade, weil er so unerfahren u. beeinflussbar ist, wird es gut sein, wenn er positive Stimmen zu seinem Entschluss, mich zu bringen, hört. Ich muss ihm doch sehr verbunden sein, dass er es wagt und dass er es so ungeheuer energisch und passioniert ausführt.«[1] Niedermayer begann umgehend, nachdem Benn die Verträge unterschrieben und bereits im November 1948 die Korrekturen zurückgeschickt hatte, mit dem Druck des »Ptolemäer«. Damit war auch für die Prosa der Weg geebnet. Das Ergebnis der sehr schnellen und zügigen Verhandlungen mit Niedermayer war aber keineswegs das Erscheinen des »Ptolemäer«. Als erster selbständiger Druck erschien zuerst »Drei alte Männer«, eine Arbeit, an der Benn noch während der Verhandlungen schrieb. Es handelte sich um ein Bändchen von achtundvierzig Seiten, das noch vor Weihnachten 1948 zur Besprechung auf den Schreibtischen sorgfältig ausgewählter Rezensenten lag.

Hinter diesem unerwarteten Wechsel verbarg sich das letzte Kapitel der Schwierigkeiten, die Benn mit seinen Verlegern hatte, bevor die schnelle Abfolge der Neuerscheinungen im Jahre 1949 seinen Ruhm festschrieb. Nachdem nämlich bereits die Fahnen des »Ptolemäer« zur Korrektur vorlagen, erinnerte sich Niedermayer eines Gesprächs, das er noch vor der Kontaktaufnahme mit Benn, aber nach dem ersten Besuch von Lüth in Berlin mit dem Vertreter der amerikanischen Zensurbehörde »Information Control Division« geführt hatte. Der zuständige amerikanische Offizier bestätigte die Existenz von schwarzen und grauen Listen und räumte große Unsicherheit bei der Druckerlaubnis für Bücher, die auf den grauen Listen standen, ein. Niedermayers vorsichtige Anfrage hinsichtlich der Veröffentlichungsgenehmigung für Benn stieß zwar auf Widerstand, ein Spielraum blieb jedoch offen: Wenn Benn vom Entnazifizierungsgesetz nicht betroffen war, stünde dem Verlegen seiner Schriften wohl nichts im Wege. Diese unbestimmte Äußerung schätzte Niedermayer weit mehr als eine klare Absage, nur schien ihm wenig passend, sich bei Benn nach dessen Fragebogen zu erkundigen. Den amerikanischen Behörden gegenüber wollte er sich jedoch absichern, und so bat er Benn mit großem Unbehagen doch um Auskunft über seine Einstufung bei der Entnazifizierung. Damit aber berührte er eine schwache Stelle, denn Benn galt als »belastet«. Niedermayer war schließlich kein Hellseher und entschloß sich wohl oder übel zur Anfrage bei Benn wegen dessen Entnazifizierungsstatus. Benns ärgerliche Reaktion zeigte zum wiederholten Mal die Diskrepanz zwischen seiner Selbsteinschätzung, die sich im Gefühl des Ärgers über den Verdacht der Parteimitgliedschaft ausdrückte, und dem Ruf, in dem er stand.

Niedermayer schien der »Ptolemäer«, in dem sich Russen und Amerikaner in Berlin tummeln, bei näherer Hinsicht politisch doch verfänglich. Er wollte auf Nummer Sicher gehen. Deswegen klafft auf Seite 107 hinter dem Wort »Hawai« am Beginn der folgenden Druckzeile eine überraschende Lücke. Der Satz: »Die Bars füllen sich: Hawaiabfall und sibirisches Fleckblut« schien ihm so gewagt, daß er von dem Wort »Hawaiabfall« als Bezeichnung für amerikanische Soldaten den »-abfall« aus der Linotype-Zeile herausstechen ließ, um die Zensurbehörde nicht eine Beleidigung der Besatzungsmacht vermuten zu lassen: Niedermayers Engagement für seinen Autor stieß an die Grenzen der politischen Opportunität. Aber wie würde Benn reagieren? »Da Hawai der 44. Bundestaat einer Occupationsmacht ist«, schrieb ihm Benn, »gibt es dort natürlich keinen Abfall, sondern nur Lichtgestalten (was ich allerdings hier bei einer Hawaibesatzungsdivision sah, entsprach mehr meiner Bezeichnung)« – und erklärte sich mit der Streichung einverstanden.[2]

Paeschke hielt zu diesem Zeitpunkt das Manuskript der »Drei alten Männer« in Händen, das zu drucken sich die Redaktion des »Merkur« bereit erklärt hatte. Paeschke betonte, daß die Zeitschrift sich bisher in »programmatischen Formulierungen« zurückgehalten habe, nun aber auf den Schutz durch das gute Gewissen, das »die Kirche im Religiösen und die Erfahrung des Konzentrationslagers im Politischen heute suggerieren«, verzichten wolle.[3] Und da kämen Arbeiten aus der Feder Benns gerade recht.

Aber auch in diesem Fall blieb es bei der Absicht. Denn schon Ende September mußte Paeschke ihm mitteilen, daß über der Währungsreform das Verhältnis zu dem bisherigen Verleger, der eine Senkung des Niveaus verlangte, in die Brüche gegangen sei. Die Herausgeber des »Merkur« bemühten sich, einen neuen Verlag zu finden.

Diese Entwicklung bestätigte Benns Mißtrauen. Noch war nicht abzusehen, ob der »Merkur« überhaupt je einen Artikel von ihm würde drucken können. Benn hatte im November auch eine Abschrift der »Drei alten Männer« an Niedermayer geschickt, ohne eine sofortige Veröffentlichung zu erwarten. Dieses Manuskript befreite den Verleger jetzt aus seinem Dilemma. Er entschied sich zum sofortigen Druck, denn zum einen fand er die Gespräche unpolitischer als den »Ptolemäer«, zum andern war der Text erheblich kürzer, was sich wegen der Papierknappheit besonders vorteilhaft auswirkte: Der geringe Umfang gestattete eine »Blitzproduktion« als Test für das Comeback.[4] Die »Drei alten Männer« erschienen zu Weihnachten 1948. Die »Information Control Division« wurde gar nicht erst informiert. Benn war beglückt über das schnelle Erscheinen seines Werkes, nicht ahnend, daß sich die Geschwindigkeit der Furcht vor den amerikanischen Genehmigungsbehörden und dem Willen des Verlegers verdankte, einen Versuchsballon zu starten. Niedermayer war gewarnt worden. Einer seiner Autoren hatte ihm geschrieben: »Ich wäre sehr verwundert, wenn Sie ein Buch von Benn verkaufen könnten. Er wurde nie und nirgends verkauft.«[5] Das mußte sich 1949 erweisen. Benn selbst blieb skeptisch und riet Oelze von zuviel Hoffnung auf Anerkennung ab. Er selbst rechnete mit keinem Erfolg, sah sich mehr als jemand, an dem sich der Skandal entzündete und der dann die »Pöbeleien« auf sich nehmen mußte. Und von denen er hoffte, daß sie seine ärztliche Praxis nicht berühren würden, die ihn schließlich ernährte.

Im Vorausblick auf das neue Jahr erwartete er für Berlin nichts Gutes. Für das Ende der Blockade gab es keine Anzeichen, vormittags stand Strom nur zwei Stunden lang zur Verfügung, ab sechs Uhr abends verkehrten keine Straßenbahnen mehr. Die Straßenbeleuchtungen wurden ausgeschaltet, die Stadt versank im Dunkel, Benn schrieb bei Kerze und Petroleumlampe. Er glaubte, daß die Amerikaner alle Mittel ausgeschöpft hatten, um die Russen zum Einlenken zu bewegen. Auch stand es schlecht um ihr moralisches Prestige. Denn sie ließen zu, daß CARE-Pakete im russischen Sektor ankamen, von den Postbeamten gestohlen oder den Fahrgästen in der Stadtbahn von russischen Soldaten entrissen wurden. Auch lag die Krankenkassenzentrale, mit der die Mediziner abrechneten, im russischen Sektor und zahlte an die Ärzte der Westsektoren keine Honorare mehr aus. Noch im Dezember 1948 erschien die »Tägliche Rundschau« mit der Schlagzeile »Westmächte wollen im Januar Berlin verlassen«,[6] und Benn glaubte, daß Westberlin sich nicht würde halten können.

Mißlich waren vor allem die Doppelwährungsverhältnisse in der Viersektorenstadt. Im Osten galt bis Juli 1948 die »Kuponmark«, später die »Deutsche Mark der deutschen Notenbank«. Niedermayer hatte für die »Drei alten Männer« und die geplanten weiteren Bände Honorar angeboten, das Benn aber nur im russischen Sektor hätte in Empfang nehmen können. Im Februar 1949 fiel der Kurs der Ostmark, die bisher 1:4 getauscht werden konnte, drastisch, im März wurden die Westsektoren endgültig in den westlichen Währungsverbund einbezogen, die Bank Deutscher Länder gab die »Deutsche Mark« aus. Benn beklagte die neuen Schwierigkeiten, denn bisher konnte man wenigstens Miete, Gas, Strom und Telefon in Ostmark bezahlen, und schob die Misere auf die politisch Verantwortlichen: »Der Wahnsinn von der S.PD hat uns das Alles eingebrockt, das sind ja genau so Kommunisten wie die anderen im Osten.«[7] Für die »Statischen Gedichte« erhielt er von Schifferli Naturalien in Form eines Soli-Warenbons für 1 Kg Fett und 2,5 kg Zucker, abzuholen gegen Personalausweis bei der »Ausgabestelle der Volkssolidarität« in Berlin NO 55, Rykestr. 53.[8] Benn quittierte den Empfang am 8. Januar 1949, aber er verfiel nicht in Selbstmitleid, sondern behandelte die Lage ironisch. Gegenüber Oelze, der ihn mit ungerösteten Kaffeebohnen, Kakao, Butter und Kerzen in kleinen Paketen versorgte, bestand er darauf, daß die Situation für einen Mann seines Schicksals nicht vollkommen ungünstig sei. Denn hätte es die wirtschaftlichen Krisen nach dem 1. Weltkrieg nicht gegeben, müßte er in seinem Alter, um »bürgerlich reputierlich« dazustehen, ein Auto aufweisen können, ein Wochenendhaus und Perserbrücken. Er habe Geld jedoch immer eingenommen und sofort wieder ausgegeben. Deswegen könne er sich heute mit dem Hinweis auf die Kriege, auf Inflation und Währungsreform für seine »belämmerten« Verhältnisse entschuldigen.[9]

Die »Drei alten Männer« sorgten in den Redaktionsstuben nicht für Furore. Im Gegenteil. Die Zeitungen äußern sich überhaupt nicht, und Hürsch erzählte, daß die Schrift nirgends auf viel Gegenliebe stieße.[10] Benn wunderte sich nicht, blieb jedoch bei seiner Einschätzung, daß die Gespräche den besten Text darstellten, der ihm seit langem gelungen war. Seiner Meinung nach wollten die Leser immer mit einer Sentenz oder einer Moral bedient werden, das aber wolle er gerade nicht: »Heute kann nur Alles in der Schwebe bleiben, sonst ist es unecht und unzeitgemäss.« Auf die Frage, worin die Aufgabe der Kunst überhaupt bestünde und wie die Dichtung zu rechtfertigen sei, könne er keine Antwort geben. Das seien alles »soziologische Farcen, alles Abkömmlinge des

Marxismus«, die zum Inhalt des deutschen intellektuellen Lebens geworden seien.

Auch das Erscheinen der »Statischen Gedichte« in der Schweiz hatte 1948 kein besonderes Echo zur Folge, der Band durfte in die Zonen nicht ausgeliefert werden. Zwar brachten »Die Zeit«, »Die Neue Woche« und das Jahrbuch »Der Bund« kurze Hinweise. Und auf die Umfrage der Monatsschrift »Das Prisma« nach der bleibenden deutschen Literatur in den letzten zwanzig Jahren nannte Hilde Körber zwar Benns »Kunst und Macht«, neben den Mehrfachnennungen von Bergengruen, Brecht, Döblin, Hesse, Jünger, Kogon, Thomas Mann, Plivier und Anna Seghers konnte er jedoch nicht bestehen.[11] Und auch der »Merkur« beschränkte sich in Heft 1, 1948 auf einen Satz Albrecht Fabris, der die Prosa Jüngers mit der Benns verglich: »Sie pflegt andante zu beginnen und in einer stretta zu enden: die einzelnen Sätze wie Ströme glühenden Magmas, in denen das Wort zurückgeschmolzen ist in seinen Ursprung.«[12] Diese schwülstige und unverbindliche Charakteristik diente den »Statischen Gedichten« nicht, da ein neuer Prosaband gar nicht vorlag. Und ob ein interessierter Leser überhaupt ein Exemplar der Prosa Benns hätte in die Hand nehmen können, steht bei der Zerbombung der öffentlichen und privaten Bibliotheken dahin. Im Januar 1949 brachten die »Tat« und das »Schwäbische Tageblatt« eine umfangreichere Ankündigung. So positiv die Artikel sich auch über die Gedichte äußerten, mit diesen wenigen Erwähnungen in westzonalen Provinzblättern war keine überregionale Anerkennung zu erreichen. Das erlösende Wort, das Benn wieder in seinen alten Rang als bedeutender Lyriker einsetzte, kam im Februar 1949 aus Freiburg im Breisgau. Dort meldete sich in der Zeitschrift »Die Gegenwart« Friedrich Sieburg, der von 1923 bis 1942 Mitarbeiter der »Frankfurter Zeitung« gewesen war, zu Wort. Mit einer weitausholenden Geste zeigte er verächtlich auf die bisherige Lyrikproduktion, über die sich die »Statischen Gedichte« weit erhöben. Die Rezension begann mit dem Satz: »Mit einem einzigen Flügelschlage reißt uns eine Dichtung Gottfried Benns über das Stimmengewirr der um lyrischen Ausdruck bemühten Gegenwart hoch hinaus. […] Es ist die Stunde des zerstreuten Gewölks. In eisigem Licht wird das menschliche Herz in seiner Einsamkeit plötzlich sichtbar.«[13] Sieburg wies darauf hin, daß in diesem Bändchen die Frucht des fünfzehnjährigen Schweigens vorlag, und deutete den Begriff »statisch« als eine Haltung des Menschen, sich dem Leiden hinzugeben, ohne ihm zu widerstreiten. Von »Züchtung, einem verhängnisvollen Irrtum des früheren Benn«, sei nicht mehr die Rede, der Mensch halte still und zöge sich auf sich selbst zurück. Sieburg schließt mit den enthusiastischen Worten: »Die völlige Losgelöstheit dieser Dichtung macht es unmöglich, sie einzuordnen und ihr in der Gesamtheit der deutschen Lyrik einen Platz zu geben. Sie ist nicht nachzuahmen und sie kann keine Schule machen, da der mühevoll schmerzliche Weg ihrer Klärung an die Grenzen der Ausdrucksmöglichkeiten streift.«[14] Benn begriff sofort die große Bedeutung, die diese Rezension für seine weitere Rolle in der literarischen Öffentlichkeit spielte. Niedermayer gegenüber äußerte er: »Eine Kritik wie die von Sieburg hat ja kaum je ein Lebender erhalten. Man kann gar nicht darüber sprechen. Das kann ich nicht mehr übertreffen, ich kann mir nur noch schaden.«[15] Und später versuchte er seinen Verleger aufzumuntern, der über den schlechten Absatz der Benn-Bücher nicht erfreut war: »Verlieren Sie nicht die gute Laune. Denken Sie, eine Kritik wie die von Sieburg in der Gegenwart kann überhaupt kein lebender Autor in Deutschland mehr bekommen, die ist doch schon überirdisch.«[16]

Mit dieser Fanfare hatte ein bedeutender Literaturkritiker des Westens die Gedichtsammlung beurteilt, und Benn konnte hoffen, daß von dieser Besprechung ein Impuls auf die Feuilletonredaktionen der Tageszeitungen ausgehen würde. Das war auch deswegen wünschenswert, weil nach der Währungsreform der Buchabsatz allgemein stockte, die meisten Zeitschriften ihr Erscheinen einstellten und Benn natürlich wünschte, daß sein Verleger ein gutes Geschäft machte. Das aber war gerade nicht der Fall. Trotzdem glaubte Niedermayer an die Bedeutung seines Autors und war entschlossen, mehr von Benn zu drucken. Von Schifferli erwarb er die Rechte der »Statischen Gedichte« und brachte im März 1949 eine deutsche Ausgabe auf den Markt. Damit waren in kürzester Zeit zwei Gedichtausgaben und die »Drei alten Männer« greifbar. Niedermayer hatte sich Benns Erfolg in den Kopf gesetzt und mußte sich von Claire Goll später sagen lassen: »Wenn du den Yvan mit der gleichen Rasanz auf den Markt geworfen hättest, wäre er genauso ein Erfolg geworden.«[17]

Wer weiß. Die Literatur-Redaktionen waren jedenfalls gezwungen, zu reagieren. Daß Niedermeyer mit seiner Strategie recht hatte, bewiesen die Rezensionen, die ab März 1949 in den Tageszeitungen der Westzonen und Berlins einsetzten. Binnen kurzem füllten diejenigen Kritiker der jüngeren Generation, die schon während des Dritten Reiches zu veröffentlichen begonnen hatten und nun die literarische Kritik weitgehend beherrschten, die Zeitungen mit ihrem Lob: Ernst Kreuder, Max Bense, Curt Hohoff, Hans Egon Holthusen, Rudolf Krämer-Badoni.

Allein im Mai 1949 erschienen Hinweise und längere Artikel auf Benns Bücher im »Montag Echo«, Berlin, in der »Mainzer Allgemeinen Zeitung«, Der »Neuen Zeitung«, im »Tagesspiegel« und dem »Echo der Woche«. Im Juni und Juli schlossen sich der »Rheinische Merkur«, die

»Allgemeine Kölnische Rundschau«, »Die Welt«, »Die Tat«, die »Neue Zürcher Zeitung« die »Allgemeine Zeitung«, die »Stuttgarter Nachrichten« an: Niedermayer schöpfte neuen Mut und meinte Benn gegenüber, nun sei man »aus der Gefahrenzone heraus«.[18] Auch die Monatsschriften, die noch bestanden, wie »Welt und Wort«, «Literarische Revue«, »Berliner Hefte«, »Thema« und der »Merkur« brachten Rezensionen und unterstützten das Presseecho. In der »Literarischen Revue« besprach Werner Helwig die »Statischen Gedichte« des »großen Umstrittenen und Überlebenden zweier Weltkriege«: »Umstritten wegen eines Denkfehlers, der ihn in den Anfangszeiten des Dritten Reiches betraf, nämlich die Idee der Macht, die antik-cäsarische Idee wohlgemerkt, verwechselt zu haben mit der Macht im Säkulum der Zivilisationspsychosen, des physikalischen Krieges und seiner unbegrenzten Ausrottungstechnik.« Die lobende Besprechung schloß allerdings mit einer Warnung vor Benns »philosophieren« und hielt diese Art von »Gedankenlyrik« für nicht zeitgemäß: »Wir brauchen andere Klänge, um unter der Drohung der Atombombe den Dichter noch zu vernehmen.«[19] Die Rezension folgte auf eine ausführliche Würdigung Klaus Manns, der sich im Mai 1949 in Cannes das Leben genommen hatte. Im Juli waren von den »Statischen Gedichten« 360 Exemplare verkauft.

In der großformatigen, mit ganzseitigen Photos und Farbtafeln aufwendig ausgestatteten Zeitschrift »Glanz« des Verlages Kurt Desch erschien im Juni 1949 in der Sektion »Buchkritik« anonym eine vierzehnzeilige Notiz über die Gedichtsammlung, mit der die Topik der Besprechungen und Artikel über Benn eingeleitet wird. Man könnte sie für eine Parodie halten, aber das Lob ist bitterernst gemeint. Halbbildung, mit Wortneubildungen wie »Asphodelos-Klänge« im Benn-Stil vorgetragen, triumphiert: »Es sind die Gespenstertage und -nächte der letzten Kriegsjahre, in denen wir die Gedichte von Benn in den Bunker nahmen und mit uns herumschleppten, bis wir kaum mehr als einen Rucksack besaßen. Ihre Form erwies sich als feuerfest für jene, die vom Acheron getrunken hatten, und ihre Asphodelos-Klänge schenkten uns ein neues, uns gemäßes Glück. Einige dieser Verse enthält auch der neue Band, mit dem der Lyriker Benn ein fast zwanzigjähriges Schweigen bricht. Die neuen Gedichte aus dem letzten Jahrzehnt, trauernd und zukunftsträchtig mit ihrem unverwechselbar eigenen Ton, lassen Benn als den letzten europäischen deutschen Lyriker einer Reihe erscheinen, die die großen Namen George, Däubler, Rilke, Hofmannsthal umfasst.«[20] Ganz abgesehen davon, daß die Autorin oder der Autor nicht weiß, daß der Acheron kein Trinkwasser für die Lebenden führt, sondern überquert wird, und Benn keineswegs »fast« zwanzig Jahre geschwiegen hat, erscheint hier der Leser Bennscher Gedichte als jugendlicher Held, der seine Lyrik-Bibel selbst in lebensgefährlichen Lagen noch fest an sich drückt. Welche Gedichtsammlung mit in den Bunker genommen wurde, bleibt offen. Jedenfalls enthielt die neue Sammlung keine Verse, die der Rezensentin oder dem Rezensenten schon hätten bekannt sein können. Denn die »Statischen Gedichte« waren bisher alle ungedruckt geblieben.[21] Aber wozu philologische Genauigkeit, wenn man die Reihe der berühmten Lyriker um den Namen Benn erweitern und sich so als Kenner der Literaturgeschichte ausweisen konnte?

Und auch der Rundfunk machte die ersten zögernden Schritte, Benn zur Kenntnis zu nehmen. Benn hatte im Rias Berlin im August 1948 für den Süddeutschen Rundfunk neunzehn Gedichte gelesen, die im Mai 1949 in der Reihe »Dichter lesen aus ihrem Werk« ausgestrahlt wurden. Im Oktober nahm Thilo Koch ein Interview auf, das der Nordwestdeutsche Rundfunk Hamburg zusammen mit einer Lesung aus »Der Ptolemäer« ausstrahlte.

Niedermayer hatte sich vorgenommen, Benn durchzusetzen, und er erreichte dieses Ziel, indem er innerhalb von neun Monaten vier Benn-Bücher auf den Markt warf. Niedermayer schrieb dazu in seinen Erinnerungen: »Das Jahr 1949 wurde ein Benn-Jahr:

Februar: Der Ptolemäer
März: Statische Gedichte
Juni: Ausdruckswelt
Oktober: Trunkene Flut.

Normalerweise wird man ein Werk nicht in diesem Tempo vorlegen, aber es waren ungewöhnliche Zeiten, ein ungewöhnlicher Autor, und ein Verleger, der mehr besessen als planvoll handelte.«[22]

Je mehr die literarische Öffentlichkeit durch diesen Publikationsschub Benn wieder zur Kenntnis nahm, desto häufiger wurden in der Korrespondenz mit Niedermayer und Oelze Gerüchte über abfällige Äußerungen von Emigranten wie Hermann Kesten kolportiert. Ernst Jünger schrieb ihm, Becher habe sich im PEN-Club »in gehässigster und subalternster Weise« über ihn geäußert.[23] Niedermayer erzählte von einem Besuch Döblins, der gegen Benn den »schroffsten und ausfälligsten Standpunkt« eingenommen habe, und Lüth ergänzte, Döblin habe ihn als »Schuft« bezeichnet.[24]

Mitte März 1949 erschien in der Berliner Zeitung »Der Telegraf« ein massiver Angriff des Chefredakteurs Walther G. Oschilewski, der die ganze Ablehnung der politischen Linken nochmals zum Ausdruck brachte und das Klischee von Benns politischer Schuld verfestigte. Dabei hatte Oschilewski mit seinen Arbeiten über Eugen Diederichs 1936 und 1941 sowie seiner Gedichtsammlung »Volk vor Gott« 1938 ziemlichen Erfolg im Dritten Reich, und seine Briefsammlung »Väter und Söhne. Briefe deutscher Menschen« von 1942 betonte »die deutsche Lebensgröße, die ihr eigenes Dasein vorurteilsfrei, muthaft und dem sittlichen Gesetz der Volksgemeinschaft dienend erhöhen will«.[25] Die Sammlung schloß mit Briefen, die dem Buch »Der deutsche Soldat, München 1937« entnommen worden waren. Oschilewski benutzte den Artikel gegen Benn, um seine eigene politische Vergangenheit zu übertünchen. Benn selbst brachte die Kritik auf den entscheidenden Punkt: »Eine recht üble Pöbelei gegen mich, gross aufgemacht, so, als ob ich durch mein Eintreten für den N.S. 1933 Schuld an 6 Millionen Toten wäre usw. Nun, tut nichts. Es wäre zwecklos, mit diesem Mob über geistige Dinge zu diskutieren.«[26] Er machte Oelze auf einen Zusammenhang aufmerksam, der schon zwanzig Jahre zuvor von Hegemann formuliert worden war, nämlich die Unterstellung einer geistigen Nachbarschaft zwischen ihm und Hitler. Die Person Hitlers war für Benn ohne jede Bedeutung, er hatte sich für einen »Neuen Staat« ausgesprochen und nicht für das, was sich als Beschreibung des Dritten Reiches unter dem Begriff des Konzentrationslagers zusammenfassen läßt. Und während der »Telegraf« sich gegen ihn aussprach, schrieb er schon die Sätze zu seiner Verteidigung: »Alles in Allem aber ist meine Antwort [an die literarischen Emigranten] weniger ein Plädoyer für den N.S. als für ganz etwas anderes, und jetzt nähern wir uns dem Kernpunkt des Problems: nämlich für das Recht eines Volkes, sich eine neue Lebensform zu geben, auch wenn diese Form anderen nicht zusagt, und ich analysierte die Methode, mit der sich eine solche neue Lebensform ankündet und durchsetzt trotz aller rationalen und moralischen Einwände gegen sie.«[27]

Für Benns Anerkennung 1949 waren solche Kritiken nicht nachteilig, er kam ins Gespräch: Der Geruch des Außenseiters, des politisch Zweideutigen und des Unerwünschten half der Publizität. Benn hatte nicht die leiseste Absicht, opportunistische Argumente vorzubringen, da er den Emigranten sowieso das Recht absprach, sich als die alleinigen Repräsentanten des geistigen Deutschland zu verstehen: Auf keinen Fall sage er »Pater peccavi«.[28] Die Beschäftigung mit den »Schatten der Vergangenheit«, wie der Titel des Angriffs durch Oschilewski im »Telegraf« lautete, wurde durch theoretische Überlegungen zu poetologischen Verfahren begleitet, die ihm für die Jetztzeit angemessen schienen. Schon im Sommer teilte er Oelze seine neuen Ideen mit: »Phase II (nämlich des nachantiken Menschen), liegt in der Richtung von Montage-Mensch, Roboterstil; den Menschen giebt es gar nicht mehr, er wird zusammengesetzt aus Redensarten, verbrauchten Floskeln, ausgewetztem Sprachschatz, alles steht gewissermassen in Anführungsstrichen – und das Seltsame ist: es wirkt auf Sie gewissermassen echt.«[29] Benn dachte an eine Stilaufbruchsbewegung wie 1910/1920 und wiederholte diesen Gedanken vom zukünftigen Menschen, der sich durch die Abwesenheit von Charakter- und Persönlichkeitsmerkmalen auszeichnet, in einem Interview mit dem Journalisten Rudolf G. Lind für »Die Tat«[30]: »Der Stil der Zukunft wird der Roboterstil sein. Montagekunst. Der bisherige Mensch ist zu Ende. Biologie, Soziologie, Familie, Theologie, alles verfallen und ausgelaugt, alles Prothesenträger.«[31] Und auch für Thilo Koch formulierte er in einem Interview als Antwort auf die Frage »Wie wird die Kunst aussehen, die den zerstörten Menschen zum Ausdruck bringt«: »Der bisherige Mensch ist zu Ende. Das Getue in den Romanen, als ob es an sich weiterginge und etwas geschähe, mit dem altmodischen Begriff des Schicksals oder dem neumodischen einer autochthonen gesellschaftlichen Bewegung, ist Unfug, es geht nichts an sich weiter, und es geschieht nichts, der Mensch stockt und arbeitet – der Künstler ist es, der weiter muß, sammelt, gruppiert [...]. Diese Technik selbst ist das Problem, und man soll sie ruhig bemerken.«[32] Am 12. Oktober 1949 wird die Sendung von 23.00 bis 23.15 Uhr vom Nordwestdeutschen Rundfunk ausgestrahlt, Max Niedermayer ist begeistert und bietet den Druck in einer Essaysammlung an.[33]

Doppelleben

Im Oktober besuchte der Verleger endlich seinen Autor in der Bozener Straße: Beide verstanden sich gut. Niedermayer war beeindruckt von Benns Stimme mit dem Berliner Akzent, sie klang leise, gedämpft, nie erregt, selten erhob sie sich. Man hätte von ihr chinesische Weisheiten, »monoton gleitend«, erwarten mögen. Benn interessierte sich für die Automarke, die Niedermayer fuhr, und umsorgte ihn mit Kaffee und Kuchen, nach dem Essen mußte sich der Verleger auf der Couch ausruhen, Benn wickelte ihm eine Decke um Beine und Füße: »Benn strömte wunderbare Ruhe aus, wenn er ›Wie geht's‹ fragte. Das war bei ihm keine stereotype Phrase, sondern das Erforschen des Arztes, und ich bedauerte fast, dass ich keine Beschwerden vorzubringen wusste.«[1]

Niedermayer schlug spontan vor, den »Lebensweg eines Intellektualisten« von 1934 als selbständige Publikation herauszubringen, vielleicht mit einem Vorwort. Dazu hatte Benn aber keine Lust, der Band würde zu dünn, und er wollte nicht mit weiteren Heften auf den Markt kommen. Deswegen zögerte er mit einer Zusage, entschied sich dann aber im November 1949 doch, den »Lebensweg eines Intellektualisten« durchzusehen und sogar eine Fortsetzung bis in die jüngste Gegenwart zu schreiben. Analog zum formalen Anlageprinzip des ersten Teils schwebte ihm eine ähnliche Gliederung vor, eine Mischung aus autobiographischen und poetologischen Kapiteln. Er wollte die Jahre beschreiben, in denen er verboten war, im Original den Angriff im »Schwarzen Korps« vorbringen, das Schreiben abdrucken lassen, das den Ausschluß aus der Reichsschrifttumskammer mitteilte. Die Vorarbeiten zeigten aber deutlich die Ambivalenz, mit der er dem Projekt gegenübertrat, er wollte sich nicht verteidigen und rehabilitieren. Deswegen bat er Niedermayer, zuerst noch nichts in Satz zu geben, er wisse noch nicht, ob er die Arbeit zu Ende brächte.

Hinter diesem Zögern stand unausgesprochen das Problem, die Haltung von 1933 für ein Publikum glaubwürdig und einsichtig zu machen, das die Zeit erlebt hatte. Von seiten der Emigranten würde ihm sowieso kein Pardon gegeben werden. Benn war der Meinung, »daß 1933/34 die Sache ganz anders aussah als dann später« und daß »der N.S. ein echter und tiefangelegter Versuch war, das wankende Abendland zu retten. Daß dann ungeeignete und kriminelle Elemente das Übergewicht bekamen, ist nicht meine Schuld und war nicht ohne weiteres vorauszusehen.«[2] Und das würde er auch schreiben. Nur konnten solche Gedanken 1949 gedruckt werden? Er hatte beim Zusammensuchen der nötigen Unterlagen auch den eigentlichen Anlaß für seine Polemik wiedergefunden, nämlich den Originalbrief von Klaus Mann: »Dieser Brief ist so rührend schön, höflich, demütig, verehrungsvoll, daß meine Antwort dagegen schroff und kalt klingt«, schrieb er an Niedermayer, wobei sich der leicht ironische Ton, mit dem er den Stil Klaus Manns charakterisierte, nicht überhören läßt: Benn schienen diese Widerstandsversuche naiv.[3] Er schickte den Brief an Niedermayer und bat ihn um Bedenkzeit.

Die Briefpartner in Bremen und Wiesbaden ließen nicht nach, den Autor zu ermutigen und ihrer Zustimmung zu versichern. Niedermayer rief an Wochenenden an, der Skandal, den das Buch hervorrufen würde, wäre für ihn kein Gegenargument, im Gegenteil, er beflügelte den Absatz. Benn mühte sich weiter, obwohl er, wie er an Oelze schrieb, eine Krise durchlebte, in der er sich weder mit sich selbst noch mit anderen unterhalten könnte. Er ließ sich das Manuskript seines Essays »Block II, Zimmer 66« über die Zeit in Landsberg schicken und wollte das Interview, das er Lind und Koch gegeben hatte, zum Schluß anhängen.

Benn verfuhr nicht biographisch-chronologisch, sondern gruppierte seine Stellung zu Fragen der Geschichte, des Staates und der Macht um bestimmte Themen, dazu erörterte er die Zeit in Hannover. Noch vor Weihnachten 1949 schickte er das ganze Manuskript nach Wiesbaden. Benn hatte wie immer keine Durchschläge behalten, legte auch die Originalschriftstücke einfach bei und setzte in übertriebener Gleichgültigkeit auf die Verläßlichkeit der Post. Mehrfach betonte er die Leichtigkeit der Erzählhaltung: Er habe die Darstellung »in keiner Weise tiefsinnig und abgründig oder scharf und polemisch, sondern mehr erzählerisch und unterhaltend« machen wollen.[4] Das Ganze sei »ein grosses Tohuwabohu«, Biographisches, Literarisches, Politisches, Feuilleton und Tiefsinn durcheinander. Ihm sei aufgegangen, warum Nietzsche aphoristisch schrieb. Wer keinen Zusammenhang und keine Systematik mehr sähe, könne nur noch episodisch verfahren.

Erst nach Ablieferung des gesamten Textmaterials wurde die Frage des Buchtitels erwogen. Benn entschied sich für »Doppelleben«, einen Begriff, den er in Otto Roelds Roman »Malenski auf Tour« 1930 entdeckt hatte und den er dann 1934 in einem Brief an Ina Seidel zur Charakteristik seiner Existenz zum ersten Mal benutzte.

Mitte Januar 1950 las er eine Rezension des neuesten Buches von Knut Hamsun »Auf überwachsenen Pfaden«, die ihn aufregte.[5] Er kannte das Werk bereits, die Lektüre hatte die Rekonstruktion seiner eigenen Erinnerungen begleitet. Zwar fand er das Buch etwas senil und albern, aber gleichzeitig zynisch, eine Haltung, die ihm gefiel. Die Rezension äußerte sich ablehnend unter Hinweis auf die pronationalsozialistischen Bekundungen Hamsuns. Dem Autor wurde das Fehlen ethischer Imperative vorgeworfen. Zitiert wurden Hamsuns Sätze: »Ich habe zu verstehen versucht, was der Nationalsozialismus war, ich versuchte, mich damit vertraut zu machen, aber es wurde nichts daraus. Doch es ist wohl möglich, daß ich hin und wieder im Geist es Nationalsozialismus geschrieben habe. Ich weiß es nicht, denn ich weiß nicht, was der Geist des Nationalsozialismus ist. Aber es mag sein, daß aus den Zeitungen, die ich las, etwas davon in mich eingesickert ist.«[6]

Diese Passage hätte aus dem gerade fertiggestellten Manuskript von »Doppelleben« stammen können. Nachdem er die Rezension gelesen hatte, verfaßte Benn noch am selben Tag eine Gegenrezension, die den Widerspruch von Kunst und Staat bedachte und den Staat, wie schon 1929, als »Bierwärmer für die Ansprüche des Familienlebens und den Wohlstand« charakterisierte. Ohne Brecht zu nennen, gab er ihm mit dem Wort »Wohlstand« eine Ohrfeige, denn die Leser hatten natürlich noch die Chansonzeile aus der Dreigroschenoper im Ohr: »Nur wer im Wohlstand lebt, lebt angenehm«. Und auch der Rezensent wurde nicht geschont. Ihm wurde vorgehalten, er verkaufe persönliches Ressentiment als kritischen Maßstab. Benn fügte diese Besprechung dem Manuskript des »Doppellebens« an und schrieb an Oelze: »In diesem neuen Stück nun stehn eigentlich die gefährlichsten und provokantesten Sätze des ganzen Buches, ich hätte nicht auf ihrem Druck bestanden, aber Herr N.[iedermayer] wünscht es dringend. Herr N. zeigt sich ja überhaupt als rabiater Fanatiker, er hat schon die Fahnen an alle möglichen Leute versandt.«[7]

Der zweite Teil der Autobiographie muß als eine einzige Rechtfertigungsschrift gelesen werden. Dabei geht es weniger um die falsche Einschätzung des Nationalsozialismus als um den Kniefall vor der Geschichte.[8] Benn versuchte, seinen Bewußtseinsstand von 1933 zu rekonstruieren. Den »ethisch untermauerten Begriff der Emigration kannte man nicht«. Wenn überhaupt die Rede auf Emigration gekommen sei, dann im Hinblick auf die russischen Emigranten, aber: »Wer war 1933 fähig und bereit, den 30. Januar in Berlin mit dem 18. November 1917 in Petersburg zu vergleichen?« Wie jeder Selbstbiograph, der seine Vergangenheit vor den Fragen der Gegenwart verteidigt, greift Benn auf die historische Realität zurück, von der, um sie begreifen zu können, alle späteren Erfahrungen und Erkenntnisse abzuziehen waren. Staat und Regierung, an deren Verbrechen im nachhinein überhaupt kein Zweifel bestünde, gaben sich zu Beginn nicht als kriminelle Institution zu erkennen, der Machtwechsel lag im Bereich des politischen Alltagsgeschehens, Gegenargumente gegen die neue Regierung »lagen eigentlich gar nicht vor«. Der Antisemitismus seiner Zeitgenossen sei ihm fremd gewesen. Nicht nur sei ein antisemitischer Gedanke in seinem Vaterhaus, in der Schule und während des Studiums völlig ausgeschlossen gewesen. Auch während der Ausbildung auf der militärärztlichen Akademie habe man ein Judenproblem nicht gekannt. Benn verweist auf seine jüdischen Bekannten in Berlin, seine Ärztin Fleischmann und auf den einzigen Freund der zwanziger Jahre, Erich Reiss, nennt auch jüdische Freunde, Bekannte und Kollegen. Antisemitische Äußerungen wird man in seinem Werk vergeblich suchen. Deswegen ist es historisch ungenau, Benn als Nazi zu bezeichnen, denn zum Nationalsozialismus gehört als konstituierendes Element der Antisemitismus, wie Hofer drastisch formuliert: »Ohne den Antisemitismus fällt das Gebäude der nationalsozialistischen Weltanschauung in sich zusammen. Die Lehre vom Rassenfeind gehört so wesensnotwendig zum Nationalsozialismus wie die Lehre vom Klassenfeind zum Bolschewismus.«[9] Benn versuchte in diesem Zusammenhang auch zu verdeutlichen, daß seine Züchtungsaufsätze von 1933 das Gegenteil des vulgären Gedankens von der »Volksgesundheit« meinten. Wenn er an die artistischen, wissenschaftlichen und geschäftlichen Improvisationen der jüdischen Deutschen, die von 1918 bis 1933 Berlin neben Paris rückten, erinnert, so erscheint in der Retrospektive die spezifisch jüdische Kultur als wesentlicher Beitrag zu dem »Geist«, den Benn in der Avantgarde des »aufgehenden Abendlandes« verkörpert sah: «Alles dies durch politische Regelungen oder gar Gewaltmaßnahmen auslöschen oder gar ausrotten zu wollen oder zu können, erschien 1933 wohl nicht nur mir ausgeschlossen. Das hieß, Europa ausrotten, die Geschichte blockieren, den Kulturkreis destruieren – dies traute man 1933 keiner Macht der Erde zu.«[10] Im Zentrum der Rechtfertigung aber steht der Brief Klaus Manns. Benn referiert den Fall von Beginn an und will den Vorwurf entkräften, er habe sich dem Nationalsozialismus als der historischen Verkörperung des »Unmenschlichen und Bösen« zur Verfügung gestellt, um, wie es in der Sekundärliteratur heißt, »in den Genuß der teuflischen weltlichen Macht und ihres ephemeren Ansehens zu gelangen«.[11] Die Antwort auf Manns Brief zitiert Benn in längeren Passagen. Das reicht auch aus, denn schließlich ist die »Antwort an die literarischen Emigranten« nur die Zusammenfassung der geschichtsphilosophischen Thesen, die Benn im »Lebensweg eines Intellektualisten« in aller Ausführlichkeit dargestellt hatte. Der geschichtliche Prozeß ordnet sich die ihn repräsentierenden Individuen bedingungslos unter und nimmt keine Rücksicht auf das Glücksbedürfnis des Einzelnen. Wenn man die Geschichte allerdings unter einem moralischen Gesichtspunkt bewerten wollte, dann gilt Jacob Burckhardts Diktum, wonach die Macht an sich böse sei. Wolle man also politisch überhaupt etwas durchsetzen und sich an der Geschichte beteiligen, müsse man ihre unmoralischen Spielregeln einhalten und akzeptieren. Der Vorwurf, die Macht sei böse, habe dann aber aus der Perspektive des Geschichtlichen keinen Sinn mehr: Der Geschichtsprozeß entzöge sich einer moralischen Argumentation. Allerdings fügte er der Selbstdarstellung zum Schluß einen bemerkenswerten Kommentar hinzu: »Andere Partien meiner Antwort würde ich heute nicht mehr schreiben, sie sind romantisch, haben einen unangenehmen Schwung und sind erfüllt von einer Art ›Schicksalsrausch‹ – ich bitte dieses Wort im Gedächtnis zu behalten, es stammt aus dem Arsenal eines Erfahreneren.«[12]

In seinen Bemühungen um die Rechtfertigung zog Benn damit die Trumpfkarte. Denn trotz ihres schieren Machtkalküls übertrug die Geschichte einen »Schicksalsrausch«, dessen Sog selbst solche Geister erlagen, die von der Allgemeinheit als personifiziertes Gewissen der Nation angesehen wurden, wie zum Beispiel Thomas Mann. Benn zitierte aus Manns Lebensabriß aus dem Jahre 1930, in dem dieser im Hinblick auf 1914 nach dem Kriegsausbruch von dem »Gefühl epochaler und zeitalterscheidender Wende« sprach, das ihn tief ergriffen habe und Voraussetzung seines »Schicksalsrausches« gewesen sei, der seinem Verhältnis zum Krieg den deutsch-positiven Charakter verliehen habe.[13]

Benn präsentierte den Nobelpreisträger mit Genugtuung, denn er wußte ja genau, daß er keinen besseren Zeugen vorbringen konnte. Schließlich hatte Thomas Mann noch während des Krieges als die Stimme eines »besseren Deutschland« die Unmoral des Nationalsozialismus gegeißelt. Und wenn selbst der Nobelpreisträger damals wehrlos dem Schicksalsrausch verfallen war, dann mußte das Problem der Geschichte unlösbar sein. Die Verteidigung des Selbstbiographen war ihrem Ziel nahe: Kein Freispruch, aber der Fall ist schlechterdings nicht zu lösen. Denn von Schuld zu sprechen hatte nur Sinn, wenn Fragen der Moral berührt wurden. Geschichte und Kunst standen jedoch außerhalb jeder Moral. Was die Verfehlung angeht, dem »Schicksalsrausch« erlegen zu sein, so bekannte sich Benn mit einer Nachsicht einfordernden Geste zu seinem Irrtum. Da er sich dabei in allerbester Gesellschaft befand, fiel ihm das Eingeständnis leicht, und es war zugleich wirkungsvoll: »Sich irren und doch seinem Inneren weiter Glauben schenken müssen, das ist der Mensch und jenseits von Sieg und Niederlage beginnt sein Ruhm.«[14] Oelze faßte Anfang Juni 1949 die Lage zusammen: »Nun beginnt also der grosse Ruhm, den ich seit 1945 so beharrlich voraussagte, – und ich trete in meinen heimatlichen Schatten zurück.«[15] Das aber wollte Benn gerade nicht. Er bat den Freund im Gegenteil, doch die Briefe wieder mit »*Luftpost*zusatzporto« zu versehen, weil ein Brief von Bremen nach Berlin sonst mindestens zehn Tage dauerte. Und die direkte, schnelle Verbindung war ihm im Augenblick sehr wichtig, denn er stellte die Gedichte für den Band »Trunkene Flut« zusammen, der noch im Herbst 1949 erscheinen sollte. Mit Oelze diskutierte er die Gedichtauswahl und überließ ihm auch teilweise die Korrespondenz mit Niedermayer. Für diese Ausgabe schrieb Benn »Epilog 1949«, ein Zyklus von fünf Gedichten, von denen das erste lautet:

Die trunkenen Fluten fallen –
die Stunde des sterbenden Blau
und der erblaßten Korallen
um die Insel von Palau.
Die trunkenen Fluten enden
als Fremdes, nicht dein, nicht mein,
sie lassen dir nichts in Händen
als der Bilder schweigendes Sein.
Die Fluten, die Flammen, die Fragen –
und dann auf Asche sehn:
»Leben ist Brückenschlagen
über Ströme, die vergehn.«

Dieser Zyklus ist eine melancholische, aber einverständliche Rückschau auf das Leben als sterblicher Künstler, dessen Werk Bestand haben würde. Aber würden sich seine Gedichte auch am Markt durchsetzen können? Die Unsicherheiten betrafen den Lyrikband »Trunkene Flut«, von dem er sich nach der Lektüre der Fahnen nicht sicher war, ob er überhaupt zur rechten Zeit kam. Wie sollte er sich vor dem Vorwurf schützen, die Gedichte wären »überflüssige Reminiscenzen und vergreiste Substanzen?«.[16] Benn drängte in die Öffentlichkeit und fürchtete sie zugleich.

Anfang 1949 hatte ihn Margret Boveri angerufen und ihm ihre Zustimmung zum »Berliner Brief 1948« mitgeteilt, der im »Merkur« im Februar 1949 erschienen war. Sie dachte unorthodox, begleitete die amerikanische »reeducation« mit Vorbehalten und konnte auf einen interessanten Lebenslauf blicken. Ihr Vater war Professor für Zoologie, ihre Mutter Amerikanerin. 1932 promovierte sie im Fach Geschichte an der Universität München. Während des Dritten Reiches arbeitete sie für die deutsche Presse als Korrespondentin in Rom und Stockholm. In New York schrieb sie im Frühjahr 1940 für die »Frankfurter Zeitung« und kam im Mai 1942 nach Europa zurück. Sie landete in Lissabon, war anschließend als Amerika-Beraterin bei der deutschen Botschaft in Madrid angestellt, kam jedoch nach Deutschland zurück und schrieb als freie Mitarbeiterin für die Zeitschrift »Das Innere Reich«. Nach dem Krieg faßte sie als Journalistin und Übersetzerin wieder Fuß im literarischen Leben Berlins und arbeitete für den »Berliner Kurier«. Bekannt wurde sie vor allem durch ihre »Amerikafibel für erwachsene Deutsche« von 1946. Benn las einzelne Partien und war beeindruckt »von einer Schriftstellerin [...], die so ausgezeichnete Formulierungen findet und soviel gedankliche Problematik kennt«.[17] Er schilderte sie als »gross, dick, Hornbrille, männlich, aber klug und antirussisch, sogar neofa----- könnte man sie nennen, sie ist wohlhabend.«[18] Er besuchte sie und schenkte ihr die »Drei alten Männer« sowie den »Ptolemäer«, der gerade erschienen war. Margret Boveri versammelte regelmäßig Bekannte um sich und sorgte, wie sie sagte, für Kontakte zwischen den unterschiedlichsten »Lagern«. Für Benn, dessen erste Schritte zurück in den Literaturbetrieb eingeleitet waren, war diese Umgebung »nicht ohne Reiz«.[19] Dabei bestätigten diese Gesellschaften den von ihm formulierten Unterschied zwischen den »Kunstträgern« und den »Kulturträgern«. Die Kulturträger waren »weltoffen« und hielten Einladungen nach England oder in die USA für erstrebenswert: »Ich bin nach ihrer Meinung ›vulkanisch‹ und das bedeutet nichts Gutes.«[20]

Nachdem im Oktober nun auch der Gedichtband »Trunkene Flut« vorlag und Benn mit vier Büchern des Limes-Verlages, dazu den »Statischen Gedichten« und einer Ausgabe von »Goethe und die Naturwissenschaften« des Arche-Verlages auf dem Markt vertreten war, kam er über sich und seine Fähigkeiten ins Grübeln: »Sehr zerrissen, nicht ganz bewältigt u reichlich hybrid kommt mir Alles zusammen vor.«[21] Ilse, auf deren Urteil Benn viel gab, fand die »Drei alten Männer« das beste von allem. An seiner Frau schätzte Benn gerade die Offenheit und das Eintreten für die »wüsten Gedichte« der expressionistischen Phase. Ilse Benn war der Meinung, daß Benns dichterische Phantasie langsam nachließ, daß er zu oft das Wort »Rosen« verwendete und in den späten Gedichten zu »melancholisch« dichtet, »melancholisch ist jeder«. Benn gab ihr zögernd recht: »Nicht ganz unrichtig, vielleicht.«[22] Das Leben mit der berufstätigen, jungen Frau besaß für Benn eine »lebensstabilisierende Funktion« und verhalf ihm mit zu einer produktiven letzten Schaffensperiode.[23] Er fühlte sich an ihrer Seite sicher und war nicht nur durch Ilses Jugend, sondern auch durch ihre Intellektualität gefesselt: »Ich habe sie sehr, sehr gern«, schrieb er Ende Juli an Oelze und schilderte dem Freund, wie schwer es seine Frau in ihrem Leben bisher gehabt hatte: »Trotzdem ist sie so reizend u. zutraulich geblieben und hat tausendmal mehr Humanität und innere Höflichkeit den Menschen gegenüber wie ich.«[24] Ilse ihrerseits schilderte, wie Benn wieder Anschluß an die Berliner Gesellschaft bekam: »Der ›große Einsame‹ Gottfried Benn war so einsam keineswegs. Es erreichten ihn mancherlei Einladungen.« Reiche Patienten mit großen Schwarzmarktbeziehungen luden zu festlichen Einweihungen ein, Renée Sintenis, Heinz und Änne Ullstein, Frank Maraun besuchten ihn regelmäßig. Verehrerpost erreichte ihn, mit dem berühmten Romanisten Ernst Robert Curtius trat er in Briefwechsel, man tauschte Bücher aus, Benn beschäftigte sich mit Curtius' »Europäische Literatur und lateinisches Mittelalter«, dem entscheidenden Werk der deutschen Romanistik nach 1945.

Im Oktober kam T.S. Eliot nach Berlin, um bei einer Veranstaltung der »Berliner Brücke« aus seinem Werk zu lesen. Benn sagte die Einladung zu einer Soirée in kleinem Kreis ab, »da ich diese herumreisenden Stars nicht zu amüsieren gedenke«.[25] In dieser Abwehr kommt seine gesellschaftliche Unsicherheit wieder deutlich zum Ausdruck. Die junge Ilse nahm die Gelegenheit wahr und verbrachte den Abend mit dem Dichter im Kreis der Gäste. Benn konnte kein Englisch und behauptete, für eine solche Gelegenheit nicht den angemessenen Abendanzug zu besitzen, bei Engländern wollte er abends nicht im Straßenanzug auftreten. Er fragte Oelze nach der angemessenen Kleidung und den Schuhen, die man zu Smoking oder Frack trüge. Der Brief endet mit einem inkohärent erscheinenden Postskriptum. Benn entschuldigte sich wegen seiner Unerfahrenheit in gesellschaftlichen Dingen durch Hinweis auf seine Kindheit: »Ich habe meine gesellschaftliche Bildung aus 2 Milieus: dem der Finckensteins, mit denen ich gross wurde, also altes Hofzeremoniell; und dem des preussischen Militärs, beides kein internationales.«[26] Diese Unsicherheit bei gesellschaftlichen Anlässen begleitete Benn sein ganzes Leben lang. Leo Matthias erinnert sich, daß Benn diese Unbeholfenheit auch deutlich ausstrahlte, und berichtet von dem »kurzen, seltsamen Nicken«, das zu Benns persönlichsten Gewohnheiten gehörte: »Es war ein Gruß, bei dem sich der Kopf neigte, während der Körper, gleichsam beschämt über eine solche Devotion, stocksteif blieb. Benn trug einen hellen, sehr kurzen Sommermantel und dazu einen schwarzen, steifen Hut, eine ›Melone‹, wie sie heute nur noch bei Beerdigungen üblich ist.«[27]

Benn interessierte sich durchaus für die moderne englische und amerikanische Literatur, die in den Zeitschriften und auf dem Buchmarkt stark vertreten war. Er wurde auf Ezra Pound, Wystan H. Auden und Langston Hughes aufmerksam und ging ins Theater zu einer Aufführung von Eliots »Mord im Dom«. Aber das Stück schien ihm »reichlich harmlos und konfus«.[28] Er las den Anfang von Henry Millers »Wendekreis des Krebses« und lobte das Werk, es sei zwar von einer »unüberbietbaren Säuischkeit«, aber von einer Wucht, die man anerkennen müsse.[29] Oelze riet er, seiner Frau das Buch nicht zu zeigen.

Benn bezog die meisten Anregungen aus der Tagespresse oder dem »Merkur«, der sich sehr um ihn bemühte. Aber er zweifelte, ob die Zeitschrift in der Zwischenzeit nicht viel zu konservativ und rückwärtsgewandt dachte und den Problemen aus dem Wege ging. Ein Beitrag Ernst Jüngers schien ihm »reines Kunstgewerbe [...]. Opale u Smaragde u. Silberschilde u Korallen u dazu ein kosmisches Geschwätz voll Banalitäten«.[30] Aber dieses »kosmische Geschwätz«, in diesem Fall »Heliopolis«, paßte Benns Meinung nach in die Restaurationszeit der Bundesrepublik. Er fürchtete, daß nach der sogenannten politischen Stabilisierung sich in Bonn »eine dolle christlich-konservative Kulturatmosphäre ausbreiten« würde,[31] die jeden avantgardistischen Versuch zunichte machte. Auch der »Merkur« sei nur noch »eine Mottenkiste«,[32] wahrscheinlich sei seine Mitarbeit schon an ihr Ende gekommen.

Von der Sekundärliteratur wird Benns Aufstieg oft mit der Restauration der Adenauerzeit in Zusammenhang gebracht. Dabei stand er solchen Tendenzen ablehnend gegenüber. Restaurative Gedanken sind in seiner Prosa gerade nicht zu erkennen. Im Gegenteil: Absolute Prosa als Abrechnung mit dem Nationalsozialismus liegt sonst in der Literatur dieser Zeit nicht vor. Er hielt sich an das Urteil seines Freundes Oelze: »Die politische Dummheit und Gemeinheit der Springer-Deutschen ist gigantisch.«[33] Die »Gruppe 47« kümmerte sich nicht um ihn und er sich nicht um sie, die jungen deutschen Dichter wie Krolow, Bächler oder Piontek schienen ihm alle »Halb- u Halbnaturen, wenig interessant«.[34] Günter Eich sei ein versierter »Hörspieldichter«, der sich schon ein Auto

»verrundfunkt« habe.[35] Weder hatte er mit Alfred Andersch noch mit Ingeborg Bachmann, Heinrich Böll, Günter Grass, Marie Luise Kaschnitz, Wolfgang Koeppen, Siegfried Lenz oder Arno Schmidt zu tun.

Den Kontakt mit der jungen Generation strebte Benn auch gar nicht an. »Kommen Sie pünktlich und bleiben Sie nicht zu lange«, war seine Devise für Besucher. Ansonsten arbeitete er vormittags in seinem Sprechzimmer, das auf die Bozener Straße sah, hier ging er seinen Eingebungen nach. Im Hinterzimmer folgten dann die Verbesserungen und Polituren. Aber wenn er in den Literaturbetrieb Berlins auch nicht mit Soiréen und Vernissagen integriert war, so fand er doch Beachtung im Radio. Im September unterhielt sich Carl Linfert, früher Redakteur der »Frankfurter Zeitung« und nun Feuilletonredakteur des »Berliner Kurier«, mit Professor Dr. Heinrich Schaeder, dem Ordinarius für Orientalistik an der Universität Göttingen, im NWDR über Benn. Ilse bestand darauf, daß er sich das Nachtprogramm anhörte, Benn war angetan.[36] Im Oktober strahlte derselbe Sender ein Interview aus, Thilo Koch stellte die Fragen. Der Tagesspiegel berichtete: »Die Art, in der Benn zum Schluß einen Abschnitt aus dem ›Ptolemäer‹ vorlas, zeigte, wie er sich aufgefaßt wissen will: nüchtern, ›statistisch asozial‹ seinen Kreis sakraler Kunstprinzipien abschreitend und ohne den Glauben an eine Versöhnung von Kunst und Politik.«[37] Ende November folgte Radio Bremen.[38] Bei der feierlichen Eröffnung der Frankfurter Buchmesse in der Paulskirche sprach Fritz Usinger, er wies auf Benn und Jünger als die beiden Schriftsteller hin, »die wirklich modern und die größten unserer Zeit seien«.[39] Benn erhielt diese Nachricht von Max Niedermayer, der zwar Verständnis dafür hatte, daß Benn diese Zusammenstellung von Namen nicht entzückte, aber auch an das Geschäft dachte: »Für die Werbung ist so etwas immer wieder gut.«[40]

Niedermayer lernte seinen Autor, für den er sich seit einem Jahr so engagiert hatte, zum ersten Mal persönlich im Oktober 1949 kennen. Benn war von der Person des Verlegers sehr angetan: »Schmales, gutes Gesicht, auf dem ein grosser Ernst liegt, der überhaupt über der ganzen Persönlichkeit liegt und ihr fast gelegentlich etwas Tragisches giebt. Sehr zurückhaltend, sehr bescheiden, vielleicht etwas befangen aus Unsicherheit mir und der ihm unbekannten Situation gegenüber.«[41]

Benn fand besonders »das Abwesendsein jeglichen Komforts, ja fast jeglicher Toilettengegenstände« bemerkenswert, und es berührte ihn sympathisch, daß Niedermayer nur fünf Mark Bargeld mithatte und sich erst in Berlin bei seinen Schuldnern mit Geld versorgen wollte. Benn fühlte sich in seinem Urteil über Niedermayer durch das persönliche Auftreten des Verlegers bestätigt. Oelze hatte sich schon im November 1948 erkundigt und erfahren, daß Niedermayer den Verlag »als

Liebhaber betreibe«, aus wohlhabender Familie stamme, kein Geschäftemacher und mit »Feuereifer« bei der Sache sei. Er schrieb an Benn: »Meine Erkundigungen an verschiedenen Stellen führen zu diesem Gesamtbild: Kein Fachmann; kein eignes literarisches Urteil, daher unsicher und stark beeinflussbar hinsichtlich der Sachen, die er verlegt, kein erfahrener Fuchs wie z.B. Claaßen. Niedermayer gebührt natürlich Lob und grosse Anerkennung dafür, daß er den Mut gehabt hat, wirklich etwas zu unternehmen, als erster, während die andern nur präludierten und Besuche machten; er ist der Eisbrecher.«[42] Benns abschließendes Urteil über Niedermayer als Mensch und Verleger: »Eine überraschend angenehme Person. Kein schlechter Partner.«[43]

Benn blieb trotz des Erfolges dieses Jahres in Selbstzweifeln befangen und entwickelte Verständnis für die Vorbehalte seiner Kritiker, die ihn für »kalt« hielten und ihm die ganze Isoliertheit seiner Ideen und Analysen entgegenspiegelten. Aber er müsse, schreibt er an Oelze, seinem inneren Auftrag folgen, gegen den man alle Einwände kenne und den man doch vertreten müsse.[44] Und schickt ihm am 19. November das Manuskript des »Radardenkers«, eine Fortsetzung der Überlegungen zur Menschheit und ihrer Bestimmung, die er schon im »Ptolemäer« ausgebreitet hatte: »Ich denke über vieles anders als die meisten.«[45] Über diese Grundtatsache seines Lebens grübelte Benn noch einmal nach. »Was wissen wir vom Menschen?«[46] In diese moderne Variation der barocken Frage »Was ist der Mensch?« kleidete Benn seine Zweifel an der Erklärbarkeit der Zusammenhänge, »irgendwo flammt etwas auf und irgendwo erlischt etwas«.[47] Benn ist der Meinung, daß der Mensch «nicht die Krone der Schöpfung, sondern ein Beginn«[48] ist und daß das Denken zukünftig vollständig von Maschinen übernommen werden wird, die von der Kybernetik, der neuen »Schöpfungswissenschaft«,[49] hergestellt werden. Er ist davon überzeugt, daß »das Gedankliche« an die Roboter übergeht. Insofern strebt die Schöpfung nicht der Vermenschlichung zu, das Leben hat keine andere Bedeutung, »als daß man alle vierundzwanzig Stunden einen Tag älter wird«. Natürlich könne man von Fortschritt sprechen, aber wenn es keine Atomspaltung, kein Dynamit, kein Insulin gegeben hätte, dann »wäre vermutlich etwas anderes dazugekommen«. Und er gibt seinem Leser eine Maxime mit auf den Weg: »Drei Jahre ohne Inhaftierung oder Prostatakarzinom, welches äonenlange Geschenk der höheren Gewalten, glauben Sie mir, mehr gibt es nicht, kann es gar nicht geben.«[50] Diese Seiten sind der Ausdruck einer Depression, die den Ruhm dieses Jahres nicht ernst nehmen und nicht genießen kann.

Das Erscheinen von zwei Gedicht- und zwei Prosabänden im Limes-Verlag führte mit Notwendigkeit dazu, daß Benn mit Kritik seiner Gedichte wie seiner Prosa sowohl in Rezensionen als auch in privaten Briefäußerungen konfrontiert wurde. Er fand, die Urteile über ihn seien auch nach dem Krieg so unterschiedlich wie vor dem Krieg. Die einen fänden ihn konformistisch, die anderen artistisch, die dritten romantisch, andere kritisierten die endogenen Bilder: Aber wie soll man dichten, wie soll einer, der Gedichte schreibt und außerdem Theorien entwickelt, »verfahren«?[51] Die schlechte Stimmung drohte sich auf seine Arbeit am »Doppelleben« auszuwirken, denn er sah keinen Sinn in der Beschäftigung mit der Vergangenheit. Wozu sollte er über sich berichten? Aber Niedermayer und Oelze ließen nicht locker, und Benn blieb schließlich diszipliniert bei der Arbeit. Allerdings änderte er die Haltung gegenüber der Aufgabe. Er wollte nicht tiefsinnig schreiben, sondern eher unterhaltend. Und je länger er schrieb, desto mehr war er von dem Erfolg der Autobiographie überzeugt, »da ich ja die Emigrantenfrage, auch die Judenfrage, auch das Verhalten der Wehrmacht mit neuen Unterlagen belege, auch der Brief von Klaus Mann, der damals der Anlass war, wird von mir im Original veröffentlicht. Ich gebe dem Klaus sehr sehr freundliche Worte in sein Grab in Cannes hinab.«[52] Und da er bei dem Versuch, die Gedanken über sein Leben zu ordnen, keinen Zusammenhang mehr sah und keine Systematik erkennen konnte, verfuhr er episodisch. Das Weihnachtsfest endete mit einer Huldigung an Oelze und den Bremer Klaben, der vornehmer war als die »vulgär-zuckerüberladene Dresdener Stolle«.[53] In den Erinnerungen bekam Oelze seinen angemessenen Platz, Benn faßte seine Dankbarkeit für die Treue des Freundes in den Satz, den er ihm am 27. Dezember 1949 mitteilte: »›Da trat jener Herr Oelze aus Bremen in mein Leben …‹, so beginnt meine Suite über Sie, kein langer Erguss, einige Sätze, aber prägnant.«[54]

Benn war rückblickend mit dem Jahr doch zufrieden. Es gab Angriffe und Kritik, wobei ihn am meisten die Gegnerschaft Döblins verstimmt hatte. Und schließlich mußte er Anfang Dezember noch einen Artikel zur Kenntnis nehmen, der in der »Braunschweiger Zeitung« unter dem Titel »Vernebelung der Gehirne« erschienen war. Der Emigrant Hans Habe, der von 1935 bis 1938 beim »Prager Tageblatt« arbeitete, als US-Presseoffizier zurückgekommen und als Redakteur bei der »Neuen Zeitung« angestellt war, prangerte die Werbung derjenigen Verlagshäuser an, die »neue oder alte Bücher der diversen Nazi-Schriftsteller herausbringen, keineswegs beschämt über die Vergangenheit ihrer Autoren, sondern ganz im Gegenteil unverfroren auf die nazistischen Bekenntnisse hinweisen, als wären sie in Deutschland kein Makel mehr«.[55] Für diese Tendenz nannte Habe neben Benn die Autoren Hans Carossa, Ernst Jünger und Ina Seidel. Im Konkurrenzkampf um den deutschen Büchermarkt benutze der Limes-Verlag »illegale Waffen«, indem er sich wie ein Jahrmarktschreier vor seinen Autor stelle und verkünde: »›Hereinspaziert meine Herrschaften, hier sehen Sie einen unverfälschten Nazi, einen Mann, der genauso dumm war wie Sie, einen aus dem glückhaften Rausch gerade erwachten Blutordensträger der Literatur!«

Aber schließlich hatten sich auch Autoren vom Rang eines Curtius, Jünger oder Heidegger geäußert, was Benn dankbar anerkannte, spontane Ovationen, »mehr kann ein Sterblicher nicht erwarten«.[56] Im ganzen waren im Jahr 1949 mehr als fünfzig Besprechungen, auch in den überregionalen Blättern und Zeitschriften wie der »Weltwoche«, dem »Weltspiegel«, der »Neuen Zeitung«, der »Welt«, der »Neuen Zürcher Zeitung«, der »Literarischen Revue« oder der »Neuen Rundschau« erschienen. Am Ende des zwölfjährigen Schweigens stand der zweite Ruhm, Benn genoß besonders die wiedergewonnene Möglichkeit, sich zu äußern und gedruckt zu werden.

Zwei Würdigungen beendeten das Jahr 1949, das Benn die Anerkennung »als unbestritten stärkste lyrische Erscheinung des deutschen 20. Jahrhunderts« einbrachte.[57] Im Aachener »Europakurier« erschien zu Weihnachten ein Aufsatz mit dem Titel »Gottfried Benn, der große Provokateur« aus der Feder des Curtiusschülers Rudolf G. Lind, der Benn im September 1949 interviewt hatte. Benn war sehr angetan. Und er hätte auch eine Bestätigung in einem Beitrag von Erich Kästner sehen können, den die »Stuttgarter Nachrichten« vom 29. Dezember zum Jahresausklang unter der Überschrift »Marktanalyse« brachten: »Der Kunde zur Gemüsefrau: ›Was lesen Sie denn da, meine Liebe? Ein Buch von Ernst Jünger?‹ Die Gemüsefrau zum Kunden: ›Nein, ein Buch von Gottfried Benn. Jüngers kristallinische Luzidität ist mir etwas zu prätentiös. Benns zerebrale Magie gibt mir mehr‹.«[58] Benn ärgerte sich über den »Lausejungenwitz«[59], obwohl doch diese Abrechnung mit der manieristischen Topik der Literaturkritik gerade ein schlagender Beweis für seine Bedeutung in der deutschen Nachkriegsliteratur war. Kästner hatte den Witz übrigens nicht ganz erfunden. Eine Besprechung Ferdinand Lions vom Juli 1949 in der »Neuen Zürcher Zeitung« wartete mit der Formel auf: «Benn als kalter, zerebraler Magier. In ihm erhebt Berlin seine Stimme, wie immer äußerst klar, rücksichtslos.«[60] Mehr konnte der Dichter nicht verlangen, er hatte den ihm gebührenden Rang in der deutschen Literatur wieder eingenommen.

Dank

Gottfried Benns Leben über einen Zeitraum darzustellen, der die Weimarer Republik, den Nationalsozialismus und die Bundesrepublik Deutschland umfaßt, konnte nicht ohne die Hilfe von Fachkollegen, Mitarbeitern und Freunden gelingen. Das Privileg, die Unterstützung vieler Personen und Institutionen in Anspruch genommen zu haben, ohne auf unwirsche Reaktionen gestoßen zu sein, habe ich während der jahrelangen Arbeit immer stark empfunden. Die Archive und Bibliotheken haben mir zuverlässig und schnell die benötigten Dokumente zukommen lassen, und ich danke besonders der Ärztekammer Berlin, dem Alten Reichsarztregister der Kassenärztlichen Vereinigung Berlin, dem Institut für Geschichte der Medizin an der Charité, Berlin, dem Bundesarchiv Berlin, dem Bundesarchiv/Militärarchiv in Freiburg/Br., dem Bundesarchiv Koblenz, der Deutschen Dienststelle (WASt) Berlin, der Kassenärztlichen Vereinigung Berlin, dem Krankenbuchlager Berlin, der Zentralen Nachweisstelle des Bundesarchivs Aachen, dem Landesamt für Gesundheit und Soziales, Berlin, der Landesbibliothek Kiel, dem deutschen Literaturarchiv im Schiller-Nationalmuseum, Marbach/Neckar.

Den wissenschaftlichen Kollegen danke ich für Rat und Hilfe bei bestimmten Problemen: Jan-Pieter Barbian, Thomas Braun, Glenn R. Cuomo, Heinrich Detering, Rolf Düsterberg. Hans Dieter Schäfer und Harald Steinhagen haben mir gern ihr Ohr geliehen und mich angeregt.

Von meinen Mitarbeitern Björn Spiekermann und Jörn Strähler-Pohl habe ich wichtige Anregungen bekommen, sie haben mich mit ihrer produktiven Kritik ermutigt, weiterzumachen. Das rechne ich ihnen hoch an.

Benn-Liebhaber und Freunde haben vor Ort recherchiert und meine Arbeit durch Vorschläge, Materialbeschaffung und kritischen Dialog begleitet: Anne Albers, Antje Borchardt, Walther Gose, Hans Peter Krüger, Dorit Krusche, Hans Pankau, Joachim Pini, Gero von Schönfeldt, Rebecca Schwoch und Marian Weil. Horst Mühleisen hat mich unermüdlich mit den militärgeschichtlichen Fakten vertraut gemacht.

Auch der kenntnisreiche Rat der Ärzte ist mir zugute gekommen: Manfred Brieler, Werner Rübe, Dietrich Schöne, M. Stürzbecher haben mir geholfen.

Erhard Hürsch hat mich an seinen Erinnerungen teilnehmen lassen und viel über das Leben der jungen Intellektuellen in der unmittelbaren Nachkriegszeit berichtet: Ich danke ihm für seine Gastfreundschaft in seinem Haus in Winterthur. Arved Lüth nahm es auf sich, mir den Nachlaß seines Vaters zu öffnen, wofür ich ihm danke.

Benn spielte eine besondere Rolle in langen Gesprächen mit Dr. Ralf Knübel. Er hat meinen Ideen und Planungen immer geduldig zugehört, und ich bin ihm zu großem Dank für sein Interesse an dem Fortgang meiner Arbeit verpflichtet. Meiner lieben Frau Regina schienen manche Kapitel zu ausufernd und in der inneren Logik nicht überzeugend. Sie plädierte immer für Kürzungen, ihr danke ich für die Ermutigung zum Weglassen.

Anhang

Siglen

AB: Gottfried Benn, Ausgewählte Briefe. Mit einem Nachwort von Max Rychner, Wiesbaden 1957.

EB: Gottfried Benn, Briefe an Elinor Büller 1930-1937. Nachwort von Marguerite Valerie Schlüter, Stuttgart 1992.

Katalog Marbach: Gottfried Benn 1886-1956. Eine Ausstellung des Deutschen Literaturarchivs im Schiller-Nationalmuseum Marbach am Neckar. Ausstellung und Katalog Ludwig Greve in Zusammenarbeit mit Ute Doster und Jutta Salchow, Marbach a. N. 1986.

OeBr 1-3: Gottfried Benn, Briefe an F. W. Oelze 1932-1956. 3 Bde, hg. Harald Steinhagen und Jürgen Schröder, Wiesbaden 1977-1980.

SW I-VII: Gottfried Benn, Sämtliche Werke. Stuttgarter Ausgabe, Stuttgart 1986-2003.

Traum: Gottfried Benn, Den Traum alleine tragen. Neue Texte, Briefe, Dokumente, hg. Paul Raabe und Max Niedermayer, Wiesbaden 1966.

TW: Gottfried Benn, Briefe an Tilly Wedekind 1930-1955. Nachwort von Marguerite Valerie Schlüter, Stuttgart 1986.

WW: Benn – Wirkung wider Willen. Dokumente zur Wirkungsgeschichte Benns, hg., eingeleitet und kommentiert von Peter Uwe Hohendahl, Frankfurt am Main 1971.

Anmerkungen

Das Ende der Republik

Benns Aufstieg

1 Vgl. dazu Helmut Heintel, Der Dichter und die Schauspielerin. Eine biographische Annäherung an Gottfried Benn und Lili Breda, Warmbronn 1997. 2 AB, S. 32. — 3 Leo L. Matthias, Erinnerungen an Gottfried Benn, Merkur 16 (1962) H. 5, S. 435-446. Hier S. 441 f. — 4 AB, S. 34. — 5 TW, S. 397. — 6 TW, S. 398. — 7 TW, S. 5. — 8 Anatol Regnier, Du auf deinem höchsten Dach. Tilly Wedekind und ihre Töchter. Eine Familienbiographie, München 2003, S. 262. — 9 Nicole Schaenzler, Klaus Mann. Eine Biographie, Frankfurt am Main, New York 1999, S. 104. — 10 Richard Freyh, Stärke und Schwäche der Weimarer Republik, in: Walter Tormin (Hg.), Die Weimarer Republik, 12. Aufl., Hannover 1973, S. 183. — 11 Ian Kershaw, Hitler 1889-1936, München 2002, S. 404. — 12 SW III, S. 204. — 13 SW III, S. 208 f. — 14 SW IV, S. 217 — 15 SW III, S. 209. — 16 SW III, S. 209 f. — 17 SW III, S. 216. — 18 Für die genauen Daten beziehe ich mich auf Michael H. Kater, Physicians in Crisis at the End of the Weimar Republic, in: Peter D. Stachura et al., Unemployment and the Great Depression in Weimar Germany, New York 1986, S. 49-77. — 19 Kater, Physicians in Crisis, S. 61. — 20 Vossische Zeitung, 14.9.1932. — 21 Kater, Physicians in Crisis, S. 66. — 22 AB, S. 23. — 23 AB, S. 23.

Auseinandersetzungen mit der Linken

1 WW, S. 126 f. — 2 Bruno Hillebrand (Hg.), Über Gottfried Benn. Kritische Stimmen 1912-1956, Frankfurt am Main 1987, S. 61. — 3 WW, S. 128 f. — 4 Jürgen Schröder, Gottfried Benn. Poesie und Sozialisation, Stuttgart 1978, S. 95. — 5 Alfred Döblin 1878-1978. Eine Ausstellung des Deutschen Literaturarchivs im Schiller-Nationalmuseum Marbach am Neckar. Ausstellung und Katalog Jochen Meyer in Zusammenarbeit mit Ute Doster, 2. Aufl., München 1978, S. 269. — 6 Johannes R. Becher trat 1919 der KPD bei, 1928 wurde er erster Vorsitzender des von ihm gegründeten »Bundes proletarisch-revolutionärer Schriftsteller« (BPRS), dessen Zeitschrift »Die Linkskurve« er herausgab. Für Becher war Literatur »Bestandteil der organisierten, planmäßigen, vereinigten kommunistischen Parteiarbeit«. Auch Egon Erwin Kisch gehörte der Kommunistischen Partei (Österreichs) an, hatte 1918 an der Gründung des illegalen »Arbeiter- und Soldatenrates« und der »Föderation Revolutionärer Sozialisten, Internationale« in Wien teilgenommen, kam 1921 nach Berlin und etablierte sich dort als einer der herausragenden Publizisten des sozialistischen Lagers. — 7 Schröder, Gottfried Benn, S. 94. — 8 Bernhard Weyergraf (Hg.), Literatur der Weimarer Republik 1918-1933, München 1995, S. 161. — 9 SW III, S. 186. — 10 SW III, S. 186. Vgl. zu Cavell

Thedel v. Wallmoden, »Wie Miss Cavell erschossen wurde« – Zeitgeschichte im Werk von Gottfried Benn, in: Deutsche Geschichte des 20. Jahrhunderts im Spiegel der Literatur, hg. Moshe Zuckermann, Göttingen 2003, S. 36-50. — 11 WW, S. 136. — 12 Vgl. »Über die Rolle des Schriftstellers in dieser Zeit«, SW III, S. 217 ff. Dazu Klaus Theweleit, Buch der Könige, Bd. 2x, Orpheus am Machtpol, Basel, Frankfurt am Main 1994, S. 302: »Kisch bekämpft hier ein ästhetisch-politisches Lager [...] das ist kaum zu übersehen, wenn man die publizistischen Kämpfe der Weimarer KP-Autoren ein bißchen kennt.« Kisch kämpfte als Angehöriger der stalinistisch tonangebenden Fraktion auch gegen Leute aus dem eigenen Lager. Vgl. Theweleit, ebd. S. 873. — 13 Hans Egon Holthusen, Gottfried Benn. Leben, Werk, Widerspruch 1886-1922, Stuttgart 1986, S. 228. — 14 ebd., S. 299. — 15 Vgl. Theweleit, Buch der Könige, Bd. 2x, S. 273 ff. — 16 SW III, S. 218. — 17 SW III, S. 220. — 18 SW III, S. 222. — 19 Ich verdanke die Auskünfte über Franz Zatzenstein, der sich »Catzenstein« schrieb, dem Direktor des Museum of Life and Science, Bahama, NC, USA, Thomas Krakauer Ph.D, und seinem Sohn, Patrick Matthiesen aus London, und Zatzensteins Vetter Freddy Godshaw. Dieser hatte den Eindruck, Zatzenstein »was a member of the communist party at that time«. — 20 SW V, S. 173 f. Vgl. zu Benns Frankreichreisen Helmut Berthold, Die Lilien und den Wein. Gottfried Benns Frankreich, Würzburg 1999. — 21 Vgl. Ludwig Völker, Gottfried Benn berät eine Zeitschrift. Dreizehn Briefe an den »Bifur«-Herausgeber und eine Erinnerung von Nino Frank, Merkur 35 (1981) H. 7, S. 717-729. Hier S. 724. — 22 SW III, S. 523. — 23 SW III, S. 523. — 24 SW III, S. 252. — 25 Freyh, Weimarer Republik, S. 156. — 26 Freyh, Weimarer Republik, S. 160. — 27 Freyh, Weimarer Republik, S. 179.

Neues Medium Rundfunk

1 Oskar Loerke, Tagebücher 1903-1939, hg. Hermann Kasack, Frankfurt am Main 1986, S. 215. — 2 Oskar Loerke am 21. März 1927, in: Loerke, Tagebücher, S. 168. — 3 SW III, S. 233. — 4 SW III, S. 233. — 5 SW III, S. 237. — 6 SW III, S. 263-277. — 7 Benn an Nino Frank am 10.7.1929, in: Völker, Gottfried Benn berät eine Zeitschrift, S. 721. — 8 Wilfried Meyer, Geistige Mobilmachung. Gottfried Benns Rundfunkarbeit vor und nach 1933. Ms. des Deutschlandfunks für die Sendung der Abt. Literaturkritik, 17.8.1983, S. 1–34. Hier S. 3. — 9 Meyer, Geistige Mobilmachung, S. 4. — 10 Meyer, Geistige Mobilmachung, S. 6. Der Dichter Jochen Klepper, der zu den hauptberuflichen Mitarbeitern der »Berliner Funkstunde« gehörte, notierte sich wenige Tage vor dem Münchener Abkommen 1938 in sein Tagebuch: »Abends, nach der Arbeit, spielten sie mir auf Schallplatten die Trauerrede Gottfried Benns auf Klabund vor: ›Der Dichter trinkt sein eigenes Blut – nur daraus schafft er – der Dichter ist sein eigener Gott – die Dichter sind Tränen der Nation – dem Traume nach, immer dem Traume nach –‹!«. Jochen Klepper, Unter dem Schatten deiner Flügel. Aus den Tagebüchern der Jahre 1932-1942, Stuttgart 1956, S. 651. — 11 Die Literarische Welt, 24.1.1930. — 12 Kurt Magnus, Gedenken an Hans Flesch und seine Freunde, Rufer und Hörer, Mai/Juni 1954, S. 412. Die Angaben über Flesch verdanke ich einem Manuskript, das mir

Marian Weil freundlicherweise zur Verfügung stellte. — 13 Deutsche Zeitung, 30.4.1929. — 14 Theweleit, Buch der Könige, Bd. 2x, S. 361. — 15 Winfried Bernhard Lerg, Rundfunkpolitik in der Weimarer Republik, München 1980, S. 438. vgl. auch S. 450-451. — 16 Vgl. die genauen Daten in SW VII/1, S. 676 ff. 17 AB, S. 36. — 18 Meyer, Geistige Mobilmachung, S. 12. — 19 Der Schriftsteller 20 (März/April 1932), Heft 33-34, S. 56. — 20 Der Schriftsteller 20 (März/April 1932), Heft 33-34, S. 77. — 21 Gottfried Benn, Briefwechsel mit Paul Hindemith, hg. Ann Clark Fehn, Wiesbaden 1978. S. 15. — 22 Vossische Zeitung, 18.10.1932: »Rundfunk: Dichter lesen«. — 23 Hindemith nahm damals als Komponist und Professor für Komposition an der Berliner Hochschule für Musik eine herausragende gesellschaftliche Stellung ein. Er beherrschte sämtliche Werkgattungen von der Kammermusik bis zur Oper und vertonte Gedichte moderner Autoren wie Else Lasker-Schüler, Georg Trakl, Christian Morgenstern und Rainer Maria Rilke. Von Benn hatte er die Gedichte »Vision des Mannes«, »Fürst Kraft« und »Du mußt dir alles geben« für Männerchöre bearbeitet. — 24 Diese Version wird von Gertrud Hindemith bestätigt, die auf einen Nachdruck des Essays von 1961 schrieb: »Anlaß zum Unaufhörlichen!«. Vgl. Alexander J. Fisher, Paul Hindemith, Gottfried Benn, and the Defense of the Autonomy of Art in the Late Weimar Republic, Hindemith-Jahrbuch 28 (1999), S. 11-53. Hier S. 32. — 25 SW VII/1, S. 176. — 26 Vgl. Sven Brömsel, Außerhalb von Zweckbestimmung und musischer Subtraktion. Zu Gottfried Benns »Das Unaufhörliche«, Jahrbuch zur Literatur der Weimarer Republik 4 (1998), S. 125-142. Hier S. 129. — 27 Fisher, Paul Hindemith, S. 22. — 28 Hindemith, Briefwechsel, S. 16. — 29 Hindemith, Briefwechsel S. 16. — 30 SW VII/1, S. 189. — 31 Hindemith an Strecker, 28.6.1931, Hindemith, Briefwechsel, S. 106. — 32 Frankfurter Zeitung, 25. November 1931. — 33 Friedrich Wilhelm, Gottfried Benns Briefe an den Indologen Heinrich Zimmer, Benn-Jahrbuch 2 (2004), S. 15-34. Hier S. 18. — 34 AB, S. 50. — 35 Hindemith, Briefwechsel, S. 31. — 36 SW VII/1, S. 207 f. — 37 Hindemith, Briefwechsel, S. 37 f. — 38 Vgl. Vossische Zeitung vom 25.5.1932: »Die Pfändung. Eine erschütternde Tragödie hat sich im Baumschulenweg ereignet. Der Obergerichtsvollzieher Graß sollte aufgrund einer notariellen Urkunde in der Wohnung des Kaufmanns Schulz eine Pfändung vornehmen. Als er erschien, war nur die Frau des Wohnungsinhabers anwesend. Frau Schulz geriet in furchtbare Erregung, eilte ins Nebenzimmer, holte einen Revolver und rief dem Gerichtsvollzieher verzweifelt zu: Entsichern Sie doch die Waffe! Der Beamte nahm die Waffe an sich. Die Frau stürzte weinend ins Nebenzimmer und riegelte hinter sich ab. Inzwischen war der Ehemann gekommen und versuchte, den Gerichtsvollzieher zu bewegen, von der Pfändung Abstand zu nehmen. Der Beamte mußte seinen Anweisungen gemäß jedoch die Pfändung durchführen. Als dann die Tür zum Nebenzimmer geöffnet wurde, fand man Frau Schulz erhängt auf.« — 39 Th. Sternheim, Briefwechsel, S. 76. — 40 Heinz Höhne, »Gebt mir vier Jahre Zeit«. Hitler und die Anfänge des Dritten Reiches, Berlin, Frankfurt am Main 1996, S. 36. — 41 Höhne, »Gebt mir vier Jahre Zeit«, S. 36. — 42 Loerke, Tagebücher, S. 210. — 43 Hindemith, Briefwechsel, S. 34. — 44 SW VII/2, S. 390. — 45 SW VII/2, S. 18. Das Stück ist Fragment geblieben und zu Lebzeiten Benns nicht gedruckt worden. Es sind nur hand- und maschinenschriftliche Blätter, manche davon überklebt und zerschnitten, auf uns gekommen, wahrscheinlich nur ein kleiner Teil des ursprünglich geplanten Werkes. — 46 SW VII/2, S. 399 f. — 47 SW III, S. 346. — 48 Hindemith, Briefwechsel, S. 66. — 49 Hindemith, Briefwechsel, S. 67. — 50 Hindemith, Briefwechsel, S. 127. — 51 Heinz Abosch, Die Linke und das NS-Phänomen, in: Weimars Ende, hg. Thomas Koebner, Frankfurt am Main 1982, S. 23. — 52 Abosch, Die Linke, S. 24 f. — 53 Vgl. Kershaw, Hitler, Bd. 1, S. 420. — 54 Gottfried Benn – Egmont Seyerlen, Briefwechsel 1914-1956, hg. Gerhard Schuster, Stuttgart 1993, S. 14. — 55 Sebastian Haffner, Anmerkungen zu Hitler, München 1978, S. 87. — 56 Helmut Heiber, Die Republik von Weimar, 2. Aufl., München 1966, S. 229.

Die Kontroverse mit Werner Hegemann

1 Stefan Ringel, Heinrich Mann. Ein Leben wird besichtigt. Eine Biographie, Berlin 2002, S. 335. — 2 SW III, S. 308. — 3 SW III, S. 309. — 4 SW III, S. 313. — 5 SW III, S. 316. — 6 SW III, S. 321. — 7 Hindemith, Briefwechsel, S. 25. — 8 Der Vorstoß I/39, 27.7.1931. — 9 SW III, S. 307. — 10 WW, S. 37 f. — 11 WW, S. 145. — 12 Adolf Hitler, Mein Kampf, München 1936, S. 314. — 13 WW, S. 147. — 14 WW, S. 149. — 15 SW III, S. 324. — 16 SW III, S. 324 f. — 17 SW III, S. 547. — 18 Katalog Marbach, S. 135 f. — 19 SW III, S. 329. — 20 Hugh Ridley, Tretjakov in Berlin – Krise der Intellektuellen, in: Keith Bullivant (Hg.), Das literarische Leben in der Weimarer Republik, Königstein/Ts. 1978, S. 195. — 21 SW III, S. 336.

Das Ende der Republik

1 Karl Dietrich Bracher, Manfred Funke, Hans-Adolf Jacobsen (Hg.), Die Weimarer Republik 1918-1933, 2. Aufl., Bonn 1988, 391 f. — 2 Bracher, Weimarer Republik, S. 393. — 3 Bracher, Weimarer Republik, S. 393. — 4 Bracher, Weimarer Republik, S. 393 f. — 5 Bracher, Weimarer Republik, S. 394. — 6 Bracher, Weimarer Republik, S. 396. — 7 Höhne, »Gebt mir vier Jahre Zeit«, S. 37. — 8 SW III, S. 333. — 9 Vgl. dazu Höhne, »Gebt mir vier Jahre Zeit«, S. 17 f. — 10 Höhne, »Gebt mir vier Jahre Zeit«, S. 20. — 11 EB, S. 5. — 12 Kershaw, Hitler, Bd. 1, S. 448. — 13 EB, S. 6. — 14 EB, S. 251. — 15 Hindemith, Briefwechsel, S. 44. — 16 AB, S. 49. — 17 So Kasimir Edschmid in seinem Erinnerungsbuch »Lebendiger Expressionismus«, zit. bei Halbey, Der Erich Reiss Verlag, S. 1181. — 18 SW III, S. 348. — 19 SW III, S. 347. — 20 SW III, S. 349. — 21 SW III, S. 338. — 22 Völkischer Beobachter, 22.8.1933. — 23 Völkischer Beobachter, 29.12.1933. — 24 AB, S. 51.

Der Erfolg

Die Preußische Akademie 1932

1 Gottfried Benn Lyrik und Prosa. Briefe und Dokumente. Eine Auswahl, hg. Max Niedermayer und Marguerite Schlüter, 8. erweiterte Aufl., Wiesbaden 1971, S. 106. — 2 SW III, S. 304. — 3 Völkischer Beobachter, 22.8.1933. — 4 Oskar Loerke, Tagebücher 1903-1939, hg. Hermann Kasack, Frankfurt am Main 1986, S. 256. — 5 Inge Jens, Dichter zwischen rechts und links. Die Geschichte der Sektion für Dichtkunst der Preußischen Akademie der Künste, dargestellt an Dokumenten, München 1979, S. 55 f. — 6 Werner Mittenzwei, Der Untergang einer Akademie oder die Mentalität des ewigen Deutschen. Der Einfluß der nationalkonservativen Dichter an der Preußischen Akademie der Künste 1918 bis 1947, Berlin und Weimar 1992, S. 84. — 7 Jens, Dichter zwischen rechts und links, S. 122. — 8 Werner Mittenzwei, Der Untergang einer Akademie, S. 108. — 9 Werner Mittenzwei, Der Untergang einer Akademie, S. 108. — 10 Jens, Dichter zwischen rechts und links, S. 130. — 11 Loerke, Tagebücher, S. 242. — 12 Vgl. Heinz Ullstein, Spielplatz meines Lebens. Erinnerungen, München 1961, S. 324. — 13 Werner Mittenzwei, Der Untergang einer Akademie, S. 143. — 14 Katalog Marbach, S. 168. — 15 Loerke, Tagebücher, S. 256. — 16 Vossische Zeitung, 31.1.1932. 17 Jens, Dichter zwischen rechts und links, S. 146 ff. — 18 Jens, Dichter zwischen rechts und links, S. 149. — 19 Hindemith, Briefwechsel, S. 55. — 20 Hindemith, Briefwechsel, S. 55 — 21 SW III, S. 386 ff. Dort auch die weiteren Zitate. — 22 SW III, S. 388. — 23 SW III, S. 391. — 24 SW III, S. 569. — 25 Akademierede für Arno Holz am 14.2.1929. Die Auseinandersetzung wird in der »Literarischen Welt« 6, (1930), Nr. 23, S. 3 f. veröffentlicht. — 26 Erich Kleinschmidt, Alfred Döblin und Gottfried Benn. Mit der Edition einer Rede Döblins auf Benn von 1932, DVJS 62 (1988), S. 131-147. Hier S. 136. — 27 Katalog Marbach, S. 154. Dort auch die folgenden Zitate. — 28 Katalog Marbach, S. 157. — 29 Detlev J. K. Peukert, Die Weimarer Republik. Krisenjahre der Klassischen Moderne, Frankfurt am Main 1987, S. 261. 30 Kleinschmidt, Alfred Döblin, S. 137.

Auswanderung

1 SW III, S. 362. — 2 SW III, S. 379. — 3 Peukert, Die Weimarer Republik, S. 248. — 4 Wolfgang Benz, Hermann Graml und Hermann Weiß (Hg.), Enzyklopädie des Nationalsozialismus, 2. Aufl., München 1998, S. 753. — 5 Peukert, Die Weimarer Republik, S. 249. — 6 Nach Kershaw, Hitler, Bd. 1, S. 462. — 7 SW III, S. 567. — 8 SW III, S. 385. — 9 Hindemith, Briefwechsel, S. 60 f. — 10 Photo bei Theweleit, Buch der Könige, Bd. 2x, S. 385. — 11 Gottfried Benn – Thea Sternheim, Briefwechsel und Aufzeichnungen. Mit Briefen und Tagebuchauszügen Mopsa Sternheims, hg. Thomas Ehrsam, Göttingen 2004, S. 82 — 12 Vossische Zeitung, 22.5.1932. — 13 SW V, S. 83. — 14 Loerke, Tagebücher, S. 265.

Nach dem Nihilismus

1 Die Literarische Welt vom 9. 12. 1932 — 2 Das Tagebuch, Jg. 13, H. 49 vom 3.12.1932, S. 1910. — 3 SW III, S. 397 — 4 SW III, S. 396 — 5 SW III, 397 — 6 ebd. — 7 ebd. — 8 Kurt Sontheimer, Antidemokratisches Denken in der Weimarer Republik, Die politischen Ideen des deutschen Nationalismus zwischen 1918 und 1933, 4. Aufl., München 1994, S. 44. — 9 SW III, S. 394. — 10 SW III, S. 401. — 11 SW III, S. 403. — 12 Schröder, Gottfried Benn, S. 89. — 13 Schröder, Gottfried Benn, S. 143.

Die Akademie im Übergang

1 Protokoll 15.9.1932, Stiftung Archiv der Akademie der Künste, Berlin. — 2 Protokoll 17.2.1932, ebd. — 3 Protokoll 27.5.1932, ebd. — 4 Protokoll 31.3.1932, ebd. — 5 Protokoll 27.5.1932, ebd. — 6 Loerke, Tagebücher, S. 273. 7 Paul Fechter, Geschichte der deutschen Literatur. Von den Anfängen bis zur Gegenwart, Berlin 1941, S. 7. — 8 ebd., S. 7. — 9 SW III, S. 585, — 10 SW III, 413. — 11 SW III, S. 413. — 12 SW III, S. 413. — 13 Loerke, Tagebücher, S. 276. — 14 Jens, Dichter zwischen rechts und links, S. 288 f. — 15 ebd., S. 289. — 16 Jens, Dichter zwischen rechts und links, S. 289. — 17 Ernst Deuerlein (Hg.), Der Aufstieg der NSDAP in Augenzeugenberichten, 2. Aufl., München 1976, S. 415. — 18 Kershaw, Hitler, Bd. 1, S. 549. — 19 OeBr 1, S. 43. — 20 OeBr 1, S. 27. — 21 OeBr 1, S. 27 f. — 22 OeBr 1, S. 341.

Gleichschaltung

1 Jens, Dichter zwischen rechts und links, S. 188. — 2 Jens, Dichter zwischen rechts und links, S. 188. — 3 Protokoll 6.2.1933, Stiftung Archiv der Akademie der Künste, Berlin. — 4 Jens, Dichter zwischen rechts und links, datiert für den 14.2.1933, Mittenzwei für den 11. oder 12.2.1933. — 5 Werner Mittenzwei, Der Untergang einer Akademie, S. 223 f. — 6 Werner Mittenzwei, Der Untergang einer Akademie, S. 226. Heinrich Mann als Präsident der Abteilung stieß schon in der Weimarer Republik auf Widerstand der »konservativen Revolution«. In einer Unterredung in der Reichskanzlei zwischen Reichskanzler von Papen, Fechter und Pechel wurde von letzteren »die Entfernung des untragbaren Heinrich Mann« vorgeschlagen. Vgl. Weltbühne gegen Rudolf Pechel, Die Weltbühne 4 (1949) Heft 5, S. 172-175. Hier S. 173. — 7 Hildegard Brenner, Ende einer bürgerlichen Kunst-Institution. Die politische Formierung der Preußischen Akademie der Künste ab 1933, Stuttgart 1972, S. 41. Zitiert in der Deutschen Allgemeinen Zeitung vom 14.2.1933. — 8 Völkischer Beobachter, 16.2.1933. — 9 Werner Mittenzwei, Der Untergang einer Akademie, S. 226. — 10 Schreiben Loerkes an Thomas Mann, Blätter der Thomas Mann Gesellschaft 13 (1973), S. 9. — 11 Brenner, Ende, S. 30. Dort auch die folgenden Zitate. — 12 Alfred Döblin, Autobiographische Schriften und letzte Aufzeichnungen, Olten und Freiburg i. Br. 1980, S. 477. — 13 Brenner, Ende, S. 44. — 14 Jens, Dichter zwischen rechts und links, S. 191. — 15 Völkischer Beobachter, 19/20.2.1933. — 16 Loerke, Tage-

bücher, S. 279. — 17 Brenner, Ende, S. 52. Dort auch die folgenden Zitate. — 18 Schreiben Loerkes an Thomas Mann, in: Blätter der Thomas Mann Gesellschaft Zürich 13 (1973), S. 11. — 19 Brenner, Ende, S. 51. — 20 Sitzungsprotokoll bei Brenner, Ende, S. 53. — 21 Brenner, Ende, S. 36. — 22 Brenner, Ende, S. 35. — 23 Brenner, Ende, S. 41. — 24 Jens, Dichter zwischen rechts und links, S. 199. — 25 Joseph Wulf, Literatur und Dichtung im Dritten Reich. Eine Dokumentation, Frankfurt am Main 1983, S. 15. — 26 Werner Mittenzwei, Der Untergang einer Akademie, S. 171. — 27 Werner Mittenzwei, Der Untergang einer Akademie, S. 246. — 28 Loerke, Tagebücher, S. 278. 29 Seyerlen, Briefwechsel, S. 14. — 30 Schuster spricht davon, daß sich »private Resignation, politische Denkunschärfe und vage Zukunftshoffnungen zu einem schier unlösbaren Knäuel verquicken« (Seyerlen, Briefwechsel, S. 120): Das übliche Urteil. Zwar mögen die Zukunftshoffnungen vage sein, von politischer Denkunschärfe ist jedoch keine Spur zu entdecken und private Resignation hat Benn während der Jahre 1933/34 immer begleitet. — 31 Broszat, Der Staat Hitlers. Grundlegung und Entwicklung seiner inneren Verfassung, 5. Aufl., München 1975, S. 88. — 32 Loerke, Tagebücher, S. 278. — 33 Broszat, Der Staat Hitlers, S. 90. — 34 Broszat, Der Staat Hitlers, S. 93. — 35 Germania, 22.2.1933. — 36 Vossische Zeitung, 23.2.1933. — 37 Broszat, Der Staat Hitlers, S. 95. — 38 Karl Dietrich Bracher, Gerhard Schulz, Wolfgang Sauer, Die nationalsozialistische Machtergreifung. Studien zur Errichtung des totalitären Herrschaftssystems in Deutschland 1933/34, Bd. 1: Karl Dietrich Bracher, Stufen der Machtergreifung, S. 79. — 39 Bracher, Machtergreifung, S. 81. — 40 Bracher, Machtergreifung, S. 81. — 41 Joachim Fest, Im Gegenlicht. Eine italienische Reise, Reinbek 2004, S. 29. — 42 Bracher, Machtergreifung, S. 107. Dort auch das folgende. — 43 Bracher, Machtergreifung, S. 105. — 44 Chronik deutscher Zeitgeschichte. Politik, Wirtschaft, Kultur, Bd. 2/I: Das Dritte Reich 1933-1939, hg. Manfred Overesch und Friedrich Wilhelm Saal, Düsseldorf 1982, 7.2.1933. — 45 Seyerlen, Briefwechsel, S. 14 f. — 46 Bracher, Machtergreifung, S. 130.

Benns Erklärung

1 Chronik deutscher Zeitgeschichte, 15.2.1933. — 2 Vossische Zeitung, 15.2.1933. — 3 Werner Mittenzwei, Der Untergang einer Akademie, S. 246. — 4 Werner Mittenzwei, Der Untergang einer Akademie, S. 250. — 5 Der Satz »Döblin protestiert öffentlich in der Preußischen Akademie der Künste gegen den Austritt von Käthe Kollwitz und Heinrich Mann am 15. Februar« klingt zwar gut, entspricht aber nicht den Tatsachen. Vgl. Silvio Vietta (Hg.), Das literarische Berlin im 20. Jahrhundert, Stuttgart 2001, S. 99. — 6 Bracher, Machtergreifung, S. 190. — 7 Es hat sich in der Sekundärliteratur das Urteil eingebürgert, Benn habe mit seinem Revers dem Dritten Reich »gehuldigt«. So etwa Schuster 1989 in SW IV, S. 497. Nichts könnte falscher sein als dieses Urteil, auch wenn es topisch geworden ist. — 8 Protokoll 13.3.1933. Vgl. Brenner, Ende, S. 58. — 9 Werner Mittenzwei, Der Untergang einer Akademie, S. 234. — 10 Werner Mittenzwei, Der Untergang einer Akademie, S. 357. — 11 Jens, Dichter zwischen rechts und links, S. 205 f. — 12 Brenner, Ende,

S. 62. — 13 Die Behauptung von Hohendahl, daß Benn »für die ›Säuberung‹ der Sektion von nicht-arischen Mitgliedern verantwortlich« war, ist falsch (WW, S. 454). Sie wird aber seit 1971 übernommen und kritiklos wiederholt. — 14 Sontheimer, Antidemokratisches Denken, S. 260. — 15 Werner Rübe, Gottfried Benn – Carl Schmitt. Versuch einer Annäherung, in: Thomas Müller, Johannes G. Pankau, Gert Ueding (Hg.) »Nicht allein mit den Worten«. Festschrift für Joachim Dyck zum 60. Geburtstag, Bad Cannstatt 1995, S. 147-155. Hier S. 147. — 16 Sontheimer, Antidemokratisches Denken, S. 261. — 17 Werner Mittenzwei, Der Untergang einer Akademie, S. 249. — 18 Loerke, Tagebücher, S. 287. — 19 SW V, S. 86 f. — 20 Kershaw, Hitler, Bd. 1, S. 609. 21 Ernst Rowohlt an Sinclair Lewis am 19. Oktober 1933, in: Fritz J. Raddatz, Die Nachgeborenen. Leseerfahrung mit zeitgenössischer Literatur, Frankfurt am Main 1983, S. 19. — 22 Rolf Düsterberg, Hanns Johst: »Der Barde der SS«. Karrieren eines deutschen Dichters, Paderborn, München 2004, S. 196. — 23 Loerke, Tagebücher, S. 289.

Der »Neue Staat«

1 Gottfried Benn, Briefe an Carl Werckshagen, in: Limes-Lesebuch II. Folge, Wiesbaden 1950, S. 43-61. Hier 51 f. — 2 SW IV, S. 14 ff. Dort auch die folgenden Zitate. — 3 Vgl. dazu Thedel v. Wallmoden, Gottfried Benn. Positionsbestimmung 1933/34, Magisterarbeit Universität Göttingen 1984, S. 79. 4 SW I, S. 445. — 5 v. Wallmoden, Gottfried Benn, S. 281. — 6 v. Wallmoden, Gottfried Benn, S. 80. — 7 v. Wallmoden, Gottfried Benn, S. 80. 8 v. Wallmoden, Gottfried Benn, S. 80. — 9 Das Folgende nach v. Wallmoden, Gottfried Benn, S. 75 ff. — 10 Klaus Scholder (Hg.), Die Mittwochsgesellschaft. Protokolle aus dem geistigen Deutschland 1932-1944, Berlin 1982, S. 67. Zit. nach v. Wallmoden, Gottfried Benn, S. 76. — 11 Scholder, Mittwochsgesellschaft, S. 67. — 12 SW IV, S. 15. — 13 Martin Broszat, Der Staat Hitlers, S. 49 f. — 14 Broszat, Der Staat Hitlers, S. 49 f. — 15 Benz, Enzyklopädie, S. 513. — 16 George Grosz, Ein kleines Ja und ein großes Nein. Sein Leben von ihm selbst erzählt, Reinbek 1974, 229 f. — 17 Benz, Enzyklopädie, S. 34. — 18 Benz, Enzyklopädie, S. 33. — 19 Benz, Enzyklopädie, S. 39. — 20 Benz, Enzyklopädie, S. 51. — 21 Broszat, Der Staat Hitlers, S. 269. — 22 Broszat, Der Staat Hitlers, S. 97. — 23 Völkischer Beobachter, 7.4.1933. — 24 Völkischer Beobachter, 23/24.4.1933. — 25 Traum, S. 87. — 26 SW IV, S. 29. — 27 SW IV, S. 21. — 28 SW IV, S. 22 f. — 29 Die Literatur über Benn macht es sich einfach, wenn sie an der Meinung festhält, Benn habe in der Akademie als Nachfolger Heinrich Manns eine Machtposition angestrebt und die Gelegenheit ergriffen, sich dafür dem Nationalsozialismus anzudienen. So etwa Mittenzwei, Benn habe die Entwicklung nach dem 30. Januar dazu benutzt, »koste es, was es wolle, in der Akademie etwas zu werden« (Werner Mittenzwei, Der Untergang einer Akademie, S. 235). Zwar hat schon Wellershoff vor fünfzig Jahren diese Auffassung in Frage gestellt, aber es hat nichts genützt. — 30 Brief an das Berliner Tageblatt, Feuilleton-Redaktion, 30.4.1933, Stiftung Archiv der Akademie der Künste, Berlin. — 31 Loerke, Tagebücher, S. 289 f. — 32 Jan-Pieter Barbian, Literaturpolitik im »Dritten Reich«. Insti-

tutionen, Kompetenzen, Betätigungsfelder, München 1995, S. 130. — 33 Barbian, Literaturpolitik, S. 139. Barbian weist nach, daß diese Aktion der Regie staatlicher Stellen zuwiderlief. — 34 Völkischer Beobachter, 12.5.1933. — 35 Loerke, Tagebücher, S. 291.

Die Kontroversen

Klaus Manns Brief

1 Hans Albert Walter, Deutsche Exilliteratur 1933-1950, Bd. 1-7, Darmstadt und Neuwied 1972-1973, Bd. 1: Bedrohung und Verfolgung bis 1933, S. 225. — 2 Zit. bei Schaenzler, Klaus Mann, S. 175. — 3 Thomas Mann, Tagebücher 1933-1934, S. 81. — 4 Das Original des Briefs von Klaus Mann hat sich in Benns Nachlaß erhalten. SW IV, S. 510 ff. — 5 Jens, Dichter zwischen rechts und links, S. 199. — 6 SW IV, S. 512. — 7 Klaus Mann schrieb »einen großherzigen und weitgehend unpolitischen Brief an Benn«, in: Jürgen P. Wallmann, … die Macht vergeht im Abschaum ihrer Tücken, Gottfried Benn und der Nationalsozialismus, Die literarische Tat, 14.5.1965, S. 34. Solche Einschätzungen sind topisch geworden. Vgl. Hugh Ridley, Gottfried Benn. Ein Schriftsteller zwischen Erneuerung und Reaktion, Opladen 1990, S. 181. Klaus Manns »höflicher Klärungsversuch war öffentlich zurückgewiesen worden«; »Klaus Mann hatte in seinem privaten Brief versucht, Benn zur Differenzierung anzuhalten« (S. 183). — 8 WW, S. 160 f. — 9 WW, S. 138. — 10 WW, S. 150. — 11 WW, S. 152. — 12 SW IV, S. 512. — 13 Walter, Deutsche Exilliteratur, Bd. 7: Exilpresse I, S. 21. — 14 Schaenzler, Klaus Mann, S. 176. — 15 Die Sammlung, Amsterdam 1933-1935. Bibliographie einer Zeitschrift, bearbeitet von Reinhardt Gutsche, Berlin und Weimar 1974, S. 8. 16 Die Sammlung. Literarische Monatsschrift unter dem Patronat von André Gide, Aldous Huxley, Heinrich Mann, hg. Klaus Mann. Reprint. München 1986, S. VII. — 17 Die Sammlung, S. 49. — 18 SW IV, S. 509. — 19 SW IV, S. 25, Dort auch die folgenden Zitate. — 20 Kershaw, Hitler, Bd. 1, S. 603. — 21 Eine Ansicht, die auch der »Völkische Beobachter« am 4.2.1933 äußerte: »Was in Adolf Hitler aufstand, ist Deutschland. Er lehrt, daß die Tatsachen lernen müssen, sich auf den Boden des Willens zu stellen.« — 22 SW IV, S. 32.

Emigration

1 Kater, Physicians in Crisis, S. 60. — 2 Walter, Deutsche Exilliteratur, Bd. 1, S. 208 f. Dort auch das folgende. — 3 Walter, Deutsche Exilliteratur, Bd. 1, S. 210. — 4 Walter, Deutsche Exilliteratur, Bd. 1, S. 218. — 5 Walter, Deutsche Exilliteratur, Bd. 1, S. 291. — 6 Siegfried Kracauer 1889-1966. Bearbeitet von Ingrid Belke und Irina Renz, Marbacher Magazin 47 (1988), S. 76 f. — 7 Walter, Deutsche Exilliteratur, Bd. 1, S. 222. — 8 SW V, S. 83. — 9 Walter, Deutsche Exilliteratur, Bd. 1, S. 206. — 10 Walter, Deutsche Exilliteratur, Bd. 1, S. 215. — 11 Walter, Deutsche Exilliteratur, Bd. 1, S. 217. — 12 Loerke, Tagebücher, S. 295: »Benn äußerte wieder den Wunsch, aus der Akademie

hinauszugehen. Er war entsetzt darüber, was die neue Gruppe dort treibe.« — 13 SW V, S. 91. — 14 Vgl. Wolfgang Schivelbusch, Vor dem Vorhang. Das geistige Berlin 1945-1948, München 1995, S. 286. — 15 SW IV, S. 24 f. — 16 Gottfried Benn – Thea Sternheim, Briefwechsel und Aufzeichnungen. Mit Briefen und Tagebuchauszügen Mopsa Sternheims, hg. Thomas Ehrsam, Göttingen 2004, S. 93. — 17 Vgl. Walter, Deutsche Exilliteratur, Bd. 1, S. 35. — 18 Vgl. Walter, Deutsche Exilliteratur, Bd. 1, S. 49. — 19 Vgl. Walter, Deutsche Exilliteratur, Bd. 1, S. 54. — 20 Walter, Deutsche Exilliteratur, Bd. 1, S. 66.

Sommer 1933

1 TW, S. 29. — 2 TW, S. 30. — 3 Zukunft, 5.5.1933, S. 79. — 4 Völkischer Beobachter, 18.8.1933. — 5 Völkischer Beobachter, 18.8.1933. — 6 Völkischer Beobachter, 17.8.1933. — 7 Völkischer Beobachter, 10.6.1933. — 8 Völkischer Beobachter, 18.8.1933. — 9 SW IV, S. 516. — 10 SW IV, S. 35. — 11 SW IV, S. 33 ff. — 12 SW IV, S. 38 f. — 13 SW IV, S. 59. — 14 SW IV, S. 61. — 15 J. H. Landman (Hg.), Human sterilisation. The History of the Sexual Sterilisation Movement, New York 1932, S. 128. — 16 E. S. Gosney and Paul Popenoe, Sterilisation for Human Betterment, New York 1929, p. V-VIII. 17 Gosney, Sterilisation, S. 129. — 18 Landman, Human sterilisation, S. 52. — 19 Stephen Trombley, The Right to reproduce. A History of Coercive Sterilisation, London 1988, S. 116. — 20 Frankfurter Allgemeine Zeitung, 28.1.2004. Vgl. Thomas Huonker, Diagnose: »moralisch defekt«. Kastration, Sterilisation und Rassenhygiene im Dienst der Schweizer Sozialpolitik und Psychiatrie 1890-1970, Zürich 2003. — 21 Erwin Baur, Eugen Fischer und Fritz Lenz, Menschliche Erblichkeitslehre und Rassenhygiene, Bd. 2: Menschliche Auslese und Rassenhygiene (Eugenik), 4. Aufl., München 1932, S. 272. — 22 SW IV, S. 61. Dort auch das folgende Zitat. — 23 SW IV, S. 65. — 24 SW IV, S. 65. — 25 SW IV, S. 65. — 26 SW IV, S. 69. — 27 SW I, S. 159. Vgl. dazu Reinhard Alter, Gottfried Benn. The Artist and Politics (1910-1934), Bern 1976, S. 47. — 28 SW IV, S. 65. — 29 Alter, Gottfried Benn, S. 96: »Even in the process of making concessions to the régime, Benn reveals that his own personal conception of creativeness and the Nazis' ideas about »Züchtung« are worlds apart.« — 30 SW IV, S. 183 f. — 31 SW IV, S. 184. — 32 SW IV, S. 249. — 33 Der Tag, Berlin, vgl. WW, S. 166. — 34 Die Woche, vgl. WW, S. 167. — 35 Eckart, vgl. WW, S. 175. — 36 Berliner Börsenzeitung, vgl. WW, S. 178. — 37 National-Zeitung, vgl. WW, S. 182. — 38 SW IV, S. 55. — 39 SW IV, S. 58.

Besuch aus Paris

1 Diese Auffassung vertritt noch heute z. B. Klaus Theweleit, Buch der Könige, Bd. 2x, S. 1: »›Was ist mit mir geschehen?‹ dachte er [Gottfried Samsa]. Es war kein Traum. Er war Nazi geworden.« — 2 Barbian, Literaturpolitik, S. 515. 3 Die Mitgliedschaft in der NSV erschien auch für diejenigen, die dem »Regime eher zögernd oder kritisch gegenüberstanden, aber aus Opportunitätsgründen in eine Parteiorganisation eintreten wollten, akzeptabel. Tatsächlich

war die Arbeit der N. von rasse- und erbbiologischen Selektionskriterien bestimmt«. Vgl. Benz, Enzyklopädie, S. 619. — 4 George Grosz, Brief an Gottfried Benn, in: Über Gottfried Benn. Kritische Stimmen 1922-1956, hg. Bruno Hillebrand, Frankfurt am Main 1987, S. 99-100. — 5 Walther Schotte, Der neue Staat, Berlin 1932, S. 1. — 6 Schotte, Der neue Staat, S. 18. — 7 Schotte, Der neue Staat, S. 22. — 8 WW, S. 168. — 9 Traum, S. 116. — 10 Klaus Mann, Tagebücher 1931-1933, hg. Joachim Heimannsberg, Peter Laemmle und Wilfried F. Schoeller, München 1989, S. 140. — 11 Harry Graf Kessler, Aus den Tagebüchern 1918-1937, hg. Wolfgang Pfeiffer-Belli, Frankfurt am Main 1961, S. 727. — 12 Traum, S. 128. — 13 Traum, S. 126. — 14 Traum, S. 131. — 15 SW IV, S. 48. — 16 Traum, S. 132. — 17 Traum, S. 132. — 18 Traum, S. 138. — 19 OeBr 1, S. 31. — 20 Traum, S. 139.

Die Emigranten wehren sich

1 WW, S. 168. — 2 SW V, S. 83. Seinen Brief an Benn und Benns Antwort verlas er am 9. Juni in Paris in der Mutualité vor dem »Schutzverband Deutscher Schriftsteller im Exil«. Vgl. Tagebücher 1931-1933, S. 144. — 3 SW IV, S. 18. — 4 SW IV, S. 18. — 5 Gottfried Benn, Das Hörwerk 1928-56, hg. Robert Galitz u.a., Zweitausendeins 2004, S. 27. — 6 WW, S. 169. — 7 Am 14. September 1933. Traum, S. 139. — 8 Brief vom 4.9.1933. Ich danke Herrn Dr. Thomas Braun und Prof. Dr. Heinrich Detering dafür, daß sie mich auf den Briefwechsel aufmerksam machten, und der Landesbibliothek Kiel für die Genehmigung des Abdrucks. — 9 Vgl. die Tagebuchnotiz vom 1.1.1934 (IV, S. 444). — 10 WW, S. 169. — 11 Kershaw, Hitler, Bd. 1, S. 477. 12 Christoph Studt, Das Dritte Reich in Daten, München 2002, S. 13. — 13 Kershaw, Hitler, Bd. 1, S. 287. — 14 Broszat, Der Staat Hitlers, S. 260. — 15 Vgl. Martin Broszat, Die Phase der revolutionären Machtübernahme 1933/34, in: Hans Buchheim et al., Anatomie des SS-Staates, Bd. 2, München 1967, S. 25 f. — 16 Vgl. Broszat, Die Phase, S. 37 f. — 17 TW, S. 34. — 18 Walter, Deutsche Exilliteratur, Bd. 7, S. 103. — 19 WW, S. 172-175. Dort die Zitate S. 173. — 20 WW, S. 175. — 21 Die Sammlung, Bibliographie einer Zeitschrift, S. 12. — 22 Die Sammlung, Bibliographie einer Zeitschrift, S. 12. — 23 Die Sammlung, Bibliographie einer Zeitschrift, S. 15.

Ernüchterung

1 Traum, S. 132. — 2 Traum, S. 140. — 3 Hanspeter Brode, Benn Chronik. Daten zu Leben und Werk, München, Wien 1978, S. 102. — 4 Traum, S. 141. — 5 VII/1, S. 677. — 6 Traum, S. 143. — 7 Loerke, Tagebücher, S. 293/94. — 8 Loerke, Tagebücher, S. 294. — 9 Karl Pagel, Gottfried Benn: Briefe an den Halb-Chef, Neue Deutsche Hefte 133, 19. Jg. (1972) H. 1, S. 26-61. Hier S. 27. — 10 Börries, Freiherr von Münchhausen, Die neue Dichtung, in: Deutscher Almanach für das Jahr 1934, Leipzig 1933, S. 28-36. Dort die Zitate. — 11 Werner Mittenzwei, Der Untergang einer Akademie, S. 255. — 12 Werner Mittenzwei, Der Untergang einer Akademie, S. 273. — 13 Vgl. zur Begriffsbildung durch Hitler: Kershaw, Hitler, Bd. 1, S. 415. —

14 Reinhard Alter, Gottfried Benn und Börries von Münchhausen. Ein Briefwechsel aus den Jahren 1933/34, Jahrbuch der Deutschen Schillergesellschaft 25 (1981), S. 139-170. Hier S. 156. — 15 Völkischer Beobachter, 21/22.5.1933. — 16 Völkischer Beobachter, 7.7.1933. — 17 Völkischer Beobachter, 13.7.1933. 18 Völkischer Beobachter, 7.7.1933. — 19 Vgl. Hildegard Brenner, Die Kunstpolitik des Nationalsozialismus, Reinbek 1963, S. 66 ff. — 20 Brenner, Kunstpolitik, S. 68. — 21 Brenner, Kunstpolitik, S. 68. — 22 Jörg Döring, Eulenspiegel schreibt Gespenstergeschichten. Wolfgang Koeppen im Dritten Reich, in: Christiane Caemmerer und Walter Delabar (Hg.), Dichtung im Dritten Reich? Zur Literatur in Deutschland 1933-1945, Opladen 1996, S. 97-118, dort S. 104. — 23 Völkischer Beobachter, 14.7.1933. — 24 Brenner, Kunstpolitik, S. 71. — 25 SW IV, S. 534. — 26 SW IV, S. 76. Dort auch die folgenden Zitate. — 27 SW IV, S. 84. — 28 Traum, S. 144. — 29 Völkischer Beobachter, 16.11.1933. — 30 Helmut Heiber, Goebbels' Reden 1932-1945, Düsseldorf 1971, S. 135. — 31 Barbian, Literaturpolitik, S. 87. — 32 Brief von Benn an Blunck vom 31.12.1933. Die drei Auslassungspunkte finden sich in der Briefabschrift. — 33 SW IV, S. 545. — 34 Thea Sternheim, Briefwechsel, S. 98. Thea Sternheim verzeichnet den Empfang eines Zeitungsausschnittes am 26.2.1934. Der Aufruf erschien am 1.3.1934 im »Völkischen Beobachter«. — 35 SW IV, S. 97 ff. Düsterberg, Hanns Johst, S. 187, nimmt als Autor Hanns Johst an, Schuster schlägt den Text Benn zu. Wer der Verfasser des Aufrufes ist, muß bisher offenbleiben. — 36 Barbian, Literaturpolitik, S. 87, Anm. 72. — 37 Heinrich Hubert Houben, Verbotene Literatur von der klassischen Zeit bis zur Gegenwart, Berlin 1924, S. 112. Lars Kaschke, Aus dem Alltag des wilhelminischen Kulturbetriebs: Börries von Münchhausens Angriffe auf Richard Dehmel, Text und Kontext 20 (1997) H. 1, S. 35-57. — 38 Alter, Gottfried Benn und Börries von Münchhausen, S. 162. — 39 Auszug eines Briefes von Blunck an Beumelburg vom 19.4.1934, Landesbibliothek Kiel. — 40 Barbian, Literaturpolitik, S. 88. — 41 Auf manchen Praxisschildern war neben dem Namen, dem Titel und der Fachrichtung zu lesen »Deutscher Arzt«. Vgl. Michael H. Kater, Doctors under Hitler, Chapel Hill/London 1989, S. 189. — 42 Vgl. Kater, Doctors under Hitler, S. 186. — 43 OeBr 1, S. 35. — 44 SW IV, S. 436. — 45 Fritz Merkenschlager, Götter, Helden und Günther. Eine Abwehr der Güntherschen Rassenkunde, Nürnberg 1927 — 46 SW IV, S. 154. — 47 SW IV, S. 158. — 48 Alter, Gottfried Benn und Börries von Münchhausen, S. 149.

Politischer Journalismus

1 SW IV, S. 41. Dort auch die weiteren Zitate. — 2 SW IV, S. 33-34. — 3 Kershaw, Hitler, Bd. 1, S. 554. — 4 Haffner, Anmerkungen zu Hitler, S. 35. — 5 Kershaw, Hitler, Bd. 1, S. 554: Ähnlich urteilt Sebastian Haffner, Anmerkungen zu Hitler, S. 46: »Die so durch den Augenschein Hitlerscher Leistungen Bekehrten oder Halbbekehrten wurden im Allgemeinen keine Nationalsozialisten; aber sie wurden Hitleranhänger, Führergläubige.« — 6 SW IV, S. 34. — 7 SW IV, S. 35. — 8 SW IV, S. 49 f. Alle weiteren Zitate dort. — 9 SW IV, S. 93. — 10 SW IV, S. 94. — 11 SW IV, S. 95. — 12 SW IV,

S. 96. — 13 von dem Bussche, Konservativismus, S. 209. — 14 von dem Bussche, Konservativismus, S. 213.

Rückblick

1 Traum, S. 145. Der Briefwechsel wurde erst 1952 wieder aufgenommen. — 2 TW, S. 32. — 3 Blunck wurde erst am 1.5.1937 Mitglied der NSDAP. 4 Blunck an Benn, Brief vom 7. November 1933, Landesbibliothek Kiel. — 5 Völkischer Beobachter, 9/10.7.1933, Drittes Beiblatt. — 6 Völkischer Beobachter, 11.4.1933. — 7 Völkischer Beobachter, 10.10.1933. — 8 Vgl. das Urteil in den Erinnerungen von Fred Hildenbrandt, ... ich soll dich grüssen von Berlin: 1922-1932. Berliner Erinnerungen ganz und gar unpolitisch, 8. Aufl., München 1995, S. 69: »Die SA-Männer dachten gar nicht daran, ihrem Liebling, dem Fußballreporter Alfred Braun, das Leben schwer zu machen. Er hatte, mit Magnus und Flesch, genau besehen, Urlaubstage. Es geschah ihnen nicht das mindeste. Sie wurden mit aller Rücksicht, Höflichkeit und Zuvorkommenheit behandelt. Und wegen des vollkommenen Fehlschlags der ganzen Unternehmung mußten die drei nach wenigen Wochen wieder freigelassen werden.« — 9 Traum, S. 140. — 10 Völkischer Beobachter, 26/27.11.1933. — 11 SW IV, S. 69. — 12 Meyer, Geistige Mobilmachung, S. 31. — 13 SW VII/1, S. 364. — 14 Meyer, Geistige Mobilmachung, S. 33. — 15 AB, S. 57.

Benns Rückzug

1 TW, S. 32. — 2 TW, S. 33. — 3 WW, S. 178. — 4 Brief von Thomas Mann an Hanns Johst vom 16.9.1920, Münchner Merkur 10/11.8.1968 — 5 Düsterberg, Hanns Johst, S. 135. — 6 Düsterberg, Hanns Johst, S. 141. — 7 Düsterberg, Hanns Johst, S. 294. — 8 TW, S. 33 (26.1.1934). — 9 Werner Mittenzwei, Der Untergang einer Akademie, S. 329. — 10 Werner Mittenzwei, Der Untergang einer Akademie, S. 303. — 11 Werner Mittenzwei, Der Untergang einer Akademie, S. 336-337. — 12 Werner Mittenzwei, Der Untergang einer Akademie, S. 336. — 13 AB, S. 61. — 14 Wulf, Literatur und Dichtung, S. 150. — 15 Wulf, Literatur und Dichtung, S. 150. — 16 SW IV, S. 165. — 17 SW IV, S. 177. — 18 SW IV, S. 183 f. — 19 SW IV, S. 184. — 20 Brenner, Kunstpolitik, S. 64. — 21 Der Völkische Beobachter berichtete ausführlich in der Ausgabe vom 1/2. April 1934. Vgl. den Text IV, S. 558. — 22 SW IV, S. 118. — 23 SW IV, S. 119. — 24 Katalog Marbach, S. 226. — 25 Völkischer Beobachter, 28.3.1934. — 26 Brenner, Kunstpolitik, S. 75. — 27 Brenner, Kunstpolitik, S. 76. — 28 Brenner, Kunstpolitik, S. 78. — 29 Brenner, Kunstpolitik, S. 79. — 30 Brenner, Kunstpolitik, S. 81. — 31 Völkischer Beobachter, 16.1.1934. — 32 Benn spricht davon, »im Sommer 1933 aus Anlaß des Todes von Stefan George eine Gedächtnisrede auf ihn zu halten, ich hatte sie fertig, aber mein Auftreten wurde untersagt«. SW V, S. 101. Das ist nicht korrekt, denn George starb im Dezember. Vielleicht meint Benn eine Rede zum Geburtstag, dagegen spricht jedoch die Beschäftigung mit der Rede Anfang 1934. Auch der Terminus »untersagt« läßt vieles offen. — 33 Das folgende

nach Robert E. Norton, Secret Germany. Stefan George and his Circle, Ithaca/London 2002. — 34 Norton, Secret Germany, S. 727. — 35 George an Morwitz, 10. Mai 1933, Stefan George Archiv. Den Hinweis verdanke ich Robert Norton. — 36 Völkischer Beobachter, 12.7.1933. — 37 Völkischer Beobachter, 15.7.1933. — 38 Ernst Morwitz floh in die USA, übersetzte eine Gedichtauswahl Georges ins Englische und schrieb im Vorwort für die englischsprachige Leserschaft: »He spent the rest of his life as a voluntary exile in Switzerland.« Norton kommentiert: »Yet nothing supports the view that George went to Switzerland in order to quit Germany as an exile; indeed everything we know contradicts that assumption.« Norton, Secret Germany, S. 736. — 39 Völkischer Beobachter, 6.12.1933. — 40 SW IV, S. 102 ff. Dort auch die folgenden Zitate. — 41 SW IV, S. 111. — 42 SW IV, S. 110 f., S. 549. — 43 Völkischer Beobachter, 7.9.1933: »Aufbruch der Kunst«. — 44 SW IV, S. 285. — 45 SW IV, S. 282 f. Vgl. die Manuskriptnotizen S. 669. — 46 SW IV, S. 282. — 47 SW IV, S. 282 f. — 48 OeBr 1, S. 37 f. — 49 Hindemith, Briefwechsel, S. 69, Brief vom 26.1.1934. — 50 Loerke, Tagebücher, S. 330. — 51 »Schlechter Nachruf auf Benn. Es sei höchste Zeit gewesen, daß er sich zurückgezogen habe.« (Loerke, Tagebücher, S. 334, 22.4.1935). — 52 AB, S. 58. — 53 Briefe an einen Verleger. Max Niedermayer zum 60. Geburtstag, Wiesbaden 1965, S. 15. — 54 Hindemith, Briefwechsel, S. 68. — 55 Hindemith, Briefwechsel, S. 68. — 56 AB, S. 60. — 57 TW, S. 40. — 58 AB, S. 61. — 59 Frank Maraun in: WW, S. 188. — 60 Max Bense in: WW, S. 192. — 61 Blick in die Zeit. Pressestimmen des In- und Auslandes zu Politik, Wirtschaft und Kultur, 3. Jg. Nr. 7, 16.2.1935, S. 5. — 62 Ernst Hager, Kunst und Macht, Münchener Neueste Nachrichten, 12.5.1935. — 63 Die Hilfe 40 (1934), 579-580, in: Über Gottfried Benn. Kritische Stimmen 1912-1956, hg. Bruno Hillebrand, Frankfurt am Main 1987, S. 128. Dort die weiteren Zitate. — 64 AB, S. 62. — 65 Pagel, Briefe an den Halb-Chef, S. 29. — 66 OeBr 1, S. 45. — 67 AB, S. 64. — 68 AB, S. 66.

Eintritt in die Reichswehr

Die Dienststelle

1 AB, S. 64. — 2 AB, S. 65. — 3 EB, S. 31. — 4 OeBr 1, S. 48. — 5 OeBr 1, S. 49. — 6 OeBr 1, S. 49. — 7 OeBr 1, S. 51. — 8 OeBr 1, S. 39. — 9 AB, S. 62. — 10 Oder, wie Schuster abschätzig urteilt, als hätte Benn damit jeden, der das Land verläßt, als »fahnenflüchtigen Plebejer denunziert« (Seyerlen, Briefwechsel, S. 120). — 11 Hindemith, Briefwechsel, S. 70 ff. — 12 OeBr 1, S. 43. — 13 OeBr 1, S. 48. — 14 OeBr 1, S. 45. — 15 Paul Raabe, Gottfried Benn in Hannover 1935-1937, Seelze-Velber 1986, S. 12 f. — 16 EB, S. 25. — 17 EB, S. 46. — 18 Raabe, Benn in Hannover, S. 23-24. — 19 EB, S. 31. — 20 EB, S. 65. — 21 EB, S. 111. — 22 EB, S. 119. Dort auch die folgenden Zitate. — 23 OeBr 1, S. 84 f.

Neue Lyrik

1 OeBr 1, S. 55. — 2 OeBr 1, S. 58-59. — 3 OeBr 1, S. 56 f. — 4 OeBr 1, S. 59. — 5 OeBr 1, S. 70. — 6 SW II, S. 17 f. Erstveröffentlichung in Pan 2 Nr. 38 (1912), 1056 f. — 7 OeBr 1, S. 94. — 8 Katalog Marbach, S. 236.

Oberstabsarzt

1 OeBr 1, S. 74. — 2 EB, S. 106. — 3 SW V, S. 145. — 4 EB, S. 109. — 5 Traum, S. 127. — 6 OeBr 1, S. 79. — 7 Rudolf Absolon, Die Wehrmacht im Dritten Reich, Bd. 1: 30. Januar 1933 bis 2. August 1934, Boppard am Rhein 1969, S. 204. — 8 EB, S. 113. — 9 OeBr 1, S. 86. — 10 Boe 1,83 — 11 TW, S. 91 f. — 12 EB, S. 120. — 13 TW, S. 140. — 14 OeBr 2, S. 20. — 15 SW IV, S. 219. — 16 EB, S. 126. — 17 OeBr 1, S. 95. — 18 OeBr 1, S. 92. — 19 OeBr 1, S. 93. — 20 SW IV, S. 233.

Lyrik 1935

1 Vgl. dazu Christoph Perels, Vorbemerkung, in: Lyrik verlegen in dunkler Zeit. Aus Heinrich Ellermanns Reihe »Das Gedicht. Blätter für die Dichtung«, München 1984, S. 5-9. — 2 Vgl. Gabriele Krämer-Prein, Der Buchhandel war immer deutsch. Das »Börsenblatt für den Deutschen Buchhandel« vor und nach der Machtergreifung, in: 10. Mai 1933. Bücherverbrennung in Deutschland und die Folgen, hg. Ulrich Walberer, Frankfurt am Main 1983, S. 285-293. — 3 Deutsche Zukunft 5.8.1934, S. 15. — 4 EB, S. 112. — 5 Christoph Perels, Zum Problem der Kontinuität in der deutschen Lyrikgeschichte zwischen 1930 und 1950. Heinrich Ellermanns Reihe »Das Gedicht. Blätter für die Dichtung«, in: Jahrbuch des Freien Deutschen Hochstifts 1985, S. 270. — 6 Die weißen Segel / Am Saum des nordischen Meers / Ach, das Erhabene / Astern / Doppelkonzert / Träume, Träume / Tag, der den Sommer endet. Drei der insgesamt vierzehn Gedichte waren bereits früher gedruckt erschienen (In memoriam Höhe 317 / Einst / Liebe). — 7 OeBr 1, S. 407. — 8 EB, S. 113. — 9 EB, S. 130-131. — 10 Perels, Zum Problem der Kontinuität, S. 288. — 11 OeBr 1, S. 98. — 12 Raabe, Benn in Hannover, S. 69.

Der 50. Geburtstag

1 OeBr 1, S. 100. — 2 OeBr 1, S. 99 f. — 3 EB, S. 145 f. — 4 EB, S. 144. — 5 EB, S. 144. — 6 EB, S. 131 — 7 AB, S. 68. — 8 OeBr 1, S. 106. — 9 OeBr 1, S. 106. — 10 OeBr 1, S. 52. — 11 OeBr 1, S. 413. — 12 OeBr 1, S. 114. — 13 OeBr 1, S. 114. — 14 TW, S. 178. — 15 AB, S. 69. — 16 Nele Poul Soerensen, Mein Vater Gottfried Benn, 2. Aufl., Wiesbaden 1984, S. 51. — 17 TW, S. 181.

Das Schwarze Korps

1 TW, S. 183. — 2 OeBr 1, S. 147; vgl. AB, S. 73. — 3 William L. Combs, The Voice of the SS. A History of the SS Journal ›Das Schwarze Korps‹, New

York/Berne 1986, S. 384. — 4 Facsimile Querschnitt durch Das Schwarze Korps, hg. Helmut Heiner und Hildegard von Kotze, Bern und München o.J., S. 12. — 5 Facsimile Querschnitt, S. 20. — 6 WW, S. 198 f. — 7 Vgl. Walberer, Bücherverbrennung. Albrecht Schöne, Göttinger Bücherverbrennung 1933 (= Göttinger Universitätsreden), Göttingen 1983. — 8 Vgl. dazu Glenn R. Cuomo, Purging an »Art-Bolshevist«: The Persecution of Gottfried Benn in the Years 1933-1938, German Studies Review 9 (1986), S. 85-105. Hier S. 92. — 9 TW, S. 315. — 10 TW, S. 184. — 11 TW, S. 185.

Ein Angriff mit Folgen

1 Die Mitteilung ist an Benns Adresse in Hannover, Breite Straße 28/II gerichtet. Bundesarchiv RKK 2100 Benn. — 2 TW, S. 184/185. — 3 Wahrung der Ehre. Gedruckt im Reichswehrministerium, Berlin 1934. Nachdruck 1935, S. 5. — 4 Wahrung der Ehre, S. 6. — 5 Wahrung der Ehre, § 36, S. 15. — 6 EB, S. 157. — 7 DLA Marbach 74.52/4 — 8 OeBr 1, S. 64.

Sommer 1936

1 OeBr 1, S. 117. — 2 TW, S. 189. — 3 OeBr 1, S. 122 f. — 4 TW, S. 202. — 5 TW, S. 207. — 6 OeBr 1, S. 137. — 7 TW, S. 208. — 8 Prospekt Privatbesitz. Dieser Satz erscheint schon in einer Werbung im »Börsenblatt für den Deutschen Buchhandel«, Nr. 245 vom 20.10.1933. Der Artikel in der »Magdeburgischen Zeitung« vom 14.7.1933 schließt mit dem Satz: »Er: Bildner und Führer neuer Gemeinschaft«. — 9 Harald Steinhagen, Die Statischen Gedichte von Gottfried Benn. Die Vollendung seiner expressionistischen Lyrik. Stuttgart 1969, S. 40. — 10 Das Folgende nach Jan-Pieter Barbian, Literaturpolitik im »Dritten Reich«. Institutionen, Kompetenzen, Betätigungsfelder, München 1995, S. 298 ff. — 11 Volker Dahm, Anfänge und Ideologie der Reichskulturkammer. Die »Berufsgemeinschaft« als Instrument kulturpolitischer Steuerung und sozialer Reglementierung, Vierteljahreshefte für Zeitgeschichte 34 (1986), S. 53-84. Hier S. 73. — 12 Dahm, Anfänge und Ideologie der Reichskulturkammer, S. 74. Vgl. Jan-Pieter Barbian, Rez. zu Fritz H. Landshoff, Internationales Archiv für Sozialgeschichte der deutschen Literatur 18 (1993), 2. Heft, S. 247: »Noch bis 1935/36, als das Propagandaministerium eine Zentralisierung durchsetzen konnte, herrschte ein heilloses Durcheinander an Indizierungen und Beschlagnahmungen der verschiedensten staatlichen Behörden und Parteigruppierungen«. — 13 Christoph Studt, Das Dritte Reich in Daten, München 2002, S. 43. — 14 Barbian, Literaturpolitik, S. 301. — 15 Vgl. Cuomo, Purging an »Art-Bolshevist«, S. 93. — 16 Vgl. Cuomo, Purging an »Art-Bolshewist«, S. 95. — 17 Kilpper an Bode, 18.5.1936, Bundesarchiv RKK Benn 2100, »Anlagen 1-18«. Den Hinweis verdanke ich Glenn Cuomo. — 18 OeBr 1, S. 139. — 19 Pagel, Briefe an den Halb-Chef, S. 49. — 20 Pagel, Briefe an den Halb-Chef, S. 50 f. — 21 OeBr 1, S. 152. — 22 Den Hinweis verdanke ich Thedel v. Wallmoden. — 23 6. Jg. 1. Folge, 1939. — 24 Im Drucknachweis heißt es: »Das an den Anfang gestellte Zitat von Gottfried Benn entnahmen wir dem autobiographischen Fragment

›Lebensweg eines Intellektualisten‹ in Gottfried Benn: Kunst und Macht, Deutsche Verlags-Anstalt Stuttgart.«

Weinhaus Wolf

1 TW, S. 224. — 2 OeBr 1, S. 158 f. — 3 OeBr 1, S. 159. — 4 Oswald Spengler, Jahre der Entscheidung, München 1933, S. 23. — 5 Spengler, Jahre der Entscheidung, S. 154. — 6 TW, S. 221. — 7 SW IV, S. 232. — 8 Die Straße wurde im Krieg zerstört. — 9 Katalog Marbach, S. 257. — 10 OeBr 1, S. 145. 11 SW IV, S. 232. — 12 OeBr 1, S. 103. — 13 SW IV, S. 226. — 14 SW IV, S. 223. — 15 SW IV, S. 228. — 16 EB, S. 209. — 17 EB, S. 176. — 18 EB, S. 189. — 19 EB, S. 192.

Drei Frauen

1 OeBr 1, S. 74. — 2 OeBr 1, S. 133. — 3 TW, S. 248. — 4 TW, S. 251. — 5 TW, S. 257. — 6 TW, S. 257. — 7 EB, S. 154. Dort die weiteren Zitate. — 8 EB, S. 235. Dort auch die weiteren Zitate. — 9 EB, S. 174.

Mephisto

1 OeBr 1, S. 167. — 2 SW IV, 292. — 3 SW IV, S. 295 f. — 4 SW IV, S. 237. — 5 EB, S. 181. — 6 EB, S. 181, s. auch OeBr 1, S. 165 f. — 7 SW IV, S. 237. — 8 OeBr 2, S. 256. — 9 OeBr 1, S. 164. — 10 TW, S. 182. — 11 OeBr 1, S. 164. — 12 EB, S. 180. — 13 OeBr 1, S. 163. — 14 OeBr 1, S. 142. — 15 OeBr 1, S. 369. — 16 EB, S. 194.

Rückkehr nach Berlin

1 EB, S. 184. — 2 EB, S. 192. — 3 EB, S. 203. — 4 EB, S. 217. — 5 EB, S. 204. — 6 EB, S. 196. — 7 Seyerlen, Briefwechsel, S. 118. — 8 SW IV, S. 217. — 9 SW IV, S. 218. — 10 EB, S. 220. — 11 EB, S. 201 f. — 12 EB, S. 231. — 13 EB, S. 234. — 14 Benns Angaben über seine Dienststellen sind oft ungenau, Oelze gegenüber trug er manchmal auf. Benn arbeitete nie beim Oberkommando der Wehrmacht, sondern seine Dienstadresse muß immer lauten »Stellvertretendes Generalkommando III. Armeekorps«. Dr. Horst Mühleisen, Trier, bin ich für die genaue Bestimmung der Dienststellen Benns zu großem Dank verpflichtet. — 15 EB, S. 235. — 16 EB, S. 340.

Neue Angriffe

1 Privatbesitz Dr. Brieler. — 2 OeBr 1, S. 261. — 3 Werner Mittenzwei, Der Untergang einer Akademie, S. 392. — 4 TW, S. 267. — 5 Werner Mittenzwei, Der Untergang einer Akademie, S. 387. — 6 Werner Mittenzwei, Der Untergang einer Akademie, S. 387. — 7 Mario-Andreas von Lüttichau, Die Ausstellung »Entartete Kunst«, München 1937. Eine Rekonstruktion, in: »Entartete Kunst«. Das Schicksal der Avantgarde in Nazi-Deutschland, hg. Stephanie Barron, München 1992, S. 44. — 8 Willrich wohnte in Berlin-

Frohnau, Forstweg 70. — 9 Das Schwarze Korps, 24.4.1935, S. 12. — 10 Bettina Feistel-Rohmeder, Im Terror des Kunstbolschewismus. Urkundensammlung des »Deutschen Kunstberichtes« aus den Jahren 1927-33, Karlsruhe 1938, S. 4. — 11 Vgl. Wolfgang Willrich, Kunst und Volksgesundheit, Berlin 1934. Ders., Mein Weg und meine Einstellung zu Rasse und Kunst, Volk und Rasse, Heft 4 (1934), S. 103-108. — 12 Das Bild. Monatsschrift für das deutsche Kunstschaffen in Vergangenheit und Gegenwart, 1936, S. 335. — 13 Wolfgang Willrich, Säuberung des Kunsttempels. Eine kunstpolitische Kampfschrift zur Gesundung deutscher Kunst im Geiste nordischer Art. Mit 64 Abbildungen, München, Berlin 1937, S. 5. — 14 Christoph Zuschlag, »Entartete Kunst«. Ausstellungsstrategie in Nazi-Deutschland, Worms 1995, S. 129. — 15 Barron, Entartete Kunst, S. 85. — 16 Mario-Andreas von Lüttichau, ›Deutsche Kunst‹ und ›Entartete Kunst‹: Die Münchner Ausstellungen 1937, in: Die ›Kunststadt‹ München 1937. Nationalsozialismus und ›Entartete Kunst‹, hg. Peter-Klaus Schuster, 5. Aufl. München 1998, S. 105. — 17 Lüttichau, ›Deutsche Kunst‹, S. 97. Im Katalog der »Großen Deutschen Kunstausstellung war Willrichs »Säuberung des Kunsttempels« in einer halbseitigen Annonce durch den Verlag angezeigt und ein Satz aus einer Besprechung ausgeführt: »Eine scharfe Waffe in den Händen eines jeden nationalsozialistisch ausgerichteten Kulturpolitikers und Künstlers«. — 18 Peter-Klaus Schuster, München – das Verhängnis einer Kunststadt, in: Schuster (Hg.), Die ›Kunststadt‹ München, S. 31. — 19 »Der Wortlaut der beigegebenen Plakate und Schriftbänder ließ keinen Zweifel, daß der blindrasende Willrich die Ausstellung durchgeführt hatte, denn die Darbietung der Kunstwerke und die schriftlichen Beigaben stimmten mit seinem Buch überein.« Lüttichau, ›Deutsche Kunst‹, S. 99. — 20 Mario-Andreas von Lüttichau und Andreas Hüneke, Rekonstruktion der Ausstellung ›Entartete Kunst, in: Schuster, Die ›Kunststadt‹ München, S. 181 f. — 21 Lüttichau/Hüneke, Rekonstruktion der Ausstellung ›Entartete Kunst‹, S. 182. Barron, Entartete Kunst, S. 70. — 22 Barron, Entartete Kunst, S. 81. — 23 Willrich, Säuberung des Kunsttempels, S. 18. — 24 Willrich, Säuberung des Kunsttempels, S. 21. — 25 Willrich, Säuberung des Kunsttempels, S. 23. Die Sekundärliteratur spricht im Zusammenhang mit Else Lasker-Schüler öfters vom Vorwurf der »Rassenschande«, der Benn gemacht worden sei. Dafür gibt es aber keinen Beleg. — 26 Willrich, Säuberung des Kunsttempels, S. 23. — 27 OeBr 1, S. 147. — 28 Brief an Johst 23.7.1937. Bundesarchiv RKK 2100, Benn, vgl. Düsterberg, Hanns Johst, S. 278. — 29 Johst an Lehmann 4.8.1937, Bundesarchiv RKK 2100, Benn, vgl. Düsterberg, Hanns Johst, S. 277. — 30 Joseph Wulf, Literatur und Dichtung im Dritten Reich. Eine Dokumentation, Frankfurt am Main 1983, S. 136 ff.

Das Ende der Öffentlichkeit

1 Brief von Willrich an Benn, 27.8.1937, in: Wulf, Literatur und Dichtung, S. 141. — 2 Brief vom 10.8.1935, Bundesarchiv NS 15/69. Vgl. Düsterberg, Johst, S. 144 f. — 3 Wulf, Literatur und Dichtung, S. 143. — 4 Wolfgang Willrich, Das Bild. Monatsschrift für das deutsche Kunstschaffen in Vergangenheit und Gegenwart, 1936, S. 332. — 5 Wolf Willrich. Der Maler des deut-

schen Menschen, Illustrierter Beobachter, 27.7.1944. — 6 Brief vom 1.9.1937, Bundesarchiv RKK 2100, Benn. — 7 Wulf, Literatur und Dichtung, S. 143 f. — 8 TW, S. 265. — 9 Pagel, Brief an den Halb-Chef, S. 53.

Bozener Straße 20

1 TW, S. 267 f. — 2 TW, S. 268. — 3 AB, S. 111 f. — 4 AB, S. 138. — 5 OeBr 1, S. 179. — 6 OeBr 1, S. 194. — 7 SW IV, S. 245. — 8 Katalog Marbach, S. 243. — 9 Hanns Johst, Düsterberg, S. 242. — 10 Vgl. Glenn R. Cuomo, Hanns Johst und die Reichsschrifttumskammer. Ihr Einfluß auf die Situation des Schriftstellers im Dritten Reich, in: Leid der Worte. Panorama des literarischen Nationalsozialismus, hg. Jörg Thunecke, Bonn 1987, S. 108–125. — 11 Cuomo, Purging an »Art-Bolshevist«, S. 102. — 12 Katalog Marbach, S. 244. — 13 Katalog Marbach, S. 244 f. — 14 Joseph Wulf, Die bildenden Künste im Dritten Reich. Eine Dokumentation, Frankfurt am Main 1989, S. 358 f. — 15 Wulf, Bildende Künste, S. 353. — 16 Ernst G. Riemschneider, Der Fall Jochen Klepper. Eine Dokumentation, Stuttgart 1975, S. 47. — 17 Riemschneider, Der Fall Jochen Klepper, S. 53 f. Vgl. zur Rolle Meyers bei Entscheidungen zu Erich Kästner: Jan-Pieter Barbian, »... nur passiv geblieben«? Zur Rolle von Erich Kästner im »Dritten Reich«, in: »Die Zeit fährt Auto«. Erich Kästner zum 100. Geburtstag, hg. Manfred Wegner, München 1999, S. 119-142. Hier S. 131. — 18 SW V, S. 526. — 19 Kershaw, Hitler, Bd. 2, S. 101. — 20 SW IV, S. 296. — 21 Zuschlag, Entartete Kunst, S. 237. — 22 Zuschlag, Entartete Kunst, S. 247. — 23 Joseph Wulf, Musik im Dritten Reich. Eine Dokumentation, Frankfurt am Main 1983, S. 471. — 24 Ralf Georg Reuth, Goebbels, 2. Aufl., München 1991, S. 369.

Kriegsgefahr

1 OeBr 1, S. 195. — 2 OeBr 1, S. 192. — 3 OeBr 1, S. 198. — 4 OeBr 1, S. 199. — 5 OeBr 1, S. 201. — 6 OeBr 1, S. 202. — 7 Kershaw, Hitler, Bd. 1, S. 180. — 8 SW II, S. 115. — 9 SW II, S. 116. — 10 SW II, S. 117. — 11 Vgl. Hans Dieter Schäfer, Gottfried Benn und das Offizierskorps, Warmbronn 2005, S. 21 ff. — 12 Vgl. EB, S. 163. — 13 SW V, S. 116. — 14 Rita Thalmann und Emmanuel Feinermann, Die Kristallnacht, Frankfurt am Main 1988, S. 13. 15 Studt, Das Dritte Reich in Daten, S. 50. — 16 Thalmann/Feinermann, Die Kristallnacht, S. 13 f. — 17 Thalmann/Feinermann, Die Kristallnacht, S. 17. — 18 Thalmann/Feinermann, Die Kristallnacht, S. 18. — 19 Thalmann/Feinermann, Die Kristallnacht, S. 80. — 20 Thalmann/Feinermann, Die Kristallnacht, S. 125. — 21 OeBr 1, S. 204 f. — 22 OeBr 1, S. 205. — 23 Hans Adolf Halbey, Der Erich-Reiss-Verlag 1908-1936: Versuch eines Porträts, Frankfurt am Main 1981. — 24 Erich Rudolf Jaensch, Der Gegentypus. Psychologisch-anthropologische Grundlage deutscher Kulturphilosophie, ausgehend von dem, was wir überwinden wollen, Leipzig 1938, S. XVII. — 25 Jaensch, Der Gegentypus, S. 95. — 26 Jaensch, Der Gegentypus, S. 68. — 27 Jaensch, Der Gegentypus, S. 511. — 28 OeBr 1, S. 209. — 29 Vgl. Philippe Masson, Die deutsche Armee. Geschichte der Wehrmacht 1935-1945. Vorwort und An-

merkungen von J. A. Graf Kielmansegg, 3. Aufl., München 1997, S. 18. — 30 Masson, Die deutsche Armee, S. 21. — 31 Masson, Die deutsche Armee, S. 61. — 32 Masson, Die deutsche Armee, S. 62. — 33 OeBr 1, S. 217. — 34 SW I, S. 221. — 35 OeBr 1, S. 210.

Kriegsjahre

Das erste Jahr

1 OeBr 1, S. 219. — 2 OeBr 1, S. 220. — 3 OeBr 1, S. 220. — 4 OeBr 1, S. 210. — 5 OeBr 1, S. 213. — 6 Soerensen, Mein Vater, S. 55. — 7 OeBr 1, S. 217 f. — 8 SW IV, S. 475. — 9 Kershaw, Hitler, Bd. 1, S. 333. — 10 Schäfer, Berlin im Zweiten Weltkrieg, S. 21. Vgl. dazu OeBr 1, S. 225. — 11 OeBr 1, S. 221. — 12 OeBr 1, S. 267. — 13 OeBr 1, S. 227. — 14 SW VII/1, S. 436. — 15 OeBr 1, S. 267. — 16 Kerrin Graf Schwerin, Familie, in: Heimatfront. Kriegsalltag in Deutschland 1939-1945, hg. Jürgen Engert, Berlin 1999, S. 108-141. Hier S. 123. — 17 Vgl. die Texte in SW VII. — 18 SW IV, S. 478. — 19 Mit 9/59 in Polen. Tagebuchblätter entstanden auf kurzer Rast in Feindesland. September 1939, S. 81. — 20 SW IV, S. 476. — 21 OeBr 1, S. 228. — 22 SW IV, S. 299. — 23 OeBr 1, S. 216. — 24 SW IV, S. 302 f. — 25 OeBr 1, S. 227. — 26 »Du kannst dich nicht erlösen« stammt aus dem gleichen Zeitraum, Benn schickte es aber nicht mit. Die anderen sind: »Welle der Nacht«, »Wenn dir am Ende der Reise«, »Wer Wiederkehr in Träumen weiß«, »Dann gliederten sich die Laute«. — 27 Masson, Die deutsche Armee, S. 118. — 28 OeBr 1, S. 231. — 29 OeBr 1, S. 231. — 30 Sebastian Haffner, Anmerkungen zu Hitler, München 1978, S. 88. — 31 Schäfer, Berlin im Zweiten Weltkrieg, S. 22. — 32 Schäfer, Berlin im Zweiten Weltkrieg, S. 97. — 33 OeBr 1, S. 232. — 34 OeBr 1, S. 232. — 35 OeBr 1, S. 232. — 36 OeBr 1, S. 235. — 37 OeBr 1, S. 238. — 38 OeBr 1, S. 240. — 39 Vgl. dazu Schäfer, Berlin im Zweiten Weltkrieg, S. 122 ff. — 40 OeBr 1, S. 247. — 41 OeBr 1, S. 257. — 42 OeBr 1, S. 261. Vgl. Jörg Friedrich, Der Brand. Deutschland im Bombenkrieg 1940-1945, 2. Aufl., München 2002, S. 229. — 43 OeBr 1, S. 250. — 44 OeBr 1, S. 248. — 45 OeBr 1, S. 441. — 46 OeBr 1, S. 245.

Selbstmordakten

1 Oberstarzt Otto Wurth, Selbstmord und WDB, in: Dr. Curt Heinemann-Grüder und Dr. Ernst Rühe, Der Arzt in der Wehrmachtversorgung, Dresden und Leipzig 1942, S. 306. — 2 Heinemann-Grüder/Rühe, Der Arzt in der Wehrmachtversorgung, S. 312. — 3 Heinemann-Grüder/Rühe, Der Arzt in der Wehrmachtversorgung, S. 308. — 4 OeBr 1, S. 237. — 5 SW VII/1, S. 426. Dort auch die weiteren Zitate. — 6 SW III, S. 255. — 7 SW III, S. 129. — 8 OeBr 1, S. 253.

Krieg im Osten

1 OeBr 1, S. 254. — 2 OeBr 1, S. 267. — 3 OeBr 1, S. 269. — 4 OeBr 1, S. 267. — 5 OeBr 1, S. 273. — 6 OeBr 1, S. 276. — 7 OeBr 1, S. 276. — 8 OeBr 1, S. 271. — 9 OeBr 1, S. 271. — 10 OeBr 1, S. 279. — 11 OeBr 1, S. 277. — 12 OeBr 1, S. 279. — 13 OeBr 1, S. 278. — 14 OeBr 1, S. 277 f. — 15 OeBr 1, S. 282. — 16 OeBr 1, S. 280.

Abrechnung

1 Diesen Hinweis verdanke ich Horst Mühleisen. — 2 OeBr 1, S. 278. — 3 OeBr 2, S. 281. — 4 OeBr 1, S. 288. — 5 OeBr 1, S. 288. — 6 OeBr 1, S. 292. 7 Kershaw, Hitler, Bd. 2, S. 551. — 8 OeBr 1, S. 296. — 9 OeBr 1, S. 296. — 10 OeBr 1, S. 299. — 11 OeBr 1, S. 295. — 12 OeBr 1, S. 294. — 13 OeBr 1, S. 294 f. — 14 OeBr 1, S. 282. — 15 OeBr 1, S. 296. — 16 AB, S. 71 f. — 17 SW IV, S. 282. — 18 SW IV, S. 271 f. — 19 Marie-Louise Ritz, Cäsar Ritz, Bern 1940. — 20 Gottfried Benn, Prosa und Autobiographie in der Fassung der Erstdrucke, mit einer Einführung hg. Bruno Hillebrand, Frankfurt am Main 1984, S. 471. — 21 SW IV, S. 281. — 22 SW IV, S. 282. — 23 Das macht Jürgen Schröder Benn gerade zum Vorwurf, natürlich wieder mit viel Moralinsäure: »Leider gebrach es Benn an jeglichem Unterscheidungs- und Differenzierungsvermögen, den NS und Deutschland und die Deutschen auch als zweierlei zu sehen« (Jürgen Schröder, Gottfried Benn und die Deutschen. Studien zu Werk, Person und Zeitgeschichte, Tübingen 1986, S. 17). — 24 George L. Mosse, Der nationalsozialistische Alltag: so lebte man unter Hitler, Königstein/Ts. 1978, S. 3. — 25 SW III, S. 229 — 26 Friedrich Nietzsche, Werke in 2 Bänden, hg. Karl Schlechta, München 1969, Bd. II, S. 1150. — 27 SW IV, S. 295. — 28 OeBr 1, S. 294. — 29 OeBr 1, S. 296. — 30 OeBr 1, S. 299. — 31 Howard K. Smith, Feind schreibt mit. Ein amerikanischer Korrespondent erlebt Nazi-Deutschland, Berlin 1982, S. 101 ff. — 32 OeBr 1, S. 297. — 33 SW I, S. 186. — 34 Steinhagen, Die Statischen Gedichte, S. 49.

Bombenkrieg

1 Smith, Feind schreibt mit, S. 111. — 2 OeBr 1, S. 302. — 3 Smith, Feind schreibt mit, S. 114. — 4 Friedrich, Der Brand, S. 182 — 5 OeBr 1, S. 317. — 6 OeBr 1, S. 287. — 7 OeBr 1, S. 289. — 8 OeBr 1, S. 309. — 9 OeBr 1, S. 309. — 10 OeBr 1, S. 325. — 11 OeBr 1, S. 283. Durch dieses Geschenk angeregt wählte Benn selbst zwei Jahre später den Privatdruck als Form zur Aufbewahrung seiner »22 Gedichte« für die Zukunft. — 12 Alexander Lernet-Holenia, Die Lust an der Ungleichzeitigkeit, Wien 1997, S. 51. — 13 OeBr 1, S. 311. — 14 OeBr 1, S. 313. — 15 OeBr 1, S. 294. — 16 Gerhard Schuster, in Seyerlen, Briefwechsel, S. 121. — 17 Traum, S. 206. — 18 OeBr 1, S. 315. — 19 OeBr 1, S. 317. — 20 OeBr 1, S. 331. — 21 OeBr 1, S. 332. — 22 Helmut Berthold, Die Lilien und den Wein. Gottfried Benns Frankreich, Würzburg 1999, S. 154. — 23 OeBr 1, S. 321. — 24 OeBr 1, S. 327. — 25 Schäfer, Berlin im Zweiten Weltkrieg, S. 36. — 26 Schäfer, Berlin im Zweiten Weltkrieg, S. 36. — 27 Schäfer, Berlin im Zweiten Weltkrieg, S. 36. —

28 Schäfer, Berlin im Zweiten Weltkrieg, S. 34. — 29 OeBr 1, S. 329. — 30 SW IV, S. 310. — 31 SW IV, S. 313. — 32 SW IV, S. 314. — 33 AB, S. 220. — 34 SW IV, S. 705. — 35 SW IV, S. 313. — 36 SW IV, S. 316. — 37 Uns ist ein Rezept überliefert, auf dem sich Benn selbst Pervitin verschreibt ad me ipsum.

Atomphysik 1943

1 OeBr 1, S. 326. — 2 OeBr 1, S. 327. — 3 SW IV, S. 327. Dort auch die weiteren Zitate. — 4 SW IV, S. 328. — 5 OeBr 1, S. 327. — 6 SW IV, S. 324. — 7 Jg. 15, Heft 4, S. 177. — 8 SW IV, S. 324. — 9 SW IV, S. 305. — 10 SW IV, S. 307. — 11 Mark Walker, Die Uranmaschine. Mythos und Wirklichkeit der deutschen Atombombe, Berlin 1990, S. 27. — 12 Walker, Die Uranmaschine, S. 38. — 13 Walker, Die Uranmaschine, S. 76 f. Zeitung nicht bekannt, 27.2.1942. — 14 Goebbels' Tagebücher. Aus den Jahren 1942-43 mit anderen Dokumenten, hg. Louis P. Lochner, Zürich 1948, S. 136 f. — 15 SW IV, S. 305. — 16 OeBr 1, S. 336. — 17 Vgl. dazu Friedrich, Der Brand, S. 192. — 18 OeBr 1, S. 338. — 19 OeBr 1, S. 334 f. — 20 Schäfer, Berlin im Zweiten Weltkrieg, S. 203 f. — 21 OeBr 1, S. 337. — 22 OeBr 1, S. 88. — 23 OeBr 1, S. 337. — 24 OeBr 1, S. 337. — 25 Hierzu Ulrich Herbert: Best. Biographische Studien über Radikalismus, Weltanschauung und Vernunft 1903-1989. Dietz, Bonn 1996. — 26 Lutz Hachmeister, Der Gegnerforscher. Die Karriere des SS-Führers Franz Alfred Six, München 1998, S. 336. — 27 Hachmeister, Der Gegnerforscher, S. 308. — 28 OeBr 1, S. 344. — 29 OeBr 1, S. 336. — 30 OeBr 1, S. 338. — 31 OeBr 1, S. 340. — 32 Steinhagen, Die Statischen Gedichte, S. 52. — 33 OeBr 1, S. 341. — 34 Handbuch der Reichsschrifttumskammer, hg. Wilhelm Ihde, Leipzig 1942, S. 253. — 35 SW I, S. 205. — 36 »Wenn ich sechs Hengste zahlen kann, / Sind ihre Kräfte nicht die meine?« OeBr 1, S. 330. Zitiert wird aus Faust I, Vers 1824 f.

Im Fesselballon

1 Traum, S. 205. — 2 Heimatfront. Kriegsalltag in Deutschland 1939-1945, hg. Jürgen Engert, Berlin 1999, S. 157. — 3 Engert, Heimatfront, S. 90. — 4 OeBr 1, S. 343. — 5 SW V, S. 124. — 6 Traum, S. 206. — 7 Helmut Heintel, Block II, Zimmer 66. Gottfried Benn in Landsberg 1943-1945. Eine bildliche Dokumentation, Stuttgart 1988, S. 53. — 8 Traum, S. 204 f. — 9 Traum, S. 206. — 10 Heintel, Block II, S. 7. — 11 OeBr 1, S. 343. — 12 an Carl Schmitt, Traum, S. 217. — 13 OeBr 1, S. 343. — 14 Heintel, Block II, S. 54. — 15 OeBr 1, S. 344. — 16 Heintel, Block II, S. 282 f., SW IV, S. 727. — 17 SW IV, S. 337. — 18 Friedrich Wilhelm Wodtke, Die Antike im Werk Gottfried Benns, Wiesbaden 1963, S. 132. — 19 Günther Klemm, Gottfried Benn, Wuppertal-Barmen o.J., S. 56. — 20 SW IV, S. 335 f. — 21 Heintel, Block II, S. 53. — 22 Die Daten verdanke ich der freundlichen Auskunft von Rolf Aurich. — 23 Katalog Marbach, S. 280. — 24 Diese Akademie war die »wissenschaftliche Zentralstelle für die Mitwirkung bei der Schaffung eines deutschen Rechts«. Dem Präsidium standen die Ausschüsse zur Seite, die mit

»hervorragenden Persönlichkeiten der Parteiführung, der Reichsregierung und namhaften Vertretern des Rechts und der Wirtschaft« besetzt waren. Vgl. Das deutsche Führerlexikon 1934/1935, Berlin 1934, Teil II, S. 79. — 25 AB, S. 93. — 26 OeBr 1, S. 354. — 27 OeBr 1, S. 354. — 28 OeBr 1, S. 353. — 29 SW V, S. 133. — 30 OeBr 1, S. 353. — 31 Herbert Michaelis, Der zweite Weltkrieg. Bilder, Daten, Dokumente, Gütersloh, S. 329.

Der Phänotyp 1945

1 OeBr 1, S. 357. Damit ging die Beförderung zum Oberstarzt einher. Es handelt sich bei einer »R.-Stelle«, wie Benn schreibt, nicht um eine »Reservestelle«, wie Steinhagen/Schröder 1, S. 463 kommentieren. Benn war aktiver Offizier. — 2 Reinhold Grimm, Im Auge des Hurrikans. Brüssel 1916: Gottfried Benns Urerlebnis, Neue Rundschau 102 (1992) H. 4, S. 121-138. Hier S. 131. — 3 Grimm, Im Auge des Hurrikans, S. 133. — 4 OeBr 1, S. 360 f. — 5 SW IV, S. 405. — 6 SW IV, S. 406. — 7 SW IV, S. 759. — 8 SW IV, S. 764. — 9 Gottfried Benn, Prosa und Autobiographie, S. 696. — 10 Werner Rübe, Provoziertes Leben: Gottfried Benn, Stuttgart 1993, S. 367. — 11 Das Tagebuch befindet sich in Privatbesitz. Ich danke Dr. Werner Rübe für die Einsicht. — 12 Rübe, Provoziertes Leben, S. 368. — 13 Rübe, Provoziertes Leben, S. 369. — 14 Heintel, Block II, S. 53. — 15 Tagebuch, Eintrag am 14.7.1944. — 16 Vgl. Rübe, Provoziertes Leben, S. 366 f. — 17 OeBr 1, S. 366. — 18 OeBr 1, S. 357. — 19 OeBr 1, S. 359. — 20 OeBr 1, S. 369. — 21 OeBr 1, S. 367. — 22 Michaelis, Der zweite Weltkrieg, S. 372. — 23 OeBr 1, S. 367. — 24 OeBr 1, S. 370. — 25 Reininger, »Die Leere und das gezeichnete Ich«, S. 346. — 26 Vgl. Jean Martet, Clemenceau spricht, Berlin 1930. Vgl. SW II, S. 271. — 27 SW V, S. 169. — 28 SW V, S. 169. — 29 Reininger, »Die Leere und das gezeichnete Ich«, S. 353. — 30 SW I, S. 180 f. — 31 Reininger, »Die Leere und das gezeichnete Ich«, S. 369 f. — 32 SW III, S. 198. — 33 Guy de Pourtalès: Der blaue Klang. Friedrich Chopins Leben. Deutsch von Hermann Fauler. Freiburg 1928, S. 200. — 34 SW I, S. 193. — 35 OeBr 1, S. 378. — 36 OeBr 1, S. 377 f. — 37 OeBr 1, S. 382. — 38 Michaelis, Der zweite Weltkrieg, S. 379. — 39 OeBr 1, S. 372. — 40 OeBr 1, S. 382. — 41 OeBr 1, S. 383. — 42 Walter Neumann, »Melden beim Standortältesten in Landsberg!«, in: Landsberg an der Warthe 1257, 1945, 1976. Stadt und Land im Umbruch der Zeiten, hg. Hans Beske und Ernst Handke, Bielefeld 1976, S. 161-163. Hier S. 161. — 43 Neumann, »Melden beim Standortältesten in Landsberg!«, S. 162. — 44 Neumann, »Melden beim Standortältesten in Landsberg!«, S. 163. — 45 Vgl. Claus Leggewie, Von Schneider zu Schwerte, München 1998, S. 148. — 46 Fritz Schmaeling, Dem Ende entgegen. Schlußakt auf der General-von-Strantz-Kaserne, Heimatblatt der ehemaligen Kirchengemeinden Landsberg, Warthe, Stadt und Land, Heft 7/8 (1966), S. 8. — 47 Die Angaben verdanke ich Horst Mühleisen. — 48 Gottfried Benn – Thea Sternheim, Briefwechsel, S. 131 f. — 49 Heintel, Block II, S. 64. — 50 GB/Th.St., S. 1

Nachkrieg

Berlin in Trümmern

1 Isa Vermehren, Reise durch den letzten Akt. Ein Bericht, in: Hans Dieter Schäfer, Berlin im Zweiten Weltkrieg. Der Untergang der Reichshauptstadt in Augenzeugenberichten, München 1985, S. 282-285. Hier S. 285. — 2 Hans Dieter Schäfer, Berlin im Zweiten Weltkrieg, in: Schäfer, Berlin, S. 9-78. Hier S. 53. Fast dreitausend Berliner starben. Vgl. die falsche Angabe bei Christoph Studt, Das Dritte Reich in Daten, München 2002, S. 248, der von 22.000 Toten spricht. — 3 Traum, S. 211. — 4 Jacob Kronika, Der Untergang Berlins, in: Schäfer, Berlin, S. 291-295. Hier S. 294. — 5 Ruth Andreas-Friedrich, Der Schattenmann. Tagebuchaufzeichnungen 1938-1948, Berlin 2000, S. 269. — 6 Möglich ist auch, daß sich Benn bei der Heeressanitätsinspektion gemeldet hat. Diese befand sich im der Bendlerstraße 14. Der Oberbefehlshaber des Ersatzheeres war Heinrich Himmler, Reichsführer SS. Himmler hatte diese Dienststellung seit dem 20. Juli 1944 inne. — 7 Theweleit behauptet, Benn habe Herta während der Bombenangriffe in der Wohnung zurückgelassen und sei allein in den Keller gegangen, ohne für diese Anschuldigung einen Beleg beizubringen (The Politics of Orpheus Between Women, Hades, Political Power and the Media: Some Thoughts on the Configuration of the European Artist, Starting with the Figure of Gottfried Benn Or: What Happens to Eurydike?, in: New German Critique Vol. 12, No. 36 (1985), S. 133-156. Hier 136. — 8 OeBr 1, S. 387 f. — 9 Schäfer, Berlin, S. 48. — 10 OeBr 1, S. 385. — 11 OeBr 1, S. 383. — 12 OeBr 1, S. 388. — 13 Margret Boveri, Tage des Überlebens. Berlin 1945, München 1968, S. 64. — 14 OeBr 1, S. 374. — 15 OeBr 1, S. 375. — 16 OeBr 1, S. 388. — 17 Boveri, Tage des Überlebens, S. 15 f. — 18 Christoph Studt, Das Dritte Reich in Daten, München 2002, S. 255. — 19 Andreas-Friedrich, Schattenmann, S. 274. — 20 Emilie K. Gerstenberg, Die Schlußphase der russischen Eroberung Berlins 1945, in: Schäfer, Berlin, S. 322-327. Hier S. 322.

Besatzungszeit

1 Andreas-Friedrich, Schattenmann, S. 311. — 2 Boveri, Tage, S. 119. — 3 Theo Findahl, in: Schäfer, Berlin S. 355. — 4 Schäfer, Berlin, S. 74. — 5 AB, S. 96. — 6 Andreas-Friedrich, Schattenmann, S. 354. — 7 Das Folgende nach Axel Beste, Dorf im Sperrgebiet. Geschichte von Stapel früher Kreis Lüneburg, Hildesheim 1970, S. 96. — 8 Beste, Dorf im Sperrgebiet, S. 104. — 9 Beste, Dorf im Sperrgebiet, S. 105. — 10 AB, S. 95. — 11 OeBr 2, S. 10. — 12 Wolfgang Schivelbusch, Vor dem Vorhang. Das geistige Berlin 1945-1948, München 1995, S. 40. — 13 Schivelbusch, Vor dem Vorhang, S. 41. — 14 Die politische Überprüfung der Kulturschaffenden und deren künstlerischem Rang wurde von den Funktionären einer Gruppe getroffen, die aus dem Berliner Widerstand kam. An ihrer Spitze stand Alex Vogel, 37 Jahre alt, von Beruf kaufmännischer Korrespondent, seit seinem 18. Lebensjahr Kommunist, »ein erstklassiger Organisator und ein Mann, der über Leichen ging« (Schivelbusch, Vor

dem Vorhang, S. 71). — 15 Boveri, Tage, S. 159. — 16 Schivelbusch, Vor dem Vorhang, S. 77. — 17 OeBr 2, S. 17. — 18 Schivelbusch, Vor dem Vorhang, S. 95. 19 Schivelbusch, Vor dem Vorhang, S. 76. — 20 Schivelbusch, Vor dem Vorhang, S. 119. — 21 Schivelbusch, Vor dem Vorhang, S. 130. — 22 Schivelbusch, Vor dem Vorhang, S. 132. — 23 Schivelbusch, Vor dem Vorhang, S. 142.

Rückkehr in den Alltag

1 Schivelbusch, Vor dem Vorhang, S. 54. — 2 Schivelbusch, Vor dem Vorhang, S. 25. Als die Presseabteilung der amerikanischen »Information Control« am 7. Juli in ihrem Quartier in Zehlendorf eintraf, erschienen bereits täglich vier Zeitungen in einer Gesamtauflage von ungefähr 400.000 Exemplaren: Die von der Roten Armee herausgegebene »Tägliche Rundschau«, die »Berliner Zeitung« unter der Leitung des Moskau-Rückkehrers Rudolf Herrnstadt, die »Deutsche Volkszeitung« der KPD und die SPD-Zeitung »Das Volk«. Alle vier hatten ihren Sitz im russischen Sektor. — 3 Andreas-Friedrich, Schattenmann, S. 381. — 4 SW III, S. 190. — 5 Andreas-Friedrich, Schattenmann, S. 382. — 6 Andreas-Friedrich, Schattenmann, S. 382. — 7 Kultur, Pajoks und CARE-Pakete. Eine Berliner Chronik 1945-1949, hg. Winfried Ranke et al., S. 76. — 8 Gutachten in Privatbesitz Rübe. — 9 OeBr 2, S. 10. — 10 OeBr 2, S. 6. — 11 OeBr 2, S. 13. — 12 OeBr 2, S. 14. — 13 Gottfried Benn, Briefe an Carl Werckshagen, in: Limes-Lesebuch II, Wiesbaden 1958, S. 55. — 14 OeBr 2, S. 9.

Innere und äußere Emigration

1 OeBr 2, S. 18. — 2 Klaus Harpprecht, Thomas Mann. Eine Biographie, Reinbek 1995, S. 1456 f. — 3 Harpprecht, Thomas Mann, S. 1457. — 4 Harpprecht, Thomas Mann, S. 1467. — 5 Erster Deutscher Schriftstellerkongreß 4. – 8. Oktober 1947, hg. Ursula Reinhold et al., Berlin 1997, S. 32. — 6 Klaus Mann an Katia Mann am 30. 9. 1945 in: Klaus Mann zum 75. Geburtstag, Europäische Ideen (1981) H. 52, S. 8. — 7 Die große Kontroverse. Ein Briefwechsel um Deutschland, hg. J. F. G. Grosser, Hamburg 1963, S. 18 ff. 8 Die große Kontroverse, S. 20. — 9 Markus Joch, Vom Reservieren der Logenplätze. Das Dreieck Thiess-Mann-Andersch, in: Hans-Gerd Winter, Uns selbst mussten wir misstrauen. Die »junge Generation« in der deutschsprachigen Nachkriegsliteratur, Hamburg, München 2002, S. 67-79. Hier S. 69. In einem Brief an Hinkel vom Oktober 1934 schrieb Thiess, er habe sich »seit zehn Jahren den unauslöschlichen Haß der jüdischen Literatenschaft und der jüdischen Presse zugezogen«: Das ist die denunziatorische Geste, die auf Entgegenkommen rechnet. Ausdrücklich empfiehlt er sich als Wegbereiter der neuen Zeit. Mit Erfolg: Auf Fürsprache Hinkels bescheinigt Goebbels *persönlich die Unbedenklichkeit.* Vgl. S. 70. — 10 Die Existenz eines solchen Briefes ließ sich bisher nicht bestätigen. Joch, Vom Reservieren der Logenplätze, S. 70. Dort auch das Folgende. — 11 Die große Kontroverse, S. 23. — 12 Die große Kontroverse, S. 25. — 13 Die große Kontroverse, S. 31. — 14 Edwin Redslob, Der »Fall« Thomas Mann, Berliner Tagesspiegel 23. 10. 1945, in: Die

große Kontroverse, S. 38. — 15 Hermann Kurzke, Thomas Mann. Das Leben als Kunstwerk. Eine Biographie, München 1999, S. 533. — 16 Kurzke, Thomas Mann, S. 533. — 17 OeBr 1, S. 388. — 18 OeBr 2, S. 12. — 19 SW V, S. 227. — 20 OeBr 2, S. 13. — 21 OeBr 2, S. 16. — 22 OeBr 2, S. 16. — 23 OeBr 2, S. 288. — 24 OeBr 2, S. 16. — 25 SW IV, S. 292.

Erste Verlagsgespräche

1 Vgl. Harald Steinhagen, Die Statischen Gedichte von Gottfried Benn. Die Vollendung seiner expressionistischen Lyrik, Stuttgart 1969, S. 62. — 2 Gottfried Benn Briefe an Carl Werkshagen, in: Limes-Lesebuch II, Wiesbaden 1958, S. 53. — 3 Gottfried Benn, Briefe an Carl Werkshagen, in: Limes-Lesebuch II, Wiesbaden 1958, S. 53. — 4 Schivelbusch, Vor dem Vorhang, S. 250. — 5 Gottfried Benn, Briefe an Carl Werkshagen, S. 57. — 6 Steinhagen, Statische Gedichte, S. 67. — 7 Carl Zuckmayer, Geheimreport, hg. Gunther Nickel und Johanna Schrön, Göttingen 2002, S. 18. — 8 Zuckmayer, Geheimreport, S. 16. — 9 Steinhagen, Statische Gedichte, S. 73. — 10 OeBr 2, S. 20. — 11 OeBr 2, S. 20. — 12 OeBr 2, S. 20. — 13 Frank Grube und Gerhard Richter, Die Schwarzmarktzeit. Deutschland zwischen 1945 und 1948, Hamburg 1979, S. 111. — 14 OeBr 2, S. 19.

Literarische Öffentlichkeit

1 Hartmut Reith, Das Berliner Verlagswesen in der Nachkriegszeit, in: Berliner Kulturrat (Hg.), Eine Kulturmetropole wird geteilt. Literarisches Leben in Berlin (West) 1945 bis 1961, Berlin 1987, S. 118. — 2 SW IV, S. 512. — 3 SW V, S. 237. — 4 SW V, S. 229. Diese Formulierung hat Benn offenbar selbst so gut gefallen, daß er sie drei Jahre später in einem Brief an Ernst Jünger vom 26.12.1949 wiederholt hat. Vgl. AB, S. 186; auch in: Gottfried Benn, Briefe an Ernst Jünger, E. R. Curtius, Max Rychner u.a., Zürich 1960, S. 46; auch in: G. B. – Ernst Jünger, Briefwechsel 1949-1956, Stuttgart 2006, S. 15. In der Frankfurter Allgemeinen Zeitung vom 9.3.2006: »*Unveröffentlichtes* aus dem Briefwechsel zwischen E. J. und G. B.« Lektüre schützt vor Entdeckungen. — 5 SW V, S. 227. — 6 Alle Zitate in Heft 1, S. 5.

Zurückweisung

1 Alex von Frankenberg, Umsonst? in: Die Wandlung 1 (1945/46) Heft 3, S. 211-217. Hier S. 213. — 2 Die Sammlung, 1. Jg. (1946) H. 3, S. 213 f. — 3 OeBr 2, S. 29. — 4 OeBr 2, S. 22. — 5 OeBr 2, S. 27 ff. — 6 OeBr 2, S. 49. — 7 OeBr 2, S. 23. — 8 OeBr 2, S. 298. — 9 OeBr 2, S. 21. — 10 OeBr 2, S. 33. — 11 OeBr 2, S. 37. — 12 OeBr 2, S. 32 f.

Der Weg zum Ruhm

Sommer 1946

1 OeBr 2, S. 37. — 2 Andreas Dinter, Berlin in Trümmern. Ernährungslage und medizinische Versorgung der Bevölkerung Berlins nach dem II. Weltkrieg, Berlin 1999, S. 151. — 3 Dinter, Berlin in Trümmern, S. 155. — 4 Dinter, Berlin in Trümmern, S. 229. — 5 OeBr 2, S. 38. — 6 OeBr 2, S. 39. — 7 OeBr 2, S. 46. — 8 OeBr 2, S. 55. — 9 OeBr 2, S. 46 f. — 10 Chronik 1946. Tag für Tag in Wort und Bild, hg. Thomas Flemming et al., Gütersloh, München 1995, S. 68. — 11 Vgl. Anton Reininger, ›Die Leere und das gezeichnete Ich‹. Gottfried Benns Lyrik, Firenze 1989, S. 382 ff. — 12 OeBr 2, S. 42. — 13 OeBr 2, S. 38. — 14 OeBr 2, S. 38 f. — 15 Landesgesundheitsamt Berlin, Besprechung der Amtsärzte am 14.2.1946. Den Hinweis verdanke ich Dr. Dinter. 16 Dinter, Berlin in Trümmern, S. 154. Dr. Emanuel war am 20. Juli 1946 als Schöneberger Amtsarzt nicht mehr tätig. — 17 OeBr 2, S. 49. — 18 OeBr 2, S. 49.

Neue Versuche

1 Gottfried Benn, Lyrik und Prosa. Briefe und Dokumente, hg. Max Niedermayer, Wiesbaden 1962, S. 166. — 2 OeBr 2, S. 57. — 3 Die Versorgungslage in Deutschland bleibt unzureichend, in: Chronik 1946, S. 44. — 4 OeBr 2, S. 57. — 5 OeBr 2, S. 37. — 6 OeBr 2, S. 56. — 7 Vgl. Fritz Martini, Das Wagnis der Sprache. Interpretationen deutscher Prosa von Nietzsche bis Benn, Stuttgart 1954, S. 504. — 8 SW V, S. 14. — 9 SW V, S. 8. — 10 SW V, S. 9. — 11 Chronik 1946, S. 174. — 12 Chronik 1946, S. 175. — 13 Ilse Benn, Mein Mann Gottfried Benn, Die Waage 15 (1976), 208-212, hier S. 208. — 14 Benn, Mein Mann Gottfried Benn, S. 209. — 15 OeBr 2, S. 61. — 16 OeBr 2, S. 61. — 17 OeBr 2, S. 65.

1947

1 Chronik 46, S. 100. — 2 Vgl. Brief an Gertrud Zenzes, in: AB, S. 117. — 3 OeBr 2, S. 75. — 4 OeBr 2, S. 76. — 5 OeBr 2, S. 76. — 6 Berliner Almanach 1947, hg. Walther G. Oschilewski und Lothar Blanvalet, Berlin, 1946, S. 26. — 7 Berliner Almanach 1947, S. 150. — 8 Berliner Almanach 1947, S. 13 f. — 9 Berliner Almanach 1947, S. 11. — 10 Berliner Almanach 1947, S. 46. — 11 Briefe an einen Verleger. Max Niedermayer zum 60. Geburtstag, hg. Marguerite Valerie Schlüter, Wiesbaden 1965, S. 17. — 12 AB, S. 123. — 13 AB, S. 119. — 14 OeBr 2, S. 85. — 15 OeBr 2, S. 77. — 16 OeBr 2, S. 75 f. — 17 OeBr 2, S. 85. — 18 OeBr 2, S. 85. — 19 OeBr 2, S. 71. — 20 Seyerlen, Briefwechsel, S. 47. — 21 OeBr 2, S. 305. — 22 Erster Deutscher Schriftstellerkongreß, S. 321 f. — 23 Kurt Hiller, Geistige Grundlagen eines schöpferischen Deutschlands der Zukunft, Hamburg, Stuttgart 1947, S. 53. — 24 OeBr 2, S. 86. — 25 OeBr 2, S. 87. — 26 Kultur, Pajoks und CARE-Pakete, S. 103. — 27 So lebten wir. Ein Querschnitt durch 1947,

hg. Hans A. Rümelin, Willbach 1947, S. 52. — 28 So lebten wir, S. 55. Dort Tabellen für verschiedene Berufe. — 29 OeBr 2, S. 86. — 30 WW, S. 216 f. — 31 OeBr 2, S. 81. — 32 WW, S. 219. — 33 WW, S. 220 f. — 34 OeBr 2, S. 78. 35 OeBr 2, S. 83. — 36 OeBr 2, S. 95. — 37 OeBr 2, S. 92.

Erfolg im Ausland

1 Schivelbusch, Vor dem Vorhang, S. 285. — 2 Vgl. Erhard Hürsch, Meine Begegnung mit Gottfried Benn, Benn-Jahrbuch 1 (2003), S. 35-45. — 3 OeBr 2, S. 89. — 4 Gottfried Benn, Statische Gedichte, hg. Paul Raabe, Zürich, Hamburg 2000, S. 86 f. — 5 Chronik 1946, S. 180. — 6 TW, S. 275. — 7 OeBr 2, S. 83. — 8 Max Niedermayer, Pariser Hof, Limes Verlag Wiesbaden 1945-1965, Wiesbaden 1965, S. 50. — 9 TW, S. 270. — 10 Nele Poul Soerensen, Mein Vater Gottfried Benn, 2. Aufl., Wiesbaden 1984, S. 83. — 11 Soerensen, Mein Vater, S. 84. — 12 Der Phönix 1947. Ein Almanach für junge Menschen, hg. Hans Nicklisch und Walther G. Oschilewski, Berlin-Wannsee 1947, S. 299. — 13 Der Phönix 1947, S. 101. — 14 Der Phönix 1947, S. 193. — 15 OeBr 2, S. 309. — 16 Meint er »down« oder »doof«? — 17 OeBr 2, S. 112. — 18 SW VII/1, S. 128. — 19 SW IV, S. 370. — 20 OeBr 1, S. 264. — 21 OeBr 2, S. 101. — 22 OeBr 2, S. 96. — 23 OeBr 2, S. 114. — 24 OeBr 2, S. 117. — 25 Ost und West, 2. Jg., Februar 1948, S. 47. — 26 OeBr 2, S. 118. — 27 OeBr 2, S. 107. — 28 OeBr 2, S. 108. — 29 OeBr 2, S. 114. — 30 Vgl. Stefan Ringel, Heinrich Mann. Ein Leben wird besichtigt, Darmstadt 2000, S. 350 f. — 31 OeBr 2, S. 105 f.

Währungsreform und Blockade

1 Statische Gedichte, hg. Raabe, S. 92. — 2 Statische Gedichte, hg. Raabe, S. 96 f. — 3 OeBr 2, S. 139. — 4 OeBr 2, S. 140. — 5 OeBr 2, S. 140. — 6 Chronik 1948, S. 198. — 7 OeBr 2, S. 142. — 8 Chronik 1946, S. 179. — 9 OeBr 2, S. 144. — 10 Kultur, Pajoks und CARE-Pakete, S. 238. — 11 OeBr 2, S. 155. — 12 Statische Gedichte, hg. Raabe, S. 87: »Falls Sie das eine oder andere Gedicht fortlassen möchten oder die Reihenfolge ändern, bin ich einverstanden.« — 13 OeBr 2, S. 154. — 14 Lüth gab 1947 im Limes Verlag die Lyrikanthologie »Der Anfang. Anthologie junger Autoren« heraus, in der Autoren wie Wolfgang Bächler, Günter Eich, Ernst Kreuder, Herbert Lestiboudois oder Gerhart Pohl vertreten sind. — 15 Vgl. Niedermayer, Pariser Hof, S. 22 ff. — 16 Paul E. H. Lüth, Literatur als Geschichte. Deutsche Dichtung von 1885 bis 1947, 2 Bde., Wiesbaden 1947, S. 156. — 17 Lüth, Literatur als Geschichte, S. 433. — 18 Alfred Döblin, Auswahl aus dem dichterischen Werk. Einleitung Dr. E. H. Paul Lüth, Wiesbaden 1948, S. 6. — 19 Niedermayer, Pariser Hof, S. 44. — 20 OeBr 2, S. 124. — 21 OeBr 2, S. 132. — 22 OeBr 2, S. 155. — 23 OeBr 2, S. 156. — 24 SW V, S. 379. — 25 Gottfried Benn, Briefwechsel mit dem »Merkur« 1948-1956, hg. Holger Hof, Stuttgart 2004, S. 14. — 26 Benn, Briefwechsel mit dem »Merkur«, S. 15. — 27 SW V, S. 56 f. — 28 SW V, S. 58. — 29 SW V, S. 57. — 30 SW III, S. 413. — 31 SW IV, S. 504. — 32 OeBr 2, S. 147. — 33 OeBr 2, S. 147. — 34 OeBr 2, S. 160.

Das Benn-Jahr 1949

1 OeBr 2, S. 167. — 2 OeBr 2, S. 178. — 3 Benn, Briefwechsel mit dem »Merkur«, S. 16. — 4 Niedermayer, Pariser Hof, S. 50. — 5 Niedermayer, Pariser Hof, S. 54. — 6 Kultur, Pajoks und CARE-Pakete, S. 254. — 7 OeBr 2, S. 189 — 8 Statische Gedichte, hg. Raabe, S. 81. — 9 OeBr 2, S. 170 f. — 10 OeBr 2, S. 189. Dort auch die folgenden Zitate. — 11 Prisma, Heft 19/20 (1948), S. 48. — 12 Merkur 7, 2. Jg. (1948), 1. Heft, S. 158. — 13 WW, S. 221. — 14 WW, S. 223. — 15 Niedermayer, Pariser Hof, S. 56. — 16 Briefe an einen Verleger, S. 18. — 17 Niedermayer, Pariser Hof, S. 55. — 18 OeBr 2, S. 210. — 19 Literarische Revue, 4. Jg, Heft 5, S. 326-328. — 20 Glanz, Heft 6 (1949), S. 48. — 21 Von dem Druck der »22 Gedichte« und dem Andruck bei Henssel kann abgesehen werden. — 22 Niedermayer, Pariser Hof, S. 54. — 23 OeBr 2, S. 278. — 24 OeBr 2, S. 278. — 25 Väter und Söhne. Briefe deutscher Menschen, hg. Walther G. Oschilewski, Darmstadt 1942, S. 7. — 26 OeBr 2, S. 193. — 27 SW V, S. 93. — 28 Briefe an einen Verleger, S. 15 f. — 29 OeBr 2, S. 225. — 30 Der Artikel erscheint am 14.1.1950. — 31 SW VII/1, S. 229. — 32 SW VII/1, S. 236 f. — 33 SW VII/1, S. 641.

Doppelleben

1 Niedermayer, Pariser Hof, S. 60. — 2 Briefe an einen Verleger, S. 15. — 3 Briefe an einen Verleger, S. 37 f. — 4 SW V, S. 490. — 5 Arnold Bauer in der Literaturbeilage der Neuen Zeitung, Berliner Ausgabe Nr. 13, vom 15.1.1950, S. 11. — 6 SW V, S. 603. — 7 OeBr 3, S. 9. — 8 Michael Jäger, Autobiographie und Geschichte. Wilhelm Dilthey, Georg Misch, Karl Löwith, Gottfried Benn, Alfred Döblin, Stuttgart, Weimar 1995, S. 221. — 9 Der Nationalsozialismus. Dokumente 1933-1945, hg. Walther Hofer, Frankfurt am Main 1957, S. 268. — 10 SW V, S. 86. — 11 Jaeger, Autobiographie und Geschichte, S. 245. — 12 SW V, S. 93. — 13 Thomas Mann, Gesammelte Werke in dreizehn Bänden, Bd. XI, Frankfurt am Main 1974, S. 128; SW V, S. 96. Dazu auch: Jaeger, Autobiographie und Geschichte, S. 253. — 14 SW VII/I, S. 128. — 15 OeBr 2, S. 334. — 16 OeBr 2, S. 231. — 17 Gottfried Benn – Margret Boveri. Briefwechsel 1949-1956, hg. Roland Berbig und Nele Herbst: Berliner Hefte 5 (2003), S. 63-125. Hier S. 67. — 18 OeBr 2, S. 218. — 19 Boveri, Briefwechsel, S. 72. — 20 OeBr 2, S. 219. — 21 OeBr 2, S. 221. — 22 OeBr 2, S. 221. — 23 Vgl. Wolfgang Ignée, »Glück meines Lebens«. Gottfried und Ilse Benn, in: Benn-Jahrbuch 1 (2003), S. 55-60. — 24 OeBr 2, S. 230. — 25 OeBr 2, S. 258. — 26 OeBr 2, S. 259. — 27 Lyrik und Prosa, Briefe und Dokumente, S. 319. — 28 OeBr 2, S. 247. — 29 OeBr 2, S. 257. — 30 OeBr 2, S. 240. — 31 OeBr 2, S. 240. — 32 OeBr 2, S. 239. — 33 Gottfried Benn, Das Nichts und der Herr am Nebentisch. 50 Gedichte, mit einer Einleitung und einem biographischen Essay von Joachim Dyck, Berlin 1986, S. 125. — 34 OeBr 3, S. 163. — 35 OeBr 3, S. 164. — 36 OeBr 2, S. 241. — 37 OeBr 2, S. 342. — 38 OeBr 2, S. 347. — 39 OeBr 2, S. 341. — 40 OeBr 2, S. 341. — 41 OeBr 2, S. 249 f. — 42 Oelze an Benn, 28.11.1948, DLA Marbach. Harald Steinhagen danke ich für die Zitiererlaubnis. — 43 OeBr 2,

S. 249 f. — 44 OeBr 2, S. 262. — 45 SW V, S. 65. — 46 SW V, S. 69. — 47 SW V, S. 71. — 48 SW V, S. 78. — 49 SW V, S. 71. — 50 SW V, S. 76. — 51 OeBr 2, S. 271. — 52 OeBr 2, S. 276. — 53 OeBr 2, S. 276. — 54 OeBr 2, S. 281. — 55 Braunschweiger Zeitung vom 3./4.12.1949. Ich benutze eine Abschrift aus dem Nachlaß Blunck, auf die mich Heinrich Detering dankenswerterweise aufmerksam machte. Die Besprechung fehlt bei Lohner. — 56 OeBr 3, S. 6. — 57 Die Welt, 2.3.1962. — 58 OeBr 3, S. 294. — 59 OeBr 3, S. 11. — 60 WW, S. 227.

Literaturverzeichnis

Gottfried Benn
Werke und Dokumente

Gottfried Benn: Sämtliche Werke. Stuttgarter Ausgabe. In Verbindung mit Ilse Benn, hg. Gerhard Schuster (Bde. I-V); Holger Hof (Bde. VI-VII), Stuttgart 1986-2003.

Gottfried Benn: Essays und Reden. In der Fassung der Erstdrucke. Mit einer Einführung, hg. Bruno Hillebrand, Frankfurt am Main 1989.

Gottfried Benn: Lyrik und Prosa. Briefe und Dokumente. Eine Auswahl, hg. Max Niedermayer, Wiesbaden 1962.

Gottfried Benn: Das Nichts und der Herr am Nebentisch. 50 Gedichte. Mit einer Einleitung und einem biographischen Essay von Joachim Dyck, Berlin 1986.

Gottfried Benn: Statische Gedichte, hg. Paul Raabe, Zürich, Hamburg 2000.

Gottfried Benn: Das Hörwerk 1928-56, hg. Robert Galitz u.a., Frankfurt am Main 2004.

Greve, Ludwig (Hg.): Gottfried Benn 1886-1956. Eine Ausstellung des Deutschen Literaturarchivs im Schiller-Nationalmuseum Marbach am Neckar, Marbach a. N. 1986.

Hillebrand, Bruno (Hg.): Über Gottfried Benn. Kritische Stimmen. Bd. 1: 1912-1956. Bd. 2: 1957-1986, Frankfurt am Main 1987.

Hohendahl, Peter Uwe (Hg.): Benn – Wirkung wider Willen. Dokumente zur Wirkungsgeschichte Benns, Frankfurt am Main 1971.

Gottfried Benn
Briefe

Gottfried Benn: Briefe an Carl Werckshagen, in: Limes Lesebuch II. Folge, Wiesbaden 1950, S. 43-61.

Gottfried Benn: Ausgewählte Briefe. Mit einem Nachwort von Max Rychner, Wiesbaden 1957.

Briefe an einen Verleger. Max Niedermayer zum 60. Geburtstag, hg. Marguerite Valerie Schlüter, Wiesbaden 1965.

Gottfried Benn: Den Traum alleine tragen. Neue Texte, Briefe, Dokumente, hg. Paul Raabe; Max Niedermayer, Wiesbaden 1966.

Gottfried Benn: Briefe an den Halb-Chef, hg. Karl Pagel, in: Neue Deutsche Hefte 133, 19. Jg. (1972) H. 1, S. 26-61.

Gottfried Benn: Briefe an F. W. Oelze 1932-1956. 3 Bde., hg. Harald Steinhagen; Jürgen Schröder, Wiesbaden 1977-1980.

Gottfried Benn: Briefwechsel mit Paul Hindemith, hg. Ann Clark Fehn, Wiesbaden 1978.
Gottfried Benn und Börries von Münchhausen. Ein Briefwechsel aus den Jahren 1933/43, hg. Reinhard Alter, in: Jahrbuch der deutschen Schillergesellschaft 25 (1981), S. 139-170.
Gottfried Benn berät eine Zeitschrift. Dreizehn Briefe an den »Bifur«-Herausgeber und eine Erinnerung von Nino Frank, hg. Ludwig Völker, in: Merkur 35 (1981) H. 7, S. 717-729.
Gottfried Benn: Briefe an Tilly Wedekind, 1930-1955. Nachwort von Maguerite Valerie Schlüter, Stuttgart 1986.
Gottfried Benn: Briefwechsel mit Max Rychner 1930-1956, hg. Gerhard Schuster, Stuttgart 1986.
Gottfried Benn: Briefe an Elinor Büller 1930-1937. Nachwort von Marguerite Valerie Schlüter, Stuttgart 1992.
Gottfried Benn – Egmont Seyerlen: Briefwechsel, 1914-1956, hg. Gerhard Schuster, Stuttgart 1993.
Gottfried Benn: Hernach. Gottfried Benns Briefe an Ursula Ziebarth. Mit Nachschriften zu diesen Briefen von Ursula Ziebarth und einem Kommentar von Jochen Meyer, Göttingen 2001.
Gottfried Benn – Margret Boveri. Briefwechsel 1949-1956, hg. Roland Berbig; Nele Herbst, in: Berliner Hefte 5 (2003), S. 63-125.
Gottfried Benn: Briefwechsel mit dem Merkur 1948-1956, hg. Holger Hof, Stuttgart 2004.
Gottfried Benn – Thea Sternheim: Briefwechsel und Aufzeichnungen. Mit Briefen und Tagebuchauszügen Mopsa Sternheims, hg. Thomas Ehrsam, Göttingen 2004.

Literatur

Abosch, Heinz: Die Linke und das NS-Phänomen, in: Thomas Koebner (Hg.): Weimars Ende. Prognosen und Diagnosen in der deutschen Literatur und politischen Publizistik 1930-1933, Frankfurt am Main 1982.
Absolon, Rudolf: Die Wehrmacht im Dritten Reich. Bd. 1: 30. Januar 1933 bis 2. August 1934, Boppard am Rhein 1969.
Ackermann, Josef: Heinrich Himmler als Ideologe, Göttingen 1970.
Adler, Wulf-Jürgen: Klaus Mann: 1906-1949. Leben und Werk in Texten und Dokumenten. Ausstellung zum 75. Geburtsjahr. 10. Januar 1981 – 1. Februar 1981, Wiesbaden 1981.
Albrecht, Clemens: Die intellektuelle Gründung der Bundesrepublik. Eine Wirkungsgeschichte der Frankfurter Schule, Frankfurt am Main 1999.
Alter, Reinhard: Gottfried Benn. The Artist and Politics (1910-1934), Bern, Frankfurt am Main, München 1976.
Alter, Reinhard: Gottfried Benn. Der Essay und die Zeit, in: Jahrbuch für internationale Germanistik 12 (1980), S. 139-165.

Alter, Reinhard: Gottfried Benn und Börries von Münchhausen. Ein Briefwechsel aus den Jahren 1933/43, in: Jahrbuch der deutschen Schillergesellschaft 25 (1981), S. 139-170.

Altmer, Manfred: Dresden. Von der Königlichen Kunstakademie zur Hochschule für bildende Künste; [1764-1989] die Geschichte einer Institution, Dresden 1990.

Andreas-Friedrich, Ruth: Der Schattenmann. Tagebuchaufzeichnungen 1938-1948, Berlin 2000.

Aschheim, Steven E.: Nietzsche und die Deutschen. Karriere eines Kults, Stuttgart 1996.

Barbian, Jan-Pieter: Rez. zu Fritz H. Landshoff, in: Internationales Archiv für Sozialgeschichte der deutschen Literatur 18 (1993) H. 2, S. 247.

Barbian, Jan-Pieter: Literaturpolitik im »Dritten Reich«. Institutionen, Kompetenzen, Betätigungsfelder, München 1995.

Barbian, Jan-Pieter: Die vollendete Ohnmacht? Das Verhältnis der Schriftsteller zu den staatlichen und parteiamtlichen ›Schrifttumsstellen‹ im ›Dritten Reich‹, in: Internationales Archiv für Sozialgeschichte der deutschen Literatur 20 (1995) H. 1, S. 137-160.

Barbian, Jan-Pieter: »... nur passiv geblieben«?. Zur Rolle von Erich Kästner im »Dritten Reich«, in: Manfred Wegner (Hg.): »Die Zeit fährt Auto«. Erich Kästner zum 100. Geburtstag, München 1999, S. 119-142.

Barbian, Jan-Pieter: Literatur als Verwaltungsakt. Das Schicksal Jochen Kleppers im Dritten Reich, in: AdA 6 (2004), S. 407-420.

Barron, Stephanie (Hg.): Los Angeles County Museum of Art: Entartete Kunst. Das Schicksal der Avantgarde im Nazi-Deutschland. [17. Februar bis 12. Mai 1991]. Dt. Ausgabe, München 1992.

Baur, Erwin; Eugen Fischer; Fritz Lenz: Menschliche Erblichkeitslehre und Rassenhygiene. Bd. 2: Menschliche Auslese und Rassenhygiene (Eugenik), 4. Aufl., München 1932.

Belke, Ingrid; Irina Renz; Ulrich Ott (Hg.): Siegfried Kracauer: 1889-1966. (Marbacher Magazin; 47), Marbach 1989.

Benn, Ilse: Mein Mann Gottfried Benn, in: Die Waage 15 (1976), S. 208-212.

Benz, Wolfgang; Hermann Graml; Hermann Weiß (Hg.): Enzyklopädie des Nationalsozialismus, Stuttgart 1997.

Bergmann, Anna: Die verhütete Sexualität. Die Anfänge der modernen Geburtenkontrolle, Hamburg 1992.

Berichte zur Geschichte der Deutschen Staatsbibliothek in Berlin, hg. vom Generaldirektor der Staatsbibliohtek zu Berlin, Preußischer Kulturbesitz. Red.: Ralf Breslau, Wiesbaden 1996.

Bering, Henrik: Gutpost Berlin: the history of the American military forces in Berlin, 1945-1994, Chicago 1995.

Berthold, Helmut: Die Lilien und den Wein. Gottfried Benns Frankreich, Würzburg 1999.

Beste, Axel: Dorf im Sperrgebiet. Geschichte von Stapel, früher Landkreis Lüneburg, Hildesheim 1970.

Black, Peter: Ernst Kaltenbrunner. Vasall Himmlers: Eine SS-Karriere, Paderborn 1991.

Blessing, Karl Herbert: Die Problematik des modernen Epos im Frühwerk Alfred Döblins, Meisenheim 1972 (zugl. Diss., Mainz 1971).

Boveri, Margret: Tage des Überlebens. Berlin 1945, München 1968.

Boveri, Margret: Verzweigungen. Eine Autobiographie. Hg. und mit einem Nachwort versehen von Uwe Johnson, München 1977.

Bracher, Karl Dietrich; Gerhard Schulz; Wolfgang Sauer: Die nationalsozialistische Machtergreifung. Studien zur Errichtung des totalitären Herrschaftssystems in Deutschland 1933/34. Bd. 1: Karl Dietrich Bracher: Stufen der Machtergreifung, 2. Aufl., Köln 1962.

Bracher, Karl Dietrich; Manfred Funke; Hans-Adolf Jacobsen (Hg.): Die Weimarer Republik 1918-1933, 2. Aufl., Bonn 1988.

Brenner, Hildegard: Die Kunstpolitik des Nationalsozialismus, Reinbek 1963.

Brenner, Hildegard: Ende einer bürgerlichen Kunst-Institution. Die politische Formierung der Preußischen Akademie der Künste ab 1933, Stuttgart 1972.

Breuer, Stefan: Ästhetischer Fundamentalismus. Stefan George und der deutsche Antimodernismus, Darmstadt 1995.

Brode, Hanspeter: Benn Chronik. Daten zu Leben und Werk, München, Wien 1978.

Brömsel, Sven: »Das Unaufhörliche« – Ein musikalisches Politikum, in: Weimarer Beiträge 43 (1997) H. 3, S. 455-458.

Brömsel, Sven: Außerhalb von Zweckbestimmung und musischer Subtraktion. Zu Gottfried Benns »Das Unaufhörliche«, in: Jahrbuch zur Literatur der Weimarer Republik 4 (1998), S. 125-142.

Broszat, Martin: Die Phase der revolutionären Machtübernahme 1933/34, in: Hans Buchheim et al.: Anatomie des SS-Staates, Bd. 2, München 1967.

Broszat, Martin: Der Staat Hitlers. Grundlegung und Entwicklung seiner inneren Verfassung, 5. Aufl., München 1975.

Buhlmann, Britta E.: Renée Sintenis. Werkmonographie der Skulpturen, Darmstadt 1987.

Bussche, Raimund von dem: Konservativismus in der Weimarer Republik: Die Politisierung des Unpolitischen, Heidelberg 1998.

Claus, Jürgen: Haus der Kunst München: Entartete Kunst: Bildersturm vor 25 Jahren. Ausstellungskatalog, München 1962.

Combs, William L.: The voice of the SS: a history of the SS Journal »Das Schwarze Korps«, New York 1986.

Cuomo, Glenn R.: Purging an »Art-Bolshevist«: The Persecution of Gottfried Benn in the Years 1933-1938, in: German Studies Review 9 (1986), S. 85-105.

Cuomo, Glenn R.: Hanns Johst und die Reichsschrifttumskammer. Ihr Einfluß auf die Situation des Schriftstellers im Dritten Reich, in: Jörg Thunecke (Hg.): Leid der Worte. Panorama des literarischen Nationalsozialismus, Bonn 1987, S. 108-125.

Dahm, Volker: Anfänge und Ideologie der Reichskulturkammer. Die »Berufsgemeinschaft« als Instrument kulturpolitischer Steuerung und sozialer Reglementierung, in: Vierteljahreshefte für Zeitgeschichte 34 (1986), S. 53-84.

Deuerlein, Ernst (Hg.): Der Aufstieg der NSDAP in Augenzeugenberichten, 2. Aufl., München 1976.
Die Kunst hat nie ein Mensch allein besessen. Eine Ausstellung der Akademie der Künste und Hochschule der Künste. 9.6.-15.9.1996, Berlin 1996.
Dinter, Andreas: Berlin in Trümmern. Ernährungslage und medizinische Versorgung der Bevölkerung Berlins nach dem II. Weltkrieg, Berlin 1999.
Döblin, Alfred: 1878-1978. Eine Ausstellung des Deutschen Literaturarchivs im Schiller-Nationalmuseum Marbach am Neckar. Ausstellung und Katalog Jochen Meyer in Zusammenarbeit mit Ute Doster, 2. Aufl., München 1978.
Döblin, Alfred: Autobiografische Schriften und letzte Aufzeichnungen, Olten, Freiburg i. Br. 1980.
Döring, Jörg: Eulenspiegel schreibt Gespenstergeschichten. Wolfgang Köppen im Dritten Reich, in: Christiane Caemmerer; Walter Delabar (Hg.): Dichtung im Dritten Reich? Zur Literatur in Deutschland 1933-1945, Opladen 1996, S. 97-118.
Dresden. Von der Königlichen Kunstakademie zur Hochschule für Bildende Künste [1764-1989], hg. von der Hochschule für bildende Künste Dresden, Dresden 1990.
Dürkefälden, Karl: ›Schreiben, wie es wirklich war …‹: Die Aufzeichnungen Karl Dürkefäldens aus der Zeit des NS, Hannover 1985.
Düsterberg, Rolf: Hanns Johst: »Der Barde der SS«. Karrieren eines deutschen Dichters, Paderborn, München 2004.
Dyck, Joachim: Durch Oelzes Brille. Benns Rezeption nach 1956, in: Horst A. Glaser (Hg.): Gottfried Benn 1886-1956. Referate des Essener Colloquiums, Frankfurt am Main, Bern 1989, S. 201-212.
Dyck, Joachim: Freundschaft in Briefen, in: Thomas Karlauf (Hg.): Deutsche Freunde, Berlin 1995, S. 321-348.
Dyck, Joachim: Gottfried Benn und sein Bremer Echo Friedrich Wilhelm Oelze, in: Dorothee Hansen (Hg.): Friedrich Wilhelm Oelze – Freund der Künste und Vertrauter Gottfried Benns. [Anläßlich der Ausstellung über den Stifter und Sammler Friedrich Wilhelm Oelze in der Kunsthalle Bremen. 2. Mai – 31. Mai 2004], Bremen 2004, S. 4-15.
Engert, Jürgen (Hg.): Heimatfront. Kriegsalltag in Deutschland 1939-1945, Berlin 1999.
Eschenburg, Theodor: Letzten Endes meine ich doch. Erinnerungen 1933-1999, Berlin 2002.
Feder, Ernst: Heute sprach ich mit … Tagebücher eines Berliner Publizisten 1926-1932, Stuttgart 1971.
Feistel-Rohmeder, Bettina: Im Terror des Kunstbolschewismus. Urkundensammlung des »Deutschen Kunstberichtes« aus den Jahren 1927-33, Karlsruhe 1938.
Fest, Joachim, Hitler. Eine Biographie. 1. Bd.: Der Aufstieg, 2. Bd.: Der Führer, Frankfurt am Main, Berlin und Wien 1976.
Fest, Joachim: Im Gegenlicht. Eine italienische Reise, Reinbek 2004.
Fischer, Bernhard: »Stil« und »Züchtung« – Gottfried Benns Kunsttheorie und das Jahr 1933, in: Internationales Archiv für die Sozialgeschichte der deutschen Literatur 12 (1987), S. 190-212.

Fisher, Alexander J.: Paul Hindemith, Gottfried Benn and the defense of the autonomy of art in the late Weimar Republic, in: Hindemith-Jahrbuch 28 (1999), S. 11-53.
Flemming, Thomas; Axel Steinhage; Peter Strunk (Hg.): Chronik 1946. Tag für Tag in Wort und Bild, Gütersloh, München 1995.
Flittner, Andreas (Hg.): Deutsches Geistesleben und Nationalsozialismus, Tübingen 1965.
Flügge, Horst (Hg.): Die Lücke. Almanach auf das Jahr 1947, Heidelberg-Waibstadt 1947.
Freyh, Richard: Stärke und Schwäche der Weimarer Republik, in: Walter Tormin (Hg.): Die Weimarer Republik, 12. Aufl., Hannover 1973. S. 137-178.
Friedrich, Jörg: Der Brand. Deutschland im Bombenkrieg 1940-1945, 2. Aufl., München 2002.
Glatzer, Ruth: Berlin zur Weimarer Zeit. Panorama einer Metropole, 1919-1933. Mit einem Essay von Wolf Jobst Siedler, Berlin 2000.
Goffin, Roger: Gottfried Benn et le nationalsocialisme, in: Revue Belge de philologie et d'histoire 38 (1960), S. 795-808.
Gosney, Ezra Seymour; Paul Popenoe: Sterilisation for human betterment. A summary of results of 6000 operations in California, 1909-1929, New York 1929.
Graeb-Könneker, Sebastian: Autochthone Modernität. Eine Untersuchung der vom Nationalsozialismus geförderten Literatur, Opladen 1996.
Greve, Ludwig (Hg.): Gottfried Benn 1886-1956. Eine Ausstellung des Deutschen Literaturarchivs im Schiller-Nationalmuseum Marbach am Neckar, Marbach a. N. 1986.
Grimm, Reinhold: Im Auge des Hurrikans. Brüssel 1916: Gottfried Benns Urerlebnis, in: Neue Rundschau 102 (1992) H. 4, S. 121-138.
Grosser, Johannes F. G.: Die große Kontroverse. Ein Briefwechsel um Deutschland, Hamburg 1963.
Grosz, George: Ein kleines Ja und ein großes Nein. Sein Leben von ihm selbst erzählt, Reinbek 1974.
Grosz, George: Brief an Gottfried Benn, in: Bruno Hillebrand (Hg.): Über Gottfried Benn. Kritische Stimmen 1922-1956, Frankfurt am Main 1987.
Grube, Frank; Gerhard Richter: Die Schwarzmarktzeit. Deutschland zwischen 1945 und 1948, Hamburg 1979.
Gutsche, Reinhardt (Hg.): Die Sammlung, Amsterdam 1933-1935. Bibliographie einer Zeitschrift, Berlin, Weimar 1974.
Hachmeister, Lutz: Der Gegnerforscher. Die Karriere des SS-Führers Franz Alfred Six, München 1998.
Haffner, Sebastian: Anmerkungen zu Hitler, München 1978.
Halbey, Hans Adolf: Der Erich Reiss Verlag, 1908-1936. Versuch eines Porträts, Frankfurt am Main 1981.
Harenberg, Bodo (Hg.): Chronik 1948, Dortmund 1987.
Harpprecht, Klaus: Thomas Mann. Eine Biographie, Reinbek 1995.
Hart-Davis, Duff: Hitler's games: the 1936 Olympics, London 1986.
Hederich, Karl-Heinz: Die parteiamtliche Prüfungskommission zum Schutze des NS Schrifttums, in: Walther Gehl (Hg.): Der nationalsozialistische

Staat: Grundlagen u. Gestaltung, Urkunden d. Aufbaus, Reden und Vorträge, Breslau 1933-1937.
Heiber, Helmut; Hildegard von Kotze (Hg.): Facsimile Querschnitt durch Das Schwarze Korps, Bern, München 1968.
Heiber, Helmut: Die Republik von Weimar, 3. Aufl., München 1968.
Heiber, Helmut: Goebbels Reden 1932-1945, Düsseldorf 1971.
Heintel, Helmut: Block II, Zimmer 66. Gottfried Benn in Landsberg 1943-1945. Eine bildliche Dokumentation, Stuttgart 1988.
Heintel, Helmut: Der Dichter und die Schauspielerin. Eine biographische Annäherung an Gottfried Benn und Lili Breda, Warmbronn 1997.
Hentzen, Alfred: Die Berliner Nationalgalerie im Bildersturm, Köln, Berlin 1971.
Hermes, Richard: Witz contra Nazi. Hitler und sein Tausendjähriges Reich, Hamburg 1946.
Herzfeld, Hans: Der erste Weltkrieg, 3. Aufl., München 1974.
Hesse, Eva: Die literarische Reproduktion des Führerprinzips. Anhänger und Rivalen des Faschismus, in: Grimminger, Rolf; Jurij Murasov; Jörn Stückrath (Hg.): Literarische Moderne. Europäische Literatur im 19. und 20. Jahrhundert, Reinbek 1995.
Heukenkamp, Ursula (Hg.): Unterm Notdach. Nachkriegsliteratur in Berlin 1945-1949, Berlin 1996.
Heukenkamp, Ursula: Deutsche Erinnerung: Berliner Beiträge zur Prosa der Nachkriegszeit, Bielefeld 1999.
Hildenbrandt, Fred: ... ich soll dich grüssen von Berlin: 1922-1932. Berliner Erinnerungen ganz und gar unpolitisch, 8. Aufl., München 1995.
Hillebrand, Bruno (Hg.): Gottfried Benn, Darmstadt 1979.
Hillebrand, Bruno: Benn, Frankfurt am Main 1986.
Hiller, Kurt: Geistige Grundlagen eines schöpferischen Deutschlands der Zukunft, Hamburg, Stuttgart 1947.
Hillgruber, Andreas: Chronik des zweiten Weltkrieges, Frankfurt am Main 1966.
Hirsch: Renegaten des Geistes? 1. Gottfried Benn, in: Der deutsche Buchhandlungsgehilfe. Oktober 1933, S. 123-124.
Hitler, Adolf: Reden und Proklamationen 1932-1945. Kommentiert von Max Domarus, München 1965.
Hofer, Walther: Der Nationalsozialismus. Dokumente 1933-1945, Frankfurt am Main 1957.
Hofer, Walther: Von der Demokratie in die Diktatur, in: Wolfgang Treue; Jürgen Schmädeke: Deutschland 1933. Machtzerfall der Demokratie und Nationalsozialistische »Machtergreifung«. Eine Vortragsreihe. (Einzelveröffentlichungen der historischen Kommission zu Berlin; 42), Berlin 1984, S. 1-15.
Höhne, Heinz: »Gebt mir vier Jahre Zeit«. Hitler und die Anfänge des Dritten Reiches, Berlin, Frankfurt am Main 1996.
Holthusen, Hans Egon: Gottfried Benn. Leben, Werk, Widerspruch 1886-1922, Stuttgart 1986.
Horn, Margarete: Der abgelöste Intellekt als Lebenskompensation. Ein Beitrag zum Verständnis des Intellektualismus der verklingenden Epoche

und des Anti-Intellektualismus der völkischen Erneuerungsbewegung, Marburg 1940.
Houben, Heinrich Hubert: Verbotene Literatur von der klassischen Zeit bis zur Gegenwart, Berlin 1924.
Huonker, Thomas: Diagnose: »moralisch defekt«. Kastration, Sterilisation und Rassenhygiene im Dienst der Schweizer Sozialpolitik und Psychiatrie 1890-1970, Zürich 2003.
Hürsch, Erhard: Meine Begegnung mit Gottfried Benn, in: Benn-Jahrbuch 1 (2003), S. 35-45.
Ignée, Wolfgang: »Glück meines Lebens«. Gottfried und Ilse Benn, in: Benn-Jahrbuch 1 (2003), S. 55-60.
Ihde, Wilhelm (Hg.): Handbuch der Reichsschrifttumskammer, Leipzig 1942.
Italiaander, Rolf (Hg.): Wir erlebten das Ende der Weimarer Republik. Zeitgenossen berichten, Düsseldorf 1982.
Jäckel, Eberhard: Hitlers Herrschaft. Vollzug einer Weltanschauung, Stuttgart 1986.
Jaensch, Erich Rudolf: Der Gegentypus. Psychologisch-anthropologische Grundlage deutscher Kulturphilosopie, ausgehend von dem, was wir überwinden wollen, Leipzig 1938.
Jäger, Michael: Autobiographie und Geschichte. Wilhelm Dilthey, Georg Misch, Karl Löwith, Gottfried Benn, Alfred Döblin, Stuttgart, Weimar 1995.
Janßen, Karl-Heinz; Fritz Tobias: Der Sturz der Generäle. Hitler und die Blomberg-Fritsch-Krise 1938, München 1994.
Jellonek, Burkhard: Homosexuelle unter dem Hakenkreuz. Die Verfolgung von Homosexuellen im Dritten Reich, Paderborn 1990.
Jens, Inge: Dichter zwischen rechts und links. Die Geschichte der Sektion für Dichtkunst der Preußischen Akademie der Künste dargestellt an Dokumenten, München 1979.
Joch, Markus: Vom Reservieren der Logenplätze. Das Dreieck Thiess-Mann-Andersch, in: Hans-Gerd Winter: »Uns selbst mussten wir misstrauen. Die »junge Generation« in der deutschsprachigen Nachkriegsliteratur, Hamburg, München 2002, S. 67-79.
Johst, Hanns: Der neue Orden, in: SS-Leitheft 11, 2. Jg., Feb. 1937, S. 29.
Kardorff, Ursula von: Berliner Aufzeichnungen. Aus den Jahren 1942-1945, München 1962.
Kaschke, Lars: Aus dem Alltag des wilhelminischen Kulturbetriebs: Börries von Münchhausens Angriffe auf Richard Dehmel, in: Text und Kontext 20 (1997) H. 1, S. 35-57.
Kater, Michael H.: Physicians in Crisis at the End of the Weimar Republic, in: Peter D. Stachura et al.: Unemployment and the Great Depression in Weimar Germany, New York 1986, S. 49-77.
Kater, Michael H.: Doctors under Hitler, Chapel Hill, London 1989.
Kershaw, Ian: Hitler 1889-1936, München 2002.
Kessler, Harry Graf: Aus den Tagebüchern 1918-1937, hg. Wolfgang Pfeiffer-Belli, München 1965.
Kiel, Hanna (Hg.): Renée Sintenis, 2. Aufl., Berlin 1935.
Klee, Ernst: Das Personenlexikon zum Dritten Reich. Wer war was vor und nach 1945, 2. durchges. Aufl., Frankfurt am Main 2003.

Kleinschmidt, Erich: Alfred Döblin und Gottfried Benn. Mit der Edition einer Rede Döblins auf Benn von 1932, in: Deutsche Vierteljahrsschrift 62 (1988), S. 131-147.
Koch, Thilo: Gottfried Benn. Ein biographischer Essay mit neuen Texten, Briefen und einem Nachwort, München 1970.
Koebner, Thomas (Hg.): Weimars Ende: Prognosen und Diagnosen in der deutschen Literatur und politischen Publizistik. 1930-1933, Frankfurt am Main 1982.
Krämer-Prein, Gabriele: Der Buchhandel war immer deutsch. Das »Börsenblatt für den deutschen Buchhandel« vor und nach der Machtergreifung, in: Ulrich Walberer (Hg.): 10. Mai 1933. Bücherverbrennung in Deutschland und die Folgen, Frankfurt am Main 1983, S. 285-293.
Kultur, Pajoks und Care-Pakete: Eine Berliner Chronik 1945-1949, hg. vom Verein der Freunde und Förderer des Berlin Museums. (Beteiligt: Winfried Ranke), Berlin 1990.
Eine Kulturmetropole wird geteilt. Literarisches Leben in Berlin (West) 1945-1961, hg. Kunstamt Schöneberg, Berlin 1987.
Kurzke, Hermann: Thomas Mann. Das Leben als Kunstwerk. Eine Biographie, München 1999.
Landman, Jacob H.: Human sterilization. The History of the Sexual Sterilization Movement, New York 1932.
Leggewie, Claus: Von Schneider zu Schwerte, München 1998.
Lennig, Walter: Der große Irrtum Gottfried Benns, in: Sonntagsblatt, 29. April 1962, S. 14.
Lerg, Winfried Bernhard: Rundfunkpolitik in der Weimarer Republik, München 1980.
Lernet-Holenia, Alexander: Die Lust der Ungleichzeitigkeit, Wien 1997.
Loerke, Oskar: Tagebücher 1903-1939, hg. Hermann Kasack, Heidelberg, Darmstadt 1956.
Lüth, Paul E. H.: Der Anfang. Anthologie junger Autoren, Wiesbaden 1947.
Lüth, Paul E. H.: Literatur als Geschichte. Deutsche Dichtung von 1885 bis 1947, Wiesbaden 1947.
Lüth, Paul E. H.: Alfred Döblin. Auswahl aus dem dichterischen Werk, Wiesbaden 1948.
Lüttichau, Mario-Andreas von: ›Deutsche Kunst‹ und ›Entartete Kunst‹: Die Münchner Ausstellungen 1937, in: Peter-Klaus Schuster (Hg.): Die ›Kunststadt‹ München 1937. Nationalsozialismus und ›Entartete Kunst‹, 5. Aufl. München 1998. S. 38-118.
Mandell, Richard D.: Hitlers Olympiade. Berlin 1936. Dt. Erstveröff., München 1980.
Mann, Klaus: Klaus Mann zum Gedächtnis, Amsterdam 1950. (Vorrede Thomas Mann).
Mann, Klaus: Tagebücher 1931-1933, hg. Joachim Heimannsberg; Peter Laemmle; Wilfried F. Schoeller, München 1989.
Mann, Thomas: Tagebücher 1933-1934, hg. Peter de Mendelssohn, Frankfurt am Main 1997.
Martini, Fritz: Das Wagnis der Sprache. Interpretationen deutscher Prosa von Nietzsche bis Benn, Stuttgart 1954.

Masson, Philippe: Die deutsche Armee. Geschichte der Wehrmacht 1935-1945. Vorwort und Anmerkungen von J. A. Graf Kielmansegg, 3. Aufl., München 1997.
Matthias, Leo L.: Erinnerungen an Gottfried Benn, in: Merkur 16 (1962) H. 5, S. 435-446.
Merkenschlager, Fritz: Götter, Helden und Günther. Eine Abwehr der Güntherschen Rassenkunde, Nürnberg 1927.
Meyer, Wilfried: Geistige Mobilmachung. Gottfried Benns Rundfunkarbeit vor und nach 1933. Ms. des Deutschlandfunks für die Sendung der Abt. Literaturkritik, 17.8.1983.
Michaelis, Herbert: Der zweite Weltkrieg. Bilder, Daten, Dokumente, Gütersloh 1976.
Mittenzwei, Werner: Der Untergang einer Akademie oder Die Mentalität des ewigen Deutschen. Der Einfluß der nationalkonservativen Dichter an der Preußischen Akademie der Künste 1918-1947, Berlin, Weimar 1992.
Mlynek, Klaus (Bearb.): Gestapo Hannover meldet ... . Polizei- und Regierungsberichte für d. mittlere und südliche Niedersachsen zwischen 1933 u. 1937, Hildesheim 1986.
Mosse, George L.: Der nationalsozialistische Alltag. So lebte man unter Hitler, Königstein/Ts. 1978.
Mosse, George L.: Die völkische Revolution. Über die geistigen Wurzeln des NS, Frankfurt am Main 1991.
Mumm, Michel: Verflucht und zugenäht. Satirische Zeitgeschichte aus dem »Schwarzen Korps«, Berlin 1938.
Münchhausen, Börries Freiherr von: Die neue Dichtung, in: Deutscher Almanach für das Jahr 1934, Leipzig 1933, S. 28-36.
Neumann, Walter: »Melden beim Standortältesten in Landsberg!«, in: Hans Beske; Ernst Handke (Hg.): Landsberg an der Warthe 1257, 1945, 1976. Stadt und Land im Umbruch der Zeiten, Bielefeld 1976, S. 161-163.
Nicklisch, Hans; Walther G. Oschilewski (Hg.): Der Phönix 1947. Ein Almanach für junge Menschen, Berlin-Wannsee 1947.
Nicolson, Harold G.: Die Kunst der Biographie und andere Essays, Berlin, Frankfurt am Main 1958.
Niedermayer, Max: Pariser Hof. Limes Verlag Wiesbaden 1945-1965, Wiesbaden 1965.
Niekisch, Ernst: Hitler, ein deutsches Verhängnis, Berlin 1932.
Norton, Robert E.: Secret Germany. Stefan George and his circle, Ithaca, London 2002.
Nössig, Manfred: Im Vorfeld des Antifaschismus. Zu einigen Literaturdebatten in Deutschland 1929/30, in: Philologica Pragensia 20 (1977), S. 2-17.
Nössig, Manfred; Johanna Rosenberg; Bärbel Schrader: Literaturdebatten in der Weimarer Republik. Zur Entwicklung des marxistischen literaturtheoretischen Denkens 1918-33, Berlin, Weimar 1980.
Oschilewski, Walther G. (Hg.): Väter und Söhne. Briefe deutscher Menschen, Darmstadt 1942.
Oschilewski, Walther G.; Lothar Blanvalet (Hg.): Berliner Almanach 1947, Berlin 1946.
Overesch, Manfred; Friedrich Wilhelm Saal (Hg.): Chronik deutscher Zeit-

geschichte. Politik, Wirtschaft, Kultur. Bd. 2/I: Das Dritte Reich 1933-1939, Düsseldorf 1982.

Pätzold, Kurt: Zur politischen Biografie Thomas Manns (1933), in: Weimarer Beiträge 9 (1975), S. 178-182.

Perels, Christoph: Vorbemerkung, in: Lyrik verlegen in dunkler Zeit. Aus Heinrich Ellermanns Reihe »Das Gedicht. Blätter für die Dichtung«, München 1984, S. 5-9.

Perels, Christoph: Zum Problem der Kontinuität in der deutschen Lyrikgeschichte zwischen 1930 und 1950. Heinrich Ellermanns Reihe »Das Gedicht. Blätter für die Dichtung«, in: Jahrbuch des Freien Deutschen Hochstifts, Tübingen 1985, S. 260-302.

Peukert, Detlev J. K.: Die Weimarer Republik. Krisenjahre der Klassischen Moderne, Frankfurt am Main 1987.

Plato, Alexander von; Almut Leh: »Ein unglaublicher Frühling«. Erfahrene Geschichte in Nachkriegsdeutschland 1945-1948, Bonn 1997.

Raabe, Paul: Gottfried Benn in Hannover 1935-1937, Seelze-Velber 1986.

Raabe, Paul: Gottfried Benn und der Arche-Verlag. Zur Druckgeschichte der »Statischen Gedichte«, in: Gottfried Benn: Statische Gedichte, hg. Paul Raabe, Zürich, Hamburg 2000, S. 83-126.

Raddatz, Fritz, Die Nachgeborenen. Leseerfahrung mit zeitgenössicher Literatur, Frankfurt am Main 1983

Raddatz, Fritz J.: Männerängste in der Literatur, Hamburg 1993.

Ranke, Winfried; Carola Jüllig; Jürgen Reiche; Dieter Vorsteher (Hg.): Kultur, Pajoks und CARE-Pakete. Eine Berliner Chronik 1945-1949, Berlin 1990.

Rathert, Wolfgang: Das Unaufhörliche – Ein verkanntes Hauptwerk Hindemiths?, in: Hindemith-Jahrbuch 28 (1999), S. 65-87.

Rave, Paul Ortwin: Kunstdiktatur im Dritten Reich, Berlin 1987.

Regnier, Anatol: Du auf deinem höchsten Dach. Tilly Wedekind und ihre Töchter. Eine Familienbiographie, München 2003.

Reich-Ranicki, Marcel: Heinrich Mann – Ein Abschied nicht ohne Wehmut. Zu den Neuausgaben seiner Werke, in: Frankfurter Allgemeine Zeitung, 15.08.1987.

Reinhold, Ursula (Hg.): Erster Deutscher Schriftstellerkongreß: Protokoll und Dokumente; 4.-8. Oktober 1947, Berlin 1997.

Reininger, Anton: ›Die Leere und das gezeichnete Ich‹. Gottfried Benns Lyrik, Firenze 1989.

Reinitzer, Heimar (Hg.): Textkritik und Interpretation. Festschrift für Karl Konrad Polheim zum 60. Geburtstag, Bern 1987.

Reith, Hartmut: Das Berliner Verlagswesen in der Nachkriegszeit, in: Eine Kulturmetropole wird geteilt. Literarisches Leben in Berlin (West) 1945-1961, hg. Berliner Kulturrat, Berlin 1987.

Rentschler, Eric: The ministry of Illusion: Nazi cinema and its afterlife, Cambridge/Mass. 1996.

Reuth, Ralf Georg: Goebbels, 2. Aufl., München 1991.

Ridley, Hugh: Tretjakov in Berlin – Krise der Intellektuellen, in: Keith Bullivant (Hg.): Das literarische Leben in der Weimarer Republik, Königstein/Ts. 1978.

Ridley, Hugh: Gottfried Benn. Ein Schriftsteller zwischen Erneuerung und Reaktion, Opladen 1990.
Riedel, Walter: Der neue Mensch: Myhos und Wirklichkeit, Bonn 1970.
Riemschneider, Ernst G.: Der Fall Klepper. Eine Dokumentation, Stuttgart 1975.
Ringel, Stefan: Heinrich Mann. Ein Leben wird besichtigt, Darmstadt 2000.
Rosenberg, Arthur: Geschichte der Weimarer Republik, 17. Aufl., Frankfurt am Main 1975.
Rowohlt, Ernst: Brief an Sinclair Lewis, in: Günter Abramzik, Literarischer Taschenkalender 1988, Bremen 1987.
Rübe, Werner: Provoziertes Leben. Gottfried Benn, Stuttgart 1993.
Rübe, Werner: Gottfried Benn – Carl Schmitt. Versuch einer Annäherung, in: Thomas Müller; Johannes G. Pankau; Gert Ueding (Hg.): »Nicht allein mit den Worten«. Festschrift für Joachim Dyck zum 60. Geburtstag, Bad Cannstatt 1995, S. 147-155.
Rümelin, Hans A. (Hg.): So lebten wir. Ein Querschnitt durch 1947, Willbach 1947.
Salewski, Michael: Der Griff nach der Wehrmacht, in: Kieler Nachrichten vom 6.2. 1988.
Schaenzler, Nicole: Klaus Mann. Eine Biographie, Frankfurt am Main, New York 1999.
Schäfer, Hans Dieter: Das gespaltene Bewußtsein. Über deutsche Kultur und Lebenswirklichkeit 1933-1945, München 1981.
Schäfer, Hans Dieter: Berlin im Zweiten Weltkrieg. Der Untergang der Reichshauptstadt in Augenzeugenberichten, München 1985.
Schäfer, Hans Dieter: Gottfried Benn und das Offizierskorps, Warmbronn 2005.
Schivelbusch, Wolfgang: Vor dem Vorhang. Das geistige Berlin 1945-1948, München 1995.
Schmaeling, Fritz: Dem Ende entgegen. Schlußakt auf der General-von-Strantz-Kaserne, in: Heimatblatt der ehemaligen Kirchengemeinden Landsberg, Warthe, Stadt und Land, Heft 7/8 (1966).
Scholder, Klaus (Hg.): Die Mittwochsgesellschaft. Protokolle aus dem geistigen Deutschland 1932-1944, Berlin 1982.
Schöne, Albrecht: Göttinger Bücherverbrennung 1933. Rede am 10. Mai 1983 zur Erinnerung an die »Aktion wider den undeutschen Geist« (= Göttinger Universitätsreden 70), Göttingen 1983.
Schotte, Walther: Der neue Staat, Berlin 1932.
Schröder, Jürgen: Gottfried Benn. Poesie und Sozialisation, Stuttgart 1978.
Schröder, Jürgen: Gottfried Benn und die Deutschen. Studien zu Werk, Person und Zeitgeschichte, Tübingen 1986.
Schulze, Winfried G. (Hg.): Deutsche Historiker im Nationalsozialismus, Frankfurt am Main 1999.
Schuster, Peter-Klaus (Hg.): Die ›Kunststadt‹ München 1937. Nationalsozialismus und ›Entartete Kunst‹, 5. vollst. überarb. Aufl., München 1998.
Schütz, Erhard: Das »Dritte Reich« als Mediendiktatur: Medienpolitik und Modernisierung in Deutschland 1933-1945, in: Monatshefte 87 (1995), S. 129-150.

Smelser, Ronald (Hg.): Die braune Elite. 22 biographische Skizzen, Darmstadt 1989.
Smith, Howard K.: Feind schreibt mit. Ein amerikanischer Korrespondent erlebt Nazi-Deutschland, Berlin 1982.
Soerensen, Nele Poul: Mein Vater Gottfried Benn, 2. Aufl., Wiesbaden 1984.
Sontheimer, Kurt: Antidemokratisches Denken in der Weimarer Republik. Die politischen Ideen des deutschen Nationalismus zwischen 1918 und 1933, 4. Aufl., München 1994.
Spengler, Oswald: Jahre der Entscheidung, München 1933.
Spengler, Oswald: Reden und Aufsätze, München 1937.
Stachura, Peter D. et al. (Hg.): Unemployment and the Great Depression in Weimar Germany, New York 1986.
Steinhagen, Harald: Die Statischen Gedichte von Gottfried Benn. Die Vollendung seiner expressionistischen Lyrik, Stuttgart 1969.
Stollmann, Rainer: Gottfried Benn. Zum Verhältnis von Ästhetizismus und Faschismus, in: Text und Kontext 8 (1980), S. 284-308.
Studt, Christoph: Das Dritte Reich in Daten, München 2002.
Stumpp, Emil: Über meine Köpfe. Texte, Porträts, Landschaften, Berlin 1983.
Stürmer, Michael (Hg.): Die Weimarer Republik, 3. Aufl., Frankfurt am Main 1993.
Thalmann, Rita; Emmanuel Feinermann: Die Kristallnacht, Frankfurt am Main 1988.
Theweleit, Klaus: The Politics of Orpheus Between Women, Hades, Political Power and the Media: Some Thoughts on the Configuration of the European Artist, Starting with the Figure of Gottfried Benn or: What Happens to Eurydike?, in: New German Critique Vol. 12, No. 36 (1985), S. 133-156.
Theweleit, Klaus: Buch der Könige. Bd. 2x: Orpheus am Machtpol. Zweiter Versuch im Schreiben ungebetener Biographien, Kriminalroman, Fallbericht und Aufmerksamkeit, Basel, Frankfurt am Main 1994.
Thiel, Marlis: Klaus Mann: Die Sucht, die Kunst und die Politik, Pfaffenweiler 1998.
Tormin, Walter (Hg.): Die Weimarer Republik, 12. Aufl., Hannover 1973.
Trombley, Stephen: The right to reproduce. A history of coercive sterilization, London 1988.
Ullstein, Heinz: Spielplatz meines Lebens. Erinnerungen, München 1961.
Vietta, Egon: Das Ende des Humanitätsideals, in: Die Literatur, 8. Mai 1936, S. 358 ff.
Vietta, Silvio (Hg.): Das literarische Berlin im 20. Jahrhundert, Stuttgart 2001.
Völker, Ludwig: Gottfried Benn berät eine Zeitschrift. 13 Briefe an den »Bifur«-Herausgeber und eine Erinnerung von Nino Frank, in: Merkur 35 (1981) H. 7, S. 717-729.
Wahrung der Ehre. Gedruckt im Reichswehrministerium, Berlin 1934. Nachdruck 1935.
Walberer, Ulrich (Hg.): 10. Mai 1933. Bücherverbrennung in Deutschland und die Folgen, Frankfurt am Main 1983.
Wallmoden, Thedel v.: Gottfried Benn. Positionsbestimmung 1933/34. Magisterarbeit, Universität Göttingen 1984. [masch. schr.]

Wallmoden, Thedel v.: »Wie Miss Cavell erschossen wurde« – Zeitgeschichte im Werk von Gottfried Benn, in: Deutsche Geschichte des 20. Jahrhunderts im Spiegel der Literatur, hg. Moshe Zuckermann, Göttingen 2003, S. 36-50.

Walker, Mark: Die Uranmaschine. Mythos und Wirklichkeit der deutschen Atombombe, Berlin 1990.

Walter, Hans Albert: Deutsche Exilliteratur 1933-1950. Bd. 1-7, Darmstadt, Neuwied 1972-1973.

Wedekind, Tilly: Lulu: Die Rolle meines Lebens, München 1969.

Weisstein, Ulrich: Vor Tische las man's anders. Eine literar-politische Studie über die beiden Fassungen (1933 und 1955) von Gottfried Benns Expressionismus-Aufsatz, in: Ferdinand van Ingen (Hg.): Dichter und Leser. Studien zur Literatur, Groningen 1972, S. 9-27.

Wellershoff, Dieter: Fieberkurve des deutschen Geistes. Über Gottfried Benns Verhältnis zur Zeitgeschichte, in: Bruno Hillebrand (Hg.): Gottfried Benn, Darmstadt 1979, S. 133-152.

Wellershoff, Dieter: Gottfried Benn. Phänotyp dieser Stunde. Eine Studie über den Problemgehalt seines Werkes, Köln 1986.

Werckshagen, Carl: Wendung des Geistes zu Zucht und Form, in: Essener Nationalzeitung vom 2.5.1936.

Weyergraf, Bernhard (Hg.): Literatur der Weimarer Republik 1918-1933, München 1995.

Wighton, Charles: Heydrich. Hitler's most evil henchman, London 1962.

Wilhelm, Friedrich: Gottfried Benns Briefe an den Indologen Heinrich Zimmer, in: Benn-Jahrbuch 2 (2004), S. 15-34.

Wilhelm, Hermann: Dichter, Denker, Fememörder. Rechtsradikalismus und Antisemitismus in München von der Jahrhundertwende bis 1921, Berlin 1989.

Willrich, Wolfgang: Kunst und Volksgesundheit, Berlin 1934.

Willrich, Wolfgang: Mein Weg und meine Einstellung zu Rasse und Kunst, in: Volk und Rasse, H. 4, 1934, S. 103-108.

Willrich, Wolfgang: Säuberung des Kunsttempels. Eine kunstpolitische Kampfschrift zur Gesundung deutscher Kunst im Geiste nordischer Art. Mit 64 Abbildungen, München, Berlin 1937.

Wodtke, Friedrich Wilhelm: Die Antike im Werk Gottfried Benns, Wiesbaden 1963.

Wodtke, Friedrich Wilhelm: Gottfried Benn, 2. Aufl., Stuttgart 1970.

Wulf, Joseph: Die bildenden Künste im Dritten Reich. Eine Dokumentation, Frankfurt am Main 1983.

Wulf, Joseph: Literatur und Dichtung im Dritten Reich. Eine Dokumentation, Frankfurt am Main 1983.

Wulf, Joseph: Musik im Dritten Reich. Eine Dokumentation, Frankfurt am Main 1983.

Zuckmayer, Carl: Geheimreport, hg. Gunther Nickel; Johanna Schrön, Göttingen 2002.

Zuschlag, Christoph: ›Entartete Kunst‹. Ausstellungsstrategien im Nazi-Deutschland, Worms 1995.

Register